JN409594

제3판

채권의 가치평가와 투자전략

윤 평 식

도서출판 탐진
www.tamjin.co.kr

머리말

채권의 가치평가와 투자전략은 2008년에 집필된 이래 독자들로부터 많은 격려를 받았지만 제도의 변화로 인해 일부 내용이 정확하지 않고 중요한 내용이 누락되는 문제점이 발생하여 2019년에 제2판을 내게 되었다. 제2판을 내면서 학부생들에게 강의시 별로 사용되지 않는 차익거래, 시장위험의 측정과 VaR, 신용위험의 측정과 관리 등을 제외하고 모기지담보부증권의 내용을 축소하여 자산유동화증권에 포함시킴으로서 13장으로 다시 탄생하게 되었다.

그리고 2022년 제3판에서는 13장 체계를 유지하면서 설명이 애매한 부분을 최대한 명확하게 설명하고 일부 오래된 자료를 업데이트하였으며 또한 객관식 문제를 보완하였다.

독자들이 쉽게 이해할 수 있도록 각 장별로 기본 원리, 심화된 내용, 풍부한 예시, 요점정리, 객관식 문제와 주관식 문제를 일관성있고 체계적으로 정리하였다. 제공된 문제는 기초적인 문제부터 공인회계사 기출문제(2022년 객관식 문제까지 반영) 등의 다소 난해한 문제까지를 폭넓게 포함하고 있다.

본 서는 크게 2부 13장으로 구성된다. 1장부터 7장까지로 구성된 1부는 채권의 가격과 수익률 및 위험에 대한 내용을 다룬다. 즉, 채권의 기초, 채권수학, 채권가치평가, 수익률, 듀레이션, 컨벡시티, 그리고 수익률곡선을 설명하는 7개 장으로 구성된다. 2부는 채권시장과 투자전략에 관한 내용으로 8장부터 13장까지 6개 장으로 구성된다. 즉, 2부는 채권의 발행시장과 유통시장, 특수한 유형의 채권, 자산유동화증권, 소극적 투자전략, 적극적 투자전략, 이자율모형을 다룬다. 특히 8장과 10장에 수록된 주요 현황은 주로 「한국의 채권시장」(한국거래소, 2019)과 「한국의 금융시장」(한국은행, 2016)에서 직접 인용하거나 또는 참고하였으며 인용표기가 누락된 경우 모두 저자의 책임임을 밝혀둔다.

이 책을 집필하면서 도움을 주신 모든 분들에게 감사를 드린다. 좋은 책을 만들고자 항상 노력하는 최재범 사장님과 편집업무를 맡은 최효진상무님에게 감사드린다. 특히 학교 연구실에서 많은 시간을 보내는 저자를 이해하고 불편을 참아준 사랑하는 아내와 자녀에게 고마운 마음을 전한다.

저자는 오류를 수정하기 위하여 많은 노력을 하였으나 남은 오류는 전적으로 저자의 책임이다. 다른 책을 참고하거나 또는 내용을 인용한 경우 출처를 표시하고자 최대한 노력하였으나 만약 빠진 부분이 있다면 이는 고의가 아닌 저자의 실수이며 향후 이를 보완할 것을 약속드린다.

이 책을 이용하여 채권을 공부하는 독자 여러분 모두에게 좋은 결과가 있기를 기원한다. 많은 비판과 조언을 기대하며...

psyoon@cnu.ac.kr

충남대학교 경상대학 윤평식

2022년 11월 15일

차 례

Chapter 01 채권의 개념과 종류

Chapter 02 채권수학

Chapter 03 채권가치평가

Chapter 04 채권 수익률

Chapter 05 듀레이션

Chapter 06 컨벡시티

Chapter 07 수익률곡선

Chapter 08 채권시장

Chapter 09 특수한 유형의 채권

Chapter 10 자산유동화증권

Chapter 11 소극적 투자전략

Chapter 12 적극적 투자전략

Chapter 13 이자율모형

CHAPTER 01

채권의 개념과 종류

1. 채권이란?
2. 채권의 분류
3. 옵션내재채권
4. 채권투자에 수반되는 위험

CHAPTER 1 채권의 개념과 종류

1 채권이란?

채권(bond, 債券)은 발행자(또는 차입자, 채무자)가 투자자(채권자)에게 원금과 일정 기간 동안의 이자를 정해진 일자에 상환하기로 약속한 증서이다. 즉, 채권은 발행자가 자금을 조달하기 위하여 발행하는 일종의 차용증서로 채권보유자에게 정해진 일자(이자지급일과 원금상환일)에 정해진 금액(이자와 원금)을 지급할 것을 약속하는 증서이다. 채권은 비교적 장기로 거액의 자금을 조달하기 위하여 대체로 정부와 기업에 의해 발행되지만, 외국에서는 개인에 의해 발행되기도 한다.[1] 기업이 발행한 채권은 회사채 또는 사채(corporate bond, 社債)라고 하고 정부가 발행한 채권은 국채(treasury bond 또는 government bond, 國債)라고 한다.

채권 투자자가 투자 전 반드시 파악해야 할 세 가지 사항은 채권의 주요 조건, 법적 계약 내용, 그리고 옵션 포함 여부 등이다. 채권의 주요 조건은 만기, 원금, 액면이자율로서 발행과 동시에 확정된다.

- 만기(maturity): 발행자가 원금을 지급함으로서 채권을 상환하기로 예정된 날인 만기일(maturity date)까지의 기간.[2]
- 원금(principal): 발행자가 만기일에 채권자에게 지급하기로 약속한 금액으로 액면이자 계산의 기준이 되며, 액면가(face value, par value), 만기가치(maturity value), 상환가치(redemption value)로도 불림.[3]
- 액면이자율(coupon rate): 발행자가 채권자에게 지급하는 연간 이자율로서 액면이자율에 원금을 곱하면 연간 액면이자(coupon payment)가 계산됨.[4]

---

1) 예를 들어, 1997년에 데이빗 보위(David Bowie)는 월가에서 10년 만기 채권을 발행하여 5,500만 달러의 자금을 조달하였다. 이 채권은 Moody's로부터 A등급을 받았다.

2) 이 책에서 만기는 현재 시점부터 채권의 만기일까지 남은 기간을 의미하므로 발행만기를 의미하기도 하고 잔존만기를 의미하기도 한다. 따라서 발행 후 시간이 지남에 따라 만기는 짧아진다.

3) 채권을 발행하는 것은 자금을 차입하는 것과 유사하다. 차이점은 자금을 차입하는 경우 원금이 현재 차입한 금액인 반면 채권을 발행하는 경우 원금은 만기일에 상환하는 금액이라는 점이다.

4) 실무에서는 액면이자율 대신에 표면이율, 표면금리, 발행이율이라는 표현을 사용한다.

현재, 우리나라에서 발행되는 대부분의 채권이 2019년 9월에 시행된 전자증권제도(Electronic Securities System)에 의해 실물 없이 한국예탁결제원(Korea Securities Depository: KSD)에 등록되어 발행되고 전산에 보유자가 기록되므로 기명채권과 다름이 없다. 미국의 경우 1983년 이후 발행되는 모든 채권은 기명채권이다.

채권의 발행시 액면이자율, 액면가, 만기일, 모든 이자지급일이 확정되므로 채권의 미래현금흐름이 사전적으로 확정된다는 점에서 다른 증권과 차이가 있다. 이처럼 현금흐름이 확정되었다는 점에서(금액이 확정되거나 또는 결정방식이 확정됨) 채권을 고정수익증권(fixed income security)으로도 부른다. 채권은 원래 무보증채무(unsecured obligation)를 의미하였으나 현재는 보증채무를 포함하여 모든 채무증권(debt security)을 포함하는 폭 넓은 의미로 사용된다.

2010년 기준으로 전세계 채권발행잔액은 95조 달러이며 이는 주식의 시가총액인 48조 달러의 2배에 이르는 금액이다. 채권은 예측 가능한 현금흐름을 제공하고 원금의 보존 확률이 높으며 포트폴리오 분산투자에 필요한 증권이다. 채권은 예금, 부동산에 비하여 유동성이 높지만, 주식에 비해 유동성이 낮으며 선순위이다. 그리고 주식이 지분증권이고 만기가 없는데 반하여 채권은 채무증권이고 기한부증권이다. 채권의 만기는 짧게는 몇 개월부터 길게는 영구채까지 다양하다. 우리나라에서 2018년말 기준 한국거래소(Korea Exchange: KRX)에 상장된 상장채권의 만기(잔존기간)별 상장현황은 다음과 같다.

[표 1-1] 상장채권의 만기(잔존기간)별 상장현황(2018년말 기준)

(단위: 조원)

만 기	~1년	1~3	3~5	5~7	7~10	10~15	15~25	25년~
상장잔액	393	534	270	114	137	97	81	95
비 중	22.9%	31.0%	15.7%	6.6%	8.0%	5.7%	4.6%	5.5%

채권의 역사는 베네치아 정부가 베네치안 프레스티티(Venetian Prestiti)를 발행한 13세기로 거슬러 올라간다. 이 채권은 1년에 2회 5%의 이자를 지급하는 영구채권이었다. 이 채권이 성공을 거두자 영국과 프랑스도 콘솔(consols)과 란트(rentes)라는 영구채권을 발행하였다.[5)]

채권은 차입자와 대출자간의 차입증서인데 사채가 무보증으로 발행되므로 사채발행

5) 채권과 주식 시장의 규모 및 채권역사는 채권투자 기본개념(마크 모비우스 지음, 이건 옮김) 13-15쪽에서 인용함.

에 대한 모든 조건 및 내용은 법적 구속력이 있는 사채관리계약서(indenture)에 기록된다. 즉, 전형적인 사채관리계약서에는 이자지급일과 이자금액, 만기일, 기한의 이익 상실 사유, 수탁인(trustee)의 이름, 채무상환기금조항(sinking fund provision), 수의상환조항(call provision), 의무조항(affirmative covenant)과 금지조항(negative covenant) 등이 상세히 명시된다.[6][7]

예시 1-1 사채관리계약서의 주요 내용

0000주식회사 (이하 "갑"이라 한다)는 0000년 00월 00일 개최한 이사회 결의에 의하여 제00회 무보증사채(이하 본사채라고 한다)를 발행함에 있어 0000(이하 "을"이라고 한다)를(을) 사채관리회사로 하여 다음과 같이 사채관리계약(이하 본계약이라 한다)을 체결한다. 본계약상의 사채관리회사의 권한 및 의무에 관한 규정의 효력 및 사채관리회사에 의한 권한행사 및 의무이행의 효과는 사채권자에게 미친다.

(금융투자협회 표준무보증사채 사채관리계약서 제1-2조, 제2-3조, 제2-4조, 제2-5조, 제2-6조)

- (사채의 발행조건) 본 사채의 발행조건은 다음과 같다.
  1. 사채의 명칭 : 0000주식회사 제00회 무보증사채
  2. 사채의 종류
  3. 사채의 권면총액
  4. 사채의 발행가액
  5. 사채발행가액의 총액
  6. 각 사채의 금액과 권종
  7. 사채의 이율
  8. 사채의 상환방법과 기한
  9. 이자지급방법과 기한
  10. 지급대행자 및 지급사무처리장소
  11. 연체이율
  12. 발행방식

---

6) 보다 자세한 내용은 금융투자협회의 '표준무보증사채 사채관리계약서'에서 확인할 수 있다. 이는 홈페이지 www.kofia.or.kr의 법규정보시스템으로 들어가서 모범규준에서 검색할 수 있다.

7) 기한이익이란 '채무자가 빌린 돈을 갚아야 될 날짜(기한)가 되기 전에는 채권자가 미리 돈을 갚으라고 해도 갚지 않아도 될 권리'를 의미한다. 따라서 기한이익의 상실은 이런 채무자의 권리가 더이상 보호받지 못한다는 것을 뜻한다. 즉, 기한의 이익이 상실되면 채권의 만기가 도래하지 않더라도 투자자가 적법한 절차를 통해 원금상환 및 기한이익의 상장일까지 발생한 이자지급을 청구할 수 있다.

13. 조달자금의 사용목적
14. 기한의 이익 상실에 관한 사항(신설 2010.10.18)

■ (재무비율 등의 유지) "갑"은 최근 보고서상 재무비율 00*을 00% (이상/이하)로 유지하여야 한다.

*부채비율 기재 시 최근 보고서 및 과거 2개연도 사업보고서상 평균비율

■ (담보권 설정 등의 제한) "갑"은 타인의 채무를 위하여 지급보증의무를 부담하거나 담보권을 설정하여서는 아니된다. 다만, 사채 발행 이후 지급보증 또는 담보권이 설정되는 채무의 합계액이 최근 보고서상 자기자본의 00%를 넘지 않는 경우는 그러하지 아니하다.

■ (자산의 처분제한) "갑"은 총액 0000원 이상의 자산을 매매 · 양도 · 임대 기타 처분할 수 없다.

■ (사채관리계약 이행 상황보고서) "갑"은 금융위원회 등에 제출하는 사업보고서 및 반기보고서 제출일로부터 0일 이내에 본 사채와 관련하여 사채관리계약 이행 상황보고서를 작성하여 "을"에게 제출하여야 한다.

(자료: 사채발행실무해설(2020), 한국상장회사협의회)

예시 1-2 고정수익증권이란 무엇인가?

고정수익증권(固定收益證券, fixed income security)은 정부, 지방자치단체, 공기업, 금융기관, 주식회사 등에 의해 발행된 청구권(financial claim)으로 '고정수익(fixed income)'이라는 표현은 현금흐름이 확정되어 있거나 또는 일정한 공식에 의해 결정되도록 확정되어 있음을 의미한다. 예를 들어, 매 기간 초에 현금흐름이 기준금리에 2% 스프레드를 더한 이자율로 결정되는 변동금리채권은 현금흐름이 기준금리의 변화에 연동되어 기간별로 일정하지 않으나 미리 정해진 공식에 의하여 현금흐름이 결정되므로 고정수익증권에 속한다. 고정수익증권 소유자에게 지급하기로 약정된 현금흐름은 발행자 입장에서는 반드시 이행해야 할 채무(contractual obligation)이므로, 만일 약정한 현금흐름을 약정한 기일에 지급하지 못하면 일반적으로 증권 소유자는 정해진 원칙과 순서에 따라 발행주체의 자산에 대한 청구권을 갖게 된다. 이런 의미에서 고정수익증권을 채무증권(debt security)이라고도 한다.

고정수익증권은 채권(bond), 주택저당증권(mortgage-backed security: MBS), 자산유동화증권(asset-backed security: ABS), 은행대출(loan), 기업어음(commercial paper), 우선주(preferred stock) 등을 포함하는 넓은 개념이다.

예를 들어, 원금이 10,000원이고 만기가 5년이고 액면이자율이 10%인 채권의 경우 연간 액면이자는 10,000 × 0.1 = 1,000원이다. 액면이자를 연 1회 지급한다고 가정하면, 현금흐름은 [그림 1-1]과 같다. 만약 이 채권이 액면가에 발행되었다면 투자자는 10,000원을 발행기업에게 빌려주고 매년 1,000원의 이자를 수령하고 만기일에 원금 10,000원을 받게 된다. 즉, 투자자는 10,000원을 기업에 빌려주고 연 10% 이자를 수령하는 셈이고, 기업은 투자자로부터 10,000원을 차입하여 매 기간 10% 이자를 지급하고 원금을 상환하는 셈이다.

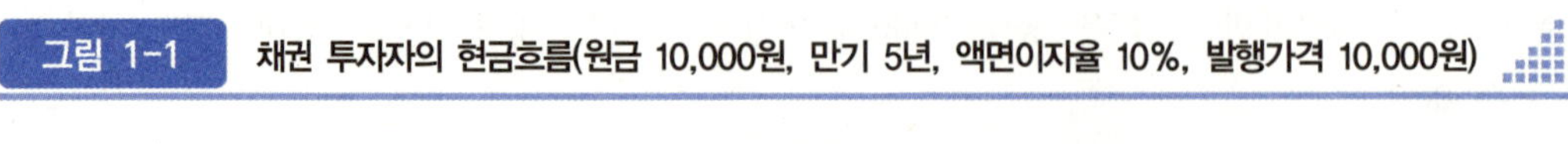

그림 1-1 채권 투자자의 현금흐름(원금 10,000원, 만기 5년, 액면이자율 10%, 발행가격 10,000원)

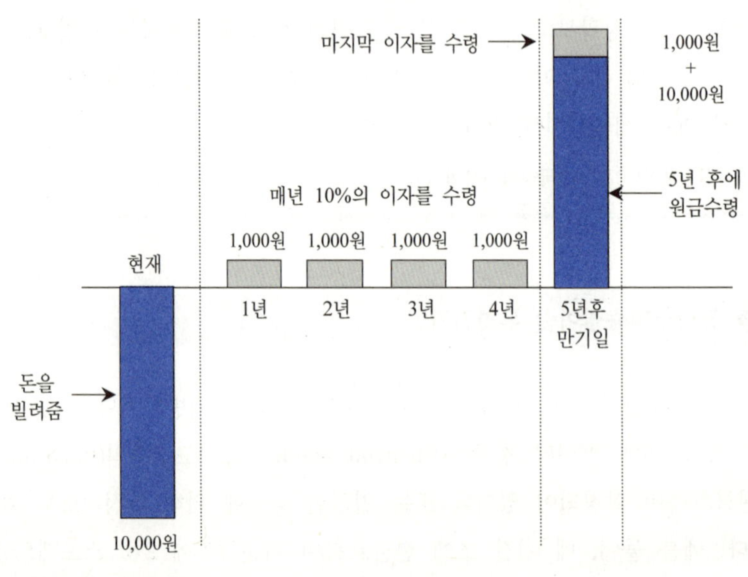

그런데 만약 5년 만기 10% 액면이자율 채권이 9,279원에 발행되었다면, 투자자는 9,279원을 빌려주고 원금 10,000원에 대하여 10% 이자를 수령하고 만기일에 원금 10,000원을 받게 된다(이 경우 투자자의 수익률은 12%임).

예시 1-3 채권발행자가 차입한 금액이 원금과 동일한가?

앞에서 원금이 10,000원인 채권이 액면가에 발행되어 발행기업이 원금과 동일한 10,000원을 수령하는 것으로 설명하였다. 그렇다면 채권발행자가 차입하는 금액이 만기일에 투자자에게 지급하는 원금과 항상 동일한가? 발행가격이 액면가와 동일한 경우는 액면이자율이 시장이자율(실세금리)과 동일한 경우로 제한된다. 따라서 액면이자율이 시장이자율과 상이하면 발행가격은 액면가와 상이하게 된다. 여기서 시장이자율은 실세금리로 채권 투자자의 요구수익률의 개념이다. 액면이자율은 채권발행과 동시에 확정된 이자율인데 반해, 시장이자율은 시장상황에 따라 항상 변하는 이자율이다.

발행자가 채권발행 후 수령하는 금액은 액면가가 아니라 발행시점에서 평가된 채권의 시장가격이다. 따라서 발행자가 부담하는 비용은 다음과 같다(화폐의 시간가치는 고려하지 않음).

액면가 + 만기일까지의 이자 − 발행시점에서의 시장가격

예를 들어 3년 만기 액면이자율 8%인 채권의 시장가격은 수익률이 10%이면 9,502.63원이다. 발행기업은 9,502.63원을 차입하고 매년 800원의 이자와 만기일에 원금 10,000원을 지급하면 10%의 이자율로 차입한 셈이 된다.[8)]

이자가 지급되는 방식은 여러 가지가 있는데, 회사채의 경우 이자는 만기일 전 정해진 일자에 정기적으로 지급된다. 연간 이자지급횟수도 국가별로 상이하다. 액면이자가 미국에서는 연 2회, 우리나라에서는 연 4회(전환사채는 연 1회, 국고채권은 연 2회 지급함), 유럽에서는 대부분 연 1회 지급된다. 연간 액면이자는 원금에 액면이자율을 곱하여 구하며 이렇게 구한 연간 액면이자를 연간 이자지급횟수로 나누면 기준기간별 액면이자가 계산된다. 예를 들어, 연간 액면이자가 1,000원인 경우 채권이 연 2회 이자를 지급하면 6개월마다 500원씩을 지급하고, 연 4회 이자를 지급하면 3개월마다 250원씩을 지급한다.

채권의 가격은 액면가와 상이하다. 채권은 미래의 현금흐름이 확정되어 있는 증권이므로 채권의 가격 또는 가치는 미래 현금흐름의 현재가치이다. 현재가치를 계산할

8) $\left(\frac{800 \times 1.1^2 + 800 \times 1.1 + 10,800}{9,502.63}\right)^{\frac{1}{3}} - 1 = 10\%$(제4장 참고)

때 적용하는 이자율을 할인율(discount rate)이라고 하는데 채권의 할인율을 수익률(yield) 또는 만기수익률(yield to maturity)이라고 한다. 채권의 가격이 미래 현금흐름의 현재가치이므로 수익률이 상승하면 채권가격은 하락하고 반대로 수익률이 하락하면 채권가격은 상승한다.

특정 기업이 발행한 채권에 적용되는 수익률은 무위험 시장이자율(실세금리로 국고채권 수익률로 대용됨)에 기업의 위험프리미엄(risk premium)을 반영하는 스프레드를 가산하여 결정된다.

$$수익률 = 무위험이자율 + 위험프리미엄$$

여기서 위험프리미엄은 채권의 유동성위험, 부도위험, 신용등급 하락위험 등에 의해 결정된다. [그림 1-2]는 2001년 1월부터 2021년 12월까지 3년 만기 국고채 금리와 AA- 등급 평균 회사채 수익률의 변화를 보여준다. 두 수익률이 뚜렷하게 동조화하는 움직임을 보이지만 수익률간의 차이는 일정하지 않다. [그림 1-3]은 두 수익률의 차이인 스프레드의 그래프이다. 스프레드의 최대값은 글로벌 금융위기 시기인 2008년 12월의 4.38%이고 최소값은 2015년 7월의 0.22%이다.

그림 1-2 3년 만기 국고채 수익률과 AA- 회사채 수익률 변화(2001년 1월부터 2021년 12월까지)

그림 1-3 3년 만기 국고채 수익률과 AA- 회사채 수익률간 스프레드 변화

2 채권의 분류

우리나라에서 관행적으로 가장 많이 사용하는 채권분류방법은 발행주체, 이자지급방법 또는 현금흐름, 액면이자 확정 여부, 원금상환, 상환기간, 보증여부 등을 기준으로 다음과 같이 분류하는 것이다.9)

[표 1-2] 채권의 분류

구 분	종 류
발행주체	국채, 지방채, 특수채, 회사채
이자지급방법 또는 현금흐름	무이표채, 복리채, 이표채, 원금분할상환채권
액면이자 확정여부	고정금리채권, 변동금리채권, 역변동금리채권
원금상환	원금만기상환채권, 원금분할상환채권
상환기간	단기채, 중기채, 장기채
보증여부	보증채, 무보증채

9) 분류 기준은 다를 수 있다. 이 책에서 특수채는 통화안정증권, 금융특수채, 비금융특수채로 다시 구분된다. 그런데 금융특수채를 금융채로, 비금융특수채를 특수채로 부르기도 하고, 통화안정증권을 금융채에 포함시키기도 한다.

2.1 발행주체에 의한 채권의 분류

국채

국채(Government Bond)는 국가가 공공 목적에 필요한 자금을 확보하거나 기 발행된 국채의 상환을 위해 국채법에 따라 발행하는 채권이다. 국채의 효시는 1949년에 발행된 건국채권으로, 국채는 정부수립 후 계속된 재정적자를 보전하기 위하여 발행되었다.

국채에는 국고채권, 외화표시 외국환평형기금채권(외평채), 국민주택채권(1종, 2종, 3종), 재정증권 등 4종이 있으며 현재는 국고채권이 국채의 거의 대부분을 점유하고 있다.[10] 국고채권은 국가의 재정정책 수행에 필요한 자금을 조달하기 위하여 공공자금관리기금의 부담으로 발행하는 국채로 발행되는 만기는 2, 3, 5, 10, 20, 30, 50년이다.[11]

정부가 국채시장 선진화를 위하여 국채전문딜러제도와 국채통합발행제도의 도입, 국채전문유통시장과 국채선물시장의 개설 등으로 국채시장이 많이 활성화되었으며, 3년 만기 국고채 금리가 시장의 실세금리로 사용된다. 특히 2009년 이후 10년 만기 채권의 발행잔액이 가장 많아짐에 따라 정부는 2013년 장기 지표채권(다른 기관에서 채권을 발행할 때 금리 책정의 기준이 되는 채권)의 만기를 5년에서 10년으로 변경하였다.

국채시장은 어느 나라든지 채권시장의 가장 중요한 부분을 형성한다. 각국의 국채는 고유한 이름으로 표기되는데 미국의 국채는 T-bills(1년 미만), T-notes(1년부터 10년 미만), T-bonds(10년 이상), 영국의 국채는 Gilts, 독일의 국채는 Bunds, 프랑스의 국채는 OATs(만기 10년 이상)와 BTANs(만기 1년부터 7년), 일본의 국채는 JGBs로 불린다.[12]

지방채

지방채(Municipal Bond)는 지방자치단체가 지방재정법의 규정에 따라 특수한 사업에 필요한 자금을 조달하기 위해 발행하는 채권으로, 지역개발채권과 도시철도채권이

---

10) 1종 국민주택채권은 거의 대부분 5년 만기로 발행된다. 2종 국민주택채권은 1983년 최초 발행 후 1999년 발행이 중단되었다가 2006년 부활되었으나 2013년부터 발행이 중지되고 있다(최초 발행시 만기가 20년이었으나 2006년 이후 만기는 10년임). 3종 국민주택채권은 2005년부터 발행되었으나 2006년 이후 발행되지 않고 있으며 만기는 10년이다.

11) 2년 만기 국고채는 2021년 2월에, 30년 만기 국고채는 2012년 9월에, 50년 만기 국고채는 2016년 10월에 도입되었다. 국채에 대한 자세한 통계는 기획재정부가 운영하는 국채시장 홈페이지 http://ktb.moef.go.kr을 참고할 것.

12) 우리나라의 국채는 Korea Government Bonds로 표현되지만 KGB의 약자를 사용하지는 않는다.

대표적인 지방채이다. 액면으로 발행되며 대부분 1.5%의 금리가 적용된다. 지방채 발행은 중앙정부에 의해 엄격히 규제된다.

특수채

특수채는 특별법에 의하여 설립된 법인이 발행하는 채권을 의미하며, 통화안정증권(한국은행이 통화조절 목적으로 발행), 산업금융채권, 중소기업금융채권, 주택금융채권 등의 금융특수채, 한국토지개발공사, 한국전력, 한국도로공사 등이 발행하는 비금융특수채로 구분된다.[13)]

회사채

상법상 주식회사가 일반대중으로부터 자금을 조달하고 회사가 채무자임을 표시해 발행하는 유가증권으로 줄여서 사채(社債)라고도 한다. 이자는 3개월마다 지급되고, 3년 만기가 가장 보편적이지만 2018년 기준 평균 만기는 5.2년이다.[14)] 기업이 발행할 수 있는 회사채 총액이 해당 기업 순자산(총자산에서 총부채를 차감한 금액)의 4배를 초과하지 못한다는 한도 규정은 2012년에 폐지되었다.

2018년말 기준 한국거래소 상장채권의 발행주체별 현황은 [표 1-3]과 같다.[15)]

[표 1-3] 발행주체별 상장 현황(2018년말 기준)

구 분	발행기관수	종목수	상장잔액	상장잔액 비중
국 채	1	150	640.2	37.2%
지방채	19	1,350	20.5	1.2%
특수채	51	3,894	643.2	37.4%
회사채	538	8,000	417.1	24.2%
합 계	609	13,394	1,721.0	100.0%

13) 한국은행이 발행하는 통화안정증권도 금융채로 분류되기도 하지만, 한국거래소에서는 통화안정증권을 다른 금융채와는 별도로 구분한다.

14) 신용등급별로 평균 만기는 AAA등급 9.1년, AA등급 4.8년, A등급 3.3년, 그리고 BBB등급 2.0년으로 신용도에 따라 차이가 크다. 평균 만기가 늘어난 이유는 장기투자자의 비중이 늘었기 때문인데, 특히 회사채 주요 투자자인 보험회사가 회계기준 변경(IFRS 9와 17 도입)에 따라 장기채 투자를 확대하고 있기 때문이다(김필규, 2019, "최근 회사채 시장의 구조변화 진단", 자본시장포커스).

15) 자료: 한국의 채권시장, 한국거래소, 2019, 22쪽. 참고로, 국채, 지방채, 특수채는 상장심사요건 적용이 면제되지만 회사채의 경우 일정한 요건을 갖춘 채권에 한해 거래소 상장이 허용되므로 [표 1-3]이 발행주체별 발행규모를 의미하지는 않는다. 그리고 유통시장의 경우 2016년 이후 거래소시장 거래규모가 장외시장 거래규모와 거의 동등하다(제8장 참고).

2.2 현금흐름에 의한 분류

무이표채

무이표채(zero coupon bond)는 만기일 전에 이자를 지급하지 않는, 즉 액면이자율이 0%인 채권으로 순수할인채권(pure discount bond)이라고도 한다. 예를 들어, 만기가 1년이고 원금이 10,000원인 무이표채의 가격은 수익률이 10%이면 9,090.91원이다.

$$P = \frac{10,000}{1.1} = 9,090.91$$

액면이자율이 0%이므로 형식상 액면이자가 지급되지 않으나 이자비용은 할인된 가격에 반영되어 있다. 즉, 투자자는 오늘 9,090.91원을 투자하고 1년 후 10%의 이자 909.09원이 반영된 10,000원을 수령한다. 무이표채는 가장 단순한 구조를 가지므로 채권의 가치평가, 투자전략, 위험관리에서 매우 유용하게 이용된다.

우리나라에서 무이표채는 할인채라고 불린다. 우리나라에서 할인채는 액면금액 10,000원에서 채권의 매출일부터 만기일까지의 이자를 단리로 계산하여 차감한 금액으로 발행된다.[16) 17)] 따라서 만기일에 상환되는 금액은 항상 액면가 10,000원이고, 발행가격에 의해 액면이자율 또는 표면금리가 결정된다. 예를 들어, 산금 1404 할 1A(발행일: 2014년 4월 1일, 만기일: 2015년 4월 1일)이 9,775원으로 발행되면 표면금리는 2.25%로 결정된다.[18) 19)]

$$10,000 - 10,000 \times 0.0225 = 9,775$$

복리채

복리채(accrual bond, deferred coupon bond)는 이자지급기간 동안 이자가 복리로 재투자되어 만기일에 원금과 이자를 동시에 지급하는 채권이다. 액면금액 10,000원을

16) 단리와 복리에 대한 설명은 제2장을 참조할 것. 그리고 우리나라의 할인채는 제3장의 할인채권과는 상이하다. 할인채는 무이표채를 의미하고 할인채권은 액면 이하에 거래되는 채권을 의미한다.

17) 발행일은 채권이 신규로 창출된 기준일이고, 매출일은 실제로 창출된 일자를 의미한다. 일부 채권의 경우 발행일 이전에 채권의 실제 매출이 발생하기도 한다.

18) '산금'은 산업금융채권을, '1404'는 발행연도와 발행월을, '할'은 할인채임을, '1'은 만기를, 그리고 'A'는 발행조건 변경기호를 의미한다.

19) 실무에서 할인채의 액면이자율을 할인율이라고 한다. 외국의 경우 무이표채는 액면이자율이 0%인데 우리나라에서 액면이자율을 이용하는 이유는 세금이 액면이자율에 의해 결정되기 때문이다. 1년 만기 할인채의 가격이 9,775원이면 수익률은 2.3%이다: 10.000/ 1.023=9,775.

기준으로 1년, 3개월, 6개월 단위 등으로 재투자된다. 예를 들어, 국민주택채권 1종의 액면이자율이 1.75%이면(만기 5년) 만기상환금액은 10,906원이다.[20)]

$$10{,}000 \times 1.0175^5 = 10{,}906$$

[그림 1-4]는 무이표채, 복리채, 이표채, 원금분할상환채권(서울시 도시철도채권)의 현금흐름패턴을 보여준다. 그림에서 □은 원금이고 ■은 이자금액이다. 복리채의 현금흐름 패턴은 무이표채의 현금흐름 패턴과 동일하므로 복리채를 특수한 경우의 무이표채로 간주하여도 무방하다. 앞의 예시에서 만기상환금액이 10,906원인 5년 만기 복리채는 원금이 10,906원인 5년 만기 무이표채로 간주되는 셈이다.

그림 1-4 **무이표채, 복리채, 이표채, 원금분할상환채권의 현금흐름 패턴**

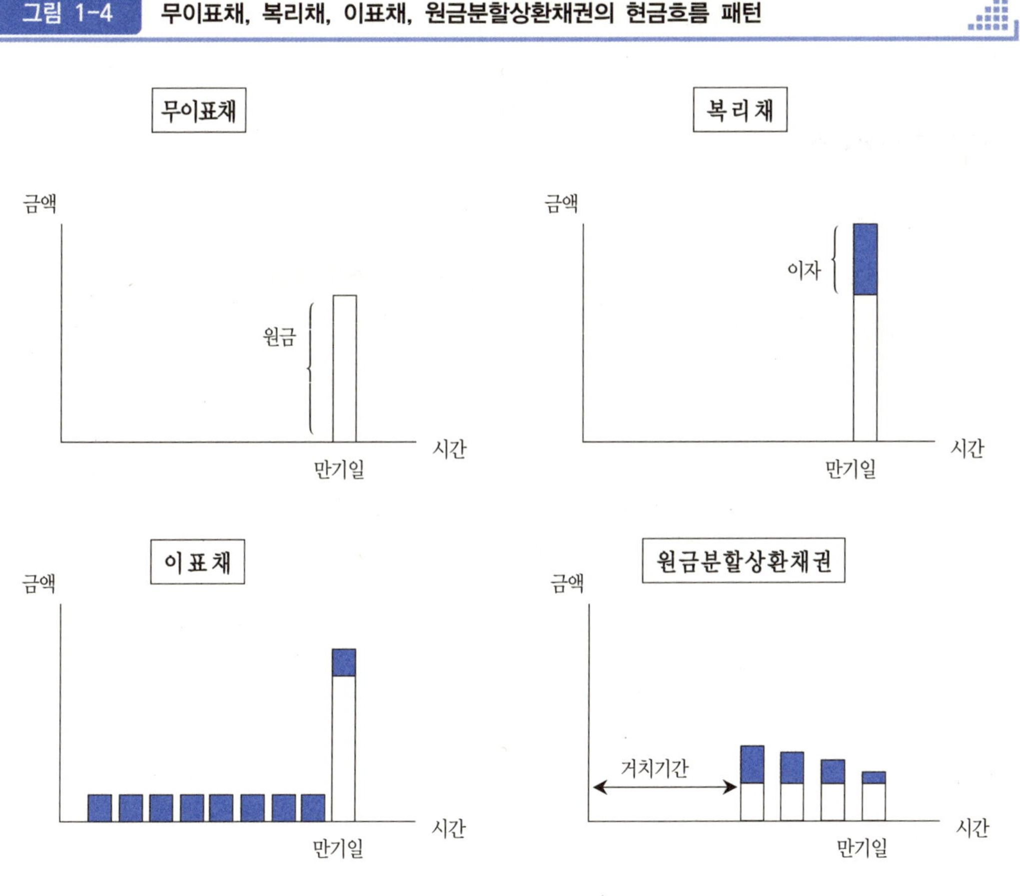

20) 우리나라의 관행에 의하면 채권가격과 만기상환금액 계산시 원 미만은 절사한다.

이표채

이표채(coupon-bearing bond)는 채권에 이표(coupon)가 붙어 있어 이자지급일에 이표를 떼어 이자지급을 받을 수 있는 채권이다. 매 3개월(회사채) 또는 6개월(국고채)마다 액면이자를 지급한다. 액면은 10,000원이고, 액면이자율과 수익률간의 차이로 인해 발행가격은 액면가와 다르게 된다. 발행자는 각 이자지급일에 연간 액면이자의 1/4씩 또는 1/2씩을 지급하고 만기일에 마지막 이자와 원금 10,000원을 함께 지급한다. 예를 들어, 현대건설 123회는 액면이자율 11%, 만기 3년의 조건으로 발행되었는데 시장이자율이 연 12.21%이면 발행가격은 9,699원이다.21)

$$P_0 = \sum_{t=1}^{12} \frac{275}{\left(1+\dfrac{0.1221}{4}\right)^t} + \frac{10,000}{\left(1+\dfrac{0.1221}{4}\right)^{12}} = 9,699$$

원금분할상환채권

원금분할상환채권은 원금이 일정기간에 걸쳐 균등상환되는 채권이다. 예를 들어, 액면이자율 6%, 5년 거치 5년 균등상환 서울시 도시철도채권의 현금흐름(만기 9년)은 [표 1-4]와 같다.22) 1차 상환은 5년 후에 이루어지고 이때 5년 동안의 이자를 복리로 지급한다. 이후의 이자는 미상환원금에 대하여 단리로 계산한다.

[표 1-4] 원금분할상환채권의 현금흐름

	1~5년	1차 상환 (5년 후)	2차 상환 (6년 후)	3차 상환 (7년 후)	4차 상환 (8년 후)	5차 상환 (9년 후)
상환원금	0	2,000	2,000	2,000	2,000	2,000
이자	0	3,382	480	360	240	120
총상환금액	0	5,382	2,480	2,360	2,240	2,120

(참고 : $10,000 \times 1.06^5 - 10,000 = 3,382$, $8,000 \times 0.06 = 480$, $6,000 \times 0.06 = 360$)

21) 채권가치평가는 제3장에 자세히 설명되어 있음.

22) 1999년 7월 이전에 발행된 서울도시철도채권의 현금흐름으로 1999년 8월 이후에는 7년 만기 5복2단(5년 복리, 2년 단리)으로 발행된다.

2.3 액면이자 확정여부를 기준으로 한 분류

고정금리채권(fixed-rate bond)

액면이자율이 미리 정해진 채권으로 이표채, 무이표채, 복리채 등이 여기에 속한다.

변동금리채권(floating-rate note(FRN) 또는 floater)

액면이자율이 기준금리에 연동되어 기간 초마다 정해지는 채권으로 현금흐름은 기간별로 변동하지만 현금흐름 결정공식은 확정되어있다. 기준금리에 가산금리(또는 스프레드)가 더해져 이자율이 결정되므로 시장이자율이 증가하면 현금흐름도 증가한다.

기준금리로 LIBOR가 사용되었으나 2023년 7월 이후 산출이 완전 중단됨에 따라 주요국은 기준금리로 실거래 기반 무위험지표금리(risk-free reference rate: RFR)를 사용한다. RFR은 달러의 경우 SOFR(secured overnight financing rate)로, 원화의 경우 KOFR(Korea overnight financing repo rate)로 불린다.

역변동금리채권(inverse floater)

변동금리채권처럼 액면이자율이 기준금리에 연동되기는 하나 변동금리채권과는 반대로 이자율이 증가하면 현금흐름이 감소하도록 설정되어 있는 채권이다. 예를 들어, 액면이자율이 "14% - 기준금리"로 정해지는 채권이다.

2.4 원금상환에 따른 분류

원금만기상환채권(bullet bond)

만기일 전에는 원금상환이 전혀 이루어지지 않고 만기일에 모든 원금상환이 이루어지는 채권이다. 그러나 감채기금조항(sinking fund provision)과 수의상환조항(call provision)으로 인해 발행기업은 만기일 전에 채권을 상환할 수 있다.

감채기금조항이 설정된 채권을 감채기금사채(sinking fund bond)라고 한다. 감채기금조항이 설정되어 있으면 발행회사는 감채기금(sinking fund)을 적립하여 발행된 사채의 일부분을 매년 상환해야 한다. 감채기금조항을 설정하는 이유는 만기일 전에 조금씩 상환하도록 함으로써 만기일에서의 채무불이행위험을 감소시키기 위함이나, 조기상환으로 투자자들의 이익이 제한되는 효과가 있으므로 투자자들은 이에 대한 보상

으로 추가 수익률을 요구할 수 있다.[23)]

원금분할상환채권(amortizing bond)

모기지대출([표 2-1])과 서울도시철도채권([표 1-4])처럼 만기일 전에 원금이 상환스케줄(amortizing schedule)에 의하여 상환되는 채권이다. 원금분할상환채권의 경우 실질적인 만기를 의미하는 평균만기(weighted average maturity)를 계산한다.

2.5 상환기간에 따른 분류

단기채

우리나라에서 통상적으로 만기가 1년 미만인 채권을 단기채라고 한다. 통화안정증권은 대표적인 단기채이다.

중기채

만기가 1년부터 10년 미만까지의 채권을 지칭하며 국민주택채권 1종, 지역개발채권, 회사채, 국고채권(만기: 2년, 3년, 5년) 등이 여기에 속한다.

장기채

만기가 10년 이상인 채권으로 국민주택채권 2종, 도시철도채권, 국고채권(만기: 10년, 20년, 30년, 50년) 등이 장기채에 속한다.

2.6 보증여부에 따른 분류

보증채

발행자 이외의 제3자가 원리금의 지급을 보증하는 보증채에는 정부보증채인 국채와 일반보증채로 구분된다. 일반보증채는 대부분 회사채로서 보증보험이 보증하는 회사채와 은행 및 증권회사 등 금융기관이 보증하는 회사채로 크게 양분된다. IMF 관리체제로 들어가기 전까지 대부분의 회사채는 보증채 형태로 발행되었다.

---

23) 예를 들어, 300억원이 만기 10년으로 발행되고 6년부터 10년까지 매년 20%씩 감채기금이 설정되면, 5년이 지난 시점부터 매년 20%씩(즉, 60억원) 원금을 상환해야 한다. 상환방법은 시장가격으로 매입하거나 수의상환조항이 설정되어 있으면 콜가격으로 매입한다.

무보증채

1997년 기업의 신용도 악화와 부실채권의 증가로 보증채의 비중이 급격히 감소하여 회사채시장은 급격하게 무보증채 중심으로 재편되었다. 예를 들어, 1996년에 발행된 회사채의 단 7%가 무보증으로 발행된데 반하여, 2000년 이후에는 97% 이상이 무보증으로 발행된다.

3 옵션내재채권

회사채는 옵션의 성격을 포함하기도 하는데 국내에서 발행된 특수한 회사채 중에서 대표적인 옵션내재채권을 간단히 소개하기로 한다. 옵션내재채권의 가치는 일반채권의 가치평가방법으로 평가할 수 없다. 즉, 옵션내재채권의 가치는 일반채권의 가치에 옵션의 가치를 반영하여 계산한다. 만일 수의상환사채처럼 발행기업이 수의상환권(콜옵션)을 보유하면 수의상환사채의 가치는 동일 조건의 일반사채의 가치에서 콜옵션의 가치를 차감한 값이다. 반대로, 상환요구사채처럼 투자자가 상환청구권(풋옵션)을 보유하면 상환요구사채의 가치는 동일 조건의 일반사채의 가치에 풋옵션의 가치를 가산한 값이다. 전환사채, 신주인수권부사채, 교환사채도 상환요구사채처럼 투자자가 옵션을 소유한다.

> 발행기업이 옵션을 보유하는 경우 : 옵션내재채권의 가치 = 일반사채의 가치 – 옵션가치
> 투자자가 옵션을 보유하는 경우 : 옵션내재채권의 가치 = 일반사채의 가치 + 옵션가치

전환사채(convertible bond: CB)

전환사채는 채권자의 청구에 의하여 일정한 조건에 따라 발행기업의 보통주로 전환할 수 있는 권리(즉, 전환권)가 부여된 채권이다. 우리나라의 경우 1963년 쌍용양회(주)가 액면이자율 10%, 만기 6년으로 발행한 것이 전환사채의 효시이다.

신주인수권부사채(bond with warrants: BW)

신주인수권부사채는 채권 발행후 채권자가 일정가격으로 일정수량의 신주발행을 발행회사에 청구할 수 있는 권리(즉, 신주인수권)가 일정 기간 동안 부여된 채권이다. 공모발행이고 분리형인 경우 신주인수권은 채권과 분리되어 거래소에서 신주인수권증권(subscription warrant)으로 거래된다.

교환사채(exchangeable bond: EB)

교환사채는 채권자가 특정기간 내에 사전에 합의한 교환조건에 따라 발행회사가 보유한 유가증권으로 교환할 수 있는 권리(즉, 교환권)가 부여된 채권으로 1991년에 허용되었다. 예를 들어, 1997년 한국코트렐이 국민은행 주식을 교환대상으로, 삼표제작소가 포철 주식을 교환대상으로 교환사채를 발행하였다. 2001년 법 개정을 통해 자사주를 기초로 한 교환사채의 발행이 허용되었다.

수의상환사채(callable bond)

수의상환사채는 발행자가 만기일 전에 채권을 상환할 수 있는 수의상환권(콜옵션)이 부여된 채권이다. 채권 발행후 시장이자율이 하락하면 채권의 가격은 상승하게 되는데 만일 이자율의 하락폭이 크면 발행기업은 수의상환권을 행사하여 기 발행한 액면이자율이 높은 채권을 매입하고 현재의 낮은 이자율로 채권을 다시 발행하여 조달비용을 절약할 수 있다. 수의상환가격인 콜가격(call price)은 액면가에 일정 수익률을 보장하는 이자를 가산한 금액으로 설정된다. 수의상환권은 채권자에게 불리한 조항이므로 다른 모든 조건이 동일하면 수의상환사채는 일반채권보다 높은 액면이자율로 발행된다.

상환요구사채(putable bond)

상환요구사채는 채권자가 만기일 전에 채권의 상환을 요구할 수 있는 상환청구권(풋옵션)이 주어진 채권이다. 수의상환사채와 반대의 경우로, 발행 후 이자율의 상승폭이 크면 채권가격은 풋가격(put price) 이하로 하락하므로 채권자는 상환을 청구하여 가치보존을 받게 된다(풋가격은 대체로 액면가임). 상환청구권은 채권자에게 유리하므로 상환요구사채의 투자자는 일반채권의 투자자에 비하여 불리한 발행조건(예를 들어, 낮은 액면이자율)을 수용하게 된다.

그리고 보다 복잡한 형태로 2개 이상의 옵션을 결합할 수 있는데 예를 들어 상환요구전환사채(putable convertible bond)는 1997년 코오롱상사가 국내에서 처음으로 발행하였다.

4 채권투자에 수반되는 위험

채권에 투자하게 되면 투자자는 다음과 같은 여러 유형의 위험에 노출된다.

금리위험, 가격위험, 재투자수익률위험

금리위험(이자율위험, interest rate risk)은 이자율의 변동에 의해 채권소유자가 부담하는 위험으로 금리위험은 가격위험과 재투자수익률위험으로 구분된다.

이자율이 변하면 채권의 가격은 반대 방향으로 움직인다. 왜냐하면 채권의 가치는 미래 현금흐름의 현재가치이기 때문이다. 따라서 이자율이 상승하면 채권가격은 하락하게 되는데 이처럼 채권 보유자가 손실을 입을 가능성을 가격위험(price risk)이라고 한다. 가격위험의 크기에 영향을 미치는 요인으로는 만기, 액면이자율, 내재옵션(embedded option) 등이 있으며 가격위험의 크기는 주로 듀레이션(duration)으로 측정된다.

재투자수익률위험(reinvestment rate risk)은 시장이자율의 변동으로 인해 이자의 재투자로부터 얻게 되는 수익이 갖는 불확실성을 말한다. 즉, 투자자는 이자율이 하락(상승)하면 수령한 액면이자를 낮은(높은) 이자율로 재투자하게 된다.

재투자수익률위험과 가격위험은 서로 반대되는 영향을 미치는데 투자자는 재투자수익률위험과 가격위험을 상쇄하여 순효과(net effect)가 0이 되도록 하기 위해 듀레이션(duration)을 이용한다(제11장 참고).

수의상환위험

수의상환위험(call risk)은 채권 발행자가 수의상환권(즉, 만기일 이전에 콜가격으로 채권을 상환할 수 있는 권리)을 가질 때 투자자가 부담하는 위험을 의미한다. 발행기업이 수의상환권을 소유함으로 인해 투자자는 현금흐름의 불확실성, 상환시 낮은 수익률로 재투자해야 하는 위험, 그리고 가격상승폭의 제한 등에 직면하는데 이런 위험을 총칭하여 수의상환위험(call risk)이라고 한다.

신용위험

신용위험(credit risk)은 발행자가 약속한 현금흐름을 약정대로 지급하지 못할 가능성인 채무불이행위험(default risk)과 신용평가기관(credit rating agency)이 신용등급을 하향조정함으로써 발생하는 신용스프레드위험(credit spread risk) 등을 포함한다.

수익률곡선위험

수익률곡선위험(yield curve risk)은 수익률곡선이 항상 수평이 아니며 또한 항상 평행이동하지 않는다는 사실로부터 발생한다. 금리위험의 측정치로 사용하는 듀레이션은 수평수익률곡선과 평행이동이라는 가정에 기초하므로 듀레이션은 수익률곡선위험을 적절하게 측정하지 못한다. 수익률곡선위험은 수익률듀레이션(rate duration)으로 측정할 수 있다.

유동성위험

유동성위험(liquidity risk)은 채권포지션을 현재의 시장가격으로 신속하게 청산할 수 없을 때 발생하는 위험이다. 보통 유동성위험은 매매호가차이(bid-ask spread)로 측정한다. 매매호가차이는 경제의 일반적인 상황에 의해 좌우되기도 하지만 특정 기업에 대한 정보에 따라 변하기도 한다. 매매호가차이는 거래비용(transaction cost)의 일부로서 매매호가차이가 크면 유동성위험이 크다.

변동성위험

일반채권의 가치는 이자율의 변동성과 무관하다. 그러나 옵션의 성격을 내재한 옵션내재채권의 경우 이자율 변동성의 증가는 콜옵션과 풋옵션의 가치를 증가시키므로 옵션내재채권의 가치에 영향을 미치게 된다. 이를 변동성위험(volatility risk)이라고 한다. 수의상환권은 발행기업이 갖고 상환청구권은 투자자가 가지므로 변동성이 증가하면 수의상환사채의 가치는 감소하고 상환요구사채의 가치는 증가한다.

환위험

채권의 액면이자와 원금이 자국통화 이외의 통화로 지급되면 투자자는 환위험(foreign exchange risk)에 노출된다. 예를 들어 한국 투자자가 미국채권에 투자한 경우, 만일 원/달러 환율이 증가하면(즉, 원화가 약세이면), 1달러의 원화 기준 가치가 증가하므로 우리나라 투자자는 이익을 얻는다. 반면에 원/달러 환율이 감소하면(즉, 원화가 강세이면), 1달러의 원화 기준 가치가 감소하므로 투자자는 손실을 보게 된다.

인플레이션위험

채권의 수익률은 명목이자율(nominal rate)이므로 인플레이션(inflation)이 높게 되면 구매력(purchasing power)이 손상될 수 있다. 인플레이션위험(inflation risk)을 구매력위험(purchasing power risk)이라고도 한다. 피셔효과(Fisher effect)에 의하면 명목이자율은 물가상승률(inflation rate)과 실질이자율(real rate)의 합과 대략적으로 동일하다.[24] 예를 들어, 채권의 수익률이 8%인데 물가상승률이 7%이면 구매력을 의미하는 실질이자율은 1%에 지나지 않는다.[25]

---

24) 피셔효과의 정확한 관계는 다음과 같다(제4장 참고).

$$명목이자율 = 물가상승률 + 실질이자율 + 물가상승률 \times 실질이자율$$

25) 금리위험과 인플레이션위험은 분산투자에 의해 제거할 수 있는 위험이 아니고 시장의 전반적인 움직임에 의해 영향을 받으므로 체계적 위험(systematic risk)이다. 반면에 수의상환위험, 신용위험, 유동성위험 등은 비체계적 위험(non-systematic risk)이다.

요점정리

- 채권(bond)은 발행자(또는 차입자, 채무자)가 투자자(채권자)에게 원금과 일정 기간 동안의 이자를 정해진 일자에 상환하기로 약속한 증서이다. 만기, 원금, 액면이자율, 이자지급일정은 발행과 동시에 확정된다. 우리나라 회사채의 경우 액면이자는 연 4회 지급된다. 채권 발행과 관련된 주요 내용은 사채관리계약서(indenture)에 기록된다.

- 채권의 가치는 채권이 제공하는 미래 현금흐름(액면이자와 원금)을 수익률로 할인한 현재가치이다. 따라서 발행자가 차입하는 금액은 원금이 아니라 발행시점에서의 채권시장가격이다.

- 채권은 발행 주체에 따라 국채, 지방채, 특수채, 회사채로 구분된다. 국채에는 국고채, 국민주택채권, 재정증권 등이 있으며 국고채의 거래량이 가장 많다. 국고채의 만기는 짧게는 2년, 길게는 50년이다.

- 채권은 현금흐름에 따라 무이표채, 복리채, 이표채, 원금분할상환채권으로 구분된다. 복리채는 이자가 재투자되어 만기일에 원금과 함께 지급되므로 무이표채와 동일한 형태의 현금흐름을 제공한다. 채권은 액면이자 확정 여부를 기준으로 고정금리채권, 변동금리채권, 역변동금리채권으로 구분되고, 만기가 1년 이하면 단기채로, 10년 이상이면 장기채로 구분된다.

- 옵션내재채권에는 전환사채, 신주인수권부사채, 교환사채, 수의상환사채, 상환요구사채 등이 있다. 수의상환사채의 경우 권리를 발행기업이 소유하므로 "수의상환사채의 가치 = 일반채권가치 − 콜옵션 가치"의 관계가 성립한다. 나머지 채권의 경우 투자자가 권리를 소유하므로 "옵션내재채권의 가치 = 일반채권가치 + 옵션가치"의 관계가 성립한다.

- 채권투자자는 이자율위험(가격위험과 재투자수익률위험), 수의상환위험, 신용위험, 수익률곡선위험, 유동성위험, 변동성위험, 환위험, 인플레이션위험 등에 노출된다.

객관식 문제

1 우리나라에서 중기채권과 장기채권을 구분하는 기준은?

① 1년 ② 5년 ③ 10년
④ 20년 ⑤ 정답 없음

정답 ③
풀이 우리나라에서 장기채권은 10년 이상을 의미함(과거에는 5년을 기준으로 구분하였음).

2 다음 여러 옵션내재채권 중 발행기업이 권리를 소유하는 채권은?

① 상환요구사채
② 수의상환사채
③ 교환사채
④ 신주인수권부사채
⑤ 전환사채

정답 ②
풀이 수의상환사채의 경우 발행기업이 권리를 갖는다.

3 5년 만기, 액면이자율 5%인 연복리채의 만기일의 현금흐름은 얼마인가? (원금은 10,000원임)

① 10,500원 ② 12,500원 ③ 10,000원
④ 12,762원 ⑤ 정답 없음

정답 ④
풀이 만기상환금액은 $10,000 \times (1.05)^5 = 12,762$원임.

4 다음 채권의 조건 중 발행과 동시에 확정되는 조건이 아닌 것은?

① 액면금액
② 연간 이자지급횟수
③ 액면이자율
④ 만기일
⑤ 수익률

정답 ⑤
풀이 수익률은 시장상황에 따라 항상 변하는 변수이고 나머지는 모두 발행과 동시에 확정된다.

5 일반적으로 우리나라에서 보통 회사채의 액면이자는 연간 몇 회 지급되는가?

① 1회 ② 2회 ③ 3회
④ 4회 ⑤ 정답 없음

정답 ④
풀이 우리나라에서 회사채의 액면이자는 연 4회 지급됨. 그러나 전환사채는 연 1회, 국고채는 연 2회 액면이자를 지급한다.

6 가격위험과 반대로 작용하는 위험은?

① 유동성위험
② 재투자수익률위험
③ 환위험
④ 인플레이션위험
⑤ 신용위험

정답 ②
풀이 가격위험과 재투자수익률위험은 정반대로 작용한다. 즉, 이자율이 상승하면 가격은 하락하지만 재투자수익률은 상승한다.

7 5년 거치 5년 균등상환되는 서울시 도시철도채권(액면이자율 6%)의 발행 5년 후 현금흐름은 얼마인가?

① 5,382원 ② 2,000원 ③ 6,500원
④ 3,950원 ⑤ 정답 없음

정답 ①
풀이 5년 후 현금흐름은 첫 번째 원금상환이 발생하는 시점의 현금흐름으로 원금 2,000원과 5년간 이자 $10,000 \times 1.06^5 - 10,000 = 3,382$원의 합인 5,382원이다.

8 다음 중 거래량이 가장 많은 국채는?

① 국고채권
② 국민주택채권
③ 통화안정증권
④ 외평채
⑤ 산업금융채권

정답 ①
풀이 국채 중에서 가장 발행규모가 크고 활발히 거래되는 채권은 국고채권이다.

9 우리나라에서 발행되는 채권 중 가장 만기가 긴 채권의 만기는 얼마인가?

① 10년 ② 20년 ③ 30년
④ 40년 ⑤ 50년

정답 ⑤
풀이 2016년부터 발행되고 있는 50년 만기 국고채가 가장 긴 만기를 갖는다.

10 채권 발행시 발행자가 부담하는 비용은? 화폐의 시간가치는 무시한다.

① 이자비용
② 이자비용 + 원금
③ 이자비용 + 원금 - 발행가격
④ 원금 - 발행가격
⑤ 정답 없음

정답 ③
풀이 이자비용 + 원금 - 발행가격(또는 발행시점의 시장가격)

11 우리나라에서 원금이 10,000원이고 만기가 1년인 할인채가 9,500원으로 발행되면 표면금리는 얼마인가?

① 5% ② 6% ③ 3%
④ 0% ⑤ 정답 없음

정답 ①
풀이 10,000 - 10,000 × x = 9,500이므로 x = 0.05이다.

12 우리나라 채권에 관한 다음의 설명 중에서 틀린 것은?

① 국고채는 연 2회 이자를 지급한다.
② 만기가 가장 짧은 국고채의 만기는 3년이다.
③ 복리채는 특수한 경우의 무이표채로 간주될 수 있다.
④ 만기가 1년인 산업금융채권이 2.5% 할인율로 발행되면 수익률은 2.5%보다 크다.
⑤ 수의상환사채의 가격은 동일 조건의 일반채권의 가치에서 옵션의 가치를 차감하여 구한다.

정답 ②
풀이 가장 짧은 국고채의 만기는 2021년부터 발행된 2년이다.

CHAPTER 02

채권수학

1. 단일현금흐름의 미래가치와 현재가치
2. 연금의 현재가치와 미래가치
3. 이자지급횟수와 가치계산
4. 수익률의 계산

CHAPTER 2

채권수학

1 단일현금흐름의 미래가치와 현재가치

1.1 단일현금흐름의 미래가치

단일현금흐름의 n년 후의 미래가치는 다음과 같이 계산한다.

[식 2.1]

$$FV_n = PV \times (1+r)^n$$

여기서 FV_n은 n년 후의 미래가치이고, PV는 현재 금액이며 r은 연간 이자율이다. 다른 모든 조건이 일정할 때 이자율이 높을수록 또는 기간이 길수록 미래가치는 커진다. 이처럼 미래가치를 계산하는 것을 복리이자(compound interest)를 반영하여 미래가치를 계산한다는 의미로 복리계산(compounding)한다고 한다. 복리이자는 최초 투자금액에 대한 이자뿐만 아니라 이자에 대한 이자(interest on interest)도 포함한다.

단리이자만을 반영하는 경우 미래가치는 다음과 같이 계산된다. 단리이자(simple interest)는 최초 투자금액에 대한 이자를 의미한다.

[식 2.2]

$$FV_n = PV \times (1 + r \cdot n)$$

$n=2$의 경우 단리이자가 지급되면 미래가치는 $PV \times (1+2r)$이고 복리이자가 지급되면 미래가치는 $PV \times (1+2r+r^2)$으로 두 금액의 차이는 r^2이다. $n=3$의 경우 두 금액의 차이는 $3r^2+r^3$로 커진다. [그림 2-1]은 100원의 미래가치를 보여준다. n이 커짐에 따라 두 금액의 차이가 기하급수적으로 커짐을 알 수 있다. 단리이자가 지급되는 경우 미래금액은 선형으로 증가한다.

그림 2-1 **단리이자와 복리이자간의 차이**

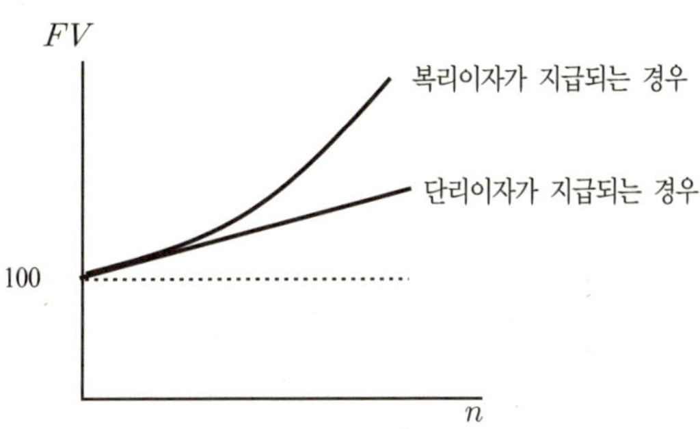

$n > 1$인 경우 $(1+r)^n > (1+r\times n)$이지만 $n < 1$인 경우 $(1+r)^n < (1+r\times n)$이다. 그리고 $n=1$이면 두 금액은 동일하다.

예시 2-1 단리이자와 복리이자

200만원을 연 12%의 이자율로 6년간 예금하는 경우 단리이자만을 반영한 미래가치는 $200(1+0.12\times 6)=344$만원이므로 단리이자는 144만원이다. 반면에 복리계산한 미래가치가 $200(1.12)^6=394.76$만원이므로 복리이자는 194.76만원이다. 두 이자의 차이인 50.76만원은 이자에 대한 이자이다.

만일 6개월간 예금하면 $(1+r)^n < (1+r\times n)$이므로 미래가치가 각각 $200\times 1.12^{0.5}=211.66$과 $200\times(1+0.12\times 0.5)=212.00$으로 계산된다.

1.2 단일현금흐름의 현재가치

단일현금흐름의 현재가치는 미래가치를 계산하는 과정을 역으로 생각하여 구할 수 있다.

[식 2.3]
$$PV=\frac{FV_n}{(1+r)^n}$$

다른 모든 조건이 동일할 때 이자율이 높을수록 또는 기간이 길수록 현재가치는 작아진다. r은 현재가치를 구할(discounting) 때 사용되는 할인율(discount rate)이다.[1] 미래 현금흐름에 위험이 없으면 사용하는 이자율은 무위험이자율(risk-free rate)이다. 반면에 채무불이행위험(default risk)이 있는 현금흐름에 적용할 이자율은 무위험이자율과 위험프리미엄(risk premium)의 합이다.

현재가치를 구하는 것과 미래가치를 구하는 것은 정반대의 과정을 거치므로, 미래가치와 현재가치를 동전의 앞뒷면으로 비유하기도 한다. [그림 2-2]의 시간선(time line)에서 미래가치를 계산하는 것은 현재가치 PV를 오른쪽으로 이동시키는 것을 의미하며, 1기간 이동시킬 때마다 $(1+r)$을 곱한다. 반대로 현재가치를 계산하는 것은 미래가치 FV_n을 왼쪽으로 이동시키는 것을 의미하며, 1기간 이동시킬 때마다 $(1+r)$로 나눈다.

그림 2-2 단일현금흐름의 미래가치와 현재가치 계산

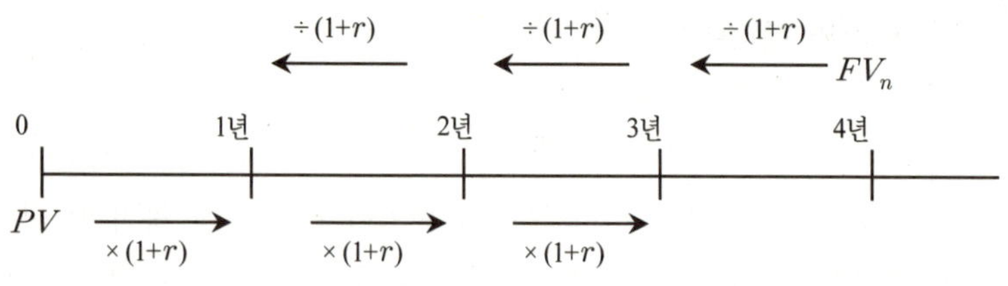

예시 2-2 단일현금흐름의 미래가치와 현재가치

① 100만원을 연 10%의 이자율로 5년, 12%의 이자율로 3년 예금하면 8년 후 미래가치는 얼마인가?

$$100(1.1)^5(1.12)^3 = 226.27\text{만원}$$

② 연 10%의 이자율로 100만원을 은행에 예금하고 2년 7개월이 지난 후에 찾을 수 있는 금액은 얼마인가?

$$100(1.1)^{2+\frac{7}{12}} = 100(1.1)^{2.583333} = 127.92\text{만원}$$

1) 본 서에서 할인율은 여러 의미로 사용된다. 현가 계산에 사용되는 이자율이라는 의미 이외에도, 할인율은 채권가격 또는 CD(양도성예금증서)가격이 액면금액에 비하여 할인된 정도를 의미하기도 하고 또는 할인채(무이표채)의 액면이자율을 의미하기도 한다.

③ 6개월 후에 100만원이 필요한 경우 오늘 은행에 예금해야 하는 금액은 얼마인가? 이자율은 10%임.

$$\frac{100}{1.1^{0.5}} = 95.35\text{만원}$$

만기가 1년 미만인 단기금융상품의 경우 단기금융시장의 관행에 따라 이자계산이 단리로 이루어진다. 현재가치 계산에 단리를 적용하면 계산식은 다음과 같다($\#days$는 만기일까지의 일수이고 r은 수익률임). 우리나라에서 채택하는 단기금융시장 일수계산관행(money market day-count convention)은 "actual/365" 기준이다(윤년의 경우에도 365 사용).

[식 2.4]

$$PV = \frac{FV_n}{\left(1 + r \cdot \frac{\#days}{365}\right)}$$

예시 2-3 현재가치 계산(단리계산과 복리계산)

270일 후에 100만원을 지급하는 CD의 현재가치를 단리계산과 복리계산으로 하여 두 값을 비교하라. 수익률은 연 7%이다. CD의 가치평가, 할인율, 수익률에 대한 설명은 제4장을 참고하라.

복리계산: $\frac{100}{1.07^{\frac{270}{365}}} = 95.1183\text{만원}$

단리계산: $\frac{100}{1 + 0.07 \times \frac{270}{365}} = 95.0768\text{만원}$

복리계산으로 구한 현가는 단리계산으로 구한 현가보다 작을 수 없다.

연금의 현재가치와 미래가치

2.1 영구연금의 현재가치

기본 모형

영구연금(perpetuity)은 미래에 동일 금액이 영원히 발생하는 현금흐름이다. 영구연금의 현가를 구하는 공식은 다음과 같다.

[식 2.5]

$$PV = \frac{C}{r}$$

여기서 C는 동일 금액이고 r은 할인율이다. 이 공식을 적용하는데 한 가지 주의할 점은 영구연금의 첫 번째 현금흐름이 1년 후에 발생해야 한다는 점이다.

t년 지연된 영구연금의 현재가치

t년 지연된 (즉, 첫 번째 현금흐름이 $t+1$년 후에 발생하는) 영구연금의 현가는 $\frac{C}{r}$을 t년 추가로 할인하여 구한다. 즉, $PV = \frac{C}{r} \cdot \frac{1}{(1+r)^t}$.

예시 2-4 영구연금의 현재가치

매년 300만원씩을 영구히 지급하는 영구연금의 현재가치는 얼마인가? 이자율은 10%이다.

$$PV = \frac{300}{0.1} = 3{,}000\text{만원}$$

매년 300만원씩을 영구히 지급하는 영구연금의 첫 번째 현금흐름이 5년 후에 발생한다면 현재가치는 얼마인가?

이는 4년 지연된 영구연금이므로 현재가치는 2,049만원이다.

$$PV = \frac{300}{0.1} \times \frac{1}{1.1^4} = 2{,}049\text{만원}$$

두 금액의 차이인 951만원은 매년 300만원씩 4년 동안 지급되는 현금흐름의 현재가치이다. 즉, 1년 후 300만원, 2년 후 300만원, 3년 후 300만원, 4년 후 300만원을 지급하는 현금흐름의 현재가치가 951만원이다.

$$PV = \frac{300}{1.1} + \frac{300}{1.1^2} + \frac{300}{1.1^3} + \frac{300}{1.1^4} = 951$$

이처럼 동일금액이 일정 기간 반복되는 현금흐름을 연금이라고 한다. 이 예시는 4년 연금의 현금흐름(가격)이 영구연금 현금흐름(가격)과 4년 지연된 영구연금 현금흐름(가격)의 차이임을 보여준다.

2.2 연금의 현재가치

연금(annuity)은 동일 금액이 미래 일정기간 동안 발생하는 현금흐름이다. n년 연금(동일금액이 n번 지급되는 현금흐름)은 정상적인 표준영구연금과 n년 지연된 영구연금의 차이로 표현된다([예시 2-4] 참조).[2)]

n년 연금 = 표준영구연금 − n년 지연된 영구연금

따라서 매년 C원씩 n년 지급하는 연금의 현재가치는 [식 2.6]과 같이 계산된다.

[식 2.6] $$PV = C \cdot \left[\frac{1}{r} - \frac{1}{r(1+r)^n}\right] = C \cdot \left[\frac{1 - \frac{1}{(1+r)^n}}{r}\right] = C \cdot \left[\frac{1-(1+r)^{-n}}{r}\right]$$

연금의 현가공식을 적용하려면 첫 번째 현금흐름이 반드시 1년 후에 발생해야 한다.

예시 2-5 연금의 현재가치

영희는 모기지대출을 받아 5억원 상당의 아파트를 구입하려고 한다. 5억원의 10%인 5,000만원을 아파트 구입 시 현금으로 지불하고 남은 4억 5천만원을 20년 만기 연 8%의 이자율로 대출받을 예정이다. 영희가 아파트 구입 1년 후부터 매년 지불해야 하는 금액은 얼마인가?

20년 만기 연금의 현재가치가 4억 5천만원이라는 의미이므로 다음 식이 성립한다.

2) 표준영구연금은 첫 번째 현금흐름이 1년 후에 시작하는 영구연금을 말한다.

$$450,000,000 = C \cdot \left(\frac{1-1.08^{-20}}{0.08}\right)$$

이 식에서 매년 상환해야 하는 금액 C는 45,833,494원이다.

연금의 현재가치 공식을 적용할 때 PV 대신에 C를 계산하는 상황이 자주 발생한다. 예를 들어 은행에서 PV금액을 대출받는 경우 매년 상환해야 하는 금액 C를 계산하는 경우인데 이 금액은 [식 2.6]로부터 도출된 다음의 식을 이용하면 쉽게 구할 수 있다.

[식 2.7]

$$C = PV \times \left[\frac{r(1+r)^n}{(1+r)^n - 1}\right]$$

[예시 2-5]에서 연간상환금액은 [식 2.7]을 적용하면 다음과 같이 계산된다.

$$450,000,000 \times \frac{0.08 \times 1.08^{20}}{1.08^{20} - 1} = 45,833,494$$

2.3 연금의 미래가치

매년 C원씩 n년 지급하는 연금의 미래가치는 동일 연금의 현재가치에 $(1+r)^n$을 곱하여 구할 수 있다. 즉,

[식 2.8]

$$FV_n = C \cdot \left[\frac{1}{r} - \frac{1}{r(1+r)^n}\right] \cdot (1+r)^n = C \cdot \left[\frac{(1+r)^n - 1}{r}\right]$$

한 가지 주의할 점은 공식을 이용하여 구한 연금의 미래가치는 마지막 현금흐름이 발생하는 시점을 기준으로 계산된 연금의 미래가치라는 점이다.

예시 2-6 연금의 미래가치

5년 동안 매년 100만원씩 연말에 예금하고 20년 후에 예금을 찾는다면 얼마를 찾을 수 있는가? 이자율은 11%이다.

연금의 미래가치 $FV_5 = 100 \cdot \left[\frac{1.11^5 - 1}{0.11}\right] = 622.78$만원을 연 11%의 이자율로 15년 추

가적으로 예금하므로 20년 후 인출할 수 있는 금액은 2,980만원이다.[3)]

$$FV_{20} = 100 \cdot \left[\frac{1.11^5 - 1}{0.11}\right] \cdot (1.11)^{15} = 2{,}980$$

3 이자지급횟수와 가치계산

3.1 연간 m번 이자를 계산하는 경우의 현재가치와 미래가치

이자를 연 m회 지급하는 경우 또는 복리계산을 연 m회 하는 경우, n년 후의 미래가치 FV_n는 다음과 같이 계산된다.

[식 2.9]

$$FV_n = PV \cdot \left(1 + \frac{r}{m}\right)^{m \times n}$$

여기서 기준기간(period)의 이자율은 $\frac{r}{m}$이고 n년 동안에는 $m \times n$개의 기준기간이 존재한다. 다른 모든 조건이 동일할 때 m이 커지면 미래가치도 커진다.

예시 2-7 이자가 연 4회 지급되는 경우의 미래가치

기영은 100만원을 은행에 예금하였는데 이자가 분기별로 지급된다고 한다. 적용되는 이자율이 연 10%이면 기영이 5년 후에 찾을 수 있는 금액은 163.86만원이다.

$$FV_5 = 100\left(1 + \frac{0.1}{4}\right)^{4 \times 5} = 100(1.025)^{20} = 163.86$$

이 금액은 연 2.5%의 이자율로 20년간 예금한 경우 인출할 수 있는 금액과 동일하다.

만약 이자가 일별로 지급된다면 5년 후에 찾을 수 있는 금액은 164.86만원으로 커진다.

$$FV_5 = 100\left(1 + \frac{0.1}{365}\right)^{365 \times 5} = 164.86$$

---

3) 엑셀에서 연금의 현재가치와 미래가치를 계산하는 함수는 각각 PV(r,n,-C)와 FV(r,n,-C)이다. 예를 들어, 100만원 5년 연금(이자율 11%)의 현재가치는 PV(0.11,5,-100) = 369.59원이고 5년후 미래가치는 FV(0.11,5,-100) = 622.78원이다.

공식을 반대로 적용하면, 이자를 연 m회 지급하는 경우 현재가치는 다음과 같이 계산된다.

[식 2.10]

$$PV = \frac{FV_n}{\left(1+\frac{r}{m}\right)^{m \times n}}$$

연금의 현재가치와 미래가치를 구하는 공식도 같은 논리로 수정되어야 한다. 즉, [식 2.6]과 [식 2.8]에서 r은 기준기간의 이자율이고, n은 기준기간(또는 현금흐름)의 수이고, C는 1기간의 현금흐름이다.

예시 2-8 연금의 현재가치(월 기준 계산)

철수가 퇴직금으로 5억원을 수령하였다. 향후 30년 동안 매년 연말에 일정 금액을 소비한다면 얼마씩 소비할 수 있는가? 이자율은 연 12%이다.

연금의 현재가치가 5억원이므로 다음의 식이 성립한다.

$$500,000,000 = C \cdot \left(\frac{1-1.12^{-30}}{0.12}\right)$$

매년 소비하는 금액 C는 62,071,829원이다. 이 문제는 5억원을 은행에서 차입하고 30년 동안 매년 상환하는 경우 연간상환금액을 계산하는 문제와 동일하므로 [식 2.7]에 의해 $500,000,000 \times \frac{0.12 \times 1.12^{30}}{1.12^{30}-1}$로 계산된다.

만약 향후 30년 동안 매월 말에 일정 금액을 상환한다면 얼마를 상환해야 하는가? 1기간의 이자율은 1%이고 30년은 360개월이므로 식은 다음과 같이 수정된다.

$$500,000,000 = C \cdot \left(\frac{1-1.01^{-360}}{0.01}\right)$$

매월 상환하는 금액 C는 5,143,063원이다.

예시 2-9 대출의 월별 상환금액과 이자금액 계산

1,000만원을 은행에서 30년 만기로 차입한다고 하자. 차입이자율이 8.125%이고 매월 상환한다면 매월 상환해야 하는 금액은 얼마인가?

[식 2.7]에 의해 매월 상환해야 하는 금액은 74,250원이다.

$$r = \frac{0.08125}{12} = 0.006770833, \quad n = 30 \times 12 = 360$$

$$10,000,000 \times \left[\frac{0.006770833 \times 1.006770833^{360}}{1.006770833^{360} - 1}\right] = 74,250$$

74,250원에는 이자금액과 원금상환금액이 포함되어 있다. 첫 번째 상환월의 경우 이자금액은 67,708원(= 10,000,000 × 0.08125 ÷ 12)이고 이 금액을 74,250원에서 차감하면 상환되는 원금은 6,541원이다. 따라서 두 번째 상환월의 기초잔액은 10,000,000 − 6,541 = 9,993,459원이다. 이런 방식으로 360개월 동안 계산하면 최종 잔액이 0이 된다.

[표 2-1] 원금상환일정(차입금 1,000만원, 30년 만기, 이자율 연 8.125%)

월	기초 잔액	월별 상환금액	월별 이자금액	상환 원금	기말 잔액	상환원금/ 월별 상환금액
1	10,000,000	74,250	67,708	6,541	9,993,459	8.8%
2	9,993,459	74,250	67,664	6,586	9,986,873	8.9%
3	9,986,873	74,250	67,619	6,630	9,980,243	8.9%
4	9,980,243	74,250	67,575	6,675	9,973,568	9.0%
⋮						
141	8,481,177	74,250	57,425	16,825	8,464,352	22.7%
142	8,464,352	74,250	57,311	16,939	8,447,413	22.8%
143	8,447,413	74,250	57,196	17,054	8,430,359	23.0%
⋮						
289	4,220,092	74,250	28,574	45,676	4,174,415	61.5%
290	4,174,415	74,250	28,264	45,985	4,128,430	61.9%
291	4,128,430	74,250	27,953	46,297	4,082,133	62.4%
⋮						
358	219,766	74,250	1,488	72,762	147,005	98.0%
359	147,005	74,250	995	73,254	73,750	98.7%
360	73,750	74,250	499	73,750	0	99.3%

이 예에서 첫 번째 상환월에 대출상환금 중에서 상환되는 원금이 차지하는 비율은 단 9%에 지나지 않는다. 그러나 만기일에 접근함에 따라 기초잔액이 계속 감소하므로 월별 이자금액이 감소하고 결과적으로 상환금액에서 원금이 차지하는 비율은 계속 증가하게 된다.

예시 2-10 원금상환방법

원금을 상환하는 방법에는 원금의 일정비율을 매년 균등하게 상환하는 방법(이 경우 기간별 이자금액이 상이하므로 기간별 상환금액은 상이함)과 기간별로 상환되는 원금의 크기는 다르지만 기간별 상환금액을 일정하게 하는 방법이 있다. 모기지대출에서 원금상환방법은 후자에 속한다. 거치기간 이후의 서울시 도시철도채권의 원금상환패턴(제1장 [표 1-4] 참고)은 전자에 속한다.

설명을 위하여 9,000만원을 6%의 이자율로 3년 만기로 차입하여 3회에 걸쳐 상환하는 경우를 고려해 보자.

① 원금의 일정비율을 균등하게 상환하는 방법(원금균등상환대출)

연	기초잔액	원금상환	이 자	연간상환금액	기말잔액
1	9,000	3,000	540	3,540	6,000
2	6,000	3,000	360	3,360	3,000
3	3,000	3,000	180	3,180	0

(참고 : 이자 = 기초잔액×0.06, 연간상환금액 = 원금상환 + 이자, 기말잔액 = 기초잔액 - 원금상환)

② 연간상환금액을 일정하게 하는 방법(원리금균등상환대출)

연	기초잔액	원금상환	이 자	연간상환금액	기말잔액
1	9,000	2,827	540	3,367	6,173
2	6,173	2,997	370	3,367	3,176
3	3,176	3,176	191	3,367	0

(참고 : 이자 = 기초잔액×0.06, 원금상환 = 연간상환금액 - 이자금액, 기말잔액 = 기초잔액 - 원금상환)

연간상환금액 3,367원은 $9{,}000 \times \dfrac{0.06 \times 1.06^3}{1.06^3 - 1}$으로 계산되었음.

3.2 실효이자율

연 2회 이상 이자를 지급하면 실제로 적용되는 연간 이자율을 실효이자율(effective annual rate: EAR)이라고 한다. 명목이자율 r에 대해 연간 m번 복리계산을 하든 실효이자율 EAR을 적용하든 n년후 미래가치가 동일해야 하므로 다음 식이 성립한다. 여기서 r은 명목이자율(nominal interest rate) 또는 APR(annual percentage rate)이라고 한다. 일반적으로 금융상품에서 공시되는 이자율은 명목이자율이다.

[식 2.11]

$$(1+EAR)^n = \left(1+\frac{r}{m}\right)^{m\times n}$$

[식 2.11]로부터 실효이자율은 다음과 같이 구한다.

[식 2.12]

$$EAR = \left(1+\frac{r}{m}\right)^{m} - 1$$

$m=1$이면 명목이자율과 실효이자율은 동일하다. 그러나 $m>1$이면 실효이자율이 명목이자율보다 반드시 높다. 다른 모든 조건이 동일할 때 m이 증가하면 EAR도 증가한다. 예를 들어, 명목이자율이 10%인 경우, $m=1$, 2, 4, 12, 52, 365이면 실효이자율은 각각 10.00%, 10.25%, 10.38%, 10.47%, 10.51%, 10.52%이다.

반대로 실효이자율로부터 기준기간의 이자율과 명목이자율은 다음과 같이 계산한다.

[식 2.13]

$$\text{기준기간 이자율} = (1+EAR)^{\frac{1}{m}} - 1$$

$$r = \left[(1+EAR)^{\frac{1}{m}} - 1\right]\times m$$

예시 2-11 실효이자율

① 연 10%의 이자율로 이자가 연 4회 지급되면 실효이자율은 얼마인가? 같은 조건으로 200만원을 5년 동안 투자하면 5년 후 받는 금액은 얼마인가? 이 금액을 실효이자율을 이용하여 확인하라.

실효이자율은 $\left(1+\frac{0.1}{4}\right)^4 - 1 = 10.3813\%$이고 5년 후 미래가치는 아래와 같이 327.72만원이다.

$$200 \cdot \left(1+\frac{0.1}{4}\right)^{20} = 327.72$$

이 금액은 실효이자율을 이용하여 직접 구할 수 있다.

$$200 \cdot (1.103813)^5 = 327.72$$

② 실효이자율이 10.3813%인 경우 분기별 이자율은 $1.103813^{\frac{1}{4}} - 1 = 0.025$이다. 따라서 명목이자율(연 기준)은 $2.5\% \times 4 = 10\%$이다.[4)]

m이 무한대에 접근하면 화폐의 시간가치가 연속적으로 적용되는 연속복리로 계산된다.[5)] 연속복리 이자율을 적용하는 경우 미래가치와 현재가치는 다음과 같이 계산된다. 여기서 e는 자연지수로 2.71828⋯ 이다.

[식 2.14]

$$FV_n = PV \cdot e^{rn}$$

$$PV = FV_n \cdot e^{-rn}$$

수익률의 계산

4.1 단일현금흐름의 투자수익률

단일현금흐름의 미래가치를 구하는 [식 2.1]로부터 이자율 r을 구하는 공식을 다음과 같이 유도할 수 있다.

[식 2.15]

$$r = \left(\frac{FV_n}{PV}\right)^{\frac{1}{n}} - 1$$

예를 들어, 오늘 100만원을 예금하여 3년 후에 125.97만원을 지급 받으면 연간 이자율은 $\left(\frac{125.97}{100}\right)^{\frac{1}{3}} - 1 = 8\%$이다. 즉, 투자자가 3년 동안 연 8%의 수익률을 얻었다는 것을 의미하므로 투자수익률을 계산하는데 이 식을 이용한다. 만약 $m = 1$이 아닌 경우 [식 2.15]에서 n은 기준기간의 수를 의미하고 계산된 r은 기준기간의 투자수익률이 된다. 따라서 투자수익률을 연 기준으로 구하려면 계산된 기준기간 수익률 r에 m을 곱해야 한다.

---

4) 엑셀에서 명목수익률로부터 실효수익률을 구하는 함수는 effect(r,m)이고 실효수익률로부터 명목수익률을 구하는 함수는 nominal(EAR,m)이다. 즉, effect(0.1,4) = 0.103813이고 nominal(0.103813,4) = 0.1이다.

5) $\lim_{m \to \infty}\left(1 + \frac{r}{m}\right)^m = e^r$

예시 2-12 수익률 계산

① 이자를 분기별로 복리계산하는 금융자산에 1,000만원을 3년 투자하여 만기일에 1,511만원을 수령하였다. 투자수익률은 얼마인가?

$$\text{기준기간(3개월) 투자수익률} = \left(\frac{1,511}{1,000}\right)^{\frac{1}{12}} - 1 = 0.035$$

$$\text{투자수익률(연 기준)} = 0.035 \times 4 = 0.14$$

투자수익률 14%는 명목수익률이다. 이 경우 실효수익률은 $1.035^4 - 1 = 0.1475$이다. 즉,

$$1,000 \times 1.1475^3 = 1,511$$

② 오늘 100만원을 투자하여 1개월후 110만원이 되었다면 수익률은 213.99%이다.

$$r = \left(\frac{110}{100}\right)^{\frac{1}{0.0833}} - 1 = 213.99\%$$

4.2 복수현금흐름의 투자수익률

100억원의 투자가 1년 후에 120억원으로 성장하면 투자의 수익률은 20%이다. 투자수익률 20%는 다음 식을 만족시키는 r이다.

$$\frac{120}{1+r} = 100$$

투자수익률 20%를 투자의 내부수익률(internal rate of return: IRR)이라고 한다. IRR은 현금유입의 현재가치와 현금유출의 현재가치를 일치시키는 이자율이다.

100억원을 투자하여 1년 후에 60억원, 그리고 2년 후에 60억원을 받게 된다고 하자. 이 투자의 수익률은 다음 식을 만족시키는 $r = 13.05\%$이다.

$$\frac{60}{1+r} + \frac{60}{(1+r)^2} = 100$$

예시 2-13 내부수익률 계산1

(1) 현재 80억원을 투자하여 1년, 2년, 3년, 4년 후에 각각 60억원, 40억원, 20억원, 13억원을 회수하는 경우 내부수익률은 얼마인가?

내부수익률은 다음 식을 만족시키는 $r=33.4\%$ 이다.

$$\frac{60}{1+r}+\frac{40}{(1+r)^2}+\frac{20}{(1+r)^3}+\frac{13}{(1+r)^4}=80$$

(2) 만기가 3년이고 액면이자율이 10%인 채권의 시장가격이 9,755.63원이다. 투자자가 이 채권을 시장가격에 매입하여 매년 1,000원의 이자를 수령하고 만기일에 원금 10,000원을 수령하면 투자자의 내부수익률은 다음의 식을 만족시키는 11%이다.

$$\frac{1{,}000}{1+r}+\frac{1{,}000}{(1+r)^2}+\frac{11{,}000}{(1+r)^3}+=9{,}755.63$$

이 채권의 만기수익률이 11%이므로(즉, 현금흐름을 11%로 할인하면 시장가격이 계산되므로) 채권의 만기수익률이 내부수익률임을 확인할 수 있다.

그리고 만약 액면이자를 11%로 재투자할 수 있다고 가정하면 투자자의 수익률은 정확히 11%이다. 이는 만기수익률이 동일한 재투자수익률을 가정하고 있음을 의미한다([예시 4-6] 참고).

$$\left(\frac{1{,}000\times1.11^2+1{,}000\times1.1+11{,}000}{9{,}755.63}\right)^{\frac{1}{3}}-1=11\%$$

예시 2-14 내부수익률 계산2

현금유입과 현금유출이 여러 번 발생하는 경우 수익률 계산은 조금 까다로워진다. 예를 들어 다음의 현금흐름의 투자수익률은 얼마인가?

시 점	현 금 흐 름
0	1,000원 투자
1	100원의 현금 수령, 1,300원 추가 투자
2	150원의 현금 수령, 포지션을 청산하고 2,500원 받음

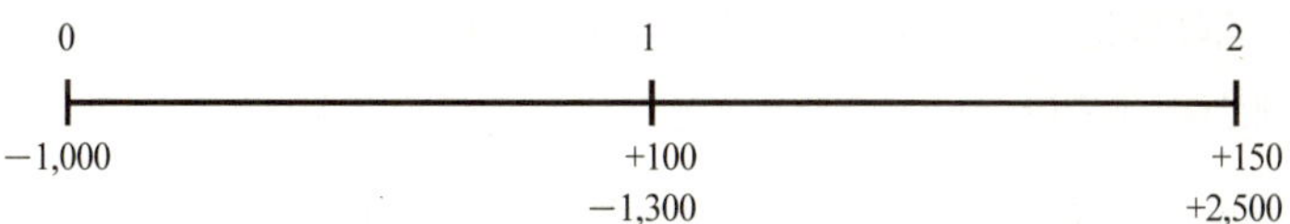

투자수익률은 다음의 식을 만족시키는 r인 13.49%이다.

$$1,000 + \frac{1,300}{1+r} = \frac{100}{1+r} + \frac{150 + 2,500}{(1+r)^2}$$

4.3 평균수익률의 계산

기간별 수익률이 계산되면 전체 기간의 평균수익률을 계산할 수 있다. 평균을 계산하는 방법에는 산술평균법과 기하평균법이 있다. n개 개별 수익률이 각각 r_1, r_2, $\ldots$, r_n이라고 하면 산술평균 $r_{arithmetic}$과 기하평균 $r_{geometric}$은 다음과 같이 계산된다.

[식 2.16]
$$r_{arithmetic} = \frac{r_1 + r_2 + \ldots + r_n}{n}$$

[식 2.17]
$$r_{geometric} = \left[(1+r_1)(1+r_2)\ldots(1+r_n)\right]^{\frac{1}{n}} - 1$$

예를 들어, 5년 동안의 연간 수익률이 각각 15%, −5%, 10%, 15%, 3%이면 산술평균수익률은 7.60%이고 기하평균수익률은 7.32%이다.

$$r_{arithmetic} = \frac{15\% - 5\% + 10\% + 15\% + 3\%}{5} = 7.60\%$$

$$r_{geoometric} = [1.15 \times 0.95 \times 1.1 \times 1.15 \times 1.03]^{\frac{1}{5}} - 1 = 7.32\%$$

기하평균수익률은 항상 산술평균수익률보다 클 수 없다(즉, 동일하거나 작다). 일반적으로 기하평균수익률은 과거의 실적을 평가하는데 유용하다. 그러나 기대수익률을 예측하고자 하는 경우에는 산술평균수익률이 보다 적절하다. 예를 들어, 과거 2년의 개별 수익률이 100%와 −50%인 경우 과거의 두 사건이 발생할 확률이 동일하므로 산술평균인 25%가 기하평균인 0%보다 기댓값으로 적절하다.

요점정리

- 단일현금흐름의 미래가치는 $FV_n = PV \times (1+r)^n$로 계산된다. 이 복리계산은 $FV_n = PV \times (1+r \cdot n)$로 계산되는 단리계산과는 다르다. 차이는 이자에 대한 이자로 투자기간이 길수록 그 차이는 기하급수적으로 커진다. 이 과정을 역으로 적용하면 현재가치가 계산된다. 즉, $PV = \frac{FV_n}{(1+r)^n}$ 또는 $PV = \frac{FV_n}{(1+r \cdot n)}$이다. 만기가 1년 미만인 국내 단기금융상품의 경우 $PV = \frac{FV_n}{\left(1+r \times \frac{\#days}{365}\right)}$로 계산한다.

- 영구연금은 동일 금액이 영원히 발생하는 현금흐름으로 현가는 $PV = \frac{C}{r}$로 계산한다. t년 지연된 (즉, 첫 번째 현금흐름이 $t+1$년 후에 발생하는) 영구연금의 현가는 $PV = \frac{C}{r} \cdot \frac{1}{(1+r)^t}$로 계산한다.
  연금은 동일 금액이 일정기간 발생하는 현금흐름이다. n년 연금의 현재가치는 $PV = C \cdot \left[\frac{1-(1+r)^{-n}}{r}\right]$로 계산되고 미래가치는 $FV_n = C \cdot \left[\frac{(1+r)^n - 1}{r}\right]$로 계산된다.

- 연간 이자지급횟수가 m회인 경우 n년 후의 미래가치는 $FV_n = PV \cdot \left(1+\frac{r}{m}\right)^{m \times n}$이다.
  현가는 $PV = \frac{FV_n}{\left(1+\frac{r}{m}\right)^{m \times n}}$이다.

- 연간 이자지급횟수가 m회인 경우 실효이자율은 $EAR = \left(1+\frac{r}{m}\right)^m - 1$로 계산된다. 반대로 실효이자율로부터 명목이자율은 $r = \left[(1+EAR)^{\frac{1}{m}} - 1\right] \times m$로 계산된다.

- 투자의 수익률은 $r = \left(\frac{FV_n}{PV}\right)^{\frac{1}{n}} - 1$로 계산된다. 복수현금흐름의 경우 투자의 수익률은 내부수익률로 계산된다. 내부수익률은 현금유입의 현재가치와 현금유출의 현재가치를 일치시키는 이자율이다. 채권의 만기수익률은 내부수익률의 개념이다.

- 평균수익률을 계산할 때 산술평균 또는 기하평균을 계산한다. $r_{geometric} = [(1+r_1)(1+r_2)\dots(1+r_n)]^{\frac{1}{n}} - 1$은 과거 실적을 평가하는데 유용하고, $r_{arithmetic} = \frac{r_1 + r_2 + \dots + r_n}{n}$은 기댓값으로 적절하다.

객관식 문제

1 펀드매니저가 다음과 같은 부채상환스케쥴을 확인하였다. 모든 부채를 상환하기 위하여 오늘 투자해야 하는 금액은 얼마인가? 투자기간과 관계없이 오늘 투자하면 수익률 7.6%가 확보된다.

부채상환스케쥴: 1년 후 2억원, 2년 후 3억원, 3년 후 5.4억원, 4년 후 5.8억원

① 12.543억원 ② 11.563억원 ③ 13.112억원
④ 14.034억원 ⑤ 13.421억원

 ③

풀이 부채의 현재가치는 $\frac{2}{1.076}+\frac{3}{1.076^2}+\frac{5.4}{1.076^3}+\frac{5.8}{1.076^4}=13.112$억원이다.

2 다음 중에서 6년 후의 가치가 가장 큰 것은? 이자율은 10%이다.

① 현금 4,300만원을 단리를 지급하는 계정에 입금한 경우
② 향후 4년 동안 매년 연말에 1,250만원씩 입금하는 경우
③ 현금 3,800만원을 연 2회 이자를 지급하는 계정에 입금하는 경우
④ 1년 후에 2,000만원, 3년 후에 1,700만원, 5년 후에 1,000만원을 입금한 경우
⑤ 7년 후부터 매년말에 650원씩 영구히 받기로 한 경우

정답 ②

풀이 ① $4,300 + 4,300 \times 0.1 \times 6 = 6,880$

② $1,250 \times \left(\frac{1.1^4 - 1}{0.1}\right) \times 1.1^2 = 7,020$

③ $3,800 \times (1.05)^{12} = 6,824$

④ $2,000(1.1)^5 + 1,700(1.1)^3 + 1,000(1.1) = 6,584$

⑤ $\frac{650}{0.1} = 6,500$

3 철수는 2,000만원을 30년 만기로 대출받아 매년 말에 일정금액을 상환하기로 약정하였다. 철수는 다섯 번째 금액을 상환하는 날 갑자기 돈이 생겨 대출금을 전액 상환하기로 결정하였다. 오늘 시점에서 빚을 전부 갚기를 원한다면 얼마를 은행에 납부해야 하는가? 철수는 현재 다섯 번째 상환금액을 납부하지 않았다. 철수의 대출금리는 12%이다. 만원 단위로 답하라.

① 1,995만원 ② 2,000만원 ③ 2,181만원
④ 1,933만원 ⑤ 2,196만원

 ⑤

풀이 먼저 2,000만원을 30년 상환조건으로 대출받으면 매년 갚아야 하는 금액은 $20,000,000 = C\times\left(\frac{1-1.12^{-30}}{0.12}\right)$으로부터 $C=2,482,873$원이다. 다섯 번째 상환 직전 시점에서 남은 금액의 횟수는 현재에 상환해야 하는 금액을 포함하여 총 26번이므로 현재가치는 $2,482,873\times\left[1+\left(\frac{1-1.12^{-25}}{0.12}\right)\right]=21,956,391$원이다. 상환해야 하는 원금은 2,000만원보다 작지만 1년간 이자를 포함하여 지급해야 하므로 지급해야 하는 총금액은 2,000만원을 초과하게 된다.

4 연 6%의 이자율이 적용되는데 이자계산이 월별로 이루어지면 실질적으로 적용받는 이자율은 얼마인가?

① 6% ② 6.15% ③ 6.12%
④ 6.17% ⑤ 정답 없음

 ④

풀이 실효이자율을 구하는 문제이다. $EAR=\left(1+\frac{0.06}{12}\right)^{12}-1=6.17\%$

5 1년, 2년, 3년 후에 각각 4,000원, 5,000원, 3,000원을 지급하는 금융자산의 현재가치가 9,000원이다. 이 투자의 수익률은 얼마인가?

① 16.605% ② 15.218% ③ 12.850%
④ 16.045% ⑤ 정답 없음

정답 ①

풀이 $-9,000+\frac{4,000}{1+r}+\frac{5,000}{(1+r)^2}+\frac{3,000}{(1+r)^3}=0$을 만족시키는 r은 16.605%이다.

6 철수는 향후 6년 동안 매 3개월마다 400원을 받게 된다. 철수가 연 12%의 수익률로 투자한다면 철수의 부는 6년 후에 얼마인가?

① 12,984원 ② 13,771원 ③ 13,950원
④ 13,257원 ⑤ 정답 없음

정답 ②

풀이 6년 동안 400원을 24번 수령하고 재투자수익률이 3개월 기준으로 3%이므로 미래가치는 $400 \times \left(\frac{1.03^{24}-1}{0.03}\right) = 13,771$원이다.

7 액면이자율 6%, 5년 거치 5년 균등상환 서울시 도시철도채권의 현금흐름이 다음과 같다. 수익률이 10%이면 채권의 가치는 얼마인가?

$$CF_5 = 5,382,\ \ CF_6 = 2,480,\ \ CF_7 = 2,360,\ \ CF_8 = 2,240,\ \ CF_9 = 2,120$$

① 8,120원 ② 7,659원 ③ 7,958원
④ 7,897원 ⑤ 정답 없음

정답 ④

풀이 채권의 가치 P_0는 현금흐름의 현재가치인 7,897원이다.

$$P_0 = \frac{5,382}{1.1^5} + \frac{2,480}{1.1^6} + \frac{2,360}{1.1^7} + \frac{2,240}{1.1^8} + \frac{2,120}{1.1^9} = 7,897$$

8 국민주택 1종의 액면이자율은 5%이고 원금은 10,000원이고 만기는 5년이다. 이 채권은 연복리채로서 만기일에 12,762원을 지급한다. 이 채권의 적정 수익률이 9%이면 현재 가치는 얼마인가?

① 10,000원 ② 8,294원 ③ 7,500원
④ 8,450원 ⑤ 정답 없음

정답 ②

풀이 가치는 $\frac{12,762}{1.09^5} = 8,294$원이다.

9 철수는 향후 10년 동안 매 3개월마다 이자로 500원씩을 수령하게 된다. 또한 10년 후에 원금 10,000원을 받을 예정이다. 적정 수익률이 15%이면 철수가 수령할 예정인 현금흐름의 가치는 얼마인가?

① 12,569원　② 11,859원　③ 12,816원
④ 12,350원　⑤ 정답 없음

 ①
풀이 채권의 가치를 계산하는 문제이다. 10년 연금(500원 현금흐름 40회)과 단일현금흐름(10년 후 10,000원)의 현가를 합산하면 12,569원이다.

$$500\times\left(\frac{1-1.0375^{-40}}{0.0375}\right)+\frac{10,000}{1.0375^{40}}=12,569$$

10 10억원을 연 6.31%의 이자율로 20년 만기로 차입하면 매월 상환해야 하는 금액은 얼마인가? 천원 미만은 절사할 것.

① 6,359,000원　② 7,344,000원　③ 7,524,000원
④ 7,129,000원　⑤ 정답 없음

 ②
풀이 $1,000,000,000\times\left[\frac{0.00525833\times1.00525833^{240}}{1.00525833^{240}-1}\right]=7,344,293$

$(0.0631\div12=0.00525833)$

11 1,000만원을 연 5%의 이자율로 20년간 투자하는 경우 복리이자와 단리이자의 차이는 얼마인가?

① 653만원　② 725만원　③ 500만원
④ 685만원　⑤ 628만원

정답 ①
풀이 $1,000\times1.05^{20}-1,000\times(1+0.05\times20)=653$

12 91일 후에 100만원을 지급하는 CD의 현재가치는 얼마인가? 단리를 적용하며 수익률은 3%이다.

① 99.27만원　② 99.30만원　③ 99.23만원
④ 99.35만원　⑤ 99.26만원

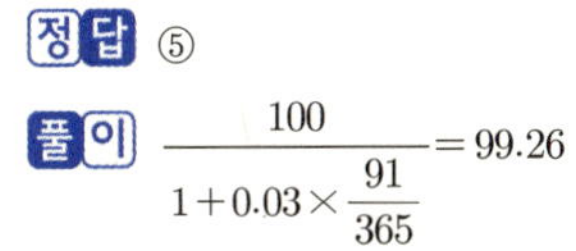

정답 ⑤

풀이 $\frac{100}{1+0.03\times\frac{91}{365}}=99.26$

13 매년 500만원을 영구히 지급하는 영구연금의 첫 번째 현금흐름이 10년 후에 발생하면 현재가치는 얼마인가? 이자율은 4%이다.

① 8,445만원　② 8,120만원　③ 8,782만원
④ 9,134만원　⑤ 정답 없음

정답 ③

풀이 9년 지연된 연금이므로 현재가치는 $\frac{500}{0.04}\times\frac{1}{1.04^9}=8,782.33$만원이다.

14 실효이자율이 10%이고 월별로 이자계산이 이루어진다면 연간 명목이자율은 얼마인가?

① 9.65%　② 9.57%　③ 9.72%
④ 9.80%　⑤ 정답 없음

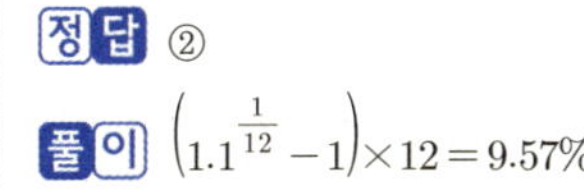

정답 ②

풀이 $\left(1.1^{\frac{1}{12}}-1\right)\times 12=9.57\%$

15 다음 4년간 수익률이 각각 10%, 20%, -30%, 15%이다. 산술평균수익률에서 기하평균수익률을 차감하면 얼마인가?

① 2.05%　② 1.94%　③ 2.51%
④ 2.22%　⑤ 1.58%

정답 ④

풀이 산술평균수익률 : $\frac{10\%+20\%-30\%+15\%}{4}=3.75\%$

기하평균수익률 : $[1.1\times1.2\times0.7\times1.15]^{\frac{1}{4}}-1=1.53\%$

차이 : $3.75\%-1.53\%=2.22\%$

16 다음 세 가지 계산결과를 큰 순서대로 가장 적절하게 나열한 것은? 2019년

a. 1년 만기 현물이자율이 8%이고 2년 만기 현물이자율이 10.5%일 때 1년 후부터 2년 후까지의 선도이자율($_1f_2$)
b. 연간 실질이자율이 10%이고 연간 인플레이션율이 2%일 때 연간 명목이자율
c. 연간 표시이자율(APR)이 12%이고 매 분기 이자를 지급하는 경우(분기복리) 연간 실효이자율(EAR)

① a > b > c　② a > c > b　③ b > a > c
④ c > a > b　⑤ c > b > a

정답 ②

풀이 $_1f_2=\frac{1.105^2}{1.08}-1=13.06\%$

$y=y^*+h+y^*\times h=0.1+0.02+0.1\times0.02=12.2\%$

$EAR=\left(1+\frac{0.12}{4}\right)^4-1=12.55\%$

선도이자율과 명목이자율의 계산은 각각 제7장과 제4장을 참고할 것.

17 A씨는 1월 1일(t=0)에 H은행에서 원리금균등분할상환 조건으로 1,000,000원을 대출받았다. 대출의 이자율과 만기는 각각 연 5%와 3년이고, 원리금은 매년 말 1회 상환된다. 1년 말(t=1)에 상환되는 원리금에서 이자지급액의 원금상환액에 대한 비율(이자지급액/원금상환액)을 계산한 값에 가장 가까운 것은? 단, 연 1회 복리를 가정하고, $PVIF(5\%,3)$=0.8638, $PVIFA(5\%,3)$=2.7232이다. 2020년

① 7.32%　② 9.30%　③ 10.76%
④ 13.62%　⑤ 15.76%

정답 ⑤

풀이 연간 상환금액은 $\frac{1,000,000}{PVIFa(0.05,3)}$ = 367,215원이므로 비율은 $\frac{1,000,000 \times 0.05}{367,215-(1,000,000 \times 0.05)}$ = 15.76%이다.

18 K씨는 현재시점(t=0)에서 30년 만기 및 연 10%의 이자율로 20억원을 차입하려고 한다. 조사 결과 다음과 같은 두 가지 차입방안이 가능하며 만기 및 이자율은 동일하다. 1안과 2안을 비교할 때, K씨가 2차년도 말(t=2)에 지급하게 될 이자금액의 차이에 가장 가까운 것은? (단, PVIF(10%, 30)=0.0573, PVIFA(10%, 30)=9.4269이며, 모든 금액은 반올림하여 원단위로 표시한다.) 2022년

> 1안 : 만기일시상환 방식
> - 1차년도부터 매년도 말 연 1회 대출원금에 대한 이자를 상환하며, 대출원금은 만기일에 전액 상환한다.
>
> 2안 : 원리금 균등분할상환 방식
> - 1차년도부터 매년도 말 연 1회 동일한 금액을 상환한다.

① 0원 ② 1,215,882원 ③ 1,824,249원
④ 2,159,222원 ⑤ 2,487,256원

 ②

풀이 1안에 의한 이자금액 : 20억원 × 0.1 = 2억원

2안에 의한 연간 상환금액 :

2,000,000,000 = $C \times PVIFa(0.1,30)$ → C = 212,158,822

2차연도 이자금액의 차이 = 200,000,000 − 198,784,118 = 1,215,882원

연	기초잔액	원금상환	이 자	연간상환금액	기말잔액
1	2,000,000,000	12,158,822	200,000,000	212,158,822	1,987,841,178
2	1,987,841,178	13,374,704	198,784,118	212,158,822	1,974,466,474

주관식 문제

1 다음의 독립된 질문에 답하라.

(1) 이자율이 연 15%이고 분기마다 이자를 지급하는 경우 원금 500만원의 5년 후 미래가치는 얼마인가? 실효이자율은 얼마인가?

(2) 영희는 충남실업에 근무 중인데 30년 후에 은퇴할 예정이다. 은퇴 후 매월 초에 300만원씩 30년 동안 소비할 예정이다. 이를 위해 근무하는 30년 동안 매월 말에 저축해야 하는 금액은 얼마인가? 이자율은 연 12%이다.

(3) 철수는 은행으로부터 오늘 100만원을 입금하면 1년 후 60만원, 2년 후 60만원을 받을 수 있다는 제의를 받았다. 철수가 요구하는 수익률이 15%이면 은행의 제의를 수락하겠는가?

(4) 100만원을 연 20%의 이자율로 10년간 예금하면 미래가치는 얼마인가? 단리이자와 복리이자는 얼마인가?

(5) 오늘 100만원을 투자하여 10년 후 400만원을 받고자 한다면 투자수익률은 얼마이어야 하는가?

해답

(1) $FV_5 = 500\left(1+\dfrac{0.15}{4}\right)^{4\times5} = 1{,}044$

또는 $EAR = \left(1+\dfrac{0.15}{4}\right)^4 - 1 = 15.865\%$ 이므로 $FV_5 = 500(1.15865)^5 = 1{,}044$

(2) $C \times \left(\dfrac{1.01^{360}-1}{0.01}\right) = 300 + 300 \times \left(\dfrac{1-1.01^{-359}}{0.01}\right)$에서 $\left(\dfrac{1.01^{360}-1}{0.01}\right) = 3{,}494.96$ 과 $\left(\dfrac{1-1.01^{-359}}{0.01}\right) = 97.1905$ 이므로 $C = 84{,}285$원이다. 소비현금흐름이 월초에 발생하므로 이는 선연금(annuitydue)이다.

(보충설명) n년 선연금의 현재가치는 다음 두 가지 방법으로 계산한다.

① $C + PV(n-1$년 보통연금$)$

② n년 보통연금의 현재가치 $\times (1+r)$

(3) 미래에 수령하는 금액의 현재가치는 $\dfrac{60}{1.15} + \dfrac{60}{1.15^2} = 97.54$만원이므로 15%의 수익률을 요구

하는 투자자 입장에서 좋은 투자가 아니다.

(4) 단리로 계산하면 10년 후 금액은 $100 \times (1 + 0.2 \times 10) = 300$만원이므로 단리이자는 200만원이다. 복리로 계산하면 미래가치는 $100 \times 1.2^{10} = 619.17$만원이다. 619.17만원은 원금 100만원, 복리이자 519.17만원(단리이자 200만원 + 이자에 대한 이자 319.17만원)으로 구성된다.

(5) $r = \left(\frac{400}{100}\right)^{\frac{1}{10}} - 1 = 14.87\%$

2 철수는 현재 가격이 10억원인 아파트를 구입하고자 한다. 철수는 전액을 은행으로부터 융자받아 30년 동안 상환하고자 한다. 다음의 독립된 물음에 답하라.

(1) 이자율이 10%이고 매년 상환한다면 철수가 매년 갚아야 하는 금액은 얼마인가?

(2) 철수는 12년 경과된 후에 복권에 당첨되어 대출을 전액 상환하고자 한다. 철수가 그 동안 (1)에서 계산된 금액만큼 갚았다면 12번째 상환 예정일에 은행에 갚아야 금액은 얼마인가? 은행은 만기 전 상환에 대하여 상환기준일 잔액의 1%를 페널티로 부과한다. 이자율은 10%이다.

(3) 이자율이 12%라고 가정하자. 30년 동안 매월 말 일정 금액을 갚는다면 매월 갚아야 하는 금액은 얼마인가?

(4) 만약 매월 말 500만원씩 30년 동안 갚는다면 30년 후에 일시불로 상환해야 하는 금액은 얼마인가? 이자율은 연 12%이다.

해답

(1) 10억원이 연금의 현재가치를 의미하므로,

$$1{,}000{,}000{,}000 = C \cdot \left(\frac{1 - 1.1^{-30}}{0.1}\right)$$

$\left(\frac{1 - 1.1^{-30}}{0.1}\right) = 9.4269$이므로 매년 상환해야 하는 금액은 106,079,411원이다.

(2) 12번째 상환예정일 기준으로 일시불로 상환하고자 하면(아직 12번째 상환이 이루어지지 않았음) 갚아야 하는 금액은 미래에 지불해야 하는 19번 현금흐름의 현가이다.

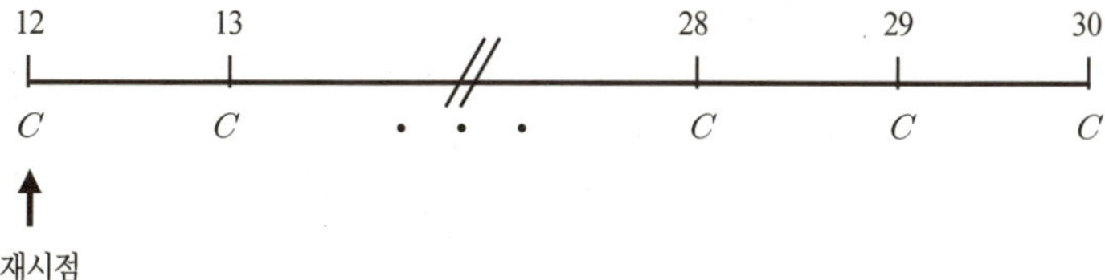

조기상환하는 경우 1%의 패널티가 부과되는데 12번째 금액은 조기상환이 아니므로 이를 별

도로 처리해야 한다. 먼저 18번 현금흐름의 현가를 구하고 여기에 1% 패널티를 부여하면 878,700,975원이다.

$$PV = 106{,}079{,}411 \times \left[\frac{1-1.1^{-18}}{0.1}\right] \times 1.01 = 878{,}700{,}975$$

그리고 여기에 한 번의 현금흐름을 가산하면 철수가 최종적으로 은행에 상환해야 하는 금액이 984,780,386원으로 계산된다.

(3) $r = 0.01,\ n = 360$이므로,

$$1{,}000{,}000{,}000 = C \cdot \left(\frac{1-1.01^{-360}}{0.01}\right)$$

$\left(\frac{1-1.01^{-360}}{0.01}\right) = 97.2183$이므로 매월 말 상환해야 하는 금액은 10,286,129원이다.

(4) 매월 말에 상환해야 금액은 10,286,129원인데 만약 매월 500만원씩만 상환한다면 매월 5,286,129원씩 360회 적게 상환한 셈이다. 이 연금흐름의 미래가치가 30년 후에 일시불로 상환해야 하는 금액이다. 이 금액은 약 185억원이다.

$$FV_{30} = 528.6129\text{만원} \times \left(\frac{1.01^{360}-1}{0.01}\right) = 1{,}847{,}483\text{만원}$$

3 철수의 어머니는 1,000,000원 상당의 가구를 할부로 구입하였다. 가게에서 연 14%의 이자율을 적용한다고 했으며 3년 동안 매월 41,154원씩 갚아야 하는 조건이다. 가게 매니저가 철수 어머니에게 설명한 계산방법은 다음과 같다. 먼저 100만원에 14%의 이자율을 3년간 적용하면 $1{,}000{,}000(1.14)^3 = 1{,}481{,}544$원이고 이를 36으로 나누면 월별 상환금액인 41,154원이 계산된다. 철수 어머니는 계산이 석연치 않다는 생각에 경영학과에 다니는 아들에게 계약의 내용을 설명하였다.

(1) 가게 매니저가 철수 어머니에게 실제 적용한 이자율은 얼마인가?

(2) 연 14%의 이자율이 실제로 적용하여 월 상환액을 다시 산정하라.

(3) 철수 어머니가 41,154원씩 36회 상환하면 실제로 지불한 가격은 얼마인 셈인가?

해답

(1) 41,154원씩 36회 상환하는 경우 적용되는 이자율은 다음 식을 만족시키는 r이다.

$$1{,}000{,}000 = 41{,}154 \times \left(\frac{1-(1+r)^{-36}}{r}\right)$$

$r = 0.023$이다. 가게 매니저가 적용한 명목이자율은 $2.3\% \times 12 = 27.6\%$이고 실효이자율은 31.37%이다.

$$EAR = \left(1 + \frac{0.276}{12}\right)^{12} - 1 = 0.3137$$

즉, 가계 매니저는 화폐의 시간가치 계산을 하지 못하는 철수 어머니를 상대로 일종의 금융 사기계약을 한 셈이다.

(2) 연 14%의 이자율은 월 14%/12 = 1.1667%를 의미한다. 따라서 월 상환액은 다음 식을 만족시키는 $C = 34,178$원이다.

$$1,000,000 = C \times \left(\frac{1-(1.011667)^{-36}}{0.011667}\right) \quad \rightarrow \quad C = 34,178$$

(3) 철수 어머니가 36회 지불하는 41,154원의 현재가치는 1,204,114원이다. 적정 할인율은 연 14%이다.

$$41,154 \times \left(\frac{1-(1.011667)^{-36}}{0.011667}\right) = 1,204,114$$

채권의 가치평가와 투자전략

CHAPTER 03

채권가치평가

1. 무이표채의 가치평가
2. 이표채의 가치평가
3. 액면가채권, 할인채권, 할증채권
4. 채권가격의 시간적 변화
5. 이자지급일 사이에서의 채권가치평가
6. 채권가치평가규칙
7. 채권의 복제와 차익거래
8. 국내 채권가격 결정

CHAPTER 3

채권가치평가

1 무이표채의 가치평가

채권의 가치를 평가하기 위하여 다음과 같이 기호를 정의하자.

기호 정의

T: 채권의 만기(현재시점부터 만기일까지의 기간) 또는 만기일[1)]

F: 채권의 원금

c: 액면이자율(연간)

m: 연간 이자지급횟수

y: 기준기간 수익률(y_{annual}/m, 단 y_{annual}은 1년 기준 수익률)

C: 기준기간의 액면이자 $= \dfrac{F \times c}{m}$

n: 남은 액면이자 또는 기준기간의 수($= m \times T$)

P_0 : 채권의 현재 가치

여기서 y는 기준기간(period)의 수익률로 연간 수익률을 m으로 나눈 값이다. 회사채의 이자지급주기는 미국, 영국, 호주, 일본의 경우 6개월이고 우리나라의 경우 3개월이다.[2)] 즉, 연 2회 이자를 지급하면 기준기간은 6개월이고 y는 6개월 기준의 수익률이고, 연 4회 이자를 지급하면 기준기간은 3개월이고 y는 3개월 기준의 수익률이다. 그리고 회사채의 원금으로 우리나라의 경우 10,000원을 이용하고, 미국의 경우 1,000달러를 이용한다. 우리나라의 경우 채권의 원금이 항상 10,000원이라기 보다는 10,000원을 기준으로

1) 본 서에서 만기는 만기일 또는 현재시점부터 만기일까지의 기간을 의미한다. 예를 들어, 5년 만기로 발행된 채권이 2년이 경과하면 3년 만기 채권이 된다. 실무에서는 최초 발행시의 만기와 구별하기 위하여 현재시점부터 만기일까지의 기간을 잔존기간(잔존만기)이라고 한다.

2) 국채의 경우, 미국, 일본, 영국, 이태리 등의 국가에서는 연 2회 이자를 지급하는 반면에, 프랑스와 독일에서는 연 1회 이자를 지급한다. 그리고 유로본드(Eurobond)도 연 1회 이자를 지급한다. 우리나라의 경우 회사채는 연 4회 이자를 지급하는 반면에 국고채권은 연 2회 이자를 지급한다.

가격을 계산하는데 이를 단가라고 한다.

채권의 가치는 미래 현금흐름의 현재가치이다. 무이표채 또는 순수할인채권은 만기일 전에 액면이자를 전혀 지급하지 않고 만기일에 액면가만을 지급하는 채권이므로, 무이표채의 가치는 액면가를 수익률(yield)로 할인한 현재가치이다. 즉, 만기가 T년이고 원금이 F인 무이표채의 가치는 다음과 같이 평가된다.

[식 3.1]

$$P_0 = \frac{F}{(1+y)^T}$$

여기서 y는 연간 수익률이다. 무이표채는 만기가 길면 큰 폭으로 할인되어 거래된다. 예를 들어, 만기가 20년이고 원금이 10,000원인 무이표채의 가격은 수익률이 10%이면 $\frac{10,000}{1.1^{20}} = 1,486$원이고 이는 원금의 15%에 불과하다.[3)]

그런데, 현재가치를 계산할 때 각국의 연간 이자지급횟수(또는 연간 복리계산횟수)를 반영해야 한다. 연간 복리계산횟수가 m이면 무이표채의 가치는 다음과 같이 평가된다. 여기서 y는 기준기간의 수익률로 $m=2$이면 y는 6개월 기준 수익률이다.

[식 3.2]

$$P_0 = \frac{F}{(1+y)^{mT}} = \frac{F}{(1+y)^n} = F(1+y)^{-n}$$

즉, 이 채권이 연 2회 이자가 지급되는 미국시장에서 거래되는 채권이라면 무이표채의 가격은 $\frac{10,000}{1.05^{40}} = 1,420$원으로 평가되어야 하고, 연 4회 이자가 지급되는 국내시장에서 거래되는 채권이라면 무이표채의 가격은 $\frac{10,000}{1.025^{80}} = 1,387$원으로 평가되어야 한다.[4)]

이자지급일 사이에서의 가격결정시에는 일수 계산을 해야 한다. 채권가치평가에 적용되는 일수계산관행은 actual/actual이다. 즉, 두 특정일 사이의 실제 일수를 기준기간의 실제 일수로 나눈 비율이 가치평가에 이용된다.

---

3) 본 서에서는 특별히 명시하지 않으면 연 1회 이자를 지급한다고 가정한다.

4) 각주 2)에서 설명했듯이, 우리나라의 경우 국고채와 회사채의 연간 이자지급횟수가 상이하므로 $m=2$ 또는 $m=4$의 선택은 상황에 따라 결정되어야 할 것이다. 즉, 비교하는 대상이 국고채이면 $m=2$로 선택하고 비교하는 대상이 회사채이면 $m=4$가 되어야 한다. 본 서에서는 두 가지 이자지급횟수를 모두 사용하기로 한다.

예시 3-1 이자지급일 사이에서의 무이표채 가격결정

만기가 20년이고 원금이 10,000원인 무이표채가 3월 1일 발행되었다. 발행 후 30일이 경과한 시점에서 무이표채의 가격은 얼마인가? 기준기간은 6개월이고 수익률은 연 10%이다.

먼저 기준시점과 다음 이자지급일까지의 일수를 계산하여 이를 기준기간의 비율(v)로 전환해야 한다(평가하는 채권이 무이표채이므로 이자지급일은 이표채로 가정하는 경우에 적용되는 가상의 이자지급일임). 남은 일수가 152일이고 기준기간의 일수가 182일이므로 v는 다음과 같다.

$$v = \frac{\text{가치평가시점부터 다음 이자지급일까지의 일수}}{\text{기준기간의 일수}} = \frac{152}{30+152} = 0.8352$$

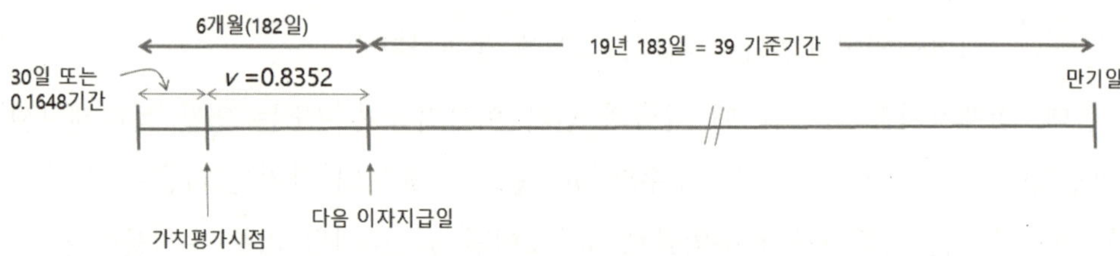

기준시점에서 채권만기 19년 335일은 39.8352 기준기간에 해당되므로 무이표채의 가격은 다음과 같이 계산된다.

$$P_0 = \frac{10,000}{\left(1+\dfrac{0.1}{2}\right)^{39+0.8352}} = 1,431.92\text{원}$$

채권발행가격이 $\frac{10,000}{1.05^{40}} = 1,420$원이었으므로 1개월 동안 무이표채의 가격은 11.92원 상승한다(수익률은 10%로 변함이 없다고 가정함). 기준시점에서의 채권가격은 발행가격에 30일간의 이자가 가산된 금액이므로 다음 식이 성립한다(0.01원 차이는 반올림 오차임).

$$\frac{10,000}{1.05^{40}} \times 1.05^{\frac{30}{182}} = 1,431.93$$

무이표채는 액면이자를 지급하지 않으므로 채권투자자의 이익은 모두 자본이득(capital gain)에서 발생한다. 기간별 수익률이 동일해야 하므로 시간이 지남에 따라 무이표채의 연간 자본이득은 증가해야 한다.

예시 3-2 무이표채의 기간별 자본이득

수익률이 10%로 일정한 경우 원금이 10,000원이고 만기가 5년인 무이표채의 가격은 각 연도말 기준으로 각각 다음과 같다.

$$P_0 = \frac{10,000}{1.1^5} = 6,209,\ P_1 = \frac{10,000}{1.1^4} = 6,830,\ P_2 = \frac{10,000}{1.1^3} = 7,513$$

$$P_3 = \frac{10,000}{1.1^2} = 8,264,\ P_4 = \frac{10,000}{1.1} = 9,091,\ P_T = 10,000$$

그림 3-1 무이표채의 기간별 자본이득과 수익률

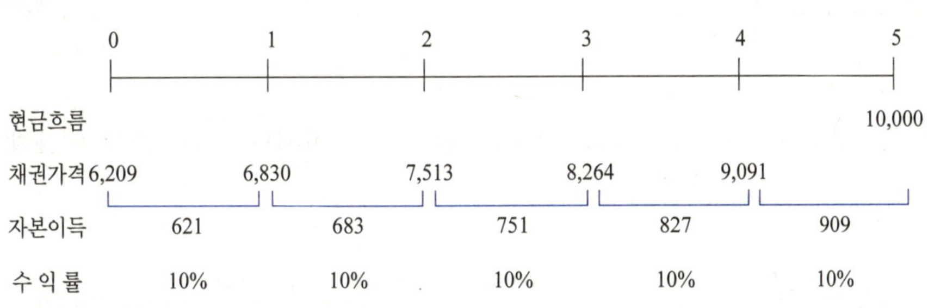

무이표채의 연간 자본이득은 각각 621, 683, 751, 827, 909원으로 증가하지만 기간별 수익률은 항상 10%로 일정하다.

$$\frac{621}{6,209} = \frac{683}{6,830} = \frac{751}{7,513} = \frac{827}{8,264} = \frac{909}{9,091} = 10\%$$

2 이표채의 가치평가

2.1 채권가치평가공식

모든 채권은 여러 무이표채가 결합된 형태로 간주될 수 있으므로 무이표채의 가치평가가 채권가치평가의 기본이 된다. 예를 들어, 만기가 5년이고 원금이 10,000원이고 액면이자율이 10%인 채권은 매년 말에 10,000 × 0.1 = 1,000원의 이자를 지급하고 만기일에 원금 10,000원을 상환한다. 따라서 5년 만기 이표채는 [그림 3-2]와 같이 5

개의 무이표채로 구성되어 있다.5)

그림 3-2 **이표채의 분해**

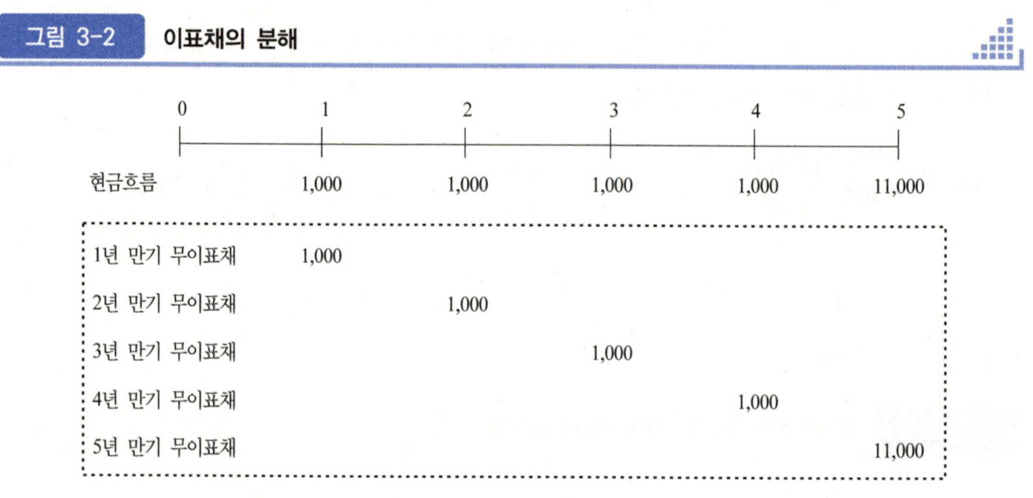

이표채의 가치는 여러 무이표채 가치의 합으로 표현된다. 5년 만기 이표채의 수익률이 8%라고 가정하면 채권의 가치는 10,798.54원이다.

$$P_0 = \frac{1,000}{1.08} + \frac{1,000}{1.08^2} + \frac{1,000}{1.08^3} + \frac{1,000}{1.08^4} + \frac{11,000}{1.08^5} = 10,798.54$$

[표 3-1]은 채권가격을 계산한 표이다. 개별 현금흐름의 현가(무이표채의 가격)가 계산되어 있으며 이표채의 가격은 10,798.51원으로 계산되는데 0.03원의 차이는 반올림 오차이다.

[표 3-1] 채권가격의 계산

채권: 만기 5년, 액면이자율 10%, 수익률 8%, 이자 연1회 지급			
시점(t)	현금흐름(a)	1원의 현재가치(b)	현금흐름현가($a \times b$)
1	1,000	$1/1.08 = 0.92593$	925.93
2	1,000	$1/1.08^2 = 0.85734$	857.34
3	1,000	$1/1.08^3 = 0.79383$	793.83
4	1,000	$1/1.08^4 = 0.73503$	735.03
5	11,000	$1/1.08^5 = 0.68058$	7,486.38
합 계			10,798.51

5) 원금이 1,000원인 무이표채 5개와 원금이 10,000원인 무이표채 1개의 합으로 이해하면 총 6개의 무이표채로 구성된다.

이표채의 가치가 무이표채 가치의 합과 동일하지 않으면 당연히 차익거래(arbitrage)가 발생한다. 예를 들어, 만기가 1년이고 원금이 10,000원인 무이표채의 가격이 9,500원이고(즉, 원금의 95%) 만기가 2년이고 원금이 10,000원인 무이표채의 가격이 8,800원이면(즉, 원금의 88%), 만기가 2년이고 원금이 10,000원이고 액면이자율이 10%인 채권의 가격은 당연히 1,000 × 0.95 + 11,000 × 0.88 = 10,630원이어야 한다. 균형에서 이표채의 가격은 무이표채 가격의 합이어야 하므로 이표채의 가격을 무차익가격(no arbitrage value)이라고 한다.

예시 3-3 무차익가격의 논리

본문의 예시에서 2년 만기 이표채의 가격이 10,630원이 아니면 다음과 같은 차익거래가 가능하다. 예를 들어, 이표채의 가격이 10,000원이라고 가정하자. 이 경우 투자자는 2년 만기 이표채 10개를 100,000원에 매입한 후 이를 1년 만기 무이표채 1개와 2년 만기 무이표채 11개로 분해하여 매도하고 106,300원을 수령하여 무위험이익 6,300원을 얻을 수 있다. 반대로 이표채의 가격이 11,000원이면 투자자는 1년 만기 무이표채 1개와 2년 만기 무이표채 11개를 106,300원에 매입하고 이를 결합하여 이표채 10개를 만들고 이를 110,000원에 매도하여 무위험이익 3,700원을 얻을 수 있다. 따라서 차익거래 기회를 배제하려면 2년 만기 이표채는 10,630원에 거래되어야 한다. 이 예시에서 이표채 1개를 기준으로 차익거래를 시행하면 무위험이익은 균형가격과의 오차인 630원과 370원으로 계산된다.

앞의 논리를 일반화시키면 다음과 같은 이표채(coupon-bearing bond)의 가치평가 공식이 유도된다.

[식 3.3]

$$P_0 = \frac{C}{1+y} + \frac{C}{(1+y)^2} + \dots + \frac{C}{(1+y)^n} + \frac{F}{(1+y)^n}$$
$$= \sum_{t=1}^{n} \frac{C}{(1+y)^t} + \frac{F}{(1+y)^n}$$
$$= C \cdot \left(\frac{1-(1+y)^{-n}}{y} \right) + \frac{F}{(1+y)^n}$$

여기서 C는 기준기간의 액면이자, y는 기준기간의 수익률, n은 만기일까지 액면이자(또는 기준기간)의 수로서 $m \times T$이다.

$C\left(\dfrac{1-(1+y)^{-n}}{y}\right)$은 액면이자의 현재가치이고, $\dfrac{F}{(1+y)^n}$은 원금의 현재가치 이다. $C\left(\dfrac{1-(1+y)^{-n}}{y}\right)=C\left(\dfrac{1-\dfrac{1}{(1+y)^n}}{y}\right)=\dfrac{C}{y}-\dfrac{C}{y(1+y)^n}$이므로 [식 3.3]은 다음과 같이 전환된다.

[식 3.4]

$$P_0=\frac{C}{y}+\frac{F-\dfrac{C}{y}}{(1+y)^n}$$

공식에서 C, y, n은 이자지급횟수에 따라 상응하게 조정되어야 한다. 예를 들어, 5년 만기, 10% 액면이자율의 채권이 연 1회 이자를 지급하면 $C=10{,}000\times0.1=1{,}000$, $y=0.08$, $n=5$이므로 채권가격은 10,798.54원이다(수익률 8% 가정).

$$P_0=\frac{1{,}000}{0.08}+\frac{10{,}000-\dfrac{1{,}000}{0.08}}{1.08^5}=10{,}798.54$$

연 2회 이자를 지급하면, $C=10{,}000\times0.1\div2=500$, $y=0.08\div2=0.04$, $n=5\times2=10$이므로 채권가격은 10,811.09원이다.

$$P_0=\frac{500}{0.04}+\frac{10{,}000-\dfrac{500}{0.04}}{1.04^{10}}=10{,}811.09$$

만일 연 4회 이자를 지급하면 $C=10{,}000\times0.1\div4=250$, $y=0.08\div4=0.02$, $n=5\times4=20$이므로 채권가격은 10,817.57원이다.

$$P_0=\frac{250}{0.02}+\frac{10{,}000-\dfrac{250}{0.02}}{1.02^{20}}=10{,}817.57$$

채권가격은 흔히 원금의 퍼센트로 표시되기도 한다. 즉, 104.2514는 원금 1,000달러를 기준으로 1,042.514달러를 의미한다. 우리나라에서는 미국처럼 원금의 퍼센트로 표시하지는 않으나 본 서에서는 104.2514%는 원금 10,000원을 기준으로 10,425.14원을 의미하는 것으로 사용하기로 한다.[6)]

---

6) 우리나라에서 발행되는 채권의 액면가가 1만원, 10만원, 100만원 등으로 상이하므로 액면 10,000원 기준으로 가격을 계산하는데 이 가격을 단가라고 한다.

앞의 채권가치평가공식은 다음과 같은 기본적인 가정을 전제로 하고 있다.

- 오늘은 이자지급일이다(정확히 말해서 가치를 평가하는 시점은 액면이자가 지급된 직후임).

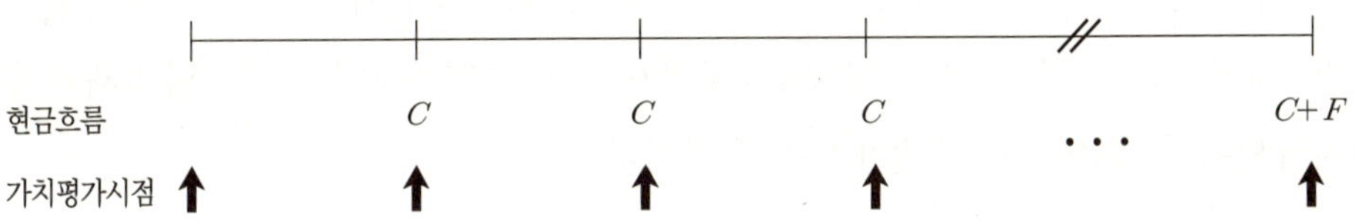

- 현금흐름이 확정되어 있다.[7)]
- 현금흐름을 할인하는데 적용되는 수익률은 동일하다(즉, 수평수익률곡선을 가정한다).[8)]

예시 3-4 이표채의 가치평가

만기가 3년, 원금이 100원, 액면이자율이 8%인 채권의 가치를 다음 조건에서 평가하라.

① 이자가 연 2회 지급되고 수익률이 10%인 경우
$C=100\times0.08\div2=4$, $y=0.1\div2=0.05$, $n=3\times2=6$이므로 가격은 94.92원이다.

$$P_0=\frac{4}{0.05}+\frac{100-\dfrac{4}{0.05}}{1.05^6}=94.92$$

② 이자가 연 4회 지급되고 수익률이 8%인 경우
$C=100\times0.08\div4=2$, $y=0.08\div4=0.02$, $n=3\times4=12$이므로 가격은 100원이다. 이처럼 액면이자율이 수익률과 동일하면(즉, $c=y$, 연 기준) 채권의 가격은 이자지급횟수와 무관하게 항상 원금과 동일하다.

$$P_0=\frac{2}{0.02}+\frac{100-\dfrac{2}{0.02}}{1.02^{12}}=100$$

---

7) 옵션의 성격을 갖는 수의상환사채와 상환요구사채의 현금흐름은 일반채권의 현금흐름과 상이하다. 즉, 옵션내재채권의 경우 옵션의 성격으로 인해 현금흐름이 확정되어 있지 않다.

8) 수익률곡선에 대한 설명은 제7장을 참고할 것.

2.2 이자지급횟수와 채권가격

액면이자율이 수익률과 동일하면 채권가격은 이자지급횟수와 무관하게 항상 액면가와 동일하다. 그러나 액면이자율과 수익률이 상이하면 채권가격은 이자지급횟수에 의해 영향을 받게 된다. 채권가격이 액면가보다 큰 할증채권의 경우 이자지급횟수가 증가하면 채권가격은 증가한다. 반대로 채권가격이 액면가보다 작은 할인채권의 경우 이자지급횟수가 증가하면 채권가격은 하락한다.

예시 3-5 이자지급횟수와 할증채권가격

만기가 10년이고 액면이자율이 10%인 채권의 가격을 수익률 9% 가정 하에서 계산해 보자(원금 100). 연간 이자지급횟수가 1회, 2회, 4회로 증가함에 따라 채권가격도 106.42, 106.50, 106.55로 증가한다.

$$P_0 = 10 \times \left[\frac{1-1.09^{-10}}{0.09}\right] + \frac{100}{1.09^{10}} = 64.177 + 42.241 = 106.42$$

$$P_0 = 5 \times \left[\frac{1-1.045^{-20}}{0.045}\right] + \frac{100}{1.045^{20}} = 65.040 + 41.464 = 106.50$$

$$P_0 = 2.5 \times \left[\frac{1-1.0225^{-40}}{0.0225}\right] + \frac{100}{1.0225^{40}} = 65.484 + 41.065 = 106.55$$

예시 3-6 이자지급횟수와 할인채권가격

수익률이 16%라고 가정하고 [예시 3-5]의 계산을 반복하면 다음과 같다. 이 경우에 이자지급횟수가 증가함에 따라 채권가격은 감소한다.

$$P_0 = 10 \times \left[\frac{1-1.16^{-10}}{0.16}\right] + \frac{100}{1.16^{10}} = 48.332 + 22.668 = 71.00$$

$$P_0 = 5 \times \left[\frac{1-1.08^{-20}}{0.08}\right] + \frac{100}{1.08^{20}} = 49.091 + 21.455 = 70.55$$

$$P_0 = 2.5 \times \left[\frac{1-1.04^{-40}}{0.04}\right] + \frac{100}{1.04^{40}} = 49.482 + 20.829 = 70.31$$

2.3 매트릭스 가격결정*

가치를 평가하고자 하는 채권이 활발하게 거래되지 않아 시장가격이 존재하지 않거나 수익률을 구하기도 어려운 경우에는 다른 비교채권(comparable bond)의 시장가격으로부터 수익률을 추정하여 가격을 결정할 수 있는데 이러한 가격결정을 매트릭스 가격결정(matrix pricing)이라고 한다.[9] 비교채권은 특정 채권과 신용등급이 동일하고 만기와 액면이자율이 비슷한 채권을 말한다. A채권, B채권, C채권, D채권의 가격을 이용하여 E채권의 가치를 평가해 보자(원금은 10,000원이고 연4회 이자지급).

	2% 액면이자율	3% 액면이자율	4% 액면이자율	5% 액면이자율
만기 3년		$P_A = 9{,}700$ 4.067%		$P_B = 10{,}300$ 3.935%
만기 4년			$P_E = ?$ 수익률 = ?	
만기 5년	$P_C = 9{,}000$ 4.229%		$P_D = 9{,}800$ 4.448%	

A채권의 수익률이 4.067%이고, B채권의 수익률이 3.935%이므로 3년 만기 평균 수익률은 4.001%이다. 같은 방식으로, C채권의 수익률이 4.229%이고, D채권의 수익률이 4.448%이므로 5년 만기 평균 수익률이 4.339%이다. 따라서 4년 만기 수익률은 $\frac{4.001\% + 4.339\%}{2} = 4.17\%$로 추정된다.[10] 기준기간의 수익률이 1.0425%이므로 4년 만기 4% 액면이자율 E채권의 가격은 9,937.67원이다.

$$P_E = 100 \times \left(\frac{1 - 1.010425^{-16}}{0.010425} \right) + \frac{10{,}000}{1.010425^{16}} = 9{,}937.67$$

액면가채권, 할인채권, 할증채권

3.1 수익률과 채권가격간의 관계

액면이자율이 12%인 채권을 12%로 할인하면 채권의 가격은 이자지급횟수와 관계

'*'가 표시된 부분은 내용이 약간 어렵거나 또는 시간상 제약으로 생략해도 무방한 부분을 의미한다.

9) Adams and Smith, *Fixed Income Analysis*, Wiley, 2019.

10) 일반적으로 두 수익률을 이용하여 특정 만기의 수익률을 계산하는 방법은 제7장 5절의 보간법(선형보간법, 로그보간법)을 참고하라.

없이 항상 액면가와 동일하다. 물론 수익률이 12%가 아니면 채권의 가격은 액면가와 동일하지 않다. [표 3-2]는 수익률의 변화에 따른 채권가격의 변화를 보여 준다. 채권가격은 현금흐름의 현재가치이므로 채권가격은 수익률과 부(−)의 관계를 갖는다. 발행기업이 채무불이행하지 않는 한 채권소유자는 기업이 약정한 현금흐름을 받게 된다. 현금흐름이 확정되어 있으므로 채권가치는 결국 수익률의 움직임에 의해 결정되는데 이로 인한 채권의 위험을 가격위험(price risk)이라 한다.

[표 3-2] 수익률과 채권가격간의 관계

액면이자율 12%, 만기 5년 채권(연간 이자지급횟수 $m=4$)			
수익률	액면이자의 현재가치	원금의 현재가치	채권가격(원)
6%	5,150.59	7,424.70	12,575
8%	4,905.42	6,729.71	11,635
10%	4,676.75	6,102.71	10,779
12%	4,463.25	5,536.76	10,000
14%	4,263.72	5,025.66	9,289
16%	4,077.10	4,563.87	8,641

액면이자율이 수익률과 동일하면 채권가격은 액면가와 일치한다고 앞에서 설명하였다(이 관계는 채권의 만기 및 이자지급횟수와 무관함). 따라서 채권을 처음 발행할 때 발행기업은 액면이자율을 발행시의 시장이자율 또는 수익률과 같게 함으로써 채권의 가격을 액면가와 가능한 일치시킬 수 있다.[11] 채권가격이 액면가와 동일한 채권을 액면가채권(par value bond)이라고 한다.

3.2 할인채권과 할증채권

원금이 10,000원, 액면이자율이 10%, 만기가 5년인 채권의 가치를 고려해 보자(연간 이자지급횟수 4회 가정). 만일 수익률이 12%로 액면이자율보다 높으면 채권의 가격은 9,256원으로 액면가보다 낮다.

$$P_0 = 250 \times \left[\frac{1-1.03^{-20}}{0.03} \right] + \frac{10,000}{1.03^{20}} = 9,256$$

투자자가 요구하는 수익률은 12%인데 채권이 액면이자율 10%를 지급하므로, 투자

11) 우리나라의 경우 이자소득은 과세되지만 자본이득에 대한 세금이 없으므로 가능하면 액면이자율을 낮게하여 할인발행하려는 유인이 있다(물론 할인발행하면 할인금액에 대해서는 보유기간에 따라 과표가 결정됨).

자가 추가로 2%의 수익률을 올릴 수 있는 방법은 액면가 10,000원보다 싸게 채권을 구입하는 것이다(만약 10,000원에 매입하면 수익률은 10%임). 다시 말해서 액면이자율 10% 채권으로 요구수익률 12%를 보장하는 방법은 가격을 액면가 이하로 낮추는 것이다. 이 경우처럼 액면가 이하로 거래되는 채권을 할인채권(discount bond)이라 한다.[12)]

이와 대조적으로 요구수익률이 8%로 액면이자율보다 낮으면 채권의 가격은 10,818원으로 액면가보다 높다. 투자자가 요구하는 수익률은 8%인데 반해 액면이자율은 10%이므로, 투자자는 기꺼이 액면가 10,000원 이상을 지급하여 높은 이자율을 확보하고자 한다. 이처럼 액면가 이상으로 거래되는 채권을 프리미엄채권 또는 할증채권(premium bond)이라 한다.

$$P_0 = 250 \times \left[\frac{1-1.02^{-20}}{0.02}\right] + \frac{10,000}{1.02^{20}} = 10,818$$

결론적으로 액면이자율이 수익률보다 높으면 채권의 가격은 액면가보다 높고, 반대로 액면이자율이 수익률보다 낮으면 채권의 가격은 액면가보다 낮다. 다시 말하면 채권의 가격이 액면가보다 높으면 액면이자율은 수익률보다 높고, 반대로 채권가격이 액면가보다 낮으면 액면이자율은 수익률보다 낮다.

그림 3-3 액면가채권, 할인채권, 할증채권의 조건

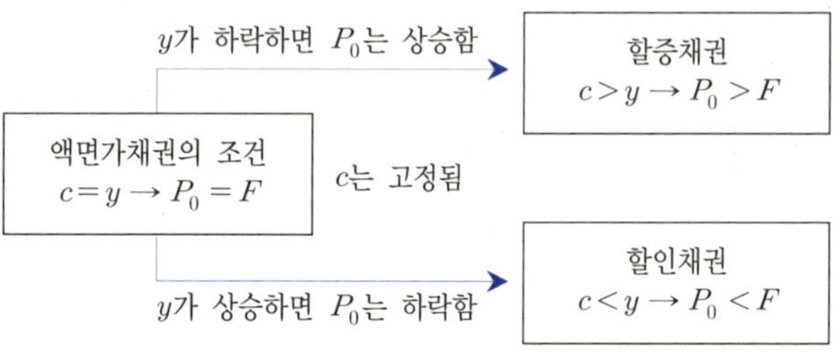

3.3 할인금액과 할증금액의 의미

일반적으로 채권이 처음 발행될 때 채권가격이 원금과 가능한 일치되도록 조건이 결

12) 본 서에서는 할인채권과 할인채를 구분하여 사용하기로 한다. 할인채권은 액면가 이하로 거래되는 채권이고, 할인채는 순수할인채권(pure discount bond) 또는 무이표채(zero-coupon bond)를 의미하는 실무 용어이다(물론 무이표채도 할인채권임).

정된다. 예를 들어, 액면가 10,000원, 액면이자율 8%, 만기 5년의 채권에 대해 투자자들이 8%의 수익률을 요구하면 채권의 가격은 10,000원으로 액면가와 같다($m = 4$ 가정). 그러나 시간이 지남에 따라 시장이자율 또는 수익률은 변하게 되고 따라서 채권의 가치도 변하게 된다.

예를 들어, 발행 1년 후 수익률이 10%로 상승한다고 가정하면(채권의 만기는 4년으로 감소함), 채권의 가격은 9,347.25원으로 하락한다(가치평가시점은 네 번째 액면이자 수령 직후임).

$$P_0 = 200 \times \left[\frac{1 - 1.025^{-16}}{0.025}\right] + \frac{10,000}{1.025^{16}} = 9,347.25$$

따라서 할인되는 금액은 10,000 - 9,347.25 = 652.75원이다. 이 금액의 의미를 이해하기 위하여 할인채권의 현금흐름과 액면가채권의 현금흐름을 비교해 보자. 4년 만기 할인채권의 만기일까지의 현금흐름은 [그림 3-4]의 패널A와 같다(1기간은 3개월임). 반면에 수익률이 10%일 때 4년 만기 액면가채권의 현금흐름은 패널B와 같다. 수익률이 10%일 때 액면가채권이 되려면 액면이자율이 10%이어야 한다.

두 현금흐름을 비교해 보면 할인채권이 액면가채권보다 낮은 가격으로 거래되는 이유를 알 수 있다. 즉, 할인채권을 소유하는 투자자는 액면가채권을 소유하는 투자자에 비하여 3개월마다 50원씩을 적게 받게 된다(패널C 참조).

그림 3-4 할인채권($c = 8\%$)과 액면가채권($c = 10\%$)의 현금흐름 비교(수익률 10%)

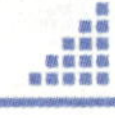

패널A: 할인채권의 현금흐름

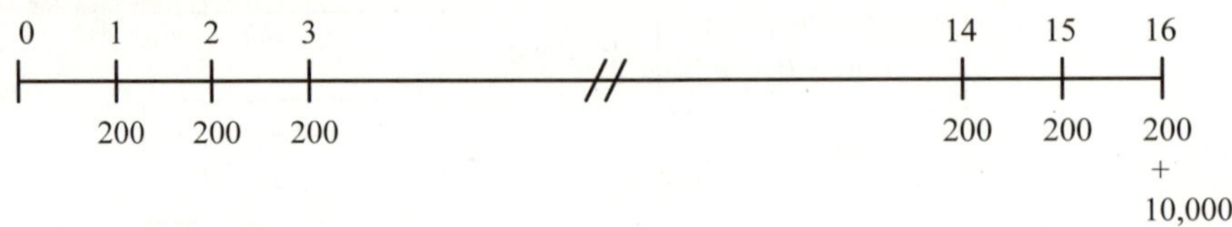

패널B: 액면가채권의 현금흐름

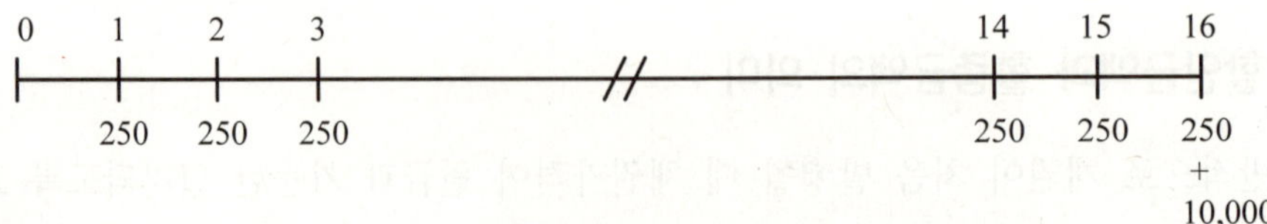

패널C: 두 채권 현금흐름의 차이

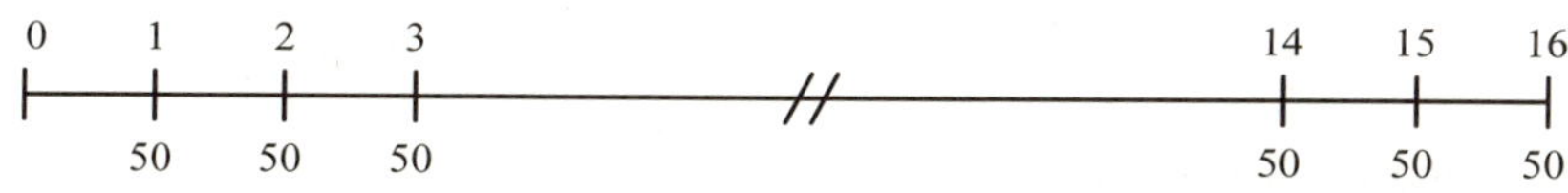

이 현금흐름(즉, 액면가채권과 할인채권의 현금흐름 차이)의 현재가치가 할인금액과 정확히 일치한다.

$$50 \times \left[\frac{1 - 1.025^{-16}}{0.025} \right] = 652.75$$

예시 3-7 **할증금액의 의미**

적정 수익률이 6%이며 이자가 연 4회 지급 된다면, 원금이 10,000원, 액면이자율이 8%, 만기가 4년인 채권의 가격은 얼마인가? 또한 할증금액이 어떤 의미를 갖는지 설명하라.

$C = 200,\ y = 0.015,\ n = 16$이므로 채권가격은 10,706.56원이다.

$$P_0 = \frac{200}{0.015} + \frac{10{,}000 - \dfrac{200}{0.015}}{1.015^{16}} = 10{,}706.56$$

즉, 이 채권에는 706.56원의 프리미엄이 붙어 있다. 만일 다른 조건이 동일하고 수익률(시장이자율)도 6%인 상황에서 액면가채권이 존재하려면, 채권의 액면이자율이 6%이어야 한다. 이 액면가채권은 매 분기마다 150원의 이자를 지급한다. 그러나 액면이자율 8%의 할증채권은 매 분기마다 200원의 이자를 지급하므로 할증채권은 액면가채권에 비하여 상대적으로 매 분기마다 50원씩을 추가로 지급한다. 50원이 총 16번 추가로 지급되고 이 추가현금흐름을 6%로 할인하면 현가는 정확히 $50 \times \left[\frac{1 - 1.015^{-16}}{0.015} \right] = 706.56$원이다. 따라서 706.56원은 액면가채권의 현금흐름 외에 추가로 제공되는 현금흐름을 수령하기 위해 지급해야 하는 프리미엄이다.

예시 3-8 **할증금액과 할인금액을 이용한 채권가치평가**

만기가 3년이고 원금이 10,000원이고 액면이자율이 8%인 A채권이 연 2회 이자를 지급한다고 하자. 수익률은 9%이다. A채권은 액면가채권(액면이자율 9%)에 비하여 매 6개월마다 50원씩 6회를 덜 지급한다. 이 금액의 현가(즉, 할인금액)가 $50\times\left(\frac{1-1.045^{-6}}{0.045}\right)=257.89$원이므로 A채권의 가격은 $10{,}000-257.89=9{,}742.11$원이다. 이 가격은 A채권의 현금흐름을 직접 할인한 가격과 정확히 동일하다.

$$\frac{400}{0.045}+\frac{10{,}000-\frac{400}{0.045}}{1.045^{6}}=9{,}742.11$$

만기가 5년이고 원금이 10,000원이고 액면이자율이 5%인 B채권이 연 4회 이자를 지급한다고 하자. 수익률은 4%이다. B채권은 액면가채권(액면이자율 4%)에 비하여 매 3개월마다 25원씩 20회를 더 지급한다. 이 금액의 현가(즉, 할증금액)가 $25\times\left(\frac{1-1.01^{-20}}{0.01}\right)=451.14$원이므로 B채권의 가격은 $10{,}000+451.14=10{,}451.14$원이다. 이 가격은 B채권의 현금흐름을 직접 할인한 가격과 정확히 동일하다.

$$\frac{125}{0.01}+\frac{10{,}000-\frac{125}{0.01}}{1.01^{20}}=10{,}451.14$$

4 채권가격의 시간적 변화

수익률이 변하면 채권가격은 수익률의 변화와 반대방향으로 변한다. 여기서 수익률은 위험이 전혀 없는 경우의 무위험이자율과 위험에 대한 보상, 즉 위험프리미엄(risk premium)의 합으로 간주될 수 있다. 따라서 위험프리미엄이 일정하더라도 무위험이자율이 변하거나 또는 무위험이자율이 일정하더라도 위험프리미엄이 변하면 채권의 가격은 변하게 된다. 그렇다면 수익률이 변하지 않으면 채권가격은 일정한가? 그렇지는 않다. 수익률이 변하지 않더라도 시간이 지남에 따라(즉, 만기일에 접근함에 따라) 채권가격은 원금에 접근하게 된다. 이를 "원금접근현상(pull-to-par)"이라고 한다.

그렇다면 왜 원금에 접근하는가? 현금흐름 지급패턴을 살펴보면 채권의 가격은 액면가와 마지막 액면이자의 합에 접근하는 것처럼 보인다. 왜냐하면 만기일에서의 현금흐름이 원금과 마지막 액면이자의 합이므로 만기일에서의 채권가치도 원금과 액면이자의 합으로 보인다. 그러나 이는 틀린 말이다. 즉, 만기일에 접근함에 따라 채권의 가격은 액면가에 접근한다. 예를 들어, 만기 직전에 채권을 매입한 투자자는 마지막 액면이자를 수령할 권리가 없다. 왜냐하면 마지막 액면이자는 마지막 기간 동안 채권을 소유한 매도자에게 지급되는 것이 당연하기 때문이다. 따라서 만기 직전에 채권을 매입한 투자자는 원금에 대한 청구권만을 가지므로 만기일에서의 채권가치는 원금과 동일하다.

액면이자는 보유하는 기간을 기준으로 매입자와 매도자에게 분배된다. [그림 3-5]는 발생이자 또는 경과이자(accrued interest)의 개념을 보여준다. 매매기준일 기준으로 지난 이자지급일부터 매매일까지 발생한 이자는 매도자에게 귀속되고, 매매일부터 다음 이자지급일까지 발생되는 이자는 매입자에게 귀속된다.

그림 3-5 **보유기간에 따른 액면이자의 분배**

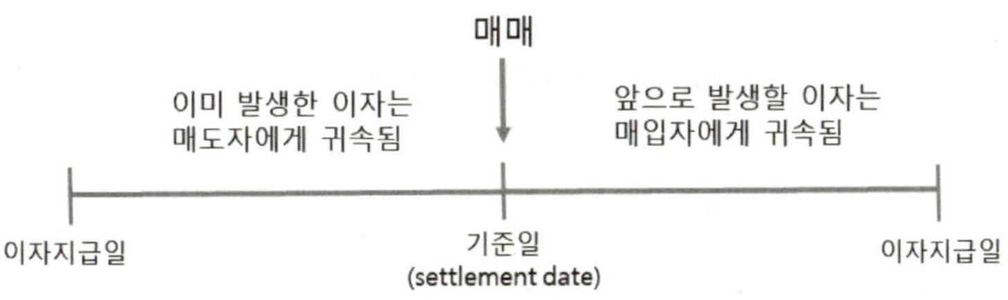

액면가채권은 수익률이 변하지 않으면 항상 액면가채권이다. 그러면 할증채권과 할인채권은 어떠한가? 앞에서 설명했듯이, 만기일에서의 채권가치는 액면가와 동일하므로 수익률이 변하지 않는 경우 만기일에 접근함에 따라 할인채권의 가격은 상승하고 할증채권의 가격은 하락해야 한다. 다시 말해서, 만기일에 접근함에 따라 할인금액과 할증금액은 감소한다. 또는 할인채권의 자본이득률(capital gains yield)은 양(+)이고, 할증채권의 자본이득률은 음(−)이다. 만기일에 접근함에 따라 채권가격이 액면가에 접근하므로 채권가격의 변동성은 감소한다.

[그림 3-6]은 시간이 지남에 따라(즉, 만기일에 접근함에 따라) 액면가채권, 할증채권, 할인채권의 가격이 어떻게 변하는지 보여준다. 왼쪽은 만기일까지 수익률이 변하지 않는 경우이고 오른쪽은 수익률이 계속 변하는 것을 가정한 경우이다. 수익률이 변하지 않는 경우 할인채권과 할증채권의 가격변화율은 만기일에 접근함에 따라 커진다(그림에서 곡선에 접하는 기울기의 절댓값이 커짐).

그림 3-6 **만기일에 접근함에 따른 할증채권, 액면가채권, 할인채권의 가격변화**

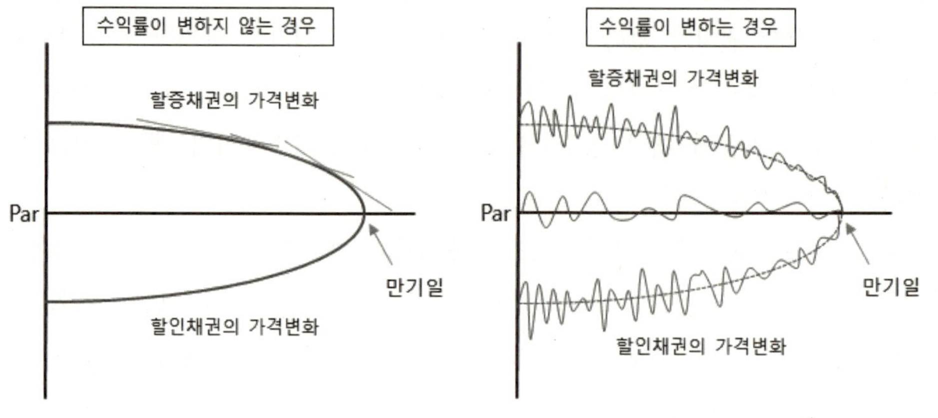

5 이자지급일 사이에서의 채권가치평가

앞에 제시된 채권가격공식([식 3.2]와 [식 3.3])은 수평수익률곡선(flat yield curve) 하에서 액면이자가 지급된 직후를 기준시점으로 하여 채권의 가격을 구할 때 적용할 수 있는 공식이다. 그렇다면 기준시점이 이자지급일 사이이면 채권의 가치를 어떻게 평가할 수 있는가? 예를 들어, 액면이자율 8%, 원금 10,000원, 만기 4.5개월인 채권의 가격은 얼마인가? 기준기간이 3개월이고 수익률은 연 10%라고 가정한다.

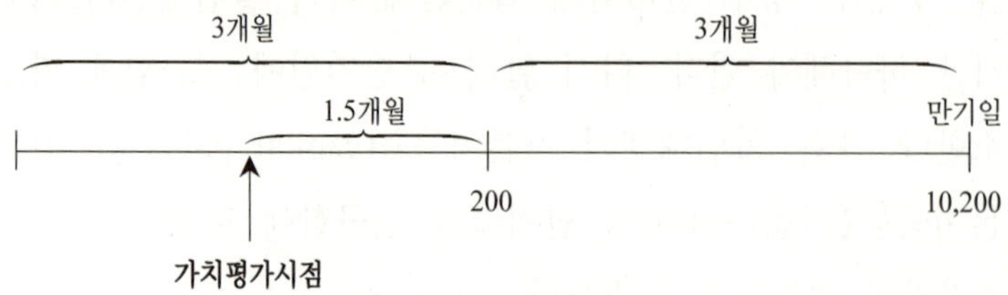

[예시 3-1]에서 무이표채의 경우 사용했던 계산방식을 그대로 적용한다. 즉, 1.5개월 후에 지급되는 200원 액면이자의 현재가치는 $\frac{200}{1.025^{0.5}}$이고(기준기간이 3개월이므로 1.5개월은 0.5기간이고 기준기간의 수익률은 $10\% \div 4 = 2.5\%$임), 4.5개월 후인 만기일에 지급되는 마지막 액면이자 200원의 현가는 $\frac{200}{1.025^{1.5}}$이고, 그리고 원금 10,000원의

현가는 $\frac{10,000}{1.025^{1.5}}$이다. 따라서 채권의 가치는 다음과 같이 10,026.66원이다.

$$P_0 = \frac{200}{1.025^{0.5}} + \frac{200}{1.025^{1.5}} + \frac{10,000}{1.025^{1.5}} = 10,026.66$$

이를 일반화시키면 다음과 같은 공식이 유도된다(여기서 n은 남은 액면이자의 수임).

[식 3.5]

$$P_0 = \sum_{t=1}^{n} \frac{C}{(1+y)^{t-1}(1+y)^{v}} + \frac{F}{(1+y)^{n-1}(1+y)^{v}}$$

여기서 v는 기준시점과 다음 이자지급일간의 일수를 기준기간의 일수로 나눈 비율이다. 만약 $v=1$이면 가치평가시점이 이자지급일이므로 [식 3-5]는 [식 3-3]과 동일해 진다.

또 다른 방법은 다음 이자지금일 기준으로 가격을 계산하고 이를 v기간 할인하는 것이다.

[식 3.6]

$$P_0 = \frac{\sum_{t=1}^{n} \frac{C}{(1+y)^{t-1}} + \frac{F}{(1+y)^{n-1}}}{(1+y)^{v}}$$

이를 앞의 예시에 적용하면 $P_0 = \frac{200 + \frac{10,200}{1.025}}{1.025^{0.5}} = 10,026.66$이다.

가치평가공식에 의해 계산된 채권가격을 현금가격(cash price, full price, dirty price)이라고 한다. 그리고 현금가격에서 발생이자(accrued interest)를 차감하면 공시가격(quoted price, flat price) 또는 순수가격(clean price)이 계산된다. 그리고 필요한 경우 공시가격을 현금가격으로부터 구분하기 위하여 공시가격을 P_0^{Quoted}로 표시하기로 한다.

[식 3.7]

$$\text{공시가격} = \text{현금가격} - \text{발생이자}$$

$$P_0^{Quoted} = P_0 - C \times (1-v)$$

발생이자(경과이자)란 지난 이자지급일부터 매도일까지의 기간 동안 발생한 이자로서 매도자가 권리를 갖지만 아직 수령하지 못한 이자를 의미한다. 발생이자는 기준기간의 액면이자에 $(1-v)$를 곱한 값이다. 발생이자는 원금에 대한 비율 $\frac{C\times(1-v)}{F}$로 표시되기도 한다.

[식 3.8] $$\text{발생이자} = C\times(1-v)$$

채권매입자가 채권을 매입할 때 실제로 지불하는 가격은 공시가격에 발생이자를 가산한 현금가격이다. 즉, 투자자는 현재시점 기준으로 매도자가 수령할 권리를 갖는 액면이자를 먼저 매도자에게 지급하고, 실제로 액면이자가 지급되면 매입자는 액면이자 전체에 대한 권리를 갖는다. 만약 이렇게 발생이자를 매매시점에서 정산하지 않으면 실제로 액면이자가 지급될 시 이를 매도자와 매입자간에 분배해야 하는 복잡한 과정이 필요하게 된다.

예시 3-9 순수가격과 현금가격의 비교

원금이 10,000원이고 액면이자율이 12%인 채권의 만기가 6개월이라고 가정하자($m=4$ 가정). 여기서 각 점간의 간격은 1.5개월이고 수익률은 연 8%이다.

(1) A, B, C, D점, 그리고 만기일에서의 채권의 현금가격과 공시가격을 계산하라.

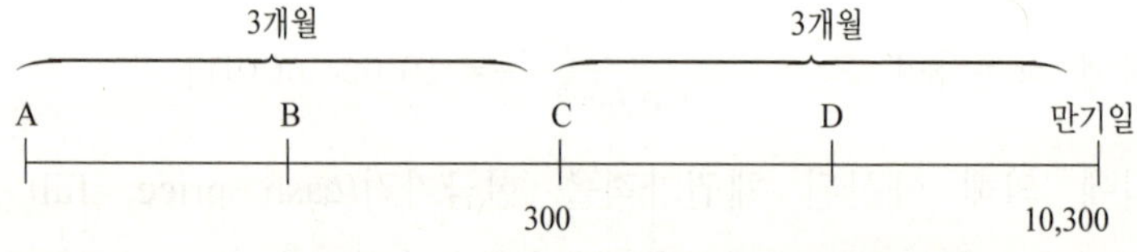

평가시점	현금가격 P_0	순수가격(공시가격) P_0^{Quoted}
A	$\frac{300}{1.02}+\frac{10,300}{1.02^2}=10,194.16$	10,194.16
B	$\frac{300}{1.02^{0.5}}+\frac{10,300}{1.02^{1.5}}=10,295.59$	10,295.59 - 150 = 10,145.59
C	$\frac{10,300}{1.02}=10,098.00$	10,098.00
D	$\frac{10,300}{1.02^{0.5}}=10,198.52$	10,198.52 - 150 = 10,048.52
만기일	10,000.00	10,000.00

(2) C점 하루 전일 기준으로 채권의 현금가격과 순수가격을 계산하라. A점과 C점 사이의 일수는 91일로 가정한다.

$$\text{현금가격} : P_0 = \frac{300}{1.02^{\frac{1}{91}}} + \frac{10,300}{1.02^{1+\frac{1}{91}}} = 10,395.78 \text{ 또는 } 103.9578\%$$

$$\text{발생이자} : 300 \times \left(1 - \frac{1}{91}\right) = 296.70 \text{ 또는 } 2.967\%$$

$$\text{순수가격} : P_0^{Quoted} = 10,395.78 - 296.70 = 10,099.08 \text{ 또는 } 100.9908\%$$

[예시 3-9]에 제시된 채권의 현금가격과 순수가격을 그래프에 표시하면 [그림 3-7]과 같다. 만기일에 접근함에 따라 액면가에 접근하는 것은 현금가격이 아니라 공시가격이라는 것을 확인할 수 있다.

그림 3-7 현금가격과 공시가격의 변화

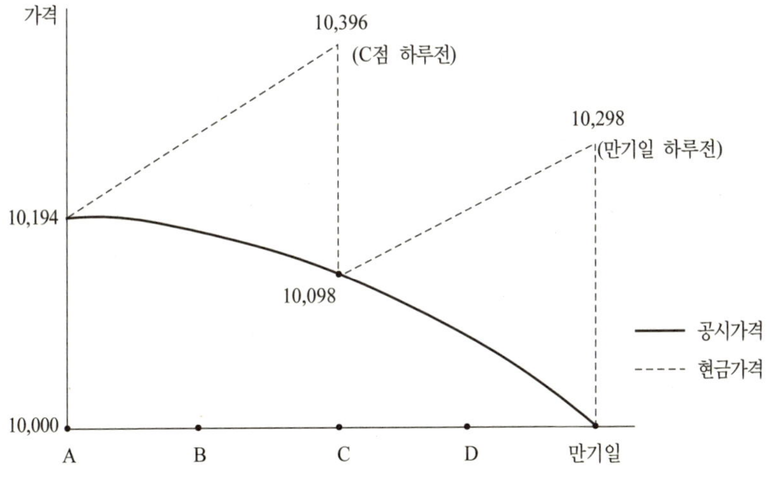

그렇다면 현금가격을 공시하지 않는 이유는 무엇인가? 이유는 현금가격을 공시하면 액면이자 지급일에 채권가격이 액면이자 금액만큼 하락하기 때문이다. 따라서 현금가격을 공시하면 가격하락이 수익률 상승으로 인해서인지 아니면 액면이자 지급으로 인한 것이지 구별할 수 없으므로 이런 혼란을 피하기 위하여 순수가격을 공시한다.[13)]

13) 우리나라에서는 순수가격의 개념이 없으므로 항상 현금가격을 공시한다.

예를 들어, 수익률이 변하지 않는다는 가정 하에서 C점에서 현금가격 기준으로 하루 가격변화율은 $\frac{10,098}{10,395.78}-1=-0.0286$인데 반하여, 공시가격 기준으로 가격변화율은 $\frac{10,098}{10,099.08}-1=-0.000107$이다. 현금가격을 공시하면 투자자는 수익률이 크게 상승하여 가격이 하락한 것으로 오해할 여지가 많다.

참고로 주식의 경우 채권과 같은 조정을 해주지 않기 때문에 배당락일(ex-dividend date)에 주가는 현금배당금만큼(보다 정확하게 말하면 현금배당금에 (1－법인세율)을 곱한 만큼) 하락하게 된다. 주식의 경우 채권과 달리 현금흐름이 확정되어 있지 않기 때문에 채권의 경우와 같은 조정을 하지 않는다.

예시 3-10 순수가격과 현금가격의 계산(엑셀 이용)

원금이 10,000원이고 액면이자율이 5%인 이표채를 고려해 보자. 이 채권은 연 2회 이자를 지급하며 이자지급일은 7월 21일과 1월 21일이다. 오늘은 2008년 6월 3일이고 만기일은 2010년 1월 21일이다. 현재 채권의 수익률은 연 8%이다. 지난 이자지급일부터 오늘까지가 134일(= 10 + 29 + 31 + 30 + 31 + 3)이고, 오늘부터 다음 이자지급일까지 48일(= 27 + 21)이다. 채권의 현금가격, 발생이자, 순수가격을 원금의 %로 계산하라.

다음 이자지급일까지 48일 남아있으므로 $v=\frac{48}{134+48}=0.26374$이다. 표에 계산되어 있듯이 현금가격은 9,732.54원이고 이는 원금의 97.3254%이다(표에서 할인기간은 6개월 기준임).

이자지급일	할인기간	현금흐름	현금흐름 현가
2008년 7월 21일	0.26374	250	$\frac{250}{1.04^{0.26374}}=247.43$
2009년 1월 21일	1.26374	250	$\frac{250}{1.04^{1.26374}}=237.91$
2009년 7월 21일	2.26374	250	$\frac{250}{1.04^{2.26374}}=228.76$
2010년 1월 21일	3.26374	10,250	$\frac{10,250}{1.04^{3.26374}}=9,018.44$
합 계			9,732.54

발생이자는 250 × (1 - 0.26374) = 184.07원이고 이는 1.8407%이다. 마지막으로 순수가격은 9,548.47원이고 이는 95.4847%이다.

채권가격을 엑셀함수 PRICE를 이용하여 계산해 보자. 입력변수는 기준일, 만기일, 액면이자율, 수익률, 액면가, 연간 이자지급횟수, 일수계산방법이다. 일수계산방법이 '실제일수/실제일수'이면 1을 선택하고 원금은 100으로 한다. 함수에 의해 계산된 가격은 95.4847527이다. 따라서 엑셀함수가 계산한 가격은 현금가격이 아니라 순수가격임을 확인할 수 있다.

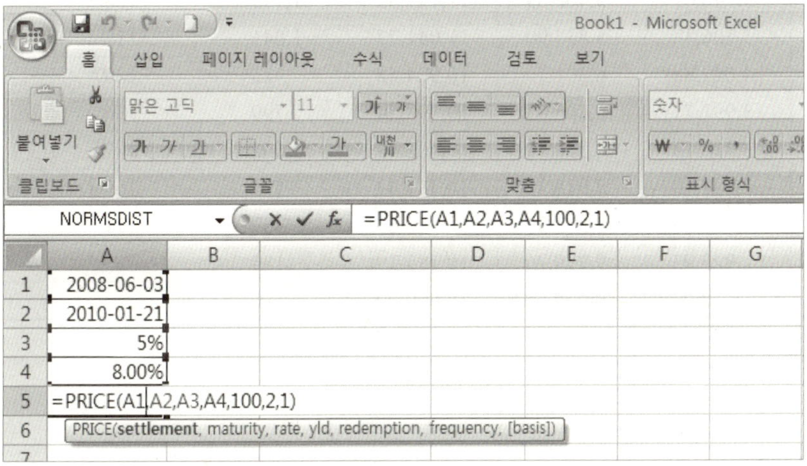

6 채권가치평가규칙

평가규칙 #1

만기일에 접근함에 따라 채권의 가격은 액면가에 접근한다. 다시 말하면, 수익률이 변하지 않으면 만기일에 접근함에 따라 할인금액과 할증금액은 감소한다. 또한 만기일에 접근함에 따라 할인금액과 할증금액의 감소폭은 증가한다. 즉, 앞의 [그림 3-6]에서 만기일에 접근함에 따라 곡선에 접하는 기울기의 절댓값이 커진다.

예시 3-11 할증채권의 가격변화

만기가 10년이고 액면이자율이 10%인 할증채권의 가격은 만기일에 접근함에 따라 [표 3-3]과 같이 변한다. 여기서 수익률은 8%로 일정하며 이자는 1년에 1회 지급한다고 가정한다.

[표 3-3] 할증채권의 가격변화

만 기 (연)	액면이자의 현 가	원금의 현 가	채 권 가 격	할증금액	채권가격 변 화	채권가격 변 화 율
10	6,710.08	4,631.93	11,342.02	1,342	-93	-0.82%
9	6,246.89	5,002.49	11,249.38	1,249	-100	-0.89%
8	5,746.64	5,402.69	11,149.33	1,149	-108	-0.97%
7	5,206.37	5,834.90	11,041.27	1,041	-117	-1.06%
6	4,622.88	6,301.70	10,924.58	925	-126	-1.15%
5	3,992.71	6,805.83	10,798.54	799	-136	-1.26%
4	3,312.13	7,350.30	10,662.43	662	-147	-1.38%
3	2,577.10	7,938.32	10,515.42	515	-159	-1.51%
2	1,783.26	8,573.39	10,356.65	357	-171	-1.66%
1	925.93	9,259.26	10,185.19	185	-185	-1.82%
0	0.00	10,000.00	10,000.00	0		

평가규칙 #2

채권의 가격은 수익률과 반대방향으로 변한다. 이는 수익률의 변동에 따른 위험으로 위험의 정도는 만기와 액면이자율에 따라 다르다. 즉, 만기가 길수록 또는 액면이자율이 낮을수록 가격위험이 크다(평가규칙 #3과 #4 참조).

그림 3-8 수익률과 채권가격간의 관계

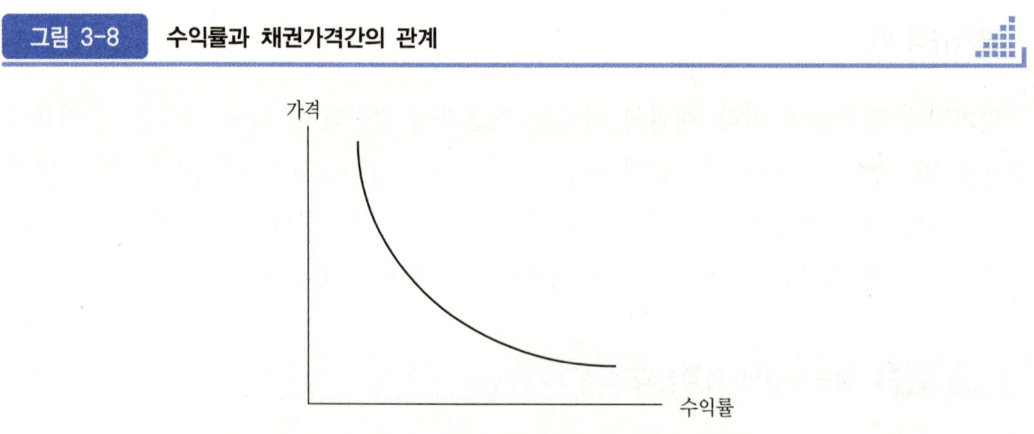

평가규칙 #3

만기가 길수록, 수익률에 대한 채권가격의 변화율(percentage change)이 크다. [그림 3-9]는 만기가 1년인 채권과 만기가 30년인 채권의 가격이 수익률의 변화에 대하여 어떻게 변하는지를 보여준다.

그림 3-9 **채권가격과 수익률간의 관계(1년 만기 채권과 30년 만기 채권)**

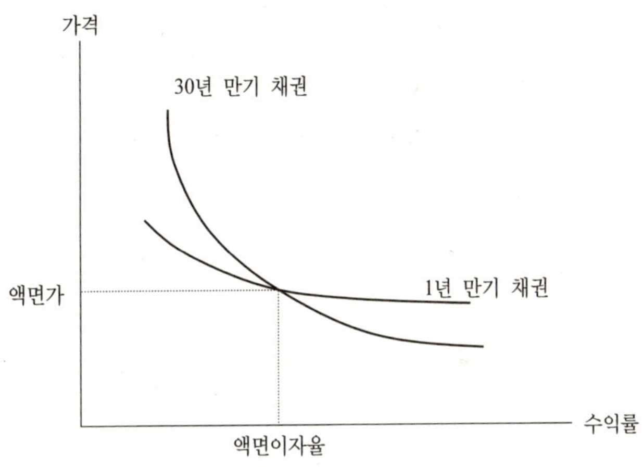

예시 3-12 만기와 채권가격변화율간의 관계

수익률이 10%에서 8%(12%)로 하락(상승)하면, 만기가 20년이고 액면이자율이 10%인 채권가격은 1,198원(850원)으로 상승(하락)하여 가격변화율은 19.8%(-15%)이다. 그러나 만기가 10년이고 액면이자율이 10%인 채권가격은 1,136원(885원)으로 상승(하락)하여 가격변화율이 13.6%(-11.5%)로 만기가 긴 채권에 비하여 작다.

[표 3-4] 만기가 상이한 채권의 가격변화율 비교

(액면은 1,000원, 액면이자율은 10%, 이자는 1년에 2회 지급)

	20년 만기 채권가격	가 격 변화율(%)	10년 만기 채권가격	가 격 변화율(%)
$y=$ 8%	1,198	19.8%	1,136	13.6%
$y=$ 10%	1,000		1,000	
$y=$ 12%	850	-15.0%	885	-11.5%

평가규칙 #4

액면이자율이 낮을수록, 수익률의 변화에 대한 채권가격의 변화율이 크다.

예시 3-13 액면이자율과 채권가격변화율간의 관계

수익률이 10%에서 8%(12%)로 하락(상승)하면, 만기가 20년이고 액면이자율이 10%인 채권가격은 1,198원(850원)으로 상승(하락)하여 가격변화율은 19.8%(-15%)이다. 그러나 만기가 동일하고 액면이자율이 12%인 채권가격은 수익률이 10%에서 8%(12%)로 변하면 1,172원에서 1,396원(1,000원)으로 상승(하락)하여 가격변화율이 19.1%(-14.7%)로 액면이자율이 낮은 채권에 비하여 작다.

[표 3-5] 액면이자율이 상이한 채권의 가격변화율 비교

(만기는 20년, 액면은 1,000원, 이자는 1년에 2회 지급)

	액면이자율 10% 채권가격	가격변화율 (%)	액면이자율 12% 채권가격	가격변화율 (%)
$y=8\%$	1,198	19.8%	1,396	19.1%
$y=10\%$	1,000		1,172	
$y=12\%$	850	−15.0%	1,000	−14.7%

평가규칙 #5

수익률 1% 증가에 따른 채권가격의 변화율(하락률)이 수익률 1% 감소에 따른 채권가격의 변화율(상승률)보다 작다. 채권가격의 하락과 상승이 비대칭적이므로 채권가격은 수익률의 상승보다 하락에 대해 보다 민감하게 변동한다. 따라서 수익률과 가격간의 관계는 볼록(convex)하다. 그림에서 y_2-y와 $y-y_1$은 동일하나 P_1-P는 $P-P_2$보다 크다. 곡선이 볼록하므로 수익률이 상승함에 따라 채권가격의 하락 속도가 감소하는데, 이러한 속성을 채권의 컨벡시티 또는 볼록성(convexity)이라고 한다(컨벡시티에 관한 설명은 제6장을 참고할 것).

그림 3-10 수익률 변화에 대한 채권가격의 변화

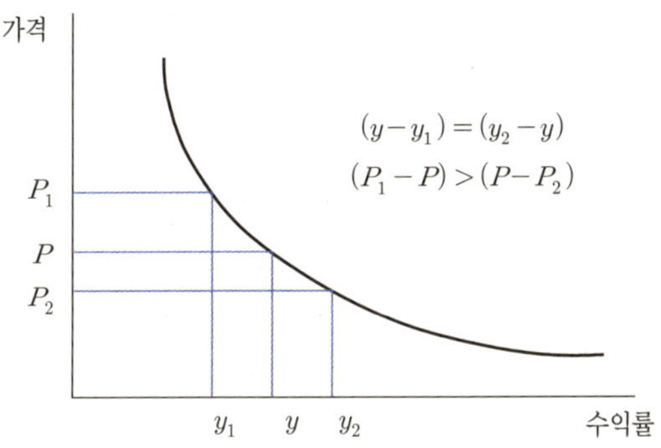

예시 3-14 가격상승률과 가격하락률간의 비교

아래 표는 수익률 변화에 대한 6개 채권의 가격변화율을 보여 준다. 이 표에서 수익률 변화가 (+)인 경우의 채권가격의 변화율이 수익률 변화가 (−)인 경우의 채권가격의 변화율보다 작다. 예를 들어, 수익률이 200bp 하락하면 액면이자율이 9%이고 만기가 5년인 채권의 가격은 8.32% 상승하나, 수익률이 동일한 크기만큼 증가하면 가격은 7.54% 하락한다.

[표 3-6] 수익률변화에 대한 6개 채권의 가격변화율

현재의 수익률은 9%이며 이자는 1년에 2회 지급
액면이자율 9% 만기 5년(9%/ 5) 채권가격 =100.0000
액면이자율 9% 만기 25년(9%/25) 채권가격 =100.0000
액면이자율 6% 만기 5년(6%/ 5) 채권가격 = 88.1309
액면이자율 6% 만기 25년(6%/25) 채권가격 = 70.3570
액면이자율 0% 만기 5년(0%/ 5) 채권가격 = 64.3928
액면이자율 0% 만기 25년(0%/25) 채권가격 = 11.0710

수익률 변화 (베이시스포인트: bp)	채권가격의 변화율(액면이자율/만기)					
	9%/5년	9%/25년	6%/5년	6%/25년	0%/5년	0%/25년
-300	12.80%	38.59%	13.47%	42.13%	15.56%	106.04%
-200	8.32%	23.46%	8.75%	25.46%	10.09%	61.73%
-100	4.06%	10.74%	4.26%	11.60%	4.91%	27.10%
-50	2.00%	5.15%	2.11%	5.55%	2.42%	12.72%
-10	0.40%	1.00%	0.42%	1.07%	0.48%	2.42%
-1	0.04%	0.10%	0.04%	0.11%	0.05%	0.24%

1	−0.04%	−0.10%	−0.04%	−0.11%	−0.05%	−0.24%
10	−0.39%	−0.98%	−0.41%	−1.05%	−0.48%	−2.36%
50	−1.95%	−4.75%	−2.05%	−5.09%	−2.36%	−11.26%
100	−3.86%	−9.13%	−4.06%	−9.76%	−4.66%	−21.23%
200	−7.54%	−16.93%	−7.91%	−18.03%	−9.08%	−37.89%
300	−11.04%	−23.64%	−11.59%	−25.08%	−13.28%	−50.96%

7 채권의 복제와 차익거래*

7.1 복제와 무차익가격

앞에서 이표채를 여러 무이표채의 결합으로 표현하고 이표채의 가격은 무이표채 가격의 합이어야 한다고 설명하였다. 이처럼 이표채의 현금흐름을 무이표채의 현금흐름을 이용하여 복제 또는 합성할 수 있다면 이표채의 가격과 무이표채 포트폴리오의 가격이 동일해야 한다. 같은 맥락에서 C채권의 현금흐름을 A채권과 B채권의 현금흐름을 이용하여 복제할 수 있다면 A채권과 B채권이 C채권의 복제포트폴리오(replicating portfolio) 또는 합성포트폴리오(synthetic portfolio)이고, C채권의 가격은 복제포트폴리오의 가격과 동일해야 한다. 만일 동일하지 않으면 [예시 3-3]과 같은 차익거래가 발생한다.

자본시장에서 차익거래기회는 오래 지속될 수 없으므로 차익거래에 의해 과소평가된 또는 과대평가된 채권의 가격은 균형가격으로 빠르게 회복될 것이다. 이러한 논리를 무차익원칙(no arbitrage principle) 또는 일물일가의 법칙(law of one price)이라고 한다. 즉, 무차익원칙이 성립하면 채권의 균형가격(이론가격)을 구할 수 있는데 이 가격을 무차익가격(no arbitrage price)이라고 한다.

만약 특정 채권과 복제포트폴리오간에 가격괴리가 발생하면 차익거래 기회가 발생한다. 특정 채권과 복제포트폴리오가 동일한 미래 현금흐름을 제공하므로(즉, 미래 현금흐름의 발생시점과 크기가 동일하므로), 상대적으로 과소평가된 채권을 매입하고 상대적으로 과대평가된 채권을 공매도하는 차익거래의 경우 미래의 현금흐름이 정확히 서로 상쇄되므로 차익거래자는 위험을 전혀 부담하지 않으면서 가격괴리 만큼의 이익을 현재시점에서 얻을 수 있다.

차익거래(arbitrage)는 "상대적으로" 과소평가된 자산을 매입함과 동시에 "상대적으로" 과대평가된 자산을 매도하여 자신의 비용을 들이지 않고 위험을 부담하지 않으면서 확실한 이익을 얻는 거래이다(만약 과대평가된 자산을 보유하고 있지 않으면 자산을 빌려서 매도하는 공매도를 시행함). 차익거래가 성립하려면 다음 세 가지 조건이 모두 충족되어야 한다: ① 순투자금액 없음(no equity investment) 또는 자체조달(self-financing); ② 무위험(zero risk); ③ 확실한 이익(sure profit).

7.2 공매도

자산을 매입하면 현재 시점에서 자산가격을 지불하고 미래에 자산을 매도하면 현금이 유입되므로 현금흐름의 패턴이 (−, +)이고, 매입 후 가격이 상승하면 이익이 발생한다. 반대로 공매도(short selling)는 자산을 빌려서 지금 매도하고 차후에 시장에서 동일 자산을 매입하여 원소유자에게 상환하는 것이다. 자산을 공매도하면 현재 시점에서 현금이 유입되고 미래에 자산을 상환하기 위하여 자산을 매입해야 하므로 현금흐름의 패턴이 (+, −)이고, 공매도 후 가격이 하락하면 이익이 발생한다.

대체로 매입포지션(또는 매수포지션)은 기준가격의 상승으로부터 이익을 얻는 포지션이고, 공매도 포지션은 기준가격의 하락으로부터 이익을 얻는 포지션이다. 매입포지션과 공매도 포지션의 이익패턴은 [그림 3-11]과 같다.

그림 3-11 매입포지션과 공매도 포지션의 이익패턴

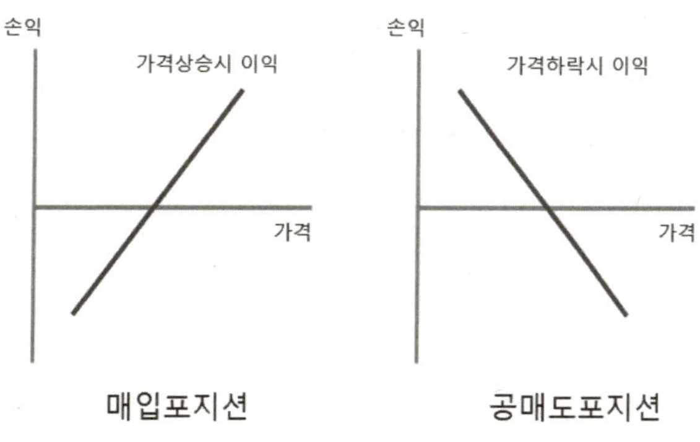

$t=0$에서 주가가 10,000원이고 $t=1$에서 배당 1,000원이 지급되었으며 주가가 11,000원이라고 하자. $t=0$에서 매입포지션을 취했던 투자자가 $t=1$에서 배당 수령

후 매도하면 현금흐름은 (−10,000, 12,000)이고, 이익은 (11,000 + 1,000) − 10,000 = 2,000원이다. 반면에 $t=0$에서 공매도 포지션을 취했던 투자자가 $t=1$에서 공매도 포지션을 청산하면 현금흐름은 (10,000, −12,000)이고, 이익은 10,000 − (11,000 + 1,000) = −2,000원이다. 공매도 기간 동안 주식이 현금배당을 실시하면 공매도자는 이를 원소유자에게 돌려줘야 한다. 공매도 포지션의 이익은 다음과 같이 계산된다.

[식 3.9] 공매도 포지션의 이익 = 기초주가 − (기말주가 + 배당)

같은 논리로 채권을 공매도하면 공매도 기간 동안 지급된 액면이자는 원소유자에게 반환되어야 한다. 예를 들어, 1년 후 800원, 2년 후 10,800원의 현금흐름을 제공하는 채권의 가격이 9,800원인 경우 이 채권을 매수하면 현금흐름은 (− 9,800, +800, +10,800)이고, 반대로 공매도하면 현금흐름은 (+9,800, − 800, − 10,800)이다(공매도 포지션을 채권 만기일에 마감한다고 가정함). 이처럼 공매도 포지션의 현금흐름은 매입포지션 현금흐름과 금액은 동일하고 부호는 반대이다.

주식과 마찬가지로 채권의 경우에도 공매도 기간 동안 채권이 액면이자를 지급하면 공매도자는 이를 원소유자에게 돌려줘야 한다.

[식 3.10] 공매도 포지션의 이익 = 기초 채권가격 − (기말 채권가격 + 액면이자)

예시 3-15 채권 공매도포지션의 현금흐름

만기가 3년이고 액면이자율이 8%이고 원금이 10,000원인 채권의 수익률이 10%이면 가격은 $\frac{400}{0.05}+\frac{10,000-\frac{400}{0.05}}{1.05^6}=9,492.43$원이다(연 2회 이자지급). 투자자가 이 가격에 채권을 매입하여 1년 보유한 후 수익률이 11%일 때 매도한다면 투자자의 현금흐름은 다음과 같다.

$$CF_{t=0}=-9,492.43,\ CF_{t=0.5}=400,\ CF_{t=1}=400+9,474.23=9,874.23$$

여기서 채권 매도가격은 $\frac{400}{0.055}+\frac{10,000-\frac{400}{0.055}}{1.055^4}=9,474.23$원이다.

반면에 $t=0$에서 공매포지션을 취했던 투자자가 $t=1$에서 공매포지션을 청산하면 현금흐름은 앞의 경우와 반대이다.

$$CF_{t=0}=9,492.43,\ \ CF_{t=0.5}=-400,\ CF_{t=1}=-400-9,474.23=-9,874.23$$

7.3 복제와 차익거래 예시

다음의 자료를 이용하여 차익거래의 개념을 설명해 보자. 1년 후 10원, 2년 후 110원의 현금흐름을 제공하는 A채권의 가치가 현재 100원이다. 1년 후 30원, 2년 후 30원의 현금흐름을 제공하는 B채권의 가치가 현재 50원이다. 그러면 1년 후 50원, 2년 후 250원의 현금흐름을 제공하는 C채권의 가치는 얼마인가?

C채권은 A채권 2개와 B채권 1개로 구성된 포트폴리오와 동일한 미래 현금흐름(cash flow: CF)을 제공하므로 다음 식이 성립한다.

$$CF_C=2CF_A+CF_B$$

미래 현금흐름간에 성립하는 관계는 가격의 경우에도 성립해야 한다.

$$P_C=2P_A+P_B$$

따라서 C채권의 가치는 $2\times100+50=250$원이다.

그림 3-12 미래현금흐름과 가격간에 성립하는 관계

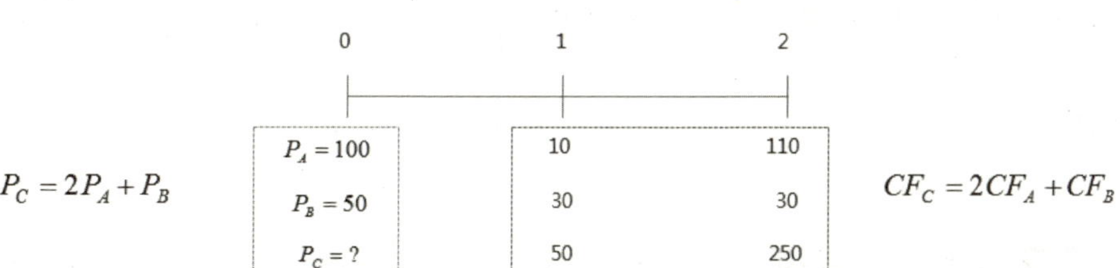

만약 C채권의 가치가 250원이 아니면 차익거래가 발생한다. 예를 들어, P_C가 260원이면 차익거래는 [표 3-7]과 같이 과소평가된 A채권 2개와 B채권 1개를 매입하고 과대평가된 C채권을 공매도하는 것이다.[14] 현재 시점에서의 무위험이익은 과대평가된 금액인 $260-250=10$원이다. 그리고 $t=1$과 $t=2$ 시점에서의 현금흐름이 서로 상쇄

14) 정확히 얘기하면, A채권과 B채권은 정확히 평가된 것이고 C채권이 과대평가된 것이다. 그러나 "상대적으로" 평가하면 A채권과 B채권이 과소평가된 것이고 C채권은 과대평가된 것이다.

되어 순현금흐름이 0이므로 차익거래자는 위험에 전혀 노출되지 않는다.

[표 3-7] C채권이 과대평가된 경우의 차익거래($P_C = 260$)

거 래	$t=0$	$t=1$	$t=2$
C채권 공매도	260	-50	-250
A채권 2개 매입	-200	+20	+220
B채권 1개 매입	-50	+30	+30
합 계	10 > 0	0	0

반대로 P_C가 245원이면 [표 3-8]과 같이 C채권을 매입하고 A채권 2개와 B채권 1개를 공매도하여 무위험이익 250 - 245 = 5원을 얻을 수 있다(여기서 5원은 과소평가된 금액임).

[표 3-8] C채권이 과소평가된 경우의 차익거래($P_C = 245$)

거 래	$t=0$	$t=1$	$t=2$
C채권 매입	-245	+50	+250
A채권 2개 공매도	+200	-20	-220
B채권 1개 공매도	+50	-30	-30
합 계	5 > 0	0	0

만약 x%의 거래비용이 발생하면 차익거래를 배제하는 C채권 가격의 범위는 다음과 같다($P_{복제}$는 복제포트폴리오의 균형가격임).

[식 3.11] $$P_{복제} - x(P_{복제} + P_C) < P_C < P_{복제} + x(P_{복제} + P_C)$$

예시 3-16 복제와 차익거래

만기가 3년이고 액면이자율이 10%인 A채권의 가격이 10,253.13원이고 만기가 3년이고 액면이자율이 20%인 B채권의 가격이 12,784.42원이다. 만기가 3년이고 액면이자율이 5%인 C채권의 가격은 얼마인가? 모든 채권의 원금은 10,000원이고 모든 채권은 공매도와 분할이 가능하다.

세 채권의 만기와 원금이 동일하므로 액면이자율을 중심으로 다음 식이 성립한다.

$$10\% \times w_A + 20\% \times (1 - w_A) = 5\%$$

$w_A = 1.5,\ w_B = -0.5$이므로 C채권의 복제포트폴리오는 A채권 1.5개 매입과 B채권 0.5개 공매도로 구성된다: $CF_C = 1.5CF_A - 0.5CF_B$. 이 관계는 가격간에도 성립해야 하므로 C채권의 가격은 $1.5 \times 10{,}253.13 - 0.5 \times 12{,}784.42 = 8{,}987.49$원이다.

만약 C채권의 가격이 8,950원이면 C채권이 과소평가되었으므로 다음과 같은 차익거래가 가능하며 무위험차익은 37.49원이다.

[표 3-9] C채권이 과소평가된 경우의 차익거래

거 래		$t=0$	$t=1$	$t=2$	$t=3$
C채권 매입		−8,950.00	+500	+500	+10,500
복제포트폴리오 공매도	A채권 1.5개 공매도	+15,379.70	−1,500	−1,500	−16,500
	B채권 0.5개 매입	−6,392.21	+1,000	+1,000	+6,000
합 계		37.49	0	0	0

T년 만기 무이표채를 복제하는 방법은 동일 만기의 두 이표채를 이용하는 것이다. 액면이자율이 각각 c_A, c_B인 채권을 각각 A, B라고 하면 무이표채를 복제하는 w_A는 다음과 같다.

[식 3.12]

$$w_A = -\frac{c_B}{c_A - c_B}$$

예시 3-17 무이표채의 복제

앞의 예시에 사용된 두 개의 채권을 다시 고려해 보자. 이번에는 두 채권을 이용하여 만기가 3년인 무이표채를 합성해 보자. 액면이자율을 기준으로 다음 식이 성립한다.

$$10\% \times w_A + 20\% \times (1 - w_A) = 0\% \rightarrow w_A = -\frac{20}{10-20} = 2$$

$w_A = 2,\ w_B = -1$이므로 무이표채의 복제포트폴리오는 A채권 2개 매입과 B채권 1개 공매도로 구성된다. 복제포트폴리오의 액면이자는 $2 \times 1{,}000 - 1 \times 2{,}000 = 0$원이고 원금은 $2 \times 10{,}000 - 1 \times 10{,}000 = 10{,}000$원이다. 무이표채의 가격은 $2 \times 10{,}253.13 - 1 \times 12{,}784.42 = 7{,}721.84$원

이고 $7{,}721.84=\dfrac{10{,}000}{(1+y)^3}$ 을 만족시키는 수익률은 9%이다.

8 국내 채권가격 결정

8.1 가격계산 관행

앞에서 소개한 채권가격공식은 다음과 같다.

$$P_0=\sum_{t=1}^{n}\frac{C}{(1+y)^{t-1}(1+y)^v}+\frac{F}{(1+y)^{n-1}(1+y)^v}$$

여기서 $v=\dfrac{\text{기준시점과 다음 이자지급일간의 일수}}{\text{1기간의 일수}}$ 이다. 이와 같이 계산하는 방법을 이론적 할인(theoretical discounting)이라고 한다. 그러나 우리나라 실무에서는 이론적 할인 대신에 기준기간보다 짧은 기간에 대해서 단리계산을 하는 관행적 할인(conventional discounting)이 이용된다(#day는 남은 일수를 의미함).

[식 3.13] **이론적 할인 :** $\dfrac{C}{(1+y)^{t-1}(1+y)^v}$

관행적 할인 : $\dfrac{C}{(1+y)^{t-1}\cdot(1+y\times v)}=\dfrac{C}{(1+y)^{t-1}\cdot\left(1+y\times\dfrac{\#days}{365}\right)}$

이론적 할인으로 계산된 가격은 결코 관행적 할인에 의해 계산된 가격보다 작지 않다. 발행일이 2014년 3월 27일이고 만기일이 2015년 3월 27일인 할인채(원금 10,000원)의 잔존기간이 185일이고 수익률이 2.5%인 경우 이론적 할인방법과 관행적 할인방법으로 계산한 채권가격은 다음과 같다.

이론적 할인방법 : $\dfrac{10{,}000}{1.025^{\frac{185}{365}}}=9{,}875.63$원

관행적 할인방법 : $\dfrac{10{,}000}{\left(1+0.025\times\dfrac{185}{365}\right)}=9{,}874.87$원

우리나라에서 채권가격을 계산할 때 따르는 관행은 다음과 같다.

① 액면 1만원 기준으로 세전(before-tax) 가격으로 계산한다.

② 2005년 7월 이후부터는 세전단가로만 거래하며 원 미만은 절사한다.

③ 일수는 한편 넣기로 계산한다(즉, 초일을 제외하고 최종일을 산입함).

④ 윤달이 포함되는 경우 366일을 사용한다.

⑤ 이론적인 할인방법을 사용하지 않고 관행적 할인방법을 사용한다. 즉, 연단위 기간은 복리할인 방식을, 연단위 미만 기간은 단리할인 방식을 따른다.

이상의 채권가격 계산관행을 할인채, 연복리채, 3개월복리채, 이표채 등에 적용하기로 한다.

8.2 할인채의 가격결정

할인채는 원금에서 이자를 할인하여 발행되는 채권으로 만기에 상환되는 금액은 항상 원금이다. 우리나라에서 할인채는 액면 10,000원에서 채권의 발행일부터 만기일까지의 이자를 단리로 계산하여 차감한 금액으로 발행된다. c는 연 기준 표면금리, T는 만기이다.[15] 제1장에서 설명했듯이, 할인채는 무이표채를 의미하지만 우리나라에서는 이자에 대한 세금계산을 위해 표면금리를 표기하며, 할인채의 표면금리를 할인율이라고 한다.

[식 3.14]

매출가격 : $10{,}000 \times (1 - c \times T)$

매출이자 : $10{,}000 -$ **매출가격**

채권가격(만기는 k년 $\#days$일) : $P_0 = \dfrac{10{,}000}{(1+y)^k\left(1 + y \times \dfrac{\#days}{365}\right)}$

예시 3-18 할인채의 가격계산

산금채 1309할03A는 만기 3년의 할인채이고 할인율은 2.860%이다. 이 채권의 발행일은 2013/10/02이고 만기일은 2016/09/30이다.

발행일과 29일 선매출시의 매출가격은 다음과 같다.

매출단가(발행일 매출시) = 10,000 × (1 − 0.0286 × 3) = 9,142원

15) 우리나라 실무에서 표면금리라는 표현을 사용하므로 7절에서는 액면이자율 대신에 표면금리를 사용하기로 한다.

$$\text{매출단가(2013/09/03, 29일 선매출시)} = 10,000 \times \left(1 - 0.0286 \times \left(3 + \frac{29}{365}\right)\right) = 9,119\text{원}$$

2015년 7월 31일에 수익률 2.55%로 매매할 경우 채권가격은 다음과 같다.[16)]

$$P(2015/07/31) = \frac{10,000}{1.0255 \times \left(1 + 0.0255 \times \frac{61}{365}\right)} = 9,709\text{원}$$

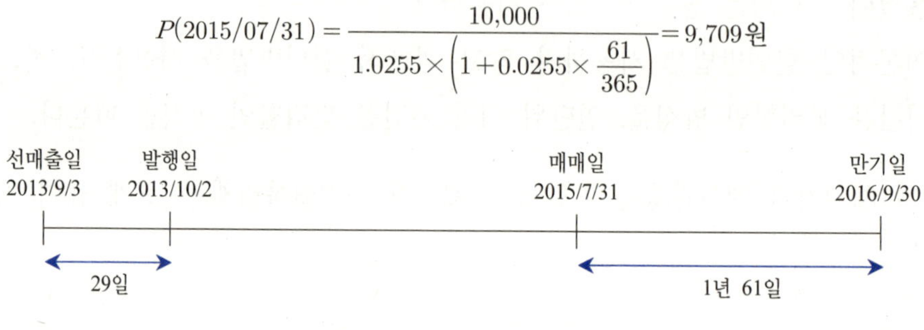

8.3 복리채의 가격결정

복리채는 이자가 이자지급 기준기간의 수만큼 복리로 재투자되어 만기일에 원금과 함께 일시에 지급되는 채권이다. 액면금액 10,000원을 기준으로 1년, 3개월, 6개월 단위 등으로 재투자되는데, 만기상환금액 계산시 복리계산기간을 반영하지만 채권가격 계산시 이를 반영하지 않고 연 기준으로 한다.

8.3.1 연복리채

만기상환금액(S)은 다음과 같이 원금에 이자를 합산하여 구한다(여기서 F은 원금이고 c은 연간 표면금리이고 T는 만기로 연 기준으로 표시됨)

[식 3.15] **만기상환금액 : $S = F \times (1+c)^T$**

그리고 채권가격은 다음과 같이 계산된다(만기는 k년 $\#days$일 가정).

$$P_0 = \frac{S}{(1+y)^k \left(1 + y \times \frac{\#days}{365}\right)}$$

16) 7절의 모든 예시에서 매매일과 결제일이 동일하다고 가정한다. 만약 결제일이 매매일 익일인 경우 일수계산은 결제일을 기준으로 이루어진다.

예시 3-19 연복리채의 가격계산

투자자가 국민주택 98-11(표면금리 5%, 발행일 1998/11/30, 만기일 2003/11/30)을 98년 12월 2일에 매입하여 2000년 6월 25일에 매도한다고 가정하자. 매입시의 수익률인 매수수익률은 8.45%이고 매도시의 수익률인 매도수익률은 7.3%라고 가정하자. 매입가격과 매도가격은 다음과 같이 각각 8,510원과 10,014원이다.

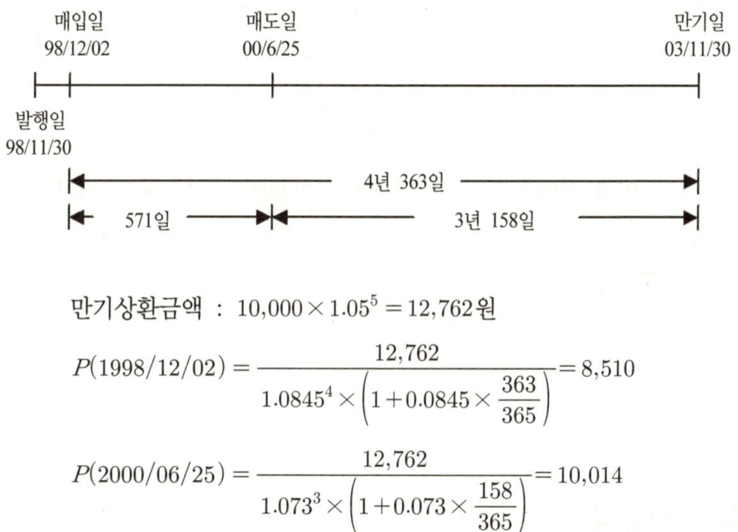

만기상환금액 : $10{,}000 \times 1.05^5 = 12{,}762$원

$$P(1998/12/02) = \frac{12{,}762}{1.0845^4 \times \left(1 + 0.0845 \times \frac{363}{365}\right)} = 8{,}510$$

$$P(2000/06/25) = \frac{12{,}762}{1.073^3 \times \left(1 + 0.073 \times \frac{158}{365}\right)} = 10{,}014$$

8.3.2 3개월복리채

3개월복리채의 계산은 기본적으로 연복리채의 계산과 동일하다. 차이점은 만기상환금액 계산시 표면금리를 연 기준이 아닌 3개월 기준으로 전환하는 것이다. 만기상환금액은 다음과 같이 원금에 이자를 합산하여 구한다(여기서 F은 원금이고 c은 1년 기준 표면금리를 의미함).

[식 3.16] **만기상환금액 :** $S = F \times \left(1 + \frac{c}{4}\right)^{4T}$

그리고 채권가격은 다음과 같이 계산된다(만기는 k년 $\#days$일 가정).

$$P_0 = \frac{S}{(1+y)^k \left(1 + y \times \frac{\#days}{365}\right)}$$

예시 3-20 3개월복리채의 가격계산

산금채 1408복10A는 발행일이 2014/08/31이고 만기일이 2024/08/31인 10년 만기 3개월복리채이고 표면금리는 3%이다. 2014년 11월 15일에 수익률 2.91%로 매매한다면 채권가격은 10,180원이다. 매매일부터 만기일까지의 기간은 9년 289일이다.

3개월 기준 표면금리 : $0.03/4=0.0075$

만기상환금액 : $S=10{,}000\times 1.0075^{40}=13{,}483$

$$P(2014/11/15)=\frac{13{,}483}{(1+0.0291)^{9}\times\left(1+0.0291\times\frac{289}{365}\right)}=10{,}180$$

그리고 2014년 8월 14일에 선매출한다고 가정하면 만기상환금액은 13,502원이다(선매출시 액면발행된다고 추가로 가정함). 가상의 직전 이자계산일인 2014/05/31부터 2014/08/31까지 92일이고 매출일부터 발행일까지는 17일임).

$$S=10{,}000\times 1.0075^{40+\frac{17}{92}}=13{,}502$$

8.4 이표채의 가격결정

이표채는 일정한 기간마다 정해진 이자를 계속 지급하는 채권으로서 채권에 이표(이자지급표)가 붙어 있어 소유자는 이표를 분리하여 이자를 수령할 수 있었으나, 현재는 채권은 증권예탁원에 보관되어 있으므로 증권회사가 이자 수령을 대신한다. 국고채의 경우 이자는 6개월마다 지급되고, 회사채의 경우 이자는 3개월마다 지급된다. 가격 계산시 기준기간을 반영하여 국고채의 경우 6개월 기준으로 회사채의 경우 3개월 기준으로 한다.

예시 3-21 6개월이표채의 가격계산

국고03125-1903(14-1)은 발행일이 2014/03/10이고 만기일이 2019/03/10인 5년 만기 국고채권이다. 이자계산주기는 6개월이고 이표지급형이며 액면이자율은 3.00%이다. 낙찰수익률(입찰일의 수익률)이 3.12%이면 발행일의 낙찰단가는 9,944원이다.

6개월 기준 액면이자율 : 3.00%/2 = 1.50% (6개월 기준 표면이자는 150원임)

6개월 기준 수익률 : 3.12%/2 = 1.56%

$$P(2014/3/10) = \frac{150}{0.0156} + \frac{10,000 - \frac{150}{0.0156}}{1.0156^{10}} = 9,944$$

만약 2014년 11월 13일에 2.9%로 매매된다면 남은 이자지급횟수는 9회이고 채권단가는 10,157원이다. 잔존만기는 4년 117일이며, 직전 이자지급일(2014/09/10)부터 다음 이자지급일(2015/03/10)까지의 기간은 181일이다.

6개월 기준 수익률 : 2.9%/2 = 1.45%

$$P(2014/11/13) = \frac{\sum_{t=1}^{9} \frac{150}{1.0145^{t-1}} + \frac{10,000}{1.0145^{8}}}{1 + 0.0145 \times \frac{117}{181}} = 10,157\text{원}$$

예시 3-22 3개월이표채의 가격계산

LG전자는 98년 12월 14일 3년 만기 3개월 이표채를 표면금리 8%로 발행하였다. 투자자는 98년 12월 17일에 7.8% 수익률로 채권을 매입하여 99년 6월 23일에 6.5% 수익률로 채권을 매도하였다. 매입일은 만기일 1,096일 전이다. 그런데 매입일에 가까운 미래 이자지급일이 99년 3월 14일이므로 98년 12월 17일부터 99년 3월 14일까지는 14+31+28+14 = 87일이다. 즉, 매입일과 만기일까지는 11개의 분기와 87일이 있다(매입일 이후의 이자지급은 12회임). 반면에 매도일은 99년 6월 23일이고 가장 가까운 미래 이자지급일은 99년 9월 14일이므로 7+31+31+14 = 83일이므로 할인해야 하는 기간은 9개의 분기와 83일이다(매도일 이후의 이자지급은 10회임).

1998/12/14 ~ 1999/03/14 : 90일

1998/12/17 ~ 1999/03/14 : 87일

1999/06/14 ~ 1999/09/14 : 92일

1999/06/23 ~ 1999/09/14 : 83일

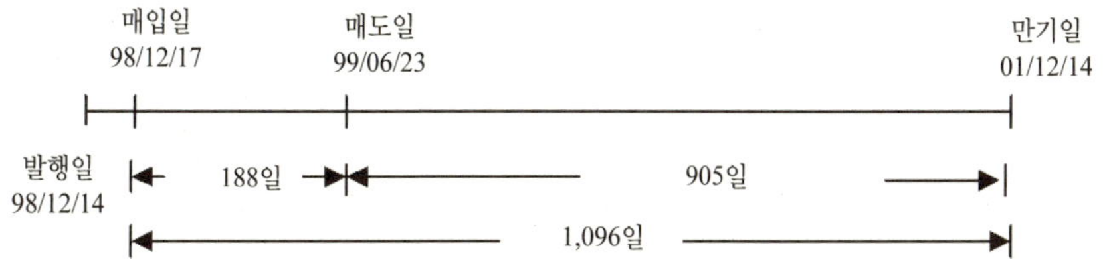

매입가격은 10,059원이고 매도가격은 10,359원이다.

$7.8\% \div 4 = 1.95\%$

$6.5\% \div 4 = 1.625\%$

$$P(1998/12/17) = \frac{\sum_{t=1}^{12} \frac{200}{1.0195^{t-1}} + \frac{10,000}{1.0195^{11}}}{1 + 0.0195 \times \frac{87}{90}} = 10,059\text{원}$$

$$P(1999/06/23) = \frac{\sum_{t=1}^{10} \frac{200}{1.01625^{t-1}} + \frac{10,000}{1.01625^{9}}}{1 + 0.01625 \times \frac{83}{92}} = 10,359\text{원}$$

요점정리

- 채권의 가격은 미래 현금흐름을 수익률로 할인한 현재가치이다. 무이표채의 가격은 $P_0 = F(1+y)^{-n}$로 계산된다. 이표채의 가격은 무이표채 가격의 합과 동일해야 한다. 만약 동일하지 않으면 차익거래가 발생하므로 이렇게 계산한 이표채의 가격을 무차익가격이라고 한다.

$$P_0 = C \cdot \left(\frac{1-(1+y)^{-n}}{y} \right) + \frac{F}{(1+y)^n} = \frac{C}{y} + \frac{F - \frac{C}{y}}{(1+y)^n}$$

- $c = y$이면 액면가채권이다. 채권가격과 수익률은 부(−)의 관계를 가지므로 $c > y$이면 할증채권이고 $c < y$이면 할인채권이다. 할인금액(할증금액)은 액면가채권에 비하여 상대적으로 적게(많이) 지급되는 액면이자의 현재가치이다.

- 채권가격은 만기일에 접근함에 따라 액면가에 접근한다(원금접근현상). 따라서 할인채권의 가격은 상승하게 되고(자본이익 발생) 할증채권의 가격은 하락하게 된다(자본손실 발생). 할증채권의 경우 할증금액이 감소하는데 감소하는 속도가 증가한다. 할인채권의 경우에도 할인금액이 작아지는데 작아지는 속도가 증가한다. 다시 말해서 만기일에 접근함에 따라 가격변화율이 커진다.

- 현금가격에서 발생이자를 차감하면 순수가격(공시가격)이 계산된다. 발생이자(경과이자)는 지난 이자지급일 이후 현재시점까지 발생한 이자를 의미한다.

$$P_0^{Quoted} = \sum_{t=1}^{n} \frac{C}{(1+y)^{t-1}(1+y)^v} + \frac{F}{(1+y)^{n-1}(1+y)^v} - C \times (1-v)$$

- 만기가 길수록 또는 액면이자율이 낮을수록 가격변화율이 크다. 또한 수익률 1% 증가에 따른 채권가격의 변화율이 수익률 1% 감소에 따른 채권가격의 변화율보다 작다(가격-수익률 곡선이 볼록함).

- 특정 증권의 미래 현금흐름을 복제하는 복제포트폴리오가 구성되면 특정 증권과 복제포트폴리오의 가치는 동일해야 한다. 만약 동일하지 않으면 무위험 차익거래가 가능하므로 결국 균형가격으로 수렴하게 되는데 이를 무차익원칙이라고 한다. 무차익원칙에 의해 증권의 균형가격을 구할 수 있는데 이를 무차익가격이라고 한다.

- 차익거래는 상대적으로 과소평가된 자산을 매입함과 동시에 상대적으로 과대평가된 자산을 공매도하여 자신의 비용을 들이지 않고 위험을 부담하지 않으면서 확실한 이익을 얻는 거래이다. 공매도는 자산을 빌려서 지금 매도하고 차후에 시장에서 동일한 자산을 매입하여 원소유자에게 상환하는 거래로, 현금흐름 패턴이 (+, -)이고 가격 하락으로부터 이익을 얻는 포지션이다.

- 우리나라 채권시장에서는 채권의 단가를 계산할 때 연단위 기간은 복리할인 방식을, 그리고 연단위 미만 기간은 단리할인 방식을 적용하는 관행적 할인방식을 따른다. 즉, 현금흐름이 C이고 할인기간이 k년 $\#days$일인 경우 채권가격은 $\dfrac{C}{(1+y)^k \left(1 + y \times \dfrac{\#days}{365}\right)}$이다.

객관식 문제

1 채권의 만기가 5년이고 액면이자율이 7%이고 원금이 10,000원이다. 채권이 연 4회 이자를 지급하면 채권의 적정 가격은 얼마인가? 수익률은 9%로 가정한다.

① 10,000원 ② 9,430원 ③ 9,202원
④ 9,350원 ⑤ 정답 없음

정답 ③

풀이 $\frac{175}{0.0225}+\frac{10,000-\frac{175}{0.0225}}{1.0225^{20}}=9,201.81$

2 2년이 지난 시점에서(액면이자 지급 직후) 문제1의 채권을 다시 고려해 보자. 채권의 만기는 3년이다. 수익률이 9%에서 갑자기 7%로 하락하면 채권가격은 수익률이 변하는 순간에 몇 퍼센트 상승하는가?

① 7.00% ② 5.49% ③ 4.27%
④ 5.85% ⑤ 5.52%

정답 ②

풀이 2년이 지났으므로 채권의 만기는 3년이다.

수익률이 변하기 전의 가격은 $\frac{175}{0.0225}+\frac{10,000-\frac{175}{0.0225}}{1.0225^{12}}=9,479.26$원이고 수익률이 7%로 하락하면 채권가격은 액면가와 동일하다(액면이자율과 수익률이 동일하므로 액면가채권임). 따라서 채권가격은 $\frac{10,000}{9,479.26}-1=5.49\%$ 상승한다.

3 수익률이 7%일 때 액면가채권은?

① 액면이자율 0%, 만기 20년
② 액면이자율 7%, 만기 5년
③ 액면이자율 5%, 만기 10년

④ 액면이자율 10%, 만기 3년
⑤ 액면이자율 2%, 만기 30년

정답 ②
풀이 액면가채권은 액면이자율이 수익률과 동일한 채권이다.

4 이자율이 변할 때 채권가격의 변화율이 가장 클 것으로 예상되는 채권은?

① 액면이자율 5%, 만기 20년
② 액면이자율 10%, 만기 10년
③ 액면이자율 15%, 만기 2년
④ 액면이자율 15%, 만기 20년
⑤ 액면이자율 5%, 만기 2년

정답 ①
풀이 액면이자율은 낮을수록, 그리고 만기는 길수록 가격변화율이 크다.

5 원금이 10,000원이고 액면이자율이 10%인 채권(연 2회 이자 지급)이 5년 만기로 발행되었다. 발행 후 3년 50일이 지난 상황에서 채권을 매도한다면 발생이자는 얼마인가? 기준기간의 일수는 182일이다.

① 274원 ② 362원 ③ 500원
④ 363원 ⑤ 137원

정답 ⑤
풀이 $(10,000 \times 0.1 \div 2) \times \frac{50}{182} = 137$

6 원금이 10,000원이고 액면이자율이 8%인 채권의 순수가격을 구하라. 만기일까지 남은일수는 35일이고 지난 액면이자 지급 후 56일이 경과되었다. 현재 수익률은 9%이다.

① 9,985원 ② 9,980원 ③ 10,000원
④ 9,990원 ⑤ 9,994원

정답 ④

풀이 3개월마다 이자를 지급하는 경우이므로 현금흐름은 10,200원이고 사용하는 수익률은 2.25%이다. $v=\frac{35}{91}=0.3846$이고 발생이자는 $200\times(1-0.3846)=123.08$원이다. 따라서 순수가격은 $\frac{10,200}{1.0225^{0.3846}}-123.08=10,113.09-123.08=9,990.01$원이다.

7 만기 10년 무이표채의 가격은 얼마인가? 기준기간은 3개월이고 수익률은 6%이고 원금은 10,000원이다.

① 5,584원 ② 5,537원 ③ 5,513원
④ 5,525원 ⑤ 5,564원

정답 ③

풀이 $\frac{10,000}{1.015^{40}}=5,513$

8 다음 중 가격이 잘못 계산된 채권만을 모두 포함하고 있는 것은?

채 권	가 격(%)	액면이자율(%)	수익률(%)
A	100	6	6
B	90	6	9
C	96	9	8
D	107	7	9
E	105	0	5

① A, B ② C, E ③ D, E
④ C, D, E ⑤ A, E

정답 ④

풀이 C채권은 할증채권이고 D채권은 할인채권이다. 그리고 E채권은 무이표채이므로 할인채권이어야 한다.

9 A채권은 만기가 5년이고 액면이자율이 8%인 액면가채권이다. B채권은 만기가 5년인 채권으로 현재 900원 할인되어 거래되고 있다. 두 채권의 원금은 10,000원이다. B채권의 액면이자율이 얼마인가? 채권은 연 4회 이자를 지급하며 두 채권에 적용되는 수익률은 동일하다고 가정한다. 가장 가까운 답을 고를 것.

① 5.8%　② 6.2%　③ 6.0%
④ 5.6%　⑤ 5.9%

정답 ①

풀이 A채권이 액면가채권이므로 수익률이 8%라는 것을 알 수 있다. B채권의 할인금액이 900원이고 B채권은 A채권에 비하여 매 3개월마다 A금액을 적게 받는다고 하면 다음 식이 성립한다.

$$A\times\left[\frac{1-1.02^{-20}}{0.02}\right]=900 \quad\rightarrow\quad A=55$$

55원 적게 받는다는 것은 3개월 액면이자가 145원임을 의미하므로 액면이자율은 $\frac{145\times4}{10,000}$ $=5.8\%$이다.

10 산금채가 10년 만기 3개월복리채로 발행된다면 표면금리가 2%이면 만기상환금액은 얼마인가? 단, 원 미만은 절사할 것.

① 12,189원　② 12,190원　③ 12,201원
④ 12,207원　⑤ 12,195원

 ④

풀이 $10,000\times\left(1+\frac{0.02}{4}\right)^{4\times10}=12,207$

11 산금채가 만기 3년 할인율 2.5%로 발행되었다. 투자자가 이 할인채를 발행일에 매입하여 200일 경과후 1.85% 수익률로 매도한다면 투자자가 얻은 자본이득은 얼마인가?

① 310원　② 512원　③ 250원
④ 335원　⑤ 정답 없음

정답 ①

풀이 자본이득은 매도가격 9,560원에서 매입가격(발행가격) 9,250원을 차감한 310원이다.

매입가격 : $10,000 \times (1-0.025 \times 3) = 9,250$

매도가격 : $\dfrac{10,000}{1.0185^2 \times \left(1+0.0185 \times \dfrac{165}{365}\right)} = 9,560$

12 철수는 5년 만기 액면가채권에 비하여 액면이자율이 2% 포인트 높은 5년 만기 채권을 보유하고 있다. 액면가채권의 수익률이 6.8%이면 철수가 보유하고 있는 채권의 할증금액은 정수로 얼마인가? 기준기간은 3개월이다.

① 916원원 ② 1,326원 ③ 1,179원
④ 1,050원 ⑤ 842원

정답 ⑤

풀이 액면가채권의 액면이자율이 수익률과 동일한 6.8%이므로 철수 채권의 액면이자율은 8.8%이다. 철수 채권은 액면가채권과 비교하여 매 분기마다 50원의 액면이자를 추가로 지급하므로 이 현금흐름의 현가는 $50 \times \left(\dfrac{1-\dfrac{1}{1.017^{20}}}{0.017}\right) = 841.74 \approx 842$원이다.

13 액면이자율 5%, 만기 5년의 6개월 복리채가 액면가에 발행되었다. 현재, 이 채권의 잔존만기가 3년 250일이고 적정 수익률이 8%이면 가격은 얼마인가? 우리나라의 가격결정방식을 적용하여 채권의 가치를 구하라.

① 10,000원 ② 9,825원 ③ 9,729원
④ 9,633원 ⑤ 정답 없음

정답 ④

풀이 만기상환금액 : $S = 10,000 \times 1.025^{10} = 12,800$ (원 미만은 절사함)

채권가격$= \dfrac{12,800}{1.08^3 \times \left(1+0.08 \times \dfrac{250}{365}\right)} = 9,633$원

14 액면이자율 7%이고 원금이 10,000원인 채권의 잔존만기가 5개월이다. 이 채권의 수익률이 8%이면 채권의 공시가격은 얼마인가? 기준기간은 3개월이고 오늘은 지난 이자지급일로부터 30일이 경과했으며 다음 이자지급일까지 61일이다. 채권가격과 경과이자는 반올림하여 소수 두 자리까지 구하여 계산한다.

① 10,016.64원 ② 9,958.95원 ③ 9,827.36원
④ 10,025.77원 ⑤ 정답 없음

정답 ②

풀이 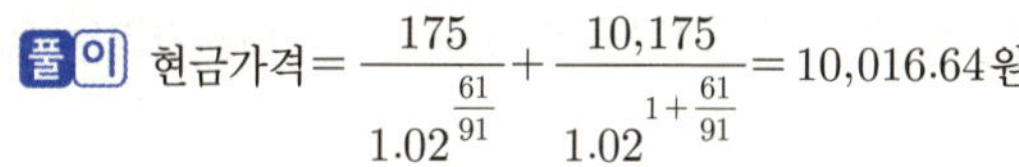

현금가격 $= \frac{175}{1.02^{\frac{61}{91}}} + \frac{10,175}{1.02^{1+\frac{61}{91}}} = 10,016.64$원

발생이자 $= 175 \times \frac{30}{91} = 57.69$

공시가격 $= 10,016.64 - 57.69 = 9,958.95$원

15 만기가 2년이고 액면이자율이 10%인 A채권의 가격이 현재 100이다. 그리고 1년과 2년 후 각각 10의 현금흐름을 제공하는 B채권의 가격이 17이다. 1년 후 50, 2년 후 350의 현금흐름을 제공하는 C채권의 가치는 얼마인가?

① 334 ② 230 ③ 350
④ 340 ⑤ 330

정답 ①

풀이 현금흐름간에 성립하는 관계가 $CF_C = 3CF_A + 2CF_B$이므로 이 관계가 가격간에도 성립해야 한다. 따라서 C채권의 가격은 $3 \times 100 + 2 \times 17 = 334$원이다.

16 공매도 포지션에 대한 설명으로 옳은 것은?

① 현금흐름의 패턴이 (−,+)이다.
② 공매도 기간 동안에 배당이 지급되면 공매자는 이를 원소유자에게 돌려주지 않아도 무방하다.
③ 공매도한 자산의 가격이 하락하면 공매도자는 이익을 얻는다.
④ 공매도 포지션의 위험이 매입포지션의 위험보다 작다.
⑤ 정답 없음

정답 ③

풀이 현금흐름의 패턴은 (+,−)이고, 공매도자는 배당이 지급되면 이를 원소유자에게 돌려주어야 한다. 공매도는 가격 하락으로부터 이익을 얻는 포지션이다. 공매도 포지션의 위험은 매입 포지션의 위험보다 큰데, 이유는 매입포지션의 경우 손실이 제한된 반면에 공매도 포지션의 경우 손실에 제한이 없기 때문이다.

17 철수는 향후 3년 동안 액면가채권(원금 10,000원)에 비하여 매3개월마다 40원씩을 더 수령할 수 있는 채권을 보유하고 있다. 액면가채권의 액면이자율이 6.4%이면 채권가격은 얼마인가?

① 10,433.59원 ② 9,643.75원 ③ 10,415.80원
④ 10,480.00원 ⑤ 정답 없음

정답 ①

풀이 액면가채권과 비교하여 매 분기마다 40원씩을 추가로 제공한다면 연 160원의 이자를 추가로 제공함으로 철수 채권의 연간 액면이자는 800원이고 액면이자율은 8%이다. 따라서 액면이자율 8%, 만기 3년의 채권가격은 10,433.59원이다(수익률은 연 6.4%이므로 $y = 0.016$임).

$$P_0 = \frac{200}{0.016} + \frac{10{,}000 - \frac{200}{0.016}}{1.016^{12}} = 10{,}433.59$$

또는 할증금액 433.59원을 계산하여 액면가에 가산하면 채권가격은 10,433.59원이다.

$$40 \times \left(\frac{1 - \frac{1}{1.016^{12}}}{0.016} \right) = 433.59$$

18 2022년 3월 1일에 발행된 1년 만기 할인채(원금 10,000원)의 잔존기간이 120일이고 수익률이 1.75%인 경우 이론적 할인방법에 의한 가격과 관행적 할인방법에 의한 가격간의 차이는 얼마인가? 단, 이론적 할인방법을 적용하는 경우 반올림하여 정수로 구하고 관행적 할인방법을 적용하는 경우 원 미만은 절사하여 구할 것.

① 3원 ② 1원 ③ 0원
④ 2원 ⑤ 정답 없음

정답 ②

풀이 이론적 할인방법 : $\dfrac{10,000}{1.0175^{\frac{120}{365}}} = 9,943.13 \approx 9,943$

관행적 할인방법 : $\dfrac{10,000}{1+0.0175\times\dfrac{120}{365}} = 9,942.79 \rightarrow 9,942$원 (원 미만은 절사함)

19 활발히 거래되는 A채권, B채권, C채권, D채권의 가격을 이용하여 E채권의 가격을 구하고자 한다. 만기가 3년이고 액면이자율이 3%인 E채권의 수익률은 얼마로 추정되는가?

A: 액면이자율 2%, 만기 2년, 수익률 3.25%
B: 액면이자율 4%, 만기 2년, 수익률 3.33%
C: 액면이자율 3%, 만기 5년, 수익률 4.15%
D: 액면이자율 4%, 만기 5년, 수익률 4.23%

① 3.74%　　② 3.65%　　③ 3.51%
④ 3.59%　　⑤ 정답 없음

 ④

풀이 2년 만기 채권의 평균 수익률이 3.29%이고 5년 만기 채권의 평균 수익률이 4.19%이므로 3년 만기 채권의 평균 수익률은 선형 보간법에 의해 3.59%이다.

$$y = 3.29\% + (4.19\% - 3.29\%)\times\frac{3-2}{5-2} = 3.59\%$$

20 회사채가 원금 10,000원, 3년 만기, 액면이자율 16%의 조건으로 발행되었다. 이 채권의 만기가 현재 5개월이고 만기수익률이 연 12%이면 채권의 현금가격은 얼마인가? 이 채권이 연 4회 이자를 지급한다는 가정 하에서 가장 근접한 가격을 선택하라. 2001년[17]

① 10,292원　　② 10,000원　　③ 9,950원
④ 10,150원　　⑤ 10,350원

17) 연도가 표시되어 있는 문제는 공인회계사 기출문제이다.

정답 ①

풀이 남은 현금흐름은 2개월 후의 400원과 5개월 후의 10,400원이다. 따라서 채권의 현금가격은 다음과 같이 10,292원이다.

$$P_0 = \frac{400}{1.03^{2/3}} + \frac{10,400}{(1.03)(1.03)^{2/3}} = 10,292$$

21 이자율과 채권가격에 관한 설명으로 가장 적절하지 않은 것은? 2014년

① 이자율이 상승하면 채권가격은 하락한다.
② 만기가 길어질수록 동일한 이자율변동에 대한 채권가격 변동폭이 커진다.
③ 만기가 길어질수록 동일한 이자율변동에 대한 채권가격 변동폭은 체감적으로 증가한다.
④ 이자율 상승시 채권가격 하락보다 동일 이자율 하락시 채권가격 상승이 더 크다.
⑤ 액면이자율이 높을수록 동일한 이자율 변동에 대한 채권가격 변동률이 더 크다.

정답 ⑤

풀이 액면이자율이 높을수록 채권가격 변동률이 더 작다.

22 현재 채권시장에서 ㈜ 한국의 1년 만기 액면가 1,000원의 순수할인채권은 909.09원에, 2년 만기 액면가 1,000원의 순수할인채권은 783.15원에 거래되고 있다. ㈜한국이 액면가 1,000원, 만기 2년, 액면이자율 10%(이자는 연1회 후급조건)인 회사채를 발행하려고 한다면, 이 회사채의 발행가격과 가장 가까운 금액은? 2017년

① 952.37원 ② 966.21원 ③ 967.83원
④ 983.23원 ⑤ 1,000원

정답 ①

풀이 첫 번째 방법은 1년 만기 액면가 1원의 무이표채 가격이 0.90909원이고 2년 만기 액면가 1원의 무이표채 가격이 0.78315임을 이용하는 것이다.

$$100 \times 0.90909 + 1,100 \times 0.78315 = 952.37$$

두 번째 방법은 이표채를 무이표채를 이용하여 복제하는 방법이다. 즉, 복제하는데 1년 만기 무이표채 0.1개와 2년 만기 무이표채 1.1개가 필요하므로 가격은 952.37원이다.

$$909.09 \times 0.1 + 783.15 \times 1.1 = 952.37$$

주관식 문제

1 다음 각 설명의 진위를 밝히고 틀린 경우 옳게 수정하라.

(1) 연간 이자지급횟수가 증가해도 채권가격은 변하지 않는다.
(2) 수익률이 변하지 않으면 시간이 경과해도 채권가격은 변하지 않는다.
(3) 만기일에 채권가격은 액면가에 마지막 액면이자를 더한 금액과 동일하다.
(4) 순수가격에 발생이자를 가산하면 현금가격이 계산된다.
(5) 채권가격의 변동성은 만기일에 접근함에 따라 감소한다.
(6) 액면이자율이 수익률보다 높으면 할인채권이다.
(7) 액면이자율이 작을수록 채권가격이 변화율이 작다.
(8) 수익률 증가에 따른 채권가격 변화율이 수익률 감소에 따른 채권가격 변화율보다 크다 (절대값 기준으로 비교함).
(9) 무이표채의 연간 자본이득은 동일하다. 그러나 자본이득률은 동일하지 않다.
(10) 만기일에 접근함에 따라 할인금액과 할증금액의 감소폭은 일정하다(수익률은 일정하다고 가정함).

해답

(1) 틀린 표현이다. 이는 액면가채권의 경우에만 성립한다. 할인채권의 경우 이자지급횟수가 증가하면 채권가격은 하락하고 할증채권의 경우 이자지급횟수가 증가하면 채권가격은 상승한다.

(2) 틀린 표현이다. 수익률이 변하지 않아도 시간이 경과하면 채권가격은 액면가에 접근한다. 따라서 할인채권의 가격은 상승하고 할증채권의 가격은 하락한다. 이유는 만기일에 채권가격은 액면가와 같아야 하기 때문이다.

(3) 틀린 표현이다. 만기일에 현금흐름이 액면가와 마지막 액면이자이지만 만기일에 채권을 매입하면 모든 액면이자는 매도자에게 귀속되므로 만기일에 채권가격은 액면가와 동일해야 한다.

(4) 옳은 표현이다. 현금가격은 순수가격과 발생이자의 합이다.

(5) 옳은 표현이다. 채권가격이 만기일에 접근함에 따라 원금에 접근하므로 채권가격의 변동성은 감소한다.

(6) 틀린 표현이다. 액면이자율이 수익률보다 높으면 할증채권이다.

(7) 틀린 표현이다. 액면이자율이 작을수록 채권가격의 변화율이 크다.

(8) 틀린 표현이다. 가격-수익률 곡선이 볼록하므로 수익률 증가에 따라 채권가격 변화율이 수익률 감소에 따른 채권가격 변화율보다 작다.

(9) 틀린 표현이다. 무이표채의 경우 만기에 접근함에 따라 자본이득은 증가하지만 기간별 자본이득률은 만기수익률과 항상 동일하다.

(10) 틀린 표현이다. 만기일에 접근함에 따라 할인금액과 할증금액의 감소폭은 증가한다.

2 채권의 원금이 10,000원, 만기가 5년, 액면이자율이 9%이다. 연 1회 이자를 지급하며 수익률이 7%이다.

(1) 채권의 현재 가격을 계산하라. 만일 연 4회 이자를 지급한다면 가격은 어떻게 영향을 받는가?

(2) 이 채권의 프리미엄을 현금흐름의 현재가치로 설명해 보라.

(3) 할증채권과 할인채권이 되기 위한 조건은 무엇인가?

(4) 채권의 수익률이 변하지 않는다고 가정하고 1년 후 예상가격을 계산하라.

(5) 채권을 현재 가격에 매입하여 1년 후 액면이자를 한번 수령하고 (4)에서 계산한 가격으로 매도한다면 1년 동안 실현한 수익률은 얼마인가?

(6) 만기일에서 채권의 가격이 액면가와 동일해지는 이유를 설명하라.

해답

(1) 연 1회 이자를 지급하면 채권가격은 10,820.04원이다.

$$P_0 = \frac{900}{0.07} + \frac{10{,}000 - \frac{900}{0.07}}{1.07^5} = 10{,}820.04$$

만약 연 4회 이자를 지급하는 것으로 조건을 변경하면 채권가격은 10,837.64원으로 상승하게 된다.

$$P_0 = \frac{225}{0.0175} + \frac{10{,}000 - \frac{225}{0.0175}}{1.0175^{20}} = 10{,}837.64$$

(2) 수익률이 7%일 때 액면가채권은 연 7%의 이자를 지급한다. 우리가 고려하는 할증채권은 연 9%의 이자를 지급하므로 액면가채권에 비하여 매년 200원의 이자를 5회 추가로 지급하게 된다. 이 금액의 현재가치가 정확히 $200 \times \left(\frac{1-1.07^{-5}}{0.07}\right) = 820.04$원이다.

(3) 할증채권의 경우 액면이자율이 수익률보다 크다. 반면에 할인채권의 경우 액면이자율이 수익률보다 작다.

(4) 1년 후 이 채권은 4년 만기 채권이 되므로 예상가격은 10,677.44원이다.

$$P_1 = \frac{900}{1.07} + \frac{900}{1.07^2} + \frac{900}{1.07^3} + \frac{10,900}{1.07^4} = 10,677.44\text{원}$$

(5) 900원의 이자를 수령하고 10.677.44원에 매도하므로 수익률은 7%이다.

$$\frac{10,677.44 + 900}{10,820.04} - 1 = 7\%$$

(6) 만기 직전에 채권을 매입하면 마지막 액면이자는 매도자에게 귀속되므로 매입자는 오직 원금만을 수령하게 된다. 따라서 만기일에서의 채권가격은 원금 또는 액면가와 동일해야 한다.

3 만기가 10년이고 액면이자율이 6%이고 원금이 100원인 채권이 액면가에 거래되고 있다. 채권은 연 2회 액면이자를 지급한다.

(1) 수익률이 15%이면 채권가격은 얼마인가? 만약 수익률이 16%로 상승하면 채권가격은 몇 퍼센트 하락하는가?

(2) 수익률이 5%이면 채권가격은 얼마인가? 만약 수익률이 6%로 상승하면 채권가격은 몇 퍼센트 하락하는가?

(3) 고금리시기와 저금리시기 중에서 어떤 시기에 채권가격위험이 큰가?

해답

(1) $C = 100 \times 0.06 \div 2 = 3$, $y = 0.15 \div 2 = 0.075$, $n = 10 \times 2 = 20$이므로 가격은 54.12원이다.

$$P_0 = \frac{3}{0.075} + \frac{100 - \frac{3}{0.075}}{1.075^{20}} = 54.12$$

만일 수익률이 16%로 상승하면 채권가격은 $P_0 = \frac{3}{0.08} + \frac{100 - \frac{3}{0.08}}{1.08^{20}} = 50.91$원으로 하락하므로 가격변화율은 $\frac{50.91}{54.12} - 1 = -5.93\%$이다(가격변화는 -3.21원임).

(2) $C = 100 \times 0.06 \div 2 = 3$, $y = 0.05 \div 2 = 0.025$, $n = 10 \times 2 = 20$이므로 가격은 107.79원이다.

$$P_0 = \frac{3}{0.025} + \frac{100 - \frac{3}{0.025}}{1.025^{20}} = 107.79$$

만일 수익률이 6%로 상승하면 수익률과 액면이자율이 일치하므로 채권가격은 원금과 동일해지므로 가격변화율은 $\frac{100}{107.79} - 1 = -7.23\%$이다(가격변화는 -7.79원임).

(3) 이자율이 낮은 저금리시기에 채권가격의 변화율이 크다. 이는 가격과 수익률간의 관계가 볼록하기 때문이다.

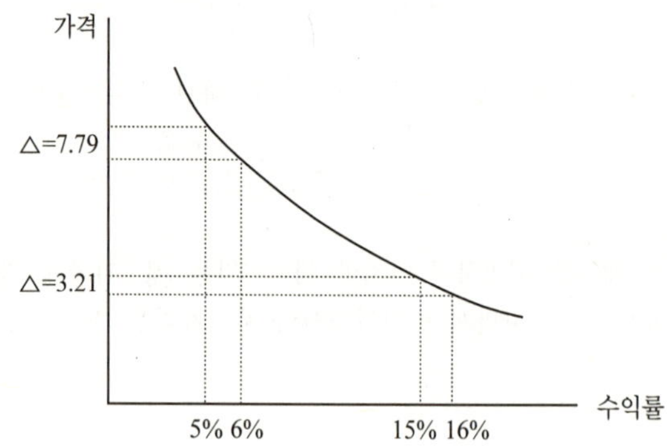

4 만기가 4년이고 액면이자율이 5.8%인 채권을 고려해 보자. 채권은 연 1회 이자를 지급하며 원금은 10,000원이다. 수익률이 7%이다.

(1) 채권가격 P_0은 얼마인가?

(2) 수익률이 7%로 일정하다고 가정하면 1년 후 채권가격 P_1은 얼마인가?

(3) 수익률이 6.2%로 하락한다는 가정 하에서 1년 후 채권가격 P_1을 구하라.

(4) (1)에서 (3)으로의 가격변화를 다음 두 요소로 분해해 보라.

① 만기일에 접근함으로 인한 가격변화(수익률 변화가 없다고 가정함)

② 수익률 변화로 인한 가격변화

해답

(1) $P_0 = 580 \times \left[\dfrac{1-1.07^{-4}}{0.07}\right] + \dfrac{10,000}{1.07^4} = 9,593.53$

(2) $P_1 = 580 \times \left[\dfrac{1-1.07^{-3}}{0.07}\right] + \dfrac{10,000}{1.07^3} = 9,685.08$

(3) $P_1 = 580 \times \left[\dfrac{1-1.062^{-3}}{0.062}\right] + \dfrac{10,000}{1.062^3} = 9,893.47$

(4) 1년 동안 가격이 9,593.53원에서 9,893.47원으로 299.94원 상승하였다. 이 가격변화는 만기일에 접근함에 따른 가격변화와 수익률변화에 따른 가격변화의 합이다. 만기일에 접근함에 따른 가격변화(수익률은 일정하다고 가정)는 9,685.08 – 9,593.53 = 91.55원이고 수익률 변화로 인한 가격변화는 9,893.47 – 9,685.08 = 208.39원이다.

5 다양한 만기와 액면이자율을 갖는 채권들이 자본시장에서 거래되고 있다. 모든 채권은 채무불이행위험이 없으며, 이자지급주기가 1년, 액면금액이 100,000원으로 동일하다. 또한 모든 채권은 공매가 가능하며, 거래비용 없이, 차액거래 기회가 없는 균형가격에 거래된다. 채권 A, B, C, D의 잔존만기, 액면이자율, 만기수익률, 가격의 일부 정보를 제시한 아래 표를 이용하여 답하시오. 2020년

채 권	잔존만기(년)	액면이자율	만기수익률	가격(원)
A	15	0%		
B	15	6%		64.000
C	15	8%		78,400
D	15			100,000

(1) 채권B와 채권C를 이용하여, 채권A의 시장가격을 구하시오.

(2) 문제(1)을 활용하여, 채권D의 만기수익률을 구하시오.

해답

(1) B채권과 C채권의 액면이자율을 이용하여 A채권의 액면이자율 0%를 복제할 수 있다. 다음 식으로부터 구한 관계는 $4CF_B - 3CF_C = CF_A$이다.

$$6 \times w_B + 8 \times (1 - w_B) = 0 \rightarrow w_B = 4,\ w_C = -3$$

이 관계가 가격간에도 성립하므로 A채권의 가격은 20,800원이다.

$$P_A = 4 \times 64{,}000 - 3 \times 78{,}400 = 20{,}800$$

(2) D채권의 연간 액면이자를 C로 하면 D채권의 가격은 다음과 같다.

$$P_D = \frac{C}{(1+y_1)} + \frac{C}{(1+y_2)^2} + \dots + \frac{C}{(1+y_{15})^{15}} + \frac{100{,}000}{(1+y_{15})^{15}}$$
$$= C\left[\frac{1}{(1+y_1)} + \frac{1}{(1+y_2)^2} + \dots + \frac{1}{(1+y)^{15}}\right] + \frac{100{,}000}{(1+y_{15})^{15}} = 100{,}000\text{원}$$

D채권의 가격을 구하려면 $\left[\frac{1}{(1+y_1)} + \frac{1}{(1+y_2)^2} + \dots + \frac{1}{(1+y)^{15}}\right]$과 $\frac{100{,}000}{(1+y_{15})^{15}}$를 구해야 한다. 먼저 A채권가격으로부터 $P_A = \frac{100{,}000}{(1+y_{15})^{15}} = 20{,}800$원이다. 그리고 B채권 또는 C채권의 가격으로부터 $\left[\frac{1}{(1+y_1)} + \frac{1}{(1+y_2)^2} + \dots + \frac{1}{(1+y)^{15}}\right] = 7.2$를 구할 수 있다.

$$P_B = 6{,}000 \times \left[\frac{1}{(1+y_1)} + \frac{1}{(1+y_2)^2} + \dots + \frac{1}{(1+y)^{15}} \right] + \frac{100{,}000}{(1+y_{15})^{15}} = 64{,}000\text{원}$$

$$P_C = 8{,}000 \times \left[\frac{1}{(1+y_1)} + \frac{1}{(1+y_2)^2} + \dots + \frac{1}{(1+y)^{15}} \right] + \frac{100{,}000}{(1+y_{15})^{15}} = 78{,}400\text{원}$$

따라서 D채권의 경우 $C \times 7.2 + 20{,}800 = 100{,}000$원이므로 $C = 11{,}000$원이고 D채권의 액면이자율은 $c = \frac{11{,}000}{100{,}000} = 11\%$이다. D채권은 액면가채권이므로 만기수익률은 액면이자율과 동일한 11%이다.

6 금년도 1월 1일($t=0$) 기준으로 만기, 액면금액, 액면이자율, 만기수익률이 상이한 채권들이 아래 표에 제시되어 있다. 자본시장에서 채권 A, B, C가 각각 균형 하에 있고 모든 이자지급 주기는 1년으로 가정한다. 계산결과는 소수점 아래 다섯째 자리에서 반올림하여 넷째 자리까지 표시하시오. 2019년

채 권	만기	액면금액	액면이자율	만기수익률
A	1년	100,000원	0%	6%
B	2년	70,000원	10%	9%
C	3년	50,000원	15%	12%
D	3년	100,000원	20%	13%

(1) 금년도 1월 1일 시점($t=0$)에서 채권 A, B, C의 시장가격을 구하시오.

(2) 금년도 1월 1일 시점($t=0$)에서 $t=k$년 만기 현물이자율을 ${}_0y_k$, $t=k$년 시점에서 1년 만기 선도이자율을 ${}_kf_{k+1}$,으로 각각 표기한다. $(1+{}_0y_2)^2$, $(1+{}_0y_3)^3$, ${}_1f_2$, ${}_2f_3$ 를 각각 구하시오.

(3) 채권을 매입, 매도하는 경우 거래비용이 없다고 가정하고 다음에 대하여 답하시오.

① 채권D의 시장가격과 균형가격을 각각 계산하고 채권D의 과소 또는 과대 평가 여부를 판단하시오.

② 채권D 1개를 거래단위 기준으로 하여 차익거래 전략을 제시하시오. 단, 금년도 1월 1일 시점($t=0$)을 제외한 다른 시점($t=1,2,3$)의 순현금흐름이 0이 되도록 차익거래를 구성한다. 1단위 이하로 분할하여 채권의 거래가 가능하다고 가정한다.

(4) 차익거래에서 매입 및 매도되는 모든 채권의 거래비용이 거래금액의 0.3%라고 가정한다, 차익거래가 발생할 수 있는 채권D의 가격범위를 구하시오.

해답

(1) A채권: $P_A = \dfrac{100,000}{1.06} = 94,339.6226$원

B채권: $P_B = \dfrac{7,000}{1.09} + \dfrac{77,000}{1.09^2} = 71,231.3778$원

C채권: $P_C = \dfrac{7,500}{1.12} + \dfrac{7,500}{1.12^2} + \dfrac{57,500}{1.12^3} = 53,602.7469$원

(2) 먼저 B채권을 이용하여 ${}_0y_2$, ${}_1f_2$를 구한다(${}_0y_1 = 6\%$임).

$$P_B = \frac{7,000}{1.06} + \frac{77,000}{(1+{}_0y_2)^2} = 71,231.3778 \quad \rightarrow \quad (1+{}_0y_2)^2 = \frac{77,000}{64,627.6042} = 1.1914$$

$$(1+{}_0y_2)^2 = (1+{}_0y_1)(1+{}_1f_2) \quad \rightarrow \quad (1+{}_1f_2) = \frac{1.1914}{1.06} \quad \rightarrow \quad {}_1f_2 = 12.40\%$$

같은 방식으로 C채권으로부터 ${}_0y_3$, ${}_2f_3$를 구한다.

$$P_C = \frac{7,500}{1.06} + \frac{7,500}{1.1914} + \frac{57,500}{(1+{}_0y_3)^3} = 53,602.7469 \quad \rightarrow \quad (1+{}_0y_3)^3 = \frac{57,500}{40,232.1602} = 1.4292$$

$$(1+{}_0y_3)^3 = (1+{}_0y_2)^2(1+{}_2f_3) \quad \rightarrow \quad (1+{}_2f_3) = \frac{1.4292}{1.1914} \quad \rightarrow \quad {}_2f_3 = 19.96\%$$

(현물이자율과 선도이자율의 계산은 7장을 참고할 것)

(3) ① D채권의 시장가격이 균형가격 보다 작으므로 과소평가되어 있다.

D채권의 시장가격: $P_D = \dfrac{20,000}{1.13} + \dfrac{20,000}{1.13^2} + \dfrac{120,000}{1.13^3} = 116,528.0682$원

D채권의 균형가격: $P_D = \dfrac{20,000}{1.06} + \dfrac{20,000}{1.1914} + \dfrac{120,000}{1.4292} = 119,617.9541$원

② D채권이 과소평가되었으므로 D채권을 매입하고 채권 A, B, C로 구성된 복제포트폴리오를 공매도하는 차익거래를 시행한다. 복제포트폴리오를 구성하는 각 채권의 개수는 다음 세 식으로부터 구한 $w_A = 0.0395$, $w_B = 0.0565$, $w_C = 2.0870$이다. 즉, 복제포트폴리오는 A채권 0.0395개, B채권 0.0565개, C채권 2.0870개로 구성된다.

$57,500w_C = 120,000$
$77,000w_B + 7,500w_C = 20,000$
$100,000w_A + 7,000w_B + 7,500w_C = 20,000$

그리고 차익거래의 이익은 시장가격과 균형가격의 차액인 3,089.8859원이다(표와의 차이는 반올림 오차임). 복제포트폴리오를 구성했으므로 차익거래시 $t=0$을 제외한 모든 시점에서 순현금흐름은 0이다. 표 작성이 필요하지 않으나 작성하면 다음과 같다. 반올림 오차로 인해 $t=1,2,3$에서 순현금흐름이 정확히 0이 아니지만 0으로 표기하기로 한다.

거래포지션	$t=0$	$t=1$	$t=2$	$t=3$
D채권 1개 매입	−116,528.0682	+20,000	+20,000	+120,000
A채권 0.0395개 공매도	+3,726.4151 = 94,339.6226 × 0.0395	−3,950 = −100,000 × 0.0395		
B채권 0.0565개 공매도	+4,024.5728 = 71,231.3778 × 0.0565	−395.5 = −7,000 × 0.0565	−4,350.5 = −77,000 × 0.0565	
C채권 2.0870개 공매도	+111,868.9328 = 53,602.7469 × 2.0870	−15,652.5 = −7,500 × 2.0870	−15,652.5 = −7,500 × 2.0870	−120,002.5 = 57,500 × 2.0870
차익거래 이익	3,091.8525	0	0	0

(4) 거래비용이 없는 경우 D채권의 가격이 균형가격인 119,617.9541보다 작으면 D채권을 매입하고 복제포트폴리오를 공매도하는 차익거래가 가능하다. 반면에 D채권의 가격이 균형가격보다 크면 D채권을 공매도하고 복제포트폴리오를 매입하는 차익거래가 가능하다.

그런데 0.3%의 거래비용이 발생하면 D채권의 가격이 균형가격에서 거래비용을 차감한 값보다 작거나 균형가격에서 거래비용을 가산한 가격보다 크면 차익거래가 가능하다(여기서 D채권과 복제포트폴리오의 거래비용을 모두 고려해야 함). 즉,

$$P_D < 119{,}617.9541 - 0.003(119{,}617.9541 + P_D)$$
$$P_D > 119{,}617.9541 + 0.003(119{,}617.9541 + P_D)$$

따라서 차익거래가 발생할 D채권의 가격 범위는 $P_D < 118{,}902.3931$과 $P_D > 120{,}337.8214$이다.

CHAPTER 04

채권 수익률

1. 만기수익률
2. 이자수익률
3. 단리수익률
4. 콜수익률과 풋수익률
5. 보유수익률
6. 할인마진
7. 단기금융상품의 수익률

CHAPTER 4

채권 수익률

1 만기수익률

1.1 만기수익률의 의미 및 계산

채권이 시장에서 거래되는 경우, 현재의 가격에 내재된 채권의 수익률을 구할 수 있는데 이를 만기수익률(yield to maturity)이라고 한다. 만기수익률은 유통수익률, 내부수익률(internal rate of return), 시장수익률로 표현되기도 한다. 만기수익률(yield to maturity(ytm) 또는 redemption yield)은 투자자가 채권을 현재가격에 매입해서 만기일까지 보유하는 경우 얻게 되는 단일 수익률이다.

만기수익률은 미래 현금흐름의 현재가치와 현재 채권가격을 일치시키는 할인율이다. 예를 들어, 만기 3년, 액면이자율 8%, 원금 10,000원인 채권의 가격이 9,487원인 경우, 만기수익률은 다음의 식을 만족시키는 y이다(1년에 이자 4회 지급 가정). 좌변 항이 채권가격이고 우변 항이 미래 현금흐름의 현가이다.

$$9,487 = 200 \times \left[\frac{1-(1+y)^{-12}}{y}\right] + \frac{10,000}{(1+y)^{12}}$$

여기서 y는 기준기간(3개월)에 대한 수익률이므로 연간 기준의 만기수익률은 $y \times m$으로 계산된다. 보다 일반적으로 기준기간의 만기수익률은 다음의 관계를 만족시키는 y이다.

[식 4.1]

$$P_0 = \sum_{t=1}^{n} \frac{C}{(1+y)^t} + \frac{F}{(1+y)^n}$$

여기서 P_0는 채권가격(보다 자세하게 현금가격), C는 기준기간의 액면이자, F는 원금, n은 남은 기간의 수로 $m \times T$와 동일하다.

예시 4-1 시행착오법과 엑셀 함수에 의한 만기수익률의 계산

만기가 10년이고 액면이자율이 10%이고 원금이 10,000원인 채권이 현재 10,642원에 거래되고 있다. 이 채권의 만기수익률은 얼마인가?

이 채권은 할증채권이므로 만기수익률이 액면이자율 10%보다 작아야 한다. 먼저 수익률 8%를 선택하면 현금흐름의 현가는 11,342원이다. 이 현가는 우리가 원하는 가격보다 크므로 현가를 감소시키기 위하여 수익률을 증가시켜야 한다. 수익률 9.5%를 적용하면 현금흐름의 현가는 10,314원으로 채권가격보다 작게 된다. 이번에는 9.5%보다 낮은 수익률을 적용한다. 이런 과정을 반복하면 현금흐름의 현가가 10,642원이 되는 만기수익률 9%가 계산된다.

이번에는 엑셀 함수 YIELD를 이용해 보자. 입력변수는 기준일, 만기일, 액면이자율, 채권가격, 원금, 연간 이자지급횟수, 일수계산방법이다. 일수계산방법이 '실제일수/실제일수'이면 1을 선택하고 원금은 100으로 하므로 가격을 106.42로 입력한다. 계산된 값은 0.089996504이다.

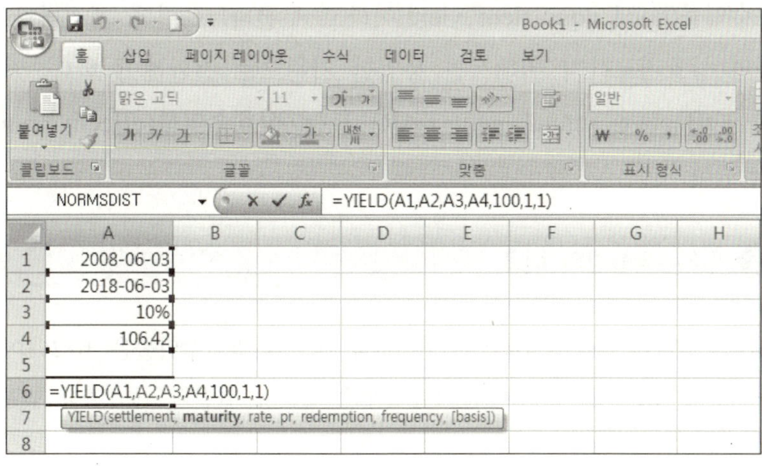

연 4회 이자를 지급하는 경우 "=YIELD(A1,A2,A3,A4,100,4,1)"를 입력하면 0.090188이 산출되는데 이는 3개월 기준 수익률 0.022547에 4를 곱한 값이다.

예시 4-2 현금가격과 만기수익률

제3장에서 우리는 순수가격과 현금가격에 대하여 공부하였다. 그렇다면 수익률 계산에 사용되는 가격은 무엇인가? 수익률 계산에는 순수가격이 아니라 채권 매입시에 실제로 지급하는 현금가격을 사용해야 한다. 예를 들어, 제3장 [예시 3-9]의 D점에서 순수가격은 10,048.52원이고 현금가격은 10,198.52원이다(수익률 8%를 이용하였음). 만기일에서의 현금흐름이 10,300원이므로 현금가격을 이용한 만기수익률은 $\left(\frac{10,300}{10,198.52}-1\right)\times 8 = 8\%$이다(8을 곱한 이유는 $\left(\frac{10,300}{10,198.52}-1\right)$이 1.5개월 기준의 수익률이기 때문임). 반면에 공시가격을 이용하면 만기수익률은 $\left(\frac{10,300}{10,048.52}-1\right)\times 8 = 20\%$로 계산되는데 이는 틀린 값이다.

만기수익률은 기준기간의 수익률에 연간 이자지급횟수를 곱하여 구하므로 제2장에서 설명한 APR의 개념이다. 미국에서는 기준기간의 수익률에 2를 곱하여 구하고 이를 채권적용수익률(bond equivalent yield)이라고 부른다. 그런데 채권별로 이자지급횟수가 상이하면 상호비교하기 위해서는 동일한 기준으로 전환해야 한다. 이를 위해 보통 실효이자율(effective annual rate: EAR) 또는 실효수익률(effective annual yield: EAY)을 계산한다.

예시 4-3 만기수익률간의 비교

우리나라 채권의 만기수익률은 10.1%이고, 미국 채권의 만기수익률은 10.2%이고, 유로본드(Eurobond)의 만기수익률은 10.45%이다. 어떤 채권이 실질적으로 가장 높은 수익률을 제공하는가?

이 질문에 답하기 위해서 세 채권의 실효수익률(EAY)을 계산해야 한다. 유로본드는 연 1회 이자를 지급하므로 10.45%가 EAY이다. 미국 채권의 EAY는 $\left(1+\frac{0.102}{2}\right)^2-1=10.46\%$이고, 우리나라 채권의 EAY는 $\left(1+\frac{0.101}{4}\right)^4-1=10.49\%$이다. 결국 우리나라 채권의 실효수익률이 가장 높다.

수익률로부터 채권가격을 구하듯이, 채권가격으로부터 수익률을 구할 수 있으므로 채권의 수익률은 가격을 표현하는 하나의 수단이다. 특히 실무자들은 가격 대신 수익률을 이용하여 의사소통하는 것을 선호한다. 그리고 수익률은 액면이자율, 만기, 가격이 서로 상이한 채권을 비교하는 기준으로 이용되기도 한다.[1)] 수익률은 현재 현금흐름을 미래 현금흐름으로 전환시키는 이자율이면서 동시에 미래 현금흐름을 현재 현금흐름으로 전환시키는 할인율의 의미를 지닌다.

무이표채의 경우 만기수익률을 계산하는 것은 이표채에 비하여 훨씬 쉽다. 무이표채의 액면가가 F이고 만기일까지 n개의 기준기간이 있으면 기준기간 기준 만기수익률은 다음의 관계를 만족시켜야 한다. 이 식은 무이표채의 가격결정공식 $P_0 = \frac{F}{(1+y)^n}$으로부터 유도된 식이다.

[식 4.2]

$$y = \left(\frac{F}{P_0}\right)^{\frac{1}{n}} - 1$$

여기서 n은 어떻게 정의되는가? 예를 들어, 5년 만기 무이표채의 수익률을 계산할 때 n을 5로 정의하는가? 관례적으로 n은 만기에 해당 국가 이표채의 연간 이자지급횟수를 곱하여 구한다. 즉, 미국의 경우에는 10을, 우리나라의 경우에는 20을 사용하여 기준기간의 수익률을 계산하고 이를 연 기준으로 전환하는 것이 논리적이다.[2)] 이유는 모든 채권의 수익률을 동일한 기준으로 계산해야 의미있는 상호비교가 가능하기 때문이다.

예시 4-4 무이표채의 만기수익률 계산

예를 들어, 국내에서 5년 만기 무이표채가 5,756원에 거래되고 있으면 만기수익률은 다음과 같이 11.2%이다.

$$y = \left(\frac{10,000}{5,756}\right)^{\frac{1}{20}} - 1 = 2.8\%$$

$$\text{만기수익률} = 2.8\% \times 4 = 11.2\%$$

만일 n을 5로 하여 계산하면 $y = \left(\frac{10,000}{5,756}\right)^{\frac{1}{5}} - 1 = 11.68\%$이고 이는 EAY의 개념이다. 즉,

1) 호가방법이 거래소 채권시장의 경우 가격호가이고 장외 채권시장의 경우 수익률호가이다(제8장 참고).

2) 우리나라에서 관행적으로 n의 값으로 만기(연 기준)를 사용하는 것은 이론적으로 옳지 않다. 보다 자세한 설명은 제3장의 각주 2)와 4)를 참고할 것.

$$\left(1+\frac{0.112}{4}\right)^4-1=11.68\%$$

따라서 이표채(회사채)의 만기수익률과 비교해야 하는 수익률은 11.68%가 아니고 11.2%이다.

정확한 만기수익률은 앞에서 설명한 시행착오법으로 구해야 하나 실무에서는 다음과 같이 근사치(approximation)로 구하기도 한다.

[식 4.3]

$$y=\frac{F\times c+\dfrac{F-P_0}{T}}{\dfrac{F+P_0}{2}}$$

기본적으로 수익률은 평균 투자금액에 대한 연간 이익의 비율이다. 식의 분자는 연간 평균이익(average annual income)을 의미하는데, 이 중에서 $F\times c$는 연간 액면이자를, $\frac{F-P_0}{T}$는 연간 평균자본이득(average annual capital gain)을 뜻한다. 현재의 채권가격은 P_0이고 만기일에서의 채권의 가치는 F이다.[3] 따라서 만기일까지 채권을 보유하는 경우 연간 자본이득은 총자본이득 $F-P_0$을 만기 T로 나누어 구한다. 그리고 분모는 채권의 만기일에서의 가치(즉, 원금)와 현재 채권가격의 평균이므로 평균 투자금액을 의미한다. [식 4.3]에서 P_0는 현금가격이다.

예시 4-5 만기수익률의 근사치 계산

만기 3년, 액면이자율 8%, 원금 10,000원인 채권의 가격이 9,487원이다. [식 4.3]을 이용하여 근사치로 구한 채권의 만기수익률은 9.97%이고 이는 시행착오법으로 정확히 구한 2.5% × 4 = 10%와 크게 차이나지 않는다.

$$y=\frac{800+\dfrac{10,000-9,487}{3}}{\dfrac{10,000+9,487}{2}}=9.97\%$$

$$9,487=200\times\left[\frac{1-(1+y)^{-12}}{y}\right]+\frac{10,000}{(1+y)^{12}}\quad\rightarrow\quad y=0.025(\text{3개월 기준})$$

3) 제3장에서 설명했듯이 만기일에서의 채권가치는 원금과 동일하다.

1베이시스포인트(basis point: bp)는 1%의 100분의 1인 0.01%를 의미한다. 즉, 1%는 100bp이다. 수익률이 5%에서 6%로 상승하는 경우 20% 상승한다고 표현할 수도 있고 1% 상승한다고 표현할 수도 있을 것이다. 이런 혼란을 피하기 위하여 수익률이 5%에서 6%로 상승하면 수익률이 1%포인트 또는 100bp 상승한다고 표현하는 것이 적절하다. 대체로 수익률의 변화가 1%포인트 미만으로 발생하므로 거래자들은 bp로 표현하기를 선호한다.

1.2 만기수익률의 조건

만기수익률은 제2장에서 설명한 내부수익률과 정확히 동일한 개념이다. 내부수익률이란 투자의 수익률을 의미하는데 여기서 만기수익률은 채권을 만기일까지 보유하는 경우의 수익률이므로 내부수익률과 정확히 같다.

실제로 투자자가 만기수익률을 정확히 실현하기 위해서는 다음 세 가지 조건이 모두 충족되어야 한다.

① 채무불이행이 없음(모든 액면이자와 원금을 정해진 일정에 정확히 수령함)

② 만기일까지 보유함

③ 모든 액면이자는 만기수익률과 동일한 수익률로 재투자되어야 함

만기수익률은 채권을 만기일까지 보유하는 경우에 실현하는 수익률이므로 만기일 이전에 채권을 매도하려는 투자자에게는 의미있는 숫자가 아닐 수도 있다. 또한 세 번째 조건은 현실적으로 완벽하게 만족될 수 없는 조건이므로 투자자가 정확히 만기수익률을 실제로 얻는 것은 불가능하다. 예를 들어, 수익률 10%로 채권을 매입하였으나 매입 후 시장이자율이 하락(상승)하면 액면이자의 재투자수익률이 10%보다 작게(크게) 되므로 투자자가 만기일까지 채권을 보유하더라도 투자자가 얻게 되는 수익률은 10%보다 작게(크게) 된다. 이처럼 액면이자의 재투자수익률은 확률변수로서 투자시점에서 확정시킬 수 없으므로 만기수익률을 활용할 때 이런 비현실적인 가정을 감안해야 한다.

예시 4-6 모든 액면이자의 재투자수익률이 만기수익률인가?

세 번째 조건이 가정되었음을 확인하기 위하여 다음의 채권가격공식을 이용해 보자.

$$P_0 = \sum_{t=1}^{n} \frac{F \times c}{(1+y)^t} + \frac{F}{(1+y)^n}$$

양변에 $(1+y)^n$을 곱하면,

$$\begin{aligned} P_0(1+y)^n &= \sum_{t=1}^{n} \frac{F \times c \times (1+y)^n}{(1+y)^t} + \frac{F \times (1+y)^n}{(1+y)^n} \\ &= \sum_{t=1}^{n} F \times c \times (1+y)^{n-t} + F \end{aligned}$$

현재가격 P_0에 매입하여 매 기간에 y의 수익률을 얻는다면 만기일(n기간 후)에서의 가치는 $P_0(1+y)^n$로 식의 좌변에 해당된다. 그리고 우변은 $F \times c$의 액면이자를 남은 $(n-t)$기간 동안 매 기간 y의 수익률로 재투자한 금액에 만기일에 지급받는 원금 F를 가산한 금액이다. 이는 모든 액면이자를 항상 y의 수익률로 재투자할 수 있어야만 y가 채권의 만기수익률이 됨을 의미한다. 또한 만기수익률을 계산할 때 채권의 현금가격 P_0를 이용함을 알 수 있다.

예시 4-7 재투자수익률 가정의 확인

만기가 15년이고 액면이자율이 8%이고 원금이 10,000원인 채권이 현재 액면가에 거래되고 있다. 이 채권이 액면가채권이므로 현재 수익률은 8%이다. 10,000원을 8%로 15년간 투자하면 $10{,}000 \times 1.08^{15} = 31{,}721.69$원이 된다. 이 금액은 원금 10,000원과 이익 21,721.69원으로 구성된다. 그런데 자본이득이 없으므로 21,721.69원은 액면이자와 재투자수익으로부터 발생해야 한다. 즉, 21,721.69원은 15년 동안 수령한 액면이자 $10{,}000 \times 0.08 \times 15 = 12{,}000$원과 재투자수익 9,721.69원의 합이다.

$$800 \times \left(\frac{1.08^{15} - 1}{0.08} \right) = 21{,}721.69$$

이 예시는 액면이자의 재투자수익률이 8%이어야만 15년 동안 8%의 수익률을 달성할 수 있음을 보여준다.

1.3 수익률이 0보다 작을 수 있는가?

채권의 수익률을 결정하는 요인에는 외적요인과 내적요인이 있다. 외적 요인으로 채권의 수요와 공급, 시중의 자금사정과 금융정책, 경기동향, 물가상승률 등을 들 수 있다. 그리고 수익률에 영향을 주는 내적 요인은 만기, 액면이자율, 채무불이행위험, 유동성위험 등이다.

그렇다면 채권의 수익률이 마이너스(−)일 수 있는가? 정상적인 경우에 수익률이 0보다 작을 수는 없을 것이다. 마이너스 수익률이란 이자를 받고 채권에 투자하는 것이 아니라 오히려 이자를 내고 채권을 사는 것으로 투자금액과 미래 현금흐름을 이용하여 수익률을 계산하면 수익률이 0보다 작게 계산되는 경우이다. 신문에 실린 다음의 기사를 인용해 보자.

"최근 비실명채권의 인기가 폭발적으로 증가하고 있다. 팔고자 하는 사람보다 수요자가 많아 채권이 모자라는 바람에 채권가격이 급등하여 마이너스 수익률을 보이고 있다. 비실명 무기명채권은 우리나라가 IMF 위기 직후에 각종 공익자금에 활용하고자 비실명과 자금출처조사 면제 등을 특혜로 하여 발행된 채권이다. 비실명 채권을 사서 증여나 상속을 할 경우 상속세나 증여세를 내지 않아도 되는 이점 때문에 상속이나 증여 수단으로 많이 이용되고 있다. 예컨대 10억원을 현금으로 상속할 경우에는 약 2~3억원 정도의 상속세를 납부해야 하나, 이를 비실명채권으로 상속하는 경우 세금이 전혀 없어 약 20~30% 정도의 세금을 줄일 수 있다."

글로벌 금융위기 이후 그리고 COVID-19 팬데믹 이후 각국의 중앙은행은 실물경제를 살리기 위하여 양적완화(quantitative easing)를 통하여 시장에 엄청난 유동성을 제공함에 따라 각국의 이자율은 급격하게 하락하였다. 예를 들어, 2015년 12월 유로존의 기준금리는 0.05%로, 예치금리는 −0.30%로 하락하였다. 이는 시중의 금리가 마이너스라는 의미가 아니라 일반은행이 중앙은행에 지급준비금을 예치할 때 적용받는 금리가 마이너스라는 의미이다.

1.4 우리나라의 채권 과세제도*

우리가 계산하는 수익률은 세전 수익률이다. 채권투자에서 발생한 소득에 대하여 세금이 부가되면 투자자가 세후로 얻는 수익률은 당연히 세전 수익률보다 작다. 채권투자에서 발생하는 수익은 액면이자율에 의한 이자소득과 자본이득(양도차익)으로 구성된다. 현행 제도하에서 이자소득은 과세되지만 자본이득은 과세되지 않는다.

채권이자소득은 채권에 유형에 따라 다르다. 이표채의 경우 액면이자율과 할인율(할증율)을 감안하여 산출된다. 할인채(무이표채)의 경우 발행가격과 액면금액과의 차이에 대하여, 복리채의 경우 액면금액과 만기지급금액과의 차이에 대하여 과세된다.

채권이자소득은 소득발생 시점에서 원천징수된다.[4] 현재의 "보유기간별 실제원천징수" 방식은 2005년 7월 1일부터 시행되고 있다. 현재의 제도하에서 채권은 세전단가로 매매하고 채권이 매매될 때마다 해당 채권의 매도자로부터 채권보유기간 중 발생한 이자소득(발생이자)에 대하여 이자소득세를 원천징수한다.

보유기간별 원천징수세액 = (채권액면금액 × 적용이자율 × 보유기간) × 원천징수세율

여기서 (채권액면금액 × 적용이자율 × 보유기간)을 보유기간 이자상당액이라고 한다. 현재의 원천징수세율은 소득세 14%인데 개인의 경우 별도로 소득세의 10%를 주민세로 납부하므로 적용세율은 15.4%이다.

적용이자율은 이자계산의 기준이 되는 채권의 이자율로서 액면발행된 경우에는 액면이자율이고, 할인발행된 경우 액면이자율에 할인율을 가산하고 할증발행된 경우 액면이자율에서 할증율을 차감한다(소득세법 시행령 제193조의2 제③항).[5]

매입 시점부터 이자지급시점까지 또는 매도시점까지 보유기간에 발생한 이자금액과 할인금액을 과표로 하여 이자지급시점 또는 매도시점에서 세금을 원천징수한다.[6] 과표계산의 경우 원 미만은 절사하고 소득세와 주민세의 계산시 10원 미만은 절사한다.

예를 들어, 2006년 4월 27일에 발행된 표면금리 9.71%의 1년 만기 할인채(발행가격은 $10{,}000 - 10{,}000 \times 0.0971 = 9{,}029$원)를 4월 30일에 수익률 12%로 매입하여 2007년 3월 24일에 수익률 10%로 매도한다고 하자. 보유기간이 328일이므로 과표는 $10{,}000 \times 0.0971 \times \frac{328}{365} = 872$원이고(여기서 $10{,}000 \times 0.0971 = 971$원은 할인금액임) 세금은 $872 \times 0.154 = 130$원(10원 미만 절사)이다.

또 다른 예를 들어보자. 3년 만기 액면이자율 8%의 채권(연 4회 이자지급)이 500원 할인된 9,500원(할인율 5%)에 발행되었다고 하자. 이 채권을 발행일에 매입하여 191일 보유 후 매도한다고 하자. 발행일부터 만기일까지의 기간은 1,099일이고, 지난

---

4) 채권이자소득은 소득발생시점에서 원천징수되지만(이자지급시 이자지급자가 원천징수의 의무를 가짐) 해당 소득이 종합과세의 대상이 되면 다른 소득과 합산되어 종합과세된다.

5) 공개시장에서 통합발행되는 국채, 산업금융채권, 정책금융채권, 예금보험기금채권, 통화안정증권 등의 특례적용채권의 경우 적용이자율은 할인율과 할증율을 감안하지 않고 액면이자율을 적용한다.

6) 할인금액에 대한 과표는 매입일부터 매도일까지의 일수를 발행일부터 만기일까지의 일수로 나누어 구한 비율에 할인금액을 곱하여 구함.

이자지급일부터 매도일까지는 9일이고, 매도일부터 다음 이자지급일까지는 83일이므로 발생이자는 $200 \times \frac{9}{92}$이다. 이 경우 과표는 106원이다.7)

$$10,000 \times \frac{0.08}{4} \times \frac{9}{92} + 10,000 \times 0.05 \times \frac{191}{1,099} = 106$$

예시 4-8 판교채권의 인기

판교채권은 국민주택채권(2종)으로 판교아파트 분양 당첨자가 의무적으로 매입해야 하는 채권이다. 이 채권은 만기 10년에 표면이자가 0%이다. 즉, 10년 동안 이자가 전혀 없으며 10년 후 1억원을 받을 수 있는 채권을 현 시점에서 1억원에 매입해야 한다. 현금이 부족한 당첨자들은 채권을 할인 매각하는데 2006년 발행시 약 38%가 할인된 6,200만원에 거래되었다. 투자자들은 6,200만원에 매입하면 10년 뒤 3,800만원의 이자수입이 생기는데 액면이자율이 0%이므로 이자소득세를 내지 않아도 된다. 또한 이 소득은 분리과세 대상이어서 금융소득종합과세 대상에서 제외되므로 거액의 금융자산가들에게 인기가 높다. 할인가격으로 매입하면 평균 수익률이 약 4.9%이지만 비과세 혜택 등을 감안하면 세전 수익률은 7%대에 이를 것으로 평가된다.

1.5 약정수익률과 기대수익률

위험채권의 만기수익률은 발행기업이 채무불이행하지 않고 지급하기로 약정한 현금흐름을 모두 채권자에게 지급할 때 채권자가 얻을 수 있는 최대 수익률로 약정수익률(promised yield)이라고 한다. 회사채의 경우 신용위험(credit risk) 또는 채무불이행위험(default risk)이 있으므로 투자자의 기대수익률(expected yield)은 약정수익률보다 작게 된다. 즉, 약정수익률에서 기대수익률을 차감하면 채무불이행위험프리미엄이 계산된다.

7) 매입 이후 수령한 두 번의 이자에 대한 세금은 이자지급일에 원천징수되었다.

예시 4-9 약정수익률과 기대수익률

현재 만기가 5년이고 액면이자율이 8%인 채권이 액면가에 거래되고 있다. 투자자는 기업이 향후 5년 동안 액면이자를 충분히 지급할 수 있을 것으로 예상하지만 만기일에 기대원금상환액을 90%로 예측한다. 이 경우 채권의 만기수익률은 8%이지만 기대수익률은 다음 식을 만족시키는 $y = 6.21\%$이다(채권의 원금은 100이고 연 1회 이자를 지급함).

$$\frac{8}{y} + \frac{90 - \frac{8}{y}}{(1+y)^5} = 100$$

우리가 채권의 가격을 계산할 때에는 약정현금흐름을 약정수익률인 만기수익률로 할인한다. 예를 들어, 5년 만기 무이표채(원금 10,000원)가 5,674.27원에 거래되고 있다면 만기수익률은 $\left(\frac{10,000}{5,674.27}\right)^{\frac{1}{5}} - 1 = 12\%$이다(기준기간 1년 가정). 만약 원금의 상환확률이 80%이고 채무불이행시 절반만 회수된다고 가정하면 기대현금흐름은 $0.8 \times 10,000 + 0.2 \times 5,000 = 9,000$원이다. 이 경우 기대수익률은 $\left(\frac{9,000}{5,674.27}\right)^{\frac{1}{5}} - 1 = 9.665\%$이다. 따라서 채권의 가치를 평가하는 방법은 다음 두 가지가 모두 가능한데 우리는 첫 번째 방법을 주로 이용한다.

① 약정현금흐름을 약정수익률로 할인 : $\frac{10,000}{1.12^5} = 5,674.27$원

② 기대현금흐름을 기대수익률로 할인 : $\frac{9,000}{1.09665^5} = 5,674.27$원

1.6 포트폴리오의 만기수익률

만기가 1년이고 원금이 10,000원인 무이표채의 가격이 9,090.91원이고(수익률 10%), 만기가 20년이고 원금이 10,000원인 무이표채의 가격이 260.84원이다(수익률 20%). 두 무이표채로 구성된 포트폴리오의 만기수익률은 얼마인가? 만기수익률은 채권포트폴리오의 현재 가격과 현금흐름의 현재가치를 일치시키는 이자율(즉, 내부수익률)이므로 다음 식이 성립한다.

$$9,351.75 = \frac{10,000}{(1+y)} + \frac{10,000}{(1+y)^{20}}$$

이 식을 만족시키는 수익률은 약 14.76%이다. 이는 시장가치를 가중치로 이용하여 계산한 개별 채권 만기수익률의 가중평균인 10.28%와는 크게 차이가 난다.

$$\left(\frac{9,090.91}{9,090.91 + 260.84}\right) \times 10\% + \left(\frac{260.84}{9,090.91 + 260.84}\right) \times 20\% = 10.28\%$$

포트폴리오의 만기수익률을 근사치로 구하는 방법은 개별 채권의 금액듀레이션 또는 $DV01$을 가중치로 하여 가중평균을 구하는 것이다.[8] 1년 만기 무이표채의 금액듀레이션은 8,264.46이고 20년 만기 무이표채의 금액듀레이션은 4,347.34이다.[9] 따라서 가중평균 수익률은 13.45%이다.

$$\left(\frac{8,264.46}{8,264.46 + 4,347.34}\right) \times 10\% + \left(\frac{4,347.34}{8,264.46 + 4,347.34}\right) \times 20\% = 13.45\%$$

실제의 만기수익률 14.76%는 금액듀레이션을 이용한 가중평균인 13.45%와는 여전히 거리가 있다. 이처럼 두 채권의 만기와 채권가격이 크게 상이한 경우 근사치 공식의 정확성이 많이 떨어짐을 알 수 있다.

예시 4-10 포트폴리오의 만기수익률 계산

본문에 인용된 2개의 무이표채를 고려해 보자. 채권포트폴리오가 1년 만기 무이표채 1개와 20년 만기 무이표채 35개로 구성된다고 가정하자. 채권포트폴리오의 가치는 9,090.91 + 35 × 260.84 = 18,220.31원이다. 다음 식을 만족시키는 채권포트폴리오의 실제 만기수익률은 약 19.54%이다.

$$18,220.31 = \frac{10,000}{1+y} + 35 \times \frac{10,000}{(1+y)^{20}}$$

그리고 금액듀레이션을 이용한 가중평균은 19.48%로 정확한 만기수익률과의 차이가 크지

8) 금액듀레이션이 가중치로 적절한 이유는 금액듀레이션이 $\left|\frac{dP_0}{dy}\right|$ 이기 때문이다(제5장 참고).

9) 제5장에 설명되어 있듯이 무이표채의 금액듀레이션은 $\frac{F \times T}{(1+y)^{T+1}}$ 이다. 그리고 금액듀레이션을 10,000으로 나누면 $DV01$이 계산된다. 예를 들어 20년 만기 무이표채의 금액듀레이션은 $\frac{10,000 \times 20}{1.2^{21}} = 4,347.34$이다.

않다. 이처럼 투자금액이 비슷하면 근사치 공식이 비교적 정확하고, 또한 만기가 긴 채권의 만기수익률이 만기가 짧은 채권의 만기수익률보다 더 큰 영향을 미침을 확인할 수 있다.[10)]

$$\frac{8,264.46}{160,421.36}\times 10\% + \frac{35\times 4,347.34}{160,421.36}\times 20\% = 19.48\%$$

또한 두 채권의 투자금액이 동일하더라도 시장가치 가중평균 수익률은 전혀 정확하지 않음을 확인할 수 있다.

$$\frac{9,090.91}{18,220.31}\times 10\% + \frac{35\times 260.84}{18,220.31}\times 20\% = 15.01\%$$

1.7 명목수익률과 실질수익률

채권의 수익률은 화폐의 명목가치로 계산된 명목수익률(nominal yield)이다. 이는 실질구매력을 의미하는 실질수익률(real yield)과 다음의 관계를 갖는데 이를 피셔항등식(Fisher identity)이라고 한다.

[식 4.4]

$$(1+y) = (1+y^*)(1+h)$$

$$y = y^* + h + y^* \times h \approx y^* + h$$

여기서 y는 명목수익률, y^*는 실질수익률, h는 물가상승률을 의미한다.

예시 4-11 명목수익률과 실질수익률

현재 3만원으로 햄버거 6개를 살 수 있다고 하자(1개 가격은 5,000원임). 그리고 3만원을 연 수익률 15.5%로 1년 투자하며 햄버거 가격이 1년 후 5,500원으로 상승한다고 가정하자. 햄버거 구매력 기준의 실질수익률은 얼마인가?

실질수익률은 $y^* = \frac{1+y}{1+h} - 1 = \frac{1.155}{1.1} - 1 = 5\%$이다. 즉, 3만원의 구매력은 현재의 6개에서 1년 후의 $\frac{30,000\times 1.155}{5,000\times 1.1} = 6.3$개로 5% 증가한다.

10) 20년 만기 무이표채 1개의 금액듀레이션이 4,347.34이면 무이표채 35개의 금액듀레이션은 4,347.34 × 35이다(제5장 참고). 그리고 채권포트폴리오의 금액듀레이션은 8,264.46 + 35 × 4,347.34 = 160,421.36이다.

[식 4.4]에서 $y^* \times h$이 대단히 작으므로 시장에서의 실무자들은 이를 무시하고 명목수익률을 실질수익률과 물가상승률의 합으로 산출한다. 즉, "실질이자율 = 명목이자율 − 물가상승률"이므로 인플레이션이 심하면 실질이자율이 마이너스가 되기도 한다. [그림 4-1]은 1996년부터 2011년까지 우리나라 실질금리의 변화를 보여준다(명목이자율로 1년 정기예금 금리를, 물가상승률로 소비자물가상승률을 이용함). 2011년에 실질금리는 −0.05%였다.

그림 4-1 **실질이자율의 변화(1996년부터 2011년까지)**

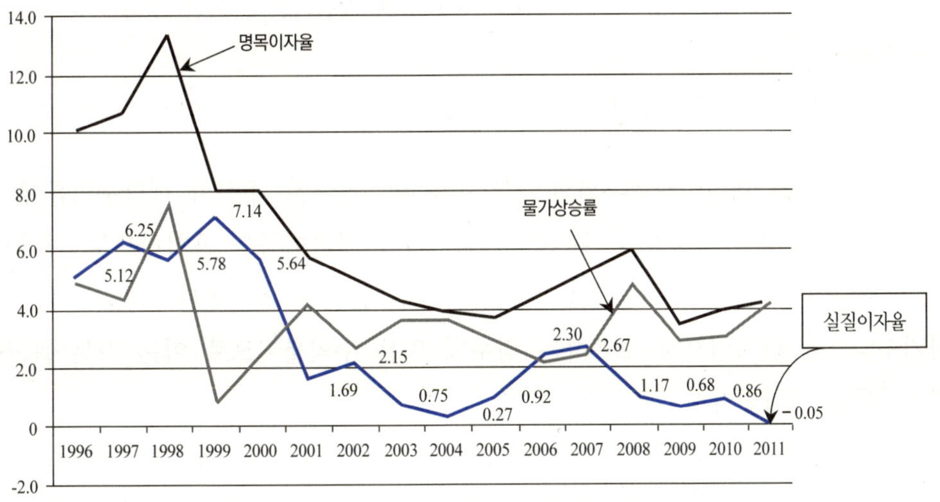

2 이자수익률

이자수익률(current yield)은 연간 액면이자를 채권가격으로 나눈 값으로, 단순수익률, 직접수익률, 직접이율, 경상수익률로 불리기도 한다. 이자수익률은 영어로 current yield, coupon yield, flat yield, running yield 등으로 불린다.

[식 4.5]

$$\text{이자수익률} = \frac{F \times c}{P_0^{Quoted}}$$

여기서 $F \times c$는 액면가에 액면이자율을 곱한 금액으로 연간 액면이자이고, P_0^{Quoted}는 발생이자를 포함하지 않은 순수가격이다.[11] 이자수익률은 액면가채권의 경우에만 만기수익률과 일치하고 이외의 경우에는 일치하지 않는다. 한편, 영구채권의 경우에도 이자수익률은 만기수익률과 일치한다.[12]

예시 4-12 이자수익률의 계산

채권의 현금가격이 98.88%이고 발생이자가 0.13%이다. 액면이자율이 6%이면 이자수익률은 얼마인가? 순수가격이 98.88% - 0.13% = 98.75%이므로 이자수익률은 $\frac{6}{98.75} = 6.08\%$이다. 현금가격을 이용하면 이자수익률이 6.01%로 계산되는데 이는 정확한 이자수익률보다 7bp 작다.

이자수익률은 액면이자로부터의 수익률을 의미하므로 주식의 배당수익률에 상응하는 개념이다. 채권 투자자의 수익은 액면이자와 자본이득을 포함하므로 여기서 계산한 이자수익률은 투자자가 얻는 수익률의 일부분만을 의미한다. 즉, 앞에서 설명한 만기수익률은 만기일까지 보유하는 경우에 얻는 수익률이므로 이는 자본이득률과 이자수익률을 포함한다.

주식의 경우 요구수익률은 배당수익률(dividend yield)과 자본이득률(capital gains yield)의 합이다. 여기서 r은 투자자의 요구수익률이고, S_0와 S_1은 각각 주식의 현재 가격과 1년 후 가격, Div_1는 1년 후 배당금을 의미한다.

$$r = \frac{Div_1}{S_0} + \frac{S_1 - S_0}{S_0}$$

마찬가지로 채권의 경우 만기수익률은 이자수익률과 자본이득률의 합이다. 여기서 P_0는 현재 채권의 가격이고 P_1는 수익률이 변하지 않는다는 가정하에서의 1년 후 채권가격이다.

---

11) 수익률 관련 공식별로 순수가격 또는 현금가격을 구별하는 것은 독자들을 혼란시킬 가능성이 많으므로 [식 4.1] [식 4.3], [식 4.5]와 [식 4.6]을 제외하고는 이를 구별하지 않기로 한다. 앞에서 설명했듯이, 이자지급일에서 채권의 현금가격과 순수가격은 동일하다. 즉, 이자지급일에서 성립하는 식을 사용하기로 한다.

12) 매년 A금액을 지급하는 영구채권(수익률 y)의 가격은 $\frac{A}{y}$이므로 이자수익률은 $\frac{A}{\frac{A}{y}} = y$이다.

$$y = \frac{F \times c}{P_0} + \frac{P_1 - P_0}{P_0}$$

예를 들어, 액면이자율이 9.5%이고 만기가 8년인 할증채권을 고려해 보자. 현재 수익률은 8%이고 이자는 연 1회 지급하며, 현재의 수익률 8%가 향후 1년 동안 변하지 않는다고 가정하자. 1차연도의 이자수익률과 자본이득률은 각각 8.75%와 −0.75%이며 두 수익률의 합은 만기수익률 8%와 정확히 일치한다.

$$P_0 = 950 \times \left[\frac{1-1.08^{-8}}{0.08}\right] + \frac{10,000}{1.08^8} = 10,862.00$$

$$P_1 = 950 \times \left[\frac{1-1.08^{-7}}{0.08}\right] + \frac{10,000}{1.08^7} = 10,780.96$$

$$\text{이자수익률 : } \frac{950}{10,862.00} = 8.75\%$$

$$\text{자본이득률 : } \frac{10,780.96 - 10,862.00}{10,862.00} = -0.75\%$$

$$\text{만기수익률 : } 8.75\% + (-0.75\%) = 8.00\%$$

2차연도의 경우에도 $P_2 = 10,693.43$, 자본이득률 = −0.81%, 이자수익률 = 8.81%이므로 두 수익률의 합은 정확히 8%이다. "만기수익률 = 이자수익률 + 자본이득률"의 관계는 만기수익률이 변하지 않고 연 1회 이자를 지급한다는 가정에서만 성립한다.[13)]

예시 4-13 할인채권의 이자수익률과 자본이득률의 계산

이번에는 액면이자율이 6%인 할인채권을 고려해 보자. 다른 모든 조건은 앞의 할증채권과 동일하다고 가정하자. 할인채권의 현재 가격이 8,850.67원이고 이 가격은 1년 후에 8,958.73원으로 상승한다.

$$P_0 = 600 \times \left[\frac{1-1.08^{-8}}{0.08}\right] + \frac{10,000}{1.08^8} = 8,850.67$$

$$P_1 = 600 \times \left[\frac{1-1.08^{-7}}{0.08}\right] + \frac{10,000}{1.08^7} = 8,958.73$$

13) 1년에 이자를 2회 또는 4회 지급하면 액면이자에 대한 이자(interest-on-coupon)를 고려해야 하므로 식이 정확히 성립하지 않는다.

할인채권의 이자수익률은 $\frac{600}{8,850.67} = 6.78\%$ 이고 자본이득률이 $\frac{8,958.73 - 8,850.67}{8,850.67} = 1.22\%$ 이므로 만기수익률은 정확히 $6.78\% + 1.22\% = 8.00\%$ 이다.

액면이자율, 만기수익률, 이자수익률간의 관계는 [표 4-1]과 같다. 액면가채권의 경우 액면이자율, 만기수익률, 이자수익률은 모두 동일하다. 예를 들어, 액면이자율 10%인 채권이 원금인 10,000원에 거래되면 만기수익률은 10%이고 이자수익률도 10%이다. 만일 이 채권이 할증채권이면 만기수익률은 당연히 10%보다 작아야 한다. 또한 이자수익률도 10%보다 작다. 그런데 만기수익률은 만기일까지 보유하는 경우에 얻는 수익률이므로 이는 자본이득률과 이자수익률을 포함한다. 수익률이 일정할 때 만기일에 접근함에 따라 할증채권의 가격이 하락해야 하므로 자본이득률은 음수가 되며 이는 결국 이자수익률이 만기수익률보다 크다는 것을 의미한다. 따라서 할증채권의 경우 액면이자율, 이자수익률, 만기수익률의 순서대로 높으며, 반면에 할인채권의 경우는 할증채권의 경우와 반대로 만기수익률, 이자수익률, 액면이자율의 순서대로 높다.

[표 4-1] 이자수익률, 만기수익률, 액면이자율간의 관계

구 분	관 계
할증채권	액면이자율 > 이자수익률 > 만기수익률
액면가채권	액면이자율 = 이자수익률 = 만기수익률
할인채권	액면이자율 < 이자수익률 < 만기수익률

예시 4-14 이자수익률이 만기수익률의 대용치로 사용가능한 경우는?

채권가격공식 $P_0 = \frac{C}{y} + \frac{F - \frac{C}{y}}{(1+y)^n}$ 에서 n이 무한대에 접근하면 두 번째 항이 0에 접근하므로 P_0는 $\frac{C}{y}$에 접근하고 수익률은 $\frac{C}{P_0}$에 접근한다. 따라서 만기가 긴 채권의 경우 이자수익률은 만기수익률의 대용치로도 사용이 가능하다(물론 여기서 C와 y는 기준기간 기준이므로 $\frac{C}{P_0}$에 연간 이자지급횟수 m를 곱해야 연간 기준의 만기수익률이 계산됨).

예시 4-15 할인채권과 할증채권 가격의 시간적 변화

액면이자율 10%, 만기 5년, 액면가 10,000원인 채권의 경우 수익률 12%가 변하지 않는다는 가정 하에서 할인채권의 가격이 어떻게 변하는지 살펴보자.

시점	잔존기간	채권가격	가격변화	가격변화율	이자수익	이자수익률	만기수익률
0	5	9,279.04					
1	4	9,392.53	113.49	1.22%	1,000.00	10.78%	12.00%
2	3	9,519.63	127.10	1.35%	1,000.00	10.65%	12.00%
3	2	9,661.99	142.36	1.50%	1,000.00	10.50%	12.00%
4	1	9,821.43	159.44	1.65%	1,000.00	10.35%	12.00%
5		10,000.00	178.57	1.82%	1,000.00	10.18%	12.00%

1차연도에 투자자는 액면이자 1,000원을 수령한다. 수익률이 12%에서 변하지 않으므로 1차연도 말에 채권가격은 9,392.53원이 된다. 채권가격은 1.22% 상승하고(9,279.04원 → 9,392.53원) 이자수익률이 $\frac{1,000}{9,279.04} = 10.78\%$ 이므로 투자자는 1차연도에 정확히 1.22% + 10.78% = 12.00%의 수익률을 얻는다. 2차연도에 투자자는 다시 액면이자 1,000원을 수령하고 채권가격이 9,519.63원으로 상승하므로 투자자는 이자수익률 $\frac{1,000}{9,392.53} = 10.65\%$ 와 가격변화율(또는 자본이득률) 1.35%를 얻어 정확히 12.00%의 수익률을 얻는다. 이처럼 투자자는 매년 액면이자와 가격상승분을 합하면 12%의 수익률을 실현하게 된다. 투자자가 연도별로 실현하는 이자수익률이 투자자가 요구하는 수익률인 12%에 미치지 못하므로 부족분을 보충하기 위하여 채권가격은 매년 상승해야 한다. 그런데 채권가격 상승으로 연도별 이자수익률이 계속 하락하므로 이를 정확히 보충하려면 채권가격은 보다 빠르게 상승해야 한다.

이번에는 가정을 바꾸어 수익률이 8%라고 가정하자. 수익률이 변하지 않는다는 가정 하에서 할증채권의 가격이 어떻게 변하는지 살펴보자.

시점	잔존기간	채권가격	가격변화	가격변화율	이자수익	이자수익률	만기수익률
0	5	10,798.54					
1	4	10,662.43	-136.11	-1.26%	1,000.00	9.26%	8.00%
2	3	10,515.42	-147.01	-1.38%	1,000.00	9.38%	8.00%
3	2	10,356.65	-158.77	-1.51%	1,000.00	9.51%	8.00%
4	1	10,185.19	-171.46	-1.66%	1,000.00	9.66%	8.00%
5		10,000.00	-185.19	-1.82%	1,000.00	9.82%	8.00%

1차연도에 투자자는 액면이자 1,000원을 수령한다. 수익률이 8%에서 변하지 않으므로 1차

연도 말에 채권가격은 10,662.43원으로 하락한다. 채권가격은 1.26% 하락하고(10,798.54원 → 10,662.43원) 이자수익률이 $\frac{1,000}{10,798.54} = 9.26\%$이므로 투자자는 1차연도에 정확히 9.26% - 1.26% = 8.00%의 수익률을 얻는다. 2차연도에 투자자는 다시 액면이자 1,000원을 수령하고 채권가격이 10,515.42원으로 하락하므로 투자자는 이자수익 $\frac{1,000}{10,662.43} = 9.38\%$와 가격변화율 -1.38%를 얻어 정확히 8.00%의 수익률을 얻는다. 이처럼 투자자는 매년 액면이자와 가격상승분을 합하면 8%의 수익률을 실현하게 된다. 투자자가 연도별로 실현하는 이자수익률이 투자자가 요구하는 수익률인 8%보다 크므로 요구수익률과의 균형을 이루기 위해 채권가격은 매년 하락해야 한다. 그런데 채권가격이 원금에 접근함으로 인해 연도별 이자수익률이 계속 커지므로 채권가격은 보다 빠르게 하락해야 한다.

3 단리수익률

이자수익률은 채권가격에 대한 연간 액면이자로 계산되는데 이는 만기 동안에 실현하는 자본이득 또는 자본손실을 고려하지 못한다. 따라서 연평균 자본이득률을 계산하고 이를 이자수익률에 합산하는 조정이자수익률(adjusted current yield)인 단리수익률을 계산하기도 한다. 단리수익률은 일본에서 많이 사용하므로 일본식 단리수익률(Japanese simple yield)이라고 부르기도 한다. 그러나 단리수익률은 액면이자의 재투자수익을 고려하지 못한다.

[식 4.6]

$$\text{단리수익률} = \frac{F \times c + \frac{F - P_0^{Quoted}}{T}}{P_0^{Quoted}}$$

단, $F \times c$는 연간 액면이자, P_0^{Quoted}는 순수가격, F은 액면가, T는 만기(연 기준)이다.

예시 4-16 단리수익률의 계산

채권의 현금가격이 98.88%이고 발생이자가 0.13%이다. 액면이자율이 6%이고 만기가 18개월이면 단리수익률은 얼마인가? 순수가격은 98.88%에서 0.13%를 차감한 98.75%, 만기는 1.5년, 액면금액은 100%, 액면이자는 6%이므로 단리수익률은 $\frac{6+\frac{100-98.75}{1.5}}{98.75}=$ 6.92%이다. 이는 이자수익률 6.08%보다 84bp 크다([예시 4-12] 참조).

단리수익률, 이자수익률, 만기수익률을 비교해 보자. 채권투자 수익의 원천은 다음 세 가지이다.

① 자본이득
② 액면이자
③ 액면이자의 재투자수익

이자수익률은 액면이자만을 고려한 수익률이므로 자본이득과 액면이자의 재투자수익을 고려하지 못한다. 반면에 단리수익률은 액면이자와 자본이득을 고려한 개념이지만 현금흐름의 발생시점을 고려하지 않아 액면이자의 재투자수익을 고려하지 못한다. 반면에 만기수익률은 세 가지 원천을 모두 고려하는 개념이다.

예시 4-17 이자수익률, 단리수익률, 만기수익률 비교

만기가 3년이고 액면이자율이 8%이고 원금이 10,000원인 채권(연 1회 이자지급)의 가격이 각각 10,534.60원, 10,262.43원, 10,000원, 9,746.87원, 9,502.63원일 때 이자수익률, 단리수익률, 만기수익률을 계산하고 비교하라.

가격별 이자수익률, 단리수익률, 만기수익률은 다음과 같다.

채권가격	이자수익률	단리수익률	만기수익률
10,534.60	7.59%	5.90%	6%
10,262.43	7.80%	6.94%	7%
10,000.00	8.00%	8.00%	8%
9,746.87	8.21%	9.07%	9%
9,502.63	8.42%	10.16%	10%

단리수익률은 만기수익률과 크게 차이나지 않는다. 그러나 이자수익률은 자본이득/손실을 고려하지 못하므로 만기수익률과 크게 차이가 난다. 할인채권의 만기수익률은 단리수익률보다 작고, 할증채권의 만기수익률은 단리수익률보다 크다.

4 콜수익률과 풋수익률

제1장에서 설명했듯이, 발행기업이 수의상환권을 소유하므로 수의상환사채(callable bond)의 가치는 일반채권의 가치에서 콜옵션의 가치를 차감한 값이다.

수의상환사채의 가치 = 일반채권의 가치 − 콜옵션 가치

수의상환사채의 경우 투자자에게 만기수익률 뿐만 아니라 발행자가 매입할 것으로 예상되는 시점까지의 수익률인 콜수익률(yield to call)도 중요하다. 콜수익률은 기업이 채권을 매입할 수 있는 시점을 만기일로, 그리고 콜가격(수의상환가격)을 원금으로 간주하여 다음과 같이 계산한다(액면이자를 계산할 때에는 원래의 원금을 이용함). 여기서 t^*는 콜시점까지의 기간이고 P_{call}는 콜가격이다. 이 식은 만기가 콜시점이고 원금이 콜가격인 채권의 만기수익률을 구하는 식과 동일하다.

[식 4.7]

$$P_0 = \sum_{t=1}^{t^*} \frac{C}{(1+y)^t} + \frac{P_{call}}{(1+y)^{t^*}}$$

콜스케줄(call schedule)에 의해 한 개 이상의 콜가격이 존재하는 경우 각각의 콜가격에 대하여 콜수익률을 계산할 수 있다. 수의상환사채를 소유한 투자자는 만기수익률과 콜수익률 중에서 가장 낮은 수익률인 최저수익률(yield to worst)을 채권의 기대수익률로 간주한다.

예시 4-18 수의상환사채의 콜수익률

만기가 10년이고 액면이자율이 9%이고 원금이 10,000원인 수의상환사채가 현재 9,500원에 거래되고 있다(연 2회 이자지급). 발행기업이 이 채권을 5년 후에 액면가의 108%에 그리고 8년 후에 액면가의 105%에 상환할 수 있다고 가정하자. 만기수익률은 4.895% × 2 = 9.79%이다.

$$P_0 = \frac{450}{y} + \frac{10{,}000 - \frac{450}{y}}{(1+y)^{20}} = 9{,}500 \quad \rightarrow \quad y = 4.895\%$$

첫 번째 콜수익률은 5.78% × 2 = 11.56%이고(만기 5년, 원금 10,800원 가정) 두 번째 콜수익률은 5.17% × 2 = 10.34%이다(만기 8년, 원금 10,500원 가정).

$$P_0 = \frac{450}{y} + \frac{10,800 - \frac{450}{y}}{(1+y)^{10}} = 9,500 \quad \rightarrow \quad y = 5.78\%$$

$$P_0 = \frac{450}{y} + \frac{10,500 - \frac{450}{y}}{(1+y)^{16}} = 9,500 \quad \rightarrow \quad y = 5.17\%$$

따라서 투자자는 최저수익률 9.79%를 채권투자의 기대수익률로 간주한다.

수의상환사채와 달리 상환요구사채(putable bond)는 투자자가 채권의 상환을 요구할 수 있는 권리, 즉 풋옵션(put option)에 해당되는 상환청구권을 소유하고 있는 채권이다. 상환청구권은 투자자가 소유한다. 따라서 상환요구사채의 가치는 일반채권의 가치에 풋옵션의 가치를 가산한 값이다.

상환요구사채의 가치 = 일반채권의 가치 + 풋옵션의 가치

상환요구사채의 경우 투자자가 상환을 요구할 것으로 예상되는 시점까지의 수익률인 풋수익률(yield to put)을 계산해야 한다. 풋수익률은 투자자가 채권의 상환을 요구할 것으로 기대되는 시점을 만기일로, 그리고 상환청구가격(풋가격)을 원금으로 간주하여 계산한다.

수의상환사채와 달리 상환요구사채의 경우, 모든 상환요구가격에 대하여 풋수익률을 계산한 후에 만기수익률과 풋수익률 중에서 가장 높은 수익률인 최고수익률(yield to best)을 상환요구사채의 기대수익률로 간주한다. 왜냐하면 수의상환사채의 경우 발행기업이 수의상환권을 소유하는 반면에, 상환요구사채의 경우 채권자가 상환청구권을 소유하기 때문이다.

예시 4-19 상환요구사채의 풋수익률

만기가 3년이고 액면이자율이 8%이고 원금이 10,000원인 채권이 2년 후에 액면가로 상환청구가 가능하며 현재 9,502.6원에 거래되고 있다(연 1회 이자지급). 2년 후 액면가에 상환청구가 가능하므로 풋수익률은 $\frac{800}{1+y} + \frac{10,800}{(1+y)^2} = 9,502.6$를 만족시키는 10.9%이다. 만기수익률이 $\frac{800}{1+y} + \frac{800}{(1+y)^2} + \frac{10,800}{(1+y)^3} = 9,502.6$을 만족시키는 10%이므로 상환요구사

채의 기대수익률은 10.9%이다.

5 보유수익률

만기일까지 채권을 보유하지 않으면 만기수익률은 투자의 적절한 판단기준이 될 수 없다. 또한 고려하는 채권의 만기가 각기 다르면 만기수익률만을 비교하여 적절한 투자전략을 수립하기가 어렵다. 예를 들어, 투자자가 다음 4개의 채권을 고려한다고 가정하자(투자기간은 5년임).

채 권	액면이자율	만기(연)	만기수익률
A	5%	3	9.0%
B	6%	20	8.6%
C	11%	15	9.2%
D	8%	5	8.0%

C채권은 만기수익률이 가장 높은 채권이다. 그러나 5년 후의 채권가격은 그 시점에서의 10년 만기 수익률에 의해 결정되므로 자본이득 또는 자본손실의 가능성이 존재한다. 그리고 액면이자율이 11%로 매우 높아 재투자수익률위험이 높다. B채권도 C채권과 유사한 위험에 노출된다. 반면에 A채권은 만기수익률이 두 번째로 높은 채권이나 만기가 3년밖에 되지 않아 3년 후에 다시 투자해야 하는 위험에 노출된다. D채권의 경우 만기와 투자기간이 일치하므로 위험에 노출되지 않으나 8%의 수익률에 만족해야 한다.

또한 만기수익률은 만기일 전에 수령하는 모든 액면이자가 만기수익률로 재투자된다는 엄격한 가정이 성립하는 경우에만 얻을 수 있는 수익률이다. 따라서 만기수익률만을 비교해서는 만족스러운 결론을 내리기 어렵다.

합리적인 결정은 액면이자의 재투자수익률과 투자기간(horizon: H) 종료시점에서의 채권가격에 대한 예상(즉, 수익률에 대한 예상)을 전제로 하여 보유수익률(holding period return: HPR) 또는 총투자수익률(total return)을 계산하는 것이다.

보유수익률을 계산하는 절차는 다음과 같다([그림 4-2] 참조).

- 1단계 : 재투자수익률 r_k을 가정하여 액면이자의 미래가치를 계산한다. 즉, 액면이자(coupons)와 액면이자에 대한 이자(interest-on-coupons)를 계산한다(n은 보유기간 동안의 액면이자의 수임).

$$C(1+r_k)^{n-1}+....+C(1+r_k)^1+C=C\times\left[\frac{(1+r_k)^n-1}{r_k}\right]$$

- 2단계 : 채권의 남은 만기 동안의 수익률을 추정하여 H 시점 기준으로 채권의 예상매도가격 P_H을 추정한다.
- 3단계 : 1단계와 2단계에서 구한 금액을 합하여 H 시점 기준으로 총수익 FV_H을 계산한다.
- 4단계 : 투자금액(P_0), 총수익 FV_H, 보유기간을 이용하여 기준기간의 HPR을 계산한다(여기서 n은 H년$\times m$임).

[식 4.8]

$$\text{기준기간 } HPR=\left(\frac{FV_H}{P_0}\right)^{\frac{1}{n}}-1$$

- 5단계 : 연간 이자지급횟수 m를 이용하여 기준기간의 HPR을 1년 기준의 HPR로 전환한다.

이상의 5단계 과정을 단일 식으로 요약하면 보유수익률 계산식은 다음과 같다(r_k는 기준기간의 재투자수익률, n은 보유기간 동안의 액면이자의 수, P_H는 예상매도가격, C는 기준기간의 액면이자, m은 연간 이자지급횟수, P_0는 채권매입가격임).

[식 4.9]

$$HPR=\left\{\left[\frac{C\times\left(\frac{(1+r_k)^n-1}{r_k}\right)+P_H}{P_0}\right]^{\frac{1}{n}}-1\right\}\times m$$

그림 4-2 **보유수익률 계산**

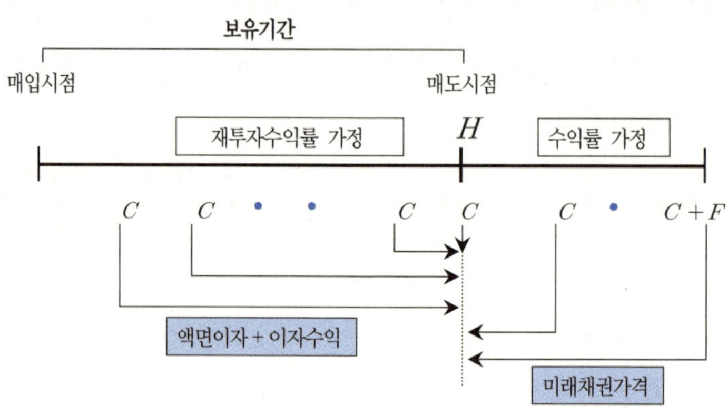

만기가 10년이고 액면이자율이 5%이고 원금이 10,000원인 채권이 8,284원에 거래되고 있다. 이 채권은 이자를 연 1회 지급한다. 철수는 이 채권에 3년간 투자할 계획이다. 재투자수익률이 6%이고 3년 후 수익률곡선이 7.6%에서 수평이 될 것이라는 가정 하에서 보유수익률을 계산해 보자.

액면이자의 미래가치는 $500 \times \left[\frac{1.06^3 - 1}{0.06}\right] = 1,591.80$이고 3년이 지나면 채권의 만기는 7년이므로 채권가격은 $\frac{500}{0.076} + \frac{10,000 - \frac{500}{0.076}}{1.076^7} = 8,627.63$이다. 보유수익률은 $\left(\frac{1,591.8 + 8,627.63}{8,284}\right)^{\frac{1}{3}} - 1 = 7.25\%$이다.

이번에는 채권이 이자를 연 4회 지급한다고 가정하자.

- 1단계 : 기준기간의 액면이자는 $\frac{10,000 \times 0.05}{4} = 125$원이고, 3년 동안 수령한 12번의 액면이자가 연 6%로 재투자되므로(기준기간 재투자수익률은 $\frac{6\%}{4} = 1.5\%$임),

$$125 \times \left[\frac{1.015^{12} - 1}{0.015}\right] = 1,630.15$$

- 2단계 : 수익률곡선이 7.6%에서 수평이므로 기준기간의 수익률은 1.9%이다. 7년 만기 채권의 가격은 8,598.63원이다.

$$P_{H=3}(T=7) = \frac{125}{0.019} + \frac{10,000 - \frac{125}{0.019}}{(1.019)^{28}} = 8,598.63$$

- 3단계 : 총수익은 10,228.78원이다.

$$FV_H = 1,630.15 + 8,598.63 = 10,228.78$$

- 4단계 : 3개월 기준의 보유수익률이 1.773%이다.

$$HPR(3\text{개월 기준}) = \left[\frac{10,228.78}{8,284}\right]^{\frac{1}{12}} - 1 = 1.773\%$$

- 5단계 : 연 기준 보유수익률은 7.092%이다.

$$HPR(1\text{년 기준}) = 1.773\% \times 4 = 7.092\%$$

예시 4-20 만기일까지 보유하는 경우의 보유수익률 계산

만기가 5년이고 액면이자율은 12.8%인 액면가채권의 보유수익률을 계산하라. 원금은 10,000원이고 1년에 이자를 4회 지급한다고 가정한다. 또한 보유기간은 5년이고 재투자수익률이 11%라고 가정한다.

- 1단계 : 액면이자와 액면이자에 대한 이자수익을 계산한다(재투자수익률은 11%임).

$$320 \times \left[\frac{1.0275^{20} - 1}{0.0275}\right] = 8,383.17\text{원}$$

- 2단계 : 보유기간 말 기준으로 채권의 매도가격을 추정한다. 채권의 만기가 5년이고 만기일까지 보유하므로 예상 매도가격은 액면가이다.

- 3단계 : 총수익은 8,383.17 + 10,000 = 18,383.17원이다.

- 4단계 : 3개월 기준의 보유수익률이 3.09%이다.

$$\left(\frac{18,383.17}{10,000}\right)^{\frac{1}{20}} - 1 = 3.09\%$$

- 5단계 : 연 기준 보유수익률은 3.09% × 4 = 12.36%이다.

예시 4-21 재투자수익률이 만기수익률과 동일한 경우의 보유수익률 계산

[예시 4-20]에서 재투자수익률이 12.8%라고 가정하고 보유수익률을 다시 계산하라.

액면이자와 이자수익의 합이 $320 \times \left[\frac{1.032^{20}-1}{0.032}\right] = 8,775.61$원이다. 그러므로 보유수익률은 $\left[\left(\frac{18,775.61}{10,000}\right)^{\frac{1}{20}} - 1\right] \times 4 = 12.8\%$이다. 이 예시를 통하여 액면이자의 재투자수익률이 만기수익률과 같으면 투자자가 정확히 만기수익률을 실현한다는 사실을 확인할 수 있다.

예시 4-22 재투자수익률이 변하는 경우의 보유수익률 계산

액면이자율이 9%이고 만기 13년인 액면가채권(원금은 10,000원)의 보유수익률을 다음 가정 하에서 투자시한이 6년인 투자자 입장에서 계산하라: ① 액면이자는 연 2회 지급된다; ② 처음 2년 동안 수령한 액면이자는 8%로 재투자되고 이후 4년 동안 수령한 액면이자는 10%로 재투자된다; ③ 6년 후 7년 만기 채권의 수익률은 10.6%로 예상된다.

액면이자와 이자수익의 합은 다음과 같이 7,120.38원이다.

$$450 \times \left[\frac{1.04^4-1}{0.04}\right] \times 1.05^8 + 450 \times \left[\frac{1.05^8-1}{0.05}\right] = 7,120.38$$

그리고 6년 후 기준으로 채권의 예상 매도가격은 9,223.08원이다(채권의 만기는 7년임).

$$P_6 = 450 \times \left[\frac{1-1.053^{-14}}{0.053}\right] + \frac{10,000}{1.053^{14}} = 9,223.08$$

따라서 보유수익률은 8.36%이다.

$$\left[\left(\frac{7,120.38+9,223.08}{10,000}\right)^{\frac{1}{12}} - 1\right] \times 2 = 8.36\%$$

예시 4-23 수의상환사채의 보유수익률 계산

투자자가 액면이자율 11%, 만기 15년, 만기수익률 9.2%의 채권(원금 1,000원)을 고려하고 있다. 채권가격은 1,148.88원이고 이 채권은 3년 후에 수의상환이 가능하고 콜가격은 1,055원이다. 콜가격을 이용하여 계산한 콜수익률은 7.48%이므로 투자자는 7.48%를 기대수익률로 간주할 것이다. 그러나 만일 투자자의 투자기간이 5년이면 투자자는 3년 후에 실현한 현금흐름을 재투자할 수 있는데 이때의 재투자수익률이 6%라고 가정하자. 수의상환사채의 보유수익률을 계산하라.

투자기간이 5년이나 3년 후에 수의상환이 가능하므로 3년 후 기준으로 액면이자와 이자수익의 합을 계산한다: 즉, $55 \times \left[\frac{1.03^6 - 1}{0.03}\right] = 355.76$원이다. 그리고 콜가격이 1,055원이므로 3년 후 기준 총투자수익은 355.76 + 1,055 = 1,410.76원이다. 이 금액이 6%로 재투자되므로 투자기간 말 총투자수익은 $1{,}410.76 \times 1.03^4 = 1{,}587.82$원이다. 따라서 보유수익률은 연 $\left[\left(\frac{1{,}587.82}{1{,}148.88}\right)^{\frac{1}{10}} - 1\right] \times 2 = 6.58\%$이다.

6 할인마진

변동금리채권은 일정 기간마다 액면이자율이 확정된 공식에 의해 정기적으로 재조정되는 채권으로 일반적으로 액면이자율은 기준금리에 일정 스프레드가 가산되어 결정된다. 액면이자율이 변하므로 미래의 현금흐름이 가치평가 시점에서 확정되지 않아 일반채권처럼 만기수익률을 계산하는 것은 불가능하다. 따라서 변동금리채권의 경우 기준금리가 현재 수준을 유지한다는 가정 하에서 만기수익률을 구한 후, 이 수익률과 기준금리와의 차이인 할인마진(discount margin)을 만기수익률의 대용치로 사용한다. 할인마진의 단점은 기준금리가 만기일까지 변하지 않는다는 비현실적인 가정에 기초하여 계산된다는 점이다.

할인마진을 구하는 절차는 다음과 같다.

- 1단계 : 현재의 기준금리가 만기 동안 일정하다고 가정하고 현금흐름을 추정한다.

- 2단계 : 1단계에서 구한 현금흐름에 기초하여 만기수익률을 계산한다.
- 3단계 : 2단계에서 구한 수익률과 기준금리와의 차이인 할인마진을 계산한다.

예시 4-24 변동금리채권의 할인마진

만기가 5년이고 6개월마다 액면이자가 기준금리에 가산금리 180bp를 더한 수준으로 결정되는 변동금리채권(원금 100)을 고려해 보자.

① 현재 채권의 가치는 98이고 기준금리는 5.5%이다. 먼저 액면이자는 3.65이고 만기수익률은 다음의 식을 만족시키는 y에 2를 곱한 7.791%이다.

$$100 \times \frac{0.055 + 0.018}{2} = 3.65$$

$$98 = 3.65 \times \left(\frac{1-(1+y)^{-10}}{y} \right) + \frac{100}{(1+y)^{10}}$$

따라서 할인마진은 7.791 − 5.5 = 2.291% 또는 229.1bp이다(1bp는 0.01%임).

② 현재 채권의 가치는 102이고 기준금리는 5.5%이다. 이 경우 만기수익률은 다음 식을 만족시키는 y에 2를 곱한 6.822%이므로 할인마진은 132.2bp이다.

$$102 = 3.65 \times \left(\frac{1-(1+y)^{-10}}{y} \right) + \frac{100}{(1+y)^{10}}$$

변동금리채권의 가격이 원금보다 작으면 할인마진은 가산금리보다 크고, 반대로 변동금리채권의 가격이 원금보다 크면 할인마진은 가산금리보다 작다.

단기금융상품의 수익률

단기금융상품(money market instruments)은 만기가 1년 미만인 금융상품으로 대표적인 상품으로 CD(certificate of deposit), CP(commercial paper), RP(repurchase agreement) 등이 있다. 이자지급방식으로 단기금융상품을 구분하면 우리나라에서 CD와 CP는 할인방식으로 발행되어 이자가 선지급되는 반면에 RP는 이자가 만기에 일

시 지급된다.[14)]

CD(양도성예금증서)는 할인방식으로 발행되므로 매수자는 CD 매입시 예치기간 동안의 이자를 차감한 금액을 납입하고 만기에 액면금액을 수령한다. 할인율(discount rate)이 $discount\ rate$이고 액면이 F이고 만기가 $\#days$인 CD의 발행가격 P_0은 다음과 같다.

[식 4.10]
$$P_0 = F\left(1 - discount\ rate \times \frac{\#days}{365}\right)$$

여기서 $F \times discount\ rate \times \frac{\#days}{365}$은 할인이자이다. 예를 들어, 만기가 91일이고 원금이 10,000,000원이고 할인율이 3.50%이면 할인이자가 87,260원이므로 투자자는 9,912,740원을 입금하고 91일 후에 10,000,000원을 수령한다. 액면가, 발행가격, 만기로부터 할인율은 다음과 같이 계산된다.

[식 4.11]
$$discount\ rate = \left(\frac{F - P_0}{F}\right) \times \frac{365}{\#days}$$

RP(repurchase agreement, repo)는 미래 특정 시점에 특정 가격으로 동일 증권을 다시 매수 및 매도할 것을 약정하고 이루어지는 증권의 매매거래이다.[15)] 매매가 이루어지는 날을 매입일(purchase date)이라고 하고 환매가 이루어지는 날을 환매일(repurchase date)이라고 한다. 그리고 매입일과 환매일의 가격을 각각 매입가 $P_{purchase}$와 환매가 $P_{repurchase}$라고 하는데 두 가격간의 관계는 다음과 같다. 여기서 y_{repo}는 환매이자율(repo rate)이고 $\#days$는 약정일수이다.

[식 4.12]
$$P_{repurchase} = P_{purchase} \times \left(1 + y_{repo} \times \frac{\#days}{365}\right)$$

여기서 $P_{purchase} \times y_{repo} \times \frac{\#days}{365}$가 만기일에 매수자가 수령하는 이자소득이다. 매입가, 환매가, 약정일수로부터 환매이자율은 다음과 같이 계산된다.

---

14) 외국에서 CD는 주로 만기일시지급 방식으로 발행된다.

15) RP에 대한 설명은 제8장을 참고할 것.

[식 4.13]

$$y_{repo} = \left(\frac{P_{repurchase} - P_{purchase}}{P_{purchase}} \right) \times \frac{365}{\#days}$$

예를 들어, RP매도자가 국채를 10,000,000원에 매도하고 91일 후에 10,084,767원에 환매하는 경우 매도자가 지급하는 이자금액은 84,767원이고 적용되는 환매이자율은 $\left(\frac{10,084,767 - 10,000,000}{10,000,000} \right) \times \frac{365}{91} = 3.40\%$ 이다.[16]

CD에서 이자는 선지급되는 반면에 RP에서는 만기일에 지급하므로 CD의 할인율과 RP의 환매이자율을 직접 비교할 수 없다. CD의 할인율을 수익률로 전환하는 방법은 다음과 같다.[17]

$$y_{CD} = \left(\frac{F - P_0}{P_0} \right) \times \frac{365}{\#days} = \left(\frac{10,000,000 - 9,912,740}{9,912,740} \right) \times \frac{365}{91} = 3.5308\%$$

할인율 3.5%는 수익률 3.5308%와 동등하므로 CD의 액면가를 3.5308%로 할인하면 발행가격을 직접 구할 수 있다.

$$P_0 = \frac{10,000,000}{1 + 0.035308 \times \frac{91}{365}} = 9,912,740$$

16) 원금에 적용하여 만기일에 가산되는 이자를 계산하는 방식에 사용되는 수익률(예를 들어 환매이자율)을, discount rate에 대비되는 개념으로, add-on rate라고 한다.

17) 우리나라에서 무이표채는 할인채로 불리며 할인발행된다. 예를 들어 1년 만기 산업금융채권이 9,775원에 발행되면 할인율이 2.25%이고 수익률은 $\frac{10,000 - 9,775}{9,775} \times 1 = 2.30\%$ 이다(제1장 참고).

요점정리

- 만기수익률은 채권을 현재가격에 매입하여 만기일까지 보유하는 경우 얻는 수익률이다. 계산할 때에는 먼저 기준기간의 수익률을 구한 후 여기에 연간 이자지급횟수를 곱하여 계산한다. 만기수익률은 미래 현금흐름의 현재가치를 채권가격(현금가격)과 일치시키는 할인율이다. 투자자가 만기수익률을 정확히 얻으려면 모든 액면이자의 재투자수익률이 만기수익률과 동일해야 한다.

- 이자수익률은 연간 액면이자를 채권가격(순수가격)으로 나눈 값이다: $\frac{F\times c}{P_0^{Quoted}}$. 이자수익률은 자본이득과 액면이자의 재투자수익을 고려하지 못한다. 단리수익률은 이자수익률에 자본이득률(순수가격 이용)을 더한 값이다: $\frac{F\times c+\frac{F-P_0^{Quoted}}{T}}{P_0^{Quoted}}$.

- 할인채권의 경우 "액면이자율 〈 이자수익률 〈 만기수익률"의 관계가 성립한다. 할증채권의 경우 순서가 정반대이다. 할인채권의 경우 수익률이 변하지 않으면 시간이 지남에 따라 채권가격이 상승하는 경향을 가지므로 만기수익률이 이자수익률보다 크다.

- 수의상환사채의 수익률은 min(만기수익률, 콜수익률)이고 상환요구사채의 수익률은 max(만기수익률, 풋수익률)이다. 콜수익률(풋수익률)은 콜시점(풋시점)을 만기일로 그리고 콜가격(풋가격)을 원금으로 간주하여 계산한 수익률이다.

- 포트폴리오의 만기수익률은 개별채권 만기수익률의 가중평균인데 가중치로 금액듀레이션 또는 DV01을 이용한다(시장가치를 이용하지 않음).

- 보유수익률은 $HPR=\left\{\left[\frac{C\times\left(\frac{(1+r_k)^n-1}{r_k}\right)+P_H}{P_0}\right]^{\frac{1}{n}}-1\right\}\times m$로 계산하는데 계산시 재투자수익률($r_k$)과 매도시점에서의 수익률에 대한 가정을 필요로 한다.

- 변동금리채권의 할인마진은 현재의 기준금리가 변하지 않는다고 가정하고 계산한 만기수익률과 기준금리와의 차이이다.

- 단기금융상품의 경우 CD는 할인발행되고 RP는 만기일시지급방식으로 발행된다. 따라서 CD의 할인율은 할인이자 계산시 적용되는 이자율로 수익률은 아니다.

객관식 문제

1 원금이 10,000원인 10년 만기 무이표채가 현재 2,000원에 거래되고 있다. 무이표채의 수익률은 얼마인가? 기준기간은 3개월이다.

① 17.46% ② 16.42% ③ 16.85%
④ 16.12% ⑤ 정답 없음

정답 ②

풀이 기준기간의 수익률이 $\left(\frac{10,000}{2,000}\right)^{\frac{1}{40}} - 1 = 4.1056\%$이므로 1년 기준으로 16.42%이다.

$\left(\frac{10,000}{2,000}\right)^{\frac{1}{10}} - 1 = 17.46\%$로 계산하는 것은 옳지 않다.

2 만기가 5년이고 액면이자율이 4%인 채권이 액면가의 100%에 거래되고 있다(연 2회 이자지급). 철수는 이 채권을 2년 보유 후 매도할 예정인데 2년 후 수익률곡선이 5%에서 수평이고 재투자수익률은 4.5%로 가정한다. 보유수익률을 구하라.

① 2.52% ② 3.15% ③ 2.70%
④ 1.95% ⑤ 2.90%

정답 ③

풀이 원금을 10,000원으로 가정하자. 액면이자의 2년 후 가치는 $200 \times \left[\frac{1.0225^4 - 1}{0.0225}\right] = 827.41$원이고 2년 후 예상매도가격은 $\frac{200}{0.025} + \frac{10,000 - \frac{200}{0.025}}{1.025^6} = 9,724.59$원이다. 따라서 보유수익률은 $\left\{\left[\frac{827.41 + 9,724.59}{10,000}\right]^{\frac{1}{4}} - 1\right\} \times 2 = 2.7\%$이다.

3 우리나라 채권(연 4회 이자지급)의 만기수익률은 6.1%, 미국 채권(연 2회 이자지급)의 만기수익률은 6.2%, 유로본드(연 1회 이자지급)의 만기수익률은 6.29%이다. 어떤 채권이 가장 높은 실효수익률을 제공하는가?

① 한국 채권　　② 미국 채권　　③ 유로보드
④ 모두 동일한 수익률을 제공함　　⑤ 정답 없음

정답 ②

풀이 우리나라 채권의 실효수익률은 $\left(1+\frac{0.061}{4}\right)^4-1=6.24\%$이고 미국 채권의 실효수익률은 $\left(1+\frac{0.062}{2}\right)^2-1=6.30\%$이고 유로본드의 실효수익률은 6.29%이다.

4 5년 만기, 10% 액면이자율의 채권이 연1회 이자를 지급한다. 이 채권의 수익률은 8%이고 이 수익률이 계속 변하지 않는다고 가정한다. 향후 3년 동안의 자본이득률(capital gains yield)을 구하라(연 기준). 채권가격은 반올림하여 소수 두 자리까지 구한다.

① −4.09%　　② −2.85%　　③ −1.05%
④ −1.38%　　⑤ 정답 없음

정답 ④

풀이

$$P_0=\frac{1,000}{0.08}+\frac{10,000-\frac{1,000}{0.08}}{1.08^5}=10,798.54$$

$$P_3=\frac{1,000}{1.08}+\frac{11,000}{1.08^2}=10,356.65$$

$$\left(\frac{10,356.65}{10,798.54}\right)^{\frac{1}{3}}-1=-1.38\%$$

5 액면이자율이 8.4%이고 만기가 5년이고 액면가가 10,000원인 채권(연 4회 이자 지급)의 가격이 9,566.19원이다. 채권의 만기수익률은 얼마인가?

① 11.0%　　② 8.4%　　③ 7.6%
④ 9.5%　　⑤ 8.0%

정답 ④

풀이 이 채권은 할인채권이므로 만기수익률이 액면이자율 8.4%보다 커야 한다. 따라서 11.0%와 9.5%를 이용하여 가격을 계산하면 ④이 정답임을 확인할 수 있다.

$$P_0=\frac{210}{0.02375}+\frac{10,000-\frac{210}{0.02375}}{1.02375^{20}}=9,566.19$$

6 할인채권의 경우 이자수익률, 만기수익률, 액면이자율간의 관계로 적절한 것은?

① 이자수익률 > 만기수익률 > 액면이자율
② 이자수익률 < 만기수익률 < 액면이자율
③ 액면이자율 > 이자수익률 > 만기수익률
④ 액면이자율 < 이자수익률 < 만기수익률
⑤ 정답 없음

정답 ④
풀이 할인채권의 경우 액면이자율 < 이자수익률 < 만기수익률의 관계가 성립함.

7 만기가 5년이고 액면이자율이 6%이고 원금이 10,000원인 수의상환사채가 현재 9,800원에 거래되고 있다(연 4회 이자지급). 발행기업이 이 채권을 2년 후에 액면가의 103%에 상환할 수 있다고 가정하면 콜수익률을 계산하기 위한 가장 적절한 식은?

① $9{,}800 = 150 \times \left[\frac{1-(1+y)^{-20}}{y}\right] + \frac{10{,}000}{(1+y)^{20}}$

② $9{,}800 = 150 \times \left[\frac{1-(1+y)^{-8}}{y}\right] + \frac{10{,}000}{(1+y)^{8}}$

③ $9{,}800 = 600 \times \left[\frac{1-(1+y)^{-2}}{y}\right] + \frac{10{,}300}{(1+y)^{2}}$

④ $9{,}800 = 150 \times \left[\frac{1-(1+y)^{-8}}{y}\right] + \frac{10{,}300}{(1+y)^{8}}$

⑤ $9{,}800 = 154.5 \times \left[\frac{1-(1+y)^{-8}}{y}\right] + \frac{10{,}300}{(1+y)^{8}}$

정답 ④
풀이 수의상환사채의 콜수익률을 계산하는 경우 원금이 콜가격인 10,300원이고, 만기는 콜시점인 2년으로 가정한다.

8 만기가 3년, 원금이 10,000원, 액면이자율이 8%인 채권의 가격이 9,612.41원이다. 1년에 이자를 4회 지급한다고 가정하고 만기수익률을 계산하시오.

① 9.45%　② 9.00%　③ 9.50%
④ 9.35%　⑤ 정답 없음

정답 ③

풀이 $\frac{200}{y}+\frac{10,000-\frac{200}{y}}{(1+y)^{12}}=9,612.41$을 만족시키는 y는 2.375%이므로 만기수익률은 9.5%이다.

9 만기가 5년이고 원금이 10,000원이고 액면이자율이 7.5%인 채권의 순수가격이 10,025원이다. 일본식 단리수익률은 이자수익률보다 얼마나 큰가? 채권은 연 1회 이자를 지급한다. 마이너스는 단리수익률이 이자수익률보다 작음을 의미한다.

① 5bp ② 10bp ③ −10bp
④ −5bp ⑤ 정답 없음

정답 ④

풀이 일본식 단리수익률은 $\frac{750+\frac{10,000-10,025}{5}}{10,025}=7.43\%$이고 이자수익률은 $\frac{750}{10,025}=7.48\%$이다. 차이는 $7.43\%-7.48\%=-5bp$이다.

10 다음 중 옳은 설명은?

① 상환요구사채의 경우 투자자의 기대수익률은 만기수익률과 풋수익률 중에서 작은 값과 같다.
② 만기수익률은 실효수익률이다.
③ 일본식 단리수익률은 액면이자의 재투자수익을 고려한다.
④ 만기수익률 계산에 이용하는 채권가격은 현금가격이 아니라 순수가격이다.
⑤ 정답 없음

정답 ⑤

풀이 ① 상환요구사채의 경우 만기수익률과 풋수익률 중에서 큰 값을 기대수익률로 결정한다.
② 기준기간의 수익률에 연간 이자지급횟수를 곱하여 만기수익률을 구하므로 이는 명목이자율이다.
③ 단리수익률은 액면이자의 재투자수익을 고려하지 못한다.
④ 만기수익률 계산에 이용되는 가격은 현금가격이다.

11 20년 만기 무이표채가 현재 3,000원에 거래되고 있다. 이 채권의 액면가는 얼마인가? 무이표채의 수익률은 6%이고 기준기간은 6개월이다. 반올림하여 원으로 답할 것.

① 9,786원　② 10,000원　③ 9,000원
④ 9,621원　⑤ 정답 없음

정답 ①
풀이 기준기간의 수익률이 3%이므로 무이표채의 원금은 $3,000 \times 1.03^{40} = 9,786$원이다. 역으로 확인하면, $\frac{9,786}{1.03^{40}} = 3,000$원이다.

12 원금이 10,000원이고 액면이자율이 8%이고 만기가 20년인 채권의 가격이 11,000원이다. 이 채권의 만기수익률을 근사치로 계산하라.

① 7.27%　② 6.82%　③ 7.05%
④ 7.14%　⑤ 정답 없음

정답 ④
풀이 $\dfrac{800 + \dfrac{10,000 - 11,000}{20}}{\dfrac{10,000 + 11,000}{2}} = 7.14\%$. 여기서 7.27%는 이자수익률이고 6.82%는 단리수익률이다.

13 현금가격을 이용하지 않고 공시가격 또는 순수가격을 이용하여 계산하는 수익률만을 모두 포함하는 것은?

A: 만기수익률　B: 이자수익률　C: 단리수익률

① ABC　② AC　③ AB
④ BC　⑤ B

정답 ④
풀이 만기수익률 계산에는 현금가격을 이용하고 이자수익률과 단리수익률 계산에는 순수가격을 이용한다.

14 철수는 100만원을 연 10% 이자를 주는 상품에 1년 만기로 가입하였다. 1년 동안의 물가상승률이 5%이면 철수의 실질수익률은 얼마인가?

① 10% ② 5% ③ 4.76%
④ 4.85% ⑤ 5.08%

정답 ③

풀이 실질수익률은 $\frac{1.1}{1.05}-1=0.0476$이다.

15 변동금리채권의 만기가 3년이고 3개월마다 액면이자가 91일물 CD금리+100bp로 결정된다고 하자. 현재 채권의 가격은 원금의 102%이다. 91일물 CD금리는 3.6%이다. 할인마진은 얼마인가?

① 29bp ② 35bp ③ 40bp
④ 45bp ⑤ 115bp

정답 ①

풀이 $102=1.15\times\left[\frac{1-(1+y)^{-12}}{y}\right]+\frac{100}{(1+y)^{12}}$를 만족시키는 y에 4를 곱하면 만기수익률 3.89%가 계산된다. 따라서 할인마진은 3.89% − 3.6% = 0.29% = 29bp이다.

16 철수가 91일 만기 원금 1,000만원의 CD를 은행창구에서 990만원에 매입하였다. CD의 할인율과 수익률은 각각 얼마인가?

① 4.01%, 3.98%
② 4.01%, 4.03%
③ 4.00%, 4.05%
④ 4.01%, 4.05%
⑤ 4.02%, 4.05%

정답 ④

풀이 할인율은 $\frac{100,000}{10,000,000}\times\frac{365}{91}=0.0401$이고 수익률은 $\frac{100,000}{9,900,000}\times\frac{365}{91}=0.0405$이다.

17 철수는 만기가 7년이고 액면이자율이 5%인 채권을 수익률 6%로 매입한 후 3년간 투자할 예정이다. 채권은 연 1회 이자를 지급하고, 재투자수익률은 향후 3년간 연도별로 각각 6%, 5.5%, 5%로 예상된다. 그리고 매도시점에서의 수익률은 4.5%로 예상된다. 보유수익률을 구하라.

① 5.82%

② 7.59%

③ 6.35%

④ 8.01%

⑤ 정답 없음

정답 ②

풀이 매입가격은 $\frac{500}{0.06}+\frac{10,000-\frac{500}{0.06}}{1.06^7}=9,441.76$이다. 액면이자의 미래가치가 1,578.875원이고 매도가격이 10,179.38원이므로 보유수익률은 7.59%이다.

$$500 \times 1.055 \times 1.05 + 500 \times 1.05 + 500 = 1,578.875$$

$$\frac{500}{0.045}+\frac{10,000-\frac{500}{0.045}}{1.045^4}=10,179.38$$

$$\left(\frac{1,578.875+10,179.38}{9,441.76}\right)^{\frac{1}{3}}-1=7.59\%$$

18 옵션적 특성이 없는 채권(일반사채)과 관련된 다음의 설명 중 가장 올바른 것은? 2005년

① 만기에 가까워질수록 할증채와 할인채 모두 할증폭과 할인폭이 작아지며, 가격변화율도 작아진다.

② 만기에 가까워질수록 액면채는 이자수익률이 커지며 자본이득률이 작아진다.

③ 시장분할가설은 만기에 따라 분할된 하위시장 자체 내에서 기대이자율과 유동성프리미엄에 의해 이자율이 결정된다는 가설이다.

④ 순수할인채와 이자부채권이 영구채에 비해 이자율변동위험이 더 크게 노출된다.

⑤ 순수할인채의 재투자위험은 없으며 이자수익률(current yield)이 0이다.

정답 ⑤

풀이 ① 만기일에 접근함에 따라 할인금액과 할증금액이 작아지나(왜냐하면 가격이 원금에 접근하므로) 가격변화율은 커진다.

② 액면가 채권의 경우 이자수익률은 일정하다.

③ 시장분할가설에서 이자율은 하위시장 내에서의 수요와 공급에 의해 결정된다(제7장 참고).

④ 영구채의 듀레이션은 $1+\frac{1}{y}$이다. 순수할인채 또는 이자부채권이 영구채보다 듀레이션이 작으면 이자율변동위험도 작다(제5장 참고).

⑤ 순수할인채의 경우 액면이자가 없으므로 재투자위험이 없고 이자수익률은 0이다.

19 만기가 5년인 채권A의 액면이자율, 경상수익률(current yield)과 만기수익률이 각각 10%, 9.09%, 그리고 7.56%이다. 다음 중 가장 적절하지 않은 것은? 단, 이 채권은 채무불이행위험이 없고 옵션적 특성이 없는 채권(일반채권)으로 가정하며, 경상수익률은 연간 액면이자를 채권가격으로 나누어 구한다. 2015년

① 채권A의 액면가는 10,000원이다. 이 채권이 반년마다 액면이자를 지급한다면 6개월마다 지급하는 액면이자는 500원이다.

② 채권A의 액면이자율과 경상수익률이 동일하다면 이 채권의 가격은 액면가와 동일하다.

③ 다른 조건이 변하지 않는다면, 시간이 경과하여도 채권A의 가격은 변하지 않을 것이다.

④ 다른 조건이 변하지 않는다면, 채권A의 만기수익률이 상승하면 듀레이션은 작아진다.

⑤ 투자자가 만기수익률을 실현하기 위해서는 채권A를 만기까지 보유하여야 하고, 지급받은 모든 액면이자를 만기수익률로 재투자하여야 한다.

정답 ③

풀이 이 채권은 할증채권이므로 수익률이 변하지 않더라도 시간이 경과함에 따라 채권가격은 하락한다. 만기수익률이 상승하면 듀레이션은 감소한다(제5장 참고).

20 다음 표는 채권 A, B, C의 액면이자율을 나타낸다. 현재(t = 0) 모든 채권의 만기수익률은 10%이며, 1년 후(t = 1)에도 유지된다고 가정한다. 채권들의 액면금액과 잔존만기(2년 이상)가 동일하며, 액면이자는 연 1회 지급된다. 다음 설명 중 가장 적절하지 않은 것은? 2021년

단, $t\text{시점 경상수익률} = \frac{\text{연간 액면이자}}{t\text{시점 채권가격}}$

채 권	액면이자율
A	9%
B	10%
C	11%

① 채권 A의 현재 가격은 채권 B의 현재 가격보다 작다.
② 채권 A의 현재 경상수익률은 채권 B의 현재 경상수익률보다 높다.
③ 채권 A의 1년 후 경상수익률은 현재 경상수익률에 비해 낮다.
④ 채권 C의 1년 후 경상수익률은 현재 경상수익률에 비해 높다.
⑤ 채권 C의 1년 후 듀레이션은 현재 채권 C의 듀레이션에 비해 작다.

정답 ②

풀이 A채권은 할인채권, B채권은 액면가채권, C채권은 할증채권이다.

만기수익률이 변하지 않고 연1회 이자를 지급하는 경우 "만기수익률 = 이자수익률 + 자본이득률"의 관계가 성립한다. 그런데 할인채권의 자본이득률이 0보다 크므로 이자수익률은 만기수익률보다 작아야 한다. 그런데 B채권의 이자수익률은 만기수익률과 동일한 10%이므로 ②는 틀린 표현이다.

할인채권의 가격은 수익률이 변하지 않는 경우 시간이 지남에 따라 증가하므로 이자수익률은 감소한다. 반면에 할증채권의 경우 시간이 지남에 따라 가격이 하락하므로 이자수익률은 증가한다([예시 4-15] 참조). 그리고 시간이 지남에 따라 잔존만기가 감소하므로 듀레이션도 감소한다.

주관식 문제

1 만기 5년, 그리고 이자를 연 2회 지급하는 변동금리채권의 가격이 현재 9,913.60이다. 변동금리채권의 액면이자율은 기준금리(6개월 LIBOR)에 30bp를 더하여 결정되며 현재 6개월 LIBOR금리는 연 5%이다. 할인마진이 50bp임을 증명하시오. 그리고 할인마진의 단점은 무엇인가?

해답

액면이자는 $10{,}000\times\frac{0.05+0.003}{2}=265$원이다. $\frac{265}{y}+\frac{10{,}000-\frac{265}{y}}{(1+y)^{10}}=9{,}913.6$을 만족시키는 y는 2.75%이므로 할인마진은 $2.75\%\times2-5\%=50bp$이다. 할인마진의 단점은 기준금리가 만기일까지 변하지 않는다고 가정한다는 점이다.

2 "어떤 채권의 만기수익률이 12%이다. 만일 액면이자의 재투자수익률을 10%로 가정하면 보유수익률은 10%와 12% 사이이다" 이 표현의 진위를 밝히고 본인의 주장을 설명하시오.

해답

옳은 설명이다. 만기수익률이 12%일 때 보유수익률이 12%가 되려면 액면이자의 재투자수익률도 12%이어야 한다. 그런데 재투자수익률이 10%로 만기수익률 12%보다 작으므로 투자자가 실현하는 보유수익률은 10%와 12% 사이가 된다.

3 액면이자율이 14%, 만기가 5년인 액면가채권을 매입하여 만기일까지 보유하는 경우의 보유수익률을 계산하라. 연 1회 이자를 지급하고 재투자수익률은 2차연도와 3차연도에는 10%로, 4차연도와 5차연도에는 8%로 가정한다. 원금은 10,000원이다.

해답

먼저 수령하는 액면이자의 미래가치를 계산한다. 첫 번째 액면이자 1,400원은 10%로 2년 투자되고 8%로 2년 투자되므로 만기일에서의 가치는 $1{,}400\times1.1^2\times1.08^2=1{,}975.88$원이다. 동일한 방식으로 두 번째, 세 번째, 네 번째 수령하는 액면이자의 만기일에서의 가치는 각각 $1{,}400\times1.1\times1.08^2=1{,}796.26$, $1{,}400\times1.08^2=1{,}632.96$, $1{,}400\times1.08=1{,}512$원이다. 만기일에 마지막 액면이자와 원금을 수령하므로 모든 현금흐름의 만기일에서의 가치는 18,317.1원이다. 보유수익률은

$\left(\frac{18,317.1}{10,000}\right)^{\frac{1}{5}}-1=12.87\%$이다.

4 만기가 5년이고 액면이자율이 10%인 채권을 10% 수익률로 매입하였다. 이 채권은 이자를 연 단위로 지급한다. 수익률이 10%에서 변하지 않고 1년 동안 보유한다고 가정한다.

(1) 이자수익률을 계산하시오.

(2) 자본이득률을 계산하시오.

(3) 투자수익률이 이자수익률과 자본이득률의 합임을 보이시오.

해답

(1) 액면이자율이 수익률과 동일하므로 채권은 액면가채권이고 이자수익률은 액면이자율과 동일한 10%이다.

(2) 수익률이 변하지 않으므로 1년 후에도 액면가채권이고 따라서 자본이득률은 0%이다.

(3) 만기수익률 10%는 이자수익률 10%와 자본이득률 0%의 합과 같다.

5 채권의 원금이 10,000원, 만기 5년, 액면이자율 5%이다. 채권은 연 1회 이자를 지급하고 적정 할인율이 7%이다.

(1) 채권의 현재 가격을 계산하라. 만일 이 채권이 연 2회 이자를 지급한다면 채권가격은 어떻게 변하는가?

(2) 이 채권은 할인채권인가? 아니면 할증채권인가? 이 질문에 답하고 이유를 설명하라. 그리고 할인금액 또는 할증금액을 현금흐름의 현가로 설명해 보라.

(3) 채권의 수익률이 변하지 않는다는 가정 하에서 이 채권의 1년 후 가격(P_1)과 2년 후 가격(P_2)을 계산하라.

(4) 채권의 수익률이 변하지 않는다는 가정 하에서 향후 2년 동안의 이자수익률과 자본이득률을 각각 계산하라. 그리고 이자수익률과 자본이득률이 합이 정확히 7%가 됨을 보여라. 또한 할인채권의 경우 만기수익률, 이자수익률, 액면이자율 간의 관계를 밝혀라.

(5) (1)에서 구한 채권가격을 이용하여 만기수익률을 근사치로 추정하라. 이렇게 추정된 만기수익률은 정확한 만기수익률인가? 만기수익률이란 무엇인가? 만기수익률을 정확히 얻기 위한 조건 세 가지는 무엇인가?

(6) 채권을 2년 보유한 후에 수익률이 6%일 때 매도한다고 하자. 2년 동안의 재투자수익률이 6.5%이다. 채권이 연 2회 이자를 지급한다는 가정 하에서 보유수익률을 계산하라.

그리고 이 보유수익률은 실질이자율로 얼마인가? 물가상승률이 2%라고 가정한다.

(7) 시간이 흘러 액면이자가 두 번만 남아 있다고 가정하자. 현재, 액면이자가 지급된 후 48일이 지났으며 이번 기간의 일수는 365일이다. 이 채권의 순수가격, 현금가격, 발생이자를 각각 계산하라. 그리고 채권의 경우 순수가격을 계산하는 이유는 무엇인가?

해답

(1) 연 1회 이자를 지급하면 채권가격은 9,179.96원이고 연 2회 이자를 지급하면 가격은 9,168.34원이다.

$$P_0 = \frac{500}{0.07} + \frac{10,000 - \frac{500}{0.07}}{1.07^5} = 9,179.96$$

$$P_0 = \frac{250}{0.035} + \frac{10,000 - \frac{250}{0.035}}{1.035^{10}} = 9,168.34$$

(2) 이 채권은 할인율이 액면이자율보다 크므로 할인채권이다. 할인금액은 820.04원이다. 시장이자율이 7%일 때 액면가채권은 연 700원의 이자를 지급한다. 따라서 할인채권의 소유자는 액면가채권의 소유자보다 매년 200원씩 덜 받게 된다. 적게 받는 금액의 현가가 정확히 할인된 금액이다.

$$200 \times \left(\frac{1-1.07^{-5}}{0.07}\right) = 820.04$$

(3) 채권의 수익률이 변하지 않는다는 가정 하에서 이 채권의 1년과 2년 후 가격은 각각 9,322.56원과 9,475.14원이다.

$$P_1 = \frac{500}{0.07} + \frac{10,000 - \frac{500}{0.07}}{1.07^4} = 9,322.56$$

$$P_2 = \frac{500}{0.07} + \frac{10,000 - \frac{500}{0.07}}{1.07^3} = 9,475.14$$

(4) 1차연도의 경우 이자수익률이 $\frac{500}{9,179.96} = 5.45\%$이고 자본이득률이 $\frac{9,322.56}{9,179.96} - 1 = 1.55\%$이므로 합은 정확히 만기수익률 7%와 일치한다. 2차연도의 경우도 이자수익률 $\frac{500}{9,322.56} = 5.36\%$와 자본이득률 $\frac{9,475.14}{9,322.56} - 1 = 1.64\%$의 합은 정확히 7%이다. 할인채권의 경우 만기수익률이 이자수익률보다 크고, 이자수익률은 액면이자율보다 크다.

(5) 근사치로 구한 만기수익률은 $\dfrac{500 + \frac{10,000 - 9,179.96}{5}}{\frac{9,179.96 + 10,000}{2}} = 6.92\%$이다. 이는 정확한 만기수익률(7%)은 아니다. 만기수익률은 채권소유자가 만기일까지 채권을 보유하는 경우 얻게 되는

평균 수익률이다. 투자자가 정확히 만기수익률을 얻기 위해서는 다음 세 조건이 충족되어야 한다: 1) 만기일까지 보유함; 2) 모든 현금흐름을 정해진 일자에 정확히 수령함; 3) 모든 액면이자는 만기수익률과 동일한 이자율로 재투자되어야 함.

(6) 보유수익률은 8.26%이고 실질수익률은 6.14%이다.

$$\left\{\left[\frac{250\times\left(\frac{1.0325^4-1}{0.0325}\right)+\frac{250}{0.03}+\frac{10,000-\frac{250}{0.03}}{1.03^6}}{9,168.34}\right]^{\frac{1}{4}}-1\right\}\times 2=8.26\%$$

$$\text{실질수익률: } \frac{1.0826}{1.02}-1=6.14\%$$

(7) 현금가격이 $\frac{500}{1.07^{0.8685}}+\frac{10,500}{1.07^{1.8685}}=9,724.53$원이고($v=\frac{317}{365}=0.8685$) 발생이자가 500 × (1 − 0.8685) = 65.75원이므로 순수가격은 9,724.53 − 65.75 = 9,658.78원이다. 순수가격을 공시하는 이유는 이자지급일에 현금가격이 액면이자만큼 하락하기 때문이다.

6 가나기업이 발행한 무보증 채권(만기 2년, 액면가 100,000원, 액면이자율 3%, 연 1회 이자지급)의 현행수익률(current yield)은 3.2%이고 무위험수익률은 2%이다. 2017년

(1) 채권의 현재가격과 만기수익률을 추정하라.

(2) 채권의 원리금 상환가능성은 다음과 같은 확률분포를 가질 것으로 예상된다.

상 황	확 률
이자와 원금전액 회수불능	0%
제1회의 이자만 회수	1%
제1회 및 제2회 이자회수와 원금의 70%만 회수	2%
이자와 원금 전액 회수	97%

① 상황에 따른 각각의 수익률을 구하라.

② 위 ①에서 구한 수익률을 실현수익률이라고 가정하고 채권의 기대수익률을 구하라.

(3) (1)의 만기수익률과 (2)의 기대수익률을 이용하여 수익률 스프레드와 채무불이행위험프리미엄을 각각 구하라.

해답

(1) 현행수익률 $=\frac{C}{P_0}$이므로 $P_0=\frac{3,000}{0.032}=93,750$원이다. 만기수익률은 다음 식을 만족시키는 6.43%이다.

$$93{,}750 = \frac{3{,}000}{1+y} + \frac{103{,}000}{(1+y)^2}$$

(2) ①

상 황	확 률	수익률
이자와 원금전액 회수불능	0%	-100%
제1회의 이자만 회수	1%	-96.8%
제1회 및 제2회 이자회수와 원금의 70%만 회수*	2%	-10.14%
이자와 원금 전액 회수	97%	6.43%

* 수익률 계산 : $93{,}750 = \frac{3{,}000}{1+r} + \frac{73{,}000}{(1+r)^2} \quad \rightarrow \quad r = -10.14\%$

② 채권의 기대수익률은 5.07%이다.

(0 × (−100%)) + (0.01 × (−96.8%)) + (0.02 × (−10.14%)) + (0.97 × 6.43%) = 5.07%

(3) 수익률스프레드 = 6.43% − 2% = 4.43%
채무불이행위험프리미엄 = 6.43% − 5.07% = 1.36%

채권의 가치평가와 투자전략

CHAPTER 05

듀레이션

1. 금리위험
2. 듀레이션 계산
3. 듀레이션의 정의 및 속성
4. 듀레이션과 채권가격변화
5. 수정듀레이션, 듀레이션, 금액듀레이션, DV01간의 관계
6. 유효듀레이션

CHAPTER 5

듀레이션

1 금리위험

이자율변동에 대한 채권가격의 민감도는 모든 채권투자자에게 매우 중요하다. 이자율변동위험, 즉 금리위험에 대해 말키엘(Malkiel, 1962), 호머와 리보위츠(Homer and Liebowitz, 1972)가 정리한 결과는 다음과 같다.1)

① 채권가격과 수익률은 부(−)의 관계를 갖는다. 즉, 수익률이 상승하면 채권가격은 하락하고 수익률이 하락하면 채권가격은 상승한다.

② 수익률 상승에 의한 채권가격의 하락폭이 동일 크기의 수익률 하락에 의한 채권가격의 상승폭보다 작다. [그림 5-1]에서 0을 중심으로 오른쪽의 가격변화가 왼쪽의 가격변화보다 작다. 이 속성을 채권의 볼록성이라고 한다.

③ 장기채권의 가격은 단기채권의 가격보다 이자율변동에 대해 더 민감하다(B채권의 민감도가 A채권의 민감도보다 큼).

④ 만기가 길어짐에 따라 이자율변동에 대한 채권가격의 민감도는 증가하는데 증가하는 속도는 감소한다. 즉, 금리위험은 채권만기에 덜 비례적(less proportional)이다(예를 들어, B채권의 만기는 A채권 만기의 6배이지만 가격의 민감도는 6배보다 작다).2)

⑤ 금리위험은 채권의 액면이자율과 부(−)의 관계를 갖는다. 즉, 액면이자율이 낮은 채권의 가격민감도가 액면이자율이 높은 채권보다 크다(즉, C채권의 가격민감도가 B채권보다 큼).

⑥ 이자율변동에 대한 채권가격의 민감도는 현재 채권가격에 내재된 만기수익률과

---

1) 여기에 정리된 결과 중 ①, ②, ③, ⑤는 제3장 6절의 채권가치평가규칙 중 평가규칙 #2, #5, #3, #4와 동일하다.

2) 예를 들어, 액면이자율 10%, 원금 10,000원, 수익률 10%인 채권은 만기와 무관하게 액면가채권이다. 만일 수익률이 9%로 하락하면 5년, 10년, 15년 만기 채권의 가격은 각각 3.89%, 6.42%, 8.06% 상승한다. 가격변화율의 차이가 2.53%와 1.64%이므로 민감도는 체감적으로 증가한다.

부(-)의 관계를 갖는다(즉, D채권의 가격민감도가 C채권보다 큼).

그림 5-1 **수익률의 변화에 대한 채권가격의 변화율**

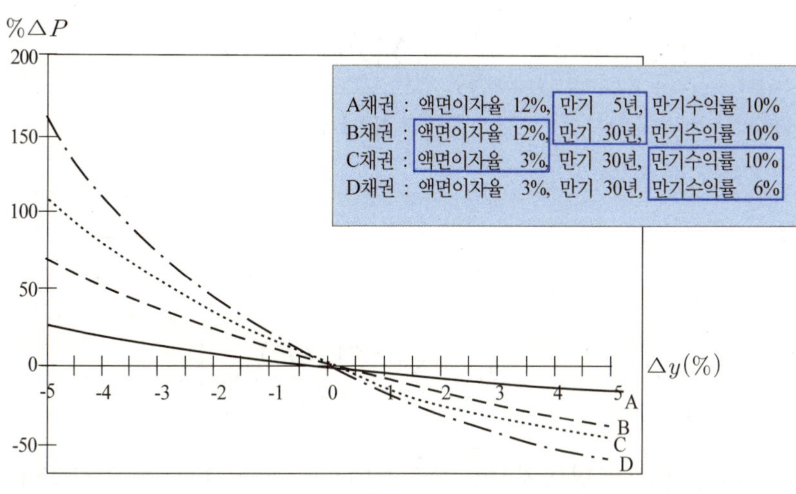

이상의 결과는 만기가 금리위험의 중요한 기준이 되는 것은 사실이지만 금리위험(interest rate risk)을 측정하는데 만기만으로는 충분하지 않다는 것을 또한 알려 준다. 예를 들어, 액면이자율도 금리위험에 대한 중요한 정보를 제공한다. 금리위험의 크기에 영향을 미치는 만기, 액면이자율, 만기수익률 등을 하나의 숫자로 종합한 것이 듀레이션이다.

2 듀레이션 계산

캐나다 경제학자인 프레데릭 멕콜레이(Frederick Macaulay)는 1938년 채권투자에서 채권만기의 대용치(proxy)로 사용할 수 있는 새로운 측정치를 구성하고 이를 듀레이션이라고 명명하였다.[3] 채권의 듀레이션은 현금흐름의 현재가치가 현금흐름 현재가치의 합(즉, 채권가격)에서 차지하는 비중에 현금흐름 발생시점을 곱해준 값들의 합으

3) Frederick Macaulay, Some Theoretical Problems Suggested by the Movements of Interest Rates, Bond Yields and Stock Prices in the United States since 1856(New York: National Bureau of Economics Research, 1938).

로 계산된다. 따라서 듀레이션은 가중평균만기(weighted average maturity) 또는 유효만기(effective maturity)의 의미를 갖는다. 듀레이션(duration: D) 또는 멕콜레이 듀레이션은 다음의 식으로 산출된다.

[식 5.1]

$$D = \frac{\sum_{t=1}^{t=n} PV(CF_t) \times t}{\sum_{t=1}^{t=n} PV(CF_t)}$$

$P_0 = \sum_{t=1}^{t=n} PV(CF_t)$이므로,

[식 5.2]

$$D = \sum_{t=1}^{t=n} \left[\frac{PV(CF_t)}{P_0} \times t \right]$$

여기서 n은 기준기간(액면이자)의 수, $PV(CF_t)$는 t시점 현금흐름의 현재가치, $\frac{PV(CF_t)}{P_0}$는 t시점 현금흐름의 가중치이다. [예시 5-1]에서 확인할 수 있듯이, 연간 이자지급횟수가 증가함에 따라 원금의 가중치가 감소하므로 듀레이션은 작아진다.

듀레이션 계산식에 의하면, 듀레이션 계산에 필요한 변수는 다음 다섯 가지이다. 즉, 듀레이션은 다음 다섯 가지 정보를 하나의 수치로 요약한 위험측정치이다.

- 만기
- 원금의 크기
- 액면이자의 지급시점
- 액면이자의 크기
- 수익률

예시 5-1 듀레이션의 계산

수익률이 10%일 때 액면이자율 8% 만기 3년 채권의 듀레이션은 2.78년이다.

[표 5-1] 액면이자율 8%, 만기 3년 채권의 듀레이션 계산(연 1회 이자지급)

시점(t)	현금흐름	1원의 현재가치	현금흐름현가	현금흐름현가×시점	가중치
1	800	$1/1.1 = 0.9091$	727.28	727.28	0.07654
2	800	$1/1.1^2 = 0.8264$	661.12	1,322.24	0.06957
3	10,800	$1/1.1^3 = 0.7513$	8,114.04	24,342.12	0.85389
합 계			9,502.44	26,391.64	

$$D = \frac{26,391.64}{9,502.44} = 2.777\text{년}$$

$$D = (0.07654 \times 1) + (0.06957 \times 2) + (0.85389 \times 3) = 2.777\text{년}$$

채권이 연 2회 이자를 지급한다고 가정하면 듀레이션은 2.72년이다.4)5)

[표 5-2] 액면이자율 8%, 만기 3년 채권의 듀레이션 계산(연 2회 이자지급)

시점(t)	현금흐름	1원의 현재가치	현금흐름현가	현금흐름현가×시점	가중치
0.5	400	$1/1.05 = 0.9524$	380.96	190.48	0.04013
1.0	400	$1/1.05^2 = 0.9070$	362.80	362.80	0.03822
1.5	400	$1/1.05^3 = 0.8638$	345.52	518.28	0.03640
2.0	400	$1/1.05^4 = 0.8227$	329.08	658.16	0.03467
2.5	400	$1/1.05^5 = 0.7835$	313.40	783.50	0.03302
3.0	10,400	$1/1.05^6 = 0.7462$	7,760.48	23,281.44	0.81756
합 계			9,492.24	25,794.66	

$$D = \frac{25,794.66}{9,492.24} = 2.72\text{년}$$

만약 이자지급횟수가 연 4회이면 듀레이션은 2.69년으로 감소한다.

---

4) 연 1회 이자를 지급하는 경우 1원의 현재가치는 $\frac{1}{1.1^t}$로 계산된다. 그러나 이자가 연 2회 지급되면 1원의 현재가치는 $\frac{1}{1.1^t}$로 계산되지 않고 $\frac{1}{1.05^{2t}}$로 계산된다. 1기간이 6개월인 경우 6개월 기준으로 할인하므로 1원의 현재가치는 $\frac{1}{1.05}$, $\frac{1}{1.05^2}$, $\frac{1}{1.05^3}$, …, $\frac{1}{1.05^6}$으로 계산된다. 같은 논리로 1기간이 3개월인 경우 1원의 현가는 $\frac{1}{1.025^{4t}}$로 계산된다.

5) 연 2회 지급하는 경우 시점(t)에 1, 2, . . 6을 사용하면 5.435가 계산되는데 단위가 6개월이므로 연 단위로 전환하기 위해 5.435를 2로 나누어야 한다. 마찬가지로 연 4회 지급하는 경우 1, 2, . . 12를 사용하면 10.745가 계산되는데 이는 분기 기준이므로 4로 나누어야 한다.

[표 5-3] 액면이자율 8%, 만기 3년 채권의 듀레이션 계산(연 4회 이자지급)

시점(t)	현금흐름	1원의 현재가치	현금흐름현가	현금흐름현가×시점	가중치
0.25	200	$1/1.025=0.9756$	195.12	48.780	0.02057
0.50	200	$1/1.025^2=0.9518$	190.36	95.180	0.02006
0.75	200	$1/1.025^3=0.9286$	185.72	139.290	0.01958
1.00	200	$1/1.025^4=0.9060$	181.20	181.200	0.01910
1.25	200	$1/1.025^5=0.8839$	176.78	220.975	0.01863
1.50	200	$1/1.025^6=0.8623$	172.46	258.690	0.01818
1.75	200	$1/1.025^7=0.8413$	168.26	294.455	0.01773
2.00	200	$1/1.025^8=0.8207$	164.14	328.280	0.01730
2.25	200	$1/1.025^9=0.8007$	160.14	360.315	0.01688
2.50	200	$1/1.025^{10}=0.7812$	156.24	390.600	0.01647
2.75	200	$1/1.025^{11}=0.7621$	152.42	419.155	0.01607
3.00	10,200	$1/1.025^{12}=0.7436$	7,584.72	22,754.160	0.79944
합 계			9,487.56	25,491.080	1.00000

$$D=\frac{25,491.08}{9,487.56}=2.69\text{년}$$

예시 5-2 이자지급일 사이에서의 듀레이션의 계산

[예시 5-1]의 채권(액면이자율 8%, 만기 3년)의 듀레이션을 3개월이 경과한 시점에서 평가해 보자. 수익률은 10%로 동일하다. 채권의 가격은 9,731.44원이고, 듀레이션은 2.53년이다.

[표 5-4] 이자지급일 사이에서의 듀레이션 계산

시점(t)	현금흐름	1원의 현재가치	현금흐름현가	현금흐름현가×시점	가중치
0.75	800	$1/1.1^{0.75}=0.9310$	744.80	558.60	0.07654
1.75	800	$1/1.1^{1.75}=0.8464$	677.12	1,184.96	0.06958
2.75	10,800	$1/1.1^{2.75}=0.7694$	8,309.52	22,851.18	0.85388
합 계			9,731.44	24,594.74	

$$D=\frac{24,594.74}{9,731.44}=2.53\text{년}$$

$$D=(0.07654\times0.75)+(0.06958\times1.75)+(0.85388\times2.75)=2.53\text{년}$$

3 듀레이션의 정의 및 속성

3.1 듀레이션의 정의

듀레이션은 다음과 같은 여러 정의를 갖는다.

① 듀레이션은 가중평균만기 또는 현금흐름 지급시점의 평균으로, 가중치는 개별현금흐름의 현재가치가 채권가격에서 차지하는 비율이다. 예를 들어,

$$D = (0.07654 \times 1) + (0.06957 \times 2) + (0.85389 \times 3) = 2.777\text{년}$$

이 정의는 듀레이션 공식을 직접적으로 해석한 것이다.

② 듀레이션은 이자율의 변화가 재투자수익과 채권가격에 미치는 상반된 영향을 서로 상쇄시키는데 필요한 기간이다. 즉, 듀레이션 기간 동안 채권을 보유하면 이자율의 변화가 재투자수익에 미치는 효과와 채권가격에 미치는 효과가 서로 상쇄되어 순효과(net effect)가 0이 되는데 이를 면역(immunization)되었다고 한다(즉, 면역되면 미래가치가 이자율의 변화에 의해 영향을 받지 않음).

[그림 5-2]에서 A선은 액면이자율 8% 만기 3년 채권의 가격이 9,503원이고 만기수익률 10%로 재투자되었을 경우 3년 후 가치가 12,648원임을 보여준다. 그리고 B선(C선)은 수익률이 12%(14%)로 상승하면 채권가격이 9,039원(8,607원)으로 하락하지만 더 높은 수익률로 재투자되어 3년 후 가치가 12,700원(12,752원)임을 보여준다. 수익률이 변함에 따라 만기시점에서의 미래가치가 상이하지만 듀레이션인 2.777년 후 기준으로는 미래가치가 12,382원으로 동일하다. 동일한 이유는 투자기간을 듀레이션으로 일치시키는 경우 수익률 상승으로 인한 가격하락을 높은 재투자수익률로 인한 이자수익으로 상쇄하기 때문이다. 동일한 논리가 수익률이 하락하는 경우에도 성립한다. 이에 대한 보다 자세한 설명한 제11장 소극적 투자전략에서 설명하기로 한다.

그림 5-2 **투자기간이 듀레이션과 일치하는 경우**

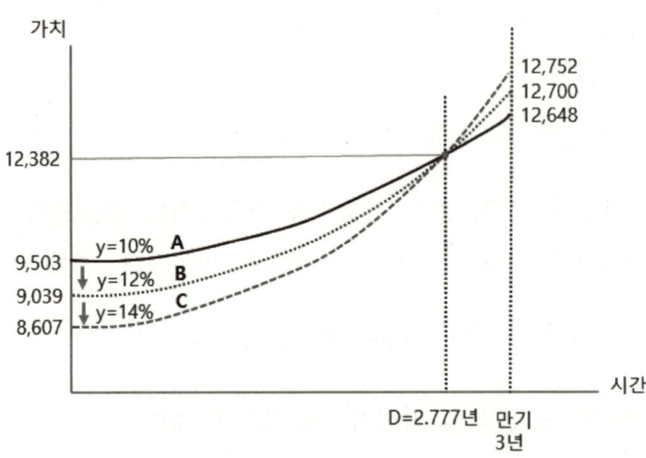

③ 듀레이션은 현재가치로 계산된 채권현금흐름의 균형점(balancing point)이다. 이 정의는 [그림 5-3]이 보여 주듯이 시소(seesaw)의 균형점 개념이다. 그림에서 투명한 용기는 현금흐름(원금과 액면이자)의 크기이고 진한 부분은 용기를 채운 물로 현금흐름의 현재가치를 의미한다. 듀레이션은 시소의 균형을 잡을 수 있는 삼각대까지의 거리이다. 시소의 개념을 적용하면 듀레이션의 속성을 쉽게 이해할 수 있다.

그림 5-3 **듀레이션과 시소**

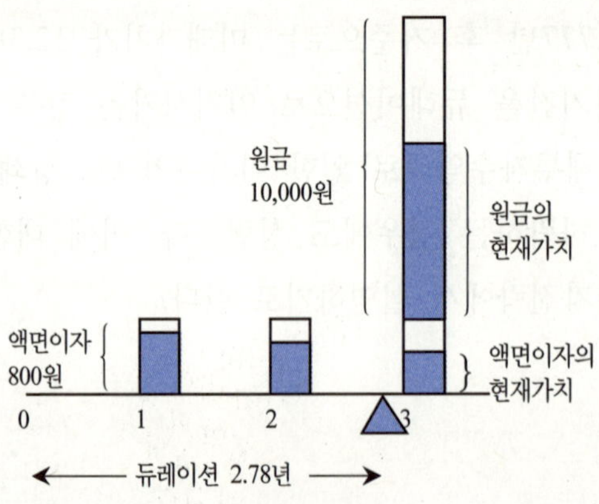

④ 듀레이션은 수익률의 변화 $\frac{dy}{1+y}$에 대한 채권가격의 변화율 $\frac{dP_0}{P_0}$을 측정하므로 이자율민감도(interest sensitivity)의 지표로 이용될 수 있다. 즉, $\frac{dP_0}{P_0}/\frac{dy}{1+y}=-D$ 이다.

그림 5-4 이자율민감도로서의 듀레이션

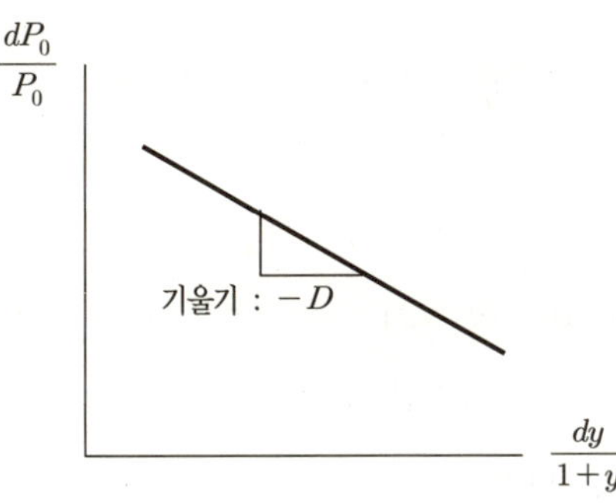

3.2 듀레이션의 속성

듀레이션의 속성은 다음과 같이 요약된다.

① 무이표채의 듀레이션은 현금흐름의 크기와 상관없이 만기와 동일하다.[6] 기업어음(CP), 은행인수어음(BA), 양도성예금증서(CD), 단기국채와 같은 단기금융상품의 경우 만기일 전에 현금흐름이 발생하지 않아 무이표채로 간주되므로 듀레이션은 만기와 동일하다.

[식 5.3]
$$D_{zero}=T$$

② 포트폴리오의 듀레이션(D_P)은 개별채권 듀레이션의 가중평균이다. 가중치로 포트폴리오가치에서 개별채권의 가치가 차지하는 비율을 이용한다. 즉,

[식 5.4]
$$D_P=\sum w_j \cdot D_j$$

6) 현금흐름이 1개이므로 삼각대가 현금흐름 바로 아래에 위치하는 경우에만 시소는 균형을 유지할 수 있다(시소 자체의 무게는 무시함).

③ 이표채의 듀레이션은 항상 만기보다 작다.

예시 5-3 $D_P = \sum w_j D_j$의 계산

[예시 5-1]에서 액면이자율 8%, 만기 3년 채권의 듀레이션은 2.78년으로 계산되었다(수익률은 10%이고 가격은 9,502.63원). 3년 만기 이표채의 현금흐름을 분리(strip)하면 다음과 같은 3개의 무이표채가 만들어진다.7)

- 만기가 1년이고 원금이 800원인 무이표채
  ($P_0 = 800/1.1 = 727.27,\ D = 1$)
- 만기가 2년이고 원금이 800원인 무이표채
  ($P_0 = 800/1.1^2 = 661.16,\ D = 2$)
- 만기가 3년이고 원금이 10,800원인 무이표채
  ($P_0 = 10,800/1.1^3 = 8,114.20,\ D = 3$)

이표채를 무이표채의 포트폴리오로 인식할 수 있으므로 이표채의 듀레이션은 무이표채의 듀레이션을 가중평균하여 구한 값이고 이는 당연히 만기보다 작다.

$$D = \frac{727.27}{9,502.63} \times 1 + \frac{661.16}{9,502.63} \times 2 + \frac{8,114.20}{9,502.63} \times 3 = 2.78$$

④ 일반적으로 만기가 길어질수록 듀레이션은 증가한다. [표 5-5]는 액면이자율이 7%인 채권의 만기별 듀레이션을 보여 준다(만기수익률 7% 가정). 만기가 길어질수록 듀레이션은 증가하며 이 채권의 듀레이션은 $1 + \frac{1}{0.07} = 15.29$에 접근한다(왜냐하면 ⑧에 설명되어 있듯이 영구채권의 듀레이션은 $1 + \frac{1}{y}$이기 때문임). 이를 시소의 개념으로 설명하면 [그림 5-5]와 같다. 그림에서 점선이 증가한 부분을 의미한다.8)

7) [예시 5-3]의 무이표채 가격은 [표 5-1]의 현금흐름현가와 완벽하게 동일하지 않다. 이유는 표에서 계산시 1원의 현재가치를 소수 네 자리로 표시하기 때문이다.

8) [그림 5-5], [그림 5-7], [그림 5-8]은 Douglas, *Bond Risk Analysis*, 1990에서 인용함.

[표 5-5] 만기와 듀레이션간의 관계(액면이자율 7%, 만기수익률 7%)

만기(연)	듀레이션	만기(연)	듀레이션	만기(연)	듀레이션	만기(연)	듀레이션
1	0.98	5	4.30	9	6.83	25	12.14
2	1.90	6	5.00	10	7.36	30	12.91
3	2.76	7	5.65	15	9.52	40	13.84
4	3.56	8	6.26	20	11.05	50	14.31

그림 5-5 채권 만기의 증가가 듀레이션에 미치는 영향

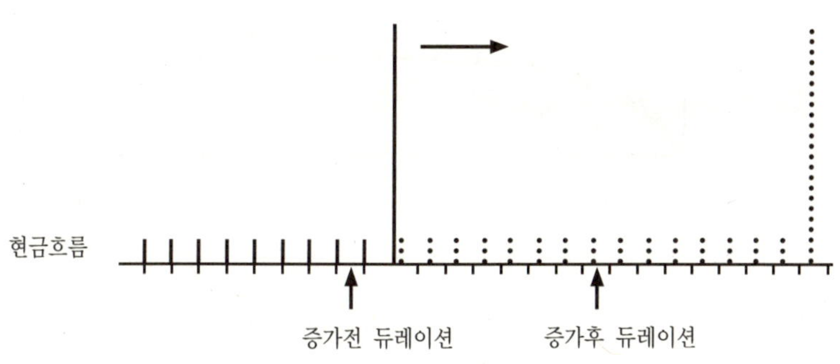

정확히 얘기하면, 만기와 듀레이션간의 정(+)의 관계는 모든 채권에 적용되는 것은 아니다. 예를 들어, 액면이자율 0.3%, 만기 30년(연 이자 2회 지급) 채권의 듀레이션은 22.65인데 만기가 50년이 되면 듀레이션은 18.23으로 감소한다.

액면이자율이 만기수익률보다 높거나 동일한 경우(즉, 할증채권과 액면가채권의 경우), 만기가 증가하면 듀레이션은 $1+\frac{1}{y}$를 향하여 계속적으로 증가한다. 그러나 액면이자율이 0보다 크면서 만기수익률보다 낮은 경우(즉, 이표채로서 할인채권의 경우), 만기가 증가하면 듀레이션은 처음에는 증가하나 최고점(maximum)에 도달한 후 $1+\frac{1}{y}$를 향하여 계속적으로 감소한다. [그림 5-6]은 다양한 액면이자율에서 만기와 듀레이션간의 복잡한 관계를 잘 보여준다.

그림 5-6 **액면이자율별 만기와 듀레이션간의 관계(만기수익률은 10%임)**

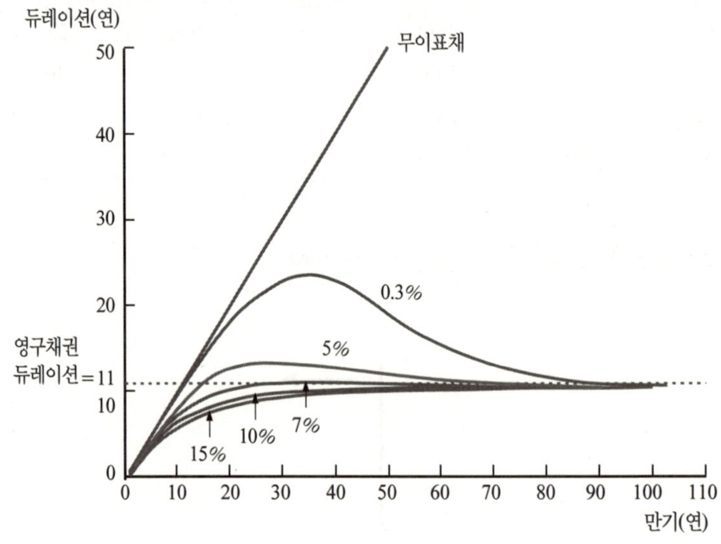

⑤ 액면이자율이 낮을수록 듀레이션은 증가한다. 왜냐하면 액면이자율이 낮을수록, 만기일의 가중치(원금의 현재가치)가 상대적으로 증가하므로 듀레이션도 증가하게 된다.

[표 5-6] **액면이자율과 듀레이션간의 관계(만기 30년, 만기수익률 7%)**

액면이자율	듀레이션	액면이자율	듀레이션	액면이자율	듀레이션	액면이자율	듀레이션
0%	30.00	5%	13.74	10%	12.23	15%	11.67
1%	20.00	6%	13.26	11%	12.08	16%	11.60
2%	17.03	7%	12.91	12%	11.95	17%	11.53
3%	15.38	8%	12.63	13%	11.85	18%	11.47
4%	14.40	9%	12.41	14%	11.75	19%	11.42

액면이자율의 증가가 듀레이션에 미치는 영향을 시소의 개념으로 설명하면 [그림 5-7]과 같다. 액면이자율이 증가하면 시소의 왼쪽이 상대적으로 무거워지므로 삼각대를 왼쪽으로 옮겨야 시소의 균형이 잡히게 된다(점선이 증가한 부분을 의미함). 반대로, 액면이자율이 감소하면 듀레이션은 만기를 향해 접근한다(극단적으로 액면이자율이 0이면 듀레이션은 만기와 동일함).

그림 5-7 액면이자율의 증가가 듀레이션에 미치는 영향

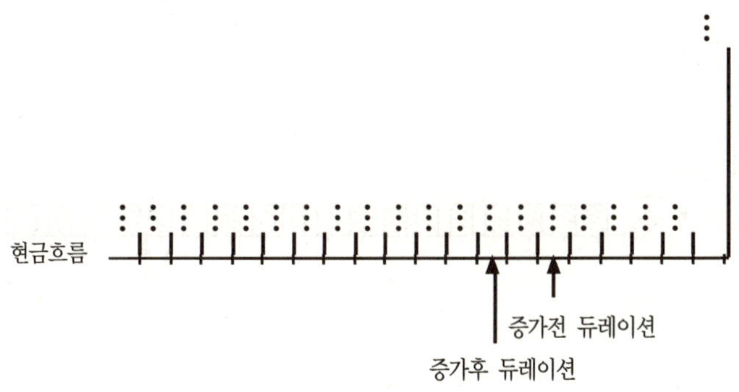

⑥ 시장이자율(만기수익률)이 높을수록 듀레이션은 감소한다. 시장이자율이 상승하면 먼 미래의 현금흐름의 현재가치가 상대적으로 크게 감소하므로(즉, 시소의 왼쪽이 상대적으로 무거워지므로) 듀레이션도 감소한다.

[표 5-7] 만기수익률과 듀레이션간의 관계(30년 만기 10% 액면이자율)

만기수익률	듀레이션	만기수익률	듀레이션	만기수익률	듀레이션	만기수익률	듀레이션
1%	17.96	6%	13.11	11%	9.29	16%	6.82
2%	16.96	7%	12.23	12%	8.70	17%	6.46
3%	15.96	8%	11.41	13%	8.16	18%	6.13
4%	14.98	9%	10.66	14%	7.67	19%	5.83
5%	14.03	10%	9.94	15%	7.22	20%	5.56

⑦ 연간 이자지급횟수가 증가하면 듀레이션은 짧아진다.

⑧ 영구채권(consol) 또는 영구연금(perpetuity)의 듀레이션은 $1+\frac{1}{y}$이다.[9)]

[식 5.5]

$$D_{consol} = 1 + \frac{1}{y}$$

⑨ 액면이자가 지급되는 순간에 듀레이션은 증가한다. 액면이자가 시소에서 떨어지면 오른쪽이 상대적으로 무거워지므로 균형을 잡기 위하여 삼각대를 오른쪽으로 이동해야 한다.

9) 이 식의 도출과정은 섹션 5.3을 참고할 것.

그림 5-8 **액면이자의 지급이 듀레이션에 미치는 영향**

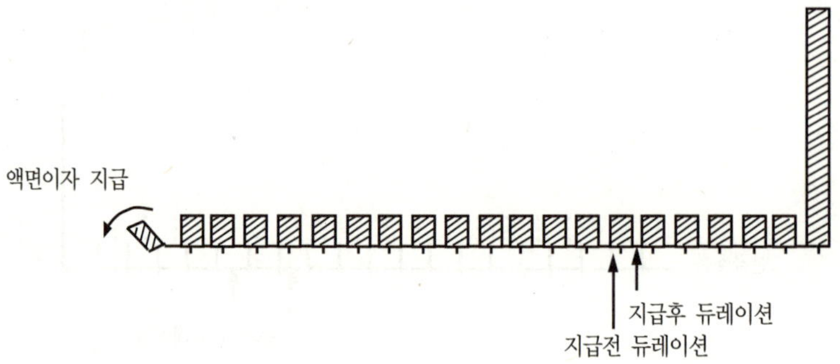

액면이자 지급

지급후 듀레이션

지급전 듀레이션

⑩ 듀레이션은 현금가격에 포함된 발생이자(accrued interest)와 부(−)의 관계를 갖는다. 듀레이션은 순수가격이 아닌 현금가격에 기초하여 계산되므로 발생이자는 듀레이션에 영향을 미치게 된다. 즉, 현금가격에 포함된 발생이자는 매수자가 매도자에게 먼저 지급하고 차후에 상환받는 금액이므로 발생이자 자체의 듀레이션은 0이고 발생이자는 듀레이션을 감소시키는 역할을 한다.[10)]

[예시 5-2]에서 3개월 경과후 듀레이션은 2.53년이다. 6개월과 9개월이 경과하면 듀레이션은 각각 2.28년과 2.03년이고, 364일이 경과하면 듀레이션은 1.78년이다.[11)] 이처럼 이자지급일 사이에서 시간이 경과하면 발생이자가 증가하고 듀레이션은 감소한다. 그런데 1년이 경과하여 첫 번째 액면이자가 지급되면 채권은 2년 만기 채권이 되고 발생이자가 0이 되므로 듀레이션은 1.78년에서 1.92년으로 증가한다.

⑪ 만기일에 접근함에 따라 채권의 만기가 감소하므로 듀레이션도 감소한다. 무이표채의 경우 듀레이션은 만기와 동일하므로 듀레이션은 동일한 속도로 감소한다. 그러나 이표채의 경우 듀레이션은 감소하는데 만기일에 접근할수록 감소하는 속도는 증가한다. 예를 들어, 액면이자율이 7%이고 만기가 30년인 채권의 듀레이션은 [표 5-8]과 같이 감소하며 이는 [그림 5-9]와 같다(이자는 연 2회 지급, 만기수익률은 7%에서 변하지 않음).

---

10) Parameswaran, S., *Fixed Income Securities: Concepts and Applications*, 2020. pp.126-127.

11) 364일이 경과하면 첫 번째 액면이자 지급 바로 전날이므로 현금흐름 발생시점은 각각 0.003, 1.003, 2.003년이다.

[표 5-8] 만기 감소에 따른 듀레이션의 변화(액면이자율 7%, 만기 30년)

만기(연)	만기 감소	듀레이션	듀레이션 감소
30		12.91	
29	-1	12.78	-0.13
28	-1	12.63	-0.15
:			
3		2.76	
2	-1	1.90	-0.86
1	-1	0.98	-0.92
0	-1	0.00	-0.98

그림 5-9 만기와 듀레이션간의 관계(액면이자 지급이 미치는 영향은 무시함)

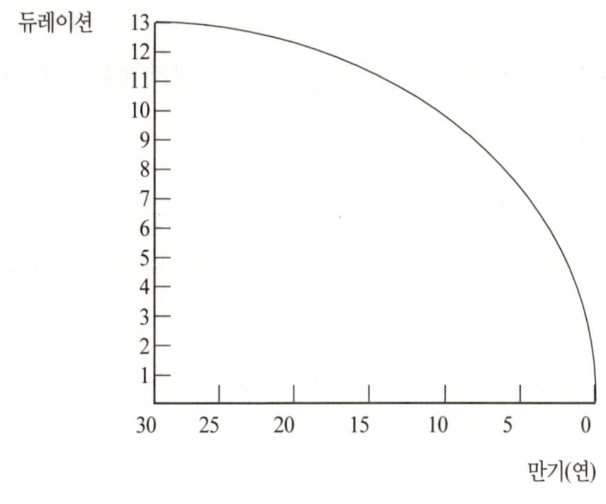

만기일에 접근함에 따라 듀레이션은 감소하지만 액면이자가 지급되는 순간에 듀레이션이 증가하므로 결국 만기일에 접근함에 따라 듀레이션은 다음과 같이 톱니모양으로 변한다.

그림 5-10 만기와 듀레이션간의 관계(액면이자 지급이 미치는 영향을 고려함: 4년 만기 이표채)

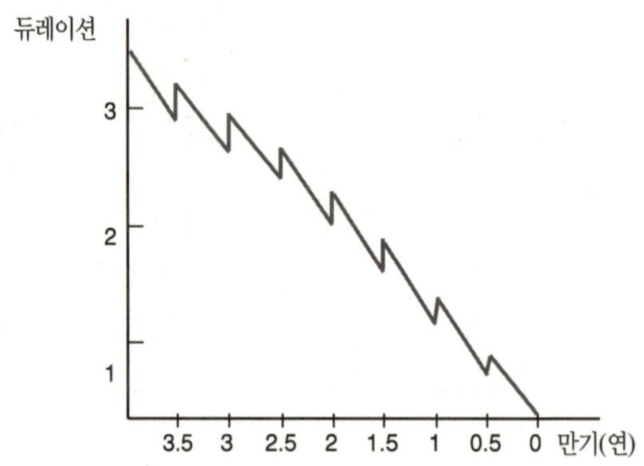

⑫ 변동금리채권의 듀레이션은 액면이자율이 재조정(reset)되는 시점에서는 재조정 기간이다. 재조정된 이후에는 재조정시점까지의 기간이다. 예를 들어, 30년 만기 변동금리채권이 6개월마다 액면이자율이 재조정된다고 하자. 이 채권의 듀레이션은 6개월(0.5년)이다. 만약 재조정후 2개월이 경과하면 듀레이션은 4개월이다(제9장 참고).

⑬ 수의상환사채에 포함된 수의상환조항(call provision)과 상환요구사채에 포함된 상환요구조항(put provision)은 듀레이션을 감소시킨다.[12] 같은 논리로, 회사채의 감채기금조항(sinking fund provision)과 주택저당증권의 조기상환조항(prepayment provision)도 듀레이션을 감소시킨다.

4 듀레이션과 채권가격변화

수평수익률곡선 하에서 기준기간의 수가 n개이고 현금흐름이 CF_t인 채권의 현재 가격은 다음과 같다.

$$P_0 = \sum_{t=1}^{n} \frac{CF_t}{(1+y)^t} = \frac{CF_1}{(1+y)} + \frac{CF_2}{(1+y)^2} + \dots + \frac{CF_n}{(1+y)^n}$$

12) 수의상환조항과 상환요구조항은 채권가격의 상한선과 하한선을 설정하여 채권가격의 변화를 제한할 뿐만 아니라 권리의 행사가 원금상환기간을 감소시키므로 수의상환사채와 상환요구사채의 듀레이션은 일반채권의 듀레이션보다 짧다.

P_0를 y에 대해 1차 미분하면,

$$\frac{dP_0}{dy} = -\frac{1}{1+y}\left[\frac{1CF_1}{(1+y)} + \frac{2CF_2}{(1+y)^2} + \ldots + \frac{nCF_n}{(1+y)^n}\right]$$

양변을 P_0로 나누고 dy를 곱하면,

$$\frac{dP_0}{P_0} = -\frac{dy}{1+y} \cdot \frac{\left[\frac{1CF_1}{(1+y)} + \frac{2CF_2}{(1+y)^2} + \ldots + \frac{nCF_n}{(1+y)^n}\right]}{P_0}$$

$\frac{\left[\frac{1CF_1}{(1+y)} + \frac{2CF_2}{(1+y)^2} + \ldots + \frac{nCF_n}{(1+y)^n}\right]}{P_0}$이 듀레이션이므로,

[식 5.6]
$$\frac{dP_0}{P_0} = -D \cdot \frac{dy}{1+y}$$

채권가격(현금가격)의 변화율은 듀레이션, 현재의 수익률, 수익률변화에 의해 결정된다(마이너스 부호는 수익률과 채권가격간의 부(−)의 관계를 의미함). 여기서 수익률과 가격의 변화는 미분개념으로 아주 작은 변화를 의미하므로 현실적으로 이 관계는 근사치로 성립한다. 식의 양변에 P_0를 곱하면 채권가격의 변화금액이 산출된다.

[식 5.7]
$$dP_0 = -D \cdot \frac{dy}{1+y} \cdot P_0$$

$\frac{D}{1+y}$를 수정듀레이션(modified duration: MD)으로 정의하면 다음 식이 성립한다.

[식 5.8]
$$\frac{dP_0}{P_0} = -MD \cdot dy$$

이 식에 의하면, 이자율 1% 변화에 따른($dy = 1\%$) 채권가격의 변화율이 수정듀레이션과 동일하므로 수정듀레이션이 듀레이션과 비교하여 채권의 위험측정치(risk measure)로서 보다 편리하게 이용될 수 있다.

연 m회 이자를 지급하면 수정듀레이션은 다음과 같이 계산된다(식에서 y_{annual}는 연간 수익률임).

[식 5.9]

$$MD = \frac{D}{1 + \frac{y_{annual}}{m}}$$

예를 들어, [예시 5-1]에서 $m=1$이면 듀레이션은 2.78년이고 수정듀레이션은 $\frac{2.78}{1.1} = 2.53$년이다. $m=2$이면 듀레이션은 2.72년이고 수정듀레이션은 $\frac{2.72}{1.05} = 2.59$년이다. $m=4$이면 듀레이션은 2.69년이고 수정듀레이션은 $\frac{2.69}{1.025} = 2.62$년이다. 연간 이자지급횟수가 증가함에 따라 듀레이션은 감소하지만 수정듀레이션은 증가한다.

일반적으로 이자율탄력성(interest elasticity) ϵ은 이자율의 변화율에 대한 채권가격의 변화율로 측정되므로 ϵ는 $\frac{\frac{dP_0}{P_0}}{\frac{dy}{y}}$를 의미한다. $D = -\frac{\frac{dP_0}{P_0}}{\frac{dy}{1+y}}$이므로 이자율탄력성은 듀레이션과 다음의 관계를 갖는다.

[식 5.10]

$$\epsilon = \frac{\frac{dP_0}{P_0}}{\frac{dy}{y}} = -D \times \frac{y}{1+y} = -MD \times y$$

듀레이션 또는 수정듀레이션은 다음과 같은 세 가지 가정에 기초한다.

① 수익률곡선은 수평이다.
② 수익률곡선은 항상 평행이동한다.
③ 수익률의 변화는 크지 않다.

이 세 가지 가정이 모두 성립하면 듀레이션은 채권의 위험측정치로서 완벽하게 성립하지만 현실적으로 세 가지 가정은 모두 성립하지 않는다. 따라서 듀레이션을 이용하여 추정한 채권가격의 변화율은 실제의 가격변화율과 상당한 차이가 날 수도 있다.

$\frac{dP_0}{P_0} = -MD \cdot dy$로부터 $dP_0 = -MD \cdot P_0 \cdot dy$가 유도된다. 여기서 $MD \cdot P_0$를 금액듀레이션(dollar duration: DD)이라고 한다.[13)]

---

13) 금액듀레이션은 dollar duration 또는 money duration으로 불린다.

[식 5.11] $$DD = MD \cdot P_0$$

그리고 금액듀레이션이 수정듀레이션과 가격의 곱이므로 [식 5.7]의 채권가격변화는 금액듀레이션과 수익률 변화의 곱으로 표시된다.

[식 5.12] $$dP_0 = -DD \times dy$$

예시 5-4 듀레이션을 이용한 가격변화와 추정오차

수익률이 10%일 때 액면이자율 8%, 원금 10,000원, 만기 3년인 채권의 듀레이션은 2.78년이고 수정듀레이션은 2.53년이다. 현재 채권의 가격은 9,502.63원이다.

(1) 수익률이 10%에서 10.1%로 10bp 상승하는 경우 채권가격의 실제 변화를 계산하고 이를 듀레이션을 이용한 추정치와 비교하라.

채권의 수익률이 10.1%로 상승하면 채권가격은 9,478.68원으로 23.95원 하락한다. 듀레이션을 이용하면 채권가격은 $\frac{2.78}{1.1} \times 9{,}502.63 \times 0.001 = 24.02$원 하락하는 것으로 추정된다. 이 경우 오차는 0.07원으로 매우 작다.

(2) 수익률이 10%에서 6%로 4%포인트 하락하는 경우 채권가격의 실제 변화를 계산하고 이를 듀레이션을 이용한 추정치와 비교하라.

채권의 수익률이 6%로 하락하면 채권가격은 10,534.60원으로 1,031.97원 상승한다. 듀레이션을 이용하면 채권가격은 $-\frac{2.78}{1.1} \times 9{,}502.63 \times (-0.04) = 960.63$원 상승하여 10,463.26원이 되는 것으로 추정된다. 이 경우 오차는 71.34원으로 매우 크다.

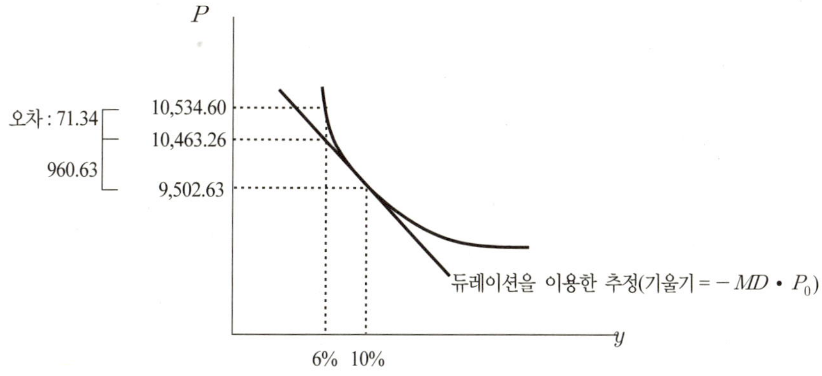

이처럼 수익률이 하락하면 듀레이션을 이용한 가격변화 추정치는 실제 가격변화를 과소평가한다. 반대로 수익률이 상승하면 실제 가격변화를 과대평가한다.

(3) 금액듀레이션을 계산하고 이를 해석하라.

금액듀레이션은 $MD \times P_0 = 2.53 \times 9{,}502.63 = 24{,}042$원이다. 금액듀레이션은 가격곡선의 기울기와 동일한 개념으로 단지 부호만 반대이다([그림 5-11] 참조). 즉, 금액듀레이션이 24,042원이라는 것은 이자율이 매우 작게 변할 때 채권가격의 변화가 이자율 변화의 24,042배임을 의미한다. 금액듀레이션은 이처럼 수학적인 계산과 해석은 가능하지만 실무에서 사용하기에는 다소 불편하다. 따라서 실무에서는 금액듀레이션을 10,000으로 나눈 DV01을 주로 사용한다.

수정듀레이션을 이용하여 보유수익률(holding period return: HPR)을 근사치로 계산할 수 있는 식은 다음과 같다.

[식 5.13]

$$HPR = y_{old} + MD \times (y_{old} - y_{new}) \times \frac{365}{\#days}$$

여기서 y_{old}는 변하기 전의 수익률이고 y_{new}는 새 수익률이다. 그리고 $\#days$는 일수로 표현된 보유기간이다. 이 식에서 두 번째 항은 수익률 변화로 인한 채권가격의 변화율을 의미한다.14)

예시 5-5 수정듀레이션을 이용한 보유수익률 근사치 추정

만기가 3년이고 액면이자율이 8%이고 원금이 10,000원인 채권의 가격이 9,502.63원이다(수익률은 10%임). 30일 보유 후 수익률이 9.5%일 때 채권을 매도하였다. 보유수익률은 연 기준으로 얼마인가?

30일 후 실제 채권가격이 9,695.73원이다.

$$v = 335/365 = 0.9178$$

---

14) 두 번째 항은 다음과 같이 유도된다: $\frac{dP_0}{P_0} = -MD \times (y_{new} - y_{old}) = MD \times (y_{old} - y_{new})$

$$P_0 = \frac{800}{1.095^{0.9178}} + \frac{800}{1.095^{1.9178}} + \frac{10,800}{1.095^{2.9178}} = 9,695.73$$

30일이 $\frac{30}{365} = 0.0822$ 년이므로 보유수익률은 정확히 연 27.73%이다.

$$\left(\frac{9,695.73}{9,502.63}\right)^{\frac{1}{0.0822}} - 1 = 27.73\%$$

반면에 수정듀레이션을 이용하여 근사치로 추정한 보유수익률은 25.39%이다.

$$0.1 + 2.53 \times (0.1 - 0.095) \times \frac{365}{30} = 25.39\%$$

예시 5-6 엑셀을 이용한 듀레이션과 수정듀레이션의 계산

듀레이션 또는 수정듀레이션을 계산하는 가장 간단한 방법은 엑셀의 함수를 이용하는 것이다. 이를 소개하면 다음과 같다. 엑셀함수 DURATION의 입력변수는 기준일, 만기일, 액면이자율, 수익률, 연간 이자지급횟수, 일수계산방법이다. 일수계산방법이 '실제일수/실제일수'이면 1을 선택한다. 8% 액면이자율 3년 만기 채권(수익률 10%)의 경우, 기준일과 만기일을 임의로 각각 2008년 6월 3일과 2011년 6월 3일로 선택하였다(연간 이자지급횟수 4회 가정). 계산된 값은 2.686777이다.

NORMSDIST =DURATION(A1,A2,A3,A4,4,1)

	A	B	C	D	E	F	G	H
1	2008-06-03							
2	2011-06-03							
3	8%							
4	10%							
5								
6	=DURATION(A1,A2,A3,A4,4,1)							
7	DURATION(settlement, maturity, coupon, yld, frequency, [basis])							
8								

수정듀레이션을 구하고자 하면 엑셀함수 MDURATION을 이용한다. 입력변수는 DURATION의 경우와 정확히 동일하다. 계산된 값은 2.6212458이다.

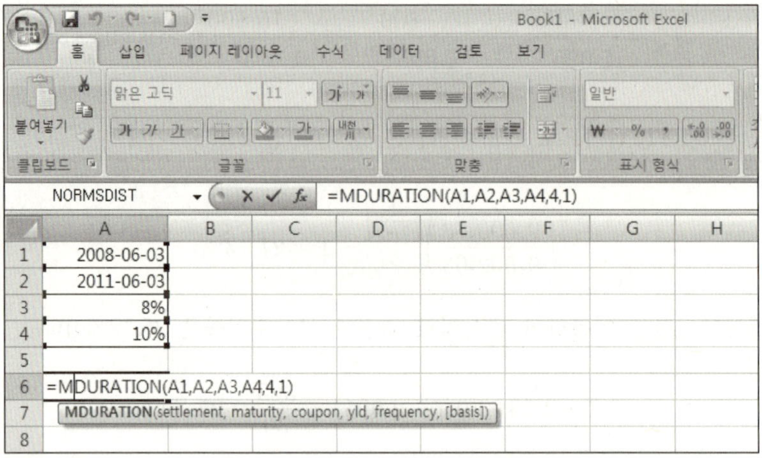

Book1 - Microsoft Excel

홈 삽입 페이지 레이아웃 수식 데이터 검토 보기

NORMSDIST =MDURATION(A1,A2,A3,A4,4,1)

	A	B	C	D	E	F	G	H
1	2008-06-03							
2	2011-06-03							
3	8%							
4	10%							
5								
6	=MDURATION(A1,A2,A3,A4,4,1)							
7	MDURATION(settlement, maturity, coupon, yld, frequency, [basis])							
8								

예시 5-7 수식에 의한 듀레이션과 수정듀레이션의 계산

앞에서 듀레이션을 계산할 때 공식 $D = \sum_{t=1}^{t=n}\left[\frac{PV(CF_t)}{P_0}\times t\right]$을 이용하거나 또는 $\frac{dP_0}{dy}$로부터 계산하였다. 이 방법은 만기가 짧은 채권의 경우 적절하지만 만기가 매우 긴 채권의 경우에는 계산이 매우 복잡해진다. 따라서 만기가 긴 채권의 경우에도 간편하게 사용할 수 있는 식이 필요하다. 많이 이용되는 듀레이션 계산공식은 다음과 같다.

[식 5.14]

$$D=\left[\frac{1+y}{y}\right]\times H+\left[\frac{y-c'}{y}\right]\times n\times(1-H)$$

여기서 H는 모든 액면이자의 현가를 채권가격으로 나눈 비율이고 $n=mT$이다. 그리고 y는 기준기간의 수익률, c'는 기준기간의 액면이자율이다.15) 그런데 [식 5.14]로 계산된 값은 $m=2$ 또는 $m=4$인 경우 각각 6개월 또는 3개월 기준의 값이므로 연 기준의 듀레이션을 구하기 위하여 m으로 나누어야 한다.

예를 들어, [예시 5-1]에서 고려한 채권을 다시 고려해 보자.

연 1회 이자를 지급하면 $H = \frac{800\times\left(\frac{1-1.1^{-3}}{0.1}\right)}{800\times\left(\frac{1-1.1^{-3}}{0.1}\right)+\frac{10,000}{1.1^3}} = 0.2094$이므로 듀레이션은 2.7778년이다.

15) 본문에서 c는 항상 연간 액면이자율을 의미하므로 이와 구분하기 위하여 여기서 기준기간의 액면이자율을 c'으로 표현하기로 한다. 한편 본문에서 C는 기준기간의 액면이자를 의미한다.

$$D=\frac{1.1}{0.1}\times 0.2094+\left[\frac{0.1-0.08}{0.1}\right]\times 3\times(1-0.2094)=2.7778$$

만약 연 4회 이자를 지급하면 $H=0.2162$이고 $D=10.7453$인데 이는 분기 기준이므로 연간 기준으로 전환하기 위하여 4로 나눠준다. 즉, 듀레이션은 2.6863년이다.

$$D=\frac{1.025}{0.025}\times 0.2162+\left[\frac{0.025-0.02}{0.025}\right]\times 12\times(1-0.2162)=10.7453$$

액면가채권의 경우 [식 5.14]는 다음과 같이 단순화된다.

[식 5.15]

$$D=\left[\frac{1+y}{y}\right]\times H$$

듀레이션을 계산하는 또 다른 식은 다음과 같다. 이 식에서 c'는 y와 동일하게 기준기간의 액면이자율이다.

[식 5.16]

$$D=\frac{1+y}{y}-\frac{(1+y)+n(c'-y)}{c'[(1+y)^n-1]+y}$$

[예시 5-1]의 채권에 적용하면 듀레이션은 $\frac{1.1}{0.1}-\frac{1.1+3\times(0.08-0.1)}{0.08\times(1.1^3-1)+0.1}=2.78$년으로 계산된다. 연 2회 이자를 지급하면 듀레이션은 $\frac{1.05}{0.05}-\frac{1.05+6\times(0.04-0.05)}{0.04\times(1.05^6-1)+0.05}=5.4349$기준기간을 2로 나눈 2.72년이다.

또는 다음의 식으로 수정듀레이션을 구한 후 여기서 $(1+y)$를 곱하여 듀레이션을 구하는 방법이다. 이 공식은 채권의 가격결정공식을 y에 대하여 미분한 후 P_0로 나누어 유도된다.

[식 5.17]

$$MD=\frac{\frac{C}{y^2}\times\left(1-\frac{1}{(1+y)^n}\right)+\frac{n\left(F-\frac{C}{y}\right)}{(1+y)^{n+1}}}{mP_0}$$

여기서 C는 기준기간의 액면이자, y는 기준기간의 수익률, n은 남은 기준기간의 수, m은 연간 이자지급횟수, F는 원금, P_0는 채권가격을 의미한다.

[예시 5-1]에서 연 4회 이자가 지급되는 경우 수정듀레이션과 듀레이션은 각각 다음과 같이 계산된다. [식 5.17]을 적용하는 경우 공식에 이미 m이 반영되어 있으므로 차후에 복리계산횟수를 따로 고려할 필요가 없다.

$$MD = \frac{\frac{200}{0.025^2}\times\left(1-\frac{1}{1.025^{12}}\right)+\frac{12\times\left(10{,}000-\frac{200}{0.025}\right)}{1.025^{13}}}{4\times 9{,}487.56} = 2.6211$$

$$D = MD\times(1+y) = 2.6211\times 1.025 = 2.6866$$

5 수정듀레이션, 듀레이션, 금액듀레이션, DV01간의 관계

5.1 DV01

$DV01$(dollar value of an 01)은 수익률 1bp(basis point)의 변화에 대한 채권가격의 변화를 의미한다.[16] 이는 PVBP(price value of basis point) 또는 BPV(basis point value)로 불리기도 한다. 일반적으로 $DV01$은 가격변화의 절대값으로 표현된다.[17] 그리고 $DV01$은 현재의 수익률 수준에 의해 영향을 받는다. 즉, 가격-수익률간의 관계가 볼록하므로 수익률이 낮을 때의 $DV01$이 수익률이 높을 때의 $DV01$보다 크다.

$DV01$은 현재 수익률에서의 채권가격과 수익률이 1bp 상승 또는 하락하는 경우의 채권가격간의 차이로 측정된다(여기서 가격은 현금가격임).[18] [표 5-9]는 현재의 수익률 9%와 1bp 하락한 경우(즉, 수익률 8.99%)를 이용하여 계산한 여러 채권의 $DV01$을 보여준다(연 2회 이자지급, 원금 10,000원 가정).

[표 5-9] DV01의 계산

채권(만기/액면이자율)	가격(@9.00%)	가격(@8.99%)	DV01	듀레이션	수정듀레이션
5년/9%	10,000.00	10,003.96	3.96	4.13	3.96
25년/9%	10,000.00	10,009.89	9.89	10.33	9.88
5년/6%	8,813.09	8,816.76	3.67	4.35	4.16
25년/6%	7,035.70	7,043.18	7.48	11.10	10.62
5년/0%	6,439.28	6,442.36	3.08	5.00	4.79
25년/0%	1,107.10	1,109.75	2.65	25.00	23.92

16) 1bp는 0.01%이다.
17) 미국에서 DV01은 보통 액면가 100을 기준으로 계산된다.
18) 또는 금액듀레이션을 10,000으로 나누어 DV01을 구할 수도 있다.

표에서 확인할 수 있듯이, $DV01$이 크다고 해서 반드시 더 위험한 채권을 의미하지는 않는다. 왜냐하면 $DV01$은 커도 채권가격의 변화율을 의미하는 수정듀레이션은 작을 수 있기 때문이다. 예를 들어, 5년/9% 채권의 $DV01$은 3.96원이고 수정듀레이션은 3.96년이다. 반면에 5년/6% 채권의 $DV01$은 3.67원이고 수정듀레이션은 4.16년이다. 앞에서 설명했듯이, $DV01$은 수익률 1bp 변화에 대한 채권가격의 변화금액이고, MD는 수익률 100bp 변화에 대한 채권의 가격변화율이다.

5.2 위험측정치간의 관계*

$DV01$, 듀레이션, 수정듀레이션, 금액듀레이션, 컨벡시티, $\frac{dP_0}{dy}$, $\frac{d^2P_0}{dy^2}$ 사이에 일정한 관계가 성립한다. P_0를 y에 대하여 미분하면 $\frac{dP_0}{dy}$는 음(−)의 부호를 갖고 부호를 양(+)으로 바꿔주면 금액듀레이션이 계산되므로(즉, $DD = -\frac{dP_0}{dy} = \left|\frac{dP_0}{dy}\right|$이므로) 금액듀레이션은 가격곡선의 기울기와 동일한 개념으로 단지 부호만 반대일 뿐이다(y는 기준기간 수익률이고 $m \neq 1$이면 m으로 나누어야 함).

[식 5.18]
$$DD = \frac{1}{1+y} \times \left[\frac{1 \times CF_1}{1+y} + \frac{2 \times CF_2}{(1+y)^2} + ... + \frac{n \times CF_n}{(1+y)^n}\right]$$

그림 5-11 가격곡선 기울기로서의 금액듀레이션 

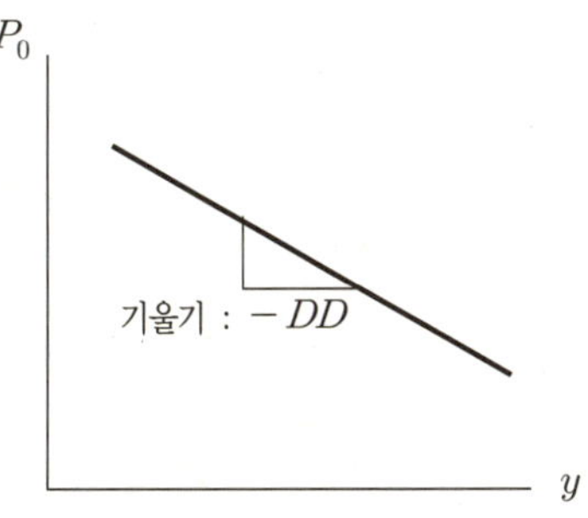

금액듀레이션을 P_0로 나누면 수정듀레이션이 계산된다. 수정듀레이션에 $(1+y)$를 곱하면 듀레이션이 계산된다. 그리고 금액듀레이션을 10,000으로 나누면 $DV01$이 계산된다. P_0를 y에 대해 2번 미분하면 $\frac{d^2P_0}{dy^2}$인 금액컨벡시티가 계산되고 이를 다시 P_0로 나누면 컨벡시티가 계산된다. 이 관계를 정리하면 [그림 5-12]와 같다.

그림 5-12 금액듀레이션, 듀레이션, 수정듀레이션, DV01간의 관계

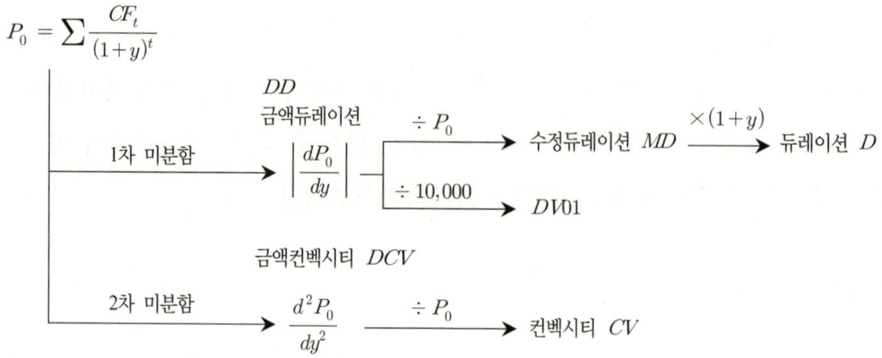

예시 5-8 *DD, MD, D, DV*01의 계산

만기 4년, 액면이자율 7%, 원금 10,000원인 채권(연 1회 이자 지급)을 고려해 보자. 현재의 수익률은 10%이다.

(1) 금액듀레이션, 듀레이션, 수정듀레이션, $DV01$을 각각 구하라.

채권가격은 9,049.04원이다.

$$P_0 = \frac{700}{1.1} + \frac{700}{1.1^2} + \frac{700}{1.1^3} + \frac{10,700}{1.1^4} = 9,049.04$$

P_0를 y에 대해 미분한 후 절대값을 취하면 금액듀레이션 29,640.11원이 계산된다.

$$DD = \frac{1}{1.1} \times \left[\frac{1 \times 700}{1.1} + \frac{2 \times 700}{1.1^2} + \frac{3 \times 700}{1.1^3} + \frac{4 \times 10,700}{1.1^4} \right] = 29,640.11$$

DD로부터 MD, D, $DV01$이 각각 다음과 같이 계산된다.

$$MD = \frac{DD}{P_0} = \frac{29,640.11}{9,049.04} = 3.2755$$

$$D = MD \cdot (1+y) = 3.6031$$

$$DV01 = \frac{29,640.11}{10,000} = 2.964$$

또는 반대로 $D \rightarrow MD \rightarrow DD \rightarrow DV01$의 순서대로 계산할 수 있다(약간의 차이는 반올림 오차임).

시점(t)	현금흐름	1원의 현재가치	현금흐름현가	현금흐름현가×시점
1	700	0.9091	636.37	636.37
2	700	0.8264	578.48	1,156.96
3	700	0.7513	525.91	1,577.73
4	10,700	0.6830	7,308.10	29,232.40
합계			9,048.86	32,603.40

$$D = \frac{32{,}603.46}{9{,}048.86} = 3.6030\text{년}$$

$$MD = 3.6030 \div 1.1 = 3.2755$$

$$DD = 3.2755 \times 9{,}048.86 = 29{,}639.54$$

$$DV01 = 29{,}639.54 \div 10{,}000 = 2.9640$$

(2) 수익률이 10%에서 6%로 하락하면 채권의 가격은 실제로 얼마 상승하는가? 이를 수정 듀레이션을 이용하여 추정한 값과 비교하라.

이자율이 10%에서 6%로 하락하면 채권의 실제 가격은 9,049.04원에서 10,346.51원으로 1,297.47원 상승한다. 수정듀레이션에 의한 가격변화는 −3.2755 × 9,049.04 × (−0.04) = 1,185.61원이므로 채권가격이 9,049.04 + 1,185.61 = 10,234.65원으로 상승할 것으로 추정되어 실제 가격과의 오차가 111.86원이 된다.
반면에 제6장에 설명되어 있는 컨벡시티를 함께 이용하면 채권가격은 1,289.55원 상승하여 10,338.59원으로 추정되고 실제 가격과의 오차는 7.92원으로 크게 감소한다.[19)]

5.3 무이표채와 영구채권의 듀레이션*

만기가 T년이고 원금이 F이고 연간 수익률이 y인 무이표채의 가격공식 $P_0 = F(1+y)^{-T}$을 1차 미분하여 금액듀레이션을 구하고, 그로부터 듀레이션과 수정듀레이션 공식을 다음과 같이 유도할 수 있다.[20)]

---

19) $9{,}049.04 \times [-3.2755 \times (-0.04) + 0.5 \times 14.3589 \times (-0.04)^2] = 1{,}289.55$

20) m을 고려하면 $P_0 = \dfrac{F}{\left(1+\dfrac{y_{annual}}{m}\right)^{mT}}$이고, DD, MD, D는 각각 다음과 같다.

$$DD_{zero} = \frac{F \times T}{\left(1+\dfrac{y_{annual}}{m}\right)^{mT+1}},\quad MD_{zero} = \frac{T}{\left(1+\dfrac{y_{annual}}{m}\right)},\quad D_{zero} = T$$

[예시 5-9]에서 $m=2$이면 $P_0 = \dfrac{100}{1.05^{10}} = 61.3913$, $DD = \dfrac{100\times 5}{1.05^{11}} = 292.34$, $MD = \dfrac{5}{1.05} = 4.762$이고, $m=4$이면 $P_0 = \dfrac{100}{1.025^{20}} = 61.0271$, $DD = \dfrac{100\times 5}{1.025^{21}} = 297.69$, $MD = \dfrac{5}{1.025} = 4.878$이다(듀레이션은 5로 m과 무관함).

[식 5.19]

$$DD_{zero} = \left| \frac{dP_0}{dy} \right| = \left| \frac{F \times (-T)}{(1+y)^{T+1}} \right| = \frac{F \times T}{(1+y)^{T+1}}$$

$$MD_{zero} = \frac{DD}{P_0} = \frac{F \times T}{P_0 \times (1+y)^{T+1}} = \frac{T}{(1+y)}$$

$$D_{zero} = MD \times (1+y) = T$$

예시 5-9 무이표채의 금액듀레이션, 수정듀레이션, 듀레이션의 계산

만기가 5년이고 원금이 100이고 수익률이 10%인 무이표채의 가격은 $\frac{100}{1.1^5} = 62.0921$이다. 그리고 여러 듀레이션값은 다음과 같이 계산된다.

$$DD_{zero} = \frac{100 \times 5}{1.1^6} = 282.24,\ MD_{zero} = \frac{5}{1.1} = 4.545,\ D_{zero} = 5$$

매년 A금액을 지급하는 영구채권(consol)의 가격은 $P_0 = \frac{A}{y} = Ay^{-1}$이다. $\frac{dP_0}{dy} = -Ay^{-2}$이므로 금액듀레이션, 수정듀레이션, 듀레이션은 다음과 같다.21)

[식 5.20]

$$DD_{consol} = \frac{A}{y^2}$$

$$MD_{consol} = DD_{consol} \div P_0 = \frac{1}{y}$$

$$D_{consol} = \frac{1}{y} \times (1+y) = \frac{1+y}{y}$$

5.4 포트폴리오의 듀레이션

포트폴리오의 $DV01$과 금액듀레이션은 개별 채권의 $DV01$과 금액듀레이션을 합산한 값이다. 그리고 포트폴리오의 듀레이션(수정듀레이션)은 개별 채권의 듀레이션(수정듀레이션)을 가중평균한 값이다(가중치 계산에 개별 채권의 시장가치를 이용함).

21) 만약 연간이자지급횟수가 m이면 $P_0 = \frac{A/m}{y_{annual}/m} = \frac{A}{y_{annual}}$, $DD = \frac{A}{(y_{annual})^2}$, $MD = \frac{1}{y_{annual}}$, $D = \frac{1}{y_{annual}}\left(1 + \frac{y_{annual}}{m}\right)$이다. 예를 들어, $A = 100$, $y_{annual} = 0.1$, $m = 1$이면 $P_0 = 1{,}000$, $DD = 10{,}000$, $MD = 10$, $D = 11$이다. $m = 2$와 $m = 4$이면 듀레이션은 각각 $\frac{1.05}{0.1} = 10.5$와 $\frac{1.025}{0.1} = 10.25$이다([식 5.9] 참조). 여기서 P_0, DD, MD는 m과 무관하다.

[식 5.21]

$$DV01_P = \sum_{j=1}^{n} DV01_j$$
$$DD_P = \sum_{j=1}^{n} DD_j$$
$$D_P = \sum_{j=1}^{n} w_j \times D_j$$
$$MD_P = \sum_{j=1}^{n} w_j \times MD_j$$

DV01과 금액듀레이션은 가격변화(absolute change)의 지표이므로 합산하고 듀레이션과 수정듀레이션은 가격변화율(relative change)의 지표이므로 가중평균한다.

예시 5-10 포트폴리오의 D, MD, DV01, DD 계산

채권포트폴리오는 다음과 같이 구성되어 있다(수익률 10%, 연 1회 이자지급).

A채권(만기 4년, 액면이자율 7%, 가격 9,049원, D 3.603년, DV01 2.964원) 10개
B채권(만기 3년, 액면이자율 8%, 가격 9,503원, D 2.777년, DV01 2.393원) 50개

채권포트폴리오의 D, MD, DV01, DD를 계산하라.

채권포트폴리오의 가치가 9,049 × 10 + 9,503 × 50 = 565,640원이고 $w_A = 16\%$, $w_B = 84\%$이다. 포트폴리오의 듀레이션은 2.909년이고 수정듀레이션은 2.645년이다.[22]

$$w_A = \frac{9{,}049 \times 10}{565{,}590} = 16\%,\ w_B = 84\%$$
$$D_P = 0.16 \times 3.603 + 0.84 \times 2.777 = 2.909$$
$$MD_P = 0.16 \times \frac{3.603}{1.1} + 0.84 \times \frac{2.777}{1.1} = 2.645$$

그리고 포트폴리오의 DV01은 149.29원이고 금액듀레이션은 1,492,900원이다.

$$DV01_P = 2.964 \times 10 + 2.393 \times 50 = 149.29$$
$$DD_P = DV01_P \times 10{,}000 = 149.29 \times 10{,}000 = 1{,}492{,}900$$

22) 채권포트폴리오의 현금흐름을 이용하여 정확히 계산한 듀레이션은 2.910년으로 개별 듀레이션을 가중평균해서 구한 2.909년과 거의 차이가 없다.

수익률이 10%에서 9%로 하락하면 실제 채권가격이 각각 $\frac{700}{0.09}+\frac{10,000-\frac{700}{0.09}}{1.09^4}=9,352$ 원과 $\frac{800}{0.09}+\frac{10,000-\frac{800}{0.09}}{1.09^3}=9,747$원으로 상승하므로 채권포트폴리오의 가치는 (9,352 × 10 + 9,747 × 50) − 565,640 = 15,230원 상승한다. 수정듀레이션을 이용하면 채권포트폴리오의 가치는 −2.645 × 565,640 × (−0.01) = 14,961원 상승하고, DV01을 이용하면 149.29 × 100 = 14,929원 상승하는 것으로 추정된다.

6 유효듀레이션

일단 듀레이션을 수익률의 변화에 대한 채권가격의 민감도로 인식하면 채권의 듀레이션을 대략적으로 추정하는데 반드시 듀레이션 계산공식이 필요한 것은 아니다. 이자율이 조금 변하는 경우에 채권가격이 얼마나 변하는 가를 계산하여 이로부터 듀레이션을 추정할 수 있는데 이렇게 구한 듀레이션을 유효듀레이션(effective duration: *ED*)이라 한다.

그림 5-13 수정듀레이션과 유효듀레이션의 비교

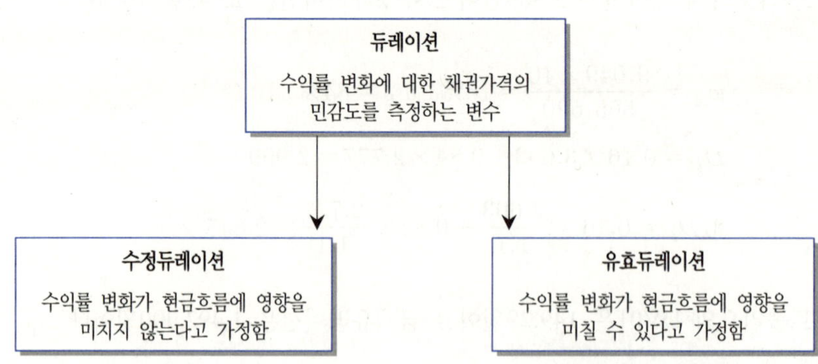

앞에서 설명한 듀레이션 또는 수정듀레이션은 수익률의 변화가 현금흐름에 영향을 미치지 않는다고 가정한다. 그러나 일부 채권의 경우(예를 들어, 수의상환사채와 상환요구사채 등) 수익률의 변화가 현금흐름에 영향을 미칠 수 있다. 이런 경우에 우리는 공식을 이용하여 듀레이션을 계산할 수 없으므로 유효듀레이션으로 대신하게 된다.

유효듀레이션을 계산하는 절차는 다음과 같다.

- 1단계 : 수익률이 Δy만큼 약간 상승(대체로 10bp 미만)한다고 가정하고 채권가격을 계산한다. 이때의 수익률과 가격을 y^+와 P^+라고 한다.
- 2단계 : 수익률이 Δy만큼 약간 하락한다고 가정하고 채권가격을 계산한다. y^-과 P^-는 동일하게 정의된다.[23)]
- 3단계 : y^+, P^+, y^-, P^-, 그리고 수익률이 변하기 전의 채권가격 P_0를 다음 식에 적용하여 유효듀레이션을 추정한다.[24)]

[식 5.22]

$$ED = \frac{(P^- - P^+)}{P_0(y^+ - y^-)} = \frac{(P^- - P^+)}{P_0 \cdot 2\Delta y}$$

유효듀레이션은 사실상 수정듀레이션과 동일한데 이유는 유효듀레이션이 수정듀레이션 공식으로부터 유도되기 때문이다.

$$MD = \frac{\Delta P_0}{P_0} \cdot \frac{-1}{\Delta y} = \frac{-(P^+ - P^-)}{P_0(y^+ - y^-)} = \frac{(P^- - P^+)}{P_0(y^+ - y^-)} = ED$$

유효듀레이션의 계산과정을 그래프로 그리면 [그림 5-14]와 같다. 가격곡선에 접하는 직선(A선)의 기울기는 $\frac{dP_0}{dy} = -DD$이고 이를 근사치로 추정하는 B선의 기울기는 $\frac{P^- - P^+}{2\Delta y}$이다. DD를 P_0로 나누면 수정듀레이션이므로 $\frac{P^- - P^+}{2\Delta y}$를 P_0로 나눈 값은 사실상 수정듀레이션과 동일하다.

---

23) P^-는 수익률이 하락한 경우의 가격이므로 수익률이 상승한 경우의 가격인 P^+보다 크다.

24) 유효듀레이션은 $\frac{(P^- - P^+)}{P_0 \times \Delta y}$로 정의되기도 하는데 이 경우에 Δy는 $|y^- - y^+|$이다.

그림 5-14 **금액듀레이션의 근사치 추정**

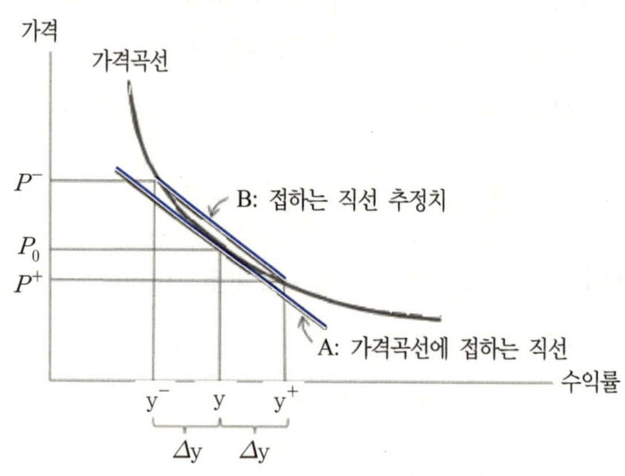

예시 5-11 유효듀레이션의 계산

[예시 5-1]에서 고려한 채권의 경우(연간 이자지급횟수는 1임), 이자율이 10.2%로 상승하면 채권가격은 9,454.81원으로 하락하고, 반대로 이자율이 9.8%로 하락하면 채권가격은 9,550.79원으로 상승한다. 따라서 [식 5.22]로부터 구한 유효듀레이션은 2.53년이고 이는 수정듀레이션과 정확히 일치한다.

$$ED = \frac{9{,}550.79 - 9{,}454.81}{9{,}502.63 \times (0.102 - 0.098)} = 2.53 = MD$$

요점정리

- 금리위험에 대한 정리: ① 채권가격과 수익률은 부(-)의 관계; ② 수익률 상승에 의한 채권가격의 하락폭이 동일 크기의 수익률 하락에 의한 채권가격의 상승폭보다 작음; ③ 장기채권의 가격은 단기채권의 가격보다 이자율변동에 대해 더 민감함; ④ 만기가 길어짐에 따라 이자율변동에 대한 채권가격의 민감도는 증가하는데 증가하는 속도는 감소함; ⑤ 이자율위험은 채권의 액면이자율과 부(-)의 관계; ⑥ 채권가격의 민감도는 만기수익률과 부(-)의 관계.

- 듀레이션의 정의: ① 채권현금흐름의 가중평균만기; ② 이자율의 변화가 재투자수익과 채권가격에 미치는 상반된 영향을 서로 상쇄시키는데 필요한 기간; ③ 현재가치로 계산된 채권현금흐름의 균형점; ④ 수익률의 변화 $\frac{dy}{1+y}$에 대한 채권가격의 변화율 $\frac{dP_0}{P_0}$을 측정하는 이자율민감도(interest sensitivity).

- 듀레이션은 $D = \sum_{t=1}^{t=T}\left[\frac{PV(CF_t)}{P_0} \times t\right]$로 계산하는데, 이는 가격위험의 크기에 영향을 미치는 만기, 액면이자율, 만기수익률 등을 하나의 숫자로 종합한 수치이다.

- 듀레이션의 속성: ① 무이표채의 듀레이션은 만기와 동일함; ② 이표채의 듀레이션은 무이표채 듀레이션의 가중평균으로 항상 만기보다 짧음; ③ 일반적으로 만기가 길수록 듀레이션은 커짐; ④ 액면이자율이 낮을수록 듀레이션은 커짐; ⑤ 시장이자율(만기수익률)이 높을수록 듀레이션은 작아짐; ⑥ 이자지급횟수가 증가하면 듀레이션은 짧아짐; ⑦ 영구채권의 듀레이션은 $1+\frac{1}{y}$; ⑧ 액면이자가 지급되는 순간에 듀레이션은 증가함; ⑨ 듀레이션은 발생이자와 부의 관계임; ⑩ 만기일에 접근함에 따라 듀레이션이 감소하는데 이표채의 경우 감소하는 속도가 증가함. ⑪ 변동금리채권의 듀레이션은 재조정기간임; ⑫ 수의상환조항과 상환요구조항은 듀레이션을 감소시킴;

- 채권가격의 변화율이 $\frac{dP_0}{P_0} = -D \cdot \frac{dy}{1+y} = -MD \cdot dy$로 추정되므로 듀레이션은 위험측정치로 사용된다(기본 가정: 수평수익률곡선, 평행이동, 수익률의 변화가 작음). 채권 위험측정치의 지표인 금액듀레이션, 수정듀레이션, 듀레이션, DV01은 모두 $\frac{dP_0}{dy}$(즉, 수익률의 변화에 대한 채권가격의 변화)와 연관되어 있다.

$$\frac{dP_0}{dy} \rightarrow DD = \left|\frac{dP_0}{dy}\right| \rightarrow MD = \frac{DD}{P_0} \rightarrow D = MD \times (1+y)$$

$$\hookrightarrow DV01 = \frac{DD}{10{,}000}$$: 1bp 변화에 대한 채권가격의 변화

연간 이자지급횟수를 반영하면 $D = MD \times \left(1+\frac{y_{annual}}{m}\right)$이 성립하고 보유수익률은 근사치로 $HPR = y_{old} + MD \times (y_{old} - y_{new}) \times \frac{365}{\#days}$로 계산된다. 그리고 이자율 탄력성은 $\epsilon = -MD \times y$이다.

- $dP_0 = -D \cdot \frac{dy}{1+y} \cdot P_0 = -DD \cdot dy$을 이용하여 가격변화를 추정하는 경우 수익률변화가 크면 가격 상승폭을 과소평가하고 가격하락폭을 과대평가하는 오류를 범한다.

- 무이표채의 경우(만기는 T년): $D_{zero} = T,\ MD_{zero} = \frac{T}{1+y},\ DD_{zero} = \frac{F \times T}{(1+y)^{T+1}}$

- 영구채권의 경우: $D_{consol} = \frac{1+y}{y},\ MD_{consol} = \frac{1}{y},\ DD_{consol} = \frac{A}{y^2}$

- 포트폴리오의 경우: $DV01_P = \sum_{j=1}^{n} DV01_j,\ DD_P = \sum_{j=1}^{n} DD_j$

$$D_P = \sum_{j=1}^{n} w_j \times D_j,\ MD_P = \sum_{j=1}^{n} w_j \times MD_j$$

- 유효듀레이션은 수익률의 변화가 현금흐름에 미치는 영향을 고려하는 개념으로 수정듀레이션과 동일하다.

$$ED = \frac{(P^- - P^+)}{P_0(y^+ - y^-)} = \frac{(P^- - P^+)}{P_0 \cdot 2\Delta y} = MD$$

객관식 문제

1 이자율변동위험에 관한 정리로 적절하지 않은 것은?

① 만기가 길어짐에 따라 이자율변동에 대한 채권가격의 민감도는 증가하는데 증가하는 속도는 감소한다.
② 이자율위험은 채권의 액면이자율과 부(-)의 관계를 갖는다.
③ 이자율변동에 대한 채권가격의 민감도는 현재 채권가격에 내재된 만기수익률과 정(+)의 관계를 갖는다.
④ 장기채권의 가격은 단기채권의 가격보다 이자율변동에 대해 대체로 더 민감하다.
⑤ 수익률 상승에 의한 채권가격의 하락폭이 동일 크기의 수익률 하락에 의한 채권가격의 상승폭보다 작다.

정답 ③
풀이 이자율변동에 대한 채권가격의 민감도는 현재 채권가격에 내재된 만기수익률과 부(-)의 관계를 갖는다.

2 다음 5개 채권의 듀레이션이 가장 큰 것부터 작은 순서대로 나열된 것으로 옳은 것은?

채 권	액면이자율	만 기	만기수익률
A	15%	20년	10%
B	15%	15년	10%
C	0%	20년	10%
D	8%	20년	10%
E	15%	15년	15%

① A, D, C, B, E
② C, D, A, E, B
③ A, D, C, E, B
④ C, D, A, B, E
⑤ A, B, C, D, E

정답 ④

풀이 먼저 A, C, D중에서 액면이자율이 낮을수록 듀레이션이 크므로 C, D, A의 순서이다. A는 B보다 만기가 길므로 듀레이션이 크다. 그리고 B는 E보다 만기수익률이 낮으므로 듀레이션이 크다. 결국, 순서는 C, D, A, B, E이다.

3 만기가 2년이고 액면이자율이 12%인 채권의 수정듀레이션은 얼마인가? 현재 만기수익률은 16%이고 채권은 연 2회 이자를 지급한다.

① 1.69년 ② 1.83년 ③ 2.00년
④ 1.68년 ⑤ 1.72년

정답 ①

풀이 원금을 100으로 가정하자.

시 점	현금흐름	1원의 현재가치	현금흐름 현가	현금흐름현가×시점
0.5	6	0.9259	5.5554	2.7777
1.0	6	0.8573	5.1438	5.1438
1.5	6	0.7938	4.7628	7.1442
2.0	106	0.7350	77.9100	155.8200
합 계			93.3720	170.8857

듀레이션은 $\frac{170.8857}{93.3720}=1.8302$년이고 수정듀레이션은 $\frac{1.8302}{1.08}=1.6947$년이다.

4 채권의 여러 위험측정치간의 관계로 적절하지 않은 것은? 채권은 연 1회 이자를 지급한다.

① $CV=\frac{\frac{d^2P}{dy^2}}{P_0}$ ② $\frac{dP_0}{P_0}=-MD\times dy+\ (0.5)(CV)(dy)^2$

③ $MD=\frac{\left|\frac{dP}{dy}\right|}{P_0}\times(1+y)$ ④ $MD=\frac{D}{1+y}$

⑤ $DV01=\frac{\left|\frac{dP}{dy}\right|}{10{,}000}$

정답 ③

풀이 $MD=\frac{\left|\frac{dP}{dy}\right|}{P_0}$이 옳은 식이다.

5 다음 중 듀레이션에 대한 설명 중 가장 적절하지 않은 것은?

① 액면가채권과 할증채권의 경우 만기가 길수록 듀레이션이 길다.

② 액면이자율이 낮을수록 듀레이션이 길다.

③ 영구채권의 듀레이션은 수익률과 무관하다.

④ 이자지급횟수가 증가하면 듀레이션은 짧아진다.

⑤ 만기수익률이 증가하면 듀레이션은 짧아진다.

③

풀이 영구채권의 듀레이션은 $1+\frac{1}{y}$이므로 수익률에 의해 결정된다.

6 9년 만기, 액면이자율 6%의 서울도시철도채권은 5년 거치, 5년 상환 원금분할상환채권이다(현금흐름은 제1장을 참고할 것). 수익률이 10%일 때 수정듀레이션은 얼마인가?

① 6.85년　　② 7.05년　　③ 6.34년

④ 5.76년　　⑤ 정답 없음

정답 ④

풀이 듀레이션이 6.3364년이고, 수정듀레이션은 5.76년이다.

듀레이션 계산

시점(t)	현금흐름	1원의 현재가치	현금흐름현가	현금흐름현가×시점
5	5,382	0.6209	3,341.6838	16,708.419
6	2,480	0.5645	1,399.9600	8,399.760
7	2,360	0.5132	1,211.1520	8,478.064
8	2,240	0.4665	1,044.9600	8,359.680
9	2,120	0.4241	899.0920	8,091.828
합계			7,896.8478	50,037.751

$$D=\frac{50,037.751}{7,896.8478}=6.3364\text{년}$$

7 만기가 3년이고 액면이자율이 7%인 채권의 수익률이 현재 8%이다(연 1회 이자지급). 이 채권의 유효듀레이션을 계산하라. $\Delta y = 10bp$를 이용할 것.

① 2.81년 ② 2.60년 ③ 2.57년
④ 2.65년 ⑤ 정답 없음

정답 ②

풀이 $P^{+} = \dfrac{700}{0.081} + \dfrac{10{,}000 - \dfrac{700}{0.081}}{1.081^3} = 9{,}717.03$원, $P^{-} = \dfrac{700}{0.079} + \dfrac{10{,}000 - \dfrac{700}{0.079}}{1.079^3} = 9{,}767.64$원이다.

그리고 현재 가격은 $P_0 = \dfrac{700}{0.08} + \dfrac{10{,}000 - \dfrac{700}{0.08}}{1.08^3} = 9{,}742.29$원이다. 따라서 유효듀레이션은

$ED = \dfrac{9{,}767.64 - 9{,}717.03}{2 \times 9{,}742.29 \times 0.001} = 2.60$년이다.

8 이자율탄력성과 여러 듀레이션간의 관계로 적절한 것은?

① $\epsilon = -D \times \dfrac{1+y}{y}$ ② $\epsilon = -D \times y$ ③ $\epsilon = -MD \times y$
④ $\epsilon = -MD \times \dfrac{y}{1+y}$ ⑤ 정답 없음

정답 ③

풀이 $\epsilon = -D \times \dfrac{y}{1+y} = -MD \times y$

9 [예시 5-10]의 A채권 5개와 B채권 3개로 구성된 포트폴리오의 수정듀레이션은 얼마인가?

① 3.25 ② 2.88 ③ 3.04
④ 3.16 ⑤ 2.99

정답 ⑤

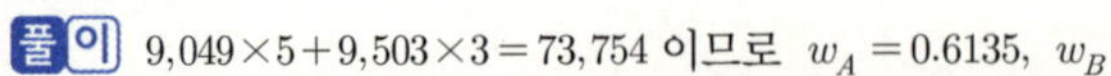
풀이 $9{,}049 \times 5 + 9{,}503 \times 3 = 73{,}754$ 이므로 $w_A = 0.6135$, $w_B = 0.3865$이다.

수정듀레이션은 $0.6135 \times \dfrac{3.603}{1.1} + 0.3865 \times \dfrac{2.777}{1.1} = 2.99$이다.

10 무이표채의 금액듀레이션 식으로 가장 적절한 것은?

① $\dfrac{F\times T}{(1+y)^{T+1}}$ ② $\dfrac{F\times T}{(1+y)^{T}}$ ③ $\dfrac{T}{(1+y)^{T+1}}$

④ $\dfrac{T}{(1+y)}$ ⑤ 정답 없음

> **정답** ①
> **풀이** 무이표채의 듀레이션은 T, 수정듀레이션은 $\dfrac{T}{1+y}$, 금액듀레이션은 $\dfrac{F\times T}{(1+y)^{T+1}}$이다.

11 수익률이 10%일 때 10,254원인 채권가격이 수익률이 10.30%일 때 10,156원이 되었다면 DV01은 얼마인가?

① 98 ② 32.67 ③ 0.33

④ 3.27 ⑤ 0.98

> **정답** ④
> **풀이** DV01은 1베이이스포인트(0.01%)의 변화에 대한 채권가격의 변화이므로 3.27원이다.
>
> $$\frac{10,254-10,156}{30}=3.27$$

12 다음 두 채권으로 포트폴리오를 구성한다고 하자. 포트폴리오의 금액듀레이션과 듀레이션은 각각 얼마인가? 수익률은 10%이다.

- A채권: 가격 9,502, D = 2.78
- B채권: 가격 4,520, D = 3.60

① 42,688, 3.19 ② 42,688, 3.04 ③ 38,807, 3.04

④ 38,807, 3.19 ⑤ 정답 없음

> **정답** ③
> **풀이** 포트폴리오의 금액듀레이션은 개별채권 금액듀레이션의 합이고 포트폴리오의 듀레이션은 개별채권 듀레이션의 가중평균이다. 즉,
>
> $$DD_P=\frac{2.78}{1.1}\times 9,502+\frac{3.60}{1.1}\times 4,520=38,807$$
>
> $$D_P=\frac{9,502}{9,502+4,520}\times 2.78+\frac{4,520}{9,502+4,520}\times 3.60=3.04$$

13 액면가 10,000원, 액면이자율 15%, 만기가 2년인 채권을 고려하고 있다. 1년간의 현물이자율이 10%이고 그 후 1년간의 선도이자율도 10%로 가정하자. 채권투자의 위험을 줄이기 위하여 투자기간을 얼마로 결정해야 하는가? 채권은 연 1회 이자를 지급하고 채권의 볼록성을 고려하지 않는다. 2000년

① 1.87 ② 1.84 ③ 1.65
④ 2.00 ⑤ 1.75

정답 ①

풀이 $y_1 = 0.1$, ${}_1f_2 = 0.1$이므로 $y_2 = 0.1$이다. 채권가격이 $\frac{1,500}{1.1} + \frac{11,500}{1.1^2} = 10,867.77$원이고, 듀레이션은 1.87년이다. 이 문제는 제7장을 공부한 후에 풀어볼 것.

$$D = \frac{\frac{1,500}{1.1}}{10,876.77} \times 1 + \frac{\frac{11,500}{1.1^2}}{10,867.77} \times 2 = 1.87$$

듀레이션의 두 번째 정의에 의해 투자기간이 듀레이션과 일치하면 면역이 된다(즉, 포트폴리오의 가치가 이자율의 움직임으로부터 보호된다).

14 이표이자를 1년마다 한 번씩 지급하는 채권이 있다. 이 채권의 만기수익률은 연 10%이며, 이 채권의 듀레이션을 구한 결과 4.5년으로 나타났다. 이 채권의 만기수익률이 0.1% 포인트 상승한다면, 채권가격 변화율은 근사치로 얼마이겠는가? 단, 채권가격의 비례적인 변화율과 만기수익률의 변화와의 관계식을 이용해야 한다. 2007년

① −0.4286% ② −0.4091% ③ −0.2953%
④ −0.2143% ⑤ −0.2045%

정답 ②

풀이 $\frac{dP}{P} = -D \times \frac{dy}{1+y} = -4.5 \times \frac{0.001}{1.1} = -0.004091$

15 채권A, 채권B, 채권C에 대한 정보가 다음의 표와 같다. 시장이자율의 변동이 각 채권의 만기수익률에 동일한 크기의 영향을 미친다고 가정할 때, 채권A, 채권B, 채권C에 대한 설명으로 가장 적절하지 않은 것은? 2011년

분 류	채권A	채권B	채권C
채 권 유 형	무이표채	이표채	이표채
액 면 금 액	1억원	1억원	1억원
액 면 이 자 율	-	연 5%	연 10%
잔 존 만 기	5년	5년	5년
액면이자 지급시기	-	매년 12월 31일	매년 12월 31일
만 기 수 익 률	연 8%	연 8%	연 8%

① 현재시점에서 채권A의 가격이 가장 낮다.

② 시장이자율이 변동하면 채권A의 가격변동률이 가장 크다.

③ 채권A의 두레이션은 5년이다.

④ 채권B와 채권C의 듀레이션은 5년보다 작다.

⑤ 현재시점에서 채권B의 듀레이션 및 가격은 채권C의 듀레이션 및 가격보다 작다.

 ⑤

풀이 가격은 채권C가 크고 듀레이션은 채권B가 크다: $P_C > P_B$, $D_C < D_B$

16 채권 만기 5년, 액면가 1,000원, 액면이자율 7%인 이표채가 있다. 만기수익률이 현재 11%에서 9%로 하락할 때, 채권가격의 변화율을 다음의 두 가지 방법으로 구하려고 한다. 첫째, 이표채로부터 발생하는 현금흐름의 현재가치를 구한 아래의 표를 이용하여 실제 채권가격변화율을 구하고 그 값을 채권가격변화율A라고 한다. 둘째, 이표채의 매컬리듀레이션을 아래의 표를 이용하여 구하고, 계산된 듀레이션을 이용하여 채권가격변화율을 구하고 그 값을 채권가격변화율B라고 한다. 이때 (채권가격변화율A-채권가격변화율B)의 값으로 가장 가까운 것은?

2012년

(만기수익률이 11%인 경우)

(1) 연도	(2) 현금흐름	(3) 현금흐름의 현재가치	(1) × (3)
1	70	63.06	63.06
2	70	56.81	113.63
3	70	51.18	153.55
4	70	46.11	184.44
5	1,070	634.99	3,174.96

(만기수익률이 9%인 경우)

(1) 연도	(2) 현금흐름	(3) 현금흐름의 현재가치	(1) × (3)
1	70	64.22	64.22
2	70	58.92	117.84
3	70	54.05	162.16
4	70	49.59	198.36
5	1,070	695.43	3,477.13

① 0.37% ② 0.42% ③ 0.47%
④ 0.52% ⑤ 0.57%

정답 ②

풀이 만기수익률이 11%일 때 채권가격은 852.15원이고 9%일 때 채권가격은 922.21원이므로 채권가격변화율A는 8.22%이다. 만기수익률이 11%일 때 듀레이션은 $\frac{3689.64}{852.15} = 4.3298$년이다. 따라서 채권가격변화율B는 $-\frac{4.3298}{1.11} \times (-0.02) = 7.80\%$이므로 차이는 0.42%이다.

17 채권에 관한 다음의 설명 중 가장 적절하지 않은 것은? 2013년

① 다른 모든 조건이 동일할 때, 만기수익률이 높은 채권일수록 금리의 변화에 덜 민감하게 반응한다.
② 무이표채의 매컬리듀레이션은 채권의 잔존만기와 같다.
③ 영구채의 매컬리듀레이션은 $\frac{1+y}{y}$이다. (단, y는 양수의 만기수익률이다.)
④ 다른 모든 조건이 동일할 때, 잔존만기가 길수록 할인채권과 액면가채권의 매컬리듀레이션은 증가한다.
⑤ 다른 모든 조건이 동일할 때, 수의상환조항이 있는 채권의 경우 조항이 없는 일반채권에 비해 매컬리듀레이션이 작다.

 ④

풀이 할인채권의 경우 만기가 증가하면 듀레이션은 처음에는 증가하지만 최고점에 도달한 후 계속적으로 감소한다. 그러나 할증채권과 액면가채권의 경우 만기가 증가하면 듀레이션도 증가한다.

18 듀레이션에 관한 설명으로 가장 적절하지 않은 것은? 2014년

① 무이표채의 경우 만기가 길어지면 듀레이션은 증가한다.
② 액면이자율이 높아지면 듀레이션은 감소한다.
③ 만기수익률이 높아지면 듀레이션은 감소한다.
④ 시간이 경과함에 따라 듀레이션은 감소한다.
⑤ 상환청구조건(put provision)은 듀레이션을 증가시킨다.

 ⑤

풀이 상환요구조건(put provision)과 수의상환조건(call provision)은 모두 듀레이션을 감소시킨다.

19 채권의 듀레이션에 관한 설명으로 가장 적절하지 않은 것은? 단, 이표채의 잔존만기는 1년을 초과한다고 가정한다. 2016년

① 영구채의 듀레이션은 '(1+만기수익률)/만기수익률'이다.
② 다른 조건이 동일할 때, 액면이자율이 낮은 이표채의 듀레이션이 더 길다.
③ 모든 채권은 발행 이후 시간이 경과하면 그 채권의 듀레이션은 짧아진다.
④ 다른 조건이 동일할 때, 만기수익률이 상승하면 이표채의 듀레이션은 짧아진다.
⑤ 이표채의 듀레이션은 만기보다 짧다.

정답 ③

풀이 영구채권의 듀레이션은 수익률에 의해 결정되므로 시간이 경과하더라도 듀레이션은 동일하다. 그리고 할인채권의 경우 만기가 길어짐에 따라 듀레이션이 증가한 후 감소하므로, 시간이 지남에 따라 할인채권의 만기가 짧아지고 듀레이션이 증가할 수도 있다.

20 다음 그룹 A-C는 각각 두 가지 채권의 액면이자율, 만기수익률, 만기를 제시하고 있다. 각각의 그룹에서 제시된 두 가지 채권 가운데 듀레이션이 짧은 채권만을 선택한 것은? 단, 각 그룹에서 제시된 채권은 일반채권이고 주어진 정보 이외에 다른 조건은 모두 동일하다고 가정한다. 2017년

그룹A	가. 액면이자율 10%, 만기수익률 10%, 만기 10년 이표채권 나. 액면이자율 10%, 만기수익률 10%, 만기 20년 이표채권
그룹B	다. 액면이자율 10%, 만기수익률 8%, 만기 10년 이표채권 라. 액면이자율 8%, 만기수익률 8%, 만기 10년 이표채권
그룹C	마. 액면이자율 10%, 만기수익률 10%, 만기 10년 이표채권 바. 액면이자율 10%, 만기수익률 8%, 만기 10년 이표채권

① 가, 다, 마 ② 가, 다, 바 ③ 가, 라, 마
④ 나, 다, 바 ⑤ 나, 라, 바

정답 ①

풀이 만기가 짧을수록, 액면이자율이 높을수록, 만기수익률이 높을수록 듀레이션이 짧다.

주관식 문제

1 포트폴리오가 다음 4개의 채권으로 구성되어 있다. 시장가치 기준으로 포트폴리오의 듀레이션을 구하라. 그리고 수익률곡선은 8%에서 수평인데 50bp 평행이동하면 포트폴리오의 가치는 어떻게 변하는가?

A채권(13억원 투자, 듀레이션 2년), B채권(27억원 투자, 듀레이션 7년) C채권(60억원 투자, 듀레이션 8년), D채권(40억원 투자, 듀레이션 14년)

해답

포트폴리오의 듀레이션은 8.96년이다(포트폴리오의 가치는 140억원임).

$$\frac{13}{140}\times 2+\frac{27}{140}\times 7+\frac{60}{140}\times 8+\frac{40}{140}\times 14=8.96$$

따라서 수익률이 50bp 변하면 채권포트폴리오의 가치는 5.81억원 변한다(수익률 변화의 방향이 주어지지 않았으므로 공식에서 마이너스를 생략하였음).

$$dP=\frac{D}{1+y}\times P\times dy=\frac{8.96}{1.08}\times 140\times 0.005=5.81$$

2 한라기업의 부채는 시가 기준으로 200억원이고 평균 듀레이션이 5년이다. 총부채의 절반은 10년 만기의 채권(듀레이션은 6년임)으로 구성되어 있다. 한라기업은 부채의 듀레이션을 현재 5년에서 4년으로 조정하는 것이 바람직하다는 생각에 4년 만기 채권(듀레이션은 3년임)을 발행하여 10년 만기 채권의 일부 또는 전부를 상환하고자 한다. 수익률곡선이 수평이라는 가정하에서 한라기업이 발행해야 하는 4년 만기 채권의 금액은 얼마인가?

해답

한라기업이 10년 만기 채권을 상환하는데 사용하는 4년 만기 채권금액을 X라고 하면 다음의 식이 성립한다. 한편 가중평균한 듀레이션이 5년이고 총부채 절반의 듀레이션이 6년이므로 남은 부채의 듀레이션은 4년이다.

$$4=\left(\frac{X}{200}\right)\times 3+\left(\frac{100-X}{200}\right)\times 6+\left(\frac{100}{200}\right)\times 4$$

위의 식으로부터 구한 4년 만기 채권의 발행금액 X는 66.67억원이다.

3 만기가 3년이고 듀레이션이 2.8년인 이표채를 다음 기간 동안 보유하는 경우, 투자자가 재투자수익률위험과 가격위험에 노출되는지의 여부를 밝히고 설명하라.

(1) 3년 보유	(2) 2년 보유	(3) 2.8년 보유

해답

(1) 만기일까지 보유하므로 가격위험이 없으며 투자자는 재투자수익률위험에만 노출된다.

(2) 만기일 전에 매도하므로 투자자는 가격위험과 재투자수익률위험에 모두 노출된다.

(3) 투자자는 만기일 전에 채권을 매도하고 수령한 액면이자를 재투자해야 하므로 가격위험과 재투자수익률위험에 모두 노출된다. 그러나 보유기간이 듀레이션과 정확히 일치하는 경우 두 위험의 크기가 같고 부호가 반대이므로 두 위험이 서로 정확하게 상쇄되어 결국 투자자는 위험에 전혀 노출되지 않게 된다(즉, 순효과가 0임).

4 액면이자율이 10%이고 만기가 2년인 채권의 듀레이션, 수정듀레이션, 금액듀레이션, DV01을 계산하라. 채권은 연 2회 이자를 지급하며 수익률은 8%이다.

해답

듀레이션이 1.8644년이고 수정듀레이션은 $MD = \dfrac{1.8644}{1+\dfrac{0.08}{2}} = 1.7927$년이다. 금액듀레이션은 수정듀레이션과 채권가격의 곱이므로 18,577.66원이고 DV01은 1.8578원이다.

듀레이션 계산

시점(t)	현금흐름	1원의 현재가치	현금흐름현가	현금흐름현가 × 시점	가중치
0.5	500	0.9615	480.75	240.38	0.04639
1.0	500	0.9246	462.30	462.30	0.04461
1.5	500	0.8890	444.50	666.75	0.04289
2.0	10,500	0.8548	8,975.40	17,950.80	0.86610
합계			10,362.95	19,320.23	

$$D = \frac{19{,}320.23}{10{,}362.95} = 1.8644\text{년}$$

5 채권포트폴리오가 아래의 무이표채 각각 1개씩으로 구성되어 있다(기준기간 1년).

A채권 : 만기 3년, 원금 10,000원, 수익률 6%
B채권 : 만기 15년, 원금 10,000원, 수익률 7%

(1) 채권포트폴리오의 수익률을 DV01과 시장가치를 가중치로 하여 각각 계산하라.

(2) 채권포트폴리오의 듀레이션, 수정듀레이션, 금액듀레이션, DV01을 각각 계산하라.

해답

(1) 두 채권의 가격이 각각 $\frac{10,000}{1.06^3}=8,396.19$원과 $\frac{10,000}{1.07^{15}}=3,624.46$원이다. 그리고 두 채권의 금액듀레이션이 각각 $DD_{zero}=\frac{F\times T}{(1+y)^{T+1}}=\frac{10,000\times 3}{1.06^4}=23,763$원과 $\frac{10,000\times 15}{1.07^{16}}=$ 50,810원이다 먼저 시장가치 기준의 포트폴리오 수익률은 6.30%이다.

$$\frac{8,396.19}{12,020.65}\times 6\%+\frac{3,624.46}{12,020.65}\times 7\%=6.30\%$$

반면에 DV01 기준의 포트폴리오 수익률은 6.68%이다(각 채권의 DV01은 각각 2.3763과 5.081임).

$$\frac{2.3763}{7.4573}\times 6\%+\frac{5.081}{7.4573}\times 7\%=6.68\%$$

$\frac{10,000}{(1+y)^3}+\frac{10,000}{(1+y)^{15}}=8,396.19+3,624.46=12,020.65$을 만족시키는 만기수익률이 $y=$ 6.69%이다. 채권포트폴리오의 실제 수익률 6.69%는 DV01을 가중치로 계산한 포트폴리오 수익률 6.68%와 거의 차이가 없다.

(2) 먼저 포트폴리오의 금액듀레이션과 $DV01$은 개별 채권의 그것을 합산한 값이다. 따라서 포트폴리오의 금액듀레이션은 $DD_P=\sum DD_j=23,763+50,810=74,573$원이고 $DV01$은 $DV01_P=\sum DV01_j=2.3763+5.0810=7.4573$원이다. 포트폴리오의 듀레이션은 6.62년이고 수정듀레이션은 6.20년이다.

$$D_P=\sum_{j=1}^{n}w_j\times D_j=\frac{8,396.19}{12,020.65}\times 3+\frac{3,624.46}{12,020.65}\times 15=6.62\text{년}$$

$$MD_P=\sum_{j=1}^{n}w_j\times MD_j=\frac{8,396.19}{12,020.65}\times\frac{3}{1.06}+\frac{3,624.46}{12,020.65}\times\frac{15}{1.07}=6.20\text{년}$$

6 가나기업이 발행한 무보증 채권(만기 2년, 액면가 100,000원, 액면이자율 3%, 연 1회 이자 지급)의 현행수익률(current yield)은 3.2%이고 무위험수익률은 2%이다. 만기수익률이 2% 포인트 하락하는 경우 듀레이션을 이용하는 경우의 채권가격변화율과 실제 채권가격변화율과의 차이를 구하라. 2017년

해답

현행수익률 $= \frac{C}{P_0}$ 이므로 $P_0 = \frac{3{,}000}{0.032} = 93{,}750$ 원이다. 만기수익률은 다음 식을 만족시키는 6.43%이다.

$$93{,}750 = \frac{3{,}000}{1+y} + \frac{103{,}000}{(1+y)^2}$$

수익률이 2%포인트 하락하면 수익률이 4.43%이므로 채권가격은 $\frac{3{,}000}{1.0443} + \frac{103{,}000}{1.0443^2} = 97{,}319$ 원이다. 따라서 실제 채권가격변화율은 $\frac{97{,}319}{93{,}750} - 1 = 3.81\%$ 이다. 듀레이션을 이용하면 채권가격변화율은 $-\frac{1.97}{1.0643} \times (-0.02) = 3.07\%$ 이다. 따라서 두 변화율의 차이는 $3.81\% - 3.07\% = 0.74\%$ 이다. 듀레이션은 1.97이다.

$$D = \frac{\frac{3{,}000}{1.0643} \times 1 + \frac{103{,}000}{1.0643^2} \times 2}{93{,}750} = 1.97$$

CHAPTER

06

컨벡시티

1. 컨벡시티의 필요성
2. 컨벡시티 계산
3. 무이표채와 영구채권의 컨벡시티
4. 컨벡시티의 속성
5. 산포도, 듀레이션, 컨벡시티
6. 컨벡시티 프리미엄
7. 유효컨벡시티

CHAPTER 6

컨벡시티

1 컨벡시티의 필요성

컨벡시티(convexity)는 투자자들이 듀레이션을 이용하여 헤지한 포트폴리오에 대하여 얼마나 안심할 수 있는가를 나타내는 척도로 이해할 수 있다. 즉, 컨벡시티가 작으면 이자율이 비교적 큰 폭으로 변해도 헤지된 포트폴리오는 크게 영향을 받지 않는다. 그러나 컨벡시티가 크게 되면 투자자는 포트폴리오를 수시로 모니터링하는 지혜가 필요하다.

채권가격과 수익률은 볼록한(convex) 관계를 갖는다. 그러나 채권가격변화를 듀레이션을 이용하여 추정하는 것은 선형관계를 가정하고 근사치로 구하는 것이다. [그림 6-1]에서 이자율이 현재의 y_0에서 y'으로 하락하면 채권의 실제가격은 P_0에서 P_0'으로 상승한다. 그러나 듀레이션을 이용하면 채권의 가격은 P_D'로 상승한 것으로 추정되므로 선형추정은 실제의 변화를 과소평가하게 된다. 반면에 이자율이 현재의 y_0에서 y''으로 상승하면 채권의 실제가격은 P_0에서 P_0''으로 하락한다. 그러나 듀레이션을 이용하면 채권의 가격은 P_D''로 하락한 것으로 추정되므로 선형추정은 실제의 위험을 과대평가하게 된다. 따라서 수익률과 가격 관계가 볼록한 경우 가격변화를 비교적 정확하게 추정하기 위해서는 컨벡시티 또는 볼록성을 함께 고려해야 한다.

예시 6-1 수정듀레이션과 추정오차

만기가 5년이고 원금이 10,000원인 무이표채를 고려해 보자. 수익률이 10%이면 채권의 가격은 $\frac{10,000}{1.1^5} = 6,209.21$원이고 수정듀레이션은 $MD_{zero} = \frac{T}{1+y} = \frac{5}{1.1} = 4.5455$이다.

(1) 만약 수익률이 10%에서 10.01%로 상승하면 채권가격은 $\frac{10,000}{1.1001^5} = 6,206.39$원이 되

어 가격변화는 $\Delta P_0 = 6{,}206.39 - 6{,}209.21 = -2.82$원이다. 반면에 수정듀레이션을 이용하여 추정하면 가격변화는 $\Delta P_0 = -4.5455 \times 6{,}209.21 \times 0.0001 = -2.82$원이다. 즉, 수익률의 변화가 작으면 수정듀레이션을 이용하여 가격변화를 매우 정확하게 추정할 수 있다.

(2) 만약 수익률이 10%에서 8%로 하락하면 채권가격은 $\frac{10{,}000}{1.08^5} = 6{,}805.83$원이 되어 가격변화는 $\Delta P_0 = 6{,}805.83 - 6{,}209.21 = 596.62$원이다. 반면에 수정듀레이션을 이용하여 추정하면 가격변화는 $\Delta P_0 = -4.5455 \times 6{,}209.21 \times (-0.02) = 564.48$원이 되어 실제 가격변화와의 차이는 $596.62 - 564.48 = 32.14$원이 된다. 즉, 수익률의 변화가 상대적으로 크면 수정듀레이션에 기초한 가격변화 추정치는 실제 가격변화와 상당한 거리가 있으며, 수익률이 하락할 때 선형 추정치는 실제 변화를 과소평가함을 확인할 수 있다.

그림 6-1 **듀레이션을 이용한 추정과 오차**

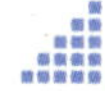

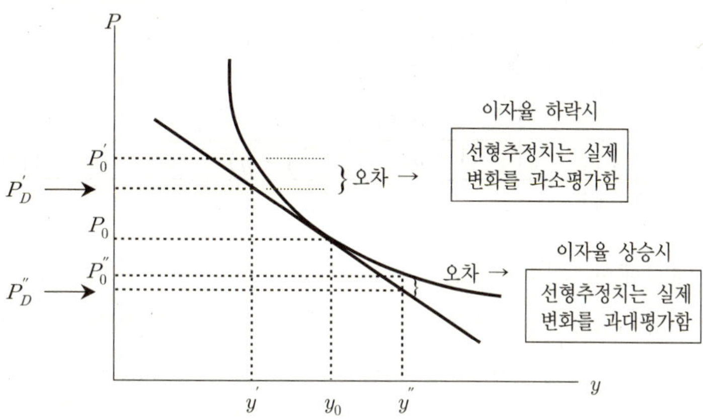

2 컨벡시티 계산

테일러전개식(Taylor series expansion)에서 2차 미분항까지 고려하면,

$$dP_0 = \frac{dP_0}{dy} \cdot dy + \frac{1}{2}\frac{d^2P_0}{dy^2} \cdot (dy)^2$$

양변을 P_0로 나누어 가격변화율을 구하면,

$$\frac{dP_0}{P_0} = \frac{1}{P_0} \cdot \frac{dP_0}{dy} \cdot dy + \frac{1}{2P_0}\frac{d^2P_0}{dy^2} \cdot (dy)^2$$

$\frac{dP_0}{dy} \cdot \frac{1}{P_0} = -MD$이고 $\frac{d^2P_0}{dy^2} \cdot \frac{1}{P_0}$를 컨벡시티(convexity: CV)로 정의하면 채권가격의 변화율은 다음과 같이 듀레이션과 컨벡시티를 이용하여 보다 정확하게 추정된다.1) 컨벡시티는 가격곡선의 기울기 변화정도를 측정하므로 기울기 변화를 반영하지 않을 때의 오차를 크게 줄일 수 있다.2)

[식 6.1]

$$\frac{dP_0}{P_0} = -MD \times dy + (0.5)(CV)(dy)^2$$

컨벡시티가 $\frac{d^2P_0}{dy^2} \cdot \frac{1}{P_0}$이므로 이를 전개하면 다음과 같다.

[식 6.2]

$$CV = \frac{1}{(1+y)^2} \cdot \sum_{t=1}^{t=n} \frac{PV(CF_t) \times t \times (t+1)}{P_0}$$
$$= \frac{1}{(1+y)^2} \cdot \frac{\left[\frac{1 \times 2 \times CF_1}{(1+y)} + \frac{2 \times 3 \times CF_2}{(1+y)^2} + \ldots + \frac{n \times (n+1) \times CF_n}{(1+y)^n}\right]}{P_0}$$

대략적으로 얘기해서, 컨벡시티는 가격-수익률 곡선(price-yield curve)과 곡선에 접하는 직선간의 갭(gap)을 측정한다. 가격-수익률 곡선이 볼록한 채권의 경우 곡선이 항상 접하는 직선보다 위에 있으므로 컨벡시티는 항상 양(+)이다.

예시 6-2 테일러전개식에 대한 이해*

$P_0 = \sum_{t=1}^{n} \frac{CF_t}{(1+y)^t}$처럼 $y(x)$가 x의 1차 함수가 아니면 기울기만을 이용하여 추정한 가격 변화 추정치는 항상 실제가격변화와 괴리를 갖는다. $y(x)$ 함수가 정의되어 있는 경우 y의 증가인 Δy는 Δx와 도함수에 의해 계산되는데 이를 테일러전개식이라고 한다(x의 현재

1) 컨벡시티는 가격-수익률 곡선의 2차 미분값을 가격으로 나눈 값이다. 가격곡선의 1차 미분은 기울기를 의미하고 2차 미분은 기울기의 변화를 의미한다.

2) 일부 책에서 컨벡시티는 $0.5 \times CV$로 정의되기도 한다.

값이 x_0임). 여기서 $\frac{dy}{dx_0}$, $\frac{d^2y}{dx_0^2}$, $\frac{d^3y}{dx_0^3}$을 각각 $y(x)$의 1차, 2차, 3차 도함수라고 한다.3)

$$\Delta y = \frac{dy}{dx_0} \times \Delta x + \frac{1}{2!} \times \frac{d^2y}{dx_0^2} \times (\Delta x)^2 + \frac{1}{3!} \times \frac{d^3y}{dx_0^3} \times (\Delta x)^3 + \ldots$$

보통 Δx가 그리 크지 않으면 2차 도함수까지만 사용해도 Δy가 비교적 정확하게 추정된다. x가 아주 작은 변화인 dx보다 크게 변하면 y의 기울기를 의미하는 1차 도함수 $\frac{dy}{dx_0}$가 변하기 때문에 기울기의 변화까지 반영하기 위하여 $\frac{dy}{dx_0}$의 변화를 측정하는 2차 도함수인 $\frac{d^2y}{dx_0^2}$가 필요하게 된다.

예를 들어, $y(x) = 4x^4$라고 하자. y의 1차, 2차, 3차 도함수는 각각 $16x^3$, $48x^2$, $96x$이다. 그리고 현재의 x를 $x_0 = 1$로, Δx를 0.1로 가정하자. $y(x)$의 값은 $4 \times 1^4 = 4$에서 $4 \times 1.1^4 = 5.8564$로 증가하므로 y의 실제 변화는 $\Delta y = 1.8564$이다.

1차 도함수만을 이용하는 경우, Δy의 추정치는 $16 \times 1^3 \times 0.1 = 1.6$이고 추정오차는 0.2564이다. 만약 2차 도함수까지 이용하면, Δy의 추정치는 $(16 \times 1^3 \times 0.1) + \left(\frac{1}{2} \times 48 \times 1^2 \times 0.1^2\right) = 1.84$이고 추정오차는 0.0164이다. 만약 3차 도함수까지 이용하면 Δy의 추정치는 $(16 \times 1^3 \times 0.1) + \left(\frac{1}{2} \times 48 \times 1^2 \times 0.1^2\right) + \left(\frac{1}{3 \times 2} \times 96 \times 1 \times 0.1^3\right) = 1.856$이고 추정오차는 0.0004이다. 즉, 보다 많은 도함수를 이용하여 추정할수록 Δy의 추정이 보다 정확해짐을 알 수 있다.

채권가격을 수익률에 대하여 2차 미분한 $\frac{d^2P_0}{dy^2}$를 금액컨벡시티(dollar convexity: DCV)라고 하므로 컨벡시티는 금액컨벡시티를 채권가격으로 나눈 값이다.

[식 6.3]

$$DCV = \frac{d^2P_0}{dy^2} = \frac{1}{(1+y)^2} \cdot \left[\frac{1 \times 2 \times CF_1}{(1+y)} + \frac{2 \times 3 \times CF_2}{(1+y)^2} + \ldots + \frac{n \times (n+1) \times CF_n}{(1+y)^n}\right]$$

$$CV = \frac{DCV}{P_0} \rightarrow DCV = CV \times P_0$$

3) 도함수를 구하는 것을 함수를 미분한다고 한다.

채권가격변화를 금액듀레이션과 금액컨벡시티로 표현하면 다음과 같다.

[식 6.4] $$dP_0 = -DD \cdot dy + 0.5 \cdot DCV \cdot (dy)^2$$

예시 6-3 컨벡시티의 계산

수익률이 10%일 때 액면이자율 8%, 만기 3년, 원금 10,000원인 채권의 컨벡시티는 8.94이다. 연간이자지급횟수가 각각 2회와 4회이면 컨벡시티는 각각 8.34와 8.00로 감소한다.

[표 6-1] 컨벡시티의 계산

A패널 : 1년에 이자 1회 지급($D=2.78$년, $MD=2.53$년)

시점	현금흐름	1원의 현재가치	현금흐름현가	현금흐름현가 × 시점 × (시점+1)
1	800	0.9091	727.28	1,454.56
2	800	0.8264	661.12	3.966.72
3	10,800	0.7513	8,114.04	97,368.48
합계			9,502.44	102,789.76

$$CV = \frac{1}{1.1^2}\frac{102{,}789.76}{9{,}502.44} = 8.94\text{년}^2$$

B패널 : 1년에 이자 2회 지급($D=2.72$년, $MD=2.59$년)

시점	현금흐름	1원의 현재가치	현금흐름현가	현금흐름현가 × 시점 × (시점+0.5)
0.5	400	0.9524	380.96	190.48
1.0	400	0.9070	362.80	544.20
1.5	400	0.8638	345.52	1,036.56
2.0	400	0.8227	329.08	1,645.40
2.5	400	0.7835	313.40	2,350.50
3.0	10,400	0.7462	7,760.48	81,485.04
합계			9,492.24	87,252.18

$$CV = \frac{1}{1.05^2}\frac{87{,}252.18}{9{,}492.24} = 8.34\text{년}^2$$

[식 6.3]을 이용한 컨벡시티 계산은 다음과 같다. 0.5, 1.0, 1.5... 대신에 1, 2, 3을 사용하므로 2^2으로 나누는 조정이 필요하다.

$$\frac{d^2P_0}{dy^2} = \frac{1\times2\times400}{1.05^3} + \frac{2\times3\times400}{1.05^4} + \frac{3\times4\times400}{1.05^5} + \frac{4\times5\times400}{1.05^6} + \frac{5\times6\times400}{1.05^7} + \frac{6\times7\times10{,}400}{1.05^8} = 316{,}567.8141$$

$$CV = \frac{d^2P_0}{dy^2} \cdot \frac{1}{P_0} \cdot \frac{1}{m^2} = \frac{316{,}567.8141}{9{,}492.24 \times 2^2} = 8.34$$

C패널 : 1년에 이자 4회 지급($D = 2.69$년, $MD = 2.62$년)

시점	현금흐름	1원의 현재가치	현금흐름현가	현금흐름현가 × 시점 × (시점 + 0.25)
0.25	200	0.9756	195.12	24.390
0.50	200	0.9518	190.36	71.385
0.75	200	0.9286	185.72	139.290
1.00	200	0.9060	181.20	226.500
1.25	200	0.8839	176.78	331.463
1.50	200	0.8623	172.46	452.708
1.75	200	0.8413	168.26	588.910
2.00	200	0.8207	164.14	738.630
2.25	200	0.8007	160.14	900.788
2.50	200	0.7812	156.24	1,074.150
2.75	200	0.7621	152.42	1,257.465
3.00	10,200	0.7436	7,584.27	73,946.633
합계			9,487.56	79,752.312

$$CV = \frac{1}{1.025^2} \frac{79{,}752.312}{9{,}487.56} = 8.00\text{년}^2$$

3 무이표채와 영구채권의 컨벡시티*

만기가 T이고 원금이 F이고 수익률이 y인 무이표채의 금액컨벡시티 DCV_{zero}와 컨벡시티 CV_{zero}는 다음과 같다.

[식 6.5]

$$P_0 = F(1+y)^{-T}$$

$$DCV_{zero} = \frac{d^2P_0}{dy^2} = \frac{F \times T(T+1)}{(1+y)^{(T+2)}}$$

$$CV_{zero} = \frac{d^2P_0}{dy^2} \div P_0 = \frac{T(T+1)}{(1+y)^2}$$

m을 고려하면 $DCV_{zero} = \dfrac{F \times mT \times (mT+1)}{m^2 \times \left(1 + \dfrac{y_{annual}}{m}\right)^{mT+2}}$, $CV_{zero} = \dfrac{mT \times (mT+1)}{m^2 \times \left(1 + \dfrac{y_{annual}}{m}\right)^2}$이다.

이표채의 듀레이션이 무이표채 듀레이션의 가중평균인 것처럼, 이표채의 컨벡시티도 무이표채 컨벡시티의 가중평균이다(가중치 계산에 시장가치를 이용함). 그리고 이표채의 금액컨벡시티는 무이표채 금액컨벡시티의 합이다. 즉,

[식 6.6]

$$CV_P = \sum_{j=1}^{n} w_j \times CV_j$$

$$DCV_P = \sum_{j=1}^{n} DCV_j$$

[예시 6-3]에서 $m=1$인 경우 3년 만기 이표채는 1년, 2년, 3년 만기 무이표채의 합으로 표현된다. 각 무이표채의 컨벡시티가 각각 $\frac{1\times 2}{(1+y)^2}$, $\frac{2\times 3}{(1+y)^2}$, $\frac{3\times 4}{(1+y)^2}$이다. 무이표채의 시장가치 기준의 가중치가 각각 $\frac{CF_1(1+y)^{-1}}{P_0}$, $\frac{CF_2(1+y)^{-2}}{P_0}$, $\frac{CF_3(1+y)^{-3}}{P_0}$이므로 가중평균한 컨벡시티는 앞에서 정의한 이표채의 컨벡시티와 정확히 동일하다(PV는 현가를 의미함).

$$CV_P = \frac{CF_1(1+y)^{-1}}{P_0}\times\frac{1\times 2}{(1+y)^2} + \frac{CF_2(1+y)^{-2}}{P_0}\times\frac{2\times 3}{(1+y)^2} + \frac{CF_3(1+y)^{-3}}{P_0}\times\frac{3\times 4}{(1+y)^2}$$

$$= \frac{1}{(1+y)^2}\times\left[\frac{1\times 2\times PV(CF_1)}{P_0} + \frac{2\times 3\times PV(CF_2)}{P_0} + \frac{3\times 4\times PV(CF_3)}{P_0}\right]$$

예시 6-4 영구채권의 컨벡시티

영구채권(consol) 또는 영구연금(perpetuity)의 금액컨벡시티와 컨벡시티는 다음과 같이 계산된다. 영구채권이 매년 지급하는 일정금액을 A라고 하면 채권가격은 $P_0 = \frac{A}{y} = Ay^{-1}$이다. 1차 미분과 2차 미분한 값이 각각 $\frac{dP_0}{dy} = -Ay^{-2}$, $\frac{d^2P_0}{dy^2} = 2Ay^{-3}$이다. 2차 미분한 값이 금액컨벡시티이고 이를 다시 채권가격으로 나누면 컨벡시티가 계산된다.[4)]

[식 6.7]

$$DCV_{consol} = \frac{2A}{y^3}$$

$$CV_{consol} = \frac{2A}{P_0\times y^3} = \frac{2}{y^2}$$

---

4) m을 고려해도 $DCV_{consol} = \frac{2A}{(y_{annual})^3}$와 $CV_{consol} = \frac{2}{(y_{annual})^2}$는 영향을 받지 않는다.

[식 6.1]에서 두 번째 항은 볼록성으로 인한 가격변화율을 의미하는데 가격-수익률 간의 관계가 양(+)의 컨벡시티를 가지므로 두 번째 항은 항상 양수이다. 항상 0보다 큰 두 번째 항이 필요하다는 것은 [그림 6-2]에서 확인할 수 있듯이, 실제의 가격이 선형으로 추정된 가격보다 항상 크며, 두 번째 항은 선형추정치의 편의(bias)를 수정해주는 역할을 한다.

그림 6-2 **컨벡시티의 역할**

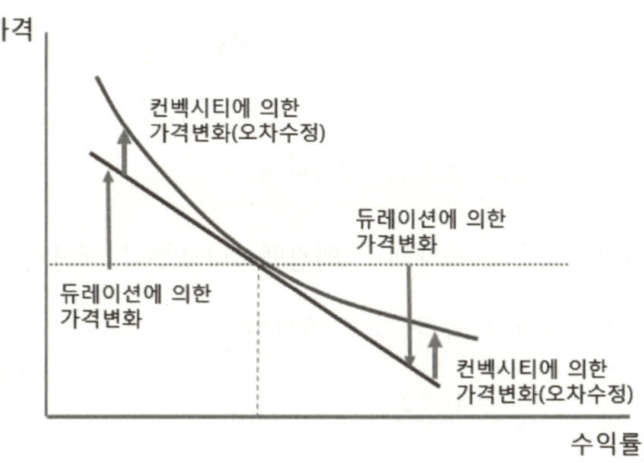

예시 6-5 듀레이션과 컨벡시티를 이용한 가격변화 추정

[예시 6-3]의 채권을 다시 고려해 보자. 연 1회 이자지급을 가정하면 듀레이션은 2.78이고 컨벡시티는 8.94이다(수익률은 10%임).

(1) 금액듀레이션과 금액컨벡시티는 각각 얼마인가?

금액듀레이션과 금액컨벡시티는 각각 수정듀레이션과 컨벡시티에 채권가격(9,502.63원)을 곱한 값이므로 다음과 같이 계산된다.

$$DD = \frac{2.78}{1.1} \times 9{,}502.63 = 24{,}015.74$$

$$DCV = 8.94 \times 9{,}502.63 = 84{,}953.51$$

(2) 수익률이 10%에서 12%로 상승하는 경우 듀레이션을 이용하여 채권가격변화를 추정하라.

채권가격은 480.31원 하락하는 것으로 추정된다.

$$dP_0 = -DD \times dy = -24{,}015.74 \times 0.02 = -480.31$$

(3) 듀레이션과 컨벡시티를 함께 이용하여 가격변화를 추정하라.

채권가격은 463.32원 하락하는 것으로 추정된다.

$$\begin{aligned} dP_0 &= -DD \times dy + 0.5 \times DCV \times (dy)^2 \\ &= -24{,}015.74 \times 0.02 + 0.5 \times 84{,}953.51 \times 0.02^2 = -463.32 \end{aligned}$$

(4) 실제 가격변화는 얼마인가?

채권가격이 9,502.63원에서 9,039.27원으로 463.36원 하락한다. 이자율의 변화가 10%에서 12%로 크게 변함에도 불구하고 컨벡시티를 함께 사용하여 추정한 값은 실제의 가격변화와 거의 차이가 없을 정도로 정확하다.

(5) 이표채의 금액컨벡시티를 무이표채의 금액컨벡시티로부터 계산하라.

무이표채의 금액컨벡시티가 다음과 같이 계산된다.

$$DCV_1 = \frac{800 \times 1 \times 2}{1.1^3} = 1{,}202.10$$

$$DCV_2 = \frac{800 \times 2 \times 3}{1.1^4} = 3{,}278.46$$

$$DCV_3 = \frac{10{,}800 \times 3 \times 4}{1.1^5} = 80{,}471.40$$

3년 만기 이표채의 금액컨벡시티는 84,951.96이다((1)에서 계산한 값과의 차이는 반올림 오차임).

$$1{,}202.10 + 3{,}278.46 + 80{,}471.40 = 84{,}951.96$$

4 컨벡시티의 속성

옵션이 내재되지 않은 일반채권의 경우 컨벡시티는 다음과 같은 속성을 갖는다.

① 수익률이 상승하면 가격곡선 기울기의 절대값(즉, 금액듀레이션)은 작아지고 수익률이 하락하면 기울기의 절대값은 커진다. 이를 양(+)의 볼록성 또는 컨벡시

티라고 한다.

양의 컨벡시티는 투자자에게 유리하다. 수익률이 상승하면 채권가격은 하락하는데 듀레이션도 같이 하락하므로 가격하락속도는 감소하게 된다. 반대로 수익률이 하락하면 채권가격은 상승하는데 듀레이션도 같이 상승하므로 가격상승속도는 증가한다. 즉, 양의 컨벡시티는 채권가격이 변할 때 듀레이션이 투자자가 원하는 속도로(하락할 때는 천천히, 상승할 때는 빠르게) 변할 수 있도록 한다.

예시 6-6 수익률과 금액듀레이션

무이표채의 금액듀레이션은 $DD_{zero} = \dfrac{F \times T}{(1+y)^{T+1}}$이다. 만기가 20년, 원금이 100원인 무이표채의 경우, 수익률이 각각 2%, 5%, 8%일 때 금액듀레이션은 각각 1,320, 718, 397이다.

$$DD_{y=2\%} = \frac{100 \times 20}{1.02^{21}} = 1{,}320$$

$$DD_{y=5\%} = \frac{100 \times 20}{1.05^{21}} = 718$$

$$DD_{y=8\%} = \frac{100 \times 20}{1.08^{21}} = 397$$

즉, 수익률이 증가하면 [그림 6-3]이 보여주듯이 금액듀레이션은 감소한다.

그림 6-3 수익률과 금액듀레이션간의 관계 

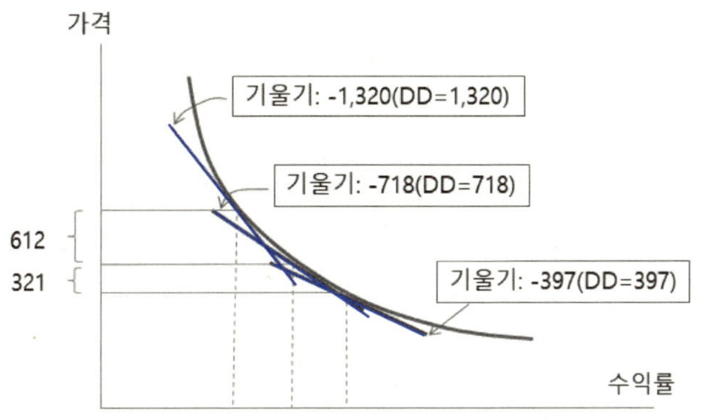

② 수익률이 증가하면 컨벡시티는 감소한다. 수익률이 증가하면 듀레이션은 감소하는데, 컨벡시티가 듀레이션과 정의 관계를 가지므로 듀레이션이 감소하면 컨벡시티도 감소한다. [표 6-2]는 액면이자율 8%, 만기 3년 채권의 수익률별 듀레이션, 금액듀레이션, 컨벡시티를 보여준다.

[표 6-2] 수익률별 듀레이션, 금액듀레이션, 컨벡시티($c=8\%$, $T=3$)

수익률	듀레이션	금액듀레이션	금액듀레이션 변화	컨벡시티
2%	2.801	32,209	–	10.51
4%	2.795	29,858	-2,351	10.09
6%	2.789	27,719	-2,139	9.68
8%	2.783	25,771	-1,948	9.30
10%	2.777	23,993	-1,778	8.94
12%	2.771	22,367	-1,626	8.60
14%	2.765	20,879	-1,488	8.23
16%	2.759	19,514	-1,365	7.97
18%	2.753	18,260	-1,254	7.68
20%	2.747	17,106	-1,154	7.40

③ 수익률과 만기가 일정할 때 액면이자율이 감소하면 채권의 컨벡시티는 커진다. 따라서 만기가 동일한 경우 무이표채는 이표채보다 큰 컨벡시티를 갖는다. 예를 들어, 수익률이 10%일 때 액면이자율 8%, 3년 만기 채권의 컨벡시티는 8.94인 반면에 3년 만기 무이표채의 컨벡시티는 $\frac{3\times4}{1.1^2}=9.92$이다.

④ 수익률과 수정듀레이션이 일정할 때 액면이자율이 감소하면 채권의 컨벡시티는 작아진다. 따라서 듀레이션이 동일한 경우 무이표채는 이표채보다 작은 컨벡시티를 갖는다.

액면이자율	만기(연)	만기수익률	수정듀레이션	컨벡시티
11.625%	10.00	10%	6.05	50.48
5.500%	8.00	10%	6.02	44.87
0.000%	6.33	10%	6.03	39.24

⑤ 일반적으로 만기가 길수록 듀레이션이 증가하고 듀레이션이 증가함에 따라 컨

벡시티도 증가하는데 체증적으로(at an increasing rate) 증가한다. 즉, 듀레이션이 2배가 되면 컨벡시티는 2배 이상으로 커진다. 예를 들어, 3년, 6년, 12년 만기 무이표채의 경우 듀레이션은 각각 3년, 6년, 12년이고 컨벡시티는 각각 9.92, 34.71, 128.93이다.

⑥ 무이표채의 컨벡시티는 수정듀레이션의 제곱과 유사하다. 이 속성은 액면이자율이 낮은 경우에는 성립하지만 액면이자율이 커질수록 괴리는 커진다.

$$CV_{zero} = \frac{T(T+1)}{(1+y)^2} = (MD_{zero})^2 \times \frac{T+1}{T} \approx (MD_{zero})^2$$

⑦ 채권에 내재된 옵션은 컨벡시티에 영향을 미친다. 수의상환사채의 경우 수익률이 하락할 때 채권가격이 콜가격(call price) 이상으로 상승할 수 없으므로 수익률이 하락할 때 컨벡시티가 음(−)으로 전환된다. 반면에 상환요구사채의 경우 수익률이 상승할 때 채권가격이 풋가격(put price) 이하로 하락하지 않으므로 수익률이 상승할 때 컨벡시티가 커진다.

그림 6-4 수의상환사채와 상환요구사채의 컨벡시티

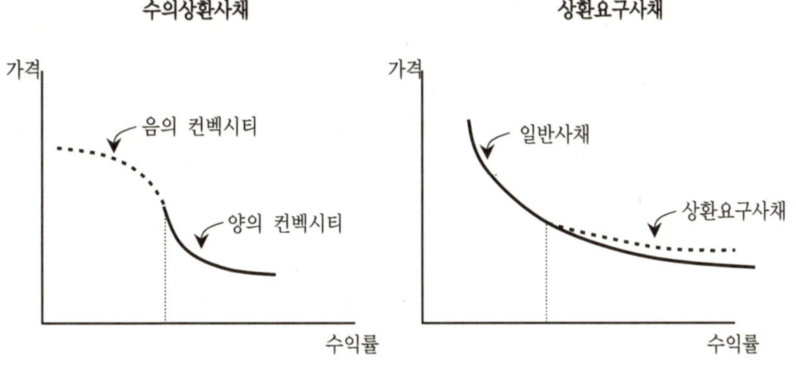

5 산포도, 듀레이션, 컨벡시티*

현금흐름 지급시점의 평균인 듀레이션을 중심으로 퍼져있는 정도를 측정하는 산포

도(dispersion) DP는 다음과 같이 계산된다.[5)]

[식 6.8]

$$DP = \sum_{t=1}^{t=n}\left[\frac{PV(CF_t)}{P_0} \times t^2\right] - D^2$$

액면이자율 8%, 만기 3년, 원금 10,000원인 채권의 산포도를 계산해 보자(수익률 10% 가정). [예시 5-1]에 의하면 $\frac{PV(CF_t)}{P_0}$가 각각 0.07654, 0.06957, 0.85389이므로 산포도는 0.3281이다.

$$0.07654 \times 1^2 + 0.06957 \times 2^2 + 0.85389 \times 3^2 - 2.777^2 = 0.3281$$

그리고 산포도와 듀레이션으로부터 컨벡시티를 다음과 같이 구할 수 있다.[6)]

[식 6.9]

$$CV = \frac{1}{(1+y)^2}[DP + D^2 + D]$$

예를 들어 산포도가 0.3281이고 듀레이션이 2.777년인 채권의 컨벡시티는 8.94로 이는 [예시 6-3]에서 계산한 값과 정확히 일치한다.

$$CV = \frac{1}{1.1^2}[0.3281 + 2.777^2 + 2.777] = 8.94$$

듀레이션이 일정하면 산포도가 작을수록 컨벡시티도 작다. 다시 말해서 듀레이션이 동일한 경우 무이표채가 가장 작은 컨벡시티를 갖는다. 이는 앞에서 설명한 네 번째 컨벡시티의 속성이다.

산포도가 현금흐름이 듀레이션을 중심으로 퍼진 정도를 측정하므로, 현금흐름이 퍼질수록 산포도가 크고 또한 컨벡시티도 크다. 채권포트폴리오는 현금흐름 형태에 따라 불렛포트폴리오, 바벨포트폴리오, 래더포트폴리오로 구분된다. 불렛포트폴리오(bullet portfolio)는 특정 만기에 집중된 포트폴리오이고, 바벨포트폴리오(barbell portfolio)는 두 개의 만기(예를 들어, 짧은 만기와 긴 만기)에 나누어 투자하는 포트폴리오이다. 그리고 래더포트폴리오(ladder portfolio)는 여러 만기에 균등하게 나누어 투자하는 포트

---

5) 듀레이션이 현금흐름 지급시점의 평균 $E(X)$이라면 산포도는 분산으로 $E(X^2) - [E(X)]^2$로 측정된다.

6) 이 식은 $CV = \frac{1}{(1+y)^2}\left[\sum \frac{PV(CF_t) \times t \times (t+1)}{P_0}\right] = \frac{1}{(1+y)^2}\left[\sum \frac{PV(CF_t) \times t}{P_0} + \frac{PV(CF_t) \times t^2}{P_0}\right]$과 $DP = \sum_{t=1}^{t=n}\left[\frac{PV(CF_t) \times t^2}{P_0}\right] - D^2$로부터 유도된다.

폴리오이다. [그림 6-5]는 세 포트폴리오의 구성을 시각적으로 보여준다. 세 포트폴리오가 듀레이션이 같도록 구성되면 바벨포트폴리오의 컨벡시티가 가장 크고, 불렛포트폴리오의 컨벡시티가 가장 작다.

그림 6-5 불렛포트폴리오, 바벨포트폴리오, 래더포트폴리오

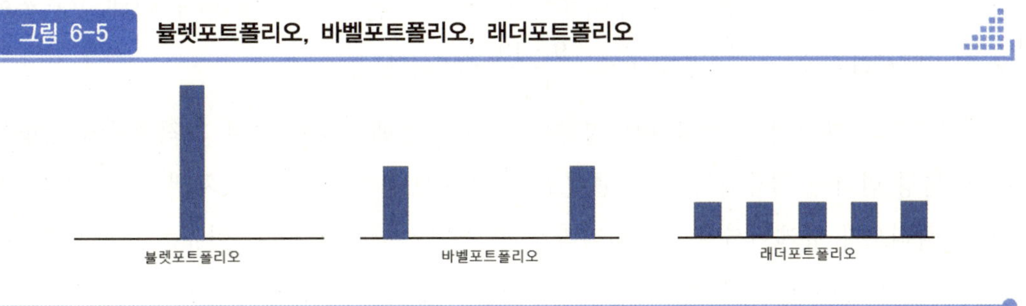

6 컨벡시티 프리미엄

듀레이션이 동일하나 컨벡시티가 상이한 두 채권의 경우, 컨벡시티가 큰 채권은 컨벡시티가 작은 채권에 비하여 상대적으로 높은 프리미엄(premium)이 형성되어 거래된다. 왜냐하면, 수익률이 상승하면 컨벡시티가 큰 채권의 가격은 컨벡시티가 작은 채권의 가격보다 덜 하락하나, 수익률이 하락하면 컨벡시티가 큰 채권의 가격은 컨벡시티가 작은 채권의 가격에 비하여 더 많이 상승하기 때문이다. 따라서 수익률의 변동성이 커지면 컨벡시티의 프리미엄은 증가한다. 반대로 수익률이 안정적이면 컨벡시티 프리미엄은 감소하게 된다.

[그림 6-6]은 수정듀레이션과 시장가치가 동일한 두 채권의 가격과 수익률간의 관계를 보여준다. 수익률이 변할 때 변화 방향과 관계없이 B채권의 가격이 A채권의 가격보다 항상 높기 때문에 시장에서 컨벡시티가 큰 B채권이 컨벡시티가 작은 A채권보다 훨씬 선호된다.[7] 따라서 컨벡시티가 큰 채권의 만기수익률은 대체로 컨벡시티가 작은 채권의 만기수익률보다 작다.

여러 채권으로 포트폴리오를 구성하는 경우 수정듀레이션과 시장가치를 일정하게 유지하면서 컨벡시티를 증가시키는 방법은 수정듀레이션을 중심으로 현금흐름이 퍼지

7) 컨벡시티가 작은 채권과 비교하여, 컨벡시티가 큰 채권의 가격이 항상 높고 가격이 하락할 때에는 적게 하락하고 상승할 때에는 더 많이 상승한다는 것은 수익률곡선의 평행이동을 전제로 한다. 즉, 수익률곡선이 평행이동하지 않으면 이 결과는 더 이상 성립하지 않을 수 있다.

도록(spread) 하는 것이다. 예를 들어 5년 만기 무이표채 대신에 1년 만기와 9년 만기 무이표채로 구성된 포트폴리오를 선택하면 컨벡시티를 증가시킬 수 있다. 이 포트폴리오의 듀레이션은 $0.5 \times 1 + 0.5 \times 9 = 5$년으로 5년 만기 무이표채와 동일하지만 컨벡시티는 상이하다. 즉, 5년 만기 무이표채의 컨벡시티는 $\frac{5 \times 6}{1.1^2} = 25$인데 반해 포트폴리오의 컨벡시티는 $0.5 \times \frac{1 \times 2}{1.1^2} + 0.5 \times \frac{9 \times 10}{1.1^2} = 38$이다.

현금흐름의 패턴이 컨벡시티에 영향을 미치고 컨벡시티는 다시 가격변동에 영향을 준다. 특정 만기에 집중되어 있는 불렛포트폴리오보다 단기와 장기 채권으로 구성된 바벨포트폴리오가 듀레이션이 동일하더라도 큰 컨벡시티를 갖는다. 이유는 바벨포트폴리오에 만기가 긴 채권이 포함되었기 때문이다. 즉, 만기가 길수록 듀레이션이 증가하는데 컨벡시티는 듀레이션보다 더 빠르게 증가한다(컨벡시티의 다섯 번째 속성 참조).

그림 6-6 컨벡시티와 가격변화

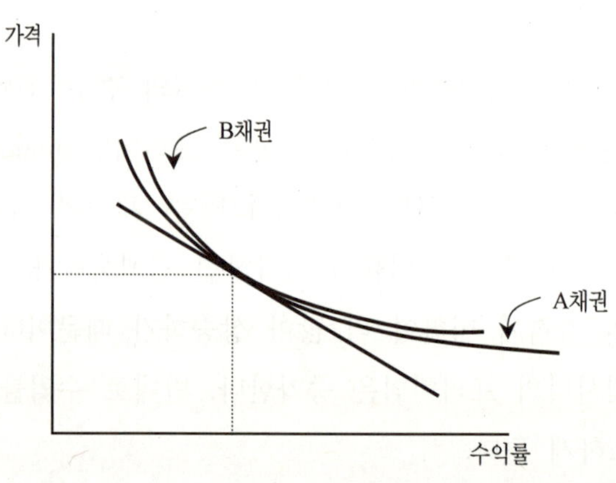

예시 6-7 바벨포트폴리오, 불렛포트폴리오, 래더포트폴리오

듀레이션은 동일하나 컨벡시티가 다른 세 포트폴리오를 중심으로 수익률의 변화에 따른 포트폴리오의 성과를 분석해 보자. 분석에 이용하는 세 액면가채권에 대한 자료가 다음과 같다($m = 2$ 가정).

채 권	액면이자율	만기(연)	만기수익률	수정듀레이션	컨벡시티
A	8.50%	5	8.50%	4.005	19.8164
B	9.25%	10	9.25%	6.434	55.4506
C	9.50%	20	9.50%	8.882	124.1702

첫 번째 포트폴리오는 B채권으로만 구성되어 있는 불렛포트폴리오이다. 두 번째 포트폴리오는 A채권과 C채권으로 구성된 바벨포트폴리오이다. 세 번째 포트폴리오는 A, B, C채권 모두가 포함된 래더포트폴리오이다.

불렛포트폴리오 : 만기가 10년인 채권으로만 구성됨
바벨포트폴리오 : 만기가 5년인 채권 50.2%와 만기가 20년인 채권 49.8%로 구성됨
래더포트폴리오 : 만기가 5년, 10년, 20년인 채권 각각 25.1%, 50%, 24.9%로 구성됨

바벨포트폴리오의 수정듀레이션은 개별채권 수정듀레이션의 가중평균이므로 바벨포트폴리오의 수정듀레이션이 6.434가 되기 위한 A채권 투자비중은 다음과 같이 구한다.

$$w_A \times 4.005 + (1 - w_A) \times 8.882 = 6.434$$

이 식을 만족시키는 w_A는 0.502이므로 C채권에 투자해야 하는 비중은 0.498이다. 그리고 래더포트폴리오는 불렛포트폴리오와 바벨포트폴리오로 구성되므로(각각 50%) 세 채권의 투자비중은 각각 25.1%, 50.0%, 24.9%이다.

세 포트폴리오는 동일한 수정듀레이션을 갖도록 구성됨에도 불구하고 컨벡시티는 동일하지 않다. 즉, 불렛포트폴리오의 컨벡시티는 55.4506인데 반하여 바벨포트폴리오와 래더포트폴리오의 컨벡시티는 각각 71.7846과 63.6176이다.

$$0.502 \times 19.8164 + 0.498 \times 124.1702 = 71.7846$$

$$0.251 \times 19.8164 + 0.500 \times 55.4506 + 0.249 \times 124.1702 = 63.6176$$

한편, 불렛포트폴리오의 만기수익률은 9.25%인데 반하여 바벨포트폴리오와 래더포트폴리오의 가중 평균한 수익률은 각각 9.00%와 9.12%이다.[8)]

8) 시장가치를 이용하여 가중치를 계산하는 방법은 포트폴리오의 수익률을 구하는 정확한 방법은 아니지만 계산을 간단히 하기 위하여 여기서는 그 방법을 사용하기로 한다. 보다 정확한 방법은 제4장에 설명되어 있듯이, 금액듀레이션을 가중치로 사용하는 것이며 이 경우 바벨포트폴리오와 래더포트폴리오의 만기수익률은 각각 9.19%와 9.22%로 계산된다.

$$\text{DD(바벨)} = (4.005 \times 10{,}000 \times 0.502) + (8.882 \times 10{,}000 \times 0.498) = 64{,}337$$

$$\text{만기수익률(바벨)} = \frac{20{,}105}{64{,}337} \times 8.5\% + \frac{44{,}232}{64{,}337} \times 9.5\% = 9.19\%$$

$$\text{DD(래더)} = (4.005 \times 10{,}000 \times 0.251) + (6.434 \times 10{,}000 \times 0.50) + (8.882 \times 10{,}000 \times 0.249) = 64{,}339$$

$$\text{만기수익률(래더)} = \frac{10{,}053}{64{,}339} \times 8.5\% + \frac{32{,}170}{64{,}339} \times 9.25\% + \frac{22{,}116}{64{,}339} \times 9.5\% = 9.22\%$$

0.502 × 8.50% + 0.498 × 9.50% = 9.00%

0.251 × 8.50% + 0.500 × 9.25% + 0.249 × 9.50% = 9.12%

이상의 계산을 표로 요약하면 다음과 같다.

포트폴리오	구 성	수정듀레이션	컨벡시티	만기수익률
뷸 렛	B채권 100%	6.434	55.4506	9.25%
바 벨	A채권 50.2%와 C채권 49.8%	6.434	71.7846	9.00%
래 더	A채권 25.1%, B채권 50.0%, C채권 24.9%	6.434	63.6176	9.12%

바벨포트폴리오와 래더포트폴리오의 수익률이 뷸렛포트폴리오의 수익률보다 각각 0.25%포인트와 0.13%포인트 낮은 것은 좋은 컨벡시티를 얻기 위하여 수익률을 약간 포기한 것으로 해석된다.

바벨포트폴리오는 뷸렛포트폴리오와 동일한 듀레이션을 갖지만, 뷸렛포트폴리오보다 높은 컨벡시티와 낮은 만기수익률을 갖는다. 그렇다면 6개월 투자기간(horizon)을 갖는 펀드매니저는 바벨포트폴리오와 뷸렛포트폴리오 중에서 어떤 포트폴리오를 선택해야 하는가? 다음 [표 6-3]은 수익률곡선이 수평이동한다는 가정 하에서 계산한 것으로, 총투자수익률(또는 보유수익률) 차이는 뷸렛포트폴리오의 총투자수익률에서 바벨포트폴리오의 총투자수익률을 차감하여 구한 것이다. 따라서 총투자수익률 차이가 양(+)이면 뷸렛포트폴리오의 성과가 바벨포트폴리오의 성과보다 우수하고, 반대로 차이가 음(−)이면 뷸렛포트폴리오의 성과가 열등함을 의미한다([그림 6-7]참조).

[표 6-3] 뷸렛포트폴리오와 바벨포트폴리오의 투자성과(투자기간은 6개월임)

수익률 변화(bp)	총투자수익률 차이(%)	수익률 변화(bp)	총투자수익률 차이(%)
−500	−7.19	25	0.24
−475	−6.28	50	0.21
−450	−5.44	75	0.16
−425	−4.68	100	0.09
−400	−4.00	125	0.01
−375	−3.38	150	−0.08
−350	−2.82	175	−0.19
−325	−2.32	200	−0.31

-300	-1.88	225	-0.44
-275	-1.49	250	-0.58
-250	-1.15	275	-0.73
-225	-0.85	300	-0.88
-200	-0.59	325	-1.05
-175	-0.38	350	-1.21
-150	-0.20	375	-1.39
-125	-0.05	400	-1.57
-100	0.06	425	-1.75
-75	0.15	450	-1.93
-50	0.21	475	-2.12
-25	0.24	500	-2.31
0	0.25		

이 표의 분석에 의하면 어떤 포트폴리오를 선택해야 하는가는 수익률의 변화폭과 방향에 의해 결정되므로, 일방적으로 어떤 포트폴리오를 선택해야 한다고 답하기 어렵다. 주어진 투자기간 동안에 성과가 가장 좋을 것으로 예상되는 포트폴리오를 선택하는 방법은 일정한 가정 하에서 총투자수익률(total return)을 계산하여 포트폴리오를 선택하는 것이다.

그림 6-7 **듀레이션은 동일하나 컨벡시티가 상이한 두 포트폴리오의 성과 비교**

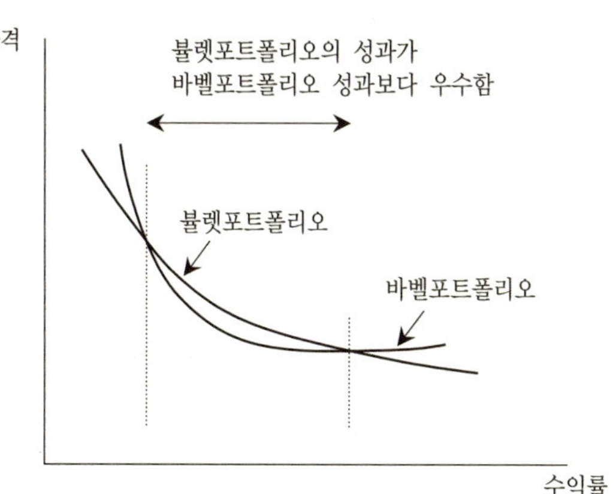

7 유효컨벡시티

수정듀레이션을 유효듀레이션으로 추정했듯이, 컨벡시티도 아래의 식으로 추정할 수 있는데 이를 유효컨벡시티(effective convexity)라고 한다.

[식 6.10] 유효컨벡시티 : $\dfrac{P^{+}+P^{-}-2P_0}{P_0\times[0.5\times(y^{+}-y^{-})]^2} = \dfrac{P^{+}+P^{-}-2P_0}{P_0\times dy^2}$

단, P^{+}= 수익률이 xbp 상승하는 경우의 채권가격, P^{-}= 수익률이 xbp 하락하는 경우의 채권가격, P_0=현재 채권가격, y^{+}=현재 수익률 $+xbp$, y^{-}=현재 수익률 $-xbp$.

예시 6-8 유효컨벡시티와 컨벡시티간의 차이

예를 들어, 만기가 20년이고 액면이자율이 7%인 채권의 가격이 수익률이 10%이면 74.26이다($m=2$).

$$P_0=\frac{3.5}{0.05}+\frac{100-\dfrac{3.5}{0.05}}{1.05^{40}}=74.26$$

20bp 만큼 수익률을 상향 또는 하향 조정하여 구한 채권가격은 각각 72.92와 75.64이므로 유효컨벡시티는 다음과 같이 134.66이다. 참고로 실제 컨벡시티는 132.08인데 이는 여기서 대략적으로 추정한 134.66과 크게 차이나지 않는다.

$$\frac{72.92+75.64-2\times74.26}{74.26\times[0.5\times(0.102-0.098)]^2}=134.66$$

앞에서 이미 설명했듯이, 유효듀레이션과 유효컨벡시티는 이자율의 변화가 현금흐름에 미치는 영향을 고려할 수 있으므로 일반채권 뿐만 아니라 옵션내재채권에도 적용이 가능하다.

예시 6-9 수의상환사채와 상환요구사채의 유효컨벡시티

액면이자율이 7%이고 만기가 15년인 일반채권이 현재 액면가에 거래되고 있다($m=2$). 이자율이 50bp 상승하면 채권가격은 95.586으로 하락하고 반대로 이자율이 50bp 하락하면 채권가격이 104.701로 상승할 것으로 예상된다. 이 채권의 유효컨벡시티는 다음과 같이 114.8이다.

$$\text{일반채권의 유효컨벡시티} = \frac{95.586 + 104.701 - 2 \times 100}{100 \times 0.005^2} = 114.8$$

이번에는 이 채권이 수의상환사채이고 콜가격이 102.50이라고 가정하자. 수의상환사채의 유효컨벡시티는 이 경우에 음(−)으로 계산된다.[9)]

$$\text{수의상환사채의 유효컨벡시티} = \frac{95.586 + 102.500 - 2 \times 100}{100 \times 0.005^2} = -765.60$$

이번에는 이 채권이 상환요구사채이고 상환청구가격이 98이라고 가정하자. 상환요구사채의 유효컨벡시티는 다음과 같이 일반채권의 유효컨벡시티보다 크다.

$$\text{상환요구사채의 유효컨벡시티} = \frac{98.000 + 104.701 - 2 \times 100}{100 \times 0.005^2} = 1,080.40$$

수의상환사채와 상환요구사채의 컨벡시티는 컨벡시티의 일곱 번째 속성과 [그림 6-4]를 참고하라.

---

9) 수의상환사채의 유효컨벡시티가 항상 0보다 작은 것은 아니다. 그리고 컨벡시티가 0보다 작다는 것은 가격-수익률 관계가 볼록(convex)하지 않고 오목(concave)함을 의미한다.

요점정리

- 컨벡시티(convexity)는 가격-수익률 곡선의 볼록성 측정치로 듀레이션을 이용한 추정오차를 보완하는 수치로 이용된다:

$$\frac{dP_0}{P_0} = -MD \times dy + (0.5)(CV)(dy)^2$$

따라서 컨벡시티는 듀레이션을 이용하여 헤지한 포트폴리오에 대하여 얼마나 안심할 수 있는가를 나타내는 척도이다.

- 금액컨벡시티는 채권가격을 수익률에 대하여 2차 미분한 값이며 이를 채권가격으로 나누면 컨벡시티가 계산된다: $DCV = \frac{d^2P_0}{dy^2} \rightarrow CV = \frac{DCV}{P_0}$. 채권가격변화는 금액듀레이션 금액컨벡시티로부터 계산된다: $dP_0 = -DD \cdot dy + 0.5 \cdot DCV \cdot (dy)^2$

- 무이표채(만기 T년)와 영구채권의 금액컨벡시티와 컨벡시티는 다음과 같다:

$$DCV_{zero} = \frac{F \times T(T+1)}{(1+y)^{T+2}}, \quad CV_{zero} = \frac{T(T+1)}{(1+y)^2}$$

$$DCV_{consol} = \frac{2A}{y^3}, \quad CV_{consol} = \frac{2}{y^2}$$

- 컨벡시티의 속성 : ① 수익률이 증가하면 채권가격 곡선 기울기의 절대값(즉, 금액듀레이션)은 작아지고 수익률이 하락하면 기울기의 절대값은 커짐; ② 수익률이 증가하면 컨벡시티는 감소한다; ③ 수익률과 만기가 일정할 때 액면이자율이 감소하면 채권의 컨벡시티는 커짐; ④ 수익률과 수정듀레이션이 일정할 때 액면이자율이 감소하면 채권의 컨벡시티는 작아짐; ⑤ 만기가 길어짐에 따라 듀레이션이 증가하는데 컨벡시티는 체증적으로 증가함; ⑥ 무이표채의 컨벡시티는 수정듀레이션 제곱과 유사함; ⑦ 수의상환사채의 경우 수익률이 하락하면 컨벡시티가 작아지고(음의 컨벡시티도 가능함) 상환요구사채의 경우 수익률이 상승하면 컨벡시티는 커짐.

- 현금흐름이 듀레이션을 중심으로 퍼져있는 정도를 측정하는 산포도(dispersion) DP는 다음과 같이 구함: $DP = \sum_{t=1}^{t=n}\left[\frac{PV(CF_t)}{P_0} \times t^2\right] - D^2$

- 컨벡시티는 투자자에게 유리하게 작용한다. 즉, 컨벡시티가 크면 하락시 덜 하락하고 상승시 더 많이 상승하는데 이로 인해 컨벡시티 프리미엄이 존재한다.

- 현금흐름이 특정 만기에 집중된 경우보다 퍼져 있으면 컨벡시티가 증가한다(불렛포트폴리오보다 바벨포트폴리오의 컨벡시티가 큼).

- 유효컨벡시티(이자율의 변화가 현금흐름에 미치는 영향을 고려함) : $\frac{P^{+} + P^{-} - 2P_0}{P_0 \times dy^2}$

객관식 문제

1 컨벡시티에 대한 설명으로 적절하지 않은 것은?

① 수익률과 만기가 일정할 때 액면이자율이 감소하면 채권의 컨벡시티는 커진다.
② 수익률과 수정듀레이션이 일정할 때 액면이자율이 감소하면 채권의 컨벡시티는 작아진다.
③ 듀레이션이 증가함에 따라 컨벡시티가 체감적으로 증가한다.
④ 컨벡시티는 투자자에게 유리하게 작용한다.
⑤ 컨벡시티는 투자자들이 듀레이션을 이용하여 헤지한 포트폴리오에 대하여 얼마나 안심할 수 있는가를 측정하는 지표로 이해될 수 있다.

정답 ③
풀이 듀레이션이 증가함에 따라 컨벡시티가 체증적으로 증가한다.

2 만기가 4년이고 액면이자율이 5%인 채권의 만기수익률이 현재 6%이다. 만약 수익률이 6%에서 6.5%로 증가하면 채권가격은 몇 퍼센트 하락하는가? 수정듀레이션과 컨벡시티를 이용하여 추정하라. 채권은 연 1회 이자를 지급한다.

① 1.69% ② 1.78% ③ 1.75%
④ 1.73% ⑤ 1.80%

정답 ④
풀이 채권가격은 1.73% 하락한다(계산을 위해 원금을 100으로 가정함).

$$P_0 = \frac{5}{1.06} + \frac{5}{1.06^2} + \frac{5}{1.06^3} + \frac{105}{1.06^4} = 96.5349$$

$$MD = \frac{\frac{dP_0}{dy}}{P_0} = \frac{\left| \frac{5(-1)}{1.06^2} + \frac{5(-2)}{1.06^3} + \frac{5(-3)}{1.06^4} + \frac{105(-4)}{1.06^5} \right|}{P_0} = \frac{338.576}{96.5349} = 3.5073$$

$$\frac{d^2P_0}{dy^2} = \frac{5(-1)(-2)}{1.06^3} + \frac{5(-2)(-3)}{1.06^4} + \frac{5(-3)(-4)}{1.06^5} + \frac{105(-4)(-5)}{1.06^6} = 1{,}557.4116$$

$$CV = \frac{\frac{d^2P_0}{dy^2}}{P_0} = \frac{1{,}557.4116}{96.5349} = 16.1331$$

$$\frac{dP_0}{P_0} = -3.5073 \times 0.005 + 0.5 \times 16.1331 \times (0.005)^2 = -1.73\%$$

3 A포트폴리오의 수정듀레이션은 5이고 컨벡시티는 120이다. B포트폴리오의 수정듀레이션은 5이고 컨벡시티는 250이다. 수익률이 200bp 하락하면 B포트폴리오의 가격변화율은 A포트폴리오의 가격변화율보다 몇 bp 높은가?

① 200bp ② 260bp ③ 150bp
④ 300bp ⑤ 정답 없음

정답 ②

$\frac{dP}{P} = -MD \times dy + 0.5 \times CV \times dy^2$이다. A포트폴리오의 경우 가격변화율은 12.4%이고 B포트폴리오의 가격변화율은 15%이다. 따라서 변화율 차이는 15% - 12.4% = 2.6% 또는 260bp이다.

A의 가격변화율 : $-5 \times (-0.02) + 0.5 \times 120 \times (-0.02)^2 = 0.124$

B의 가격변화율 : $-5 \times (-0.02) + 0.5 \times 250 \times (-0.02)^2 = 0.15$

4 액면이자율이 8%이고 원금이 10,000원이고 만기가 5년인 수의상환채권이 액면가에 거래되고 있다. 수의상환사채의 유효컨벡시티를 계산하라. 계산에 50bp를 이용하고 콜가격은 10,200원이라고 가정하자.

① 21.04 ② 15.13 ③ 11.88
④ 18.28 ⑤ 정답 없음

정답 ③

수익률이 7.5%와 8.5%인 경우 채권가격이 각각 10,202.29원과 9,802.97원이다. 콜가격이 10,200원이므로 유효컨벡시티는 11.88이다(P^-는 10,200원임).

$$\frac{9{,}802.97 + 10{,}200 - 2 \times 10{,}000}{10{,}000 \times 0.005^2} = 11.88$$

5 다음 채권의 컨벡시티를 계산하라. [예시 6-3]처럼 표를 이용하여 구할 것. 만기 4년, 액면이자율 10%, 원금 10,000원, 수익률 7%, 연 1회 이자지급.

① 12.75 ② 16.28 ③ 18.12
④ 15.96 ⑤ 14.65

정답 ⑤

풀이

컨벡시티의 계산

시 점	현금흐름	1원의 현재가치	현금흐름현가	현금흐름현가 × 시점 × (시점+1)
1	1,000	0.9346	934.6	1,869.2
2	1,000	0.8734	873.4	5,240.4
3	1,000	0.8163	816.3	9,795.6
4	11,000	0.7629	8,391.9	167,838.0
합 계			11,016.2	184,743.2

$$CV = \frac{1}{1.07^2}\frac{184,743.2}{11,016.2} = 14.65\text{년}^2$$

6 5번 물음에서 연2회 이자를 지급하면 컨벡시티는 얼마인가?

① 13.62 ② 14.14 ③ 13.85
④ 13.53 ⑤ 14.65

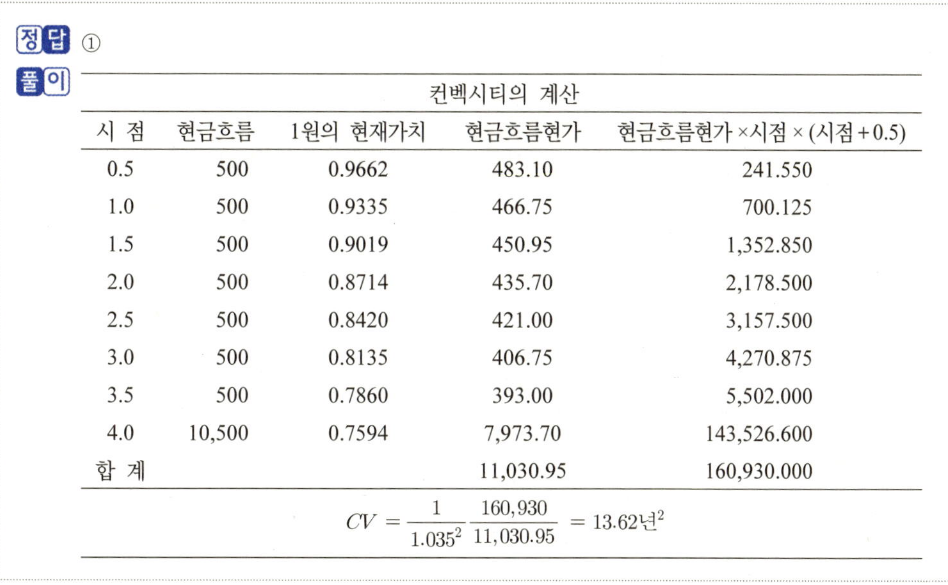

정답 ①

풀이

컨벡시티의 계산

시 점	현금흐름	1원의 현재가치	현금흐름현가	현금흐름현가 × 시점 × (시점+0.5)
0.5	500	0.9662	483.10	241.550
1.0	500	0.9335	466.75	700.125
1.5	500	0.9019	450.95	1,352.850
2.0	500	0.8714	435.70	2,178.500
2.5	500	0.8420	421.00	3,157.500
3.0	500	0.8135	406.75	4,270.875
3.5	500	0.7860	393.00	5,502.000
4.0	10,500	0.7594	7,973.70	143,526.600
합 계			11,030.95	160,930.000

$$CV = \frac{1}{1.035^2}\frac{160,930}{11,030.95} = 13.62\text{년}^2$$

7 5번 물음에서 연1회 이자를 지급할 때 금액컨벡시티는 얼마인가? 단, 근사치로 가장 가까운 값을 구할 것.

① 161,400 ② 161,000 ③ 161,650
④ 170,000 ⑤ 157,000

정답 ①

풀이 $DCV = 11{,}016.2 \times 14.65 = 161{,}387$ 또는 다음과 같이 구한 161,361이다.

$$DCV = \frac{1}{1.07^2}\left[\frac{1\times2\times1{,}000}{1.07} + \frac{2\times3\times1{,}000}{1.07^2} + \frac{3\times4\times1{,}000}{1.07^3} + \frac{4\times5\times11{,}000}{1.07^4}\right] = 161{,}361$$

8 이자율 하락시 듀레이션을 이용하여 선형으로 추정한 가격변화는 실제 변화를 ___ 평가하고, 이자율 상승시 선형으로 추정한 가격변화는 실제 변화를 ____ 평가한다.

① 과소, 과대 ② 과대, 과소 ③ 과소, 과소
④ 과대, 과대 ⑤ 정답 없음

정답 ①

풀이 선형추정치는 이자율이 하락하는 경우 가격상승을 과소평가하고 이자율이 상승하는 경우 가격하락을 과대평가한다.

9 컨벡시티의 식으로 옳은 것은?

① $CV = \frac{1}{1+y} \cdot \frac{\left[\frac{1\times2\times CF_1}{(1+y)} + \frac{2\times3\times CF_2}{(1+y)^2} + \ldots + \frac{n\times(n+1)\times CF_n}{(1+y)^n}\right]}{P_0}$

② $CV = \frac{1}{(1+y)^2} \cdot \frac{\left[\frac{1\times CF_1}{(1+y)} + \frac{2\times CF_2}{(1+y)^2} + \ldots + \frac{n\times CF_n}{(1+y)^n}\right]}{P_0}$

③ $CV = \frac{\left[\frac{1\times2\times CF_1}{(1+y)} + \frac{2\times3\times CF_2}{(1+y)^2} + \ldots + \frac{n\times(n+1)\times CF_n}{(1+y)^n}\right]}{P_0}$

④ $CV = \frac{1}{(1+y)^2} \cdot \frac{\left[\frac{1\times2\times CF_1}{(1+y)} + \frac{2\times3\times CF_2}{(1+y)^2} + \ldots + \frac{n\times(n+1)\times CF_n}{(1+y)^n}\right]}{P_0}$

⑤ 정답 없음

정답 ④

10 원금이 100이고 만기가 10년인 무이표채의 컨벡시티를 정수로 구하라. 수익률은 7%이다.

① 100　　② 93　　③ 96
④ 85　　⑤ 정답 없음

 ③

풀이 $CV = \frac{10 \times 11}{1.07^2} = 96.08$

11 다음 중 컨벡시티가 가장 큰 포트폴리오는? 각 채권은 무이표채이고 가중치는 동일하다고 가정한다.

① 1년 만기 채권과 9년 만기 채권으로 구성된 포트폴리오
② 2년 만기 채권과 8년 만기 채권으로 구성된 포트폴리오
③ 3년 만기 채권과 7년 만기 채권으로 구성된 포트폴리오
④ 4년 만기 채권과 6년 만기 채권으로 구성된 포트폴리오
⑤ 정답 없음

정답 ①

풀이 현금흐름이 가장 넓게 퍼져 있는 포트폴리오가 가장 큰 컨벡시티를 갖는다.

12 원금의 90%에 거래되고 있는 채권의 금액듀레이션은 112,500이고 컨벡시티는 210이다. 만일 채권의 수익률이 2%포인트 하락하면 채권가격은 얼마가 되겠는가? 가격변화는 듀레이션과 컨벡시티를 이용하여 추정하며 원금은 10,000원이다.

① 11,628원　　② 11,250원　　③ 11,825원
④ 10,938원　　⑤ 정답 없음

정답 ①

풀이 채권가격 변화: $dP = -MD \times P_0 \times dy + 0.5 \times CV \times P_0 \times (dy)^2$

$$= -112,500 \times (-0.02) + 0.5 \times 210 \times 9,000 \times (-0.02)^2 = 2,628$$

따라서 채권가격은 9,000+2,628=11,628원이다.

13 만기가 3년이고 액면이자율이 4%인 채권의 산포도는 얼마인가? 수익률은 2.5%이고 연 1회 이자를 지급한다. 단, 산포도는 소수 두 자리로 구할 것.

① 0.25　② 0.33　③ 0.20
④ 0.17　⑤ 0.28

정답 ④

풀이

시 점	현금흐름	1원의 현재가치	현금흐름현가	현금흐름현가 × 시점	가중치
1	400	0.9756	390.24	390.24	0.0374
2	400	0.9518	380.72	761.44	0.0365
3	10,400	0.9286	9,657.44	28,972.32	0.9261
합 계			10,428.40	30,124.00	

$$D=\frac{30,124}{10,428.4}=2.889$$

$$DP=0.0374\times1^2+0.0365\times2^2+0.9261\times3^2-2.889^2=0.172$$

14 다음 여러 가지 채권의 볼록성(convexity)에 대한 설명 중 가장 옳지 않은 것은? 2005년

① 일반사채(straight bond)의 경우 볼록성이 심할수록 이자율 상승시 채권가격이 적게 하락하고, 이자율 하락시 채권가격이 많이 상승한다.
② 이자율이 상승하거나 하락하거나 일반사채의 볼록성은 항상 양(+)의 값을 가진다.
③ 이자율이 상승하면 일반사채에 비하여 상환요구사채(puttable bond)의 볼록성이 약하다.
④ 이자율이 하락하면 수의상환사채(callable bond)의 볼록성은 음(-)의 값을 가진다.
⑤ 이자율이 상승하면 수의상환사채의 볼록성은 일반사채와 같게 된다.

정답 ③

풀이 이자율이 상승하면 상환요구사채의 볼록성은 일반사채의 볼록성보다 커진다.

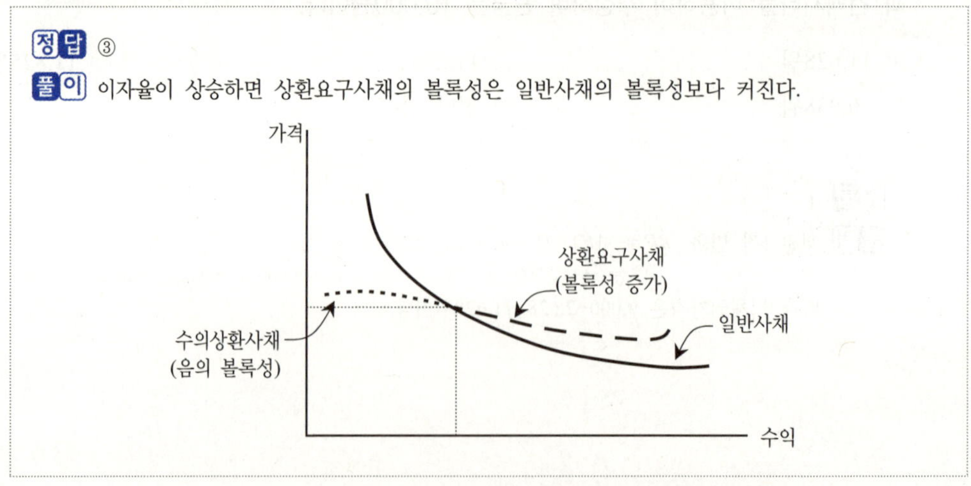

15 채권에 대한 다음 설명 중 가장 옳지 않은 것은? 단, 다른 조건은 일정하다. 2009년

① 일반채권의 경우 볼록성이 심한 채권의 가격이 볼록성이 약한 채권의 가격보다 항상 비싸다.

② 일반채권의 볼록성은 투자자에게 불리하다.

③ 이자율이 하락하면 수의상환채권의 발행자에게는 유리할 수 있고 투자자에게는 불리할 수 있다.

④ 이자율이 상승하면 상환청구권부채권의 투자자에게는 유리할 수 있고 발행자에게는 불리할 수 있다.

⑤ 우상향 수익률곡선의 기울기가 심하게 변한다면, 단기채를 매입하고 장기채를 공매하는 투자전략이 그 반대전략보다 투자자에게 유리하다(단, 기울기는 항상 양의 값을 가진다).

정답 ②

풀이 볼록성은 투자자에게 유리하므로 볼록성이 클수록 채권가격이 비싸다. 이자율이 하락하면 수의상환사채의 투자자는 불리해지고, 이자율이 상승하면 상환요구사채의 투자자는 유리해진다. 수익률곡선의 기울기가 심해지면 장기채의 수익률이 상승하고(가격은 하락하고) 단기채의 수익률이 하락하므로(가격은 상승하므로) 장기채를 공매도하고 단기채를 매수하는 전략이 유리하다. ⑤의 "심하게 변한다면"의 표현은 방향을 지정하지 않으므로 문제의 소지가 큰 표현이다.

16 채권A는 액면이자를 기말에 연 1회 지급한다. 현재 채권A의 만기수익률(y)은 연 10%이며, 동 채권의 수정듀레이션(=$-\frac{dP}{dy}\times\frac{1}{P}$, 단, P는 현재 채권가격)과 볼록성(=$\frac{d^2P}{dy^2}\times\frac{1}{P}$)은 각각 4와 50이다. 채권A의 만기수익률이 0.1% 포인트 상승할 때, 채권가격의 변화율에 가장 가까운 것은? 단, 채권가격의 변화율은 채권가격의 만기수익률에 대한 테일러 전개식(Taylor series expansion)을 이용하여 계산하고 3차 이상의 미분항들은 무시한다. 2019년

① −0.1500% ② −0.3611% ③ −0.3975%

④ −0.4025% ⑤ −0.4375%

정답 ③

풀이 채권가격 변화율: $\frac{dP}{P}=-MD\times dy+0.5\times CV\times(dy)^2$

$$\frac{dP}{P}=(-4)\times(0.001)+0.5\times50\times(0.001)^2\approx-0.003975$$

주관식 문제

1 갑 채권은 액면가가 10,000원인 무위험 이표채이다. 이 채권의 표면금리는 8%인데 이자는 매 6개월마다 후급으로 지급된다. 어제 이자가 지급되었고 현재 잔존만기는 2년이며 만기수익률(YTM)은 8%이다. 수익률곡선이 수평하고 또한 수평이동 한다고 가정하고 다음 물음에 답하시오. 2006년

(1) 갑 채권의 맥컬레이듀레이션(Macaulay duration; D)은 몇 년인가? (단, 계산과정 중 금액과 관련된 수치는 반올림하여 소수점아래 두 자리까지 계산하고, 듀레이션은 반올림하여 소수점아래 네 자리까지 표시하되 년 단위로 할 것)

(2) 갑 채권의 수정듀레이션(modified duration; MD)은 얼마인가? (맥컬레이듀레이션을 이용하여 수정듀레이션을 구하되 그 식도 간단히 나타내시오. 또한 수정듀레이션은 반올림하여 소수점아래 네 자리까지 표시하되 단위는 물음1과 동일하게 년 기준으로 할 것)

(3) 갑 채권의 만기수익률이 오늘 8%에서 7%로 1%p 하락한다면($\triangle y = -1\%$), 채권가격의 변동률은 수정듀레이션으로 계산한 가격변동률과 볼록성(convexity)에 기인한 오차조정부분의 합으로 나타낼 수 있다. 즉,

채권가격변동률 = $-MD \cdot \Delta y$ + 볼록성에 기인한 오차조정부분

이때, 볼록성에 기인한 오차조정부분은 얼마인가? (볼록성 계산공식을 이용하시오. 단, 중간과정의 계산은 반올림하여 소수점아래 6자리까지 구하고 답은 %단위로 표시하되 반올림하여 소수점아래 네 자리까지 나타낼 것)

(4) 수익률곡선이 수평이동하여 만기수익률이 현재의 8%에서 9%로 갑자기 상승하였다고 하자. 듀레이션, 수정듀레이션, 볼록성이 어떻게 영향을 받는가?

해답

(1), (2)

$$P_0 = \frac{400}{1.04} + \frac{400}{1.04^2} + \frac{400}{1.04^3} + \frac{10,400}{1.04^4} = 10,000$$

(표면금리와 만기수익률이 동일하므로 액면가채권임)

$$\left|\frac{dP}{dy}\right| = \left|\frac{400(-1)}{1.04^2} + \frac{400(-2)}{1.04^3} + \frac{400(-3)}{1.04^4} + \frac{10,400(-4)}{1.04^5}\right| = 36,298.9522$$

1기간이 1년이 아니고 6개월이므로 $\left|\frac{dP}{dy}\right|$를 2로 나누는 조정이 필요하다.[10)]

10) 여기서 금액듀레이션을 채권가격으로 나누어 구한 3.6299의 단위는 연(year)이 아니라 1기간을 의미하는 반년(half-year)이다.

그리고 채권가격으로 나누면 수정듀레이션이 계산되고 이 값에 1.04를 곱하면 듀레이션이 계산된다.

$$MD = \frac{36{,}298.9522}{2 \times 10{,}000} = 1.8149(\text{연})$$

$$D = 1.8149 \times 1.04 = 1.8875(\text{연})$$

(3) $$\frac{d^2P}{dy^2} = \frac{400(-1)(-2)}{1.04^3} + \frac{400(-2)(-3)}{1.04^4} + \frac{400(-3)(-4)}{1.04^5} + \frac{10{,}400(-4)(-5)}{1.04^6}$$
$$= 171{,}093.3986$$

1기간이 1년이 아니고 6개월이므로 $\frac{d^2P}{dy^2}$를 2^2로 나누는 조정이 필요하다. 볼록성은 4.2773이다.

$$CV = \frac{171{,}093.3986}{2^2 \times 10{,}000} = 4.277335$$

볼록성에 기인한 오차조정부분은 $0.5 \times 4.277335 \times (-0.01)^2 = 0.0214\%$이다.

듀레이션, 수정듀레이션, 컨벡시티를 표로부터 계산하면 다음과 같다.

시 점	현금흐름	현금흐름현가	현금흐름현가 × 시점	현금흐름현가 × 시점 × (시점+0.5)
0.5	400	384.6154	192.3077	192.3077
1.0	400	369.8225	369.8225	554.7338
1.5	400	355.5985	533.3978	1,066.7956
2.0	10,400	8,889.9636	17,779.9272	44,449.8180
합 계		10,000.0000	18,875.4552	46,263.6551

$$D = \frac{18{,}875.4552}{10{,}000} = 1.8875$$

$$MD = \frac{1.8875}{1.04} = 1.8149$$

$$CV = \frac{1}{1.04^2} \times \frac{46{,}263.6551}{10{,}000} = 4.277335$$

(4) 채권가격은 9,820.62원으로 하락하고 $\left|\frac{dP}{dy}\right|$가 35,455.5664이므로, 수정듀레이션은 $\frac{35{,}455.5664}{2 \times 9820.62}$ = 1.8052년이고 듀레이션은 1.8052 × 1.045 = 1.8864년이다. 그리고 $\frac{d^2P}{dy^2}$가 166,287.6631이므로 볼록성은 $\frac{166{,}287.6631}{2^2 \times 9{,}820.62} = 4.233125$이다. 즉, 수익률이 상승함에 따라 수정듀레이션, 듀레이션, 볼록성이 모두 감소한다.

2 A채권은 2년 만기 무이표채이고 수익률은 10%이다. B채권은 20년 만기 무이표채이고 수익률은 20%이다. 두 채권의 가격은 모두 100원이다. 200원을 보유하고 있는 투자자가 두 채권을 각각 1개씩 매입하였다.

(1) 채권가격을 가중치로 하여 채권포트폴리오의 수익률을 계산하라.

(2) 만기가 긴 무이표채의 경우 $CV \approx MD^2$임을 증명하라.

(3) 금액듀레이션을 가중치로 하여 채권포트폴리오의 수익률을 계산하라.

(4) 실제의 현금흐름을 이용하여 정확하게 채권포트폴리오의 수익률을 계산하라.

해답

(1) 200원을 두 채권에 균등하게 투자하면 포트폴리오의 수익률은 15%이다.

(2) $P_0 = F(1+y)^{-T}$로 표현하면, 수정듀레이션과 컨벡시티가 다음과 같이 유도된다.

$$MD = \frac{\left|\frac{dP_0}{dy}\right|}{P_0} = \frac{T}{1+y}, \quad CV = \frac{\left|\frac{d^2P_0}{dy^2}\right|}{P_0} = \frac{T(T+1)}{(1+y)^2}$$

따라서 만기가 무한대에 접근함에 따라 컨벡시티는 수정듀레이션의 곱에 접근한다.

$$CV = MD^2 \times \frac{T+1}{T} \approx MD^2$$

(3) 금액듀레이션을 가중치로 사용하면 포트폴리오의 수익률은 19.02%이다.

A채권 : 원금 $F = 100 \times 1.1^2 = 121$, $MD = \frac{T}{1+y} = \frac{2}{1.1} = 1.8182$,

$$DD = MD \times P_0 = 1.8182 \times 100 = 181.82$$

B채권 : 원금 $F = 100 \times 1.2^{20} = 3{,}833.76$, $MD = \frac{T}{1+y} = \frac{20}{1.2} = 16.6667$,

$$DD = MD \times P_0 = 16.6667 \times 100 = 1{,}666.67$$

포트폴리오 수익률 : $\frac{181.82}{1{,}848.49} \times 10\% + \frac{1{,}666.67}{1{,}848.49} \times 20\% = 19.02\%$

(4) 정확한 포트폴리오의 수익률은 다음 식을 만족시키는 19.2%이다.

$$\frac{121}{(1+y)^2} + \frac{3{,}833.76}{(1+y)^{20}} = 200 \quad \rightarrow \quad y = 19.2\%$$

3 액면가격이 10,000원이고 표면금리는 8%이며 만기수익률은 12%인 무위험 이표채 A가 있다. 이 채권의 이자는 매 3개월마다 후급되며 만기까지는 9개월이 남아 있다. 2011년

(1) 듀레이션을 이용하여 이 채권의 이자율 탄력성을 구하라.

(2) 채권가격과 만기수익률과의 관계는 선형 관계가 아니기 때문에 가격변화를 더욱 정확하게 추정하기 위해서는 듀레이션과 함께 볼록성을 고려해야 한다. 이 채권의 볼록성은 얼마인가?

(3) (앞의 지문과 물음을 무시할 것) 기업 B는 시장가치 기준으로 100억원의 부채를 가지고 있으며 부채의 평균 듀레이션은 3년이다. 부채 중 50억원은 듀레이션이 4년인 5년 만기 채권으로 이루어져 있다. 이 기업은 부채의 듀레이션을 2년으로 낮추기 위해 1년 만기 무이표채를 발행하여 5년 만기 채권의 일부를 상환하려고 한다. 수익률곡선이 수평이라는 가정 하에서 기업 B가 발행해야 할 1년 만기 무이표채의 규모는 얼마인가?

해답

(1) $C = 10{,}000 \times 0.08 \div 4 = 200,\ \ y = 0.12 \div 4 = 0.03$

$$P_0 = \frac{200}{1.03} + \frac{200}{1.03^2} + \frac{10{,}200}{1.03^3} = 9{,}717.14$$

$$D = \frac{\frac{200}{1.03} \times 0.25 + \frac{200}{1.03^2} \times 0.5 + \frac{10{,}200}{1.03^3} \times 0.75}{9{,}717.14} = 0.7352,\ \ MD = \frac{0.7352}{1 + \frac{0.12}{4}} = 0.7138$$

$$\epsilon = -0.7138 \times 0.12 = -0.0857$$

계산이 맞는지 확인해 보자. 수익률이 11.9%로 10bp 하락하면 채권가격은 9,724.08원으로 6.94원 상승하고 탄력성은 $\dfrac{\frac{6.94}{9{,}717.14}}{\frac{-0.001}{0.12}} = -0.0857$로 계산된다.

(2) 컨벡시티는 0.6883이다.

컨벡시티의 계산

시 점	현금흐름	현금흐름현가	현금흐름현가 × 시점 × (시점 + 0.25)
0.25	200	194.1748	24.2719
0.50	200	188.5192	70.6947
0.75	10,200	9,334.4449	7,000.8337
합 계		9,717.1389	7,095.8003

$$CV = \frac{1}{1.03^2}\frac{7{,}095.8003}{9{,}717.1389} = 0.6883$$

(3) 부채의 가중평균 듀레이션이 3년이므로 듀레이션이 4년이 아닌 기타 부채의 듀레이션은 2년이다. 따라서 발행해야 하는 1년 만기 무이표채의 규모 x는 33.33억원이다.

$$\frac{50-x}{100} \times 4 + \frac{50}{100} \times 2 + \frac{x}{100} \times 1 = 2 \quad \rightarrow \quad x = 33.33$$

4 금년도 1월 1일 현재시점($t=0$) 기준으로 만기와 액면이자율이 상이한 이표채들이 아래 표에 제시되어 있다. 채권시장에서 이표채 A, B, C는 액면가채권(par value bond)으로 채권가격은 모두 100원으로 동일하며 균형 하에 있다고 가정한다. 모든 채권은 신용위험이 없으며 이자지급 주기를 1년으로 한다. 계산결과는 소수점 아래 다섯째 자리에서 반올림하여 넷째 자리까지 표시하시오. 2021년

이표채	만기	액면이자율
A	1년	4%
B	2년	5%
C	3년	6%

(1) 현재시점($t=0$)에서 $t=k$년 만기 현물이자율(spot interest rate)을 ${}_0y_k$, $t=k$년 시점에서 1년 만기 선도이자율(forward interest rate)을 ${}_kf_{k+1}$,으로 각각 표기한다. 현재시점($t=0$) 채권시장의 수익률곡선을 설명할 수 있는 $(1+{}_0y_1)$ $(1+{}_0y_2)^2$, $(1+{}_0y_3)^3$, ${}_1f_2$, ${}_2f_3$ 를 각각 구하시오.

(2) 문제(1)에서 도출된 수익률곡선 하에서 액면가 100원, 만기 3년, 액면이자율 10%인 이표채D의 현재시점($t=0$) 듀레이션을 구하시오.

(3) 현재시점($t=0$)에서 문제(1)에서 도출된 수익률곡선이 1%p 하향 평행 이동하는 경우 문제(2) 이표채D의 가격변화율을 볼록성(convexity)을 조정하여 계산하시오.

(4) 현재시점($t=0$)에서 채권시장에 액면금액이 100원인 3년 만기 무이표채E가 존재한다. 문제(1)에서 도출된 수익률곡선이 1년 후에도 그대로 유지될 것으로 예상된다. 목표투자기간이 1년일 때, 현재시점($t=0$)에서 무이표채E를 이용하여 수익률곡선타기 투자전략을 실행하는 경우 기대 투자수익률을 계산하시오.

해답

(1) 먼저 붓스트랩방법으로 액면가채권의 가격자료로부터 수익률곡선을 추정한다(제7장 참고).

$${}_0y_1 = 4.0\%$$

$$P_B = \frac{5}{1.04} + \frac{105}{(1+{}_0y_2)^2} = 100 \rightarrow (1+{}_0y_2)^2 = 1.103 \rightarrow {}_0y_2 = 0.0502$$

$$P_C = \frac{6}{1.04} + \frac{6}{1.103} + \frac{106}{(1+{}_0y_3)^3} = 100 \rightarrow (1+{}_0y_3)^3 = 1.1938 \rightarrow {}_0y_3 = 0.0608$$

$$(1+{}_1f_2) = \frac{1.103}{1.04} = 1.06058 \rightarrow {}_1f_2 = 0.0606$$

$$(1+{}_2f_3) = \frac{1.1938}{1.103} = 1.08232 \rightarrow {}_2f_3 = 0.0823$$

(2) 추정된 수익률곡선을 이용하여 계산한 채권 가격은 110.8243원이고, 듀레이션은 2.7447년이다.

$$P_D = \frac{10}{1.04} + \frac{10}{1.103} + \frac{110}{1.1938} = 110.8243$$

$$D = \frac{\left[\frac{10}{1.04} \times 1 + \frac{10}{1.103} \times 2 + \frac{110}{1.1938} \times 3\right]}{110.8243} = 2.7447$$

(3) 이표채D의 가격 110.8243을 만족시키는 만기수익률은 다음과 같이 5.954%이다.

$$P_D = \frac{10}{1+y} + \frac{10}{(1+y)^2} + \frac{110}{(1+y)^3} = 110.8243 \quad \rightarrow \ y = 0.05954$$

그런데 5.954%를 이용한 듀레이션과 컨벡시티는 각각 2.7493과 9.501이다.

$$D = \frac{\left(\frac{10}{1.05954} \times 1 + \frac{10}{1.05954^2} \times 2 + \frac{110}{1.05954^3} \times 3\right)}{110.8243} = 2.7493$$

$$CV = \frac{1}{1.05954^2} \frac{\left(\frac{10}{1.05954} \times 1 \times 2 + \frac{10}{1.05954^2} \times 2 \times 3 + \frac{110}{1.05954^3} \times 3 \times 4\right)}{110.8243} = 9.501$$

따라서 채권가격의 변화율은 2.64%이다.

채권가격 변화율: $\frac{dP}{P} = -MD \times dy + 0.5 \times CV \times (dy)^2$

$$\frac{dP}{P} = -\left(\frac{2.7493}{1.05954}\right) \times (-0.01) + 0.5 \times 9.501 \times (-0.01)^2 \approx 2.64\%$$

(주의: 일부 교재의 해설에서 만기수익률로 6%를 사용하는 것은 잘못된 계산이다. 왜냐하면 6%를 이용하면 채권가격이 110.692원으로 계산되기 때문이다.)

(참고: 만기수익률 5.954%를 이용하여 계산된 $D = 2.7493$년은 상향수익률곡선을 반영하여 (2)에서 계산한 $D = 2.7447$년보다 약간 크게 계산된다. 이렇게 수익률곡선의 현물이자율을 반영하여 계산된 듀레이션을 현가듀레이션(present value duration)이라고 하는데, 상향수익률곡선의 경우 가장 큰 가중치를 갖는 원금이 높은 수익률로 할인되므로 현가듀레이션은 멕콜레이 듀레이션보다 약간 작게 계산된다.)

(4) 현재 채권가격이 $P_0 = \frac{100}{1.1938} = 83.7661$원이고 1년후 기대가격이 $E(P_1) = \frac{100}{1.103} = 90.6618$원이므로 1년 투자수익률은 $\frac{90.6618}{83.7661} - 1 = 8.23\%$이다. 이는 $(1+{}_0y_3)^3 = 1.1938$와 $(1+{}_0y_2)^2 = 1.103$에 내재된 선도이자율 ${}_2f_3 = 8.23\%$와 동일하다.

(수익률곡선타기 전략은 제12장 적극적 투자전략에서 설명함)

채권의 가치평가와 투자전략

CHAPTER
07

수익률곡선

1. 수익률곡선과 현물이자율
2. 선도이자율
3. 수익률곡선과 채권가치평가
4. 액면가채권으로부터의 수익률곡선 추정
5. 보간법
6. 스프레드
7. 이자율의 기간구조이론

CHAPTER 7

수익률곡선

1 수익률곡선과 현물이자율

1.1 수익률곡선

모든 조건이 동일할 때 채권의 만기가 다름에 따라 채권의 수익률 역시 다르게 나타난다. 만기와 무위험 무이표채 수익률 사이의 관계를 이자율의 기간구조(term structure of interest rates)라고 하며 이를 그래프로 그린 것이 수익률곡선(yield curve)이다.[1] 수익률곡선은 크게 상향(upward-sloping), 하향(downward-sloping), 그리고 수평(flat)으로 구분된다. 물론 이외에 혹모양(humped) 등 다양한 형태의 곡선도 가능하다. [그림 7-1]은 수익률곡선의 다양한 모양을 보여준다.

그림 7-1 수익률 곡선의 형태

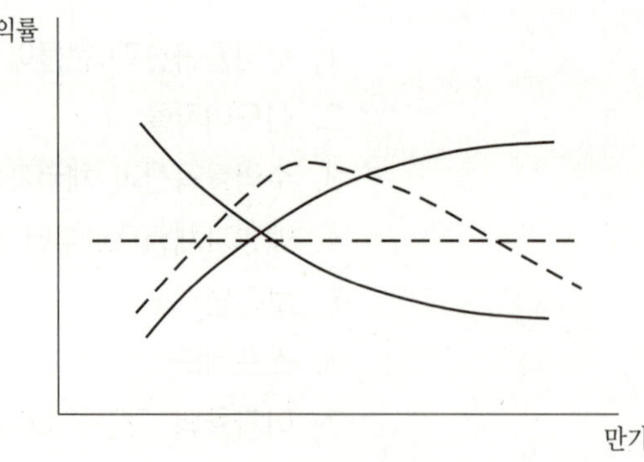

가장 자주 관찰할 수 있는 수익률곡선이 상향수익률곡선이다. 상향수익률곡선은 정상수익률곡선(normal yield curve)이라고도 하는데 만기가 길수록 수익률이 증가하는 이유는 만기가 길수록 인플레이션위험과 채무불이행위험이 증가하기 때문이다. 상향

1) 이자율의 기간구조란 기간(term to maturity)에 따른 이자율과의 관계를 뜻하므로 만기와 수익률간의 관계를 의미한다.

수익률곡선과 정반대로 만기가 길수록 수익률이 감소하기도 하는데 이를 하향수익률곡선 또는 역조수익률곡선(inverted yield curve)이라고 한다. 하향수익률곡선은 불경기(recession)의 시그널로 간주되어 많은 시장참여자들이 관심을 갖는데, 실제로 Bauer and Mertens(2018)에 의하면 미국에서 1950년 이후 총 9번의 경기침체기에 장단기 금리(10년 금리와 1년 금리) 역전이 대략 6개월에서 24개월 선행한 것으로 분석되었다. 많은 위험에 노출되는 장기 투자자가 낮은 수익률에 만족할 수 있는 것은 그 만큼 미래의 전망이 어둡기 때문이라는 해석이 가능하다.

반면에 우리나라의 경우 2001년부터 2022년 9월말까지 장단기 금리(10년 금리와 3년 금리)가 역전된 것은 2007년말, 2008년 7월, 2022년 9월 등 세 차례이다.[2)]

그림 7-2 스프레드(10년 금리－3년 금리)(2001–2021년)

수익률곡선의 형태와 움직임에 대하여 관찰된 사실은 다음과 같다.

① 가장 자주 관찰되는 수익률곡선은 상향이다.

② 현재의 이자율이 매우 높으면 하향 수익률곡선이 관찰된다.

③ 단기이자율의 변동성이 장기이자율의 변동성보다 크다.[3)]

④ 만기가 6개월 또는 그 이하에서 수익률곡선은 대부분의 경우 상향이다.

⑤ 만기가 다르더라도 이자율은 함께 상승하거나 하락하는 경향이 있다.

⑥ 이자율은 양수이며 평균회귀(mean-reverting) 현상을 보인다.

---

2) 조선일보, “14년만에 장단기 금리 역전(2022.9.19.)”을 참고함. 참고로, 두 번째 금리역전은 그림에 보이지 않는다.

3) 단기이자율의 변동성이 장기이자율의 변동성보다 크더라도 장기채권의 가격변동성은 단기채권의 가격변동성보다 크다.

1.2 현물이자율

먼저 다양한 만기의 무위험 무이표채(risk-free zero-coupon bond)가 존재한다고 하자. 즉, 1년, 2년, 3년 만기의 무이표채 가격이 각각 9,433.96원, 8,734.39원, 7,938.32원이라고 가정하자(원금은 10,000원). 이 채권에 투자하면 투자자는 1년, 2년, 3년 동안의 수익률을 각각 6%, 7%, 8%로 확정할 수 있다.

$$\frac{10,000}{9,433.96}-1=6\%,\ \left(\frac{10,000}{8,734.39}\right)^{\frac{1}{2}}-1=7\%,\ \left(\frac{10,000}{7,938.32}\right)^{\frac{1}{3}}-1=8\%$$

이를 $y_1=6\%$, $y_2=7\%$, $y_3=8\%$로 표기하자.[4] 이처럼 현재 시점에서 투자할 때 실현할 수 있는 만기별 연간 수익률, 즉 무이표채의 만기수익률을 현물이자율(spot interest rate) 또는 무이표수익률(zero-coupon rate)이라고 한다.

현물이자율은 투자의 수익률이므로 미래의 현금흐름을 현재가치로 전환할 때에도 할인율의 의미로 이용된다. 즉, 만기가 1년, 2년, 3년이고 원금이 10,000원인 무이표채의 가격은 각각 $\frac{10,000}{1.06}=9,433.96$, $\frac{10,000}{1.07^2}=8,734.39$, $\frac{10,000}{1.08^3}=7,938.32$원이다. 또한 현물이자율은 현금흐름의 미래가치를 계산하는데 사용된다. 즉, 3년 만기 무이표채의 가격이 7,938.32원이고 수익률이 8%이면 무이표채의 원금은 $7,938.32\times1.08^3=10,000$원이다.

예시 7-1 현물이자율의 계산

1년, 2년, 3년 만기 채권의 가격이 각각 92.593%, 87.344%, 83.962%이다. 현물이자율을 계산하라.

1년, 2년, 3년 만기 현물이자율이 각각 $\frac{100}{92.593}-1=8\%$, $\left(\frac{100}{87.344}\right)^{\frac{1}{2}}-1=7\%$, $\left(\frac{100}{83.962}\right)^{\frac{1}{3}}-1=6\%$이다. 만기가 길수록 수익률이 하락하므로 이는 하향수익률곡선이다

4) 뒤에서 설명하는 선도이자율, 단기이자율의 기호와 일관성있는 정확한 표현은 ${}_0y_1$, ${}_0y_2$, ${}_0y_3$이지만 간략하게 표현하기 위해 0을 생략하기로 한다.

2 선도이자율

2.1 선도이자율의 계산

설명을 위하여 다음의 A채권과 B채권을 고려해 보자. A채권은 만기가 1년이고 원금이 10,800원인 무이표채이다. B채권은 만기가 2년이고 원금이 12,100원인 무이표채이다. 두 채권이 모두 10,000원에 거래되고 있다고 가정하면, 1년과 2년 만기 현물이자율은 각각 $y_1 = 8\%$와 $y_2 = 10\%$이다. 일단 수익률곡선이 추정되면 현물이자율에 내재된 미래 기간별(예를 들어, 1년 기준) 이자율을 계산할 수 있는데 이를 선도이자율(forward rate)이라고 한다([그림 7-3] 참조). 선도이자율은 각각 ${}_0f_1$, ${}_1f_2$, ${}_2f_3$, ${}_3f_4$ 등으로 표시되며(${}_0f_1$은 y_1과 같음) 현물이자율로부터 현재 시점에서 계산될 수 있는 이자율이다(f 앞의 숫자는 기간의 시작 시점을 의미하고 뒤의 숫자는 끝나는 시점을 의미함). 현물이자율이 공시되는 이자율인데 반하여 선도이자율은 현물이자율에 내재된 이자율이므로 내재선도이자율(implied forward rate)이라고도 한다.

그림 7-3 현물이자율과 선도이자율

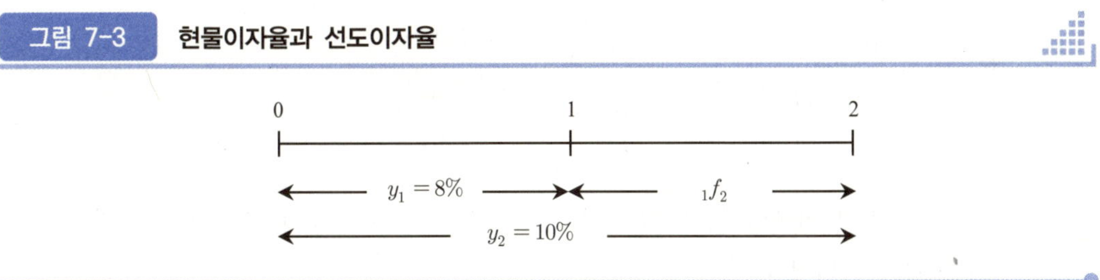

100만원을 오늘 1년 만기 채권에 투자하고 1년 후에 만기가 되면 다시 선도이자율로 투자하는 경우와 100만원을 오늘 2년 만기 채권에 투자하는 경우 투자수익률이 동일하다고 가정하면 다음 관계가 성립한다.

$$100(1.08)(1 + {}_1f_2) = 100(1.1)^2$$

이 식으로부터 선도이자율 ${}_1f_2$는 12.04%이다. 이를 식으로 정리하면 다음과 같다.

[식 7.1]
$${}_1f_2 = \frac{(1 + y_2)^2}{1 + y_1} - 1$$

이 식을 일반화시키면 현물이자율로부터 선도이자율을 구하는 일반식이 산출된다.

[식 7.2]

$$ {}_{n-1}f_n = \frac{(1+y_n)^n}{(1+y_{n-1})^{n-1}} - 1 $$

반대로, 선도이자율 ${}_0f_1$, ${}_1f_2$로부터 현물이자율 y_2을 구하는 식은 $[(1+{}_0f_1)(1+{}_1f_2)]^{\frac{1}{2}}-1$이다. n개의 선도이자율로부터 현물이자율 y_n을 구하는 일반식은 다음과 같다.

[식 7.3]

$$ y_n = [(1+{}_0f_1)(1+{}_1f_2)\ldots(1+{}_{n-1}f_n)]^{\frac{1}{n}} - 1 $$

예시 7-2 현물이자율과 선도이자율의 계산

(1) 1년, 2년, 3년, 4년 만기 현물이자율이 각각 5%, 6%, 7%, 6%이면 1년 기준의 선도이자율은 각각 얼마인가?

1년 기준의 선도이자율은 각각 5.00%, 7.01%, 9.03%, 3.06%로 계산된다.

$$ {}_0f_1 = 5.00\%,\ {}_1f_2 = \frac{1.06^2}{1.05} - 1 = 7.01\% $$

$$ {}_2f_3 = \frac{1.07^3}{1.06^2} - 1 = 9.03\%,\ {}_3f_4 = \frac{1.06^4}{1.07^3} - 1 = 3.06\% $$

(2) 1년 기준의 선도이자율이 각각 5%, 6%, 7%, 8%이면 1년, 2년, 3년, 4년 만기 현물이자율은 각각 얼마인가?

1년, 2년, 3년, 4년 만기 현물이자율은 각각 다음과 같이 계산된다.

$$ y_1 = 5\% $$

$$ y_2 = (1.05\times1.06)^{\frac{1}{2}} - 1 = 5.4988\% $$

$$ y_3 = (1.05\times1.06\times1.07)^{\frac{1}{3}} - 1 = 5.9969\% $$

$$ y_4 = (1.05\times1.06\times1.07\times1.08)^{\frac{1}{4}} - 1 = 6.4941\% $$

(3) 1년, 2년, 3년 만기 무이표채의 가격이 각각 원금의 97%, 95%, 93%이다. $(1+y_2)^2$, y_2, $(1+y_3)^3$, y_3, ${}_2f_3$를 구하라.

$$y_2 = \left(\frac{100}{95}\right)^{\frac{1}{2}} - 1 \rightarrow (1+y_2)^2 = \frac{100}{95} \rightarrow y_2 = 2.5978\%$$

$$y_3 = \left(\frac{100}{93}\right)^{\frac{1}{3}} - 1 \rightarrow (1+y_3)^3 = \frac{100}{93} \rightarrow y_3 = 2.4485\%$$

$${}_2f_3 = \frac{(1+y_3)^3}{(1+y_2)^2} - 1 = \frac{\frac{100}{93}}{\frac{100}{95}} - 1 = 2.15\%$$

2.2 선도이자율의 의미

선도이자율(forward rate)은 현재 시점에서 확정된 또는 추정된 미래의 이자율이라는 의미를 갖는다. 선도이자율은 현재시점에서 이루어진 투자의 수익률을 의미하는 현물이자율과는 다르다. 현물이자율 y_n이 현재 시점과 n년 후 시점을 연결하는 이자율인데 반해, 선도이자율 ${}_{n-1}f_n$을 $n-1$ 시점과 n 시점을 연결하는 이자율이다.

선도이자율에 대해 다음과 같이 상호 연관된 해석이 가능하다. $y_1 = 8\%$, $y_2 = 10\%$, ${}_1f_2 = 12.04\%$라고 가정하자.

① 선도이자율은 한계수익률(marginal rate of return)의 의미를 갖는다. 처음 1년 동안에 1원을 8%로 투자한 투자자가 2년 동안의 수익률이 10%가 되기 위해서 2차연도에 얻어야 하는 수익률은 얼마인가? 1원 × 1.08 × 1.1204 = 1원 × 1.1^2의 관계가 성립하므로 2차연도에 얻어야 하는 수익률은 12.04%이다. 이 12.04%가 2차연도의 선도이자율이다. 반면에 현물이자율은 현재 시점에서 산출된 미래 일정기간 동안의 연평균수익률(average rate of return)의 의미를 갖는다. 따라서 $y_2 = 10\%$는 1차연도의 수익률 y_1과 2차연도 수익률 ${}_1f_2$의 기하평균(geometric average) 수익률로 산출된다: $(1.08 \times 1.1204)^{\frac{1}{2}} - 1 = 10\%$. 따라서 아래 그림에서 확인할 수 있듯이, 선도이자율의 변화는 급격하게 되고 현물이자율의 변화는 완만하게 된다.

그림 7-4 **현물이자율과 선도이자율**

만기	현물이자율	선도이자율
1	0.060	0.0600
2	0.070	0.0801
3	0.078	0.0942
4	0.083	0.0981
5	0.081	0.0730
6	0.077	0.0572
7	0.073	0.0493

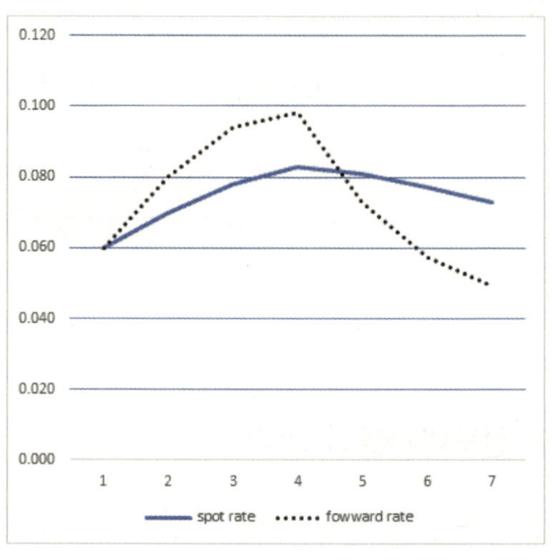

② 선도이자율은 1년 만기 채권에 연속적으로 투자하는 경우가 2년 만기 채권에 투자하는 경우와 동일한 수익률을 제공하게 되는 2차연도의 손익분기수익률(breakeven rate)이다. 즉, 1차연도에 8%로 투자한 투자자가 수익률 10%인 2년 만기 채권에 투자한 경우와 동일해지려면 2차연도에 얻어야 하는 손익분기수익률은 12.04%이다.

③ 선도이자율은 미래 일정기간의 확정이자율(locked-in rate)의 의미로 사용되기도 한다. 즉, 투자자는 1년 만기 채권에 투자하여 8%를 얻는 대신에 2년 만기 채권에 투자하여 10%의 수익률을 얻음으로써 2차연도의 수익률을 12.04%로 확정시킬 수 있다. 투자자가 1년 만기 채권에 투자하면 1년 후에 실현되는 1년 만기 현물이자율의 불확실성에 노출된다. 투자자는 2년 만기 채권에 투자함으로써 1년 만기 채권투자에 따른 위험을 헤지(hedge)할 수 있다. 이런 측면에서 선도이자율을 헤지이자율(hedgeable rate)로 부르기도 한다.

3 수익률곡선과 채권가치평가

$y_1 = 5\%$, $y_2 = 6\%$, $y_3 = 7\%$, $y_4 = 6\%$인 앞의 예시에서, 100만원을 3년과 4년 투자하면 미래가치는 각각 얼마인가? 현물이자율을 이용하면, $100(1.07)^3 = 122.50$만원과

$100(1.06)^4 = 126.25$만원이 계산된다. 현물이자율 대신 해당되는 기간의 선도이자율들을 이용해도 동일한 금액이 계산된다. 선도이자율이 각각 5.00%, 7.01%, 9.03%, 3.06%이므로 4년 후 가치는 다음과 같이 계산되기도 한다.

$$100(1.05)(1.0701)(1.0903)(1.0306) = 126.25$$

이 계산과정을 역으로 생각하면 수익률곡선 하에서의 채권의 가치평가 방법이 유도된다. 즉,

$$\frac{126.25}{1.06^4} = 100 \quad \text{또는} \quad \frac{126.25}{(1.05)(1.0701)(1.0903)(1.0306)} = 100$$

먼저 이표채를 분리(stripping)하여 여러 개의 무이표채로 만든 후 무이표채의 만기와 현물이자율을 일치시켜 할인하여 각각의 현가를 구한 후 이들을 합산하면 이표채의 가치가 계산된다. 예를 들어, 만기가 4년이고 액면이자율이 8%인 채권의 가치는 다음과 같이 10,681.55원이다(원금은 10,000원이고 연 1회 이자지급 가정).

그림 7-5 수익률곡선을 고려한 이표채의 가치평가 

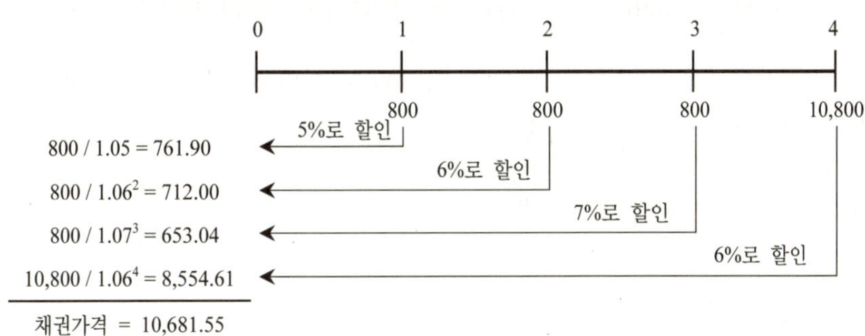

$$\frac{800}{1.05} + \frac{800}{1.06^2} + \frac{800}{1.07^3} + \frac{10,800}{1.06^4} = 10,681.55$$

또는 다음과 같이 선도이자율만을 이용하여 평가할 수도 있다(선도이자율은 [예시 7-2]에서 계산하였음).

$$\frac{800}{1.05} + \frac{800}{(1.05)(1.0701)} + \frac{800}{(1.05)(1.0701)(1.0903)}$$

$$+\frac{10,800}{(1.05)(1.0701)(1.0903)(1.0306)}=10,681.55$$

공식으로 정리하면 다음과 같다.

[식 7.4]

$$P_0=\frac{C_1}{(1+y_1)}+\frac{C_2}{(1+y_2)^2}+\ldots+\frac{C_n+F}{(1+y_n)^n}$$

$$P_0=\frac{C_1}{(1+{}_0f_1)}+\frac{C_2}{(1+{}_0f_1)(1+{}_1f_2)}+\ldots+\frac{C_n+F}{(1+{}_0f_1)(1+{}_1f_2)..(1+{}_{n-1}f_n)}$$

예시 7-3 선도이자율을 이용한 채권가치평가

만기가 5년이고 액면이자율이 6%이고 원금이 10,000원인 채권을 고려해 보자. 현물이자율이 각각 $y_1=4\%$, $y_2=4.618\%$, $y_3=5.192\%$, $y_4=5.716\%$, $y_5=6.112\%$이다. 현물이자율과 선도이자율을 이용하여 채권의 가치를 평가하라.

먼저 현물이자율을 이용하여 채권의 가격을 구하면 10,000원이 계산된다.

$$P_0=\frac{600}{1.04}+\frac{600}{1.04618^2}+\frac{600}{1.05192^3}+\frac{600}{1.05716^4}+\frac{10,600}{1.06112^5}=10,000$$

1년 기준의 선도이자율이 각각 4%, 5.240%, 6.349%, 7.304%, 7.711%이므로 선도이자율을 이용하여 이 채권이 액면가채권임을 다시 확인할 수 있다.

$$P_0=\frac{600}{1.04}+\frac{600}{1.04\times1.0524}+\frac{600}{1.04\times1.0524\times1.06349}$$
$$+\frac{600}{1.04\times1.0524\times1.06349\times1.07304}$$
$$+\frac{10,600}{1.04\times1.0524\times1.06349\times1.07304\times1.07711}=10,000$$

4 액면가채권으로부터의 수익률곡선 추정

앞에서 우리는 여러 만기의 무이표채를 이용하여 현물이자율을 계산하였다. 여기서는 여러 만기의 액면가채권을 이용하여 현물이자율을 추정하는 방법을 소개하기로 한다. 먼저 다음과 같은 세 개의 액면가채권이 존재한다고 가정하자.

만 기	액면이자율	채권가격	액면수익률
1	3.5%	10,000	3.5%
2	4.0%	10,000	4.0%
3	4.5%	10,000	4.5%

액면가채권의 경우 만기수익률은 액면이자율과 동일하다. 액면가채권의 만기수익률을 액면수익률(par yield)이라고 하는데 이는 현물이자율과 같지 않다. 여기서는 액면수익률로부터 현물이자율을 추정하는 방법인 붓스트랩방법(bootstrap method)을 소개하기로 한다. 이자를 연 1회 지급한다고 가정하면 1년 만기 채권은 사실상 무이표채와 같다. 따라서 3.5%는 1년 만기 현물이자율 y_1과 같다. 2년 만기 이표채의 가치는 무이표채 가치의 합이므로 다음 식으로부터 $y_2 = 4.010\%$ 이다.

$$\frac{400}{1.035} + \frac{10,400}{(1+y_2)^2} = 10,000$$

같은 논리로 3년 만기 채권의 가격으로부터 $y_3 = 4.531\%$ 이 계산된다. 가치평가에 $y_1 = 3.5\%$, $y_2 = 4.01\%$ 를 이용한다.

$$\frac{450}{1.035} + \frac{450}{1.0401^2} + \frac{10,450}{(1+y_3)^3} = 10,000$$

계산된 현물이자율로부터 선도이자율을 계산하면 다음과 같은 표가 완성된다.

만 기	액면수익률	현물이자율	선도이자율
1	3.500%	3.500%	3.500%
2	4.000%	4.010%	4.523%
3	4.500%	4.531%	5.581%

현물이자율, 선도이자율, 액면수익률간에 다음의 관계가 성립한다. 먼저 상향수익률곡선의 경우, 위에서부터 선도이자율곡선, 현물이자율곡선, 액면수익률곡선이 차례로 위치한다.

그림 7-6 **선도이자율곡선, 현물이자율곡선, 액면수익률곡선의 순서(상향수익률곡선)**

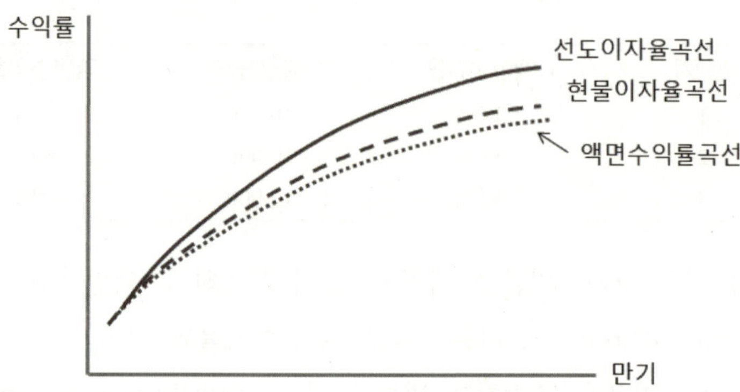

이번에는 가정을 바꾸어 액면가채권의 액면이자율이 각각 3.5%, 3.0%, 2.5%라고 하면 다음과 같은 현물이자율과 선도이자율이 계산된다.

만 기	액면수익률	현물이자율	선도이자율
1	3.500%	3.500%	3.500%
2	3.000%	2.993%	2.488%
3	2.500%	2.483%	1.471%

따라서 하향수익률곡선의 경우 위에서부터 액면수익률곡선, 현물이자율곡선, 선도이자율곡선이 차례로 위치한다.

그림 7-7 **액면수익률곡선, 현물이자율곡선, 선도이자율곡선의 순서(하향수익률곡선)**

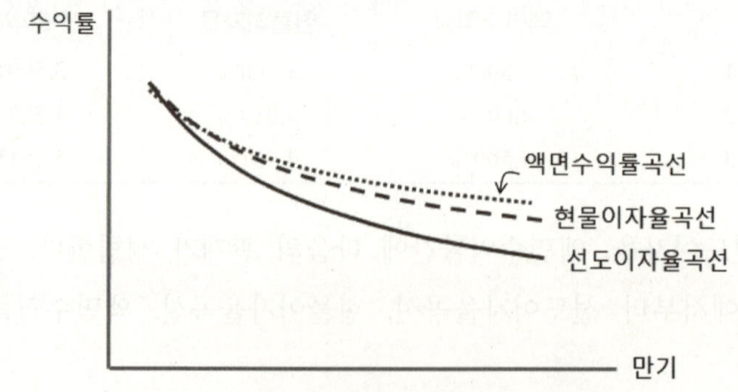

예시 7-4 현물이자율로부터 액면수익률의 계산

무이표수익률(또는 현물이자율)로부터 액면수익률을 계산해 보자. 1년, 2년, 3년 만기 무이표수익률이 각각 3.5%, 4.01%, 4.531%라고 가정하자. 먼저 1년 만기 액면수익률은 무이표수익률과 같다. 2년 만기 액면가채권이 존재한다면 다음의 관계가 성립해야 한다(연 1회 이자지급 가정).

$$\frac{C}{1.035} + \frac{C}{1.0401^2} + \frac{10,000}{1.0401^2} = 10,000$$

액면수익률을 구하는 것은 액면가채권의 액면이자율, 즉 위의 식에서 C를 구하는 것과 동일하다. $\frac{C}{1.035} + \frac{C}{1.0401^2} + \frac{10,000}{1.0401^2} = 10,000$으로부터 $C\left(\frac{1}{1.035} + \frac{1}{1.0401^2}\right) = 10,000 - \frac{10,000}{1.0401^2} = 756.22$가 계산되므로 C는 400이다. 따라서 2년 만기 액면수익률은 4%이다. 같은 논리로 3년 만기 액면가채권의 경우 다음의 관계가 성립해야 한다.

$$\frac{C}{1.035} + \frac{C}{1.0401^2} + \frac{C}{1.04531^3} + \frac{10,000}{1.04531^3} = 10,000$$

$C\left(\frac{1}{1.035} + \frac{1}{1.0401^2} + \frac{1}{1.04531^3}\right) = 100 - \frac{100}{1.04531^3}$으로부터 $C = 450$이다. 따라서 3년 만기 액면수익률은 4.5%이다.

예시 7-5 붓스트랩법에 의한 수익률곡선 추정과 채권가치평가

다음과 같은 세 개의 액면가채권이 존재한다고 가정하자(액면은 10,000원임).

만 기	액면이자율	채권가격
1	5.3%	10,000
2	6.2%	10,000
3	7.1%	10,000

만기 3년, 액면이자율 6.5%, 원금 10,000원인 채권의 가치를 평가하라.

먼저 붓스트랩법을 적용하여 세 개의 액면가채권으로부터 현물이자율을 계산한다.

$$y_1 = 5.3\%$$

$$\frac{620}{1.053} + \frac{10,620}{(1+y_2)^2} = 10,000 \quad \rightarrow \quad y_2 = 6.23\%$$

$$\frac{710}{1.053} + \frac{710}{1.0623^2} + \frac{10,710}{(1+y_3)^3} = 10,000 \quad \rightarrow \quad y_3 = 7.19\%$$

따라서 액면이자율이 6.5%이고 만기가 3년인 채권의 가치는 9,840.70원이다.

$$\frac{650}{1.053} + \frac{650}{1.0623^2} + \frac{10,650}{1.0719^3} = 9,840.70$$

이는 액면수익률 5.3%, 6.2%, 7.1%를 이용하여 할인한 값인 9,862.85원과 동일하지 않다. 액면수익률곡선은 현물이자율곡선보다 아래에 위치하므로 액면수익률을 이용하여 채권의 가치를 평가하면 채권가치가 과대평가되는 오류가 발생한다.

5 보간법*

앞에서 설명했듯이 수익률은 활발히 거래되는 채권의 가격으로부터 추정된다. 그런데 시장에서 활발히 거래되는 채권의 만기는 제한적이므로 결국 완전한 수익률곡선을 그려내려면 추정된 몇 개의 만기수익률을 이용하여 중간 만기의 수익률을 추정해내야 한다. 예를 들어, 10년 만기 수익률과 20년 만기 수익률이 채권가격으로부터 추정되면 이로부터 12년 만기 수익률을 추정할 수 있다. 이처럼 시장에서 활발히 거래되는 채권의 대표적인 만기를 기본만기라고 하는데 기본만기 사이의 수익률을 추정하는 방법에는 선형보간법, 로그보간법, 3차함수 스플린법 등이 있다. 여기서는 선형보간법과 로그보간법을 설명하기로 한다.

5.1 선형보간법

추정된 만기수익률 사이의 수익률을 구하는 가장 간단한 방법이 선형보간법(linear interpolation)이다. 예를 들어, L년 만기 수익률이 y_L이고, R년 만기 수익률이 y_R이라고 하자. $L < R$이고 우리가 구하는 만기 τ가 L과 R 사이에 위치한다고 정의하면 y_τ를 구하는 식은 다음과 같다.

[식 7.5]

$$y_\tau = ay_L + (1-a)y_R = y_L + (y_R - y_L) \times \frac{\tau - L}{R - L}$$

여기서 $a = \dfrac{R-\tau}{R-L}$이다. 예를 들어, 2년 만기 현물이자율이 4.010%이고 3년 만기 현물이자율이 4.531%이면 2.3년 만기 현물이자율은 다음과 같이 4.1663%이다.

$$y_{\tau=2.3} = \left(\frac{3-2.3}{3-2}\right) \times 4.010\% + \left(1 - \frac{3-2.3}{3-2}\right) \times 4.531\% = 4.1663\%$$

$$y_{\tau=2.3} = 4.010\% + (4.531\% - 4.010\%) \times \frac{2.3-2}{3-2} = 4.1663\%$$

5.2 로그보간법

많이 사용하는 다른 방법은 할인요소(discount factor: df)의 자연대수(natural logarithm)에 선형보간법을 적용하는 로그보간법(logarithmic interpolation)이다. 할인요소는 해당되는 수익률로 할인한 1원의 현재가치를 말한다. 일련의 계산식은 다음과 같다.

[식 7.6]

$$\ln(df_\tau) = \ln(df_L) + [\ln(df_R) - \ln(df_L)] \times \frac{\tau - L}{R - L}$$

$$df_\tau = e^{\ln(df_\tau)}$$

$$y_\tau = \left(\frac{1}{df_\tau}\right)^{\frac{1}{\tau}} - 1$$

4년 만기 수익률이 6.50%이고 10년 만기 수익률이 6.75%인 경우 로그보간법으로 6년 만기 수익률을 추정해 보자. 계산과정은 다음 다섯 단계로 구성된다.

- 1단계 : 추정된 수익률로부터 할인요소를 계산한다.

$$df_4 = \frac{1}{1.065^4} = 0.7773, \qquad df_{10} = \frac{1}{1.0675^{10}} = 0.5204$$

- 2단계: 할인요소의 자연대수값을 계산한다.

$$\ln(df_4) = \ln 0.7773 = -0.2519, \qquad \ln(df_{10}) = \ln 0.5204 = -0.6532$$

- 3단계: 자연대수값에 선형보간법을 적용한다.

$$\ln(df_\tau) = -\left[0.2519 + (0.6532 - 0.2519) \times \frac{6-4}{10-4}\right] = -0.3857$$

- 4단계: 지수함수에 선형보간법으로 추정된 값을 적용하여 할인요소를 역으로 계

산한다.

$$df_{\tau} = e^{-0.3857} = 0.6800$$

■ 5단계: 계산된 할인요소로부터 수익률을 계산한다.

$$y_{\tau} = \left(\frac{1}{0.6800}\right)^{\frac{1}{6}} - 1 = 6.6388\%$$

한편, 선형보간법을 적용하면 6년 만기 수익률은 6.5833%로 계산된다.

$$6.5\% + (6.75\% - 6.5\%) \times \frac{6-4}{10-4} = 6.5833\%$$

예시 7-6 선형보간법과 로그보간법의 적용

5년, 8년, 10년 만기 수익률이 각각 5.0%, 5.9%, 6.2%이다. 선형보간법과 로그보간법으로 수익률곡선을 완성하라.

(1) 선형보간법

6년 만기 수익률이 $5.0\% + (5.9\% - 5.0\%) \times \frac{6-5}{8-5} = 5.3\%$이고 같은 방식으로 다른 만기의 수익률도 구하여 표를 완성하면 다음과 같다.

만 기	수익률	선도수익률
5년	5.00%	
6년	5.30%	6.81%
7년	5.60%	7.42%
8년	5.90%	8.02%
9년	6.05%	7.26%
10년	6.20%	7.56%

(2) 로그보간법

만 기	수익률	선도수익률
5년	5.00%	
6년	5.40%	7.42%
7년	5.68%	7.38%
8년	5.90%	7.45%
9년	6.07%	7.44%
10년	6.20%	7.38%

6년 만기 수익률 계산 예시:

$$\frac{1}{1.05^5}=0.7835,\ \frac{1}{1.059^8}=0.6322,\ \ln 0.7835=-0.2440,\ \ln 0.6322=-0.4585$$

$$-\left[0.2440+(0.4584-0.2440)\times\frac{1}{3}\right]=-0.3155,\ e^{-0.3155}=0.7294,$$

$$\left(\frac{1}{0.7294}\right)^{\frac{1}{6}}-1=5.40\%$$

선형보간법과 로그보간법으로 추정한 현물이자율곡선을 비교하면 다음과 같다(차이가 거의 없는 8~10년 기간은 제외함).

그림 7-8 현물이자율곡선(실선: 로그보간법, 점선: 선형보간법, 만기는 5년부터 8년까지)

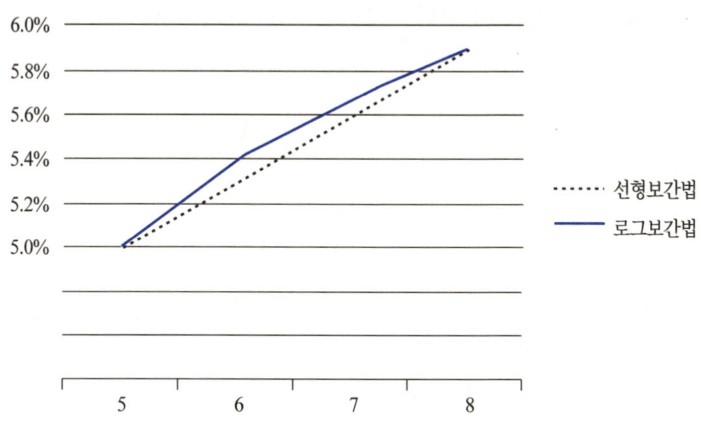

6 스프레드

6.1 명목스프레드

신용위험에 노출되어 있는 위험채권이 무위험 국채에 비하여 추가적으로 제공하는 수익률프리미엄(yield premium)을 계산하는 전통적인 방법은 두 수익률 차이인 명목스프레드(nominal spread: ns) 또는 G-스프레드를 추정하는 것이다. 우리가 통상 스프레드라고 하는 것은 바로 명목스프레드를 의미한다. 예를 들어, 액면이자율이 8.8%이고 만기가 25년인 국채와 회사채의 수익률이 각각 9.15%와 10.24%이면(채권가격은 각각 96.6133%와 87.0798%임) 명목스프레드는 10.24% − 9.15% = 109bp이다.

즉, 명목스프레드는 다음 식을 만족시키는 ns이다(여기서 r은 국채수익률임).

[식 7.7]

$$P_0 = \frac{CF_1}{1+r+ns} + \frac{CF_2}{(1+r+ns)^2} + \dots + \frac{CF_n}{(1+r+ns)^n}$$

위험채권의 수익률을 조건이 동일한 국채의 수익률과 비교하여, 두 수익률 차이를 계산하는 명목스프레드는 다음과 같은 문제점을 가지고 있다. 첫째, 수익률곡선이 수평이라고 가정한다. 즉, 이자율의 기간구조를 적절히 반영하지 못한다. 둘째, 옵션의 성격을 내재한 수의상환사채와 상환요구사채의 경우 이자율의 변동성이 채권의 현금흐름에 영향을 미치게 되는데 명목스프레드는 이를 적절히 고려하지 못한다. 여기서 첫 번째 문제점을 고려한 스프레드가 정적스프레드(static spread : ss) 또는 제로변동성스프레드(zero volatility spread)이다. 그리고 두 문제점을 모두 고려한 스프레드가 옵션조정스프레드(option adjusted spread: OAS)이다.

6.2 제로변동성스프레드

제로변동성스프레드(Z-스프레드) 또는 정적스프레드는 무위험 수익률곡선의 모든 수익률에 일정 스프레드를 더한 수준에서 할인한 채권 현금흐름의 현재가치가 채권가격과 일치할 때 그 때 가산한 스프레드를 의미한다. 즉, 제로변동성스프레드 ss는 다음의 식을 만족시키는 스프레드이다.

[식 7.8]

$$P_0 = \frac{CF_1}{1+r_1+ss} + \frac{CF_2}{(1+r_2+ss)^2} + \cdots + \frac{CF_n}{(1+r_n+ss)^n}$$

명목스프레드와 제로변동성스프레드의 차이를 그래프로 보이면 [그림 7-9]와 같다.

그림 7-9 명목스프레드와 제로변동성스프레드

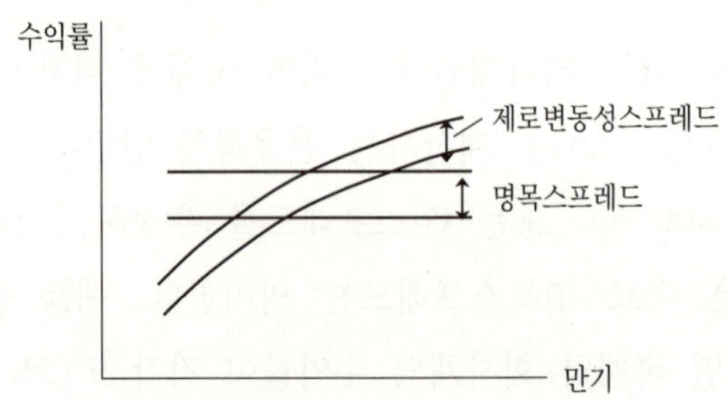

[표 7-1]은 액면이자율이 8.8%이고 만기가 25년인 국채와 회사채를 이용한 제로변동성스프레드의 계산과정을 보여 준다. 국채현물이자율(Treasury spot rate)은 6개월 간격으로 계산되어 있으며 연 수익률이다. 현재의 상향수익률곡선을 이용하여 계산한 국채의 이론가격은 96.6133으로 채권의 현재가격과 일치한다. 이 상향수익률곡선의 모든 점에 120bp를 더하면 새로운 수익률곡선이 구해지고, 이를 이용하여 계산한 회사채 현금흐름의 현가가 87.0798로 채권가격과 일치하므로 120bp가 제로변동성스프레드이다. 이는 앞에서 계산한 명목스프레드 109bp와 동일하지 않다.

[표 7-1] 제로변동성스프레드의 계산
(국채와 회사채 조건 : 액면이자율 8.8%, 만기 25년, 원금 100원, 액면이자 연 2회 지급)

기간(t)	현금흐름 (CF_t)	국 채		회사채	
		국채현물이자율(r)	현재가치	r+120bp	현재가치
1	4.4	7.00000%	4.2512	8.20000%	4.2267
2	4.4	7.04999%	4.1055	8.24999%	4.0583
3	4.4	7.09998%	3.9628	8.29998%	3.8947
4	4.4	7.12498%	3.8251	8.32498%	3.7377
:	:	:	:	:	:
48	4.4	10.50000%	0.3774	11.70000%	0.2873
49	4.4	10.60000%	0.3503	11.80000%	0.2652
50	104.4	10.80000%	7.5278	12.00000%	5.6677
합 계			96.6133		87.0798

참고 : 국채의 현재가치는 $\dfrac{CF_t}{\left(1+\dfrac{r}{2}\right)^t}$로 계산함.

명목스프레드와 제로변동성스프레드간의 차이는 수익률곡선의 모양과 만기에 의해 영향을 받는다. 일반적으로 수익률곡선의 기울기가 급할수록 또는 만기가 길수록 그 차이가 커진다.

6.3 옵션조정스프레드*

증권에 내재된 옵션가치 또는 옵션비용(implied option cost)은 제로변동성스프레드(ss)와 일정한 수익률변동성 가정 하에 계산한 옵션조정스프레드(OAS)간의 차이로 표현된다. 이자율이 변하지 않는다고 가정하면 투자자는 제로변동성스프레드를 얻는데 이자율이 불확실해지면 내재된 옵션으로 인해 두 스프레드간에 차이가 발생한다.

OAS는 옵션에 대해 조정된 스프레드이므로(즉, 옵션의 영향이 제거된 스프레드(option removed spread)이므로) 옵션비용은 결국 제로변동성스프레드와 OAS간의 차이로 간주된다. 여기서 옵션비용은 % 또는 bp로 계산된다. 제로변동성스프레드는 변동성이 0%인(옵션가치가 0인) 경우의 OAS이다.

[식 7.9]

$$\text{옵션비용} = ss - OAS$$
$$OAS = ss - \text{옵션비용}$$

수의상환사채의 경우 발행기업이 권리를 소유하므로(즉, 투자자가 발행기업에게 옵션을 매도하였으므로) 옵션비용은 양(+)이고 OAS는 ss보다 작다. 수의상환사채의 OAS는 다음 식을 만족시켜야 한다.[5)]

[식 7.10]

$$\frac{CF_1}{1+r_1+OAS} + \frac{CF_2}{(1+r_2+OAS)^2} + \cdots + \frac{CF_n}{(1+r_n+OAS)^n}$$
$$= \text{동일 조건의 일반사채의 가격}$$

[그림 7-10]은 수의상환사채의 옵션조정스프레드와 제로변동성스프레드간의 관계를 보여준다.

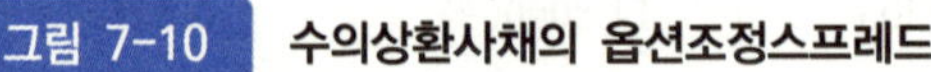

그림 7-10 수의상환사채의 옵션조정스프레드

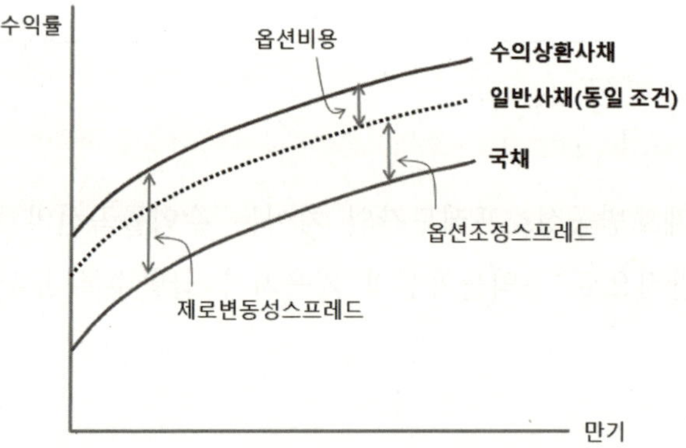

동일 조건의 일반사채의 가격이 수의상환사채의 가격보다 크므로 OAS는 ss보다 작다. 반면에 상환요구사채의 경우 투자자가 권리를 소유하므로(즉, 투자자가 발행기

5) 여기서 옵션조정스프레드는 국채의 현물이자율을 기준으로 수의상환사채의 위험프리미엄을 측정한 것이다. 옵션내재채권의 옵션조정스프레드를 이항모형으로 평가할 수도 있는데 그 경우 옵션조정스프레드는 단기이자율에 대한 위험프리미엄이다.

업으로부터 옵션을 매입하였으므로) 옵션비용은 음(−)이고 OAS는 ss보다 크다.

예시 7-7 수의상환사채와 상환요구사채의 옵션조정스프레드와 옵션비용

만기가 3년이고 액면이자율이 8%인 수의상환사채의 가격이 10,200원이고 동일 조건의 일반사채의 가격이 10,278원이다. 발행기업은 발행 1년 후부터 10,025원에 매입이 가능하다. 국채수익률곡선을 이용하여 구한 현물이자율이 1년, 2년, 3년 만기의 경우 각각 4%, 4.5113%, 5.0341%이다.

(1) 명목스프레드는 얼마인가?

동일 조건의 국채가격이 $\frac{800}{1.04}+\frac{800}{1.045113^2}+\frac{10,800}{1.050341^3}=10,822$원이다. 수평수익률곡선 가정 하에서 국채의 만기수익률이 5.059%이고 수의상환사채의 만기수익률이 7.234%이므로 명목스프레드는 $ns=$217.5bp이다.

$$\frac{800}{1+r}+\frac{800}{(1+r)^2}+\frac{10,800}{(1+r)^3}=10,822 \quad \rightarrow \quad r=5.059\%$$

$$\frac{800}{1+y}+\frac{800}{(1+y)^2}+\frac{10,800}{(1+y)^3}=10,200 \quad \rightarrow \quad y=7.234\%$$

(2) 제로변동성스프레드는 얼마인가?

국채수익률곡선에 225.37bp를 더할 때 채권현금흐름의 현가가 10,200원으로 계산되므로 제로변동성스프레드는 $ss=$225.37bp이다.

$$\frac{800}{(1+0.04+0.022537)}+\frac{800}{(1+0.045113+0.022537)^2}$$
$$+\frac{10,800}{(1+0.050341+0.022537)^3}=10,200$$

(3) 옵션조정스프레드를 구하라.

동일 조건의 일반사채가 10,278원에 거래되므로 옵션조정스프레드는 OAS = 196.03bp이다.

$$\frac{800}{(1+0.04+0.019603)}+\frac{800}{(1+0.045113+0.019603)^2}$$
$$+\frac{10,800}{(1+0.050341+0.019603)^3}=10,278$$

따라서 옵션비용은 $ss-OAS=225.37-196.03=29.34$bp이다. 그리고 수의상환사채에 내재된 옵션가치는 10,278 − 10,200 = 78원이다.

이상을 정리하면 다음과 같다. 옵션조정스프레드는 신용위험과 유동성위험에 대한 프리미엄이고, 제로변동성스프레드는 신용위험, 유동성위험, 그리고 옵션위험에 대한 프리미엄이다.

구 분	채권가격	스프레드	관련 위험
국 채	10,822원		
일 반 사 채	10,278원	196.03bp	신용위험, 유동성위험
수의상환사채	10,200원	225.37bp	신용위험, 유동성위험, 옵션위험

(4) 만기가 3년이고 액면이자율이 8%인 상환요구사채의 가격이 10,400원이다. 명목스프레드와 제로변동성스프레드를 구하라.

명목스프레드는 $ns=6.489\%-5.059\%=143$bp이고 제로변동성스프레드는 $ss=150.85$bp이다.

$$\frac{800}{1+y}+\frac{800}{(1+y)^2}+\frac{10,800}{(1+y)^3}=10,400 \quad\rightarrow\quad y=6.489\%$$

$$\frac{800}{(1+0.04+0.015085)}+\frac{800}{(1+0.045113+0.015085)^2}$$

$$+\frac{10,800}{(1+0.050341+0.015085)^3}=10,400$$

따라서 옵션비용은 $ss-OAS=150.85-196.03=-45.18bp$이다. 그리고 상환요구사채에 내재된 옵션가치는 $10,400-10,278=122$원이다.

이상을 정리하면 다음과 같다. 마이너스의 옵션비용은 옵션에 의한 혜택을 의미한다.

구 분	채권가격	스프레드	관련 위험
국 채	10,822원		
일 반 사 채	10,278원	196.03bp	신용위험, 유동성위험
상환요구사채	10,400원	150.85bp	신용위험, 유동성위험, 옵션위험

(참고: 옵션비용이 마이너스이므로 옵션위험은 사실상 옵션혜택을 의미함)

이자율의 기간구조이론

7.1 채권의 미래가격과 단기이자율

$y_1 = 8\%$, $y_2 = 10\%$이면 만기가 1년이고 원금이 10,800원인 A무이표채의 가격과 만기가 2년이고 원금이 12,100원인 B무이표채의 가격은 모두 10,000원이다. 그렇다면 B채권의 1년 후 가격은 얼마일까? B채권의 1년 후 가격은 1년 후에 결정될 1년 만기 현물이자율에 의해 결정된다. 만일 이 이자율이 14%로 결정되면 채권가격은 $\frac{12,100}{1.14} = 10,614$원이 되고, 12.04%로 결정되면 $\frac{12,100}{1.1204} = 10,800$원이 될 것이다. 1년 후에 결정되는 1년 만기 현물이자율은 현 시점에서는 알 수 없고 1년이 지나면 시장에서 결정될 것이다. 이를 2차연도의 단기이자율(short interest rate)이라고 부르자.

단기이자율은 1년 단위의 미래 기대 현물이자율이므로 시간적 측면에서 선도이자율에 대응되는 개념이다. 단기이자율을 ${}_0r_1$, ${}_1r_2$, … 등으로 표현하기로 한다(물론, $y_1 = {}_0f_1 = {}_0r_1$). 2차연도의 선도이자율은 현물이자율 y_1, y_2로부터 추정되므로 현재 시점에서 확실히 계산할 수 있는 이자율인데 반하여, 2차연도의 단기이자율은 $t = 1$ 시점에서 확정되는 현물이자율이므로 현재 시점에서는 계산할 수 없고 단지 기댓값을 예상할 수 있을 뿐이다.

그림 7-11 단기이자율, 현물이자율, 선도이자율간 관계

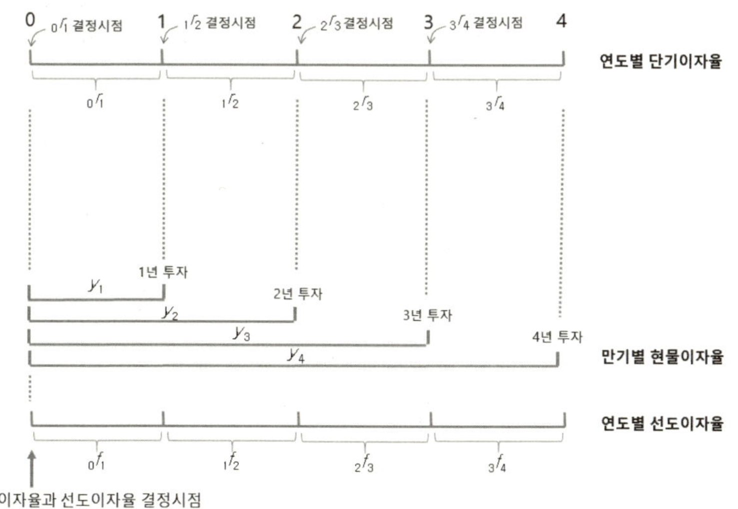

따라서 2년 만기 무이표채의 1년 후 기대가격 $E(P_1)$은 다음과 같이 만기일의 현금흐름 CF_2을 단기이자율의 기댓값 $E({}_1r_2)$으로 할인하여 구한다.

[식 7.11]
$$E(P_1)=\frac{CF_2}{1+E({}_1r_2)}$$

1년 만기 A채권 투자에서 얻는 수익률과 2년 만기 B채권을 매입하여 1년 후에 매도하는 경우의 수익률이 동일해지려면 B채권의 1년 후 매도가격이 10,800원이 되어야 하므로 단기이자율이 선도이자율 $\frac{1.1^2}{1.08}-1=12.04\%$와 같아야 한다. 즉, 2차연도의 단기이자율이 12.04%이면 투자자는 1년 후 B채권을 10,800원에 매도하여 8%의 수익률을 얻을 수 있고, 이는 1년 만기 A채권에 투자해서 얻는 수익률 8%와 동일하다.

$$\frac{12,100}{1.1204}=10,800 \quad \rightarrow \quad \frac{10,800}{10,000}-1 = 8\%$$

투자자의 투자기간이 1년인 경우 1년 만기 무이표채 투자는 현금흐름이 확정된 무위험 투자인 반면, 2년 만기 무이표채를 1년 후 매도하는 것은 가격위험이 수반되는 위험투자이다. B채권의 1년 후 기대가격에 따라 또는 $E({}_1r_2)$과 ${}_1f_2$의 관계에 따라 다음과 같은 세 가지 설명이 가능하다. 첫 번째 경우가 불편기대가설이 성립하는 경우이고, 두 번째 경우가 유동성프리미엄가설이 성립하는 경우이다.

가능한 세 가지 경우

- $E({}_1r_2)={}_1f_2$ → $E(P_1)=10,800$, 위험투자수익률 = 무위험이자율
  → 불편기대가설
- $E({}_1r_2)<{}_1f_2$ → $E(P_1)>10,800$, 위험투자수익률 > 무위험이자율
  → 양(+)의 유동성프리미엄
- $E({}_1r_2)>{}_1f_2$ → $E(P_1)<10,800$, 위험투자수익률 < 무위험이자율
  → 음(−)의 유동성프리미엄

7.2 불편기대가설

불편기대가설(unbiased expectation hypothesis)은 기대 단기이자율(또는 미래 기대

현물이자율)이 선도이자율과 같다고 예측한다. 즉,

[식 7.12]
$$E({}_1r_2) = {}_1f_2$$

다시 말해서 현물이자율로부터 계산된 선도이자율을 미래 현물이자율의 불편 대용치(unbiased proxy)로 사용할 수 있다고 가정한다. 그리고 불편기대가설이 성립하면 2년 만기 무이표채의 1년 후 기대가격은 다음과 같다.

[식 7.13]
$$E(P_1) = \frac{CF_2}{1+E({}_1r_2)} = \frac{CF_2}{1+{}_1f_2}$$

바로 앞에서 단기이자율이 선도이자율과 동일하면 B채권의 미래가격이 10,800원이 되고 B채권을 1년 보유하는 경우의 수익률이 8%가 되어 A채권에 투자하는 경우와 동일한 수익률을 얻음을 보였다. 투자기간이 1년인 투자자가 A채권에 투자하는 것에는 위험이 수반되지 않으나, 2년 만기 채권을 1년 후에 매도하는 전략에는 위험이 수반된다. 단기이자율이 선도이자율과 같으면 위험전략의 수익률이 무위험전략의 수익률과 동일해지므로 이 가설은 위험중립형(risk neutral) 투자자를 가정한다.

선도이자율이 미래 현물이자율과 동일한 경우 미래의 단기이자율이 상승(하락)하면 수익률곡선은 상향(하향)이 된다. 예를 들어, ${}_0r_1 = 6\%$, ${}_1r_2 = 6.1\%$이면 $y_1 = 6\%$, $y_2 = 6.05\%$이므로 상향수익률곡선이다. 반대로 ${}_1r_2 = 5.9\%$이면 $y_2 = 5.95\%$이므로 하향수익률곡선이다.

그리고 장기이자율은 단기이자율의 기하평균이다.[6] 예를 들어, 1년, 2년, 3년 만기 현물이자율이 각각 6%, 7%, 8%이면 선도이자율은 각각 6%, 8.01%, 10.03%이다. 단기이자율이 선도이자율과 동일하므로 2년 만기 현물이자율 7%는 6%와 8.01%의 기하평균이고, 3년 만기 현물이자율 8%는 6%, 8.01%, 10.03%의 기하평균이다.

$$y_n = \left[(1+{}_0r_1)(1+{}_1r_2)\ldots(1+{}_{n-1}r_n)\right]^{\frac{1}{n}} - 1$$

단기이자율이 실질수익률과 물가상승률(inflation rate)에 의해 결정되며 실질수익률이 일정하다고 가정하면 단기이자율의 증감은 물가상승률의 증감에 의해 결정되므로 물가상승률이 증가하면 장기이자율은 상승하게 된다.

6) 정확히 얘기하면 기하평균이지만 실무자들은 가치평가를 위해 정확하게 계산할 필요가 없다면 산술평균으로 대략적으로 계산하기도 한다. 즉, 1년 2년 3년 만기 현물이자율이 6%, 7%, 8%이면 선도이자율을 산술평균인 6%, 8%, 10%로 계산하여 사용하기도 한다.

7.3 유동성프리미엄가설

유동성프리미엄가설(liquidity premium hypothesis) 또는 유동성선호가설(liquidity preference hypothesis)은 위험회피형(risk averse) 투자자를 가정하며 유동성프리미엄으로 인해 선도이자율이 미래 단기이자율의 불편추정치가 아니라고 예측한다.

투자기간과 위험간의 관계를 살펴보기 위하여 투자자의 투자시한이 단기(예를 들어, 1년)라고 가정하고 다음 두 전략을 고려해 보자.

첫 번째 전략 : 1년 만기 채권에 투자

두 번째 전략 : 2년 만기 채권에 투자하고 1년 후 채권 매도

투자기간이 1년이면 1년 만기 채권에 투자하는 전략에는 위험이 수반되지 않는다. 반면에 2년 만기 채권을 만기일 전에 매각하는 전략에는 위험이 수반된다. 왜냐하면 1년 후 채권가격은 그 시점에서 결정되는 단기이자율인 ${}_1r_2$에 의해 결정되기 때문이다. 따라서 위험이 수반되는 두 번째 전략의 기대수익률이 위험이 없는 첫 번째 전략의 수익률보다 높지 않으면 누구도 두 번째 전략을 선택하지 않을 것이다.

투자자가 투자기간과 다른 만기의 채권에 투자하도록 유인하기 위해서는 프리미엄을 지급해야 하는데 이 프리미엄을 유동성프리미엄(liquidity premium)이라고 한다. 유동성프리미엄으로 인해 선도이자율은 기대 단기이자율과 유동성프리미엄(${}_1L_2$)의 합으로 표현된다(즉, 기대 단기이자율이 선도이자율보다 작음).

[식 7.14] $${}_1f_2 = E({}_1r_2) + {}_1L_2 \ \rightarrow\ E({}_1r_2) = {}_1f_2 - {}_1L_2$$

그리고 2년 만기 무이표채의 1년 후 기대가격은 다음과 같다.

[식 7.15] $$E(P_1) = \frac{CF_2}{1 + ({}_1f_2 - {}_1L_2)}$$

유동성프리미엄이 단기투자를 선호하는 투자자가 단기채권 대신에 장기채권에 투자하는 경우 부담하는 위험에 대한 보상을 의미하므로, 유동성프리미엄은 만기와 정(+)의 관계를 가지며 만기가 길수록 유동성프리미엄의 증가속도는 감소한다. 즉,

[식 7.16] $$0 = {}_0L_1 < {}_0L_2 < {}_0L_3 \ \ .\ .\ \ < {}_0L_n$$
$$({}_0L_2 - {}_0L_1) > ({}_0L_3 - {}_0L_2) > \ \ .\ .\ > ({}_0L_n - {}_0L_{n-1})$$

단기이자율이 상승(하락)하면 수익률곡선이 상향(하향)이 된다고 예측하는 불편기대가설과 달리, 유동성프리미엄가설은 단기이자율이 하락 또는 변하지 않더라도 유동성 선호현상으로 인해 투자자가 유동성프리미엄을 요구하므로 수익률곡선이 상향이 될 수 있다고 예측한다. 그리고 유동성프리미엄가설 하에서 장기이자율은 단기이자율과 유동성프리미엄의 기하평균이다.[7)]

$$y_n = \left[(1+{}_0r_1)(1+{}_1r_2+{}_1L_2)\ldots(1+{}_{n-1}r_n+{}_{n-1}L_n)\right]^{\frac{1}{n}}-1$$

예시 7-8 유동성프리미엄가설 하에서의 수익률곡선

유동성프리미엄이론을 정확히 이해하기 위하여 다음의 예를 고려해 보자. 여기서 유동성프리미엄 ${}_1L_2$는 ${}_1f_2-E({}_1r_2)$로 정의되는데 예시에서 0.41%로 일정하다고 가정한다.

- 경우 1: 단기이자율이 크게 하락하는 경우의 하향수익률곡선

  단기이자율이 큰 폭으로 감소하면 하향수익률곡선이 가능하다. 예를 들어, $y_1=7\%$, $y_2=6\%$이면, ${}_1f_2=5.01\%$이다. $E({}_1r_2)=5.01-0.41=4.60\%$이므로 단기이자율이 7%에서 4.6%로 큰 폭으로 감소할 것을 예상하는 경우이다. 이 경우에 y_2가 y_1보다 작으므로 수익률은 하향수익률곡선이다.

- 경우 2: 단기이자율이 하락하는 경우의 수평수익률곡선

  단기이자율이 감소하더라도 수평수익률곡선이 가능하다. 예를 들어, $y_1=7\%$, $y_2=7\%$이면, ${}_1f_2=7\%$이다. $E({}_1r_2)=7.00-0.41=6.59\%$이므로 단기이자율이 감소하는 경우이다. 그러나 y_1과 y_2가 같으므로 수익률곡선은 수평이다.

- 경우 3: 단기이자율이 소폭 하락하는 경우의 상향수익률곡선

  단기이자율이 소폭으로 감소하면 이자율의 움직임과 반대로 상향수익률곡선도 가능하다. 예를 들어, $y_1=7\%$, $y_2=7.1\%$이면, ${}_1f_2=7.2\%$이다. $E({}_1r_2)=7.20-0.41=6.79\%$이므로 단기이자율이 7%에서 6.79%로 감소하는 경우이다. 그러나 수익률곡선은 상향이다.

---

7) 유동성프리미엄을 기간별로 ${}_1L_2$, ${}_2L_3$ 등으로 표시하는 것은 사실 상당히 자의적이지만 단기이자율과 장기이자율간의 관계를 식으로 표현하기 위해 기간별로 표기하기로 한다. 유동성프리미엄은 ${}_0L_2$, ${}_0L_3$ 등으로 표현되는게 보다 적절하다고 생각된다.

- 경우 4: 단기이자율이 증가하는 경우의 상향수익률곡선

  단기이자율이 증가하면(즉, $E({}_1r_2) > {}_0r_1 = y_1$), 수익률곡선은 상향이다. 예를 들어, $y_1 = 7\%$, $y_2 = 7.3\%$이면, ${}_1f_2 = 7.6\%$이다. $E({}_1r_2) = 7.60 - 0.41 = 7.19\%$이다. 단기이자율이 7%에서 7.19%로 상승하는 경우로 수익률곡선은 상향이다.

- 경우 5: 단기이자율이 변하지 않는 경우의 상향수익률곡선

  단기이자율이 변하지 않아도 상향수익률곡선이 가능하다. 예를 들어, $y_1 = 7\%$, $y_2 = 7.205\%$이면, ${}_1f_2 = 7.41\%$이다. $E({}_1r_2) = 7.41 - 0.41 = 7.00\%$이므로 단기이자율이 변하지 않았음에도 불구하고 수익률곡선은 상향이다.

[표 7-2]는 현재의 수익률곡선 하에서 유동성프리미엄가설의 해석을 요약한 것이다. 즉, 관찰된 수익률곡선이 미래 단기이자율의 움직임에 대해 어떤 예측을 하는지 정리한 것이다. 그리고 표는 다섯 경우에 불편기대가설의 해석을 추가로 보여준다. 첫 번째 경우와 네 번째 경우에 단기이자율의 변화방향에 대해서 두 가설이 동일하게 해석하지만(물론 미래 단기이자율의 크기에 대한 해석은 상이함), 남은 세 경우에는 방향에 대한 해석이 상이함을 알 수 있다.

[표 7-2] 유동성프리미엄가설과 불편기대가설의 해석 차이

경우	현재 수익률곡선 자료	유동성프리미엄가설 (${}_1L_2 = 0.41\%$)		불편기대가설	
		단기이자율 변화	방향	단기이자율 변화	방향
1	$y_1 = 7\%$, $y_2 = 6\%$, ${}_1f_2 = 5.01\%$, 하향	7% → 4.6%	하락	7% →5.01%	하락
2	$y_1 = 7\%$, $y_2 = 7\%$, ${}_1f_2 = 7\%$, 수평	7% →6.59%	하락	7% →7%	불변
3	$y_1 = 7\%$, $y_2 = 7.1\%$, ${}_1f_2 = 7.2\%$, 상향	7% →6.79%	하락	7% →7.2%	상승
4	$y_1 = 7\%$, $y_2 = 7.3\%$, ${}_1f_2 = 7.6\%$, 상향	7% →7.19%	상승	7% →7.6%	상승
5	$y_1 = 7\%$, $y_2 = 7.205\%$, ${}_1f_2 = 7.41\%$, 상향	7% →7%	불변	7% →7.41%	상승

상향수익률곡선의 경우 불편기대가설은 수익률곡선의 기울기와 무관하게 항상 단기이자율이 상승할 것으로 예측한다. 반면에, 유동성프리미엄가설은 곡선의 기울기에 따라 단기이자율의 하락, 상승, 불변이 모두 가능하다고 예측한다.

본 예시는 수익률곡선이 주어진 상황에서 두 가설이 예측하는 단기이자율을 계산한 것이다. 반대로 단기이자율이 주어진 상황에서 두 가설이 예측하는 수익률곡선을 구하는 것도 가능하

다. 예를 들어, 단기이자율이 5%에서 4.8%로 하락한다고 하자. 2차연도 유동성프리미엄이 30bp인 경우 유동성선호가설은 ${}_1f_2 = 4.8\% + 0.3\% = 5.1\%$, $y_2 = (1.05 \times 1.051)^{\frac{1}{2}} - 1 = 5.05\%$로 예측하여 상향수익률곡선을 기대하지만, 불편기대가설은 $y_2 = (1.05 \times 1.048)^{\frac{1}{2}} - 1 = 4.90\%$로 하향수익률곡선을 기대한다.

예시 7-9 불편기대가설과 유동성프리미엄가설

1년 만기 무이표채의 수익률이 7%이고 2년 만기 무이표채의 수익률이 8%이다(원금은 100임).

(1) 만기가 2년이고 액면이자율이 9%인 채권의 가격은 얼마인가? 만기수익률은 얼마인가?

(2) 불편기대가설이 성립하면 1년 후 예상되는 이표채의 가격은 얼마인가? 1년 보유하는 경우의 수익률은 얼마인가? 단, 1년 후 가격은 첫 번째 액면이자 지급 직후 시점에서 구할 것.

(3) 유동성프리미엄가설이 성립하면 1년 후 예상되는 이표채의 가격과 보유수익률은 각각 얼마인가? 유동성프리미엄은 1%이다.

(4) 현재의 수익률곡선이 1년 후에도 정확히 성립한다고 가정하자. 2년 만기 무이표채(원금 100)를 1년 후에 매도하면 예상되는 수익률은 얼마인가?

풀이

(1) 채권의 가격은 $\frac{9}{1.07} + \frac{109}{1.08^2} = 101.86$이고 만기수익률은 $\frac{9}{1+y} + \frac{109}{(1+y)^2} = 101.86$을 만족시키는 7.957%이다.

(2) 선도이자율 ${}_1f_2$이 $\frac{1.08^2}{1.07} - 1 = 9.01\%$이므로 불편기대가설 하에서 단기이자율($E({}_1r_2)$)도 9.01%로 기대된다. 따라서 1년 후의 기대가격은 $\frac{109}{1.0901} = 100$이고 1년 보유수익률은 $\frac{100+9}{101.86} - 1 = 7\%$이다. 불편기대가설이 성립하면 1년 보유수익률은 1년 만기 현물이자율과 동일한다.

(3) 유동성프리미엄을 1%로 가정하면 유동성프리미엄가설 하에서 단기이자율은 9.01% − 1% = 8.01%이다. 따라서 1년 후의 기대가격은 $\frac{109}{1.0801} = 100.92$이고 1년 보유수익률은

$\dfrac{100.92+9}{101.86}-1=7.91\%$ 이다.

(4) 2년 만기 무이표채의 현재가격은 $\dfrac{100}{1.08^2}=85.7339$ 이고 1년 후 $y_1=7\%$ 이므로 예상 가격은 $\dfrac{100}{1.07}=93.4579$ 이다. 따라서 수익률은 $\dfrac{93.4579}{85.7339}-1=9.01\%$ 로 선도이자율과 같게 된다. 이러한 투자전략을 수익률곡선타기(riding yield curve)라고 한다.

예시 7-10 불편기대가설과 유동성프리미엄가설

채권은 액면이자율이 10%이고 원금이 10,000원이고 만기가 3년이다. 채권은 연 1회 이자를 지급한다. 1년, 2년, 3년 만기 현물이자율이 각각 7%, 6%, 5%이다.

(1) 채권의 가격을 구하라.

(2) 채권의 만기수익률을 구하라. 액면이자의 재투자수익률이 만기수익률과 동일하면 투자자의 3년 보유수익률이 만기수익률과 동일함을 보여라.

(3) 만기수익률이 현물이자율의 가중평균임을 계산으로 보여라.

(4) 불편기대가설이 성립하며 투자자가 액면이자를 단기이자율로 재투자한다고 가정하면 투자자의 3년 보유수익률은 얼마인가?

(5) (4)에서 계산한 3년 보유수익률이 3년 만기 현물이자율과 동일한 이유를 직관적으로 설명하라.

(6) 유동성프리미엄가설이 성립하며 ${}_1L_2=0.3\%$, ${}_2L_3=0.4\%$ 라고 가정하면 3년 보유수익률은 얼마인가?

풀이

(1) 채권의 가격은 11,327원이다.

$$\frac{1{,}000}{1.07}+\frac{1{,}000}{1.06^2}+\frac{11{,}000}{1.05^3}=11{,}327$$

(2) 채권의 만기수익률은 다음 식을 만족시키는 5.12%이다.

$$\frac{1{,}000}{1+y}+\frac{1{,}000}{(1+y)^2}+\frac{11{,}000}{(1+y)^3}=11{,}327$$

그리고 투자자가 액면이자를 만기수익률인 5.12%로 재투자하면 3년 보유수익률은 5.12%이다.

$$\left(\frac{1,000\times1.0512^2+1,000\times1.0512+11,000}{11,327}\right)^{\frac{1}{3}}-1=5.12\%$$

(3) 제4장에서 포트폴리오의 만기수익률은 개별채권 만기수익률의 가중평균(가중치로 개별채권의 금액듀레이션 이용)이라고 설명하였다. 같은 논리로 이표채의 만기수익률은 무이표채 만기수익률(즉, 현물이자율)의 가중평균이다. 먼저 1년, 2년, 3년 만기 무이표채의 금액듀레이션은 각각 다음과 같다.

$$\frac{1,000\times1}{1.07^2}=873.44,\quad \frac{1,000\times2}{1.06^3}=1,679.24,\quad \frac{11,000\times3}{1.05^4}=27,149.18$$
$$873.44+1,679.24+27,149.18=29,701.86$$

따라서 이표채의 만기수익률은 5.12%이다.

$$\left(\frac{873.44}{29,701.86}\right)\times7\%+\left(\frac{1,679.24}{29,701.86}\right)\times6\%+\left(\frac{27,149.18}{29,701.86}\right)\times5\%=5.12\%$$

(4) 현물이자율로부터 계산한 선도이자율은 각각 ${}_0f_1=7.00\%$, ${}_1f_2=5.01\%$, ${}_2f_3=3.03\%$이다. 그리고 불편기대가설이 성립하면 단기이자율은 선도이자율과 동일하므로 3년 보유수익률은 다음과 같이 5%이다.

$$\left(\frac{1,000\times1.0501\times1.0303+1,000\times1.0303+11,000}{11,327}\right)^{\frac{1}{3}}-1=5.00\%$$

(5) 재투자수익률이 선도이자율과 동일한 경우 선도이자율 3개의 기하평균이 3년 만기 현물이자율이므로 3년 보유수익률이 3년 만기 현물이자율과 같게 된다.

$$(1.07\times1.0501\times1.0303)^{\frac{1}{3}}-1=5\%$$

(6) 미래 단기이자율이 ${}_1r_2=5.01\%-0.3\%=4.71\%$, ${}_2r_3=3.03\%-0.4\%=2.63\%$이다. 따라서 3년 보유수익률은 4.97%이다.

$$\left(\frac{1,000\times1.0471\times1.0263+1,000\times1.0263+11,000}{11,327}\right)^{\frac{1}{3}}-1=4.97\%$$

7.4 실증증거

미래의 단기이자율이 상승, 하락, 또는 변동하지 않는 경우 불편기대가설과 유동성프리미엄가설이 예측하는 수익률곡선의 형태는 [표 7-3]과 같이 요약된다(양(+)의 유동성프리미엄을 가정함).

[표 7-3] 불편기대가설과 유동성프리미엄가설의 비교

구 분	불편기대가설	유동성프리미엄가설
단기이자율이 상승하는 경우 $({}_1r_2 > {}_0r_1)$	상향수익률곡선	상향수익률곡선
단기이자율이 하락하는 경우 $({}_1r_2 < {}_0r_1)$	하향수익률곡선	하락하는 폭에 따라 상향, 하향, 수평수익률곡선이 모두 가능함
단기이자율이 변하지 않는 경우 $({}_1r_2 = {}_0r_1)$	수평수익률곡선	상향수익률곡선
수익률곡선 형태에 대한 예측	상향과 하향 수익률곡선의 발생빈도가 동일함	상향수익률곡선의 발생빈도가 하향수익률곡선의 발생빈도보다 높음

대부분의 경우 수익률곡선은 상향의 형태를 갖게 되는데 이는 상향수익률곡선의 발생빈도가 하향수익률곡선의 발생빈도보다 높다는 유동성프리미엄가설과 일치한다. 또한 1926년부터 1988년까지의 미국자료를 분석한 결과, 1년 만기 채권에 투자하는 경우 평균 수익률이 3.6%인데 반하여 20년 만기 채권을 매입하여 1년 후에 매도하는 경우 평균 수익률이 4.7%에 이르는 것으로 조사되었다. 이 결과도 위험회피형 투자자를 가정하는 유동성프리미엄가설을 지지하는 결과이다.

7.5 선호영역이론과 시장분할이론

불편기대이론과 유동성프리미엄이론 외에도 선호영역이론과 시장분할이론이 있다. 선호영역이론(preferred habitat theory)은 이자율의 기간구조가 미래 기대이자율과 위험프리미엄에 의하여 결정된다는 견해를 갖는다는 점에서 유동성프리미엄이론과 동일하다. 그러나 선호영역이론은 위험프리미엄이 만기와 정(+)의 관계를 갖는다는 유동성프리미엄이론을 반박한다. 선호영역이론의 지지자들은 모든 투자자들이 가능한 빨리 포지션을 청산하고자 하며 차입자는 가능한 장기로 빌리고자 한다는 가정 하에서만 유동성프리미엄이론을 지지한다. 그러나 기관투자자의 투자기간은 부채의 성격에 의해 규정되므로 반드시 장기차입을 단기차입보다 선호한다고 주장하기 어렵기 때문에 장기차입을 선호한다는 가정은 현실적이지 않다는 것이다.

이 이론의 지지자들에 의하면 특정 만기에 대하여 수요와 공급이 일치하지 않으면 일부 투자자와 차입자는 다른 만기로 이동하게 되는데 이 경우에 가격위험 또는 재투자수익률위험에 노출되므로 이에 대한 적정 보상이 주어져야 한다. 따라서 수익률곡선의 형태는 미래이자율의 기대치와 위험프리미엄에 의해 결정되는데 위험프리미엄은 양(+)일수도 있고 음(−)일수도 있다. 이 이론에서는 상향, 하향, 수평, 혹모양 등 어떤 수익률곡선의 형태도 가능하다.

시장분할이론(market segmentation theory)은 채권시장이 몇 가지 중요한 구조적 경직성으로 인해 몇 개의 시장으로 분할되어 있으므로 만기와 수익률 사이에 어떤 체계적인 관계가 존재하지 않는다는 이론이다. 즉, 단기수익률은 단기자금의 수요와 공급의 균형점에서, 장기수익률은 장기자금의 수요와 공급의 균형점에서 각각 결정된다는 것이다. 그러나 선호영역이론과 다른 점은 어떤 투자자나 차입자도 자기가 원하는 만기로부터 결코 이동하지 않는다는 점이다. 따라서 수익률곡선은 특정 만기에서의 수요와 공급에 의해 전적으로 결정된다. 일부 기관의 경우, 원하는 만기로부터 이동이 감독당국의 규제로 인해 또는 자체적으로 부과된 원칙에 의해 제약받기도 하지만, 어떤 형태의 보상이 주어져도 결코 이동하지 않는다는 가정은 지나치게 제한적이다.

요점정리

- 이자율의 기간구조는 만기와 수익률간의 관계로 수익률곡선으로 표현된다. 보통은 상향수익률곡선의 모양을 갖지만(즉, 만기가 길수록 수익률도 높음) 때로는 하향, 수평, 혹모양을 갖기도 한다.

- 현물이자율을 구하는 방법에는 ① 무이표채의 가격으로부터 구하는 방법과 ② 액면가채권의 가격을 이용하는 방법(붓스트랩법)이 있다.

- 선도이자율은 한계수익률의 의미를 그리고 현물이자율은 평균수익률의 의미를 갖는다. 선도이자율은 현물이자율로부터 ${}_{n-1}f_n = \frac{(1+y_n)^n}{(1+y_{n-1})^{n-1}} - 1$로 계산되고 현물이자율은 선도이자율로부터 $y_n = [(1+{}_0f_1)(1+{}_1f_2) \dots (1+{}_{n-1}f_n)]^{\frac{1}{n}} - 1$로 계산된다.

- 상향수익률곡선의 경우 위에서부터 선도이자율곡선, 현물이자율곡선, 액면수익률곡선이 위치하고 하향수익률곡선의 경우 위에서부터 액면수익률곡선, 현물이자율곡선, 선도이자율곡선이 위치한다.

- 보간법으로 수익률을 추정하는 방법에는 선형보간법과 로그보간법이 있다.
  - 선형보간법 : $y_\tau = y_L + (y_R - y_L) \times \frac{\tau - L}{R - L}$
  - 로그보간법 : $\ln(df_\tau) = \ln(df_L) + [\ln(df_R) - \ln(df_L)] \times \frac{\tau - L}{R - L}$

    $\longrightarrow df_\tau = e^{\ln(df_\tau)} \quad \longrightarrow \quad y_\tau = \left(\frac{1}{df_\tau}\right)^{\frac{1}{\tau}} - 1$

- 수익률곡선을 반영하면 채권가치평가공식은 다음과 같다.

$$P_0 = \frac{C_1}{(1+y_1)} + \frac{C_2}{(1+y_2)^2} + \dots + \frac{C_n + F}{(1+y_n)^n}$$

$$P_0 = \frac{C_1}{(1+{}_0f_1)} + \frac{C_2}{(1+{}_0f_1)(1+{}_1f_2)} + \dots + \frac{C_n + F}{(1+{}_0f_1)(1+{}_1f_2)..(1+{}_{n-1}f_n)}$$

- 명목스프레드는 수평수익률곡선 가정 하에서 두 수익률간의 차이이고 제로변동성스프레드는 이자율의 기간구조를 반영한 두 수익률간의 차이이다. 그리고 옵션조정스프레드(OAS)는 옵션의 영향이 제거된 스프레드로 옵션비용은 제로변동성스프레드에서 옵션조정스프레드를 차감한 값이다. 수의상환사채의 옵션비용은 양(+)이고 상환요구사채의 옵션비용은 음(-)이다.

- 대표적인 기간구조이론에는 불편기대가설과 유동성프리미엄가설이 있다.
  ① 불편기대가설은 위험중립형 투자자 가정하며 선도이자율은 단기이자율의 불편기대치이므로 $E({}_1r_2) = {}_1f_2$ 이다. 따라서 $E(P_1) = \frac{CF_2}{1+{}_1f_2}$ 이다. 이 가설은 상향과 하향 수익률곡선의 발생빈도를 균등하게 예측한다.

  ② 유동성프리미엄가설은 위험회피형 투자자와 양의 유동성프리미엄 가정하는데 미래 단기이자율은 선도이자율에서 유동성프리미엄을 차감한 값 $E({}_1r_2) = {}_1f_2 - {}_1L_2$이므로 미래 채권가격은 $E(P_1) = \frac{CF_2}{1+({}_1f_2 - {}_1L_2)}$ 로 계산된다. 이 가설은 상향수익률곡선의 발생빈도가 높다고 예측한다.

객관식 문제

1 5년 만기 무이표채의 가격이 원금의 65%이다. 5년 만기 현물이자율은 얼마인가?

① 9.00% ② 8.67% ③ 8.95%
④ 8.75% ⑤ 정답 없음

정답 ①

$y_5 = \left(\frac{100}{65}\right)^{\frac{1}{5}} - 1 = 8.9977\%$

2 1년, 2년, 3년 만기 현물이자율이 각각 5.42%, 5.83%, 6.25%이다. 불편기대가설이 성립한다는 가정 하에서 만기 3년, 원금 10,000원, 액면이자율 7% 채권의 1년 후 예상가격을 구하라. 이자율은 소수 세자리에서 반올림하고 채권가격은 정수로 구할 것.

① 10,000원 ② 10,085원 ③ 10,063원
④ 10,155원 ⑤ 정답 없음

정답 ③

${}_1f_2 = \frac{1.0583^2}{1.0542} - 1 = 6.24\%$, ${}_2f_3 = \frac{1.0625^3}{1.0583^2} - 1 = 7.10\%$이므로 불편기대가설 하에서 1년 후 예상가격은 $P = \frac{700}{1.0624} + \frac{10,700}{(1.0624)(1.071)} = 10,063$원이다.

3 2번 문제의 상황에서 유동성프리미엄가설이 성립한다는 가정 하에서 1년 후 채권가격을 구하라. 유동성프리미엄은 ${}_1L_2 = 0.5\%$, ${}_2L_3 = 0.6\%$라고 가정한다. 이자율은 소수 세자리에서 반올림하고 채권가격은 정수로 구할 것.

① 10,000원 ② 10,164원 ③ 10,063원
④ 10,155원 ⑤ 정답 없음

정답 ②

풀이 유동성프리미엄가설 하에서 $E({}_1r_2)=6.24-0.5=5.74\%$, $E({}_2r_3)=7.1-0.6=6.5\%$이므로 1년 후 예상가격은 $P=\frac{700}{1.0574}+\frac{10,700}{(1.0574)(1.065)}=10,164$원이다.

4 하향수익률곡선의 경우, 현물이자율곡선, 선도이자율곡선, 액면수익률곡선의 높은 것부터 낮은 것으로의 순서가 옳은 것은?

① 액면수익률곡선, 선도이자율곡선, 현물이자율곡선
② 액면수익률곡선, 현물이자율곡선, 선도이자율곡선
③ 현물이자율곡선, 선도이자율곡선, 액면수익률곡선
④ 선도이자율곡선, 현물이자율곡선, 액면수익률곡선
⑤ 선도이자율곡선, 액면수익률곡선, 현물이자율곡선

정답 ②
풀이 하향수익률곡선의 경우 위에서부터 순서는, 액면수익률, 현물이자율, 선도이자율이고 상향수익률곡선에서 순서는 선도이자율, 현물이자율, 액면수익률이다.

5 다음 세 개의 액면가채권으로부터 3년 만기 현물이자율을 소수 네 자리로 추정하라.

- 채권1(만기 1년, 액면이자율 4.13%)
- 채권2(만기 2년, 액면이자율 4.47%)
- 채권3(만기 3년, 액면이자율 4.85%)

① 4.8585% ② 4.8500% ③ 4.8744%
④ 4.7695% ⑤ 4.8778%

정답 ③
풀이 원금을 100으로 가정하자. $\frac{4.47}{1.0413}+\frac{104.47}{(1+y_2)^2}=100$으로부터 $y_2=4.4776\%$이다. 같은 논리로, $\frac{4.85}{1.0413}+\frac{4.85}{1.044776^2}+\frac{104.85}{(1+y_3)^3}=100$으로부터 $y_3=4.8744\%$이다.

6 2년 만기 수익률이 5.5%이고 5년 만기 수익률이 5.0%이다. 로그보간법으로 4년 만기수익률을 추정하라. 중간계산은 모두 소수 네 자리로 할 것.

① 5.12% ② 5.10% ③ 5.08%
④ 5.05% ⑤ 5.15%

정답 ③

풀이 $\frac{1}{1.055^2}=0.8985,\ \frac{1}{1.05^5}=0.7835,\ \ln 0.8985=-0.1070,\ \ln 0.7835=-0.2440$

$-\left[0.1070+(0.2440-0.1070)\times\frac{2}{3}\right]=-0.1983,\ e^{-0.1983}=0.8201,\ \left(\frac{1}{0.8201}\right)^{\frac{1}{4}}-1=5.08\%$

7 $y_1=5\%$, $y_2=6\%$, $y_3=7\%$의 상황에서 불편기대가설이 성립한다면 1년 후 기준에서 2년 만기 현물이자율은 얼마로 추정되는가?

① 8.50% ② 9.03% ③ 8.02%
④ 7.85% ⑤ 정답 없음

정답 ③

풀이 선도이자율은 각각 ${}_1f_2=\frac{1.06^2}{1.05}-1=7.01\%$, ${}_2f_3=\frac{1.07^3}{1.06^2}-1=9.03\%$이다. 1년 후 기준에서 2년 만기 현물이자율은 $[1.0701\times1.0903]^{\frac{1}{2}}-1=8.02\%$이다.

8 선도이자율이 ${}_0f_1=4.87\%$, ${}_1f_2=6.57\%$, ${}_2f_3=9.55\%$로 추정된다. 액면이자율이 6%이고 만기가 3년인 이표채의 가격을 정수로 구하라. 원금은 10,000원이고 연 1회 이자를 지급한다.

① 9,163원 ② 9,767원 ③ 9,585원
④ 9,825원 ⑤ 정답 없음

정답 ②

풀이 $P_0=\frac{600}{1.0487}+\frac{600}{(1.0487\times1.0657)}+\frac{10,600}{(1.0487\times1.0657\times1.0955)}=9,767$

9 1년, 2년, 3년 만기 현물이자율이 각각 7.20%, 7.30%, 7.50%이다. 2년 만기 액면수익률을 계산하라.

① 7.25% ② 7.05% ③ 7.10%
④ 7.00% ⑤ 정답 없음

정답 ⑤

풀이 $\frac{C}{1.072}+\frac{100+C}{1.073^2}=100$으로부터 $C=\frac{100\times\left(1-\frac{1}{1.073^2}\right)}{\frac{1}{1,072}+\frac{1}{1.073^2}}=7.30$이다.

10 $y_1=5.7\%$, $y_2=5.9\%$의 상황에서 2년 만기 무이표채(F = 10,000)의 1년 후 가격이 9,465.22원으로 예상되면 유동성프리미엄은 얼마인가? 이자율은 소수 세 자리에서 반올림할 것.

① 50bp ② 55bp ③ 40bp
④ 45bp ⑤ 정답 없음

 ④

풀이 1년 후 가격이 9,465.22로 예상된다는 것은 $E({}_1r_2)=\frac{10,000}{9,465.22}-1=5.65\%$을 의미한다. 선도이자율이 ${}_1f_2=\frac{1.059^2}{1.057}-1=6.1\%$이므로 ${}_1L_2={}_1f_2-E({}_1r_2)=6.1\%-5.65\%=0.45\%$이다.

11 국채의 1년, 2년, 3년 만기 현물이자율이 각각 4%, 8,167%, 12.377%이다. 만기가 3년이고 액면이자율이 9%인 회사채의 만기수익률이 13.5%이다(m = 1). 동일 조건 국채의 만기수익률이 12%이면 제로변동성스프레드는 얼마인가?

① 100bp ② 120bp ③ 150bp
④ 167bp ⑤ 정답 없음

정답 ④

풀이 회사채의 가격이 $\frac{9}{1.135}+\frac{9}{1.135^2}+\frac{109}{1.135^3}=89.464$이므로 제로변동성스프레드는 다음 식을 만족시키는 $ss=167bp$이다.

$$89.464=\frac{9}{1.04+ss}+\frac{9}{(1.08167+ss)^2}+\frac{109}{(1.12377+ss)^3}$$

12 수의상환사채의 경우 성립하는 관계만을 모두 모은 것은?

Ⅰ. $OAS > ss$	Ⅱ. $OAS < ss$
Ⅲ. 옵션비용 > 0	Ⅳ. 옵션비용 < 0

① I, IV ② I, III ③ II, III
④ II, IV ⑤ 정답 없음

정답 ③
풀이 수의상환사채의 경우 옵션비용은 양(+)이고 $OAS < ss$이다.

13 1년 만기 현물이자율이 3.56%이고 2년 만기 현물이자율이 4.29%이면 2차연도 선도이자율은 얼마인가?

① 5.03% ② 5.02% ③ 5.05%
④ 4.95% ⑤ 정답 없음

정답 ①
풀이 $_1f_2 = \frac{1.0429^2}{1.0356} - 1 = 5.03\%$

14 1년, 2년, 3년 만기 액면가채권의 액면이자율이 각각 5.2%, 5.8%, 6.3%이다. 2년 만기 현물이자율은 얼마인가? 채권은 연 1회 이자를 지급한다.

① 5.82% ② 5.78% ③ 5.80%
④ 5.84% ⑤ 정답 없음

정답 ①
풀이 $\frac{580}{1.052} + \frac{10,580}{(1+y_2)^2} = 10,000 \quad \rightarrow \quad y_2 = 5.82\%$

15 다음 설명 중 틀린 것은?

① 상향수익률곡선의 경우 선도이자율곡선이 현물이자율곡선보다 위에 위치하고 하향수익률곡선의 경우 선도이자율곡선이 현물이자율곡선보다 아래에 위치한다.
② 유동성프리미엄가설 하에서 $_1f_2 = E(_1r_2) - L_2$의 관계가 성립한다.
③ 불편기대가설 하에서 $E(_1r_2) = {_1f_2}$의 관계가 성립한다.
④ 불편기대가설은 위험중립형 투자자를 가정하고 유동성프리미엄가설은 위험회피형 투자자를 가정한다.
⑤ 일반적으로 유동성프리미엄은 만기와 정(+)의 관계를 갖는다.

정답 ②

풀이 유동성프리미엄가설 하에서 ${}_1f_2 = E({}_1r_2) + {}_1L_2$의 관계가 성립한다.

16 수의상환사채의 명목스프레드가 230bp이고 정적스프레드가 240bp이다. 그리고 옵션조정스프레드가 200bp이다. 옵션비용은 몇 bp로 계산되는가?

① 30bp ② 40bp ③ 10bp
④ 50bp ⑤ 정답 없음

정답 ②

풀이 옵션비용은 정적스프레드(제로변동성스프레드)에서 옵션조정스프레드를 차감한 값이므로 240 - 200 = 40bp이다.

17 현재의 단기이자율이 8%이고 2차연도의 단기이자율이 7.5%로 예상된다(즉, ${}_0r_1 = 8\%$, $E({}_1r_2) = 7.5\%$). 유동성프리미엄이 0.50%이면 유동성프리미엄가설은 어떤 수익률곡선을 예상하는가?

① 상향수익률곡선 ② 하향수익률곡선 ③ 수평수익률곡선
④ 혹모양 수익률곡선 ⑤ 정답 없음

정답 ③

풀이 ${}_1f_2 = 7.5\% + 0.5\% = 8.0\%$이므로 $y_1 = y_2 = 8\%$이다. 따라서 수익률곡선은 수평이다.

18 1년, 2년, 3년 만기 무이표채의 가격이 각각 원금의 95%, 91%, 88%이다. 3차연도의 선도이자율은 얼마인가?

① 3.38% ② 3.43% ③ 4.05%
④ 4.35% ⑤ 3.41%

정답 ⑤

풀이 $${}_2f_3 = \frac{(1+y_3)^3}{(1+y_2)^2} - 1 = \frac{\frac{100}{88}}{\frac{100}{91}} - 1 = 3.41\%$$

19 1년, 2년, 3년 만기 현물이자율이 각각 7.00%, 7.25%, 7.75%이다. 채권은 액면이자율 9%, 만기 3년, 원금 100원, 연 1회 이자를 지급한다. 액면이자의 재투자수익률이 선도이자율과 동일하다고 가정하면 투자자의 3년 보유수익률은 얼마인가?

① 7.25% ② 7.33% ③ 7.50%
④ 7.75% ⑤ 7.55%

정답 ④

풀이 선도이자율의 기하평균인 3년 만기 현물이자율이 보유수익률이 된다. 이를 계산으로 보이면 다음과 같다.

$$\frac{9}{1.07}+\frac{9}{1.0725^2}+\frac{109}{1.0775^3}=103.37$$

$${}_0f_1=7\%,\ \ {}_1f_2=7.501\%,\ \ {}_2f_3=8.757\%$$

$$\left(\frac{9\times1.07501\times1.08757+9\times1.08757+109}{103.37}\right)^{\frac{1}{3}}-1=7.75\%$$

20 1년, 2년, 3년 만기 현물이자율이 각각 7.00%, 7.25%, 7.75%이다. 채권은 액면이자율 9%, 만기 3년, 원금 100원, 연 1회 이자를 지급한다. 유동성프리미엄가설이 성립하며 2차연도와 3차연도의 유동성프리미엄이 각각 0.40%와 0.50%라고 가정하자. 액면이자의 재투자수익률이 단기이자율과 동일하다고 가정하면 투자자의 3년 보유수익률은 얼마인가?

① 7.73% ② 7.68% ③ 7.50%
④ 7.75% ⑤ 7.71%

 ⑤

풀이

$$\frac{9}{1.07}+\frac{9}{1.0725^2}+\frac{109}{1.0775^3}=103.37$$

$${}_0f_1=7\%,\ \ {}_1f_2=7.501\%,\ \ {}_2f_3=8.757\%$$

$${}_1r_2=7.501\%-0.4\%=7.101\%,\ \ {}_2r_3=8.757\%-0.5\%=8.257\%$$

$$\left(\frac{9\times1.07101\times1.08257+9\times1.08257+109}{103.37}\right)^{\frac{1}{3}}-1=7.71\%$$

21 상향수익률곡선에서 만기가 t년인 현물이자율을 s_t, 만기가 t년이고 액면에 거래되고 있는 이표채의 만기수익률을 y_t, 그리고 $t-1$년부터 t년까지의 선도이자율을 f_t라고 하면 이들 간의 관계로 옳은 것은? 1998년

① $y_t \le s_t \le f_t$

② $s_t \le y_t \le f_t$

③ $y_t \le f_t \le s_t$

④ $s_t \le f_t \le y_t$

⑤ $f_t \le s_t \le y_t$

정답 ①

풀이 액면가채권의 만기수익률을 액면수익률(par yield)이라고 한다. 상향수익률곡선의 경우 '선도이자율 > 현물이자율 > 액면수익률'의 관계가 성립하고 하향수익률곡선의 경우 '액면수익률 > 현물이자율 > 선도이자율'의 관계가 성립한다. 예를 들어, $s_1 = 7\%$, $s_2 = 8\%$라고 가정하자. 액면가채권의 액면이자율이 7.96%이므로 액면수익률이 7.96%이다(즉, $100 = \frac{C}{1.07} + \frac{100+C}{1.08^2}$을 만족시키는 C는 7.96임). 그리고 선도이자율이 9.01%이므로 '선도이자율(9.01%) > 현물이자율(8%) > 액면수익률(7.96%)'의 관계가 성립한다.

22 채권투자에 관한 설명으로 가장 적절한 것은? 2003년

① 수익률이 하락할 것으로 예상하면 장기채와 액면이자율이 높은 채권에 대한 투자를 증가시킨다.

② 불편기대가설이 성립하는 경우 정부가 발행한 5년 만기 무이표채에 투자하는 장기투자전략과 1년 만기 무이표채에 5년 연속하여 투자하는 롤오버전략(roll over strategy)의 사후적인 투자성과가 같다.

③ 만기가 동일한 채권에서 수익률 상승으로 인한 가격 하락폭보다 같은 크기의 수익률 하락으로 인한 가격 상승폭이 더 크다.

④ 이표채의 듀레이션은 만기에 정비례하고 만기가 같은 경우에는 액면이자율이 높은 채권의 듀레이션이 짧다.

⑤ 수익률곡선타기(riding yield curve) 전략은 수익률곡선이 상향이동하는 경우에만 효과적인 전략이다.

정답 ③

풀이 ① 수익률이 하락할 것으로 예상하면 듀레이션이 큰(즉, 만기가 길거나 또는 액면이자율이 낮은 채권) 채권의 투자비율을 증가시킨다.

② 불편기대가설이 성립하는 장기투자전략과 롤오버전략의 사전적 성과가 동일하다.

④ 듀레이션은 만기에 정비례하지 않는다.

⑤ 수익률곡선타기는 현재의 상향수익률곡선이 계속 유지되는 것을 전제로 한다(만약 수익률곡선이 크게 상향이동하면 수익률곡선타기 전략은 효과적이지 않다).

23 채권에 대한 설명으로 가장 적절한 것은? 2004년

① 이자율 기간구조 상에서 만기가 긴 채권의 만기수익률은 만기가 짧은 채권의 만기수익률보다 항상 높다.

② 다른 조건이 동일하다면 유동성 위험이 큰 채권의 만기수익률은 유동성 위험이 낮은 채권의 만기수익률보다 낮다.

③ 만기가 긴 채권의 듀레이션이 만기가 짧은 채권의 듀레이션보다 클 수도 있고 작을 수도 있다.

④ 다른 조건이 동일하다면 수의상환조건이 있는 채권의 만기수익률은 수의상환조건이 없는 채권의 만기수익률보다 낮다.

⑤ 일반적으로 채권의 가격위험은 채권의 만기와 관련이 없다.

정답 ③

풀이 ① 상향수익률곡선에서만 성립한다.
② 유동성 위험이 큰 채권의 수익률은 유동성 위험이 작은 채권의 수익률보다 커야 한다.
③ 채권의 듀레이션은 만기와 대체로 정(+)의 관계를 갖지만 이 관계가 항상 성립하지는 않는다. 예를 들어 액면이자율이 0.5%인 채권의 경우 만기가 30년인 채권의 듀레이션이 만기가 60년인 채권의 듀레이션보다 크다.
④ 수의상환조건이 있는 채권의 수익률은 동일 조건의 일반채권의 수익률보다 커야 한다(이유는 수의상환권을 발행기업이 소유하기 때문임).
⑤ 채권의 가격위험은 듀레이션으로 측정되는데 만기가 길수록 대체로 듀레이션이 길기 때문에 가격위험은 만기와 연관되어 있다.

24 채권에 관한 다음 설명 중 가장 적절하지 않은 것은? 2006년

① 수익률곡선이 우상향일때 무이표채권의 만기수익률은 동일 조건인 이표채권의 만기수익률보다 작다.

② 수익률곡선이 우상향일때 선도이자율은 현물이자율보다 높게 나타난다.

③ 이표율이 낮은 채권의 가격변화율은 이표율이 높은 동일 조건의 채권보다 이자율변화에 더 민감하게 반응한다.

④ 무이표채권의 듀레이션(duration)은 채권의 잔존만기와 동일하다.

⑤ 수의상환채권(callable bond)의 가격은 동일 조건인 일반채권의 가격보다 낮다.

정답 ①

풀이 상향수익률곡선에서 위에서 순서대로 선도이자율곡선, 현물이자율곡선, 액면수익률곡선이다(액면수익률은 액면가채권의 만기수익률임). 따라서 무이표채의 만기수익률은 동일 조건 이표채의 만기수익률보다 크다.

25 다음 설명 중 가장 적절하지 않은 것은? 2007년

① 기대이론에 따르면, 시장에서 향후 이자율이 상승할 것이라고 기대될 때에만 우상향하는 수익률곡선(yield curve)이 나타난다.

② 유동성선호이론은 수익률곡선이 항상 우상향 모양을 띠게 된다고 주장한다.

③ 국채의 수익률곡선이 평평할 때, 회사채의 수익률곡선은 우상향할 수 있다.

④ 기대이론에 따르면, 선도이자율이 미래의 각 기간별 기대 현물이자율과 일치한다.

⑤ 3년 만기의 회사채 만기수익률이 5년 만기 국채의 만기수익률보다 더 낮을 수 있다.

정답 ②

풀이 유동성선호이론은 상향수익률곡선이 하향수익률곡선보다 자주 나타날 것으로 예측하지만 그렇다고 하향수익률곡선의 가능성을 부정하는 것은 아니다.

26 정부가 발행한 채권의 만기에 따른 현물이자율과 선도이자율이 다음과 같을 때 3차연도와 4차연도 2년간의 내재선도이자율을 연단위로 계산하면 얼마인가? 단, 가장 근사치를 구하라. 2010년

만기	현물이자율	선도이자율
1	5.0%	-
2	6.5%	?
3	?	10.0%
4	8.5%	?

① 10.2% ② 10.5% ③ 10.8%
④ 11.1% ⑤ 11.3%

정답 ②

풀이 $(1+y_4)^4=(1+y_2)^2\times(1+{}_2f_4)^2$이 성립하므로 $1.085^4=1.065^2\times(1+{}_2f_4)^2$로부터 구한 2년간 선도이자율은 10.54%이다.

27 채권의 평가 및 투자전략에 관한 설명으로 가장 적절하지 않은 항목만으로 구성된 것은? 2011년

a. 채권평가에서 만기수익률 상승으로 인한 가격 하락폭보다 같은 크기의 만기수익률 하락으로 인한 가격 상승폭이 더 크다.

b. 채권에 3년간 투자하려고 할 때, 채권수익률 기간구조이론 중 불편기대가설이 성립하는 경우 정부발행 3년 만기 할인채에 투자 및 보유하는 전략과 정부발행 1년 만기 할인채에 3년 동안 선도계약을 활용하지 않고 반복투자하는 롤오버 전략의 사후적인 투자성과는 같다.

c. 다른 조건이 동일하다면 수의상환조건이 있는 채권의 만기수익률은 수의상환조건의 없는 채권의 만기수익률보다 낮다.
d. 수익률곡선타기는 수익률곡선이 우상향할 때 효과적인 채권투자전략이다.
e. 이표채의 듀레이션은 만기에 정비례하고 만기가 같은 경우에는 액면이자율이 높은 채권의 듀레이션이 짧다.

① a, c, e ② a, d, e ③ b, c, d
④ b, c, e ⑤ c, d, e

정답 ④
풀이 불편기대가설이 성립한다면, 3년만기 채권에 투자하는 경우와 1년만기 채권에 롤오버하는 경우에 수익률이 사전적으로(ex ante) 동일하다(사후적으로 동일하지는 않음). 수의상환조건은 투자자에게 불리하므로 수익률이 높아야 한다. 듀레이션은 만기에 정비례하지 않는다.

28 채권 이자율의 기간구조이론에 관한 설명으로 가장 적절하지 않은 것은? 2012년

① 기대가설에 따르면 미래 이자율이 오를 것으로 예상하면 수익률곡선은 우상향한다.
② 유동성선호가설에 따르면 투자자들이 위험회피형이라고 할 때, 선도이자율은 미래 기대현물이자율(expected spot rate)보다 높다. 따라서 미래 기대현물이자율이 항상 일정한 값을 갖는다고 해도 유동성프리미엄이 점차 상승한다면 수익률곡선은 우상향한다.
③ 기대가설에 따르면 2년 만기 현물이자율이 1년 만기 현물이자율보다 높으면 현재로부터 1년 후의 선도이자율은 1년 만기 현물이자율보다 높아야만 한다.
④ 기대가설에 따라 계산한 선도이자율은 미래 기대현물이자율과 같지 않다.
⑤ 실질이자율과 이자율위험프리미엄이 일정하다고 가정할 때 투자자들이 미래의 인플레이션율이 더 높아질 것이라고 믿는다면 수익률곡선은 우상향한다.

정답 ④
풀이 기대가설에 의하면 ${}_1f_2 = E({}_1r_2)$이 성립한다.

29 다음의 표는 현재의 현물이자율을 이용하여 선도이자율을 계산한 결과이다 여기서 ${}_if_{i+1}$는 i년 후부터 1년 동안의 선도이자율이다. 현재 1년 만기 현물이자율은 6%이다.

	${}_1f_2$	${}_2f_3$	${}_3f_4$	${}_4f_5$
선도이자율	6.5%	7.0%	7.5%	8.0%

추가적으로 다음 표와 같은 기간별 유동성프리미엄에 대한 정보를 수집하였다.

	2차년도	3차년도	4차년도	5차년도
유동성프리미엄	1.0%	1.7%	2.4%	3.0%

다음 설명 중 적절한 항목만을 모두 고르면? 2013년

(가) 현재 수익률곡선은 우상향하는 형태이다.
(나) 현재 수익률곡선은 우하향하는 형태이다.
(다) 현재 수익률곡선은 수평이다.
(라) 유동성선호가설(유동성프리미엄가설)에 따르면 미래 단기이자율(기대현물이자율)은 상승한다.
(마) 유동성선호가설에 따르면 미래 단기이자율은 하락한다.

① (가), (라) ② (가), (마) ③ (나), (라)
④ (나), (마) ⑤ (다), (마)

정답 ②

풀이 선도이자율로부터 구한 1년, 2년, 3년, 4년, 5년 만기 현물이자율은 각각 6%, 6.25%, 6.50%, 6.75%, 7.00%이므로 우상향곡선이다. 단기이자율은 선도이자율에서 유동성프리미엄을 차감하여 구하므로 각각 5.5%, 5.3%, 5.1%, 5.0%로 계산되어 미래 단기이자율은 하락한다.

30 채권 올해 1월 1일 현재 채권시장에서 (갑), (을), (병) 세 가지 종류의 무이표 국고채가 거래되고 있다. (갑) 채권은 액면가 10,000원, 만기 1년이고 만기수익률이 2%이다. (을) 채권은 액면가 10,000원, 만기 2년이고 만기수익률이 4%이며, (병) 채권은 액면가 10,000원, 만기 3년이고 만기수익률이 5%이다. (갑), (을), (병) 채권으로 복제포트폴리오를 구성하여 액면가 1,000,000원, 액면이자율 2%, 만기 3년이며 이자를 1년에 한 번씩 연말에 지급하는 국고채의 가격을 구할 때 차익거래가 발생하지 않기 위한 채권가격과 가장 가까운 것은? 단, 현재 시장에서는 거래비용이 없다고 가정한다. 2016년

① 920,000원 ② 940,000원 ③ 960,000원
④ 980,000원 ⑤ 1,000,000원

정답 ①

풀이 $\frac{20,000}{1.02}+\frac{20,000}{1.04^2}+\frac{1,020,000}{1.05^3}=919,213$

31 다음의 조건을 갖는 국채 A, B, C가 있다. 이자율은 모두 연 이자율이며, 이표채는 연 1회 이자를 지급한다. 다음 설명 중 가장 적절한 것은? 2018년

국채	만기	액면금액	액면이자율	만기수익률
A	1년	1,000원	10.0%	10.0%
B	2년	1,000원	20.0%	15.0%
C	3년	1,000원	0%	15.2%

① 2년 만기 현물이자율은 16.8%이다.

② 수익률곡선은 우상향한다.

③ 1년이 지나도 수익률곡선이 현재와 동일하게 유지된다고 예상하는 투자자 갑이 있다. 현재 시점에서 국채 C를 매입하고 1년 후 매도한다면 투자자 갑이 예상하는 투자수익률은 14.6%이다.

④ 1년 후부터 2년 후까지의 선도이자율은 22.7%이다.

⑤ 2년 후부터 3년 후까지의 선도이자율은 15.7%이다.

정답 ③

풀이 B채권의 만기수익률이 15%이므로 채권가격은 $\frac{200}{1.15}+\frac{1,200}{1.15^2}=1,081.29$원이다. 따라서 $\frac{200}{1.1}+\frac{1,200}{(1+y_2)^2}=1,081.29$로부터 구한 2년 만기 현물이자율은 15.5%이다. A채권과 C채권으로부터 구한 1년과 3년 만기 현물이자율이 각각 10%와 15.2%이므로 수익률곡선은 혹모양을 갖는다.

$_1f_2=\frac{1.155^2}{1.1}-1=0.2128$, $_2f_3=\frac{1.152^3}{1.155^2}-1=0.146$이다.

C채권의 현재가격은 $\frac{1,000}{1.152^3}=654.1$이고 1년 후 2년 만기 C채권의 기대가격이 $\frac{1,000}{1.155^2}=749.61$이므로 투자수익률은 $\frac{749.61}{654.1}-1=14.6\%$이다.

32 이자율기간구조와 관련한 설명으로 가장 적절한 것은? 2019년

① 만기와 현물이자율 간의 관계를 그래프로 나타낸 수익률곡선(yield curve)은 항상 우상향의 형태로 나타난다.

② 불편기대가설(unbiased expectation hypothesis)에 의하면 투자자는 위험중립형이며 기대단기이자율(또는 미래 기대 현물이자율)은 선도이자율과 동일하다.

③ 유동성프리미엄(liquidity premium) 이론에 의하면 투자자는 위험회피형이며 선도이자율은 기대 단기이자율에서 유동성프리미엄을 차감한 값과 동일하다.

④ 시장분할(market segmentation) 이론에 의하면 투자자는 선호하는 특정한 만기의 영역이 존재하나, 만일 다른 만기의 채권들에 충분한 프리미엄이 존재한다면 자신들이 선호하는 영역을 벗어난 만기를 가진 채권들에 충분한 프리미엄이 존재한다면 자신들이 선호하는 영역을 벗어난 만기를 가진 채권에 언제라도 투자할 수 있다.

⑤ 선호영역(preferred habitat) 이론에 의하면 투자자는 선호하는 특정한 만기의 영역이 존재하고, 설령 다른 만기의 채권들에 충분한 프리미엄이 존재한다고 할지라고 자신들이 선호하는 영역을 벗어난 만기를 가진 채권에 투자하지 않는다.

정답 ②

풀이 ① 수평, 우하향 수익률곡선도 가능하다.

② 불편기대가설은 선도이자율이 미래의 기대이자율이라고 가정하며 위험에 대한 태도는 위험중립적이다. 위험채권의 기대수익률과 무위험이자율이 동일하므로 위험프리미엄은 0이다.

③ 유동성프리미엄가설은 투자자가 위험회피형이며 선도이자율은 단기이자율에 유동성프리미엄을 가산해야 한다.

④ 시장분할이론에 의하면 투자자는 선호하는 특정한 만기의 영역이 존재하고, 설령 다른 만기의 채권에 충분한 프리미엄이 존재한다고 할지라도 자신들이 선호하는 영역을 벗어난 만기의 채권에 투자하지 않는다.

⑤ 선호영역이론에 의하면 투자자는 선호하는 특정한 만기의 영역이 존재하나, 만일 다른 만기의 채권들에 충분한 프리미엄이 존재하면 자신들이 선호하는 영역을 벗어난 만기의 채권에 언제라도 투자할 수 있다.

33 현재시점($t=0$)에서 1년 현물이자율($_0y_1$)은 6%, 2년 현물이자율($_0y_2$)은 9%, 1년 후 1년 동안의 유동성프리미엄($_1L_2$)은 1.5%이다. 유동성선호이론이 성립할 경우, 1년 후 1년 동안의 기대이자율 $E(_1r_2)$에 가장 가까운 것은? 소수점 아래 다섯째 자리에서 반올림하여 계산하시오. 2020년

① 10.58%　② 11.50%　③ 12.08%

④ 13.58%　⑤ 14.50%

정답 ①

풀이 유동성선호이론에 의하면 $E(_1r_2) = {_1f_2} - {_1L_2}$이고 $_1f_2 = \frac{1.09^2}{1.06} - 1 = 12.08\%$이므로

$E(_1r_2) = 12.08\% - 1.5\% = 10.58\%$이다.

34 금융시장에서 만기 및 액면금액이 동일한 채권 A와 채권 B가 존재하고 이 채권들의 액면이자율과 현재($t=0$) 시장가격이 다음 표에 제시되어 있다. 다음 표의 자료를 이용하여 ${}_0i_4$가 현재($t=0$) 시점에서 4년 만기 현물이자율일 때 $(1+{}_0i_4)^4$은 얼마인가? 액면이자는 연 1회 지급된다. 2021년

구분	채권 A	채권 B
만기	4년	4년
액면금액	10,000원	10,000원
액면이자율	10%	20%
현재 시장가격	8,000원	11,000원

① 1.5　② 1.75　③ 2.0　④ 2.25　⑤ 2.5

 ③

풀이

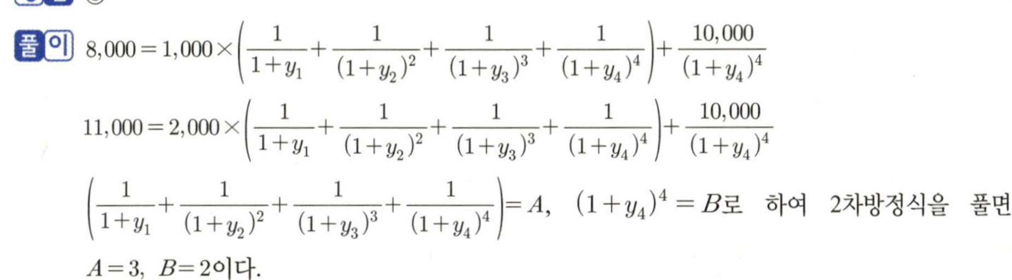

$$8,000=1,000\times\left(\frac{1}{1+y_1}+\frac{1}{(1+y_2)^2}+\frac{1}{(1+y_3)^3}+\frac{1}{(1+y_4)^4}\right)+\frac{10,000}{(1+y_4)^4}$$

$$11,000=2,000\times\left(\frac{1}{1+y_1}+\frac{1}{(1+y_2)^2}+\frac{1}{(1+y_3)^3}+\frac{1}{(1+y_4)^4}\right)+\frac{10,000}{(1+y_4)^4}$$

$\left(\frac{1}{1+y_1}+\frac{1}{(1+y_2)^2}+\frac{1}{(1+y_3)^3}+\frac{1}{(1+y_4)^4}\right)=A,\ (1+y_4)^4=B$로 하여 2차방정식을 풀면 $A=3,\ B=2$이다.

35 현재시점($t=0$)에서 1년 만기 현물이자율(${}_0r_1$)은 6%, 2년 만기 현물이자율(${}_0r_2$)은 8%이다. 다음 설명 중 적절한 항목만을 모두 선택한 것은? (단, 차익거래는 없다고 가정하며, % 기준으로 소수점 아래 셋째 자리에서 반올림하여 계산한다.) 2022년

a. 1년 후 1년간의 선도이자율(${}_1f_2$)은 10.04%이다.
b. 기대가설(expectation hypothesis)에 의하면 1년 후 단기이자율(${}_1r_2$)은 현재시점 1년 만기 현물이자율보다 상승할 것으로 기대된다.
c. 유동성선호가설(liquidity preference hypothesis)에 의하면 유동성프리미엄(${}_1L_2$)이 3%일 경우 1년 후 단기이자율(${}_1r_2$)은 현재시점 1년 만기 현물이자율보다 하락할 것으로 기대된다.

① a　② a, b　③ a, c　④ b, c　⑤ a, b, c

정답 ②

풀이 $_1f_2 = \frac{1.08^2}{1.06} - 1 = 10.04\%$

기대가설에 의하면 1년 후 단기이자율은 선도이자율 10.04%와 동일하므로 현재 시점의 1년 만기 현물이자율보다 상승할 것으로 기대된다.

유동성선호가설에 의하면 유동성프리미엄이 3%이면 1년 후 단기이자율이 선도이자율에서 유동성프리미엄을 차감한 7.04%로 예상되는데 이는 현재 시점의 1년 만기 현물이자율보다 높다.

주관식 문제

1 다음과 같은 액면가채권의 자료를 이용하여 아래 물음에 답하라. 채권의 원금은 100이다.

만 기	액면이자율	시장가치
1년	4.5%	100%
2년	4.0%	100%
3년	3.5%	100%

(1) 수익률곡선을 추정하라.

(2) 만기가 3년이고 액면이자율이 6%인 채권의 가치를 원금의 백분율로 답하라.

(3) 채권의 만기수익률은 얼마인가?

해답

(1) 먼저 붓스트랩방법으로 액면가채권의 가격자료로부터 수익률곡선을 추정한다. 현물이자율은 각각 4.50%, 3.99%, 3.48%이다.

$$y_1 = 4.50\%$$

$$\frac{4}{1.045} + \frac{104}{(1+y_2)^2} = 100 \quad \rightarrow \quad y_2 = 3.99\%$$

$$\frac{3.5}{1.045} + \frac{3.5}{1.0399^2} + \frac{103.5}{(1+y_3)^3} = 100 \quad \rightarrow \quad y_3 = 3.48\%$$

(2) 추정된 수익률곡선을 이용하여 계산된 채권의 가격은 106.95이다.

$$P_0(c=6\%,\ T=3) = \frac{6}{1.045} + \frac{6}{1.0399^2} + \frac{106}{1.0348^3} = 106.95$$

선도이자율 ${}_0f_1 = 4.50\%$, ${}_1f_2 = 3.48\%$, ${}_2f_3 = 2.47\%$을 이용해도 동일한 가격이 계산된다.

$$P_0(c=6\%,\ T=3) = \frac{6}{1.045} + \frac{6}{(1.045)(1.0348)} + \frac{106}{(1.045)(1.0348)(1.0247)}$$
$$= 106.95$$

(3) 만기수익률은 다음의 식을 만족시키는 y이다. $y = 3.52\%$이다.

$$106.95 = \frac{6}{1+y} + \frac{6}{(1+y)^2} + \frac{106}{(1+y)^3}$$

2 향후 2년 동안의 1년 만기 이자율이 각각 5%와 6%로 예상된다. 유동성프리미엄은 0.4%이다.

(1) 불편기대가설이 성립한다는 가정 하에서 수익률곡선을 추정하라.

(2) 유동성선호가설이 성립한다는 가정 하에서 수익률곡선을 추정하라.

(3) 두 수익률곡선을 비교하라.

(4) 향후 2년 동안의 1년 만기 이자율이 각각 5%와 4%로 예상된다는 가정 하에서 두 수익률곡선을 비교하라. 유동성프리미엄은 동일하다.

(5) 투자자들이 단기투자보다 장기투자를 선호한다고 가정하자. 이는 유동성프리미엄이 음이라는 것을 의미한다. (4)의 상황에서 유동성프리미엄이 −0.4%이면 두 수익률곡선이 어떻게 되는가?

해답

(1) 주어진 5%와 6%는 각각 ${}_0r_1$와 ${}_1r_2$를 의미한다. 불편기대가설이 성립하면 $E({}_1r_2) = {}_1f_2$이므로 선도이자율은 2차연도에 예상되는 수익률 6%와 동일하다. 따라서 $y_2 = 5.5\%$이다.

$$y_2 = \sqrt{1.05 \cdot 1.06} - 1 = 0.055$$

(2) 유동성선호가설이 성립하면 선도이자율은 ${}_1f_2 = E({}_1r_2) + {}_1L_2 = 6.4\%$이다. 따라서 $y_2 = 5.7\%$이다.

$$y_2 = \sqrt{1.05 \cdot 1.064} - 1 = 0.057$$

(3) 유동성프리미엄으로 인해 유동성프리미엄가설에 의한 수익률곡선이 불편기대가설에 의한 수익률곡선보다 위에 위치한다.

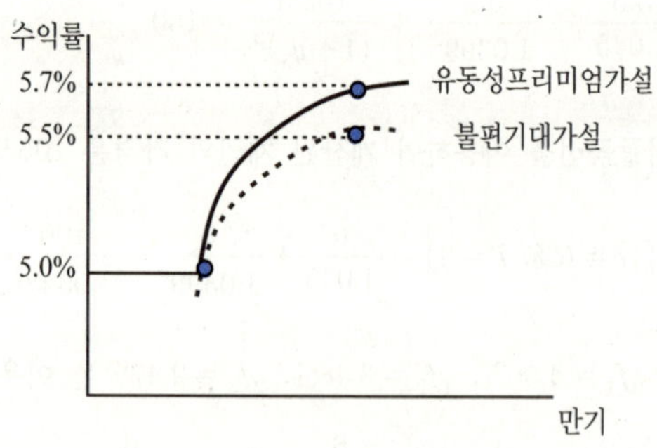

(4) 불편기대가설 하에서 $y_2 = \sqrt{1.05 \cdot 1.04} - 1 = 0.045$이고,

유동성프리미엄가설 하에서 $y_2 = \sqrt{1.05 \cdot (1.04 + 0.004)} - 1 = 0.047$이다.

하향수익률곡선의 경우에도 유동성프리미엄가설에 의한 수익률곡선이 불편기대가설에 의한 수익률곡선보다 위에 위치한다.

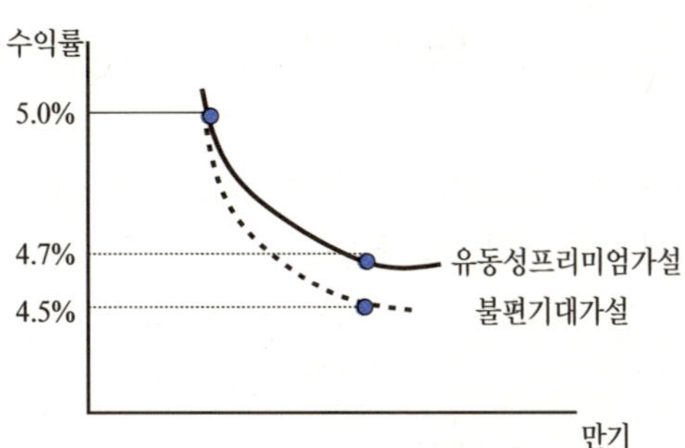

(5) 유동성프리미엄가설 하에서 $y_2 = \sqrt{1.05 \cdot (1.04 - 0.004)} - 1 = 0.043$이다. 유동성프리미엄이 0보다 작은 경우 유동성프리미엄가설에 의한 수익률곡선이 불편기대가설에 의한 수익률곡선보다 아래에 위치한다.

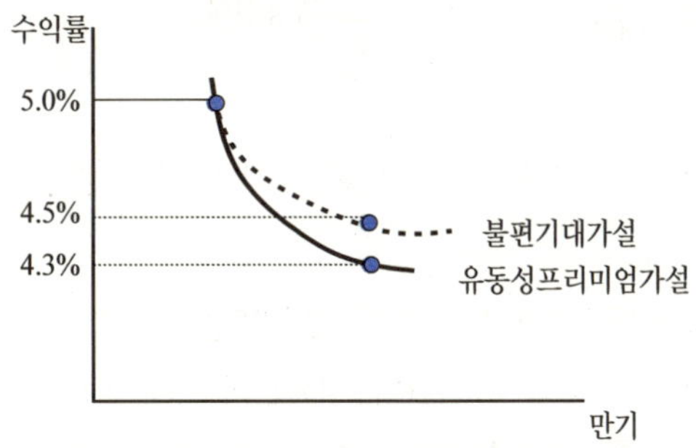

3 유동성프리미엄가설(또는 유동성선호가설)이 성립한다고 가정하자. 1년 만기 현물이자율(spot rate)은 6%이다. 그리고 1년 후 기준 1년 만기 현물이자율은 8%로 예상된다(6%와 8%는 명목이자율임). 만기가 2년이고 액면이자율이 8%인 채권(연 1회 이자 지급, 원금 10,000원)을 1년 보유하는 경우 보유수익률(holding return)이 6.8%로 예상된다. (단, 가격은 정수로 계산하고 수익률은 % 기준으로 소수점 둘째 자리까지만 표시한다) 2005년

(1) 채권의 1년 후 기대 가격과 현재 가격을 계산하라.

(2) 가격에 반영된 유동성프리미엄은 몇 퍼센트인가?

(3) 실질수익률(real yield)이 3%로 일정하다고 가정하자. 물가상승률이 2년 동안 어떻게 변할 것으로 기대되는가?

해답

(1) 1년 후 기대가격이 $E(P_1) = \dfrac{10,800}{1.08} = 10,000$원이다. 보유수익률이 6.8%이므로 현재 채권의 가격은 10,112원이어야 한다.

$$\frac{10{,}000+800}{P_0}-1=0.068 \rightarrow P_0=10{,}112$$

(2) 유동성프리미엄을 계산하기 위해 먼저 y_2를 계산하고 이로부터 ${}_1f_2$를 계산해야 한다. 채권가격으로부터 다음 식이 성립하므로,

$$\frac{800}{1.06}+\frac{10{,}800}{(1+y_2)^2}=10{,}112$$

$y_2=7.43\%$이고 ${}_1f_2=\frac{1.0743^2}{1.06}-1=8.88\%$이다. 유동성프리미엄은 ${}_1f_2$에서 2차연도의 현물이자율인 8%를 차감한 값이므로 0.88%이다.

(3) 피셔의 항등식에 의해, 1차연도의 물가상승률은 $\frac{1.06}{1.03}-1=2.91\%$로 그리고 2차연도의 물가상승률은 $\frac{1.08}{1.03}-1=4.85\%$로 예상된다.

4 기간구조와 관련하여 순수기대가설(불편기대가설)만 성립된다고 가정하고 다음 물음에 답하시오. 2006년

(1) A, B 두 채권은 액면가가 각각 10,000원이고 이자는 매 6개월마다 후급 되는 무위험 이표채이다. A 채권의 표면금리는 4%인데 어제 이자가 지급되었고 현재 잔존만기는 6개월이며 만기수익률(yield to maturity; YTM)은 4%이다. 한편, B 채권의 표면금리는 6%인데 어제 이자가 지급되었고 현재 잔존만기는 1년이며 만기수익률은 8%이다. 이를 이용하여 이론적으로 도출되는 6개월 만기 현물이자율(spot rate)과 1년 만기 현물이자율은 각각 얼마인가? (단, 계산과정 중 금액과 관련된 수치는 반올림하여 소수점아래 두 자리까지 계산하고, 이자율과 관련된 수치(1+이자율 등)는 반올림하여 소수점 아래 여섯 자리까지 계산하시오. 또한 답은 %단위로 표시하되 반올림하여 소수점아래 네 자리까지 나타낼 것)

(2) (1)의 답을 무시하고 6개월 만기 현물이자율과 1년 만기 현물이자율이 각각 6%와 10%라고 가정하자. C 채권은 액면가가 10,000원이고 표면금리가 8%인데 매 이자는 매 6개월마다 후급 되는 잔존만기 1년의 무위험 이표채이다. 6개월 후 이자가 지급된 다음날 만기가 6개월 남은 C 채권의 적정기대가격은 얼마인가? (단, 계산과정 중의 이자율과 관련된 수치(1+이자율 등)는 반올림하여 소수점 아래 여섯 자리까지 계산하고, 채권가격은 반올림하여 원단위까지 나타낼 것)

해답

(1) A채권과 B채권의 가격은 각각 10,000원과 9,811.39원이다.

$$P_A=\frac{10{,}200}{1+0.04\times 0.5}=10{,}000\text{원},\qquad P_B=\frac{300}{1.04}+\frac{10{,}300}{1.04^2}=9{,}811.39\text{원}$$

따라서 6개월 만기 현물이자율은 연 4%이고 1년 만기 현물이자율은 연 8.0618%이다.

$$9{,}811.39 = \frac{300}{1.02} + \frac{10{,}300}{(1+y)^2} \quad \rightarrow \quad y = 0.040309(\text{6개월 기준})$$

6개월마다 이자가 지급되므로 모든 계산을 6개월 기준으로 해야 한다. 참고로, $9{,}811.39 = \frac{300}{1.02} + \frac{10{,}300}{1+y}$으로부터 $y = 8.2243\%$를 구하는 것은 명백하게 틀린 계산이다.

(2) 6개월 만기 현물이자율과 1년 만기 현물이자율이 각각 6%와 10%이므로 선도이자율은 6개월 기준으로 7.0388%이고 연 기준으로 14.0776%이다. 따라서 6개월 후 C채권의 가격은 9,716.10원으로 예상된다.

$$_{0.5}f_1 = \frac{1.05^2}{1.03} - 1 = 0.070388$$

$$P_C = \frac{10{,}400}{1.070388} = 9{,}716.10$$

5 1년 만기 무이표채의 만기수익률이 5%이고 2년 만기 무이표채의 만기수익률이 6%라고 가정하자.

(1) 현재의 상향수익률곡선이 2년 동안 변하지 않는다고 가정 하에서 2년 만기 무이표채를 매입하여 1년 후 매도하면 얼마의 수익률을 얻게 되는가?

(2) 불편기대가설이 성립한다는 가정 하에서 2년 만기 무이표채를 매입하여 1년 후 매도하면 얼마의 수익률을 얻게 되는가?

(3) 유동성프리미엄가설이 성립한다면 (2)의 계산이 어떻게 되는가? 유동성프리미엄은 20bp 이다.

해답

(1) $y_1 = 5\%$, $y_2 = 6\%$, $_1f_2 = 7.01\%$이다. 10,000원 액면의 2년 만기 무이표채의 매입가격은 $\frac{10{,}000}{1.06^2} = 8{,}899.96$원이고 투자자는 1년 후에 이 채권을 $\frac{10{,}000}{1.05} = 9{,}523.81$원에 매도한다. 투자자는 수익률곡선타기를 이용하여 $\frac{9{,}523.81 - 8{,}899.96}{8{,}899.96} = 7.01\%$의 수익률을 얻게 된다.

(2) 불편기대이론에 의하면 1년 후의 1년 만기 수익률이 7.01%로 예상되므로 2년 만기 무이표채의 1년 후 가격은 $\frac{10{,}000}{1.0701} = 9{,}344.92$원이다. 따라서 1년 후 매도시 예상되는 수익률은 $\frac{9{,}344.92 - 8{,}899.96}{8{,}899.96} = 5\%$이다.

(3) 유동성프리미엄이론에 의하면 1년 후의 1년 만기 수익률이 $7.01\% - 0.2\% = 6.81\%$로 예상되므로 2년 만기 무이표채의 1년 후 가격은 $\frac{10{,}000}{1.0681} = 9{,}362.42$원이고 1년 후 매도시 예

상되는 수익률은 $\frac{9{,}362.42 - 8{,}899.96}{8{,}899.96} = 5.2\%$이다. 즉, 불편기대가설과 유동성프리미엄가설이 성립하는 경우에 얻게 되는 수익률인 5%와 5.2%는 수익률곡선타기에서 예상되는 수익률인 7.01%보다 훨씬 낮다.

6 1년, 2년, 3년, 4년 만기 현물이자율이 각각 7.00%, 6.80%, 6.62%, 6.46%이다.

(1) 액면수익률(par yield)을 추정하라. 그리고 액면수익률을 구하는 공식을 도출하라.

(2) 불편기대가설이 성립한다는 조건 하에서 1년 후 수익률곡선을 추정하라.

해답

(1) $\frac{C}{1.07} + \frac{100 + C}{1.068^2} = 100$으로부터 $C = 6.807$이다. 이 식을 C에 대하여 전개하면

$\frac{1 - \frac{1}{1.068^2}}{\frac{1}{1.07} + \frac{1}{1.068^2}} = 0.06807$이다. 같은 논리로 $\frac{1 - \frac{1}{1.0662^3}}{\frac{1}{1.07} + \frac{1}{1.068^2} + \frac{1}{1.0662^3}} = 0.06636$과

$\frac{1 - \frac{1}{1.0646^4}}{\frac{1}{1.07} + \frac{1}{1.068^2} + \frac{1}{1.0662^3} + \frac{1}{1.0646^4}} = 0.06487$이다.

따라서 현물이자율로부터 n년 만기 액면수익률 $c(n)$을 구하는 공식은 다음과 같다.

$$c(n) = \frac{1 - \frac{1}{(1 + y_n)^n}}{\sum_{j=1}^{n} \frac{1}{(1 + y_j)^j}}$$

(2) 먼저 1년 기준의 선도이자율을 계산해야 한다.

$${}_1f_2 = 6.6004\%,\quad {}_2f_3 = 6.2609\%,\quad {}_3f_4 = 5.9814\%$$

1년 후 기준의 수익률곡선은 다음과 같다.

$$y_1 = 6.6004\%$$

$$y_2 = \sqrt{1.066004 \times 1.062609} - 1 = 6.4305\%$$

$$y_3 = (1.066004 \times 1.062609 \times 1.059814)^{\frac{1}{3}} - 1 = 6.2806\%$$

7 1년, 2년, 3년 만기 현물이자율(spot rate)이 각각 4.50%, 5.12%, 5.53%이다. 백분율은 반올림하여 소수점 넷째 자리까지 구하고, 가격은 소수점 둘째 자리까지 계산한다. 채권의 액면가는 10,000원이고 연 1회 이자를 지급한다. 2009년

(1) 3년 만기 액면가채권(par value bond)의 액면이자율을 계산하시오.

(2) 유동성프리미엄가설이 성립하며 2차연도와 3차연도의 유동성프리미엄이 각각 50bp와 60bp라고 가정하자. 액면이자율이 6%인 3년 만기 채권의 1년 후 기대가격을 구하시오.

(3) 무이표채를 이용하여 2차연도의 투자수익률을 확정시킬 수 있는 포지션을 제시하고 투자수익률을 계산하시오. 1년과 2년 만기 무이표채(액면가 10,000원)가 존재한다고 가정한다. 포지션은 1년 만기 무이표채 1개를 기준으로 구성하며 각 무이표채의 개수를 반올림하여 소수점 여섯째 자리까지 계산한다.

(4) 위와는 독립적으로 다음과 같은 상환요구사채와 일반사채가 거래되며 차익거래기회가 존재하지 않는다고 가정하자. 상환요구사채에 내재된 풋옵션의 가치는 상환요구사채 가격의 몇 퍼센트에 해당되는지 구하시오. 모든 채권의 만기, 이자지급방법 및 신용등급 등 기타 조건은 동일하며, 액면가는 10,000원이다.

채 권	채권유형	액면이자율	가 격
A	상환요구사채	6.47%	12,000원
B	일반사채	5.45%	10,528원
C	일반사채	7.15%	12,350원

해답

(1) $\frac{C}{1.045}+\frac{C}{1.0512^2}+\frac{C+10,000}{1.0553^3}=10,000$원으로 $C=549.67$이므로 액면이자율은 5.4967%이다.

(2) ${}_1f_2=\frac{1.0512^2}{1.045}-1=0.057437$, ${}_2f_3=\frac{1.0553^3}{1.0512^2}-1=0.063548$이므로 $E({}_1r_2)=5.7437\%-0.5\%$ $=5.2437\%$, $E({}_2r_3)=6.3548\%-0.6\%=5.7548\%$이다. 따라서 1년후 기대가격은 $\frac{600}{1.052437}$ $+\frac{10,600}{1.052437\times1.057548}=10,093.89$원이다.

(3) 아래 표에서 확인할 수 있듯이, 투자수익률은 $\frac{10,574.37}{10,000}-1=5.7437\%$이고 이는 2차연도 선도이자율과 정확히 일치한다. 즉, 1년 만기 무이표채를 공매도하고 2년 만기 무이표채를 매입하면 2차연도의 수익률을 선도이자율로 확정할 수 있다.

포지션	CF_0	CF_1	CF_2
1년 만기 무이표채 1개 공매도	+9,569.378	-10,000	
2년 만기 무이표채 1.057437개 매입	-9,569.378		+10,574.37
계	0	-10,000	+10,574.37

$$\frac{10,000}{1.045}=9,569.378,\quad \frac{10,000}{1.0512^2}=9,049.598,\quad \frac{9,569.378}{9,049.598}=1.057437$$

(4) B채권과 C채권을 이용하여 A채권과 동일한 조건의 일반사채를 복제할 수 있다. $w_B \times 5.45\% + (1-w_B) \times 7.15\% = 6.47\%$로부터 $w_B = 0.4$이므로 B채권 40%와 C채권 60%로 액면이자율이 6.47%인 일반사채를 복제할 수 있다. 복제한 일반사채의 가격이 $0.4 \times 10,528 + 0.6 \times 12,350 = 11,621.2$원이므로 상환요구사채에 내재된 옵션의 가치는 378.8원이고 이는 상환요구사채 가격 12,000원의 3.1567%이다.

8 액면금액이 모두 10,000원이면서 다음의 조건을 갖는 채권, A, B, C가 있다. 이표채는 연 1회 이자를 지급한다. 각 기간별 유동성프리미엄은 ${}_0L_1 = 0.0\%$, ${}_1L_2 = 0.2\%$, ${}_2L_3 = 0.3\%$이다. (${}_{n-1}L_n$은 n-1년부터 n년까지 1년 동안 유동성프리미엄이다.) 금액에 대해서는 소수점 셋째 자리에서 반올림하여 둘째 자리까지 사용하고, 수익률 등 비율에 대해서는 소수점 다섯째 자리에서 반올림하여 넷째 자리까지 사용하시오. 2010년

채 권	만 기	표면이자율	만기수익률
A	1년	10%	10%
B	2년	20%	12%
C	3년	0%	13%

(1) 만기별 현물이자율을 구하고 이를 이용하여 수익률곡선을 그리시오.

(2) 1년이 지난 시점에서 1년 만기와 2년 만기의 기대현물이자율을 구하시오. 유동성프리미엄은 각 기간별로 현재와 동일하게 유지된다고 가정하시오. 즉, 1년 후 시점을 0으로 보았을 때 ${}_0L_1 = 0.0\%$, ${}_1L_2 = 0.2\%$로 1년 전과 동일하다.

(3) (2)를 무시하고 (1)의 수익률곡선이 1년 후에도 그대로 유지될 것이라고 예상하는 투자자가 있다. 이 투자자의 목표투자기간이 1년일 때, 현재 시점에서 C채권을 이용하여 수익률곡선타기 전략을 취한다면 이 투자자가 기대하는 투자수익률은 얼마인가?

해답

(1) A채권으로부터 1년 만기 현물이자율은 10%이다. 2년 만기 채권의 가격이 $\frac{2,000}{1.12}+\frac{12,000}{1.12^2}$ $=11,352.04$원이므로 $\frac{2,000}{1.1}+\frac{12,000}{(1+y_2)^2}=11,352.04$로부터 구한 2년 만기 현물이자율은

12.1906%이다. C채권은 무이표채이므로 3년 만기 현물이자율은 13%이다.

다음과 같은 상향수익률곡선이 그려진다.

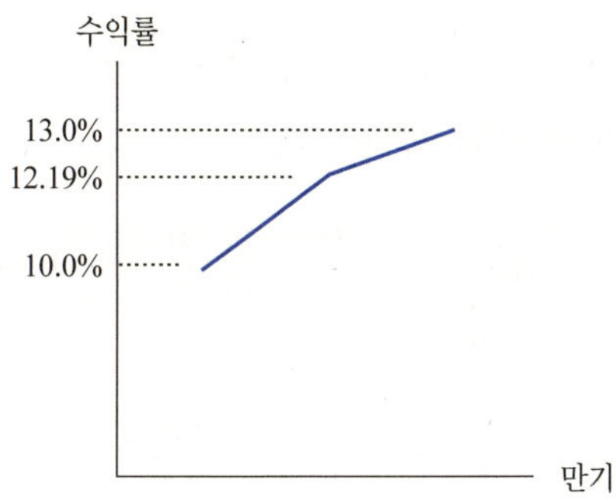

(2) 선도이자율이 각각 14.4248%와 14.6364%이므로 1년 만기 기대현물이자율은 각각 14.2248%와 14.3364%이다.

$$_1f_2 = \frac{1.121906^2}{1.1} - 1 = 0.144248,\ \ _2f_3 = \frac{1.13^3}{1.121906^2} - 1 = 0.146364$$

$$E(_1r_2) = 14.4248\% - 0.2\% = 14.2248\%,\ \ E(_2r_3) = 14.6364\% - 0.3\% = 14.3364\%$$

1년 후 시점에서 1년 만기 현물이자율은 14.2248%이고 다음의 식으로부터 구한 2년 만기 현물이자율은 14.3805%이다.

$$(1 + {_1y_3})^2 = 1.142248 \times (1 + 0.143364 + 0.002)$$

(3) C채권의 현재가격은 $\frac{10,000}{1.13^3} = 6,930.50$원이고 1년 후 예상가격은 $\frac{10,000}{1.121906^2} = 7,944.87$원이므로 기대 투자수익률은 $\frac{7,944.87}{6,930.50} - 1 = 14.6363\%$이다.

9 액면금액이 100,000원인 갑 채권은 1년 만기 순수할인채이며 현재 채권시장에서 95,238원에 거래되고 있다. 병 채권은 1년에 한 번씩 후급으로 6% 이자를 지급하는 이표채인데 만기는 2년이며 현재 액면가 100,000원에 거래되고 있다. 2014년

(1) 불편기대가설이 성립한다고 가정하고 1년 후부터 2년 말까지의 내재선도이자율을 구하라.

(2) 불편기대가설이 성립한다는 가정 하에서 1년 후 병 채권의 예상가격을 계산하고, 병 채권을 현재 매입하여 1년 동안 보유한 후 매각할 때 기대되는 1년간 보유수익률을 구하라.

해답

(1) 1년 만기 무이표채로부터 구한 현물이자율이 $\frac{100,000}{95,238} - 1 = 5\%$이고 2년 만기 이표채를 이

용한 $\frac{6,000}{1.05}+\frac{106,000}{(1+y_2)^2}=100,000$로부터 구한 2년 만기 현물이자율이 6.03%이다. 따라서 선도이자율은 ${}_1f_2=\frac{1.0603^2}{1.05}-1=7.07\%$이다.

(2) 불편기대가설이 성립하면 기대 현물이자율이 선도이자율과 동일하므로 1년 후 예상가격은 $\frac{106,000}{1.0707}=99,000.65$원이다. 투자수익률은 5%이다.

$$\frac{6,000+99,000.65}{100,000}-1=5\%$$

10 한국과 미국의 만기별 채권수익률이 다음과 같다. 2013년

만 기		1년	2년	3년
만기별 채권수익률	한국	4.0%	3.5%	3.0%
	미국	3.0%	4.0%	4.5%

채권수익률의 기간구조이론 중 유동성선호가설이 성립하며, 한국의 경우 2차연도와 3차연도의 유동성프리미엄이 각각 0.5%와 0.7%이고 미국의 경우 2차연도와 3차연도의 유동성프리미엄이 각각 0.2%와 0.5%이다. 한국과 미국의 1년 만기 채권수익률은 1년 후와 2년 후 각각 얼마가 될 것으로 예상되는가?

해답

1년 후 1년 만기 기대 현물이자율은 각각 2.502%와 4.810%이다.

$$\text{한국: } 1.035^2=1.04\times(1+E({}_1r_2)+0.005)\ \rightarrow\ E({}_1r_2)=0.02502$$

$$\text{미국: } 1.04^2=1.03\times(1+E({}_1r_2)+0.002)\ \rightarrow\ E({}_1r_2)=0.04810$$

그리고 2년 후 1년 만기 기대 현물이자율은 각각 1.307%와 5.007%이다.

$$\text{한국: } 1.03^3=1.035^2\times(1+E({}_2r_3)+0.007)\ \rightarrow\ E({}_2r_3)=0.01307$$

$$\text{미국: } 1.045^3=1.04^2\times(1+E({}_2r_3)+0.005)\ \rightarrow\ E({}_2r_3)=0.05007$$

11 다양한 만기와 액면이자율을 갖는 채권들이 자본시장에서 거래되고 있다. 모든 채권은 채무불이행위험이 없으며, 이자지급주기가 1년, 액면금액이 100,000원으로 동일하다. 또한 모든 채권은 공매가 가능하며, 거래비용 없이, 차액거래 기회가 없는 균형가격에 거래된다. 채권 A, B, C의 잔존만기, 액면이자율, 만기수익률, 가격의 일부 정보를 제시한 아래 표를 이용하여 답하시오. 2020년

채 권	잔존만기(년)	액면이자율	만기수익률	가격(원)
A	1	0%		
B	2	10%	9.80%	
C	3	0%	10.0%	

(1) 채권B의 가격을 구하시오. 계산결과는 반올림하여 원 단위로 표시하시오.

(2) 만기 3년 이내의 현물이자율 수익률곡선이 우상향(만기가 증가할 때 현물이자율이 같거나 증가)하기 위한 채권A의 최대가격을 구하시오. 계산결과는 반올림하여 원 단위로 표시하시오.

(3) 만기 3년 이내의 현물이자율 수익률곡선이 우상향(만기가 증가할 때 현물이자율이 같거나 증가)하기 위한 채권A의 최소가격을 구하시오. 계산결과는 반올림하여 원 단위로 표시하시오.

해답

(1) B채권의 가격은 100,348원이다.

$$P_B = \frac{10,000}{1.098} + \frac{10,000}{1.098^2} = 100,348$$

(2) A채권의 최대가격은 1년 만기 현물이자율 y_1의 최소값이 적용될 때의 가격이다. C채권으로부터 3년 만기 현물이자율이 $y_3 = 10.0\%$이므로 수익률곡선이 수평 또는 우상향하면서 1년 만기 현물이자율이 최소가 되려면 $y_1 \le y_2 = y_3 = 10.0\%$이 성립해야 한다. 2년 만기 B채권의 가격이 100,348원이고 $y_2 = 0.1$을 가정하면 $P_B = \frac{10,000}{(1+y_1)} + \frac{110,000}{(1+0.1)^2} = 100,348$원 으로부터 $y_1 = 0.05944$이다. 따라서 A채권의 최대가격은 $P_A = \frac{100,000}{1.05944} = 94,389$원 이다.

(3) A채권의 최소가격은 1년 만기 현물이자율 y_1의 최대값이 적용될 때의 가격이다. C채권으로부터 3년 만기 현물이자율이 $y_3 = 10.0\%$이므로 수익률곡선이 수평 또는 우상향하면서 1년 만기 현물이자율이 최대가 되려면 $y_1 = y_2 \le y_3 = 10.0\%$이 성립해야 한다. 2년 만기 B채권의 가격이 $P_B = \frac{10,000}{(1+y_1)} + \frac{110,000}{(1+y_2)^2} = 100,348$원 이고 $y_1 = y_2 \le y_3 = 10.0\%$을 충족하는 만기수익률은 $y_1 = y_2 = 9.80\%$이므로 B채권의 만기수익률은 9.8%이다. 따라서 A채권의 최소가격은 $P_A = \frac{100,000}{1.098} = 91,075$원 이다.

[부록 7A] 선도이자율과 현물이자율의 계산(6개월 기준)

만기가 0.5년, 1년, 1.5년, 2년인 무이표채(원금 100원)의 가격이 각각 97.5610, 94,2596, 90.1943, 88.8487원이라고 하자. 만기별 현물이자율은 다음과 같이 각각 연 5%, 6%, 7%, 6%이다.

$$\frac{100}{97.5610}-1=2.5\% \;\rightarrow\; y_{0.5}=2.5\%\times 2=5.0\%$$

$$\left(\frac{100}{94.2596}\right)^{\frac{1}{2}}-1=3.0\% \;\rightarrow\; y_{1}=3.0\%\times 2=6.0\%$$

$$\left(\frac{100}{90.1943}\right)^{\frac{1}{3}}-1=3.5\% \;\rightarrow\; y_{1.5}=3.5\%\times 2=7.0\%$$

$$\left(\frac{100}{88.8487}\right)^{\frac{1}{4}}-1=3.0\% \;\rightarrow\; y_{2}=3.0\%\times 2=6.0\%$$

0.5년, 1년, 1.5년, 2년 만기 현물이자율이 각각 연 5%, 6%, 7%, 6%이면 6개월 기준의 선도이자율은 다음과 같이 각각 연 5.00%, 7.00%, 9.02%, 3.02%이다.

$${}_{0}f_{0.5}=5.00\%$$

$${}_{0.5}f_{1}=\frac{1.03^2}{1.025}-1=3.50\% \;\rightarrow\; 3.50\%\times 2=7.00\%$$

$${}_{1}f_{1.5}=\frac{1.035^3}{1.03^2}-1=4.51\% \;\rightarrow\; 4.51\%\times 2=9.02\%$$

$${}_{1.5}f_{2}=\frac{1.03^4}{1.035^3}-1=1.51\% \;\rightarrow\; 1.51\%\times 2=3.02\%$$

6개월마다 이자가 지급되는 경우 현물이자율과 선도이자율을 6개월 기준으로 하여 계산한 후 2를 곱하여 1년 기준으로 전환시킨다. 즉, 연 5%, 6%, 7%, 6%의 수익률은 6개월 기준으로 하면 2.5%, 3%, 3.5%, 3%에 해당된다. 그리고 6개월 기준의 현물이자율을 이용하여 6개월 기준의 선도이자율을 먼저 구한 후 다시 2를 곱한다.[8)]

반대로 선도이자율로부터 현물이자율을 구해보자. 6개월 기준의 선도이자율이 각각 연 5.00%, 7.00%, 9.02%, 3.02%이면 6개월 기준의 현물이자율은 각각 연 5%, 6%, 7%, 6%이다.

$$y_{0.5}={}_{0}f_{0.5}=5\%$$

$$y_{1.0}=\left\{\left[\left(1+\frac{0.05}{2}\right)\left(1+\frac{0.07}{2}\right)\right]^{\frac{1}{2}}-1\right\}\times 2=6\%$$

$$y_{1.5}=\left\{\left[\left(1+\frac{0.05}{2}\right)\left(1+\frac{0.07}{2}\right)\left(1+\frac{0.0902}{2}\right)\right]^{\frac{1}{3}}-1\right\}\times 2=7\%$$

$$y_{2.0}=\left\{\left[\left(1+\frac{0.05}{2}\right)\left(1+\frac{0.07}{2}\right)\left(1+\frac{0.0902}{2}\right)\left(1+\frac{0.0302}{2}\right)\right]^{\frac{1}{4}}-1\right\}\times 2=6\%$$

8) 6개월 기준의 선도이자율도 공시(quote)할 때는 1년 기준으로 전환시켜야 한다.

CHAPTER
08

채권시장

CHAPTER 8

채권시장

1 발행시장

1.1 발행시장의 소개 및 규모

발행시장(primary market)은 채권 발행기관(주로 정부 또는 기업)이 채권인수기관에게 처음으로 채권을 이전시키는 시장을 말한다.[1] 일반적으로 개인 투자자들은 발행시장보다는 유통시장을 통하여 채권을 매입한다.

채권은 발행주체에 따라 정부가 발행하는 국고채권, 국민주택채권 등 국채, 지방자치단체가 발행하는 지방채, 특별법에 의해 설립된 법인이 발행하는 특수채(한국은행이 발행하는 통화안정증권, 금융특수채, 비금융특수채 등으로 구분됨), 주식회사가 발행하는 회사채 등으로 구분된다. 통상적으로 국채, 지방채, 특수채를 포함하여 국공채로 부르기도 한다. 주요 채권의 발행기관, 근거법 및 발행한도는 [표 8-1]과 같다. 참고로, 회사채 발행한도(순자산액의 4배 이내 규정)는 2012년 4월에 폐지되었다.

[표 8-1] 주요 채권의 발행기관, 근거법 및 발행한도

채권명	발행기관	발행근거법	발행한도
국고채권	정부	국채법	국회동의를 받은 한도 이내
국민주택채권	정부	주택도시기금법	상동
재정증권	정부	국고금관리법	상동
통화안정증권	한국은행	한국은행 통화안정증권법	금융통화위원회가 정하는 한도 이내
은행채	은행	은행법	자기자본의 5배 이내(2023년 폐지)
회사채	주식회사	상법	없음
산업금융채권	한국산업은행	한국산업은행법	자본금 및 적립금의 30배 이내

1) 제8장은 「한국의 채권시장」(한국거래소, 2019)을 주로 참고하였음. 특히 [표 8-2]~[표 8-8] 및 [표 8-10]~[표 8-16]은 그대로 인용하거나 또는 일부 수정하여 인용하였음. [표 8-17]과 [표 8-18]은 금융투자협회 홈페이지에서 인용함. 장외시장에 대한 설명도 「한국의 채권시장」에서 인용하였음. [표 8-1]과 RP거래의 경우 한국은행 발간 「한국의 금융시장」(2016)을 참고하였으며 [그림 8-2]와 [그림 8-3]은 50쪽과 75쪽에서 인용함.

중소기업은행채권	중소기업은행	중소기업은행법	자본금 및 적립금의 20배 이내
한국전력채권	한국전력공사	한국전력공사법	자본금 및 적립금의 2배 이내
예금보험기금채권 상환기금채권	예금보험공사	예금자보호법	국회동의를 받은 한도 이내
부실채권정리기금채권	한국자산관리공사	한국자산관리공사법	상동

2010년부터 2018년까지의 채권의 신규상장과 상장잔액은 [표 8-2]와 같다. 2018년 기준으로 신규상장채권은 561조원이고 상장잔액은 1,721조원이다. 상장잔액은 2010년과 비교하여 54% 증가한 금액이다.

[표 8-2] 채권 상장 추이(단위: 조원)

구 분	2010	2011	2012	2013	2014	2015	2016	2017	2018
신규상장	567	540	557	564	566	635	541	557	561
상장잔액	1,116	1,218	1,291	1,396	1,458	1,559	1,598	1,659	1,721
잔액/GDP	88%	91%	94%	98%	98%	100%	97%	96%	95%

신규상장규모를 채권종류별로 구분하면 [표 8-3]과 같다. 국채발행량이 2011년부터 연간 100조원을 돌파하여 2015년 163조원으로 증가한 이후 조금 감소하였다.[2] 전체 발행량에서 국채발행량이 차지하는 비율은 대체로 20% 내외이다.

우리나라의 채권시장은 90년대까지는 국채의 발행규모가 매우 작은 기형적인 모양을 갖고 있었다. 이후 정부의 국채시장 선진화 방안에 힘입어 국채의 점유율이 대략 20% 내외로 증가하였으나, 여전히 주요 선진국(미국, 일본, 영국 등)의 국채발행점유율 50%~70%보다는 훨씬 낮은 수준이다.

[표 8-3] 종류별 신규상장 추이(단위: 조원)

구 분	2010	2011	2012	2013	2014	2015	2016	2017	2018
국 채 (비율)	86.8 (15%)	103.0 (19%)	111.1 (20%)	136.3 (24%)	147.9 (26%)	163.0 (26%)	138.0 (26%)	123.1 (22%)	113.3 (20%)
지방채	4.1	3.5	3.8	4.4	4.6	5.7	3.6	3.2	3.0
특수채	377.0	312.7	317.8	311.2	304.9	354.4	299.3	306.2	303.5
회사채	99.1	120.0	124.8	112.1	108.4	111.3	99.9	124.7	141.4
외국채	–	0.3	–	–	–	0.15	0.12	0.05	0.00
계	566.9	539.5	557.4	564.0	565.8	634.6	540.8	557.3	561.2

(각주: 비율은 전체에서 국채발행량이 차지하는 연도별 비율임)

2) 국채에 대한 각종 통계는 기획재정부 국채시장 홈페이지 ktb.mosf.go.kr을 참고하라.

그리고 종류별 상장잔액 추이는 [표 8-4]와 같다. 상장잔액 기준으로 국채가 전체에서 차지하는 비율은 32%~37%에서 안정적이다.

[표 8-4] 종류별 상장잔액 추이(단위: 조원)

구 분	2010	2011	2012	2013	2014	2015	2016	2017	2018
국채 (비율)	360.2 (32%)	390.5 (32%)	412.6 (32%)	452.7 (32%)	493.8 (34%)	545.9 (35%)	582.1 (36%)	616.1 (37%)	640.1 (37%)
지방채	16.2	17.0	17.3	18.5	19.5	21.5	21.3	21.3	20.5
특수채	468.7	497.6	530.1	579.2	595.4	634.5	633.3	639.9	643.1
회사채	270.1	311.9	330.9	345.8	349.2	357.2	361.4	381.7	417.1
외국채	0.4	0.7	–	–	–	0.15	0.12	0.17	0.17
계	1,115.6	1,217.9	1,290.9	1,396.1	1,457.8	1,559.3	1,598.2	1,659.2	1,721.0

(각주: 비율은 국채점유비율로 국채 잔액을 합계로 나눈 비율임)

2018년 기준 국채 신규상장규모는 113.3조원인데 이는 국고채 97.4조원, 국민주택 1종 13.9조원, 기타 국채 2.0조원으로 구성된다. [표 8-5]는 국채의 종류별 신규상장 추이를 보여준다. 국채에서 국고채가 차지하는 비율은 2010년에 90%의 고점에 도달한 이후 하락하여 대략 70% 내외를 유지하다 최근 다시 상승하고 있다.

[표 8-5] 국채의 종류별 신규상장 추이(단위: 조원)

구 분	2010	2011	2012	2013	2014	2015	2016	2017	2018
국고채 (비율)	77.8 (90%)	81.3 (79%)	79.7 (72%)	88.4 (65%)	97.5 (66%)	109.3 (67%)	101.1 (73%)	100.8 (82%)	97.4 (86%)
국주1종	8.9	10.0	9.0	11.2	12.4	16.2	15.9	14.3	13.9
기타국채	0.0	11.7	22.4	36.7	38.0	37.5	20.9	7.9	2.0
계	86.8	103.0	111.1	136.3	147.9	163.0	138.0	123.1	113.3

그리고 2006년부터 2018년까지 연도말 기준 국고채의 상환만기별 분포는 [표 8-6]과 같다. 2018년 기준, 10년 이상 장기채가 전체의 73.3%를 점유한다. 2006년 20년 만기 국고채, 2012년 30년 만기 국고채, 2016년 50년 만기 국고채가 발행되면서, 국고채권의 발행만기는 장기화되는 추세이다. 10년물의 발행잔액 규모가 가장 크다.

[표 8-6] 국고채 만기별 발행잔액 추이

구 분	3년물		5년물		10년물		20년물		30년물		50년물		잔액
	잔액	비중	잔액	비중	잔액	비중	잔액	비중	잔액	비중	잔액	비중	소계
2006	41.5	20.1	88.1	42.6	71.5	34.6	5.7	2.8	–	–			206.8
2007	34.1	15.0	98.8	43.4	83.9	36.9	10.6	4.7	–	–			227.4
2008	26.7	11.1	101.2	42.3	95.9	40.1	15.5	6.5	–	–			239.3
2009	46.3	16.5	102.6	36.5	108.4	38.6	23.6	8.4	–	–			280.9
2010	44.6	14.4	104.0	33.5	126.8	40.9	34.7	11.2	–	–			310.1
2011	50.8	14.9	97.4	28.6	145.0	42.6	46.9	13.8	–	–			340.1
2012	47.7	13.1	95.9	26.4	160.0	44.1	57.7	15.9	1.6	0.5			362.9
2013	50.5	12.6	99.4	24.8	173.8	43.4	66.4	16.6	10.7	2.7			400.7
2014	58.5	13.4	103.0	23.5	178.5	40.7	77.2	17.6	21.0	4.8			438.3
2015	64.1	13.2	110.7	22.8	189.0	39.0	88.1	18.2	33.1	6.8			485.1
2016	62.1	12.0	108.0	20.9	200.0	38.7	98.2	19.0	47.5	9.2	1.1	0.2	516.9
2017	51.1	9.3	109.5	20.0	209.0	38.2	108.3	19.8	67.6	12.4	1.3	0.2	546.7
2018	47.2	8.3	104.2	18.4	204.5	36.1	117.5	20.7	90.2	15.9	3.4	0.6	567.0

1.2 정부의 국채시장 선진화 방안

1.2.1 선진화 방안 연도별 도입 내역

정부는 국채시장 선진화를 위하여 각종 제도를 정비하였는데, 2000년 이후의 주요 변화를 정리하면 다음과 같다.

2000년 1월 양곡관리기금채권의 국고채권으로의 통합
2월 딜러간 채권중개회사 설립
5월 국채통합발행제도 도입
6월 민간채권평가회사 설립 허용
7월 채권시가평가제도 시행
10월 10년 만기 장기국채 발행
2003년 11월 외국환평형기금채권의 국고채권으로의 통합
2004년 5월 장기 국채시장 육성방안 발표
2006년 1월 20년 만기 국고채 도입
3월 국고채 원금이자분리제도(STRIPS) 시행

2007년 3월 물가연동국고채 최초 발행
11월 채권장외거래 호가집중제도 도입
2009년 6월 국채입찰방식 변경
(단일금리결정방식 → 차등가격 낙찰방식)
2012년 9월 30년 만기 국고채 도입
2014년 12월 국고채시장 선진화방안 마련
(선매출 · 발행일 전 거래 도입, STRIPS 확대 등)
2016년 9월 50년 만기 국고채 도입
2021년 2월 2년 만기 국고채 도입

국채의 종류별 발행목적 및 발행방법은 다음과 같다.

[표 8-7] 국채의 종류별 발행목적 및 발행방법

구 분	발행목적	발행방법	만 기	표면금리	이자지급
국고채	사회복지정책 등 공공목적	경쟁입찰	2,3,5,10, 20,30,50	시장금리	매6월 후급
외국환평형 기금채권	외화자금매입 해외부문통화관리	경쟁입찰	발행시 결정	시장금리	매3월 후급
재정증권	일시부족자금조달	경쟁입찰	1년 이내 (통상 3개월 이내)	낙찰 할인율	할인채
국민주택 채권 1종	국민주택건설 재원조달	첨가소화	5	1.00%	연복리채

참고로, 국민주택채권 2종은 1999년 발행이 중단된 후 2005년 재도입되었으나 2013년부터 발행이 중단되었으며, 3종은 채권입찰제 부활에 따라 2006년 이후 발행이 중단되었다.

1.2.2 국채통합발행제도

국채통합발행제도(fungible issue)는 2000년 5월부터 시행되고 있으며, 현재 3년, 5년, 10년 국채는 6개월 단위(20년, 30년, 50년 만기 및 10년 만기 물가연동국채의 경우 1년 단위)로 만기일과 표면금리를 단일화하여 통합 발행하는 제도이다. 즉, 6개월 이내에 추가 발행시에는 만기일과 표면금리를 직전 발행 국고채와 똑같이 적용하여 발행토록 하는 제도이다. 이와 같이 같은 조건의 국채발행물량이 확대됨으로써 국채의 거래량이 크게 증가하여 유동성이 높아지고 지표금리가 안정적으로 형성되어 국고채가 지표채권으로서의 역할을 하게 되었다. 또한 2003년 3월에는 국채 표면금리를 0.01% 단위에서 0.25% 단위로 단순화하였으나, 2013년에는 낙찰금리를 절사하여 0.125%의 배수가 되도록 결정하였다. 통합발행 예시는 다음과 같다.

[표 8-8] 국채통합발행 예시

종 목	발행일	입찰일	가중평균 낙찰금리	만 기	표면금리	발행금액	통합발행 잔액
국고 02750 -1706	2014.6.10.	2014.6.2.	2.840%	2017.6.10.	2.750%	2.00	2.00
		2014.7.7.	2.595%			1.95	3.95
		2014.8.4.	2.525%			1.75	5.70
		2014.9.1.	2.520%			1.77	7.47
		2014.10.6.	2.260%			1.70	9.17
		2014.11.3.	2.135%			1.60	10.77

국채발행규모는 국회의 동의를 받은 한도 내에서 정부가 결정하며 공개시장에서의 발행을 원칙으로 한다. 국채는 국민주택채권을 제외한 모든 국채의 발행사무를 한국은행이 대행하고 있으며, 국고채는 국고채전문딜러를, 재정증권은 통화안정증권 입찰기관을 대상으로 통상 발행예정일 1영업일 전에 경쟁입찰한다. 국채 입찰은 입찰일 오전 10:40부터 11:00까지 20분간 진행된다. 입찰방식은 낙찰된 최고응찰금리를 기준으로 하여 순차적으로 매 0.02%포인트(만기가 10년 이상인 경우 0.03%P) 간격으로 구분한 후 각 구간 중 최고금리를 낙찰금리로 적용하는 차등가격 낙찰방식(differential pricing auction method)을 적용한다.

국채의 경쟁입찰은 입찰 참여자가 입찰금액과 함께 발행가격이나 수익률을 제출해서 발행자가 가장 유리한 조건의 입찰자를 선정하는 방식이다. 경쟁입찰은 수익률 결정방식에 따라 복수가격결정(conventional auction)방식과 단일가격결정(Dutch auction)방식으로 나뉜다. 복수가격결정방식은 내정된 수익률 이하에서 각 응찰자가 제시한 응찰가격을 높은 순으로 배열하여 최고가부터 발행예정액에 도달할 때까지 순차적으로 낙찰자를 결정하는 방식이다. 이 경우 발행가격은 낙찰자가 입찰한 가격이므로 응찰자는 발생 가능한 손실을 회피하기 위하여 낮은 가격에 응찰하려는 유인을 갖는다(즉, 승자의 저주가 발생할 수 있음).

반면에 단일가격결정방식은 각 응찰자의 응찰가격을 기준으로 발행예정액에 도달할 때까지 순차적으로 낙찰자를 결정하는데 이 경우 발행가격은 낙찰자가 제출한 입찰가격 중 가장 낮은 가격으로 동일하게 적용된다. 발행자의 발행비용이 증가하므로 발행자 입장에서는 복수가격결정방식보다 불리한 방식이다.

우리나라는 단일가격방식과 복수가격방식을 바꿔가면서 채택해 오다가 2009년 6월 단일가격결정방식에서 차등가격낙찰방식(differential pricing auction)으로 변경하였다. 이 방식은 최고낙찰금리 이하 입찰금리들을 일정한 간격으로 그룹화하고 각 그룹별로 최고금리를 낙찰금리로 결정하는 방식이다.

[표 8-9]와 같이 6개 기관이 입찰한다고 가정하자(입찰조건을 기준으로 정렬됨). 발행액은 800억원이고 최고낙찰금리는 E가 제시한 5.050%이다. 차등가격낙찰방식 하에서 그룹이 5.050%~5.025%, 5.020%~4.995%, 4.990%~4.965%로 결정되면(구간은 기획재정부가 결정함) 각 그룹별로 적용되는 금리는 각 그룹의 최고금리인 5.050%, 5.020%, 4.990%이다. 참고로, 단일가격결정방식의 경우 낙찰금리는 모두 5.050%이고, 복수가격결정방식의 경우 낙찰금리는 각자 입찰한 금리이다.

[표 8-9] 각 방식별 낙찰금리 비교

입찰기관	입찰조건	낙찰금리		
		단일가격결정방식	복수가격결정방식	차등가격낙찰방식
A	4.990%, 200억원	5.050%	4.990%	4.990%
B	5.000%, 200억원		5.000%	5.020%
C	5.010%, 200억원		5.010%	
D	5.030%, 100억원		5.030%	5.050%
E	5.050%, 100억원		5.050%	
F	5.070%, 200억원	미낙찰		

1.2.3 원금이자분리제도

2006년 3월에 도입된 원금이자분리제도(STRIPS: Separate Trading of Registered Interest and Principal of Securities)는 이표채의 원금과 이자를 분리하여 각각 별도의 무이표채로 만드는 제도로서, 지표채권의 유동성 제고, 수익률곡선 구축, 장기 무이표채에 대한 수요 대응 및 채권시장 국제화를 위해 도입되었다. 대상은 당초 2006년 이후 발행되는 5년물 이상의 국고채로 지정되었으나 2015년부터 3년물 이상으로 대상이 확대되었다.

예를 들어, 6개월마다 이자가 지급되는 10년 만기 채권의 경우 이자스트립(Coupon strip) 20개와 원금스트립(principal strip)이 각각 분리되어 총 21개의 무이표채가 생성된다(이를 각각 이자분리채권과 원금분리채권으로 부르기도 함). 뿐만 아니라 반대로 21개의 스트립을 조합하여 분리 이전의 국고채와 동일한 현금흐름을 갖도록 하는 것도 가능한데 이를 재결합(reconstitution)이라고 한다.

다음은 2006년 9월 10일에 10년 만기, 5.0% 액면이자율로 발행된 국고채(액면 100억원)의 원금과 이자의 분리 및 재결합을 보여준다(연 2회 이자지급 가정).

그림 8-1 원금과 이자의 분리 및 재결합

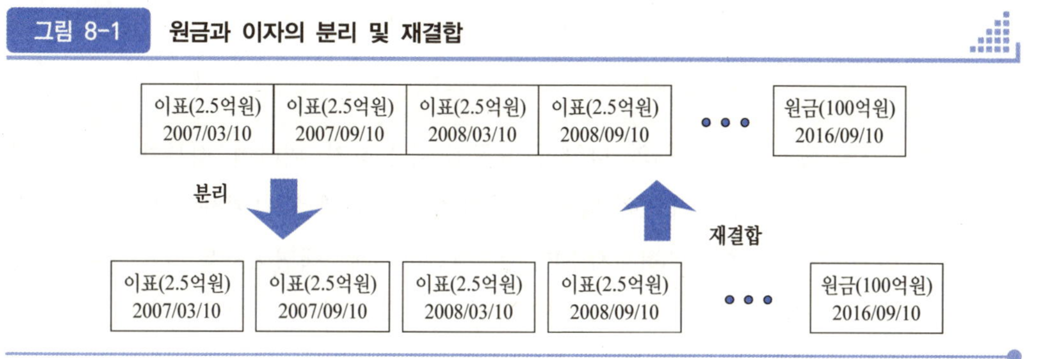

금융기관 또는 투자자는 원금이자분리제도를 이용하여 자신의 선호에 맞는 다양한 현금흐름을 만들 수 있다. 장기 할인채(무이표채)는 재투자위험이 없고 만기일에 확정된 수익을 제공하므로 보험사와 연기금 등의 금융기관이 장기 투자수단으로 선호한다.[3] 또한 장기채의 원금과 이자를 분리할 수 있도록 함으로서 장기채의 수요를 촉진하고 거래를 원활하게 하는 효과가 있다.

2016년 6월말 기준 발행잔액은 57조원이다. [그림 8-2]는 2016년 6월말 기준 원금이자분리채권 발행잔액(원금분리채권과 이자분리채권)과 투자자의 구성을 보여준다. 보험사가 65%, 은행이 20.9%, 증권회사가 9.8%를 점유하고 있다.

3) 원금이자분리제도에 의해 생성된 채권은 무이표채이므로 매입 당시의 할인가격을 만기 상환금액에서 차감하면 과세대상인 이자소득이 계산된다. 과세는 중도 매도시 또는 만기일에 이루어지는데 전체 만기에서 보유기간이 차지하는 비율로 이자소득을 산정하여 과세된다.

그림 8-2 **원금이자분리채권 발행잔액과 투자자 유형**

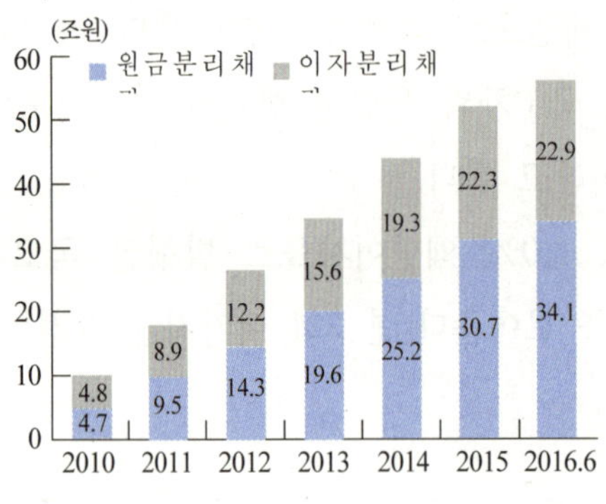

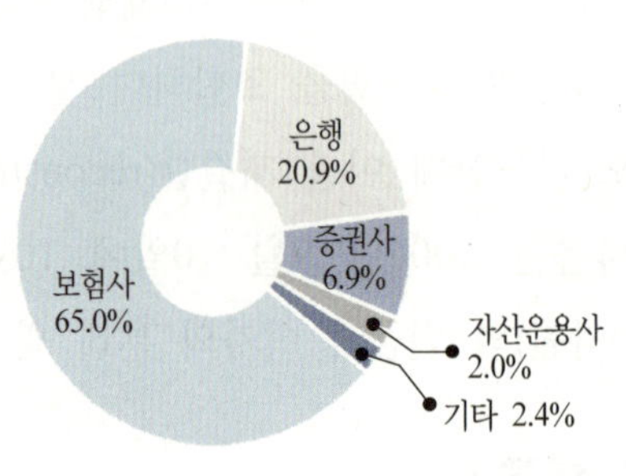

미국의 투자은행은 투자자들의 다양한 요구를 수용하기 위하여 정부가 발행한 재무성 증권을 분해하여 인위적으로 다양한 만기의 무이표채를 발행하였다. 즉, 투자은행은 스트립을 위하여 특수목적회사(SPC)를 설립하는데, 액면이자율 9%, 만기 2년, 액면 100원의 채권을 스트립한다고 가정하면 특수목적회사의 재무상태표는 다음과 같다(1년 만기 수익률 8%, 2년 만기 수익률 9% 가정).

이표채(만기 2년, 원금 100) (액면이자율 9%)	100.076	무이표채(만기 1년, 원금 9) 무이표채(만기 2년, 원금 109)	8.333 91.743

무이표채는 이표채의 이자와 원금으로부터 상환된다. 무이표채의 현금흐름이 이표채의 현금흐름과 완벽하게 매칭되므로 무이표채의 신용등급은 이표채의 신용등급과 동일하다.

투자회사가 개별적으로 특수목적회사를 설립하여 국채를 분해함에 따라, 미국 정부는 1985년에 국채의 분해를 용이하게 하기 위하여 STRIPS를 도입하였다. 프랑스는 1991년에, 벨기에와 네덜란드는 1992년에, 그리고 독일, 스페인, 영국은 1997년에 이 제도를 도입하였다.

스트립과 재결합은 국고채를 보유한 자가 한국예탁결제원을 경유하여 한국은행 금융망(BOK-Wire+)을 통해 전문송신으로 신청할 수 있다. 가능한 금액은 국고채 액면가 1,600만원의 정수배로 하는데 이는 이자스트립의 액면가가 최소 1만원 이상으로 유지하기 위함이다.

1.3 회사채 발행 방법 및 조건

회사채는 모집 방법에 따라 공모발행과 사모발행으로 구분된다. 공모발행(public offering)은 불특정다수(50인 이상)의 투자자를 대상으로 발행하며 인수기관이 총액(또는 일부)을 인수하여 발행위험을 부담하는 간접발행 방식으로 주로 발행된다.[4] 사모발행(private placement)의 경우 발행기업이 최종 매수자와 발행조건을 직접 협상하여 발행하며 소규모의 단기운영자금을 신속하게 조달하기 위해 주로 이용된다(감독기관에 증권신고서 등의 제출이 면제됨).

2012년 상법 개정으로 회사채는 정관에서 정하는 경우 이사회의 결의가 없어도 발행이 가능하며, 순자산액의 4배까지 발행이 가능했던 발행한도는 폐지되었다. 공모발행의 경우 증권신고서를 금융위원회에 제출해야 한다.

만기는 1, 2, 3, 5, 10년 등으로 발행되는데, 3년물이 주종을 이루고 있으며, 표면금리는 유통수익률보다 0.5%포인트 이내로 낮거나 또는 유통수익률에 맞춰 발행되는 경향이 있다(표면금리가 유통수익률과 동일하면 채권은 액면가에 발행됨). 과거에는 관행적으로 표면금리가 유통수익률보다 1~2%포인트 낮은 수준에서 결정되었는데 이유는 이자소득세가 표면금리에 의해 부과됨에 따라 투자자들이 낮은 표면금리의 채권을 선호하였기 때문이다.

무보증회사채를 발행하고자 하는 기업은 신용평가회사로부터 기업의 사업성, 수익성, 현금흐름, 재무안정성 등을 기초로 회사채 상환능력을 평가받아야 한다. 회사채의 평가등급은 AAA, AA, A, BBB, BB, B, CCC, CC, C, D의 10개 등급으로 분류된다. 2014~2018년 기준으로 한국신용평가 자료(표본 수 1,036개)에 의하면, 우리나라의 등급별 회사채 발행비중은 AAA등급 1.6%, AA등급 27.5%, A등급 41.3%, BBB등급 16.4%로 투자적격등급이 86.9%에 이르고 있어 투자부적격등급으로 채권을 발행하는 것이 매우 어렵다는 것을 알 수 있다(투자적격등급은 AAA부터 BBB까지, 투기등급 또는 투자부적격등급은 BB부터 C까지, D는 상환불능을 의미함).

4) 총액인수가 가장 많이 이용되며, 이외에도 잔액인수와 모집주선 방식이 있다.

[표 8-10] 회사채 신용등급 현황(2014~2018년, 한신평)

구 분	등 급	정 의	해당 기업수
투자등급	AAA	원리금지급 확실성이 최고 수준	17 (1.6%)
	AA	원리금지급 확실성이 매우 높지만 AAA등급에 비해 다소 낮음	285(27.5%)
	A	원리금지급 확실성이 있지만 장래의 환경변화에 대하여 다소 영향을 받을 가능성이 있음	428(41.3%)
	BBB	원리금지급 확실성이 있지만 장래의 환경변화에 따라 저하될 가능성이 내포되어 있음	170(16.4%)
	BB	원리금지급능력에 당면문제는 없으나 장래의 안정성면에는 투기적 요소가 내포되어 있음	87(8.4%)
	B	원리금지급능력이 부족하여 투기적임	49(4.7%)
	CCC	원리금의 채무불이행이 발생할 위험요소가 내포되어 있음	
	CC	원리금의 채무불이행이 발생할 가능성이 높음	
	C	원리금의 채무불이행이 발생할 가능성이 극히 높음	
	D	현재 채무불이행 상태	

무보증사채의 발행절차는 다음과 같다.

[표 8-11] 무보증 회사채 발행절차

절 차	대상처	일 정
주관회사 선정 및 발행조건 협의	주관사	D-40
이사회 결의	-	D-30
대표주관계약 체결 및 협회신고	주관사, 금융투자협회	D-29
기업실사	-	D-25
신용평가회사의 신용등급 평가	신용평가회사	D-7
수요예측	주관사	D-5
사채모집위탁계약 및 원리금지급대행 계약	수탁회사, 은행	D-3
최종 총액인수(매출) 계약	인수단	D-1
증권신고서 제출	금융위원회	D
사채청약안내 공고	신문	D
한국거래소 상장 신청 및 예탁결제원 등록 청구	한국거래소, 한국예탁결제원	D+2
증권신고서의 효력 발생	-	D+8
투자설명서의 작성 및 공시	-	D+8
사채청약 및 납입	납입은행	D+9
채권상장	한국거래소	D+9
증권발행실적보고서의 제출	금융위원회	D+12

1.4 국내채권 발행 조건

우리나라에서 발행되는 국채, 지방채, 특수채 등은 발행조건이 대단히 복잡하므로 이중에서 대표적인 몇 가지 채권만을 선정하여 간단히 설명하기로 한다.

1.4.1 국채

국채(Government Bonds)는 국고채권(KTB), 재정증권(Treasury Bills), 국민주택채권(National Housing Bonds), 외국환평형기금채권(Foreign Exchange Stabilization Fund Bonds) 등 4가지 종류로 나누어지며 종류별로 발행방식 및 이자지급방식이 상이하다.5)

국고채권

국고채권(Korea Treasury Bond: KTB)은 국채법 제9조 및 국채관리기금 사무처리세칙 제5조에 의해 정부가 발행하는 채권으로 국채전문딜러들의 경쟁입찰을 통하여 발행된다. 국고채가 신규 발행되는 경우 표면금리는 낙찰금리를 반올림하여 0.125%의 배수가 되도록 표기하며, 만기는 2년, 3년, 5년, 10년, 20년, 30년, 50년이고 6개월 이표채이다. 2020년 발행금액 기준으로 점유율은 3년물 20.1%, 5년물 19.5%, 10년물 25.6%, 20년물 7.4%, 30년물 24.3%, 50년물 2.4%, 물가연동국고채 0.7%이다. [그림 8-3]은 1999년부터 2020년까지 연도별 국고채 발행금액의 변화를 보여준다. 연간 발행금액이 1999년의 18.6조원에서 2020년의 174.5조원으로 9.4배 증가하였다.

국고채의 종목명칭은 "국고표면금리-만기년월"로 표기된다. 예를 들어 "국고04500-1503"은 표면금리가 4.500%이고 만기가 2015년 3월인 국고채권을 의미한다. 경쟁입찰을 통하여 발행된 국고채 중에서 만기별로 가장 최근에 발행된 국고채를 지표종목(on-the-run issue)이라고 한다. 현재 국고채 지표종목은 2년물, 3년물, 5년물, 10년물, 20년물, 30년물, 50년물, 물가연동 10년물 등 모두 8개 종목으로 구성된다.

5) 보상채권도 국채로 구분되지만 2000년 이후 신규 발행이 없다.

그림 8-3 **연간 국고채 발행금액(단위: 조원)**

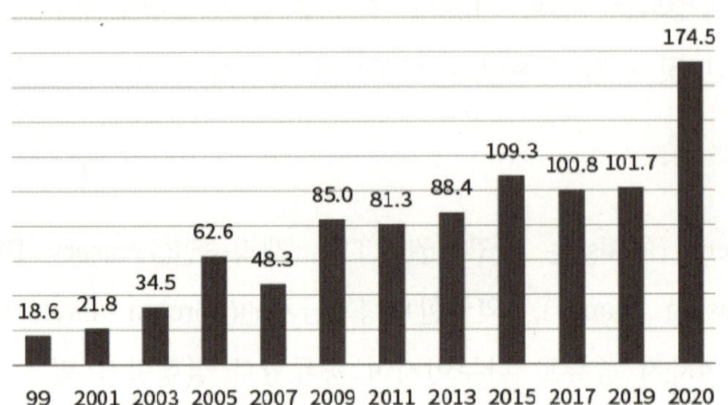

국민주택 1종 채권

국민주택 1종 채권의 만기는 5년이다. 원금은 10,000원 액면이자율은 1.30%(2022년 12월 1일 이후)로 확정되어 있으며 이자는 연복리 후급(즉, 만기 일시상환)으로 지급된다.[6] 따라서 만기에 지급되는 금액은 $10,000 \times 1.01^5 = 10,510$원이다(만기지급금액 계산시 원 미만은 절사함). 일반적으로 이 채권은 등기 · 등록, 인 · 허가시 첨가소화 형태로 발행된다.

1.4.2 특수채

특수채는 특별한 법률에 의하여 설립된 법인이 발행한 채권을 의미하며, 자본시장과 금융투자업에 관한 법률에서 특수채로 인정한 채권을 말한다. 특수채는 통화안정증권(한국은행), 금융특수채(한국산업은행과 한국수출입은행 등), 비금융특수채(특수은행을 제외한 특별법에 의해 설립된 기관)로 구분된다.

통화안정증권

통화안정증권(Monetary Stabilization Bond)은 한국은행법과 통화안정증권법에 의하여 한국은행이 유동성조절 및 통화신용정책의 운영을 위한 목적으로 발행하는 채권이다. 통화안정증권은 공모 또는 상대매출방식으로 발행하며, 공모발행은 경쟁입찰, 모

6) 국민주택채권 1종의 액면이자율은 2015/04/01 1.75%로, 2016/2/15 1.5%로, 2016/6/15 1.25%로, 2016/11/24 1.5%로, 2017/1/1 1.75%로, 2019/06/04 1.50%로, 2019/07/23 1.25%로, 2019/08/08 1.00%로, 2022/12/01 1.30%로 변경되었다.

집매출 또는 일반매출(2009년 이후 잠정 중단됨)에 의해 발행하는 방식이다. 경쟁입찰시 발행금리는 입찰참가기관들의 적극적인 입찰참여를 유도하기 위하여 단일금리결정방식(Dutch Auction)을 채택하고 있다.

통화안정증권의 만기는 14일, 28일, 63일, 91일, 140일, 182일, 364일, 371일, 392일, 546일, 2년까지 총 11가지가 있으며, 공모발행시 2년 만기만 액면발행되고 나머지는 모두 할인발행된다. 액면이자율은 시장 실세금리로 결정되며 액면가는 100만원, 500만원, 1,000만원, 5,000만원, 1억원 등 5종류로 정형화되었으며, 이자지급방식은 만기가 2년 미만은 할인채이고 2년 만기는 3개월 이표채이다. [그림 8-4]은 2009년부터 2019년까지 통화안정증권의 연간 발행금액을 보여준다. 2011년부터 연간 발행금액이 160조원을 중심으로 안정되어 있다.

그림 8-4 **통화안정증권 연간 발행금액(단위: 조원)**

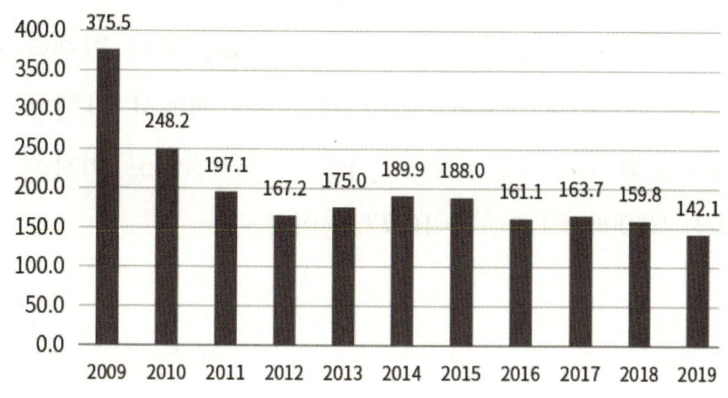

산업금융채권

산업금융채권은 산업은행법에 의해 주요 산업개발에 필요한 재원조달을 목적으로 한국산업은행이 발행한다. 산업금융채권의 만기는 1년, 2년, 3년, 5년이 주를 이룬다. 액면이자율은 시장금리에 따라 탄력적으로 결정되며 할인채, 복리채, 이표채 등으로 다양하게 발행된다.[7] 발행한도는 납입자본금과 적립금의 30배 이내이다.

7) 채권의 조건을 표기하는 회호체계는 1999년에 변경되어 적용되고 있다. 예를 들어, 매월 말일 발행하는 매출발행 산금채의 경우 "산금 0804 할3A"는 순서대로 채권명, 발행연도와 발행월, 이자지급방법(할은 할인채를, 복은 복리채를 이는 이표채를 의미함), 만기, 발행조건 변경기호(A, B, C 등) 등을 의미한다. 따라서 이 채권은 2008년 4월 1일에 발행된 3년 만기 할인채 산업금융채권이다(만기는 2011년 4월 1일).

중소기업은행채권

중소기업은행채권은 중소기업은행법에 의해 중소기업 자금조달을 지원하기 위하여 중소기업은행에서 발행한다. 납입자본금과 적립금의 20배 이내에서 발행할 수 있다.

금융특수채에는 산업금융채권, 중소기업은행채권 이외에 수출입은행채권, 농협금융채권, 수산금융채권 등이 있다. 그리고 비금융특수채에는 한국전력공사채권, 인천국제공항공사채권, 토지주택채권, 한국가스공사채권, 한국수자원공사채권 등이 있다.

1.4.3 지방채

지방채는 지방자치단체가 재정수입의 부족을 보충하거나 특수목적을 달성하기 위하여 자금을 차입하는 채무이다. 대표적인 지방채에는 지역개발채권과 도시철도채권이 있다.

지역개발채권

지역개발에 필요한 재원을 조달할 목적으로 각 시와 도가 발행하는 지방채이며 연복리 1.5%에 만기는 5년이다. 현재 18개 지방자치단체에서 발행하고 있으며 도시철도채권과 같이 첨가소화되어 매출된다. 원금은 10,000원이고 이자는 연복리 후급이므로 만기상환금액은 $10,000 \times 1.015^5 = 10,772$원이다.

도시철도채권

도시철도채권은 지하철건설자금을 조달하기 위하여 지방자치단체가 발행하는 지방채로서, 서울, 부산, 인천, 대구, 광주, 대전에서 발행되고 있다. 서울도시철도채권은 만기 7년에 일시 상환되고, 다른 도시철도채권은 만기 5년에 일시 상환된다. 액면이자율은 1.5%로 모든 도시철도채권이 동일하지만, 이자계산방식은 서울도시철도채권의 경우 복5단2(5년 연복리 후 2년 단리)로, 기타 도시철도채권은 5년 연복리로 계산되고, 첨가소화되어 매출된다(지역개발채권과 도시철도채권의 액면이자율은 2023년부터 2.5%로 적용됨).[8)]

---

8) 1999년 7월 이전에 발행된 서울도시철도채권의 경우, 원금상환은 5년 거치 5년 균등상환이며(만기는 9년), 이자율은 6%이고 1차 상환시는 복리지급하며 2차부터는 미상환 원금에 대하여 단리를 적용한다.

유통시장

유통시장(secondary market)은 이미 발행된 채권이 투자자간에 거래되는 제2차 시장을 의미한다. 유통시장은 채권의 매매를 통해 유동성(liquidity)과 시장성(marketability)을 부여할 뿐만 아니라 채권의 공정한 가격형성을 가능하게 한다. 채권 유통시장은 장외시장과 장내시장으로 구분된다. 현재 대부분의 채권거래는 장외시장에서 주로 증권회사의 단순중개를 통하여 이루어진다. 장내시장(거래소채권시장)으로는 국채전문유통시장, Repo시장, 일반채권시장, 소액채권시장이 개설되어 있다. 특히, 국채전문유통시장은 국고채전문딜러간 경쟁매매시장으로 전문딜러의 국고채 지표채권의 장내거래 의무화에 힘입어 거래가 큰 폭으로 증가하였다.

2.1 거래소채권시장

한국거래소 채권시장 거래량은 2016년까지 꾸준히 증가하였으나 이후 하락 안정적이며 2018년 기준 2,406조원은 2016년 대비 25% 하락하였다. 거래소채권시장별 거래 현황은 [표 8-12]와 같다(Repo시장 제외).

[표 8-12] 한국거래소 채권시장 거래 현황(단위: 조원)

구 분	2010	2011	2012	2013	2014	2015	2016	2017	2018
국채전문유통시장	423	766	1,305	1,273	1,318	1,693	3,122	2,350	2,324
소액채권시장	118	31	30	24	26	36	43	53	54
일반채권기장	37	11	11	10	9	7	6	6	4
기 타	6	7	6	5	21	27	29	22	24
계	585	815	1,351	1,313	1,373	1,762	3,200	2,431	2,406

2.1.1 국채전문유통시장

국채전문유통시장은 한국거래소가 국고채시장 활성화 및 거래투명성 제고를 위해 1999년에 개설한 전자거래시장으로, 전 거래과정이 실시간 정보화면을 통해 이루어지는 전자거래시스템(KTS: KRX Trading System for Government Securities)을 기반으로 한다.

거래대상채권은 국고채, 통안증권, 예금보험공사채권이나, 국고채가 거래의 대부분을 차지하고 매매수량단위는 10억원의 정수배이다. 국채전문유통시장의 거래제도를 요약하면 다음과 같다.

[표 8-13] 국채전문유통시장의 거래제도

구 분	내 용
거래시간	9:00 ~ 15:00
거래대상종목	국고채, 통화안정증권, 예금보험공사채권
거래수량단위	액면 10억원의 정수배
호가방식	가격호가(1원 단위)
체결방식	복수가격에 의한 개별경쟁매매
참가자	국채딜러(은행, 금융투자회사 중 일부), 위탁참가자(일반기관 등)
결제일	T+1일

국채전문유통시장의 참가자는 국채딜러인 금융투자회사 및 은행에 한정된다. 국채딜러는 시장조성자(market maker)인 국고채전문딜러(primary dealer: PD), 예비국고채전문딜러(preliminary primary dealer: PPD) 및 일반딜러로 구분된다. 그리고 연금, 보험, 기금 및 자산운용사 등의 기타기관은 위탁기관으로 국채전문유통시장에 참여한다.

2.1.2 Repo시장

환매조건부채권매매(repurchase agreement: RP 또는 repo)는 현재 시점(매입일)에서 현물로 채권을 매도(매수)함과 동시에 사전에 정한 미래의 특정시점(환매일)에 동 증권을 환매수(전매도)하기로 약정하는 매매거래이다(즉, 2개의 매매계약이 동시에 이루어지는 매도 · 매수계약임). 매입일에 증권을 매도하고 매입가를 수취하는 것을 "RP 매도"라고 하며,(또는 repo거래를 한다고 하며) 반대로 매입가를 지급하고 증권을 매입하는 것을 "RP매수"라고 한다(또는 역 repo거래를 한다고 함)([그림 8-5] 참조).

그림 8-5 RP거래의 흐름

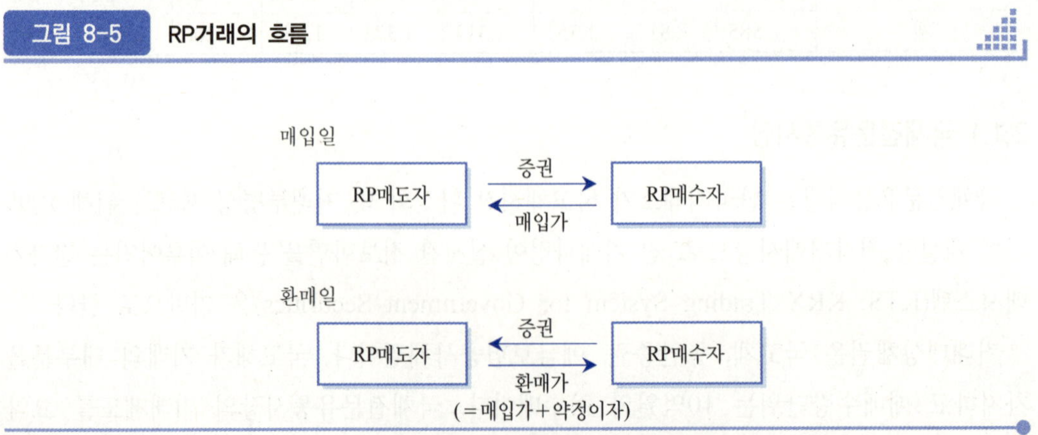

법적으로 RP거래는 약정기간 동안 대상증권의 법적 소유권이 RP매도자에서 RP매수자로 이전되는 증권의 매매거래이다. 그런데 실질적으로 RP거래는 일정 기간 동안 매도자가 매수자에게 증권을 담보로 제공하고 자금을 차입하는 증권담보부대출의 성격을 갖는다. 이런 측면에서 매수자와 매도자는 각각 자금제공자와 자금차입자이며, 대상 증권의 시장가치와 매입가의 차이는 초과담보(haircut)로 볼 수 있다.

RP거래는 거래주체를 기준으로 금융기관과 일반 고객간에 이루어지는 대고객RP와 금융기관간에 이루어지는 기관간RP, 그리고 한국은행의 공개시장운영 수단으로서 한국은행과 금융기관간에 이루어지는 한국은행RP로 구분된다. 2016년 6월말 기준 국내 RP시장의 규모는 총 134조원으로 대고객RP가 59%, 기관간 RP가 41%를 점유하고 있다.

대고객RP의 경우, 대상증권은 주로 금융채, 통화안정증권, 회사채, 국채 등으로 다양하며 만기가 6일 이내가 대부분이다(2016년 기준 95%). 매도주체는 증권사가 90% 이상을 점유하고 매수주체는 개인 및 일반법인 등이다. 기관간RP의 경우, 주요 매도주체는 증권사(65%)이고, 매수주체는 자산운용사(38%)와 은행신탁(23%) 및 증권신탁(12%) 등이다. 기관간RP에서는 국채, 통화안정증권 및 특수채가 주로 활용되고 익일물이 대부분을 차지한다(2016년 기준 92%).

한국은행은 공개시장운영 수단으로 RP매매를 활용한다. 즉, 한국은행은 유동성을 흡수하기 위하여 RP매각을 실시하고 유동성을 공급하기 위하여 RP매입을 실시한다. 예를 들어, RP매각을 실시하면 한국은행은 금융기관에게 보유채권을 매도하면서 금융기관의 유동성을 흡수하고, 차후에 그 채권을 환매하면서 금융기관에 유동성을 공급하게 된다. 이를 도식화하면 [그림 8-6]과 같다. 반대로 RP매입의 경우 한국은행은 금융기관의 보유채권을 매입하면서 금융기관에 유동성을 공급하고 차후에 채권을 환매하면서 유동성을 흡수하게 된다.

그림 8-6 RP매각의 유동성 조절효과

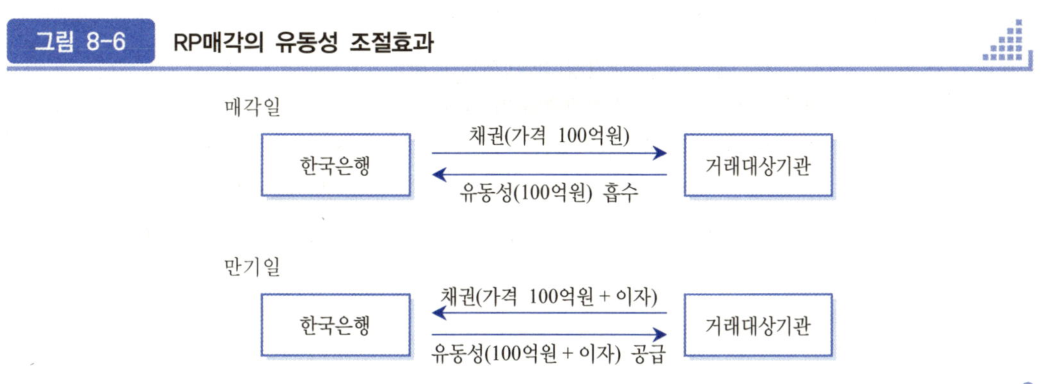

2.1.3 일반채권시장

일반채권시장은 거래소에 상장된 모든 채권이 거래되는 시장으로 시장참가에 자격 제한이 없어 모든 투자자가 참여할 수 있는 시장이다. 주로 회사채와 주권관련사채(전환사채, 신주인수권부사채 등) 및 제1 · 2종 국민주택채권 등의 거래가 많으며, 전환사채의 매매는 공정한 가격형성 및 유동성 제고를 위해 반드시 거래소시장을 통해야 한다. 일반투자자들도 손쉽게 채권에 투자할 수 있도록 2007년 소매채권시장이 개설되었으며, 2014년부터는 소매채권시장과 일반채권시장을 통합 운영하고 있다.

정규 매매거래시간은 09:00 ~ 15:00이며 호가가격단위는 1원이고 호가수량단위는 액면 1만원을 기준으로 한다. 매매수량단위는 일반채권과 주권관련사채의 경우 1,000원이지만 전자단기사채의 경우 1억원이다. 일반채권시장의 주요 매매제도는 다음과 같이 요약된다.

[표 8-14] 일반채권시장의 주요 매매제도

구 분	주요 제도
매매대상	일반채권, 주권관련사채 등 거래소에 상장된 모든 채권 (주권관련사채: 전환사채, 신주인수권부사채, 교환사채, 이익참가부사채) - 소액채권은 소액채권시장에서 매매
호가접수시간	08:00~15:00
호가가격단위	1원(외화표시채권 1포인트)
호가수량단위	액면 10,000원(외화표시채권 액면 1만 포인트)
매매거래시간	09:00~15:00
매매수량단위	액면 1,000원(전자단기사채 액면 1억원, 외화표시채권 액면 1만 포인트)
호가의 유형	지정가 호가
가격제한폭	없음(투자자의 착오입력 방지를 위해 호가입력 제한)
매매거래정지	풍문 등의 사유
매매체결방법	단일가격에 의한 개별경쟁매매(단일가매매) 복수가격에 의한 개별경쟁매매(접속매매)
주요참여자	시장참가자에 대한 제한 없음 주로 증권사(자기매매), 기관투자자, 일반투자자(위탁매매)
결제시한	당일결제(대금: 시중은행 당좌계좌, 채권: 예탁원 SAFE-Line)

2.1.4 소액채권시장

소액채권시장은 주택구입, 부동산 등기, 자동차 등록 등 각종 인 · 허가시에 필수적으로 매수해야 하는 첨가소화채권이 헐값에 매각되는 폐단을 해소하고 환금성을 보장하기 위하여 1995년에 개설된 특수목적의 시장이다. 소액채권시장에는 소액채권매입의무자, 소액채권매수전담회원, 소액채권매도대행회원, 소액채권매출대행기관 등 여타 시장에는 존재하지 않는 제도적 기능을 수행하는 시장참여자들이 있다. 소액채권시장의 주요 매매제도는 다음과 같다.

[표 8-15] 소액채권시장의 주요 매매제도

구 분	주요 제도
매 매 대 상	i) 당월과 전월에 발행된 ii) 1인당 호가수량이 액면 5천만원 이하 iii) 제1종국민주택채권, 도시철도채권, 지역개발채권(장내집중의무)
호가접수시간	08:00~15:00
호가가격단위	1원
호가수량단위	액면 10,000원
호 가 방 법	가격호가(지정가호가), 수익률 병기
매매거래시간	09:00~15:00
매매수량단위	액면 1,000원
매매체결방법	단일가격에 의한 개별경쟁매매(동시호가) 복수가격에 위한 개별경쟁매매(접속매매) 장종료 시 매매거래(전일 결정된 신고시장가격으로 매매)
시 장 조 성 자	소액채권전담회원(24개사 이내), 채권시장조성회원
시장조성방법	소액채권전담회원은 의무적으로 매수호가 제시 채권시장조성회원은 자율적으로 매도·매수호가 제시(접속매매 시)
주 요 매 도 자	매도대행회원(자기), 채권시장조성회원(자기), 개인투자자(위탁)
주 요 매 수 자	소액채권전담회원(자기), 채권시장조성회원(자기)
결 제 시 한	당일결제(대금: 시중은행, 채권: SAFE-Line)

2.2 장외시장

2.2.1 장외시장의 특성과 거래규모

장외시장(over the counter(OTC) market)은 거래소 이외의 장소에서 비조직적으로 거래되는 시장이다. 주로 금융투자회사의 창구를 중심으로 상대매매방식으로 이루어진다. 거래소시장이 투자자 보호 및 투명성 강화 등을 위해 중앙집중적이고 경쟁매매 중심의 제도화된 시장인데 반하여, 장외시장은 자생적으로 만들어진 시장을 사후적으로 제도화하고 관리하는 시장으로 거래관행의 영향력이 큰 시장이다.

주식과 달리 채권은 거래건당 거래규모가 크므로 개인투자자보다는 자산운용사, 은행, 연기금, 보험회사 등 기관투자자 간의 대량매매방식으로 거래되며 모든 채권을 대상으로 한다.

장외시장은 거래시간, 거래장소, 거래대상채권, 조건 등의 비표준화 등 거래소시장에서 표준적으로 거래하기 곤란한 채권에 유동성을 부여하여 다양한 채권의 유통 원활화에 기여한다. 매매수량단위는 관행적으로 액면 100억원의 정수배이며, 매매거래시간은 일반적으로 09:00 ~ 15:30이다.

채권 장외시장과 장내시장을 비교하면 다음과 같다.

[표 8-16] 채권 장외시장과 장내시장 비교

구 분	거래소 채권시장	장외 채권시장
주요참가자	(KTS)딜러, (일반)개인·기관투자자	딜러, 브로커
매매방식	경쟁매매방식	상대매매방식
매매수단	전산시스템	전화, 메신저, FreeBond
호가방법	가격호가(수익률병기)	수익률호가(가격병기)
매매단위	(KTS) 1억원, (일반) 1,000원	주로 100억원
매매시간	09:00~15:00	통상적으로 09:00~15:30
체결이후 정정여부	불가	상호합의하에 가능
결제시점	(KTS) T+1, (일반) T+0	T+1~30
결제방법	(KTS) 종목별차감결제, (일반) 통합차감결제	총액결제

전통적으로 채권거래는 장외시장 위주로 체결되었으나, 장내시장의 가격발견기능, 거래의 편리성, 거래투명성 등의 이점으로 인해 거래소시장내 채권거래 비중이 지속적으로 증가하고 있다. [표 8-17]에 의하면 장내거래는 2011년까지는 전체거래의 20%대에 불과하지만 2012년부터 상승하여 2018년에는 약 50%를 점유하고 있다(장내거래량은 2,406조원이고 장외거래량은 2,381조원임).

[표 8-17] 채권거래량 추이(단위 조원)

구 분		2010	2011	2012	2013	2014	2015	2016	2017	2018
거 래 량	장내	584.5	815.2	1,351.3	1,312.8	1,373.2	1,762.4	3,200.3	2,430.5	2,405.9
	장외	2,781.6	2,880.9	2,938.8	3,036.5	2,597.3	2,615.5	2,343.5	2,257.5	2,380.7
	계	3,366.1	3,696.1	4,290.1	4,349.3	3,970.5	4,377.9	5,543.8	4,688.0	4,786.6
장내거래 비중		17.4%	22.1%	31.5%	30.2%	34.6%	40.3%	57.7%	51.8%	50.3%
상 장 잔 액		1,115.6	1,217.9	1,290.9	1,396.1	1,457.8	1,599.3	1,598.2	1,659.2	1,721.0
회 전 율		301.7%	303.5%	332.3%	311.5%	272.4%	273.7%	346.9%	282.5%	278.1%

[표 8-18]은 장내거래와 장외거래를 합산하여 채권종류별로 거래량의 추이를 보여준다. 2018년 기준으로 국채, 특수채, 회사채, 지방채의 점유율이 각각 73.9%, 18.4%, 7.5%, 0.2%를 차지하고 있다.

[표 8-18] 종류별 채권거래량 추이(단위: 조원)

구 분	2010	2011	2012	2013	2014	2015	2016	2017	2018
국 채	2,128.6	2,356.9	2,964.3	3,080.4	2,783.5	3,184.3	4,418.4	3,527.1	3,519.2
지 방 채	20.9	11.9	13.4	12.5	11.6	13.5	10.3	8.8	8.5
특 수 채	999.7	1,090.8	1,056.2	1,000.5	892.4	919.0	850.8	844.8	877.7
회 사 채	216.7	236.3	252.6	251.0	262.2	233.9	235.0	284.7	356.6
계	3,365.8	3,696.0	4,286.5	4,344.5	3,949.7	4,350.7	5,514.5	4,665.4	4,762.0

2.2.2 채권유통수익률과 시가평가

금융투자협회는 지정한 증권회사로부터 장외시장에서 거래되는 채권수익률을 통보받아 홈페이지를 통해 최종호가수익률을 공시한다. 현재 이 수익률이 채권유통수익률로 이용되고 있다. 금융투자협회는 특정 시각(11:30과 16:00)에 유통시장에서 체결 또는 호가되는 채권수익률을 보고받아 최고치와 최저치 각각 2개를 제외한 6개 수익률을 산술평균한 최종호가수익률을 오전과 오후에 각각 발표한다.

다음은 2019년 1월 8일 www.kofiabond.or.kr(금융투자협회 채권정보센터 홈페이지)에서 입수한 1월 7일의 최종호가수익률 자료이다. 최종호가수익률은 소수점 3자리로 공시된다(CD는 소수점 2자리로 공시됨).

[표 8-19] 최종호가수익률(금융투자협회, 2019/01/07)

종 류	잔존기간	최종호가수익률(%)					
		당일		전일 대비	전일	연중 최고	연중 최저
		오전	오후				
국고채권(1년)	10월 ~ 1년	1.722	1.722	0.005	1.717	1.733	1.717
국고채권(3년)	2년6월 ~ 3년	1.808	1.807	0.010	1.797	1.807	1.796
국고채권(5년)	4년6월 ~ 5년	1.878	1.877	0.011	1.866	1.877	1.866
국고채권(10년)	9년6월 ~ 10년	1.978	1.977	0.005	1.972	1.977	1.948
국고채권(20년)	18년 ~ 20년	1.975	1.972	- 0.005	1.977	1.979	1.969
국고채권(30년)	28년 ~ 30년	1.952	1.953	- 0.001	1.954	1.962	1.948
국고채권(50년)	48년 ~ 50년	1.939	1.941	0.002	1.939	1.947	1.935
국민주택1종(5년)	4년6월 ~ 5년1월	1.968	1.968	0.010	1.958	1.968	1.957
회사채(무보증3년)AA-	2년9월 ~ 3년	2.268	2.268	0.009	2.259	2.27	2.259
회사채(무보증3년)BBB-	2년9월 ~ 3년	8.344	8.343	0.009	8.334	8.343	8.334
CD(91일)	91일	1.86	1.86	-	1.86	1.93	1.86
CP(91일)	85일 ~ 91일	1.96	1.96	-	1.96	1.96	1.96

[참고] CD는 신용등급이 AAA인 시중은행 발행분을 그리고 CP는 신용등급이 A1인 발행회사 어음을 기준으로 함.

금융투자협회에서 2019년 1월 8일 공시한 장외거래대표수익률은 [표 8-20]과 같다(거래대금의 단위는 백만원임). 장외거래대표수익률은 전체 증권회사의 거래수익률을 거래대금 가중평균방식으로 산출하여 구한다.

[표 8-20] 장외거래대표수익률(금융투자협회, 2019/01/07)

종 류	종류명	잔존기간	전 일	당 일	전일대비	거래대금
국 채	국고채권(3년)	2년6월 ~ 3년	1.80	1.81	0.01	1,154,205
	국고채권(5년)	4년6월 ~ 5년	1.87	1.88	0.01	1,311,211
	국고채권(10년)	9년6월 ~ 10년	1.95	1.98	0.03	560,277
	국고채권(20년)	18년 ~ 20년	1.96	1.96	-	74,058
	국고채권(30년)	28년 ~ 30년	1.96	1.95	- 0.01	309,155
	국고채권(50년)	48년 ~ 50년	-	-	-	-
	국민주택1종(5년)	4년6월 ~ 5년1월	1.95	1.96	0.01	1,208,839
지 방 채	지역개발(5년)	4년6월 ~ 5년1월	2.02	2.02	-	69,288
특 수 채	토지개발(3년)	2년6월 ~ 3년1월	-	-	-	-
	한국전력(3년)	2년9월 ~ 3년	-	-	-	-
통 안 증 권	통안증권(91일)	85일 ~ 91일	1.74	1.73	- 0.01	71,916
	통안증권(1년)	10월 ~ 1년	1.78	1.77	- 0.01	652,951
	통안증권(2년)	1년9월 ~ 2년	1.8	1.81	0.01	1,656,855

금 융 채	산금채(1년)	10월 ~ 1년1월	1.87	1.86	-0.01	198,751
회 사 채	무보증AA-(3년)	2년9월 ~ 3년	-	-	-	-

[참고] -는 거래가 이루어지지 않았음을 의미함.

[그림 8-7]은 2007년부터 2016년까지 채권유통수익률과 기준금리의 추이를 보여준다. 여기서 채권유통수익률은 회사채 AA- 등급, 3년 만기 기준의 수익률이다. 전체적으로 채권유통수익률과 기준금리가 모두 하향하는 추세를 보인다. 장단기금리차(국고채 3년물 금리 - 기준금리)는 경기 및 물가 전망, 통화정책의 기대, 채권시장의 수급 상황을 반영하는데 동 기간 동안 장단기금리가 역전하는 경우는 9회 발생하였다.[9]

기준금리는 중앙은행인 한국은행이 시중 돈의 양을 조절하기 위하여 인위적으로 결정하는 금리이다. 이는 한국은행과 시중은행이 돈을 거래할 때 적용하는 정책금리로, 정확하게 말하면 한국은행과 시중은행 사이에 체결하는 7일물 환매조건부채권(RP)금리로서 유동성을 조절하는 수단으로 활용된다.

그림 8-7 **채권유통수익률과 기준금리의 추이(2007~2016년)** 

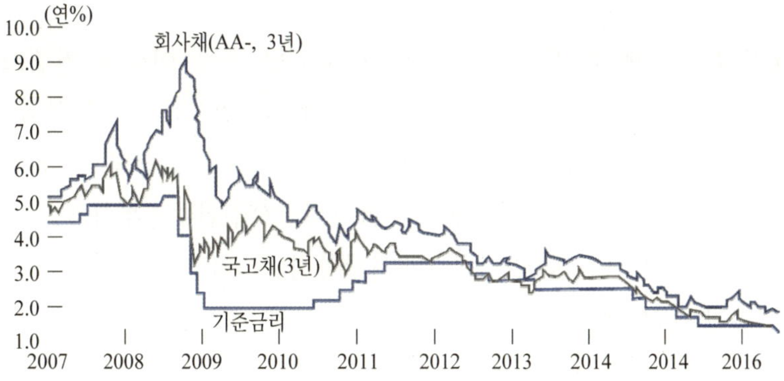

채권시가평가(marking to market)는 금융기관이 보유하고 있는 채권의 가치를 시장에서 거래가 활발한 채권의 경우 시장가격(market value)으로, 그리고 거래부진으로 시장가격의 발견이 어려운 경우 공정가격(fair value)으로 평가하는 것을 의미한다. 금융기관은 금융투자협회가 공시하는 최종호가수익률을 이용하거나 또는 민간 채권평가회사가 제공하는 수익률을 이용하여 시가평가를 한다.[10]

9) 2001/2, 2003/6, 2004/10 ~ 2004/12, 2008/2 ~ 2008/5, 2008/10, 2012/7 ~ 2012/10, 2013/2 ~ 2013/5, 2015/4, 2016/2 ~ 2016/8.
10) 수익률을 제공하는 채권평가회사는 한국자산평가, KIS자산평가, NICE피앤아이, 에프앤자산평가, 이지자산평가 등 5개이다.

금융기관이 보유하는 채권은 다음 세 가지로 구분된다.[11)]

① FVPL채권 또는 단기매매채권(held-for-resale bond)

② FVOCI채권 또는 매도가능채권(available-for-sale bond)

③ AC채권 또는 만기보유채권(held-to-maturity bond)

단기매매채권의 경우 시가평가 결과를 손익계산서의 당기순이익에 반영하고, 매도가능채권의 경우 시가평가 대상이나 결과를 손익계산서의 기타포괄손익에 반영하고 이는 재무상태표 자본계정 기타포괄손익누계액에 누적된다. 그리고 만기보유채권의 경우 장부가 평가를 원칙으로 한다.

2.3 채권의 상장

채권의 상장은 발행된 채권에 거래소가 개설한 채권시장에서 매매할 수 있는 자격을 부여하는 것을 말하며 그 자격을 얻은 채권을 상장채권이라고 한다. 거래소의 채권의 원활한 유통과 투자자 보호를 위해 일정한 요건을 갖춘 채권에 한해 상장을 허용하고 있다(국채, 지방채, 특수채는 그 특수성으로 인해 상장심사요건의 적용이 면제됨). 한국거래소는 채권의 상장 및 상장채권의 정보관리, 상장채권이 거래되는 시장의 개설 및 운영을 담당하는 기관이다.

채권이 상장되면 발행기관의 대외공신력이 제고될 뿐만 아니라 거래소시장에서 매매가 가능하고 대용증권 등 담보자산으로 사용할 수 있다는 등의 장점이 있기 때문에 국내에서 공모로 발행되는 대다수 채권이 거래소에서 상장되고 있다.[12)] 거래소의 유가증권시장에 무보증사채, 메자닌채권(전환사채, 신주인수권부사채, 교환사채, 이익참가부사채) 등이 상장되면 발행기업을 채권상장법인이라고 한다.

채권상장법인이 되면 정기공시와 수시공시를 통해 경영활동에 대한 중요한 정보를 투자자에게 제공해야 한다. 거래소는 2009년 시행된 자본시장법에 따라 당일공시 11개 항목과 익일공시 5개 항목을 수시공시의무사항으로 규정한다.

---

11) IFRS9에 의해 금융자산은 ① 당기손익－공정가치측정(fair value through profit or loss: FVPL) 금융자산, ② 기타포괄손익－공정가치측정(fair value through other comprehensive income: FVOCI) 금융자산, ③ 상각후원가측정(amortized cost: AC) 금융자산으로 구분된다. 대략적으로 FVPL채권은 단기매매채권에, FVOCI채권은 매도가능채권에, 그리고 AC채권은 만기보유채권에 대응된다.

12) 한국거래소, 「한국의 채권시장」(2015), 265쪽, 271쪽에서 인용함.

요점정리

- 발행시장은 채권 발행기관이 채권인수기관에게 처음으로 채권을 이전시키는 시장이다. 정부의 국채시장 선진화 방안에 힘입어 국채의 점유율이 대략 20% 내외로 증가하였으나 주요 선진국에 비하면 훨씬 낮은 수준이다. 국채에서 국고채의 비율이 가장 높다.

- 국채통합발행제도는 국채를 6개월 또는 1년 단위로 만기일과 표면금리를 단일화하여 통합 발행하는 제도이다. 현재 적용되는 국채 입찰방식은 차등가격 낙찰방식이다.

- 원금이자분리제도는 이표채의 원금과 이자를 분리하여 각각 별도의 무이표채를 만드는 제도로서 지표채권의 유동성 제고, 수익률곡선 구축, 장기 무이표채에 대한 수요 대응 및 채권시장 국제화를 위해 2006년에 도입되었다.

- 무보증회사채는 회사채 상환능력에 따라 신용평가회사에 의해 10개 등급으로 분류된다. AAA부터 BBB까지는 투자적격등급으로 BB 또는 그 이하는 투자부적격등급으로 분류된다. 우리나라에서는 자본시장의 미발달로 인해 투자부적격등급 채권의 발행은 용이하지 않다.

- 유통시장은 이미 발행된 채권이 투자자간에 거래되는 제2차 시장이다. 유통시장은 채권매매를 통해 유동성과 시장성을 부여할 뿐만 아니라 공정한 가격형성을 가능하게 한다.

- 국채전문유통시장은 한국거래소가 국고채시장 활성화 및 거래투명성 제고를 위해 1999년에 개설한 전자거래시장으로 전자거래시스템을 기반으로 한다.

- 환매조건부채권매매는 현재 시점에서 현물로 채권을 매도함과 동시에 사전에 정한 미래 특정 시점에 동일증권을 환매수하기로 약정하는 거래이다. 실질적으로 RP거래는 증권담보부대출의 성격을 갖는다. 한국은행은 공개시장운영 수단으로 RP매매를 활용한다.

- 장외시장은 거래소 이외의 장소에서 비조직적으로 거래되는 시장이다. 채권거래는 전통적으로 장외시장 위주로 체결되었으나 거래소시장내 장내거래의 비중이 지속적으로 증가하여 현재는 50% 정도를 점유한다.

- 금융기관이 보유하는 채권은 단기매매채권, 매도가능채권, 만기보유채권으로 분류된다. 채권시가평가는 채권의 가치를 시장가격 또는 공정가격으로 평가하는 것을 말한다.

객관식 문제

1 우리나라 국고채의 가장 긴 만기는 몇 년인가?

① 5년 ② 10년 ③ 20년
④ 30년 ⑤ 50년

정답 ⑤
풀이 국고채 중에서 만기가 가장 긴 것은 50년물로 2016년에 처음 발행되었다.

2 다음 중 투자적격등급이 아닌 것은?

① BB ② AA ③ A
④ BBB ⑤ 정답 없음

정답 ①
풀이 투자부적격등급은 BB부터 C까지이다.

3 회사채의 발행규모에 대한 한도제한은?

① 순자산의 2배 이내
② 순자산의 3배 이내
③ 순자산의 4배 이내
④ 순자산의 5배 이내
⑤ 한도 제한 없음

정답 ⑤
풀이 회사채의 발행한도는 예전에는 회사가 보유하고 있는 순자산의 4배 이내로 제한되었으나 이 규정은 2012년에 폐지되었다.

4 최근 통계를 기준으로 발행잔액이 가장 큰 국고채의 만기는?

① 3년물 ② 5년물 ③ 10년물
④ 30년물 ⑤ 50년물

정답 ③
풀이 발행잔액이 가장 큰 만기는 10년이다.

5 우리나라의 채권거래와 관련된 다음의 설명 중에서 가장 적절하지 않은 것은?

① 거래소시장은 투자자 보호 및 투명성 강화 등을 위해 중앙집중적인 제도화된 시장이다.
② 전환사채와 같은 주식관련사채는 일반채권시장에서 거래된다.
③ 현재 채권거래는 대부분 장내거래를 통해 이루어지고 있다.
④ 장외시장에서 거래단위는 관행적으로 100억원이다.
⑤ 국채전문유통시장은 국고채전문딜러간 경쟁매매시장을 의미한다.

정답 ③
풀이 현재 채권거래는 거래소시장보다 장외시장에서 많이 이루어진다.

6 우리나라에서 발행되는 국고채권은 _______이다.

① 3개월 이표채 ② 6개월 이표채 ③ 무이표채
④ 12개월 이표채 ⑤ 정답 없음

정답 ②
풀이 국고채권은 6개월 이표채이다.

7 다음 중 특수채로 분류되지 않은 채권은?

① 통화안정증권 ② 산업금융채권 ③ 도시철도채권
④ 한국전력채권 ⑤ 토지주택채권

정답 ③
풀이 도시철도채권은 지방채이다.

8 우리나라에서 기준금리란 정확히 무엇인가?

① 3년 만기 국고채 수익률 ② 콜금리 ③ 정기예금 금리
④ 국채수익률 ⑤ 7일물 RP금리

정답 ⑤
풀이 중앙은행과 시중은행 사이에 체결하는 7일물 RP금리이다.

9 시가평가 대상이나 결과를 재무상태표의 기타포괄손익에 반영하는 채권은 무엇인가?

① 장기보유채권 ② 단기매매채권 ③ 매도가능채권
④ 만기보유채권 ⑤ 정답 없음

정답 ③
풀이 만기보유채권은 장부가로 평가한다. 단기매매채권과 매도가능채권은 시가평가 대상인데, 단기매매채권의 경우 시가평가 결과를 손익계산서의 당기순이익에 반영하고 매도가능채권의 경우 결과를 재무상태표의 기타포괄손익에 반영한다.

10 금융기관은 ___계약을 통하여 단기자금을 차입(borrowing)하고 ___계약을 통하여 단기자금을 대출(lending)한다.

① reverse RP, RP ② RP, reverse RP ③ RP, RP
④ reverse RP, reverse RP ⑤ 정답 없음

정답 ②
풀이 RP를 이용하여 차입하고 reverse RP를 이용하여 대출한다.

[부록 8A] 국제채권시장

국내채권시장(domestic bond market)은 자국의 규정을 준수하며 자국통화로 채권이 발행되는 시장이다. 이 시장은 엄격히 규제되므로 많은 금융기관 및 기업들에게 국내채권시장은 규모, 규제, 세금 등의 측면에서 너무나 제한적이다. 따라서 이들 기관들은 이런 규제를 피하기 위하여 1960년대에 국제채권시장(international bond market)을 형성하게 되었으며 이후 이 시장은 빠르게 성장하였다. 국제채권시장에서 발행되는 채권, 즉 국제채(international bond)는 통상 여러 가지 유형으로 분류되는데 여기서는 외국채와 유로본드를 간단히 설명하기로 한다.

외국채

외국채(foreign bond)는 특정 국가의 국내자본시장에서 외국차입자가 국내통화로 발행하는 채권이다. 예를 들어, 우리나라 기업이 국내에서 채권을 발행하지 않고 미국에서 달러화로 채권을 발행하면 이는 외국채권이다. 외국채권은 국내채권과 유사하게 발행시장의 법규에 의하여 엄격히 규제되며(즉, 미국시장에서 외국채를 발행하려면 미국 증권거래위원회(Security and Exchange Commission)의 규제를 받음), 대체로 국내채권과 유사한 조건으로 발행된다(예를 들어, 국내채권이 연 2회 이자를 지급하면 외국채도 동일한 조건으로 발행됨).

외국채는 발행되는 시장에 따라 이를 반영하는 적절한 이름으로 불린다. 예를 들어, 아리랑본드(Arirang Bond)는 외국기업이 한국자본시장에서 발행하는 원화표시 채권이다. 양키본드(Yankee Bond)는 비미국기업이 미국자본시장에서 발행하는 달러표시 채권이다. 사무라이본드(Samurai Bond)는 비일본기업이 일본에서 엔화로 발행하는 채권을 말한다. 불독본드(Bulldog Bond)는 비영국기업이 영국에서 파운드화로 발행하는 채권을 말한다. 이외에도 다음과 같은 여러 가지 외국채권이 있다.

[표 8A-1] 외국채의 종류

발행장소	명 칭
한 국	Arirang Bond
미 국	Yankee Bond
일 본	Samurai Bond
중 국	Panda Bond
영 국	Bulldog Bond
스 페 인	Matador Bond
호 주	Matilda Bond
네 덜 란 드	Rembrandt Bond
포 르 투 칼	Navigator Bond

예시 8A-1 아리랑본드와 김치본드

아리랑본드(Arirang Bond)는 외국기업이 한국자본시장에서 발행하는 원화표시 채권으로 아시아개발은행(ADB)이 1995년에 처음 발행하였다. 반면에 김치본드(Kimchi Bond)는 외국기업이 한국자본시장에서 발행국가의 통화로 발행하는 채권이다. 최초의 김치본드는 베어스턴스가 2006년 5억 달러의 7년 만기 무보증채를 발행한 경우이다.

유로본드

유로본드(Eurobond)는 일국의 차입자(즉, 기업체, 정부, 금융기관, 다국적기구 등)가 외국에서 제3국 통화로 발행하는 무담보채권(unsecured debt)으로, 무기명식 채권(bearer bond)이다. 유로본드의 인수단은 여러 국가의 금융기관으로 구성되고 여러 국가의 투자자들에게 동시에 판매된다.

유로본드는 무담보채권이므로 신용등급이 높은 기관만이 발행할 수 있다. 일반적으로 유로본드는 연 1회 이자를 지급하며 다양한 형태로 발행된다(예를 들어, 복리채, 무이표채, FRN, 전환사채 등). 유로본드는 발행통화를 기준으로 유로달러본드(Eurodollar bond), 유로엔본드(Euroyen bond) 등으로 구분하여 부르기도 한다.

제2차 세계대전 후 미국은 국제자본시장의 중심지였으므로 많은 외국기업들은 미국에서 달러표시채권인 양키본드를 발행하였다. 그러나 달러화의 유출을 우려한 미국정보는 1962년 "Interest Equalisation Tax"를 부과하여 달러화의 유출에 제동을 걸고 미국투자자들의 외국채(즉, 양키본드) 매입을 억제하고자 시도하였다. 그 결과 양키본드는 미국 투자자들에게 덜 매력적인 채권이 되었으며 외국차입자들은 유로달러시장으로 고개를 돌리게 되었다. 최초의 대규모 유로본드는 1963년 이태리의 도로건설회사인 Autostrade가 영국증권회사 SG Warburg의 주선으로 미국 달러화로 발행한 채권이다.

유로본드는 특정 국가의 법적 시스템 밖에서 발행되므로 외국채처럼 엄격히 규제되지 않는다. 또한 유로본드는 발행기업이 소속된 국가 이외의 어떤 국가에서 어떤 통화로도 발행이 가능하다. 따라서 발행기업은 규제가 가장 적은 국가에서 자신의 필요에 가장 부합되는 통화로 유로본드를 발행한다. 또한 유로본드는 무기명채이므로 익명을 필요로 하는 여러 투자자들에게 인기가 있다. 유로본드는 거래소에 등록되어 거래될 수 있으나 대부분은 장외시장에서 거래된다.

CHAPTER 09

특수한 유형의 채권

1. 전환사채
2. 신주인수권부사채
3. 교환사채
4. 메자닌채권의 발행과 문제점
5. 수의상환사채
6. 상환요구사채
7. 변동금리채권
8. 역변동금리채권
9. 물가연동국채
10. 새로운 유형의 증권

CHAPTER 9

특수한 유형의 채권

전환사채

전환사채(convertible bond: CB)는 소유자에게 일정한 기간 내에 일정한 조건으로 전환사채를 발행기업의 보통주로 전환할 수 있는 권리를 부여한 채권이다. 전환권은 채권의 소유자가 소유하며 일반적으로 채권의 모집을 용이하도록 하기 위하여 첨가된다. 즉, 회사의 실적이 좋지 않아 주가가 낮은 경우에는 전환권을 행사하지 않고 채권의 형태로 보유하고, 회사의 실적이 좋아져 주가가 많이 상승하게 되면 전환권을 행사하여 채권을 소멸시키고 주식으로 전환할 수 있다. 국내에서는 1963년 쌍용양회가 액면이자율 10% 만기 6년의 조건으로 전환사채를 최초로 발행하였다.

기업이 전환사채를 발행하는 이유는 다음과 같다. 첫째, 전환권이 소유권자에게 부여되므로 발행기업은 전환권이 없는 일반채권에 비하여 낮은 이자율로 발행할 수 있어 이자부담을 줄일 수 있다. 둘째, 주식으로 전환할 수 있는 권리가 부여됨으로 인해 간접적인 증자의 효과를 얻을 수 있다. 한편, 투자자는 낮은 이자율을 감수하지만 주식의 성격을 가지므로 가격상승에 의한 투기적인 이익도 기대할 수 있다.

1.1 전환사채 발행조건

우리나라에서 전환사채는 일반적으로 다음과 같은 조건으로 발행된다.[1)]

- 전환대상주식 : 통상 보통주(우선주도 가능함)
- 이자지급 : 3개월 단위 또는 연단위로 지급
- 액면금액 : 100,000원(공모발행의 경우)
- 전환가격 : 전환가격(conversion price)은 주식으로 전환하는 경우 주식 1주를 전환사채 액면 얼마와 교환할 수 있는가를 나타내는 금액으로 일반적으로 기준주

1) 전환사채를 발행하려면 전환예정주식수를 수권자본내 미발행주식으로 확보해야 한다.

가의 100% 이상이어야 한다.[2)] 여기서 기준주가는 다음과 같이 계산된다.

[식 9.1]

$$\text{기준주가} = \max\left(\frac{A+B+C}{3},\ A,\ D\right)$$

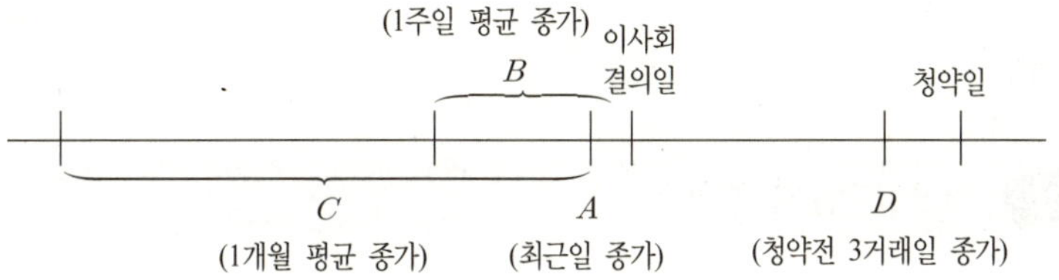

그런데 일반공모 방식으로 발행하는 경우 max가 아니라 min으로 선택할 수 있다(「증권의 발행 및 공시 등에 관한 규정」 제5-22조).

- 전환청구기간 : 공모발행의 경우 발행일 1개월 후부터 만기일 1개월 전까지이다.
- 전환가격 조정 : 전환사채 발행 후 발행회사가 유상증자, 주식배당, 무상증자 또는 합병 등으로 인해 주식을 발행하는 경우, 주식의 실질가치가 하락하는데 이런 희석화(dilution)를 방지하기 위하여 전환가격을 다음과 같이 조정한다.
  조정 후 전환가격 :

$$\text{조정전 전환가격} \times \left\{\frac{\text{기발행주식수} + \text{신발행주식수} \times \dfrac{\text{주당 발행가}}{\text{시가}}}{\text{기발행주식수} + \text{신발행주식수}}\right\}$$

- 시가변동에 의한 전환가격 조정 : 이사회에서 조정사유, 조정방법 및 시기에 대해 명확히 규정한 경우, 발행 완료 후 주가하락 등 시장여건의 변화에 따라 전환가격을 조정하는 리픽싱(refixing)이 가능하다. 새로운 전환가격은 조정기준일 전일의 시가 이상으로 하되, 최초 전환가격의 70% ~ 100%내에서 시장가격 변동에 따라 전환가액을 상향 또는 하향 조정해야 한다(정관에 명시된 경우 액면금액까지 조정이 가능함).[3)] 그리고 리픽싱으로 전환가격이 하락하면 전환주식수는 증가한다(예를 들어, 전환가격이 원래 전환가격의 70%로 하락하면 전환주식수는 1/0.7 = 1.43배 증가함).

---

2) 2개 이상의 신용평가전문회사가 평가한 당해 채권의 신용평가등급이 투기등급인 경우에는 90% 이상으로 한다. 아래 그림에 종가로 표시된 가격의 정확한 표현은 가중산술평균주가(= 총거래금액 ÷ 총거래량)이다.

3) 원래의 리픽싱조항에 의하면 주가가 하락하는 경우에만 전환가격이 하향조정된다. 그런데 이 리픽싱조항이 투자자에게 지나치게 유리한 조항이라는 문제점을 인식한 금융감독원은 2021년 12월 1일 이후 발행을 결의한 사모 CB와 BW의 경우 전환가격(또는 행사가격)의 70 ~ 100%내에서 시장가격 변동에 따라 전환가격을 상향 또는 하향조정하도록 규정을 개정하였다.

- 만기보장수익률 : 주가가 전환가격보다 낮아 전환권이 행사되지 않고 만기상환을 받을 경우 일정한 수익률을 보장하기 위한 기준수익률을 의미한다.
- 원금상환률(또는 만기상환률) : 액면이자율과 만기보장수익률간의 차이를 보상하기 위하여 만기일에 원금에 추가로 지급하는 할증프리미엄률을 100%에 가산한 비율이다.

예시 9-1 원금상환률의 계산

표면이율(액면이자율)이 1%, 만기보장수익률이 2.5%, 만기 3년인 경우 원금상환률은 104.6134%이다. 원금상환률을 계산하는 방법에는 복리계산법과 현금흐름법이 있다.

① 복리계산법 :

1연도 : $(0.025-0.01)(1.025)^2 = 0.015759$

2연도 : $(0.025-0.01)(1.025) = 0.015375$

3연도 : $(0.025-0.01) = 0.015000$

할증프리미엄률이 $0.015759 + 0.015375 + 0.015000 = 0.046134$이므로 원금상환률은 104.6134%이다.

② 현금흐름법 :

$10{,}000 = \frac{100}{1.025} + \frac{100}{1.025^2} + \frac{100 + 10{,}000 + PR}{1.025^3}$ 로부터 계산된 할증프리미엄은 $PR = 461.34$원이다. 따라서 원금상환률은 104.6134%이다.

- 전환비율 : 전환사채 액면당 주식으로 전환을 청구할 수 있는 비율이다. 즉, 전환가격이 1,000원이고 전환사채의 원금이 10,000원이면 100% 전환비율의 경우 전환가능주식수는 10주이고, 50% 전환비율의 경우 전환가능주식수는 5주이다(이 경우에 잔액은 전환사채로 존속하게 됨). 대부분의 경우 전환비율은 100%이다.

예시 9-2 전환사채의 용어

예를 들어, 만기가 5년, 액면이자율이 5%, 액면금액이 10,000원인 전환사채가 현재 9,500원에 거래되고 있다(원금상환률은 111.5015%임). 이 채권은 보통주 5주와 전환이 가능한데 현재 보통주의 가격은 1,500원이다. 전환비율은 100%이다.

동일한 조건을 갖는 일반채권의 만기수익률이 10%라고 가정하면 전환사채의 일반채권으로서의 가치는 다음과 같이 8,676.43원이다(가치평가시 할증프리미엄 1,150.15원 고려).

$$P = \frac{500}{1.1} + \frac{500}{1.1^2} + \frac{500}{1.1^3} + \frac{500}{1.1^4} + \frac{10,500}{1.1^5} + \frac{1,150.15}{1.1^5} = 8,676.43$$

전환가치(conversion value) 또는 패러티가치(parity value)는 보통주의 현재가격에 전환가능주식수를 곱하여 구하는데, 이는 현재시점에서 전환사채를 보통주로 전환하는 경우의 가치를 의미한다.[4)]

전환가치 = 보통주의 시장가격 × 전환가능주식수 = 1,500 × 5 = 7,500원

전환사채의 액면가를 전환가능주식수로 나누면 보통주로 전환하는 경우의 보통주 매수가격이 계산되는데 이를 전환가격(conversion price)이라고 한다. 시장가치가 변하면 전환가치도 같이 변하지만 전환가격은 일정하다. 이 전환사채의 전환가격은 2,000원이다.

$$\text{전환가격} = \frac{\text{액면금액}}{\text{전환가능주식수}} = \frac{10,000}{5} = 2,000\text{원}$$

그리고 전환프리미엄(conversion premium)은 전환가격과 주가로부터 산출한다.[5)]

$$\text{전환프리미엄} = \frac{\text{전환가격}}{\text{주가}} - 1 = \frac{2,000}{1,500} - 1 = 0.33$$

패러티(parity)는 %로 표현되기도 하는데 현재의 주가를 전환가격으로 나누어 구한다. 이 전환사채의 패러티(%)는 (1,500/2,000) ×100 = 75%이다. 패러티가 100%보다 크면 현재의 주가가 전환가격보다 높음을 의미한다.

$$\text{전환사채의 패러티(\%)} = \frac{\text{주가}}{\text{전환가격}} \times 100 = 75\%$$

전환사채의 괴리율은 전환사채의 시장가치와 전환가치로부터 다음과 같이 계산된다.

$$\text{괴리율(\%)} = \frac{\text{전환사채 시장가격} - \text{전환가치}}{\text{전환가치}} \times 100$$

4) 여기서 전환가능주식수로 정의한 값은 보통의 경우 전환비율(conversion ratio)로 정의된다. 그러나 실무에서 전환비율은 전환사채 액면당 주식으로 전환을 청구할 수 있는 비율을 의미하므로 여기서는 전환가능주식수로 사용하기로 한다.

5) 미국에서 전환사채와 관련된 용어는 다른 의미를 갖기도 한다. 예를 들어, 우리가 사용하는 예를 이용하면 전환사채 관련 용어는 다음과 같이 계산된다. conversion price와 conversion value(parity)는 동일한 의미로 사용된다.
conversion ratio = 5, conversion price = 2,000
conversion value (or parity) = 5 × 1,500 = 7,500, parity(%) = 1,500/2,000 = 75%
conversion premium = 9,500 − 7,500 = 2,000
conversion premium to parity(%) = (9,500 − 7,500)/7,500 = 27%
investment premium = 9,500 − 8,676.43 = 824.57, investment premium(%) = 824.57/8,676.43 = 9.5%

이 전환사채의 괴리율은 $\frac{9,500-7,500}{7,500}\times 100 = 26.7\%$ 이다. 괴리율이 양(+)이라는 것은 현재 시점에서 주식으로 전환하는 것이 적절한 결정이 아니라는 것을 의미한다.

1.2 전환사채의 가치

전환사채 가치의 하한선은 전환가치와 일반채권으로서의 가치 중 큰 값과 같다. 앞의 예시에서 이용한 채권의 경우, 주가가 8,676.43/5 = 1,735원보다 낮으면 일반채권으로서의 가치가 전환가치보다 크다. 그러나 주가가 1,735원이면 전환가치와 일반채권으로서의 가치가 일치하므로, 주가가 1,735원을 상회하면 전환가치가 일반채권으로서의 가치보다 크게 된다.

그림 9-1 **전환사채 가치의 하한선**

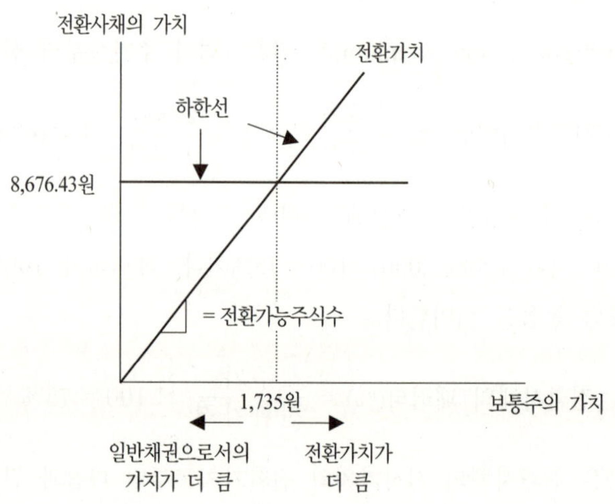

보통주의 가격이 매우 낮으면 일반채권의 가치가 전환가치보다 훨씬 크게 되어 전환사채는 일반채권과 같이 거래된다. 반대로, 보통주의 가격이 많이 상승하면 전환가치가 일반채권 가치를 크게 상회하여 전환사채는 마치 주식과 같이 거래된다. 보통주의 가격이 매우 낮지도 매우 높지도 않은 경우, 전환사채는 보통주와 일반채권의 성격을 모두 포함한다.

전환권이 행사되면 전환사채가 보통주로 전환되므로 부채가 감소하고 자본금이 증가하는 효과가 발생한다.

전환사채는 전환권을 가지므로 최종적으로 전환사채의 가치는 다음과 같이 표현된다. 이는 [그림 9-2]와 같다.

[식 9.2] 전환사채의 가치 = max(일반채권으로서의 가치, 전환가치) + 전환권의 가치

그림 9-2 **전환사채의 가치**

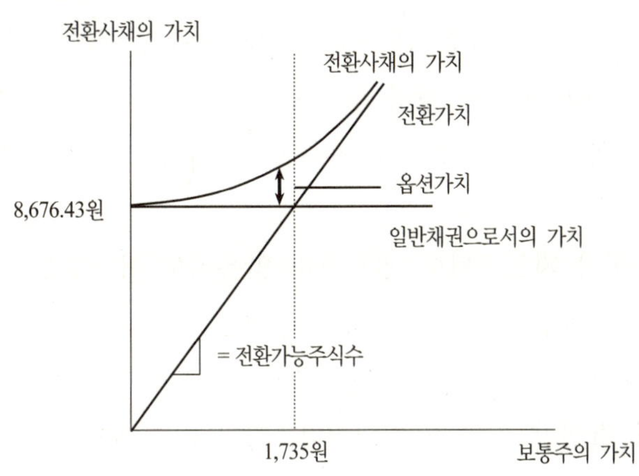

2 신주인수권부사채

신주인수권부사채(bond with warrants : BW)는 소유권자에게 발행회사의 주식을 일정한 가격으로 일정한 수량만큼 살 수 있는 권리(즉, 신주인수권)를 부여한 채권이다. 우리나라에서는 1978년 신풍제지에 의해 연 이자율 22.5%, 만기 3년, 신주인수권 행사비율 100%의 발행조건으로 9억원 발행된 것이 신주인수권부사채의 효시이다. 신주인수권을 행사하면 주식을 매입할 수 있으므로 신주인수권의 가격과 이득패턴은 기초자산을 주식으로 하는 콜옵션과 동일하다.

전환사채의 경우 전환권이 행사되면 사채는 소멸되는데 반하여, 신주인수권부사채의 경우 신주인수권(warrant)을 행사하더라도 채권은 계속 존속하게 된다. 전환사채의 경우, 투자자가 전환권을 행사하더라도 현금유입이 발생하지 않는다. 신주인수권부사채의 경우 현금납입형과 대용납입형이 있다. 현금납입형의 경우 신주인수권을 행사하면 투자자는 주식매입대금을 현금으로 납입하여야만 하므로 현금유입이 발생한다. 그

러나 대용납입형의 경우 사채의 발행가격으로 신주의 발행가격 전액의 납입에 충당하므로 사실상 사채의 주식으로의 전환이 인정되는 셈이다(즉, 비분리형 대용납입형 신주인수권부사채는 전환사채와 사실상 동일함).

신주인수권은 채권과 분리되어 매매가 가능한 분리형과 분리될 수 없는 비분리형으로 구분된다. 과거에는 상법에서 비분리형만 발행하도록 정하였으나, 현재는 개정되어 비분리형뿐만 아니라 분리형도 발행이 가능하다(비분리형은 시장에서 인기가 낮음). 1999년 1월 30일부터 분리형 신주인수권부사채의 발행이 허용됨에 따라 신주인수권증권(subscription warrant)의 상장 및 매매가 2000년 7월 30일부터 시작되었다.[6)7)] 그리고 전환사채와 마찬가지로 신주인수권부사채의 경우에도 대체로 리픽싱(행사가격조정)이 가능하다.

일부 기업들은 사실상 자금조달이 필요하지 않음에도 불구하고 분리형 사모 BW를 발행하여 여러 문제점(대주주 지분 확대, 특정인을 위한 재산상속, 대주주의 이익추구, 시세조정, 기존주주 지분율 희석 등)을 야기하였으며 이로 인해 2013년 8월 29일부로 분리형 BW의 발행이 전면 금지되었다. 그러나 한계기업의 자금조달이 용이하도록 상장법인에 대해 공모의 경우에 한해 2015년 7월부로 분리형이 허용되었다(사모의 경우에는 비분리형(통합형)만 허용됨).

투자자 입장에서 신주인수권은 주식옵션과 동일하다. 그러나 기업 입장에서는 매우 다르다. 주식옵션은 투자자에 의해 발행되는데 반하여 신주인수권은 기업이 발행한다. 따라서 신주인수권이 행사되면 기업은 신주를 발행해야 하므로 총발행주식수가 증가하면서 주가가 하락하는 희석효과(dilution effect)가 발생한다. 그러나 주식옵션의 행사는 발행주식수에 영향을 미치지 않는다.

전환사채와 신주인수권부사채는 일반채권보다 낮은 이자율로 발행되며, 사채로서의 안정성과 주식으로서의 수익성을 제공하며, 주식취득가격(행사가격 또는 전환가격)이 발행시점의 주가를 기준으로 미리 확정되며, 권리가 행사되면 발행기업의 주식수가 증가한다는 점에서 동일하다. 그러나 전환사채의 경우 전환권이 행사되면 사채는 소

6) 신주인수권의 상장을 위해서는 (1) 당해증권의 발행회사가 주권상장법인일 것; (2) 발행회사 주권이 주권상장폐지기준에 해당되지 않을 것; (3) 신주인수권증권의 발행총수가 1만 증권(신주인수권증권의 목적인 신주의 액면금액 5,000원 기준) 이상일 것; (4) 잔존권리행사기간이 상장신청일 현재 1년 이상일 것; (5) 신주인수권부사채가 모집 또는 매출에 의해 발행되었을 것; (6) 당해증권이 통일규격증권이어야 한다. 신주인수권의 거래는 주식파생상품(equity derivative)인 특성을 고려하여 기본적으로 주권매매제도를 준용한다. 다만, 지정가호가만 허용한다는 점과 가격제한폭이 없다는 점에서 주권매매와 차이가 있다. (이 부분은 증권거래소가 발행한 증권시장통계 256쪽에서 인용함)

7) 신주인수권부사채에 부가된 신주인수권(warrant)이 상장되어 거래되면 이를 신주인수권증권(subscription warrant)이라고 한다. 반면에 회사의 신주발행(주주배정 유상증자)시 기존주주에게 신주의 청약을 우선적으로 청구할 수 있는 권리가 부여될 수 있는데 이 권리가 상장되어 거래되면 이를 신주인수권증서(subscription right certificate)라고 한다.

멸되는데 반하여, 신주인수권부사채의 경우 신주인수권 행사 후에도 채권은 계속 존속한다는 점에서 차이가 있다.

예시 9-3 신주인수권의 이익패턴

신주인수권을 1,000원에 매입한 투자자의 주가별 이익은 다음과 같다(행사가격은 10,000원임). 주가가 행사가격보다 낮으면 투자자는 권리행사를 포기하고 손실은 신주인수권매입금액인 1,000원이다. 주가 11,000원이 손익분기점이며 투자자의 이익은 "max(주가 - 행사가격, 0) - 신주인수권매입금액"이다. 이는 콜옵션 이익패턴과 동일하다.

그림 9-3 신주인수권의 이익패턴

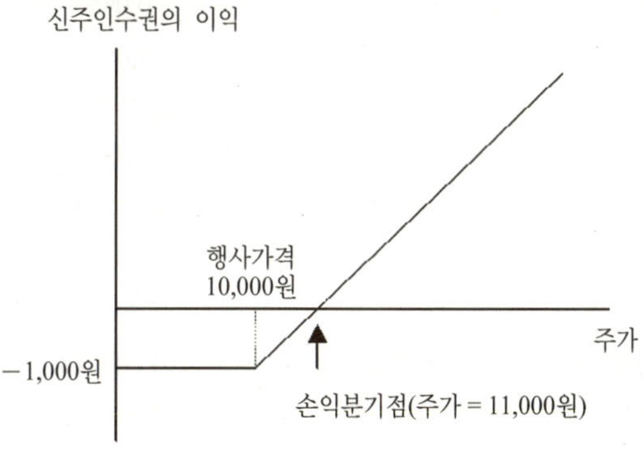

3 교환사채

교환사채(exchangeable bond : EB)는 소유권자에게 사채를 발행회사가 보유하고 있는 상장유가증권(예를 들어, 대기업의 보통주)으로 정해진 교환조건에 의해 교환해 줄 것을 청구할 수 있는 권리를 부여한 채권이다. 우리나라에서는 1988년에 개정된 자본시장육성에 관한 법률에서 처음으로 명문화되었다. 교환사채는 발행기업의 주식과 교환되지 않으므로 권리가 행사되더라도 자본금이 증가되지 않는다는 점에서 전환사채 또는 신주인수권부사채와 상이하다. 최초의 교환사채는 1989년 (주)선경이 (주)유공의 주식을 교환대상으로 하여 발행하였다.[8)]

---

8) EB의 교환대상은 보통은 한 종류의 주식인데 두 종류 이상인 EB를 오페라본드(opera bond)라고 한다. 이탈리아의 '텔레콤 이탈리아 캐피탈'이 2000년 1월 유로시장에서 발행한 것이 오페라본드의 시초이다.

교환대상 유가증권은 처음에는 발행기업이 보유하고 있는 거래소와 코스닥 상장주식으로 제한되었으나, 2001년 법 개정을 통해 자사주를 기초로 한 교환사채의 발행이 허용되었다. 교환대상 자기주식은 증권거래법에 의한 자기주식 취득 후 6개월이 경과한 주식으로 제한된다.

최근의 교환사채 발행사례(모두 자사주를 교환대상으로 발행됨)는 다음과 같다.

[표 9-1] 교환사채 발행사례

구 분		금호산업	태평양물산	신성이엔지
일 반 사 항	발행일	2018.10.08.	2017.05.23.	2017.06.26.
	발행금액	138억원	50억원	50억원
	만 기	5년	3년	3년
	보장수익률	0.0%	0.0%	0.0%
	표면금리	1.0%	3.0%	0.0%
교환에 관한 사항	대상주식	자기주식	자기주식	자기주식
	교환비율	100%	100%	100%
	기준주가	13,050원	4,047원	2,105원
	주식수	1,058,228	1,235,483	4,750,593
	주식총수대비비율	2.94%	2.68%	2.75%
	교환기간시작일	2019.11.08.	2017.11.24.	2017.06.27.
	교환기간종료일	2023.09.08.	2020.04.23.	2020.06.23.

전환사채, 신주인수권부사채, 교환사채의 특성을 비교하면 다음과 같다.[9)]

[표 9-2] 전환사채, 신주인수권부사채, 교환사채 비교

구 분	전환사채	신주인수권부사채 (현금납입형 가정)	교환사채
권 리	전환권	신주인수권	교환권
대 상	발행기업 신주	발행기업 신주	발행기업 보유주식 (보유중인 자기주식 포함)
행사시 현금유입	신규자금 유입 없음	신규자금 유입	신규자금 유입 없음
행사 후 사채권 존속 여부	사채권 소멸	사채권 존속	사채권 소멸
재무구조 변경	부채감소, 자본증가	자산증가, 자본증가	부채감소, 자산감소 (자기주식 대상시, 부채감소, 자본증가)
주식취득가격	전환가격	행사가격	교환가격

9) 한국거래소,「한국의 채권시장」, 2015, 349쪽 표를 참고함.

예시 9-4 옵션내재채권의 발행 공시

전환사채, 신주인수권부사채, 교환사채의 발행공시 내용은 한국거래소(KRX)의 상장공시시스템(KIND) http://kind.krx.co.kr에서 확인할 수 있다. 다음과 같은 상세검색 화면에서 보고서명란에 "전환사채" "신주인수권부사채" "교환사채" 등을 입력하면 해당 기간내에 공시된 모든 기업의 공시 내용을 확인할 수 있다.

메자닌채권의 발행과 문제점[10)]

4.1 발행 현황

메자닌채권(mezzanine bond)은 특정 조건에 따라 채권이 주식으로 전환되거나 주식을 매입할 수 있는 권리가 부여된 구조를 가진 혼성증권이다.[11)] 대표적인 메자닌채권으로 전환사채, 교환사채, 신주인수권부사채가 있다.[12)] 메자닌채권 발행 규모는 2013년까지 1조원 내외에 머물렀으나 이후 시장규모가 크게 증가하여 2016년 5조원대로 성장한 이후 5~7조원대를 유지하고 있다. [그림 9-4]는 2010년부터 2019년 7월까지의 연도별 메자닌채권 발행규모를 보여준다.[13)]

그림 9-4 연도별 메자닌채권 발행 규모

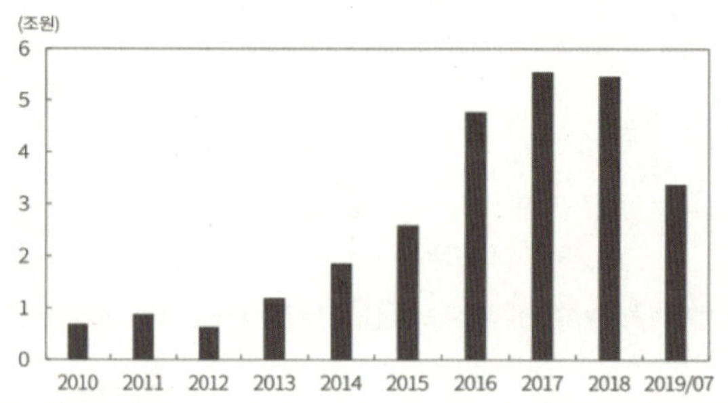

김필규(2019)는 메자닌채권시장이 높은 성장을 기록한 이유가 투자자층이 확대되었기 때문이라고 한다. 그는 과거 메자닌채권의 주요 투자자들이 중소형 금융회사와 투자조합 등이었으나, 2012년 이후 헤지펀드제도가 도입되고 사모펀드 규제가 완화됨에 따라 메자닌채권에 전문적으로 투자하는 사모펀드가 등장하였으며, 특히 2018년에는 코스닥벤처펀드가 도입되어 메자닌채권에 대한 투자자의 관심이 더욱 높아졌다고 한다. 코스닥벤처펀드는 총자산의 15%를 벤처기업 신주에 투자해야 하는데 전환사채나 신주인수권부사채 등이 신주 의무투자비율을 충족시키는데 유리하다. 이러한 메자닌

10) 제4절은 신주인수권부사채와 전환사채의 국내 발행과 관련하여 발생한 문제점을 설명한다. 이 절의 내용은 저자의 연구논문에 기초하므로 개인적인 의견이 많이 반영되어 있어 채권 관련 이론에 초점을 맞추는 독자는 4절을 생략해도 무방하다.

11) 이 부분은 김필규, 2019, "사모펀드 환매중단 사태에 따른 메자닌채권시장의 영향"을 요약한 것이다(자본시장포커스 2019-22).

12) 전환사채, 신주인수권부사채, 교환사채는 메자닌채권, 옵션내재채권, 또는 주권관련채권 등으로 불린다.

13) [그림 9-4]의 발행규모는 전환사채, 교환사채, 신주인수권부사채, 이익참가부사채를 포함한다.

채권의 수요 증가에 따라 신용도가 낮아 회사채 발행이 어려운 기업들이 메자닌채권 발행을 적극 추진하였다.

메자닌채권의 모집방식을 보면 공모발행 비중이 지속적으로 줄어들고 있다. 메자닌채권의 공모발행 비중은 2011년 63.0%이었으나 2018년에는 4.3%, 2019년 7개월 동안에는 2.9%로 낮아졌다. 김필규(2019)는 메자닌채권의 공모발행 비중이 낮은 이유가 메자닌채권을 발행하는 기업들의 규모가 작고, 정보비대칭이 높기 때문에 공모시장 접근에 제약이 존재하기 때문이라고 한다. 또한 사모발행의 편의성도 한 요인으로 작용하였다.[14] 메자닌 투자전략을 사용하는 사모펀드의 경우 사모채권 투자에 제약을 받지 않으며, 신속한 투자와 다양한 투자전략 수행을 위해 사모발행 메자닌채권을 선호한다. 또한 메자닌채권의 평균 만기는 장기화되는 추세를 보이고 있다. 특히 2017년 이후 발행되는 상당 수 메자닌채권의 만기는 7년 이상의 장기로 발행되고 있다.

그동안 전환사채와 신주인수권부사채는 최대주주에 의해 상속수단으로 악용되는 경우가 여러 건 발생하였다. 가장 대표적인 경우가 삼성에버랜드의 전환사채와 삼성SDS의 신주인수권부사채 발행이다. 1996년 10월, 에버랜드 이사회는 전환사채 96억원(전환가격 7,700원, 전환주식수 125만4천주)을 발행하였으나 삼성계열사들이 모두 권리를 포기함에 따라 제3자배정방식으로 이재용 등 4남매가 배정받았다(당시 장외시장에서 에버랜드의 주가는 85,000원 정도임). 그리고 1999년 2월 이재용은 삼성SDS 신주인수권부사채 47억원(행사가격 7,150원, 발행주식수 약65만7천주)을 인수하였다(당시 장외시장에서 삼성SDS의 주가는 50,000원 정도임).

4.2 리픽싱조항

전환사채, 신주인수권부사채, 교환사채는 일반적으로 리픽싱조항(또는 리픽싱옵션)을 포함하고 있다. 리픽싱조항(refixing provision, refixing option)은 발행후 시장가격이 하락하면 전환가격, 행사가격, 교환가격을 하향조정하는 조항이다(시장가격이 상승하는 경우에는 조정이 이루어지지 않음).

이 조항은 주가하락에 따른 투자자의 손실을 최소화하기 위한 취지로 도입되었다. 일반적으로 가격조정은 원래 가격의 70%까지 가능한데 정관에 명시된 경우 액면가까지 가능하다. 리픽싱조항이 첨가되어 발행된 메자닌채권의 2/3에서 70%까지 조정

14) 사모발행의 경우 증권신고서를 제출하지 않아도 되고, 공시 부담이 적으며, 신용평가를 받지 않아도 되고, 발행 소요시간도 짧다.

되고 1/3에서 액면가까지 조정되는 것으로 알려져 있다. 리픽싱 횟수에 제한이 없으므로 주가가 하락하면 발행후부터 만기일까지의 기간 동안 1개월~3개월 간격으로 리픽싱이 지속적으로 이루어진다.

그리고 리픽싱으로 전환가격이 하락하면 발행주식수는 증가한다. 즉, 전환가격이 원래 전환가격의 70%로 하락하면 전환주식수는 1/0.7 = 1.43배 증가한다.[15] 예를 들어 전환가격 20,000원으로 100억원을 발행한 이후 주가하락으로 전환가격이 액면가인 5,000원까지 하락하면 새로 발행되는 주식수는 50만주에서 200만주로 1/0.25 = 4배 증가하여 주식가치와 기존주주의 지분율이 하락하게 된다.

리픽싱옵션은 주요 선진국 중에서 우리나라에서만 활발하게 이용되는 조항이다. 일본의 경우 리픽싱옵션은 신주인수권부사채에는 적용되지 않고 전환사채에서 이용된다.[16] 반면에 우리나라의 경우 전환사채와 신주인수권부사채 모두에서 활발하게 이용되며 이로 인해 여러 문제점이 야기된 것도 사실이다. 윤평식(2019)은 주요 국가에서 신주인수권부사채에 리픽싱옵션을 부여한 국가는 우리나라가 유일한데, 이유는 1999년 상장기업의 자금조달 애로를 해소하고자 리픽싱옵션을 한시적으로 허용하였고 이후 시장상황이 변함에도 불구하고 그대로 정착되었기 때문이라고 주장한다. 그는 리픽싱옵션은 투자자에게 지나치게 유리한 조항이므로 현실적인 대안으로 혜택을 축소하거나 차등 적용할 것을 제안한다.

그런데 이 리픽싱조항이 투자자에게 지나치게 유리한 조항이라는 문제점을 인식한 금융감독원은 2021년 12월 1일 이후 발행을 결의한 사모 CB와 BW의 경우 전환가격(또는 행사가격)의 70~100%내에서 시장가격 변동에 따라 전환가격을 상향 또는 하향조정하도록 규정을 개정하였다(공모발행의 경우 상향조정 의무가 면제됨). [그림 9-5]는 발행당시의 전환가액을 100으로 하고 조정주기가 3개월인 경우 주가의 움직임에 따라 전환가액이 70~100% 범위 내에서 상향·하향 조정되는 것을 보여준다.

---

15) 신주인수권부사채의 경우 신주인수권이 채권으로부터 분리되면 행사가격이 하향조정되더라도 신주인수권의 수는 증가하지 않는다. 그러나 분리되기 전에는 신주인수권의 수가 증가한다.

16) 이를 일본에서는 Moving Strike Convertible Bond(MSCB) 또는 전환가격수정조항부전환사채(轉換價格修正條項附轉換社債)로 부르는데 현재는 거의 발행되고 있지 않다.

그림 9-5 **시가변동에 따른 전환가액 조정 사례(3개월 조정주기 가정)**

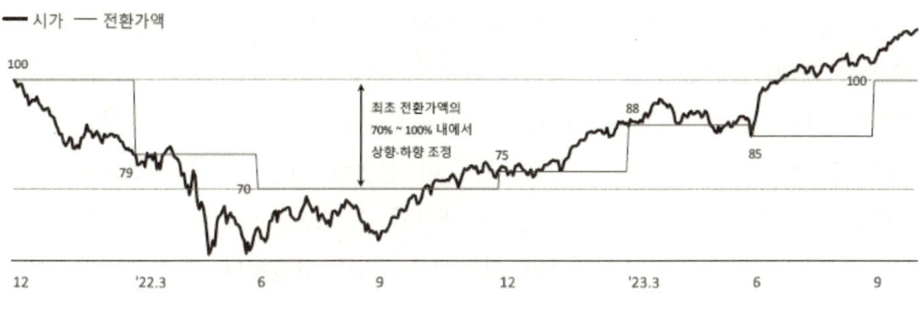

4.3 신주인수권부사채 사모발행의 문제점

신주인수권부사채는 공모 또는 사모로 발행된다. 공모의 경우 일정 조건이 충족되면 신주인수권은 신주인수권증권으로 상장되어 거래된다(통상 BW발행 2~3개월 후에 상장됨). 반면에 사모의 경우 신주인수권은 개인간에 거래되는데 최대주주가 사채권자로부터 신주인수권만을 헐값에 매입하는 것이 문제가 되었다. 윤평식(2015)은 최대주주 등의 특수관계인이 신주인수권을 매입할 시 사채권자에게 지불한 가격이 행사가격의 4.6%이고 이는 블랙-숄즈모형으로 계산한 이론가격의 12%에 지나지 않는 헐값이라고 보고한다.[17)]

최대주주가 신주인수권을 매입하는 것은 이해상충의 구조적 문제점을 갖는다. 즉, 신주인수권 매각을 전제조건으로 하는 사모발행의 경우 사채권자에게 지급하는 이자비용 등은 기업이 부담하지만 신주인수권을 매입한 최대주주는 자신의 개인 돈을 투자하여 엄청난 부를 획득할 수 있다([예시 9-5] 참고).[18)] 따라서 주가가 상승할 것으로 예상하는 내부자는 분리형 사모BW를 발행하고 신주인수권만을 매입한 후 다양한 방법으로 주가를 부양함으로써 자신의 이익을 극대화할 수 있다. 윤평식, 최수미(2018)는 BW발행기업을 대상으로 이익조정(earnings management) 여부를 분석한 결과 환매기업(최대주주가 신주인수권을 매입한 BW발행기업)이 비환매기업보다 이익조정을 유의적으로 더 많이 실시하는데 이는 최대주주가 자신의 이익을 극대화하는 실증증거로 해석한다.

17) 대략적으로 투자자가 행사하는 평균 레버리지는 기초자산가격/신주인수권가격이므로 1/0.046=21.8배이다.

18) 신주인수권의 헐값 매각을 전제 조건으로 BW를 사모로 발행하고 발행기업은 사채권자에 대한 보상으로 높은 이자를 지급할 수 있다. 이 경우 이자비용은 기업이 부담하고 신주인수권의 헐값 인수에 따른 이익은 최대주주 개인이 얻는다.

예시 9-5 신주인수권 행사로 최대주주가 얻은 수익률

윤평식(2019)은 2009년 7월부터 2013년 8월말까지 공시된 분리형 신주인수권부사채 사모발행 중에서 최대주주 등의 특수관계인이 신주인수권을 재매입한 249건을 대상으로, 신주인수권행사내역이 공시된 1,230건을 분석하였다(공시내역은 한국거래소 상장공시시스템에서 수집할 수 있음).[19] 분석결과, 최대주주 등이 실현한 건별 수익률의 평균은 2,117%로 확인되었다. 기업별로 여러 번 신주인수권이 행사될 수 있으므로 249개 기업별로 가중평균 수익률을 구하고 다시 평균을 계산하면 이는 1,441%로 산출된다. 투자자들이 터무니없이 높은 수익률을 얻을 수 있는 이유는 리픽싱옵션과 레버리지 때문이다.

1,230건의 수익률 중에서 가장 높은 수익률은 148,588%이다. 최대수익률 148,588%의 계산은 다음과 같다. OO기업의 특수관계인은 2011년 12월 22일 신주인수권 461,538개를 개당 20원에 매입한다(공시일은 12월 20일). 최초 행사가격은 10,075원이지만 4차례 행사가격이 조정되어 8,060원으로 하락한다(행사가격은 최초 행사가격의 80%로 조정됨). 매입단가 20원은 최초행사가격 10,075원의 0.2%에 해당되며 이는 지나치게 작은 금액이다. 신주인수권부사채의 만기는 4년이고, 행사시작일은 2012년 12월 22일이고 행사종료일은 2015년 11월 22일이다. 특수관계인은 2015년 5월 11일(주가 31,850원)에 136,475개를 행사한다.

행사가격이 8,060원인 경우의 신주인수권 136,475개는 행사가격이 10,075원인 경우의 109,180개에 해당된다. 투자금액은 109,180 × 20 = 2,183,600원이다. 행사하면 이득은 136,475 × (31,850 − 8,060) = 3,246,740,250원이며 투자의 수익률은 148,588%이다.

그림 9-6 최대 수익률이 계산된 행사건의 공시일부터 행사일까지의 주가 움직임

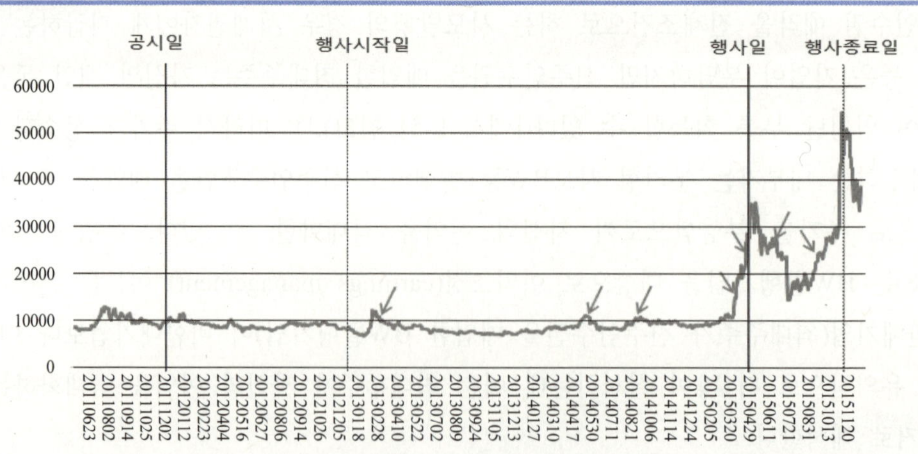

19) 윤평식, 2019, 리픽싱옵션과 사모분리형 BW 신주인수권 수익률의 추정, 한국증권학회지, 제48권 2호, 129-155.

발행공시일부터 행사일까지의 주가 움직임은 [그림 9-6]과 같다. 신주인수권은 2015년 5월 11일 이외에도 추가로 7번이 행사되는데 그 시점은 화살표로 표시되어 있다.

그림은 수익률 최대값인 148,588%가 나온 기업의 공시일부터 행사일까지의 주가 변화를 보여준다. 공시일은 2011.12.20.이고 행사일은 2015.05.11.이다.

4.4 전환사채 사모발행의 문제점

사모 분리형 신주인수권부사채가 2013년에 금지된 직후 발행회사 대주주 등의 제3자에게 전환사채를 매수할 수 있는 권리인 콜옵션(매도청구권)이 부여된 새로운 형태의 콜옵션 전환사채(이하 콜CB)가 시장에 등장하였다. 전통적인 수의상환사채(callable bond)의 경우 발행기업이 만기일 전에 채권을 상환할 수 있는 권리를 갖는데 반해, 2013년에 새로 등장한 콜CB는 제3자에게도 수의상환권(시장에서는 이를 매도청구권으로 부름)을 부여하는데 이는 사실상 최대주주에게 매도청구권을 부여하기 위하여 만들어진 것으로 우리나라에만 존재하는 독특한 형태이다.[20] 콜CB는 2013년에 등장한 이후 발행량이 급격하게 늘어나고 있는데, 예를 들어 2018년에 발행된 CB 408건 중에서 콜옵션이 부여된 경우는 168건으로 41%에 달한다.

대주주는 콜CB를 이용하여 콜옵션을 양도받는 것이 사모 분리형 BW로부터 분리된 신주인수권을 매입하는 것보다 유리하다. 이유는 분리형 사모BW의 경우 최대주주가 발행과 동시에 신주인수권을 자신의 자금으로 매입해야 하지만, 콜CB의 경우 발행시점에서 매입할 필요가 없으며 주가가 충분히 상승하여 전환사채를 전환하는 것이 유리한 시점이 되면 최대주주는 발행기업으로부터 콜옵션을 양도받아 주식을 시가보다 낮은 가격으로 확보할 수 있기 때문이다.

윤평식(2020)은 제3자에게 매도청구권을 부여하는 사모 콜CB의 발행은 극단적인

20) 제3자에게 매도청구권을 부여하는 콜CB의 예시는 현대엘리베이터의 공시내용을 참고하라(한국거래소 상장공시시스템에 2015년 11월 5일에 공시됨). 시장에서 콜CB의 콜옵션을 통상적으로 매도청구권으로 호칭하지만 종종 다른 표현으로 불리기도 한다(현대엘리베이터는 이를 매수청구권으로 표현함). 경제개혁연대는 현대엘리베이터가 전환사채 820억을 조기상환한 후 현정은회장과 현대글로벌에게 매도청구권만을 양도한 것은 실질적으로 법에서 금지하고 있는 워런트를 발행해 현회장 등에게 매각한 것으로 볼 수 있으며, 이는 현회장의 경영권 방어 목적으로 추정된다고 주장한다. 다시 말해서 현행 자본시장법이 공모 분리형 BW 발행만을 허용하면서 사모 분리형 BW의 발행을 금지한 것은 분리된 워런트가 지배주주의 경영권 방어에 악용되지 못하도록 한 취지이므로 현회장에게 부여된 매도청구권은 자본시장법 위반이라고 주장한다. 그러나 2018년 금융위원회는 현행 자본시장법령 하에서 콜CB발행이 위법이 아니라고 판단했다. 보다 자세한 내용은 다음 논문을 참고할 것: 윤평식(2020) 제3자에게 콜옵션을 부여하는 전환사채의 문제점에 관한 연구, 한국증권학회지, 제49권 3호, 342-374.

불공정 거래이므로 사모 분리형 BW가 금지된 것처럼 콜CB의 발행도 금지되어야 한다고(즉, 발행기업만이 콜옵션을 행사할 수 있도록 제한해야 한다고) 주장한다.

5 수의상환사채

5.1 수의상환사채의 기본개념

수의상환사채(callable bond)는 발행기업에게 미래 일정기간 동안에 수의상환가격 또는 콜가격(call price)으로 채권을 상환할 수 있는 권리를 부여한 채권이다. 따라서 수의상환권은 투자자가 발행하고 발행기업이 소유하는 콜옵션으로 이해된다. 수의상환권은 투자자에게는 불리하고 발행기업에게는 유리한 조항이다. 따라서 발행기업은 모든 조건이 동일한 일반사채에 비하여 수의상환사채에 높은 액면이자율을 보장해야 한다(투자자가 발행기업에 콜옵션을 발행하고 받은 대가로 이해됨).

발행회사가 수의상환권을 행사하면 채권자는 소유하고 있는 채권을 인도하고 수의상환가격을 받는다. 시장이자율이 하락하면 채권의 가치는 상승하는데 이때 채권가격이 수의상환가격 이상으로 상승하면 발행기업은 수의상환권리를 행사하게 된다. 즉, 수의상환가격이 수의상환사채 가격의 상한선이 된다. 이러한 위험을 수의상환위험(call risk)이라 한다. 이자율이 하락할수록 발행기업이 소유하고 있는 수의상환권의 가치는 증가한다.

수의상환사채가 일반사채와 콜옵션이 결합된 형태로 간주될 수 있고 콜옵션을 기업이 소유하므로 이를 식으로 표현하면 다음과 같다.

[식 9.3] 수의상환사채 = 일반사채 - 콜옵션

따라서 수의상환권(또는 콜옵션)의 가치는 일반사채가치에서 수의상환사채의 가치를 차감한 값이다.

5.2 수의상환사채의 듀레이션과 컨벡시티

수의상환사채의 듀레이션이 동일 조건의 일반사채의 듀레이션보다 작다는 것을 설명해 보자. 수의상환사채는 일반사채와 콜옵션의 포트폴리오로 간주되므로 수의상환사채의 듀레이션($D_{callable}$)은 일반사채의 듀레이션(D)과 콜옵션의 듀레이션(D_{call})을 가중 평균한 값이다.

[식 9.4]

$$D_{callable} = w \cdot D + (1-w) \cdot D_{call}$$

여기서 w는 일반채권의 가치를 수의상환사채의 가격으로 나누어 구하므로 1보다 크다. 즉, $(1-w)$는 음수이다.[21] 콜옵션은 이자율의 변화에 대하여 대단히 높은 가격민감도를 가지므로 듀레이션이 크다. 콜옵션의 듀레이션이 일반사채의 듀레이션보다 크고 $1-w$가 음수이므로 수의상환사채의 듀레이션은 항상 일반사채의 듀레이션보다 작게 된다.

[그림 9-7]은 수의상환사채의 가격과 수익률간의 관계를 보여준다. 수의상환사채의 가격상승이 제한되므로 수익률이 하락함에 따라 컨벡시티가 감소하게 되며 컨벡시티가 음(−)의 값을 갖는 것도 가능하다. 그러나 이자율이 높은 수준을 유지하면 수의상환사채의 듀레이션과 컨벡시티는 일반채권의 그것과 거의 차이가 없다.

그림 9-7 수의상환사채의 가격과 수익률간의 관계

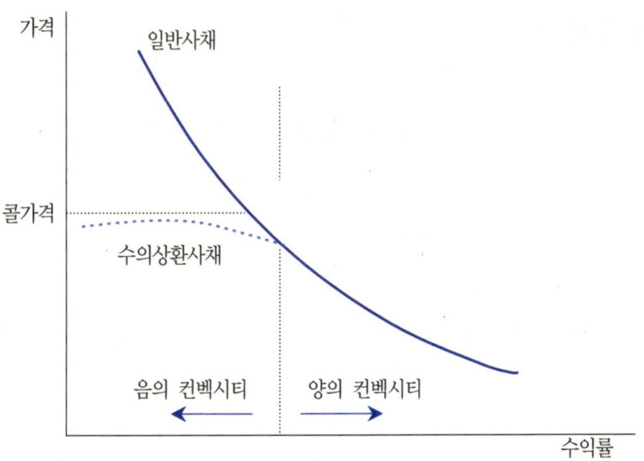

21) 수의상환사채 채권자가 수의상환권을 발행하므로 채권자는 콜옵션에 매도포지션을 취한 셈이다. 따라서 $1-w$가 음수가 되는 것은 당연하다. 그리고 이자율이 상승하면 콜옵션의 가치가 하락하고 이자율이 하락하면 콜옵션의 가치가 상승하므로 콜옵션의 듀레이션은 양수이다.

예시 9-6 수의상환사채의 유효듀레이션

액면이자율이 7%이고 만기가 15년인 일반채권이 현재 액면가에 거래되고 있다(원금 100원). 이자율이 50bp 상승하면 채권가격은 95.586원으로 하락하고 반대로 이자율이 50bp 하락하면 채권가격은 104.701원으로 상승한다. 이 채권의 유효듀레이션(ED)은 다음과 같이 9.11년이다.

$$\text{일반채권의 } ED = \frac{104.701 - 95.586}{2 \times 100 \times 0.005} = 9.11$$

이번에는 이 채권이 수의상환사채이고 콜가격이 102.50원이라고 가정하자. 이자율이 하락해도 102.50원 이상으로 상승할 수 없으므로 채권가격의 변동성은 하락하고 당연히 수의상환사채의 유효듀레이션은 다음과 같이 6.91년으로 감소한다.

$$\text{수의상환사채의 } ED = \frac{102.500 - 95.586}{2 \times 100 \times 0.005} = 6.91$$

그리고 수의상환사채의 유효컨벡시티는 −765.60이다.

$$\text{수의상환사채의 유효컨벡시티} = \frac{95.586 + 102.500 - 2 \times 100}{100 \times 0.005^2} = -765.60$$

6 상환요구사채

상환요구사채(putable bond)는 채권 소유자에게 일정기간 동안 일정한 조건이 충족되면 상환청구가격(풋가격으로 대체로 원금임)으로 채권의 상환을 청구할 수 있는 권리를 부여하는 채권이다. 이자율이 상승하면 채권의 가격은 원금 이하로 하락하게 되는데, 이때 채권소유자는 채권을 발행기업에 인도하고 원금상환을 청구할 수 있다. 따라서 채권소유자가 소유하는 상환청구권은 풋옵션의 성격을 갖는다. 이 상환청구권은 발행기업에게는 불리하지만 소유자에게는 유리한 조항이다.

상환청구권의 가치는 상환요구사채의 가치에서 일반사채로서의 가치를 차감하여 구할 수 있다. 즉,

[식 9.5]

상환요구사채 = 일반사채 + 풋옵션
풋옵션 = 상환요구사채 − 일반사채

원금(또는 상환가격(put price))이 상환요구사채 가격의 하한선으로 작용하게 되므로 이자율이 상승할수록 투자자가 소유하고 있는 상환청구권의 가치는 증가한다.

상환요구사채의 듀레이션도 동일 조건의 일반사채의 듀레이션보다 작다. 상환요구사채는 일반사채와 풋옵션의 포트폴리오로 간주되므로 상환요구사채의 듀레이션($D_{putable}$)은 일반사채의 듀레이션(D)과 풋옵션의 듀레이션(D_{put})을 가중 평균한 값이다.

[식 9.6]

$$D_{putable} = w \cdot D + (1-w) \cdot D_{put}$$

여기서 w는 일반채권의 가치를 상환요구사채의 가격으로 나누어 구하므로 1보다 작다. 즉, $(1-w)$는 양수이다. 풋옵션의 듀레이션은 음수이고 $0 < w < 1$, $(1-w) > 0$이므로 상환요구사채의 듀레이션은 항상 일반사채의 듀레이션보다 작게 된다.

듀레이션이 0보다 작다는 것은 수익률과 채권가격이 동일 방향으로 움직인다는 것을 의미한다. 즉, 이자율이 상승하면 채권가격은 하락하고 상환을 청구할 수 있는 풋옵션의 가치는 상승하다. 이자율과 풋옵션의 가치가 정(+)의 관계이므로 풋옵션의 듀레이션은 음수이어야 한다.[22)]

[그림 9-8]은 상환요구사채의 가격과 수익률간의 관계를 보여준다. 상환요구사채의 가격하락이 제한되므로 수익률이 상승함에 따라 컨벡시티가 증가하게 된다. 그러나 이자율이 낮은 수준을 유지하면 상환요구사채의 듀레이션과 컨벡시티는 일반채권의 그것과 거의 차이가 없다.

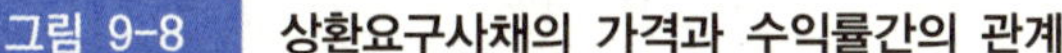
그림 9-8 상환요구사채의 가격과 수익률간의 관계

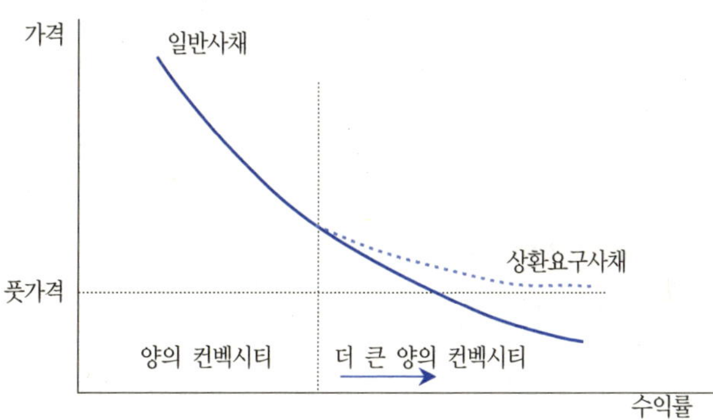

22) 듀레이션을 가중평균만기라는 개념으로 생각하지 말고 채권의 가격위험을 측정하는 하나의 척도로서 생각하라. $\frac{dP_0}{P_0} = -D \times \frac{dy}{1+y}$에서 듀레이션이 0보다 크면 수익률과 채권가격은 부(−)의 관계를 갖는다. 반면에 듀레이션이 0보다 작으면 수익률과 채권가격은 정(+)의 관계를 갖는다. 즉, 수익률과 가격이 정(+)의 관계를 갖는 자산의 듀레이션은 0보다 작다.

7 변동금리채권

변동금리채권(floating rate note : FRN)은 일정 기간마다 기준금리에 연동된 이자율로 액면이자를 지급하는 채권으로, 발행시에 전 기간의 액면이자율이 고정되는 고정금리채권과는 상이하다. FRN은 매 기간 초에 이자가 확정되고 기간 말에 이자가 지급된다. 기준금리(reference rate)로는 LIBOR, 무위험지표금리(SOFR 등), 우대금리(prime rate) 등이 이용되며 이 기준금리에 일정 스프레드(spread)를 가산하여 액면이자율이 결정된다(2023년 6월말 이후 LIBOR는 퇴출됨). 우리나라의 경우 기준금리로 91일 CD 만기수익률이 주로 사용되었으나 최근에는 실세금리의 기준으로 사용되는 국고채권 3년 만기 수익률, COFIX, KOFR 등이 사용되기도 한다. [그림 9-9]가 보여주듯이, FRN의 액면이자는 기준금리에 연동되어 기간별로 일정하지 않다.

그림 9-9 변동금리채권의 구조

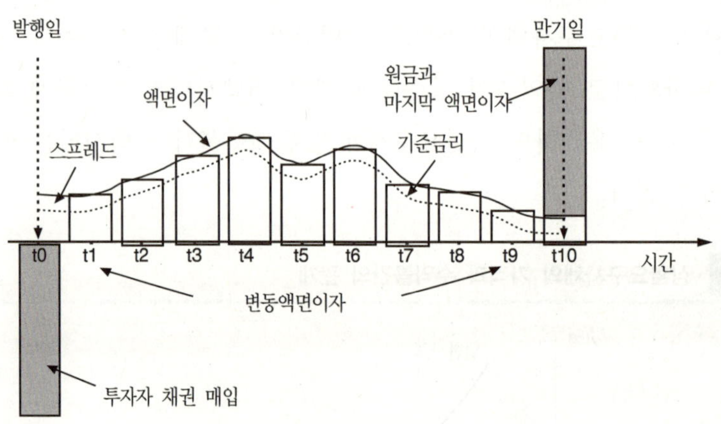

FRN은 70년대 초 이자율의 변동성이 급격히 증가하였을 때 처음으로 도입되었으며 우리나라에서는 1994년에 처음 발행되었다. 변동금리채권의 가치는 시장이자율의 변화에 민감하게 변하지 않는다(즉, 가격위험이 대단히 작음). 왜냐하면 정기적으로 조정되는 액면이자율이 시장이자율의 움직임을 반영하여 결정되기 때문이다.

FRN의 경우 가장 가까운 액면이자만이 확정되어 있고 나머지 이자는 확정되어 있지 않으므로 고정금리채권과 동일한 방법으로 가치를 평가할 수 없다. 액면이자조정일(coupon resetting date)에서 변동금리채권의 가치는 액면가와 동일하다. 왜냐하면, 어떤 이자율로 결정되든 그 이자율로 할인하기 때문이다. 그러나 이 논리는 신용위험이 변하지 않는다고 가정하는 경우에만 성립한다. 만일 신용위험이 변하면 변동금리채권의 가치는 이자조정일에서 액면가와 동일하지 않다.

그렇다면 이자조정일 사이에서 FRN의 가치는 어떻게 평가되는가? 예를 들어, 만기가 4년이고 이자를 1년에 1회 지급하는 FRN을 고려해 보자. 발행시점은 0이고 현재는 t시점이라고 하자. 1년 후의 이자금액은 0시점에서 이미 발표된 기준금리에 의해 결정되므로 이미 확정된 현금흐름이다. 그러나 그 이후의 이자금액은 미래의 기준금리에 의해 결정되므로 확정되지 않은 현금흐름이다. [그림 9-10]은 변동금리채권의 미래 현금흐름을 보여준다. 실선은 확정된(fixed) 현금흐름을, 점선은 미확정된(floating) 현금흐름을 의미한다.

그림 9-10 **변동금리채권의 확정된 현금흐름과 미확정된 현금흐름**

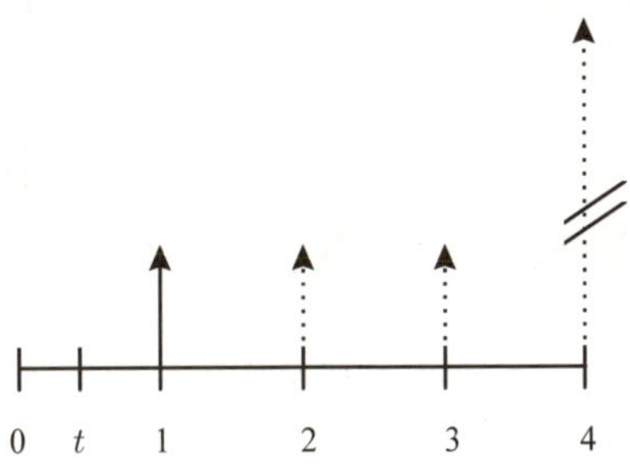

t시점에서 평가한 변동금리채권의 가치는 만기가 $1-t$인 무이표채의 가치와 동등(equivalent)하다.[23] 단지 주의해야 할 점은 동등한 무이표채의 원금을 변동금리채권의 실제 액면가와 확정된 이자의 합, 즉 $F(1+{}_0r_1)$으로 간주해야 한다는 것이다(${}_0r_1$은 0시점에서 확정된 1년 만기 단기이자율 또는 현물이자율).[24] 따라서 변동금리채권의 듀레이션은 FRN의 만기와 관계없이 $1-t$이다.[25]

변동금리채권은 액면이자율의 상한선과 하한선이 설정되기도 한다. 액면이자율의 상한선은 캡(cap)이고 하한선은 플로아(floor)이다. 그리고 캡과 플로아가 동시에 설정되

23) 자세한 내용은 윤평식·김철중, 금융기관의 시장위험관리(한국금융연수원, 2000년)를 참고할 것.

24) ${}_0r_1$ 대신에 y_1을 사용해도 무방하다.

25) 즉, 3개월마다 이자율이 조정되는 30년 만기 FRN의 듀레이션은 최대 0.25년이다.

면 이를 칼러(collar)라고 한다. 변동금리채권의 액면이자율이 다음과 같이 두 개의 기준금리 차이에 의해 결정되기도 하는데 이를 dual-indexed 변동금리채권이라고 한다.

[식 9.7] 액면이자율 $= K + (reference\ rate1 - reference\ rate2)$

변동금리채권의 액면이자율은 기준금리가 특정 범위에 속하는 경우에만 액면이자율이 기준금리와 동일하게 설정되기도 하는데 이를 range notes라고 한다. 예를 들어 CD금리가 2%와 5% 사이에서 액면이자율이 CD금리로 결정되는 방식이다. 이 경우 CD금리가 2%보다 작거나 5%를 초과하면 액면이자율은 0%로 결정된다.

8 역변동금리채권

변동금리채권의 경우 액면이자가 기준금리에 연동되어 있으므로 시장이자율이 증가하면 변동금리채권의 현금흐름도 증가한다. 반면에 역변동금리채권(inverse floater)의 경우 [그림 9-11]이 보여주듯이 일정 고정금리에서 기준금리를 차감하는 방식으로 액면이자율이 결정되므로 시장이자율(즉, 기준금리)이 증가하면 현금흐름은 반대로 감소하게 된다. 일반적인 역변동금리채권의 액면이자율 결정공식은 다음과 같다.

[식 9.8] 역변동금리채권 액면이자율 $= K - (L \times Reference\ rate)$

여기서 L은 레버리지비율이고 K는 기준금리가 0%인 경우의 최대 액면이자율이다. $L > 1$이면 레버리지 역변동금리채권이고 $L < 1$이면 디레버리지 역변동금리채권(deleveraged inverse floater)이다.

이자율이 상승하면 역변동금리채권의 현금흐름이 감소함과 동시에 할인율이 증가하므로 역변동금리채권의 소유자는 이중으로 손해를 보게 된다. 반면에 이자율이 하락하면 현금흐름이 증가함과 동시에 할인율이 감소하므로 투자자는 이중으로 이익을 보게 된다. 즉, 역변동금리채권의 가격위험이 매우 크다.

그림 9-11 **역변동금리채권의 구조**

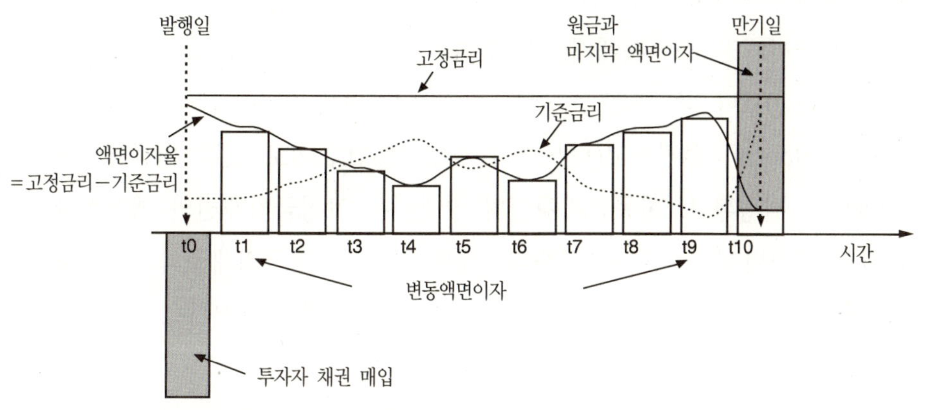

역변동금리채권을 만드는 방법은 여러 가지가 있으나 가장 많이 사용하는 방법은 액면가 고정금리채권을 담보로 수탁자(trustee)에게 맡긴 후 수탁자가 변동금리채권과 역변동금리채권을 발행하는 것이다. 이 때 두 채권 원금의 합은 원래의 고정금리채권 원금과 동일하며 가장 보편적인 비율은 50 : 50이다(물론 다른 비율도 가능함).

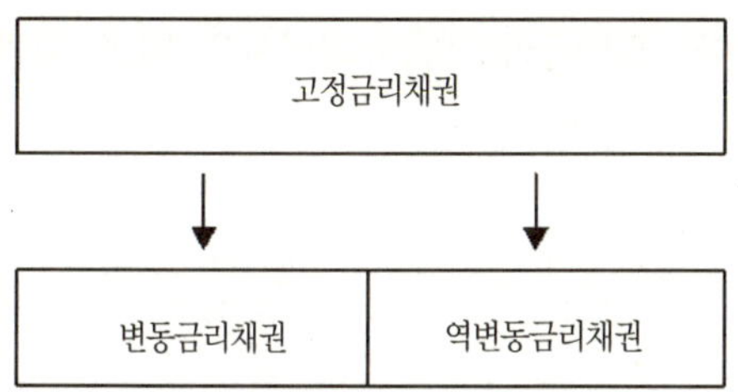

예시 9-7 **변동금리채권 + 역변동금리채권 = 고정금리채권**

변동금리채권의 액면이자율이 Libor이고 역변동금리채권의 액면이자율이 14% −Libor라고 가정하자. 만일 Libor가 6%이면 변동금리채권의 액면이자율은 6%이고 역변동금리채권의 액면이자율은 8%이다. 만일 Libor가 10%이면 변동금리채권의 액면이자율은 10%이고 역변동금리채권의 액면이자율은 4%이다. 만약 투자자가 변동금리채권과 역변동금리채권을 동일 비중으로 소유하게 되면 Libor의 움직임과 무관하게 항상 0.5 × Libor + 0.5 × (14% − Libor) = 7%의 수익률을 얻게 된다. 이는 액면이자율이 7%인 채권을 분해하면 변동금리채권과 역변동금리채권을 만들 수 있음을 의미한다.

담보인 고정금리채권으로부터의 액면이자가 변동금리채권과 역변동금리채권의 이자를 지급하는데 사용된다. 즉, 변동금리채권 소유자에게 이자를 지급하고 남은 금액을 모두 역변동금리채권 소유자에게 지급한다. 기준금리가 크게 상승하면 역변동금지채권의 이자율이 0보다 작게되므로 이를 방지하기 위해 역변동금리채권의 경우 액면이자의 하한선(floor)이 설정되고(대부분의 경우 0%임), 이로 인해 변동금리채권의 경우 상한선(cap)이 설정된다. 변동금리채권의 상한선은 고정금리채권의 액면이자율을 변동금리채권의 구성비율로 나누어 구한다. 예를 들어, 고정금리채권의 액면이자율이 8%이고 고정금리채권을 변동금리채권 80%, 역변동금리채권 20%로 분해하면 변동금리채권의 상한선은 0.08/0.8 = 10%로 설정된다.

예시 9-8 역변동금리채권의 듀레이션

만기가 3년이고 액면이자율이 6%인 고정금리채권이 현재 103.34의 가격에 거래되고 있으며 듀레이션은 2.81년이다(1년에 이자 2회 지급). 이 채권을 50 : 50으로 쪼개어 변동금리채권과 역변동금리채권을 발행하였다. 오늘이 이자조정일이라고 가정하면 변동금리채권은 액면가에 거래되어야 하므로 가격은 50이고 듀레이션은 0.5년이다. 역변동금리채권의 가격은 103.34 − 50 = 53.34이다. 포트폴리오의 듀레이션은 개별 채권 듀레이션의 가중평균이므로 다음의 식으로부터 역변동금리채권의 듀레이션 $D_{\in verse} = 4.98$년을 계산할 수 있다.

$$2.81 = \frac{50}{103.34} \times 0.5 + \frac{53.34}{103.34} \times D_{\in verse}$$

이 계산에서 알 수 있듯이 만기 3년의 역변동금리채권은 만기보다 훨씬 큰 듀레이션을 갖는다. 이자율이 증가하면 현재가치가 감소하므로 다른 일반채권과 마찬가지로 역변동금리채권의 가치는 감소한다. 나아가 역변동금리채권의 현금흐름도 감소하게 되는데 이로 인해 일반채권보다 가격하락이 훨씬 크게 되고 이로 인해 듀레이션은 매우 크게 된다. 반대로 이자율이 하락하면 현재가치가 증가하기도 하지만 현금흐름도 커지게 되어 동일 만기의 일반채권보다 가격상승률이 크게 된다.

다음은 변동금리채권과 역변동금리채권의 다양한 구성비율 하에서 역변동금리채권의 듀레이션을 계산한 것이다. 역변동금리채권의 비중이 감소할수록 역변동금리채권의 듀레이션은 증가한다(이유는 일반채권과 변동금리채권의 듀레이션이 일정하기 때문임).

[표 9-3] 구성비율별 FRN과 역FRN의 듀레이션

구성비율		가격		역FRN의 듀레이션
FRN	역FRN	FRN	역FRN	$D_{\in verse}$
0.1	0.9	10	93.34	3.06
0.3	0.7	30	73.34	3.75
0.5	0.5	50	53.34	4.98
0.7	0.3	70	33.34	7.66
0.9	0.1	90	13.34	18.39

9 물가연동국채

물가연동국채 또는 물가지수연계채권(inflation-indexed bond)은 채권투자 위험의 하나인 인플레이션위험(inflation risk)을 헤지하는 수단으로 발행된 국채이다. 우리나라에서는 10년 만기 국고채로 발행된다. 인플레이션에 따라 원금과 이자가 상향 조정되므로 투자자는 실질수익률 또는 실질구매력을 확보할 수 있다.

미국과 영국 등 선진국은 국채발행비용을 절감하고 자본시장을 육성하기 위하여 물가연동국채를 발행한 반면에, 칠레, 브라질, 아르헨티나 등 남미국가들은 초인플레이션을 경험한 후 재정자금의 원활한 조달을 위하여 물가연동국채를 발행하였다.[26)]

물가연동국채는 물가연동방식에 따라 자본지수연동국채, 이자지수연동국채, 연금형지수연동국채 등으로 구분되는데 일반적인 형태는 자본지수연동국채(capital indexed bond)이다. 즉, 물가상승률에 연동하여 원금을 조정하고 이자는 조정된 원금에 사전에 확정된 액면이자율을 곱하여 계산한다.[27)] t시점의 조정된 원금을 F_t^{adj}라고 하면 t 시점에서 지급해야 할 액면이자는 다음과 같이 계산된다.

[식 9.9]

$$F_t^{adj} = F_0 \times \frac{CPI_t}{CPI_0}$$

$$C_t = F_t^{adj} \times c$$

26) 발행국가별로 명칭이 상이하다. 미국은 TIPS(Treasury Inflation Protected Securities), 영국은 ILGs(Inflation Linked Gilts), 캐나다는 RRBs(Real Return Bonds), 호주와 뉴질랜드는 TIBs(Treasury Indexed Bonds)로 불린다.

27) 자본지수연동국채를 Principal-Linkers(또는 P-Linkers)라고 한다. 반대로 이자지수연동국채를 Coupon-Linkers(또는 C-Linkers)라고 한다.

여기서 c는 액면이자율, F_0는 발행시의 채권원금, CPI_t는 t시점의 물가지수, CPI_0는 발행시점의 물가지수이다.[28] 그리고 $\frac{CPI_t}{CPI_0}$는 물가상승률을 의미한다.

물가지수가 하락하면 투자자는 조정된 원금이 원래의 액면가 이하로 하락할 위험에 직면하게 된다. 그러나 우리나라 물가연동국채는 채권자에게 원래의 원금과 조정된 원금 중에서 큰 금액을 지불하므로 F_t^{adj}는 [식 9.10]과 같이 표현된다.[29] 이는 채권자가 원금에 상환을 요구할 수 있는 풋옵션을 소유한 것으로 간주할 수 있다.

[식 9.10]

$$F_t^{adj} = \max\left[F_0, F_0 \times \frac{CPI_t}{CPI_0}\right]$$

예시 9-9 물가연동국채의 현금흐름

만기가 3년, 액면가(F_0)가 10,000원, 액면이자율이 4%인 물가연동국채를 이용하여 인플레이션에 따라 현금흐름이 어떻게 조정되는지 살펴보자.

만약 1차연도 말에 물가상승률(h)이 2%로 확정되면 액면금액이 $F_1 = F_0(1+h) = 10{,}000(1.02) = 10{,}200$원으로 상향조정되어 액면이자로 $C_1 = 10{,}200 \times 0.04 = 408$원이 지급된다. 만약 다음 연도 말에 $h = 3\%$이면 액면금액이 다시 $F_2 = 10{,}200 \times 1.03 = 10{,}506$원으로 상향조정되어 액면이자로 $C_2 = 10{,}506 \times 0.04 = 420.24$원이 지급된다. 첫 해에 투자자는 $\frac{10{,}200 + 408}{10{,}000} - 1 = 6.08\%$의 명목수익률과 $\frac{1.0608}{1.02} - 1 = 4\%$의 실질수익률을 얻는다. 다음 해에 투자자는 $\frac{10{,}506 + 420.24}{10{,}200} - 1 = 7.12\%$의 명목수익률과 $\frac{1.0712}{1.03} - 1 = 4\%$의 실질수익률을 얻는다. 즉, 투자자는 물가상승률과 무관하게 항상 4%의 실질수익률을 얻는다.

앞에서 물가연동국채가 인플레이션위험을 제거한다고 설명하였지만 완전히 제거할 수 있는 것은 아니다. 왜냐하면 통계청이 물가지수를 계산하는데 상당한 시간이 걸리기 때문에 t시점에서 사용하는 물가지수는 통상 3개월 전 물가지수이다. 즉, 물가연

28) 대부분의 국가에서 소비자물가지수를 이용한다. 그런데 미국에서는 도시소비자물가지수 CPI-U를 이용하고 영국에서는 소매물가지수(RPI)를 이용한다.

29) 제도가 처음 도입될 때 물가지수가 하락하면 원금도 액면가 이하로 하락할 수 있었으나, 2010년 8월부터 발행되는 물가연동국채는 물가지수가 하락하더라도 액면금액은 보장된다.

동국채 투자자는 $t-3$부터 t시점까지의 인플레이션위험에 노출된다.

우리나라의 경우 물가연동국채가 2007년 3월에 처음 발행되었는데 이는 아시아에서 일본에 이어 두 번째로 발행된 것이다. 우리나라에서는 10년 만기 국고채로 발행되며, 2018년말 기준으로 5개 종목 9.9조원의 물가연동국고채가 상장되어 있다.

10 새로운 유형의 증권

10.1 신종자본증권

신종자본증권은 일정 수준 이상의 요건을 충족하면 자본으로 인정되는 채무증권으로, 처음에는 은행의 자본확충을 통한 BIS(Bank for International Settlement: 국제결제은행) 자기자본비율을 높이기 위해 도입되었으나 점차 일반기업의 발행도 증가하고 있다. 일반기업으로서는 두산인프라코어가 2012년 10월에 처음 발행하였다.

신종자본증권은 주식과 채권의 성격을 모두 가지고 있어 하이브리드채권(hybrid bond)으로 불린다. 통상 30년 만기로 고정금리를 지급하고 청산시 주식보다 변제우선순위가 높다는 점에서 채권과 유사하지만, 만기가 되면 자동적으로 만기가 연장되어 원금상환 부담이 없다는 점에서 영구자본인 주식과 유사하다(실질적으로 영구채권의 성격을 가짐).

10.2 전자단기사채

전자단기사채는 자본시장법상의 사채로서 전자적으로 발행·유통되는 단기금융상품으로 2013년 1월에 도입되었다. 자본시장과 금융투자업법에 관한 법률에서 전자단기사채는 어음이 아닌 사채권으로 정의되지만 경제적 실질은 기존의 CP와 동일하다(차이점은 실물없이 전자장부에 등록되어 발행·유통되는 점임).

전자방식을 채택함으로 인해 전자단기사채는 기업어음에 비하여 다양한 장점을 갖는다. 위변조 분실 등 실물발행에 수반되는 위험을 방지할 수 있고 발행비용도 저렴하고 거래의 투명성도 크게 제고되고 증권과 대금의 실시간 동시결제가 가능하다.

제도 도입 이후 전자단기사채의 발행이 꾸준히 증가하는 등 시장이 안정적으로 성장하고 있다. 연간 발행액이 도입 첫해인 2013년에는 58조원이었으나 2015년에는

995조원으로 크게 성장하였다(전자단기사채는 2019년 단기사채로 명칭이 변경됨).

10.3 커버드본드

커버드본드(covered bond)는 발행기관에 대한 상환청구권과 함께 발행기관이 담보로 제공하는 기초자산집합에 대하여 제3자에 우선하여 변제받을 권리를 가지는 채권으로 이중상환청구권부채권으로도 불린다. 2014년 1월에 이중상환채권법이 제정되면서 법정 담보부채권이 되었다.[30)]

커버드본드는 발행기관과 담보자산에 대해 각각 변제받을 수 있는 담보부사채의 장점에 발행기관과의 파산절연과 담보자산에 대한 우선변제권을 보장하는 자산유동화의 법리를 적용한다. 커버드본드의 경우 발행기관이 특수목적회사가 아닌 금융기관이 되며 담보자산이 발행기관의 재무상태표에 그대로 남게 되고, 투자자는 발행기관의 파산시 담보자산 뿐만 아니라 발행기관의 다른 자산에 대해서도 이중으로 상환청구권(dual recourse)을 보유한다. 또한 담보자산의 가치 유지를 위해 정기적으로 자산의 건전성을 점검하여 담보가치가 하락할 시 교체 또는 추가 받기도 한다.

발행기관 입장에서 커버드본드는 우량자산을 담보로 제공함에 따라 높은 신용등급을 받아 낮은 금리로 자금조달이 가능하고 상대적으로 안정적인 자금조달이 가능하다. 투자자 입장에서는 신용리스크가 적은 우량채권에 투자할 수 있다.

30) 커버드본드에 대한 설명은 한국의 채권시장(2015) 366쪽과 367쪽에서 인용하였음.

요점정리

- 전환사채(CB)는 소유자에게 일정한 기간 내에 일정한 조건으로 발행기업의 보통주로 전환할 수 있는 권리를 부여한 채권으로 전환사채의 가치는 "max(일반사채로서의 가치, 전환가치) + 전환권의 가치"로 표현된다.

- 신주인수권부사채(BW)는 소유자에게 발행회사의 주식을 일정한 조건으로 일정한 수량만큼 매입할 수 있는 권리(신주인수권)를 부여한 채권이다. 분리형과 비분리형이 있는데, 사모발행인 경우 여러 문제점으로 인해 2013년부터 분리형 발행이 금지되었다.

- 교환사채(EB)는 소유자에게 사채를 발행회사가 보유하고 있는 상장유가증권(예를 들어, 대기업의 보통주)으로 정해진 교환조건에 의해 교환해 줄 것을 청구할 수 있는 권리를 부여한 채권이다. 자기주식을 교환대상으로 발행이 가능하다.

- 리픽싱조항은 발행후 시장가격이 하락하면 전환가격, 행사가격, 교환가격을 원래 가격의 70%까지 하향조정하는 조항이다(시장가격이 상승하면 상향조정하지 않음). 리픽싱으로 전환가격이 하락하면 발행주식수는 증가한다. 리픽싱조항이 투자자에게 지나치게 유리한 조항을 인식한 금융감독원은 2021년 12월 1일 이후 발행을 결의한 사모 CB와 BW의 경우 전환가격(또는 행사가격)의 70~100%내에서 시장가격 변동에 따라 전환가격을 상향 또는 하향조정하도록 규정을 개정하였다.

- 전환사채와 신주인수권부사채는 주로 한계기업의 자금조달 수단으로 이용되는데 일부 기업들이 이 제도를 악용함에 따라 여러 문제점이 발생하였다. 정부는 이런 문제점을 인식하고 계속 제도를 보완하고 있으나 시장은 이런 규제를 우회하려고 계속 시도한다.

- 수의상환사채는 발행기업에게 미래 일정 기간 동안에 수의상환가격(콜가격)으로 채권을 상환할 수 있는 권리를 부여한 채권이다. 수의상환사채는 채권자의 수익률이 제한되므로 보통 높은 액면이자율 또는 만기수익률로 발행된다. 수의상환사채의 가치는 " 일반사채의 가치에서 콜옵션의 가치를 차감한 값이고, 수의상환권은 듀레이션과 컨벡시티를 감소시킨다.

- 상환요구사채는 소유자에게 일정 기간 동안 상환청구가격(풋가격)으로 채권의 상환을 요구할 수 있는 권리를 부여한 채권으로 상환요구사채의 가치는 일반사채의 가치에 풋옵션의 가치를 가산한 값이고, 상환청구권은 듀레이션을 감소시키지만 컨벡시티를 증가시킨다.

- 변동금리채권(FRN)은 액면이자율이 '기준금리 + 스프레드'로 결정되며 매 기간마다 이자율이 재조정되므로 가격위험은 매우 작다. 가치평가 목적상 무이표채로 간주된다(만기: 다음 이자조정일까지의 기간, 원금: FRN 원금 + 확정된 액면이자). 변동금리채권의 듀레이션은 대단히 작다(D = 다음 이자조정일까지의 기간).

- 역변동금리채권은 액면이자율이 시장이자율과 반대방향으로 움직이는(예: 14% - 기준금리) 채권으로 가격위험이 매우 크다(이중으로 이익 또는 손실을 보게 됨). 고정금리채권을 변동금리채권과 역변동금리채권으로 분해할 수 있으며, 역변동금리채권의 듀레이션은 동일 만기 고정금리채권보다 크다.

- 물가연동국채는 인플레이션위험(inflation risk)을 헤지하는 수단으로 발행된 국고채로 인플레이션에 따라 원금과 이자가 상향 조정되므로 투자자는 실질수익률을 확보할 수 있다.
  - $F_t^{adj} = \max\left[F_0,\ F_0 \times \dfrac{CPI_t}{CPI_0}\right]$
  - $C_t = F_t^{adj} \times c$

- 최근에 새로 발행된 채권으로 신종자본증권, 전자단기사채, 커버드본드가 있다. 신종자본증권은 채권과 주식의 성격을 모두 갖고 있으며 일정 조건이 충족되면 자본으로 인정되는 채무증권이다. 전자단기사채는 전자적으로 발행 · 유통되는 단기금융상품으로 경제적 실질은 기존의 CP와 동일하다. 커버드본드는 발행기관에 대한 상환청구권과 함께 발행기관이 담보로 제공하는 기초자산집합에 대하여 우선적으로 변제권을 갖는 채권이다.

객관식 문제

1 만기가 4년이고 액면금액이 100,000원이고 액면이자율이 4%인 물가연동국채의 2차연도 액면이자 지급액을 계산하라. 1차연도와 2차연도의 물가상승률은 각각 1.5%와 2.3%이다. 채권은 연1회 이자를 지급하고 액면이자는 정수로 구한다.

① 4,110원 ② 4,000원 ③ 3,900원
④ 4,237원 ⑤ 4,153원

정답 ⑤
풀이 2차연도말에 액면금액이 100,000 × 1.015 × 1.023 = 103,834.5원이 되고 액면이자로 103,834.5 × 0.04 = 4,153.38원이 지급된다.

2 만기가 30년이고 원금이 10,000원이고 액면이자가 3년 국고채금리로 결정되는 변동금리채권을 고려해 보자. 액면이자는 연 1회 결정되며 지금은 액면이자가 결정된 후 9개월이 지난 시점이다. 현 시점에서 변동금리채권의 듀레이션은 얼마인가?

① 30년 ② 1년 ③ 0.25년
④ 0.75년 ⑤ 정답 없음

정답 ③
풀이 변동금리채권의 듀레이션은 $1-t$인 3개월이다.

3 3년 만기 전환사채의 액면이자율이 2%이고 만기보장수익률이 4.5%이다. 원금상환률은 얼마인가? 소수 두 자리로 답할 것.

① 107.84% ② 105.65% ③ 108.25%
④ 106.71% ⑤ 정답 없음

정답 ①
풀이 $(0.045 - 0.02) \times 1.045^2 + (0.045 - 0.02) \times 1.045 + (0.045 - 0.02) = 0.078426$이므로 원금상환률은 107.84%이다.

4 옵션이 부가된 채권에 관한 다음의 설명 중 가장 적절하지 않은 것은?

① 수의상환권은 콜옵션이고 상환청구권은 풋옵션이다.

② 수의상환사채의 듀레이션은 동일 조건의 일반사채의 듀레이션보다 크다.

③ 수의상환조항은 발행기업에게 유리한 조항이고 상환요구조항은 발행기업에게 불리한 조항이다.

④ 전환권은 콜옵션이다.

⑤ 신주인수권이 행사되면 희석효과가 발생한다.

정답 ②

풀이 수의상환사채의 듀레이션은 동일 조건의 일반사채의 듀레이션보다 작다. 신주인수권이 행사되면 희석효과가 발생한다. 수의상환권, 신주인수권, 전환권은 모두 콜옵션이고 상환요구권은 풋옵션이다.

5 1년에 이자를 1번 지급하는 전환사채의 액면이자율은 6%이고 만기는 3년이다. 액면가는 100,000원이고 전환가능주식수는 20주이고 전환비율은 100%이다. 현재 주가는 4,600원이다. 전환권만 없고 다른 모든 조건이 동일한 채권의 수익률은 10%이다. 전환사채 가치의 하한가를 구하라.

① 없음 ② 92,000원 ③ 90,053원

④ 90,000원 ⑤ 91,500원

정답 ②

풀이 전환가치가 $20 \times 4{,}600 = 92{,}000$원이고 일반사채의 가치가 $\frac{6{,}000}{0.1} + \frac{100{,}000 - \frac{6{,}000}{0.1}}{1.1^3} =$ 90,053원이므로 전환사채의 가치는 92,000원보다 커야 한다.

6 신주인수권과 콜옵션의 차이에 관한 설명으로 가장 적절하지 않은 것은?

① 콜옵션은 개인이 발행한다.

② 신주인수권은 기업이 발행한다.

③ 신주인수권이 행사되면 발행주식수가 증가하나 콜옵션의 행사는 주식수에 영향을 미치지 않는다.

④ 현금납입형의 경우 신주인수권이 행사되면 현금이 유입된다.

⑤ 신주인수권이 행사되더라도 주가는 영향을 받지 않는다.

정답 ⑤
풀이 신주인수권이 행사되면 발행주식수가 늘어나 주가가 하락하는 희석효과가 발생한다.

7 전환사채에 관한 설명 중 가장 적절하지 않은 것은?

① 전환사채의 가치는 동일 조건의 일반사채의 가치보다 크다.
② 전환사채의 가치는 전환가치보다 크다.
③ 전환사채의 액면이자율은 동일 조건의 일반사채보다 일반적으로 작다.
④ 전환권의 가치는 전환가치와 일반사채로서의 가치와의 차이이다.
⑤ 전환사채는 투자기회가 많은 소규모 기업이 이자비용을 절감하기 위하여 발행한다.

정답 ④
풀이 전환권의 가치는 전환사채의 가치에서 max(일반사채의 가치, 전환가치)을 차감한 가치이다.

8 이자율의 변동성이 증가하면 어떤 채권의 가치가 하락하는가?

① 수의상환사채 ② 상환요구사채 ③ 무이표채
④ 일반사채 ⑤ 정답 없음

정답 ①
풀이 변동성이 증가하면 콜옵션의 가치가 증가한다. 수의상환사채의 가치는 일반사채의 가치에서 콜옵션의 가치를 차감하므로 변동성이 증가하면 수의상환사채의 가치는 하락한다.

9 변동금리채권은 언제 듀레이션이 가장 큰가?

① 이자율이 재조정되기 직전
② 이자율이 재조정된 직후
③ 만기 직전
④ 항상 듀레이션이 0이므로 가장 큰 시점은 없음
⑤ 정답 없음

정답 ②

풀이 변동금리채권의 듀레이션은 다음 이자조정일까지의 기간이므로 이자율이 재조정된 직후에 듀레이션이 가장 크게 된다.

10 다음 세 개의 채권의 가격을 이용하여 수의상환사채에 내재된 옵션의 가치를 평가하면 얼마인가? 단, 차익거래 기회가 존재하지 않으며, 모든 채권의 만기, 이자지급방법 및 신용등급 등 기타 조건은 동일하며, 액면가는 10,000원이다. 2009년, 객관식 유형으로 변경함

채 권	액면이자율	가 격	채권 유형
A	6.50%	106.38%	일 반 채 권
B	8.25%	103.50%	수의상환사채
C	12.00%	134.97%	일 반 채 권

① 753원 ② 1,198원 ③ 1,250원
④ 875원 ⑤ 1,029원

정답 ②

풀이 A채권과 C채권을 이용하여 B채권과 동일한 액면이자율을 지급하는 채권을 복제할 수 있다. A채권의 투자비율 w는 아래 식을 만족시키는 68.182%이다.

$$8.25\% = 6.5\% \times w + 12\% \times (1 - w)$$

A채권에 68.182%를 투자하고 C채권에 31.818%를 투자하여 구성된 액면이자율 8.25% 일반채권의 가치는 115.48%이다.

$$0.68182 \times 106.38 + 0.31818 \times 134.97 = 115.48$$

따라서 수의상환권의 가치는 115.48 − 103.50 = 11.98% 또는 10,000 × 0.1198 = 1,198원이다.

CHAPTER 10

자산유동화증권

1. 유동화
2. 신용보강
3. 주요 자산유동화증권
4. 우리나라 자산유동화증권 발행 현황
5. 유동화 효과

CHAPTER 10

자산유동화증권

1 유동화

1.1 기본개념

자산유동화증권(asset-backed security: ABS)은 유동성이 낮은 자산을 기초자산으로 하여 발행된 증권으로, 발행된 증권은 기초자산으로부터 발생하는 현금흐름을 이용하여 상환된다. 그리고 이런 새로운 방식으로 자금을 조달하는 것을 구조화 금융(structured financing)이라고 한다.

자산유동화증권은 기초자산의 현금흐름에 기초하여 발행된 증권이므로 그 증권이 자산보유자의 신용도와 분리되도록 하는 제도적 장치인 SPC(special purpose company: 특수목적회사 또는 유동화전문회사)가 필요하다.[1)] 자산보유자(originator)가 특수목적회사를 설립하고 그 회사에 기초자산의 법률적인 소유권을 양도(이를 진정한 매도(true sales)라고 함)하는 절차를 거쳐 유동화증권이 발행되고, ABS의 원리금은 일차적으로 기초자산으로부터 발생하는 현금흐름으로 상환된다.[2)] 만일 기초자산의 가치가 많이 하락하거나 채무불이행하여 유동화증권의 원리금이 상환되지 못하더라도 유동화증권의 투자자는 자산보유자에게 변제를 요구할 권리를 갖지 못하며, 자산보유자의 파산은 원리금 상환에 영향을 미치지 않는다.

유동화의 기법은 은행의 전통적인 정책인 대출만기보유정책(originate-to-hold policy)

---

1) 자산유동화에 관한 법률 제2조에서 자산유동화는 다음의 경우로 정의된다.

가. 유동화전문회사(자산유동화업무를 전업으로 하는 외국법인을 포함한다)가 자산보유자로부터 유동화자산을 양도받아 이를 기초로 유동화증권을 발행하고, 당해 유동화자산의 권리 운용 처분에 의한 수익으로 유동화증권의 원리금 또는 배당금을 지급하는 일련의 행위

나. 신탁업법에 의한 신탁회사(신탁업무를 겸영하는 은행을 포함한다. 이하 "신탁회사"라 한다)가 자산보유자로부터 유동화자산을 신탁받아 이를 기초로 유동화증권을 발행하고, 당해 유동화자산의 권리 운용 처분에 의한 수익으로 유동화증권의 수익금을 지급하는 일련의 행위

다. 신탁회사가 유동화증권을 발행하여 신탁받은 금전으로 자산보유자로부터 유동화자산을 양도받아 당해 유동화자산의 권리 운용 처분에 의한 수익으로 유동화증권의 수익금을 지급하는 일련의 행위

2) 양도인과 양수인 사이에 진정한 매매가 성립하기 위한 조건은 다음과 같다: 유동화자산에 대한 수익권과 처분권은 양수인이 갖고, 양도인과 양수인은 반환청구권을 갖지 않으며, 양수인이 양도된 자산에 대한 위험을 부담한다.

을 대출유동화정책(originate-to-distribute policy)으로 전환시켰다. 대출을 해준 금융기관이 유동화를 통해 대출의 리스크를 전가시킴에 따라 은행과 투자자간의 대리인비용 발생, 시장의 투명성 하락, 유동화증권 등급평가의 부적절성 등 새로운 문제점이 대두되고 있는 것도 사실이다.

1.2 유동화 대상자산

유동화에 적합한 자산은 일반적으로 유동성이 낮으며, 크기가 작고, 현금흐름의 예측이 가능하고, 자산의 동질성이 어느 정도 보장되며, 자산의 양도가 가능해야 하며, 누가 소유하느냐에 의해 현금흐름이 영향을 받지 않는 자산이다.[3] 그동안 유동화된 자산으로는 자동차할부금융, 대출채권(債權), 신용카드매출채권, 주택저당채권(mortgage), 리스료채권, 팩토링채권, 부동산 PF(project financing), 기업대출, 회사채, 지방정부 세수(municipal revenue), 부실대출(nonperforming loan), 임대료 등이 있다.[4] 대상자산이 은행의 대출이면 CLO(collateralized loan obligation: 대출담보부증권), 대상자산이 채권(bond)이면 CBO(collateralized bond obligation: 채권담보부증권)로 불리며, CLO와 CBO를 총칭하여 CDO(Collateralized debt obligation: 부채담보부증권)로 부른다. 대상자산이 신용카드 매출채권이면 CARD(certificate of amortizing revolving debts), 대상자산이 자동차할부대출채권이면 auto-loan ABS로 불린다.

대상자산이 주택저당채권(mortgage)이면 주택저당채권담보부증권 또는 주택저당증권(mortgage-backed security: MBS)으로 불린다. MBS가 다른 금융상품과 다른 점은 투자자가 조기상환리스크에 노출된다는 점이다. 조기상환리스크(prepayment risk)는 차입자가 추가적인 수수료를 부담하지 않고 잔존대출원금을 만기일 이전에 상환함으로써 투자자의 현금흐름에 불확실성이 발생하는 위험이다.

처음부터 CBO 조성을 목적으로 채권이 발행되는 경우 이를 발행시장CBO(primary CBO)라고 한다. 발행시장CBO는 신용도가 낮아 채권시장에서 직접 회사채를 발행하기 어려운 기업의 회사채 신규발행과 차환발행을 지원하기 위하여 도입되었다.

일반적으로 동질성이 높은 자산을 대규모로 집합하여 기초자산을 구성하는 것이

---

3) 대규모 기업대출과 프로젝트금융대출(project finance loan)은 유동화에 적합하지 않는 자산으로 알려져 있지만 금융공학 기법이 발달함에 따라 부적합 대상자산에 대한 유동화도 진행되고 있다.

4) 미래 영화수익과 입장권 수입을 담보로 ABS가 발행되기도 한다. 스티븐 스필버그 감독이 주축이 되어 설립된 Dream Works SKG 영화제작회사는 향후 3년간 제작될 14편의 영화에서 발생하는 수익 및 판권을 기초자산으로 하여 1997년말 약 3억달러의 ABS를 발행하였다. 또한 스페인의 명문 프로축구팀인 리얄 마드리드는 1997년 자신들이 운영하는 축구구장의 입장권을 담보로 약 5,000만 달러의 ABS를 발행하였다.

바람직하다. 만약 동질성이 결여된 자산으로 기초자산 풀을 구성하면 현금흐름 예측의 정확성이 감소하므로 이에 수반되는 신용보강 및 평가에 따른 비용이 증가한다.

1.3 발행구조

유동화전문회사가 발행하는 증권은 크게 자동이전형(pass-through)과 차등지급형(pay-through)으로 구분된다. 자동이전형은 유동화자산이 SPC에 매각되면 SPC는 이들 자산을 집합화하여 신탁을 설정하고 이 신탁에 대하여 지분을 나타내는 자동이전식(pass-through) 수익증권을 발행하는 방식이다. 이 수익증권을 매입한 투자자는 유동화자산이 제공하는 현금흐름에 대하여 투자금액에 비례한 소유권을 가지므로 투자자가 유동화 자산의 시장리스크와 신용리스크를 모두 부담한다. 원채무자 또는 차주(obligor)가 상환하는 원리금과 조기상환금액은 비용 공제 후 투자자에게 그대로 이전되므로 모든 투자자는 모두 동일 수준의 조기상환리스크(prepayment risk)에 노출된다.

자산유동화증권의 발행구조는 [그림 10-1]과 같다. 먼저 자산보유자가 기초자산의 풀(pool)을 구성하고 이를 유동화전문회사에 양도한다. 유동화전문회사는 기초자산을 담보로 일반투자자에게 ABS를 매도하고 매각자금을 자산보유자에게 자산양도의 대가로 지급한다. ABS의 발행에는 자산보유자, 유동화전문회사, 자산관리자, 신용평가기관, 신용보강기관, 주간사 등이 참가하게 된다.

그림 10-1 자산유동화증권의 발행구조

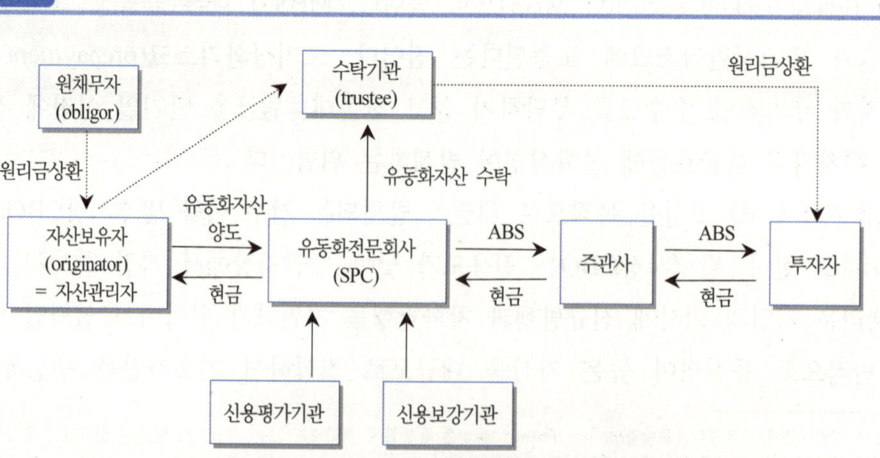

[참고] 실선은 현금흐름과 증권의 이동을, 점선은 원리금 상환의 흐름을 나타냄.

차등지급형(pay-through)에서는 유동화자산의 현금흐름을 지분율에 따라 균등하게 배분하는 형태가 아니라 상환우선순위와 손실부담순위가 다른 채권을 발행하는 방식이다. ABS의 구조에 따라 현금흐름을 조절할 수 있으므로 손실부담순위 등 위험구조가 상이한 증권을 만들 수 있다. 즉, 만기, 수익률, 상환우선순위 등이 상이한 몇 개의 채권 트랜치(tranche)를 발행하는 것이다. 우리나라에서 발행되는 방식은 거의 대부분이 차등지급형에, 3개월 이표채이고, 만기일시상환의 구조를 갖는다.[5)]

1.4 참여기관

1.4.1 자산보유자

자산보유자(originator)는 증권화 또는 유동화 대상자산을 소유한 금융기관 또는 일반 기업으로, 보유하고 있는 자산의 유동화를 통하여 현금을 확보하게 되므로 자금조달자이다. 자산유동화에 관한 법률은 금융기관, 한국자산관리공사, 한국토지공사, 대한주택공사, 국민주택기금관리자 및 신인도가 높은 법인 등으로 자산보유자를 제한하고 있는데 이는 자산유동화를 악용할 소지를 사전에 예방하기 위함이다.[6)]

1.4.2 유동화전문회사

유동화를 위하여 특별히 설립된 특수목적기업으로 자산보유자로부터 자산을 양수하여 ABS 발행자의 역할을 담당하는 서류상의 회사(paper company)이다. 유동화전문회사는 자산보유자와 기초자산의 법률적 관계를 분리하기 위하여 설립되므로 자산보유자의 파산으로부터 절연(bankruptcy remote)된다. 유동화전문회사의 자산은 자산보유자로부터 양도받은 자산이고 부채는 발행한 자산유동화증권이다.

우리나라에서 유동화전문회사는 유한회사로 제한된다. 상법상 유한회사는 사채를 발행할 수 없으나 특별법에 의하여 발행할 수 있도록 허용되었다. 주식회사가 아닌 유한회사로 설정한 이유는 절차를 단순화하기 위함이다. 업무는 유동화자산의 양수, 양도, 신탁회사에 대한 위탁, 관리, 운용 및 처분, 유동화 증권의 발행 및 상환 등으

---

5) 자산유동화법은 유동화전문회사 등이 유동화자산을 기초로 하여 자산유동화계획에 따라 발행할 수 있는 유동화증권의 종류에 대하여 "출자증권, 사채, 수익증권, 기타의 증권 또는 증서"로 규정하고 있다(자산유동화법 제2조 제4호). 즉, ABS의 법적 성격이 회사채이면 ABS사채, 수익증권이면 ABS수익증권, 출자증권이면 ABS출자증권, CP인 경우 ABCP(asset-backed commercial paper)라고 한다.

6) 자산보유자의 범위는 계속 확대되었다. 1999년 중소기업진흥공단이, 2000년 기업구조조정투자회사가, 2001년 상호저축은행이, 2002년 투자적격등급 SOC사업자가, 2004년 한국주택금융공사가, 2009년 투자적격등급 법인 및 상장법인, 2012년 농협은행이, 2016년 새마을금고 중앙회와 신용협동조합 중앙회가 추가되었다.

로 제한되며 다른 회사와의 합병이 금지된다. 유동화전문회사는 자산유동화증권을 한 번만 발행할 수 있으므로 자산보유자는 자산유동화를 할 때마다 별도의 유동화전문회사를 설립해야 한다.

1.4.3 자산관리자

자산관리자(servicer)는 실체가 없는 유동화전문회사를 대신하여 유동화자산을 실질적으로 관리(즉, 유동화자산에 대한 채권의 추심 또는 채무자관리 등을 담당)하는 역할을 한다. 우리나라에서는 자산보유자와 신용정보업자 등이 자산관리자가 될 수 있다. 일반적으로 유동화자산의 내용을 잘 파악하고 있는 자산보유자가 자산관리자가 된다. 자산보유자가 자산관리자의 임무를 수행하면 관리비용이 절감되는 효과가 있다.

1.4.4 기타 참여자

이외에도 신용평가기관, 주관사, 수탁자, 신용보강기관 등이 유동화에 참여한다. 일반적으로 유동화자산의 자산가치만으로 목표 신용등급을 얻을 수 없으므로 신용보강이 필요하다. 외부신용보강은 내부적으로 마련된 신용보강을 보완하는 수단을 제공한다.

신용평가기관은 기초자산의 예상손실과 신용보강수준 등을 객관적으로 평가하여 신용등급을 부여한다. ABS는 다양한 기초자산의 풀을 대상으로 발행되므로 일반투자자가 신용리스크를 정확히 평가하기 어렵다. 신용평가기관은 ABS의 등급을 정확히 평가함으로써 투자를 보호하고 유동화증권의 거래를 활발하게 만든다.

수탁자(trustee)는 투자자의 권익을 보호하는 감독자로서 투자자를 대신하여 자산관리업무 전반을 감시하고 유동화자산 상환에 따른 현금 및 계좌관리를 담당하기도 한다. 일반적으로 신인도가 높은 은행이 수탁자가 된다. ABS법에서는 수탁기관 선정을 의무화하지는 않으나 수탁기관을 선임하는 것이 일반적이다.

그리고 유동화자산의 가치는 회계법인의 자산 실사(due diligence)를 통해 결정된다. 또한 주관사는 발행과 관련하여 여러 기관간 의견을 조율하고 ABS의 신용등급, 만기 및 물량을 수요에 맞게 조절하는 역할을 담당한다. 신용평가기관, 자산실사기관, 신용보강기관, 수탁기관, 회계법인, 주관사 등은 모두 유동화 과정에 참여하여 수수료 등의 혜택을 얻는다.

2 신용보강

자산유동화증권이 유지하고자 하는 신용등급에 따라 신용보강(credit enhancement)의 수준이 결정된다. 신용보강의 수준은 기초자산 또는 유동화 대상 자산의 신용도 분석에 기초하여 향후 예상손실(expected loss)을 추정하고 이에 근거하여 결정된다. 신용보강으로 인해 발행자의 신용등급보다 훨씬 높은 등급의 증권발행이 가능하다.

신용보강에는 크게 외부신용보강(external credit enhancement)과 내부신용보강(internal credit enhancement)이 있다. 외부신용보강에는 지급보증(guarantee), 은행의 신용장(letter of credit) 또는 신용공여(credit line) 제공, 그리고 전문보험회사(Monoline insurance)의 보증 등이 있다. 외부신용보강은 1차적인 신용보강 수단이기 보다는 내부신용보강을 보완하는 수단으로 이용된다. 그리고 신용보강을 제공하는 기관의 신용도가 하락하게 되면 자산유동화증권의 신용도도 같이 하락하게 된다. 내부신용보강은 외부신용보강보다 복잡한 구조를 갖고 있으며 1차적인 안전장치의 역할을 한다. 내부신용보강에는 선 · 후순위 구조, 초과담보, 적립금기금 등이 있다.

2.1 선순위 · 후순위 구조

선순위 후순위 구조(senior-subordination structure, credit tranching)는 우선순위가 상이한 두 가지 등급으로 구분하여 선순위 트랜치(senior tranche)가 후순위 트랜치(subordinated tranche)보다 먼저 변제 받게 함으로써 선순위 트랜치의 원리금 보장을 보다 확실하게 하는 구조이다. 일반적으로 선순위 트랜치의 만기는 후순위 트랜치의 만기보다 짧다. 기초자산으로부터 발생하는 손실은 1차적으로 후순위 트랜치의 투자자가 부담한다. 후순위 트랜치가 하나 이상인 경우 먼저 손실을 부담하는 후순위 트랜치를 1차 손실 트랜치(first loss tranche), 자기자본 트랜치(equity tranche), 또는 지분트랜치라고 한다. [그림 10-2]는 선순위 후순위 구조의 단순화된 전형적인 구조이다.

그림 10-2 **단순화한 ABS의 구조**

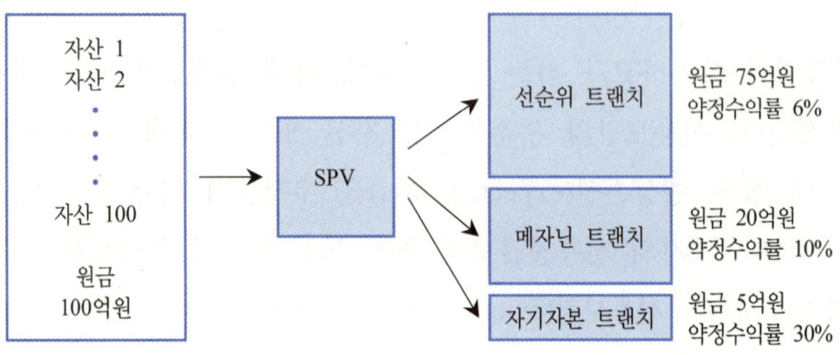

기초자산 풀의 원금이 100억원이고 선순위, 메자닌, 후순위의 원금이 각각 75억원, 20억원, 5억원이라고 하자. 그리고 각 트랜치의 약정수익률(promised return)은 각각 6%, 10%, 30%이다. 후순위 트랜치의 약정수익률이 가장 높으므로 매력적으로 보이지만, 후순위 트랜치는 선순위와 메자닌에 비하여 약정수익률을 실현할 가능성은 훨씬 낮다. 현금흐름이 각 트랜치에 배정되는 원칙은 [그림 10-3]에 묘사된 폭포(waterfall)에 비유된다. 기초자산으로부터 회수되는 모든 현금흐름은 선순위 트랜치의 투자자들이 약정수익률 6%를 얻을 때까지 우선적으로 선순위 트랜치에 배정된다. 선순위 트랜치의 투자자들에게 약정한 현금흐름을 모두 지급한 후에, 남은 현금흐름은 중순위인 메자닌 트랜치(mezzanine tranche)에 배정되고, 그래도 남은 현금흐름이 있다면 이는 후순위 트랜치에게 지급된다. 후순위 트랜치의 경우 이자 계산은 이루어지지만 현금은 지급되지 않고 SPV 내에 재투자된다. 정확한 배정원칙은 법적 서류에 상세히 명시된다.

그림 10-3 **ABS의 현금흐름 배정 순서**

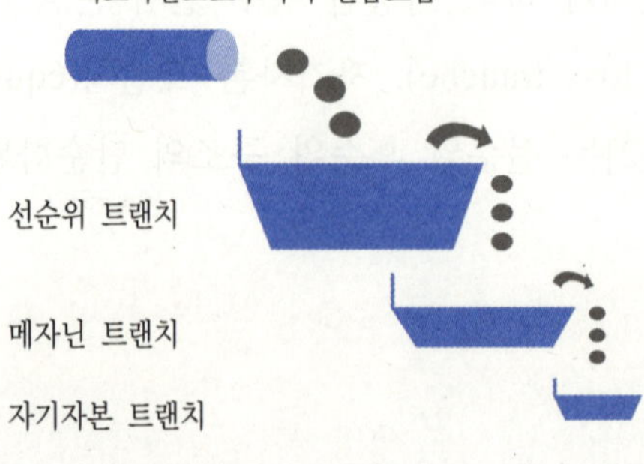

각 트랜치의 원금상환 여부는 기초자산의 부도에 따른 손실률에 의해 결정된다. 먼저 최초 5%(즉, 5억원)의 손실은 후순위 트랜치가 부담하고, 이후 20%의 손실은 메자닌 트랜치가 부담한다. 그리고 기초자산 풀의 손실이 25%를 초과하면 선순위 트랜치의 투자자도 원금손실을 부담하게 된다. 기초자산 풀의 손실률과 각 트랜치 손실률 간의 관계는 [그림 10-4]와 같다.

그림 10-4 트랜치별 손실률 구조

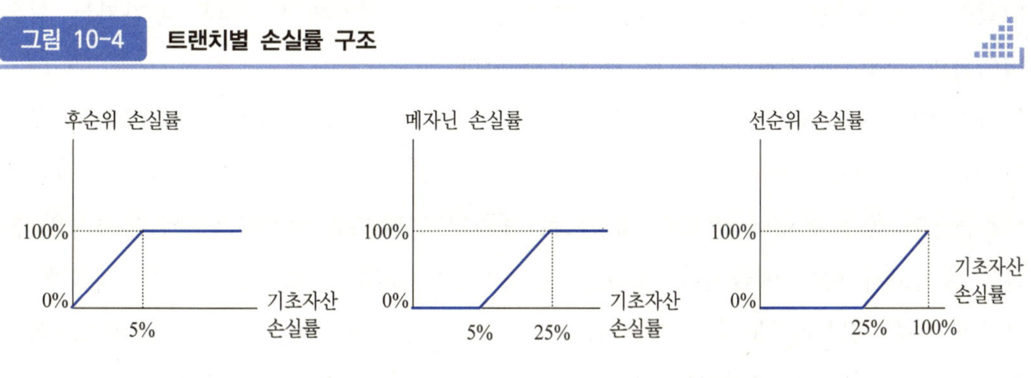

선순위 트랜치의 목표 등급은 AAA이고, 메자닌 트랜치는 대체로 BBB등급을 받으며, 후순위 트랜치는 등급이 매겨지지 않는다(not rated). 유동화를 하는 금융기관은 AAA등급의 선순위 트랜치를 가능한 크게 만들어 수익성을 극대화하고자 한다.

선 · 후순위 구조에서 후순위 트랜치가 가장 중요한 역할을 담당한다. 신용등급이 높은 상위 트랜치를 만들 수 있는 것은 후순위 트랜치가 위험을 부담함으로써 가능하다. 후순위 트랜치의 비율이 높을수록 선순위 트랜치의 신용등급이 좋아진다. 선순위와 후순위 비율은 기초자산의 예상 부도율과 부도시 손실률 등에 의해 결정된다. 일반적으로 자산보유자가 후순위 트랜치(즉, 자기자본 트랜치)를 보유한다.[7] 자산보유자가 후순위 트랜치를 보유하면 기초자산의 부도리스크가 자산매각 이후에도 자산보유자에게 영향을 미치게 된다. 즉, 기초자산을 유동화전문회사에 양도하였더라도 자산보유자 입장에서 부담하는 위험의 크기는 큰 차이가 없다(이처럼 유동화를 통한 위험자산 감소로 인해 자기자본비율이 증가하지만 실제로 부담하는 위험은 거의 변하지 않는 거래를 규제자본차익거래(regulatory capital arbitrage)라고 함).

7) 특히 우리나라의 경우 정크본드 시장이 형성되어 있지 않으므로 자산보유자가 후순위 트랜치를 매입하는 것이 일반적이다.

2.2 초과담보와 적립금기금

앞에서 설명한 선순위 · 후순위 구조 이외에, 초과담보, 적립금기금, 환매요구권 등의 내부신용보강수단이 있다. 초과담보(overcollateralization)는 SPC가 발행하는 증권의 액면금액을 유동화 대상자산의 가치보다 작게 설정하는 방법이다. 예를 들어, 유동화 대상자산의 가치가 214억원이고 유동화증권의 액면금액이 200억원이면 ABS는 14억원의 초과담보를 보유한 셈이다. 따라서 어떤 트랜치에 투자하든 투자자는 처음 14억원의 채무불이행에 대해서는 보호받게 된다.

적립금기금(reserve fund)은 현금적립금기금(cash reserve fund) 또는 초과스프레드계정(excess spread account)의 형식을 갖는다. 현금적립금기금은 일정 금액의 현금을 신용등급이 좋은 은행에 별도의 계정으로 예치하고 담보로 설정함으로써 투자자의 손실을 줄이고자 하는 예금이다. 초과스프레드계정은 초과스프레드를 별도의 계정에 적립하여 손실 발생시 보전에 사용하도록 하는 것을 의미한다. 여기서 초과스프레드(excess spread)는 기초자산의 원채무자(obligor)가 부담하는 이자율과 유동화증권의 이자율간의 차이를 말한다.

환매요구권(put-back option)은 기초자산의 신용등급이 하락하는 등 원리금 상환이 의문시되는 상황이 발생하게 되면 자산보유자가 ABS 재매입을 의무화하는 옵션이다.

예시 10-1 초과스프레드

원채무자가 부담하는 가중평균 액면이자율(weighted average coupon rate)은 8%이고 서비스 수수료(servicing fee)를 포함하여 제반 비용이 0.25%이다. ABS의 모든 트랜치 투자자에게 지급되는 수익률은 가중평균하여 7.25%이다. 이 경우에 초과스프레드는 8.00% − 7.25% − 0.25% = 0.50%로 별도의 계정에 적립되어 향후에 손실 발생시 이를 보전하는 데 사용된다.

3 주요 자산유동화증권

3.1 CDO

CDO(Collateralized Debt Obligation)는 기초자산이 채권이면 CBO(Collateralized Bond Obligation)로 불리고 기초자산이 대출이면 CLO(Collateralized Loan Obligation)로 불린다.

CBO는 채권으로부터의 현금흐름을 기초로 발행되는 자산유동화증권으로 신규 발행된 채권에 기초하는 발행시장CBO와 기 발행된 채권에 기초하는 유통시장CBO로 구분된다. 발행시장CBO는 기업이 새로 발행하는 회사채를 금융투자회사가 인수한 후 이를 자산유동화회사에 양도하여 자산유동화증권을 발행하는 구조이다. 이는 자체 신용으로 회사채를 직접 발행할 수 어려운 기업의 자금조달(회사채 신규발행 또는 차환발행에 의한 자금조달)을 지원하기 위해 도입되었다. 유통시장CBO는 주로 자산운용사가 금융기관이 보유하고 있는 채권(주로 투기등급의 채권)을 기초로 하여 발행한다.

3.2 CARD

CARD(Certificate of Amortizing Revolving Debts)는 이미 발생한 신용카드 매출채권과 발생 예정인 매출채권을 기초로 하여 발행하는 자산유동화증권이다. 신용카드 매출채권은 만기가 짧기 때문에 재투자구조(revolving structure)를 이용하여 자산유동화증권의 만기를 연장한다. 이는 신용카드 매출채권이 결제되어 회수되면 이 현금흐름을 이용하여 CARD의 이자만을 지급하고 남은 금액으로 새로운 매출채권을 매입하여 유동화자산 풀에 추가하는 구조이다.

특정 계좌로부터의 현금흐름은 자산보유자의 몫과 투자자의 몫으로 구분되는데 CARD는 투자자의 몫을 기초로 발행된다. 투자자의 몫이 고정되도록 하기 위해서는 자산보유자의 몫이 내부신용보강장치로 활용된다. CARD의 원금은 재투자기간이 끝난 후 일정기간 동안 누적하여 만기에 한꺼번에 상환되거나 일정기간 분할하여 상환된다.

3.3 ABCP

ABCP(Asset-Backed Commercial Paper)는 기업어음(CP: commercial paper)의 형태로 발행되는 자산유동화증권으로, 단기 자산유동화채권을 발행한 후 만기가 되면 ABCP를 발행하여 자산유동화채권을 상환한 후 남은 기간 동안 계속적으로 ABCP를 차환발행하는 구조를 따른다.

ABCP의 발행구조 예시는 [그림 10-5]와 같다.

그림 10-5 ABCP의 발행구조 예시

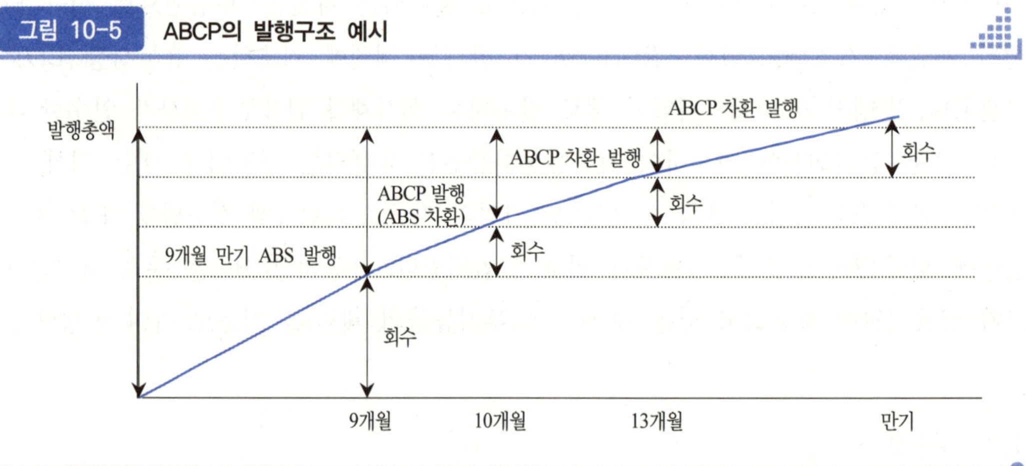

3.4 주택저당증권

주택저당채권 또는 모기지대출(mortgage)을 기초자산으로 하여 발행되는 자산유동화증권으로 주택저당채권담보부증권으로 불리기도 한다. 우리나라에서 MBS는 수익증권 형태로 발행되는 주택저당증권(MBS)과 채권 형태로 발행되는 주택저당채권담보부채권(MBB)으로 구분된다(MBB는 커버드본드임). MBS시장은 1차 시장, 2차 시장, 자본시장으로 구성된다. 1차 시장은 모기지 대출기관과 차입자 사이에 대출이 이루어지는 시장이고, 2차 시장은 대출기관이 보유하고 있는 주택저당채권을 유동화하는 시장이고, 자본시장은 유동화된 주택저당증권이 투자자에게 매각되고 유통되는 시장이다.

앞에서 언급했듯이, MBS는 조기상환위험(prepayment risk)에 노출된다는 점에서 일반 ABS와 상이하다. 조기상환위험은 차입자가 잔존대출원금을 만기일 이전에 상환함으로써 투자자 현금흐름의 불확실성이 발생하는 위험이다(우리나라의 경우 조기상환 수수료가 발생함). 우리나라에서 MBS는 주로 한국주택금융공사가 발행한다. [그림 10-6]은 MBS의 발행구조를 보여준다.8)

그림 10-6 **MBS 발행구조**

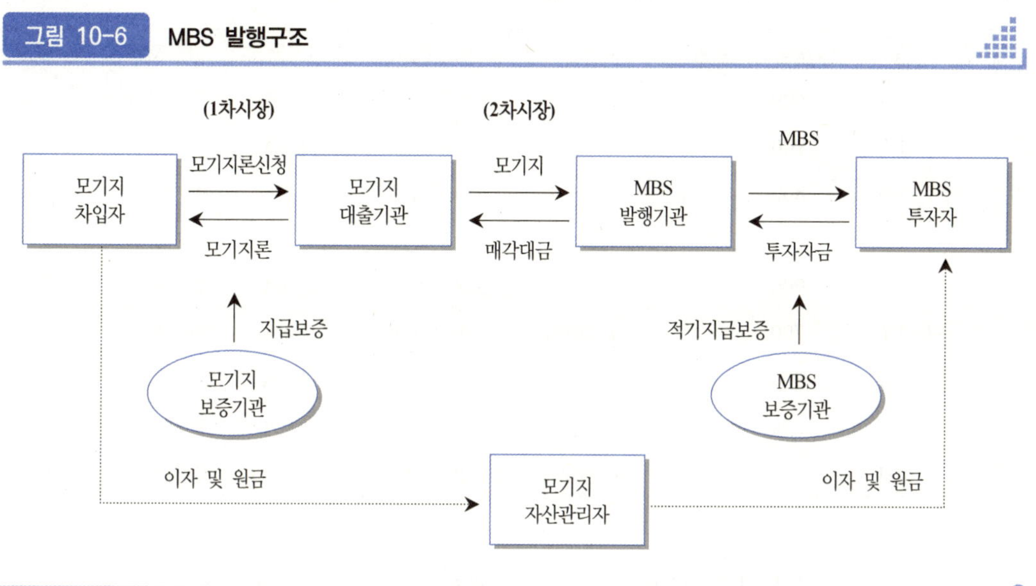

국내에서 발행되는 MBS는 일반 MBS, P-T MBS, 스트레이트 MBS 등 세 가지 형태로 발행되며 모두 수익증권으로 분류된다.9) 가장 먼저 발행된 MBS는 CMO 구조로 2004년 3월에 처음 발행되었으며 이를 "일반 MBS"로 부른다. 일반 MBS는 선순위·후순위 구조이며 선순위는 만기가 상이한 8개의 트랜치로 구성된다. 후순위 트랜치는 1개이고, 국내에서 메자닌 트랜치는 설정하지 않는다. 2024년 8월말 현재, 선순위 트랜치의 만기는 8개(1, 2, 3, 5, 7, 10, 20, 30년)이고 만기가 7년 이상인 트랜치에는 발행자에게 콜옵션이 부여된다([표 10-1] 참조).

P-T MBS(pass-through MBS)는 국내에서 2016년 11월에 최초 발행되었으며, 단일 만기를 갖는 미국형과 달리 만기 계층화를 유지한다. 즉, P-T MBS는 2, 5, 10, 20년 등 4개의 선순위 트랜치와 1개의 후순위 트랜치로 발행된다.

스트레이트 MBS(Straight MBS)는 발행구조 다변화 및 유동성 향상이라는 투자자 요청을 반영하기 위하여 2021년 9월에 최초 발행되었으며, 모든 트랜치를 만기일시

8) [그림 10-5]와 [그림 10-6]은 한국의 금융시장(한국은행, 2016) 238쪽과 239쪽에서 인용함.
9) 김동규, 한국주택금융공사 주택저당증권(MBS) 발행구조의 이해 및 발전방향 모색, 주택금융리서치, 2023.

상환형으로 설계하고, 1, 2, 3, 5년 등 4개의 선순위 트랜치와 1개의 후순위 트랜치로 발행된다.

[표 10-1] KFFC MBS 2024-24 구조(억원, 년, 발행총액 5,928억원)

구 분	종목	발행금액	만기	금리	이자지급	신용등급	원금지급	콜조건
선순위	1-1	609	1	2.960%	3개월이표	AAA	만기상환	-
	1-2	900	2	2.941%	3개월이표	AAA	만기상환	-
	1-3	800	3	2.891%	3개월이표	AAA	만기상환	-
	1-4	1,300	5	2.899%	3개월이표	AAA	만기상환	-
	1-5	900	7	3.011%	3개월이표	AAA	만기상환	1년이후
	1-6	700	10	3.046%	3개월이표	AAA	만기상환	3년이후
	1-7	500	20	3.080%	3개월이표	AAA	만기상환	4년이후
	1-8	200	30	3.051%	3개월이표	AAA	만기상환	5년이후
후순위	2-1	19	31	14.396%	만기일시 연단리	BB	만기상환	선순위 상환후

공사와 정부가 손실금을 보전하므로(「한국주택금융공사법」 제51조) 선순위 트랜치가 신용리스크에 노출되지 않아 국내 MBS는 신용계층화가 아닌 만기계층화를 활용한다. 국내 MBS는 후순위 트랜치의 비율이 1% 미만으로 발행되므로 선순위 트랜치가 99% 이상을 차지하며, 후순위 트랜치는 한국주택금융공사가 보유한다.

4 우리나라 자산유동화증권 발행 현황

우리나라의 자산유동화 제도는 외환위기를 거치면서 부실대출을 정리하기 위하여 1998년에 도입되었으며 최초의 유동화증권은 다음 해에 발행되었다. 2003년부터 2017년까지 연도별 자산유동화증권 발행금액은 [그림 10-7]과 같다.

1997년의 외환위기와 2008년의 글로벌 금융위기를 거치면서 자산유동화 규모가 증가하였다. 그리고 2012년 후의 발행금액 증가는 한국주택금융공사의 주택저당채권(mortgage)을 기초로 한 자산유동화증권과 여신전문회사의 자산유동화증권의 발행금액이 크게 증가한데 기인한다.

그림 10-7 **연도별 자산유동화증권 발행금액(단위: 조원, 자료: 금융감독원)**

[표 10-2]는 자산보유자별(발행주체별) 자산유동화증권 발행현황이다. 공공법인의 발행규모가 2015년부터 크게 증가한 것은 한국주택금융공사가 주택저당채권을 기초로 MBS(주택저당채권담보부증권)의 발행을 크게 확대하였기 때문이다.

[표 10-2] 자산보유자별 자산유동화증권 발행현황(단위: 억원, 자료: 금융감독원)

구 분	발행주체	2014년	2015년	2016년	2017년
금융기관	은행	40,056 (9.7%)	39,757 (4.8%)	33,577 (5.5%)	35,097 (6.1%)
	증권	39,184 (9.4%)	36,744 (4.4%)	23,469 (3.9%)	25,530 (4.4%)
	여신전문	107,609 (25.9%)	113,294 (13.7%)	95,300 (15.7%)	78,307 (13.6%)
	상호저축은행	790 (0.2%)	57 (0.0%)	444 (0.1%)	634 (0.1%)
	소 계	187,639 (45.2%)	189,852 (22.9%)	153,000 (25.2%)	139,568 (24.2%)
일반기업 (부동산 PF ABS, SOC ABS 포함)		80,553 (19.4%)	81,988 (9.9%)	100,894 (16.6%)	119,157 (20.7%)
공공법인 (한국주택금융공사, 한국토지주택공사 등)		147,034 (35.4%)	557,958 (67.2%)	353,262 (58.2%)	317,274 (55.1%)
총 계		415,226 (100.0%)	829,798 (100.0%)	607,155 (100.0%)	575,999 (100.0%)

[표 10-3]은 유동화대상 자산별 ABS의 발행현황이다. 앞의 표와 마찬가지로 최근 주택저당채권의 발행규모가 크게 증가하였다.

[표 10-3] 유동화자산별 자산유동화증권 발행현황(단위: 억원, 자료: 금융감독원)

유동화자산		2014년	2015년	2016년	2017년
대출채권		191,867 (46.2%)	616,583 (74.3%)	388,416 (64.0%)	370,377 (64.5%)
	주택저당채권	145,104 (34.9%)	560,403 (67.5%)	353,262 (58.2%)	317,274 (55.1%)
	기업 및 개인 여신	46,763 (11.3%)	56,180 (6.8%)	35,155 (5.8%)	53,103 (9.2%)
매출채권		184,175 (44.4%)	176,541 (21.3%)	195,270 (32.2%)	180,092 (31.3%)
	신용카드매출채권	28,945 (7.0%)	19,316 (2.3%)	22,867 (3.8%)	46,014 (8.0%)
	자동차할부채권	34,129 (8.2%)	42,726 (5.2%)	67,028 (11.0%)	29,801 (5.2%)
	리스료채권	8,795 (2.1%)	10,991 (1.3%)	3,945 (0.6%)	1,260 (0.2%)
	팩토링채권	34,110 (8.2%)	37,060 (4.5%)	1,460 (0.3%)	0 (0.0%)
	부동산 PF	15,393 (3.7%)	20,316 (2.4%)	13,519 (2.3%)	18,180 (3.2%)
	기업 매출채권 등	62,803 (15.2%)	46,132 (5.6%)	86,451 (14.2%)	84,837 (14.7%)
증권(채권)		39,184 (9.4%)	36,674 (4.4%)	23,469 (3.9%)	25,530 (4.4%)
총 계		415,226 (100.0%)	829,798 (100.0%)	607,155 (100.0%)	575,999 (100.0%)

주: - 기업 및 개인여신은 사회간접자본투자(SOC) ABS 포함
- 신용카드매출채권은 카드론 포함
- 자동차할부채권은 오토론 포함
- 팩토링채권은 카드사의 단말기할부채권 ABS
- 기업 매출채권 등은 통신사의 단말기할부채권, 항공사의 운임매출채권 및 한국토지주택공사, SH공사의 임대료채권, 토지매출채권, 택지분양대금채권 기초 ABS
- 증권(채권)은 primary CBO의 기초가 되는 회사채

ABS는 채권, 수익증권, 출자증권 등의 형태로 발행될 수 있지만 채권 형태가 가장 큰 비중을 차지하고 출자증권은 거의 발행되지 않고 있다. 그리고 한국주택금융공사의 MBS 발행증가로 수익증권의 비중이 점차 증가한 결과 2016년 상반기에는 50%를 초과하는 높은 비중을 유지하였다.

5 유동화 효과

자산보유자는 자산유동화를 통하여 재무구조 개선, 규제자본 감소, 조달비용의 감소, 새로운 자금조달 수단의 제공, 위험프로파일의 변경 등의 효과를 얻을 수 있다.

① 자산처분효과로 인한 재무구조 개선

자산보유자는 보유하고 있는 자산을 SPC에 매각하므로 자산보유자의 재무상태표(대차대조표)에서 해당 자산이 제외되고 현금이 유입되는 효과가 발생한다. 즉, 비유동적인 자산을 현금으로 전환시키는 유동화를 통하여 유동성이 증가하고 부채비율이 하락하므로 재무구조가 개선된다. 또한 부실대출을 유동화하게 되면 금융기관의 신용등급이 향상되어 자금조달비용이 감소하는 효과를 얻을 수 있다.

예시 10-2 유동화가 재무상태표에 미치는 영향

현재 금융기관은 총자산이 100억원이고 이는 차입금 91억원과 자본금 9억원으로 구성되어 있다. 1,000만원을 출자하여 SPC를 설립하고 자산 50억원을 유동화한다면 재무상태표는 다음과 같이 변한다. 유동화로 인해 부채비율은 91/9 = 1,011%에서 456%로 감소한다.

그림 10-8 유동화 전후의 재무상태표

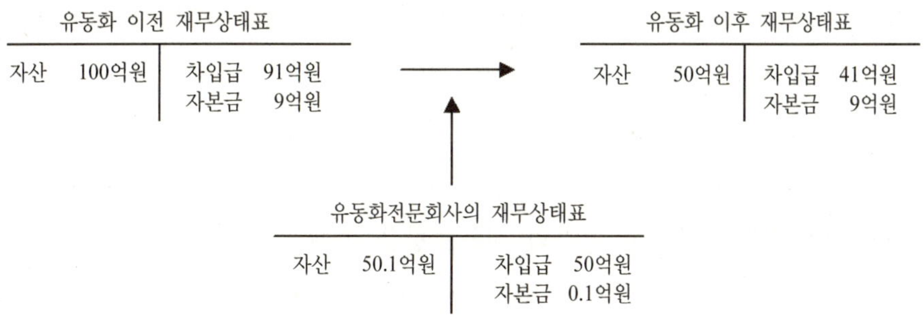

② 규제자본 감소

BIS(국제결제은행)는 은행의 자기자본비율을 엄격히 규제하고 있는데 자산유동화를 통하여 위험자산을 축소시키면 은행은 BIS비율 또는 자기자본비율이 향상되는 효과를 얻을 수 있다.

③ 조달비용의 감소 및 새로운 자금원의 창출

신용등급이 낮거나 인지도가 낮아 자금을 조달하는 데 어려움을 겪고 있는 자산보유자는 자신의 신용등급보다 높은 등급의 유동화증권을 발행함으로써 자금조달비용을 절감할 수 있다. 특히 신규발행 유가증권을 대상으로 하는 발행시장 CBO(primary CBO)는 신용등급이 상대적으로 낮은 중소기업의 자금조달 어려움을 해결하기 위하여 도입되었다.

또한 자산의 유동화를 통하여 기관투자자, 외국인투자자 등 다양한 투자자로부터 자금을 조달할 수 있으며 투자계층의 확대는 결과적으로 금리의 인하요인으로 작용하게 된다.

④ 자산포트폴리오 위험프로파일의 변경

자산포트폴리오에서 보유하고자 하는 자산과 매각하고자 하는 자산을 구분함으로써 자산포트폴리오의 위험프로파일(risk profile)을 변경시킬 수 있다. 또한 자산을 직접 보유하는 경우에 부담하는 금리리스크와 조기상환리스크 등을 유동화를 통하여 투자자에게 전가시킬 수 있다.

⑤ 투자자 측면에서의 이점

위험 및 만기 측면에서 투자자의 다양한 선호도를 만족시킬 수 있는 유동화증권을 발행할 수 있으므로 넓은 계층의 투자자들을 유인할 수 있다. 특히 국내의 경우 신용등급이 높은 투자대상이 매우 제한되어 있었는데 자산유동화를 통하여 AA 또는 AAA등급의 선순위 채권이 많이 발행되어 안정성을 중시하는 투자자들에게 인기를 얻고 있다. ABS는 신용평가기관의 엄밀한 평가와 신용보강을 통해 발행되므로 상대적으로 안전하면서도, 유동성이 부족하여 유동성프리미엄이 가산되어 일반사채보다 수익률이 약간 높게 설정되는 경향이 있다(그러나 이번 글로벌 금융위기를 겪으면서 ABS 신용등급 평가에 문제가 있었음이 확인되었음).

요점정리

- 자산유동화증권은 유동성이 낮은 자산을 기초로 하여 발행된 증권으로 기초자산으로부터 발생하는 현금흐름을 이용하여 상환된다. 유동화 대상자산은 자산보유자로부터 법적으로 완전히 분리된다(진정한 매매).
- 유동화 대상자산은 일반적으로 유동성이 낮으며, 현금흐름의 예측이 가능하고, 자산의 동질성이 어느 정도 보장되며, 자산의 양도가 가능해야 한다는 특성을 갖는다.
- ABS는 자동이전형과 차등지급형으로 구분된다. 자동이전형 ABS 투자자는 기초자산이 제공하는 현금흐름에 대해 투자금액에 비례한 소유권을 가지므로 동일 수준의 조기상환위험에 노출된다. 반면에 차등지급형의 경우 상환우선순위가 달라 현금흐름의 분배방법이 상이한 몇 개의 트랜치가 존재하므로 각 트랜치는 상이한 수준의 조기상환위험에 노출된다.
- ABS의 주요 참여자는 자산보유자, 특수목적기구인 유동화전문회사, 자산관리자, 신용평가기관, 신용보강기관, 수탁기관 등이다.
- 신용보강에는 외부신용보강과 내부신용보강이 있다. 외부신용보강은 지급보증, 신용공여, 보험회사 보증의 형태이다. 내부신용보강에는 선 · 후순위 구조, 초과담보, 적립금기금 등이 있다.
- 변제우선순위가 다른 선순위와 후순위 트랜치로 구분된다. 가장 먼저 손실을 부담하는 트랜치는 1차 손실 트랜치 또는 자기자본 트랜치로 주로 자산보유자가 소유한다. 선순위 트랜치는 보통 AAA 등급으로 발행된다.
- 자산보유자는 유동화를 통해 재무구조 개선, 조달비용 감소, 새로운 자금조달 수단 이용, 위험관리기법의 향상 효과를 얻을 수 있다. 또한 투자자도 위험과 만기가 상이한 다양한 유형의 증권에 투자할 수 있는 이점을 갖는다.

객관식 문제

1 유동화 대상자산의 일반적인 특징이 아닌 것은?

① 유동성이 낮다.
② 현금흐름의 예측이 가능하다.
③ 자산의 동질성이 낮다.
④ 자산의 양도가 가능하다.
⑤ 정답 없음

> **정답** ③
> **풀이** 자산의 동질성이 높아야 현금흐름예측이 가능하고 신용보강비용이 적게 발생한다.

2 다음 중 내부신용보강수단이 아닌 것은?

① 선순위와 후순위 구조 ② 초과스프레드 ③ 신용공여
④ 초과담보 ⑤ 적립금기금

> **정답** ③
> **풀이** 지급보증과 신용공여는 외부신용보강수단이다.

3 선순위 후순위 구조에 대한 다음의 설명 중 틀린 것은?

① 선순위채의 목표 신용등급은 AAA이다.
② 일반적으로 선순위채의 만기는 후순위채의 만기보다 짧다.
③ 기초자산에서 발생하는 손실은 1차적으로 후순위채가 부담한다.
④ 선순위채는 기초자산에서 발생하는 손실을 결코 부담하지 않는다.
⑤ 정답 없음

> **정답** ④
> **풀이** 기초자산이 발생하는 손실은 1차적으로 후순위채에 의해 부담되지만 기초자산에서의 손실이 큰 경우 선순위채의 투자자에게도 원금손실이 발생할 수 있다.

4 1차 손실 트랜치는 보통 누가 보유하는가?

① 자산보유자
② 일반 투자자
③ 유동화전문회사
④ 수탁기관
⑤ 자산관리자

정답 ①
풀이 일반적으로 자산보유자가 자기자본트랜치를 보유한다.

5 유동화의 효과로 가장 적절하지 않은 것은?

① 조달비용 감소
② 재무구조 개선
③ 새로운 자금조달 수단
④ 새로운 투자수단 제공
⑤ 원채무자의 부도 방지

정답 ⑤
풀이 원채무자의 부도를 방지하는 효과는 없다.

6 유동화전문회사에 대한 설명으로 가장 적절하지 않은 것은?

① 특수목적회사이다.
② 자산보유자의 채무불이행으로부터 분리되어 있다.
③ 한 유동화전문회사가 여러 번의 ABS를 발행할 수 있다.
④ 자산보유자로부터 자산의 법률적인 소유권을 양도받는다.
⑤ 기초자산에서 채무불이행이 발생하면 유동화전문회사는 자산보유자에게 변제를 요구할 수 없다.

정답 ③
풀이 ABS를 발행할 때마다 유동화전문회사를 설립해야 한다.

7 기초자산 풀의 원금이 100억원이고 선순위, 메자닌, 후순위의 원금이 각각 80억원, 17억원, 3억원이라고 하자. 기초자산에서 10억원의 손실이 발생하면 메자닌 투자자의 손실률로 가장 적절한 것은?

① 59% ② 18% ③ 41%
④ 53% ⑤ 손실 없음

 ③
풀이 최초 3억원의 손실은 후순위 투자자가 부담한다. 남은 7억원의 손실은 17억원을 투자한 메자닌 투자자가 부담하므로 손실률은 7/17=41%이다.

8 자산유동화증권 발행에 참여하는 자에 대한 설명으로 틀린 것은?

① servicer는 유동화자산을 실질적으로 관리한다.
② ABS의 발행자(issuer)는 유동화전문회사이다.
③ obligor는 유동화 대상 자산의 소유자이다.
④ trustee는 투자자를 대신하여 자산관리 업무 전반을 감시하는 역할을 수행한다.
⑤ rating agency(신용평가기관)는 신용평가를 실시한다.

정답 ③
풀이 obligor는 차주로 원채무자를 말한다. 유동화 대상 자산의 소유자는 originator이다.

CHAPTER 11

소극적 투자전략

1. 매입보유전략과 인덱싱전략
2. 채권지수와 ETF
3. 면역전략
4. 전용포트폴리오 전략

CHAPTER 11

소극적 투자전략

1 매입보유전략과 인덱싱전략

1.1 매입보유전략

가장 간단한 소극적 채권투자전략은 채권을 매입하여 만기일까지 단순히 보유하는 매입보유전략(buy-and-hold strategy)이다. 이 전략을 추구하는 투자자는 높은 수익률을 추구하기 위한 적극적인 채권거래를 고려하지 않고, 자신의 투자기간에 만기 또는 듀레이션을 일치시킬 수 있는 채권을 매입하고 이를 만기일까지 보유함으로써 가격위험과 재투자수익률위험을 가능한 회피하고자 한다. 많은 기관투자자들은 매입보유전략을 맹목적으로 따르기보다는 적극적 포트폴리오전략에 접목시킨 수정된 매입보유전략(modified buy-and-hold strategy)을 따르는 경향이 있다.

1.2 인덱싱전략

인덱싱(indexing)은 운용하는 포트폴리오의 성과가 벤치마크(benchmark)로 선정한 채권지수(bond index)의 성과와 일치하도록 하는 것을 말한다. 인덱싱전략에서 성과는 일정한 투자기간 동안의 총투자수익률(total return)로 측정된다. 총투자수익률은 자본이득, 이자소득, 그리고 이자의 재투자수익을 모두 고려하는 수익률이다(제4장 참조).

인덱싱전략은 효율적 시장가설(efficient market hypothesis)에 기초하며, 주식의 경우보다 채권의 경우 인덱싱전략이 늦게 활성화되었다. 채권 인덱싱전략이 활성화된데는 다음과 같은 이유가 있다.

① 적극적 채권투자전략의 성과가 채권시장의 전체 성과와 비교할 때 크게 차이나지 않는다.

② 투자자문수수료가 적극적 투자전략을 추구하는 경우에 비하여 상당히 절약된다.

③ 인덱싱전략을 따르면 펀드매니저의 행동이 많이 제한되므로 투자자는 이를 선호할 수 있다.

④ 적극적 투자전략을 추구하는 경우 예상이 빗나가면 수익률이 시장전체 수익률에 비하여 매우 저조하게 되는데 인덱싱전략을 추구하면 수익률이 시장 전체의 수익률과 크게 차이나지 않는다.

인덱싱전략의 장점과 단점은 다음과 같이 요약된다.

[표 11-1] 인덱싱전략의 장점과 단점

구 분	내 용
장 점	• 미래 예측에 의해 영향을 받지 않으며 성과가 시장전체의 성과보다 크게 낮을 가능성이 상당히 적음 • 자문수수료 등의 비용이 절약됨 • 매니저의 행동을 많이 제한할 수 있음
단 점	• 채권지수가 최적성과를 의미하지는 않음 • 채권지수는 투자자의 채무를 고려할 수 없음 • 포트폴리오 구성에 제약이 존재함 • 매니저는 좋은 투자기회가 있어도 이를 포기해야 함

인덱싱전략을 추구하기로 일단 결정하면 첫 번째 의사결정은 어떤 지수를 벤치마크로 선정할 것인가를 결정하는 것이다. 그리고 다음 과정으로 채권지수를 모방(tracking)할 수 있는 인덱싱포트폴리오(indexing portfolio)를 구성한다. 채권지수의 성과와 인덱싱포트폴리오 성과간의 차이를 추적오차(tracking error)라고 하는데, 전략의 목표는 이를 최소화하는 것이다. 추적오차는 다음과 같은 세 가지 이유로 발생한다.

① 인덱싱포트폴리오를 구성하는 데서 발생하는 거래비용(transaction cost)

② 채권지수와 인덱싱포트폴리오 구성 포지션간의 차이

③ 채권지수를 발표하는 기관에서 사용하는 가격과 인덱싱전략을 추구하는 기관 또는 투자자가 지불하는 가격간의 차이

인덱싱포트폴리오를 채권지수와 동일하게 구성하면 엄청난 거래비용이 발생한다. 일반적으로 채권지수는 매우 많은 수의 채권으로 구성되므로 채권지수 포지션을 그대로 모방한다는 것은 사실상 불가능하다. 현실적으로 인덱싱전략은 소수의 채권만으로 구성된 포트폴리오에 의해 수행되는데 이 경우에 거래비용이 적게 발생하나 포지션간의 차이는 크게 된다.

채권지수와 ETF

2.1 채권지수의 의의

인덱싱전략에서 목표가 되는 수익률은 채권지수 수익률이다. 채권지수(bond index)는 일정 기간 동안에 걸쳐 채권시장의 수익률 변화를 지수화한 지표로서, 미국의 경우 채권시장의 전반적인 상황을 측정하는 지수로 Lehman Aggregate Bond Index(Barclays Capital Aggregate Bond Index), Merrill Lynch Domestic Master, Salomon Broad Investment Grade Index(Salomon BIG 또는 Citigroup BIG) 등이 주로 이용된다. 세 지수들은 각각 5,000개 이상의 채권들로 구성되며, 투자부적격채권과 만기 1년 이하의 채권을 포함하지 않는다. 세 지수들은 모두 매일 발표되며 시장가치 가중치(market value weighting)를 이용한다. 세 지수들은 포함하는 채권의 종류, 지수산정 방식, 모형가격 이용 여부 등으로 인해 차이가 발생하기는 하지만 세 지수 수익률간의 상관계수는 매우 높다(평균 0.98임).

채권지수는 주가지수와 여러 측면에서 차이가 난다. 첫째, 주가지수에 포함되는 주식의 수가 제한적이고 종목의 변화가 작은 반면 채권지수는 발행사별, 채권유형별, 신용등급에 따라 다양한 종류가 포함되며 종목의 편·출입이 수시로 발생한다. 둘째, 주식의 시장가격을 수시로 파악할 수 있지만 채권의 경우 유동성이 낮아 가격산정이 어렵다. 셋째, 주가지수는 자본손익만을 반영하는 반면 채권지수는 금리변동에 따른 자본손익과 이자수익을 모두 반영한다. 특히, 확정된 이자수익이 지수변동의 중요한 요소이므로 시간이 지남에 따라 지수가 지속적으로 상승하는 구조를 갖는다. [그림 11-1]은 2011년~2018년의 채권지수와 주가지수를 비교한 그림이다(비교를 위해 2011년초의 주가지수를 100으로 설정함).

그림 11-1 채권지수와 주가지수 비교(2011~2018년)

(자료: 한국의 채권시장, 2019, 한국거래소)

2.2 주요 채권지수

KRX채권지수는 거래소에 상장되어 있는 9,000여 종목의 상장채권을 대상으로 산출하는 지수로서 주식시장의 KOSPI와 같이 채권시장 전체의 동향파악 및 성과평가를 위한 핵심적인 역할을 담당한다. KRX채권지수는 채권평가회사 3사(KIS채권평가, 한국자산평가, 나이스피앤아이)의 평균가격을 이용함으로써 지수의 신뢰성과 공정성을 높인 대표적인 채권지수이다.

KRX채권지수는 2006년 3월 1일을 기준시점으로 100을 기준지수로 하여 산출된다. 상장채권 9,000여 종목을 대상으로 하며, 투자부적격채권(2개 이상의 신용평가회사로부터 BB+ 이하를 받은 채권), 잔존만기가 3개월 미만인 채권, 주권관련채권(전환사채, 신주인수권부사채, 교환사채 등), 물가연동채권, 변동금리채권, 옵션부채권(수의상환채권, 상환요구채권) 등은 편입종목에서 제외된다.

산출되는 지수의 종류는 총수익지수, 콜재투자지수, 제로재투자지수, 시장가격지수, 순수가격지수 등 5개이다. 총수익지수(total return index)는 자본손익, 발생이자(accrued interest), 만기수익률을 이용한 이자의 재투자수익 등 채권투자에서 발생할 수 있는 모든 수익을 반영한 지수로 가장 널리 이용된다. 콜재투자지수는 이자의 재투자수익률을 콜(call)금리이며, 제로재투자지수는 이자의 재투자수익률을 0으로 가정하여 계산한 지수이다. 시장가격지수는 자본손익에 발생이자를 포함한 현금가격(dirty price)으로 산출된 지수인 반면, 순수가격지수는 발생이자를 제거한 순수가격(clean price)으로 산출된 지수이다. 5개 지수 종류간 관계는 [그림 11-2]와 같다.

그림 11-2 수익원천별 KRX 채권지수 분류

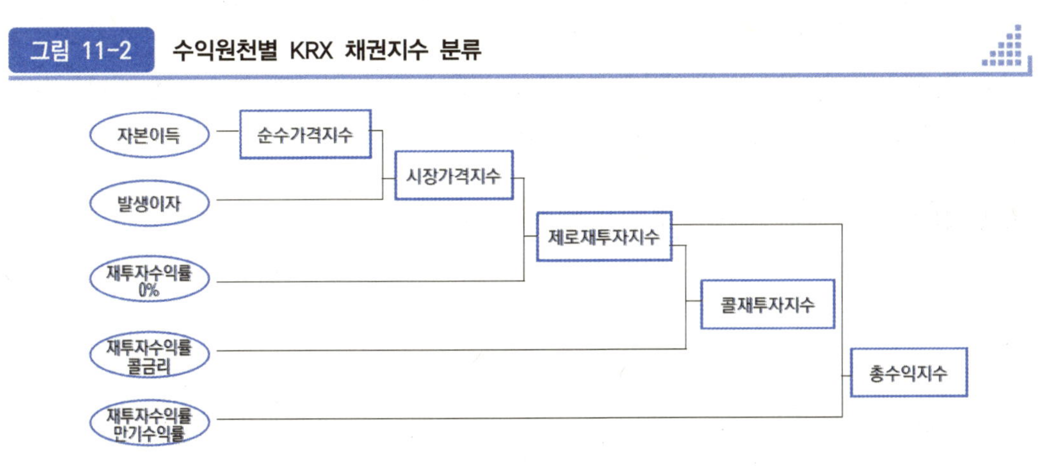

거래소는 KRX채권지수 이외에 KTB지수와 국고채프라임지수를 발표한다. KTB지수(KRX-Korea Treasury Bond Index)는 거래소가 2009년 6월 국고채 ETF의 벤치마크 지수로 발표한 지수이다. KTB지수의 구성종목은 3년 국채선물의 최근월물과 같도록 이루어져 있다. 국고채프라임지수(KTB-PI: Korea Treasury Bond Prime Index)는 국고채권의 실시간 움직임을 반영하는 지표로 개발되었으며 국채전문유통시장에서 거래되는 국고채를 대상으로 하며 2006년 3월 1일의 100포인트를 기준으로 한다.

채권평가기관들도 자체적으로 채권지수인 한경KIS채권지수, NICE채권지수, KBP채권지수 등을 발표한다. 예를 들어, 한국경제신문사와 KIS채권평가가 공동개발한 한경KIS채권지수는 채권가격을 기준으로 산출된 지수이며 2001년 1월 1일의 100포인트를 기준으로 한다.

2.3 채권ETF

채권ETF(bond exchange traded fund)는 특정 채권지수의 가격과 수익률 성과를 추적할 목적으로 설계된 펀드이다. 국고채의 매매는 국채전문유통시장에서 10억원 단위로 거래되므로 일반인은 참가하기 어려웠지만, 국고채지수가 개발됨에 따라 채권ETF의 출시가 이루어졌으며 일반인도 적은 금액으로 국고채에 투자할 수 있게 되었다.

채권ETF는 분산투자의 효과와 안정적인 수익원의 구조를 제공하며, 펀드를 구성하는 바스켓의 내역과 순자산가치(net asset value: NAV)를 공포하므로 투명성이 높으며, 상장되어 있어 환금성도 높다.

2018년말 기준으로 한국거래소에 상장되어 있는 채권형 ETF는 총 53개 종목이며 순자산총액은 5.4조원으로 전체 ETF시장(40.7조원)의 13.3%를 점유하고 있다. 순자산총액 상위 5개 종목의 상장현황은 다음과 같다.

[표 11-2] 상위 5개 종목 채권형 ETF 상장현황(2018년말 기준) (단위: 억원)

종목명	기초지수	순자산총액	운용회사	상장일
KODEX 단기채권	KRW Cash 지수	10,351	삼성자산운용	2012.02.22.
KODEX 단기채권PLUS	KRW Cash PLUS 지수	8,543	삼성자산운용	2015.03.03.
TIGER 단기통안채	KIS 통안채3개월	6,114	미래에셋 자산운용	2012.05.16.

KODEX 종합채권액티브	KAP 한국종합채권지수	5,883	삼성자산운용	2017.06.29.
KBSTAR 단기통안채	KIS 통안채5개월지수	3,964	KB자산운용	2014.05.19.

3 면역전략

3.1 면역전략의 기본 개념

미래 일정시점 t에서의 투자자의 부(wealth) W_t는 액면이자의 미래가치 $FV(coupon)$와 t시점에서의 채권가치 P_t의 합으로 계산된다.

[식 11.1]

$$W_t = FV(coupon) + P_t = (Coupon + Int) + P_t$$

액면이자의 미래가치 $(Coupon + Int)$는 액면이자의 재투자수익(이자수익)을 액면이자에 가산한 금액으로 이자의 재투자수익률(reinvestment rate)에 의해 결정된다. 그리고 P_t는 t시점에서의 수익률에 의해 결정된다.

투자자가 채권을 매입한 후에 시장이자율이 증가하면 재투자수익률도 증가하게 되어, 재투자수익은 시장이자율이 변하지 않는 경우에 비하여 상대적으로 증가하게 된다. 그러나 미래채권가격 P_t은 감소한다. 반대로 시장이자율이 감소하면 상대적으로 재투자수익은 감소하고 P_t은 증가하게 된다. 이처럼 시장이자율의 변화는 이자수익과 채권가격에 상반된 영향을 미치게 된다.

그림 11-3 시장이자율의 변화가 재투자수익과 미래채권가격에 미치는 영향

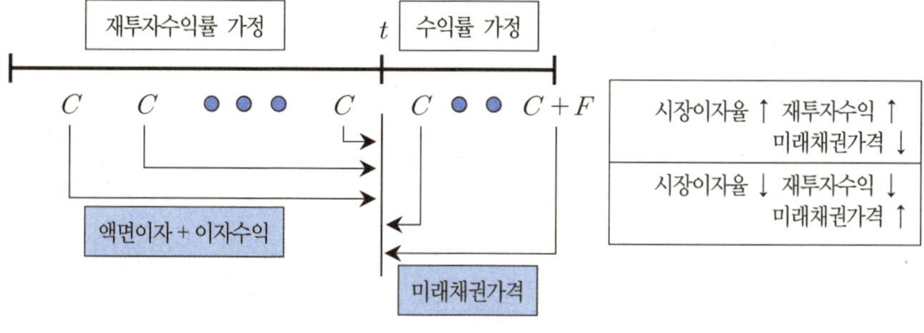

제5장에서 듀레이션을 "이자율의 변화가 재투자수익과 채권가격에 미치는 상반된 영향을 서로 상쇄시키는데 필요한 기간"으로 정의하였다. 즉, 채권을 정확히 듀레이션 기간 동안 보유하면 재투자수익의 증가(감소)는 채권가격의 감소(증가)로 정확히 상쇄되어 투자자의 부는 변하지 않게 된다. 즉,

[식 11.2] $$\Delta W_t = \Delta FV(coupons) + \Delta P_t = 0$$

$\Delta W_t = 0$이라는 것은 $t = D$이면(즉, 듀레이션 기간 동안 투자하면) t시점에서의 가치를 $P_0(1+y)^t$로 확정시킬 수 있음을 의미한다(y는 투자시점에서의 채권의 수익률임). 이것이 면역전략(immunization strategy)의 기본 개념이다. 미래의 부를 확정시키려면 다음 세 가지 가정이 성립해야 한다.

① 수익률곡선은 수평(horizontal)이다.
② 수익률곡선은 항상 평행이동(parallel shift)만 한다.
③ 이자율의 변화는 첫 번째 현금흐름 이전에 발생한다.

면역전략의 기본 개념을 설명하기 위하여 3년 만기, 8% 액면이자율의 채권을 이용해 보자. 채권의 가격은 9,502.63원이고(원금은 10,000원이고, 수익률 10%) 듀레이션은 2.777년이다. ① 수익률이 10%에서 변하지 않는 경우, ② 6%로 하락한 경우, ③ 14%로 상승한 경우, 2.777년 후의 투자자의 부는 다음과 같이 동일하다(액면이자의 재투자수익률이 새 수익률과 동일하며, 이자율이 첫 번째 액면이자가 지급되기 전에 변한다고 가정함).

$$\left[800(1.10)^{1.777} + 800(1.10)^{0.777}\right] + \frac{10,800}{1.10^{0.223}} = 1,809.14 + 10,572.88 = 12,382.02$$

$$\left[800(1.06)^{1.777} + 800(1.06)^{0.777}\right] + \frac{10,800}{1.06^{0.223}} = 1,724.33 + 10,660.57 = 12,384.90$$

$$\left[800(1.14)^{1.777} + 800(1.14)^{0.777}\right] + \frac{10,800}{1.14^{0.223}} = 1,895.48 + 10,489.00 = 12,384.48$$

면역전략으로 투자자는 2.777년 후의 부를 최소 12,382원으로 확정시킬 수 있다. [그림 11-4]는 수익률이 10%에서 변하지 않는 경우, 그리고 수익률이 상승 또는 하락하는 경우, 투자가치가 어떤 경로를 따라 12,382원이 되는지 보여준다. 투자 후 수익률이 하락하면 채권가격은 상승하지만 재투자수익률은 하락하므로 증가속도가 상대

적으로 완만해진다. 반면에 수익률이 상승하면 채권가격은 하락하지만 재투자수익률이 상승하므로 증가속도가 상대적으로 빨라진다.

그림 11-4 수익률의 변화와 투자의 미래가치

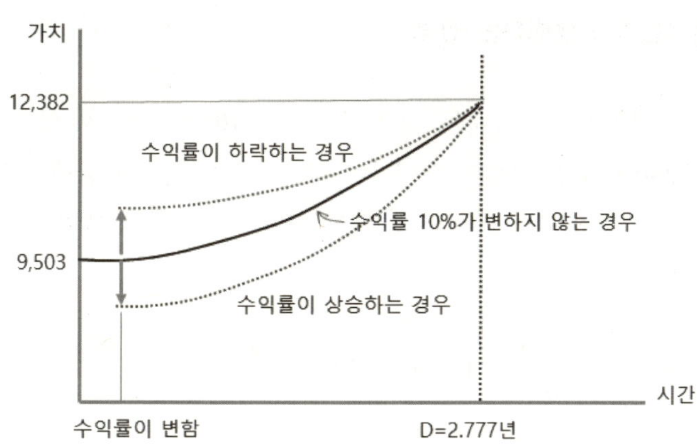

9,502.63원을 투자하여 2.777년 후에 12,382원을 확보하면 이는 $\left(\frac{12,382.02}{9,502.63}\right)^{\frac{1}{2.777}}-1$ $=10\%$의 총투자수익률을 의미한다. 이는 투자자가 면역전략을 시행하면 처음 포지션을 취하는 시점에서의 만기수익률로 투자수익률을 확정시킬 수 있음을 의미한다. 이 자율이 변할 때의 $\Delta FV(coupons)$와 ΔP_t는 [표 11-3]과 같다. 여기서 투자자의 부의 변화 ΔW_t는 결코 0보다 작지 않다(표에서 차이는 10%인 경우와 비교하였음).

[표 11-3] 면역전략의 성과

	$\Delta FV(Coupons)$		ΔP_t		ΔW_t	
6%로 하락	1,724.33	-84.81	10,660.57	87.70	12,384.90	2.89
7%로 하락	1,745.39	-63.75	10,638.27	65.40	12,383.66	1.65
8%로 하락	1,766.54	-42.60	10,616.23	43.35	12,382.77	0.76
9%로 하락	1,787.79	-21.35	10,594.43	21.55	12,382.22	0.21
10%	1,809.14		10,572.88		12,382.01	
11%로 상승	1,830.58	21.44	10,551.56	-21.32	12,382.14	0.13
12%로 상승	1,852.12	42.98	10,530.48	-42.40	12,382.60	0.58
13%로 상승	1,873.75	64.61	10,509.63	-63.25	12,383.38	1.36
14%로 상승	1,895.48	86.34	10,489.00	-83.88	12,384.48	2.46

앞의 예는 2.777년 후에 12,382원을 지급해야 하는 의무가 있는 금융기관이 D = 2.777인 채권을 이용하여 면역전략을 시행하는 것으로 이해할 수 있다. 부채의 발생

시점이 2.777년인데 반해 자산의 현금흐름이 1, 2, 3년으로 퍼져있어 자산이 부채보다 높은 컨벡시티를 가지므로 자산의 현재가치는 결코 부채의 현재가치보다 작지 않게 된다.

예시 11-1 면역전략이 실패하는 경우

투자자가 채권을 만기일까지 보유하는 경우 수익률이 10%로 변하지 않으면 만기일에서의 투자자의 부는 12,648원이다. 그런데 수익률이 6%로 하락하면 이 금액을 달성하지 못하고 수익률이 14%로 상승하면 이 금액을 초과달성한다. 즉, 만기일까지 보유하면 투자자는 12,648원을 확보하지 못한다.[1)]

$$800\times\left[\frac{1.1^3-1}{0.1}\right]+10{,}000=12{,}648.00$$

$$800\times\left[\frac{1.06^3-1}{0.06}\right]+10{,}000=12{,}546.88$$

$$800\times\left[\frac{1.14^3-1}{0.14}\right]+10{,}000=12{,}751.68$$

또한 이자율이 두 번째 액면이자가 지급된 직후에 변하면 2.777년 보유하더라도 투자자의 부는 12,382원을 확보하지 못하므로 이자율의 변화로부터 면역되지 않는다(앞에서 면역전략이 성립하려면 이자율이 첫 번째 현금흐름이 발생하기 이전에 변해야 한다고 설명하였음).

$$\left[800(1.1)(1.06)^{0.777}+800(1.06)^{0.777}\right]+\frac{10{,}800}{1.06^{0.223}}=1{,}757.81+10660.57=12{,}418.38$$

$$\left[800(1.1)(1.14)^{0.777}+800(1.14)^{0.777}\right]+\frac{10{,}800}{1.14^{0.223}}=1{,}860.05+10{,}489.00=12{,}349.05$$

면역전략은 자산과 부채의 듀레이션을 일치시킴으로써 이자율이 변하더라도 포지션의 가치가 변하지 않도록 하는 전략이다. 면역전략의 개념을 정립한 것으로 평가받고 있는 레딩톤(Reddington)은 면역을 "이자율의 움직임으로부터 보호받도록 자산에 투자하는 것"으로 정의한다.

단일채무의 경우 면역전략이 성립되려면 투자금액과 듀레이션에 관한 다음 두 조건이 충족되어야 한다.[2)]

1) 12,648.00, 12,546.88, 12,751.68을 이용한 총투자수익률은 각각 10,00%, 9.71%, 10.30%이다.

2) 앞에 제시된 세 가지 조건(수평수익률곡선, 평행이동, 첫 번째 이자지급 전 수익률 변화)도 물론 충족되어야 한다.

- 자산의 현재가치 = 부채의 현재가치
- 자산 듀레이션 = 부채 듀레이션

앞의 예시에서, 수익률이 변하더라도 듀레이션 기간인 2.777년 후에 12,382원을 확보할 수 있다는 것은, 2.777년 후에 12,382원을 지불할 의무가 있는 기업이 듀레이션이 2.777년인 3년 만기 채권에 9,502.63원을 투자함으로서 이자율의 변화에도 불구하고 2.777년 후에 12,382원을 확보할 수 있음을 의미한다.

면역전략은 수익률곡선의 평행이동에 대해서만 면역된다. 그리고 면역전략을 수립해도 채무불이행위험과 수의상환위험은 여전히 상존한다. 또한 이자율이 변하여 듀레이션이 변하기도 하지만 단지 시간이 지남으로 인해 듀레이션이 변하기도 한다. 따라서 포트폴리오가 면역 상태를 계속 유지하기 위해서는 포트폴리오를 일정 간격으로 재조정(rebalancing)해야 한다([예시 11-2] 참고).

이번에는 가정을 바꿔 2.777년 후에 12,382원을 지급해야 하는 투자자가 듀레이션이 2.777년인 채권을 이용하지 않고 5년 만기 무이표채(D = 5) 또는 2년 만기 무이표채(D = 2)를 이용하는 경우 면역전략이 성립하는지 확인해 보자.

5년 만기 무이표채를 이용하는 경우(자산듀레이션>부채듀레이션)

9,502.63원을 5년 만기 무이표채에 투자하는 경우 수익률에 따른 무이표채 가치는 다음과 같다(2.777년 후 기준). 무이표채의 원금은 $9,502.63 \times 1.1^5 = 15,304.08$원이다.

[표 11-4] 자산의 듀레이션이 부채의 듀레이션보다 큰 경우

수익률	2.777년 후의 채권가치	목표 달성 여부
6%	$\frac{9,502.63 \times 1.1^5}{1.06^5} \times 1.06^{2.777} = 13,444.74$	달 성
8%	$\frac{9,502.63 \times 1.1^5}{1.08^5} \times 1.08^{2.777} = 12,897.52$	달 성
10%	$9,502.63 \times 1.1^{2.777} = 12,382.01$	달 성
12%	$\frac{9,502.63 \times 1.1^5}{1.12^5} \times 1.12^{2.777} = 11,895.85$	미 달
14%	$\frac{9,502.63 \times 1.1^5}{1.14^5} \times 1.14^{2.777} = 11,436.89$	미 달

수익률이 상승하는 경우(즉, 12%와 14%의 경우) 투자자는 2.777년 후에 목표금액을 달성하지 못한다. 이처럼 자산의 듀레이션이 목표투자기간보다 크면(또는 자산의 듀레이션이 부채의 듀레이션보다 크면) 수익률이 상승하는 경우 채권가격 하락이 재투자수익의 상승보다 크게 되는 가격위험(price risk)에 노출된다.

2년 만기 무이표채를 이용하는 경우(자산듀레이션<부채듀레이션)

9,502.63원을 2년 만기 무이표채에 투자하면 투자자는 2년 후에 $9{,}502.63 \times 1.1^2 = 11{,}498.18$원을 확보한다. 그리고 이를 새로운 수익률로 투자하면 2.777년 후 기준으로 채권가치는 다음과 같다.

[표 11-5] 자산의 듀레이션이 부채의 듀레이션보다 작은 경우

수익률	2.777년 후의 채권가치	목표 달성 여부
6%	$9{,}502.63 \times 1.1^2 \times 1.06^{0.777} = 12{,}030.73$	미 달
8%	$9{,}502.63 \times 1.1^2 \times 1.08^{0.777} = 12{,}206.73$	미 달
10%	$9{,}502.63 \times 1.1^{2.777} = 12{,}382.01$	달 성
12%	$9{,}502.63 \times 1.1^2 \times 1.12^{0.777} = 12{,}556.59$	달 성
14%	$9{,}502.63 \times 1.1^2 \times 1.14^{0.777} = 12{,}730.46$	달 성

수익률이 하락하는 경우(즉, 6%와 8%의 경우) 투자자는 2.777년 후에 목표금액을 달성하지 못한다. 이처럼 자산의 듀레이션이 목표투자기간보다 작으면(또는 자산의 듀레이션이 부채의 듀레이션보다 작으면) 수익률이 하락하는 경우 재투자수익의 감소가 채권가격의 상승보다 크게 되는 재투자수익률위험(reinvestment rate risk)에 노출된다.

3.2 면역전략의 다양한 예시

다음 예시를 고려해 보자. 2년 후 1,000만원을 상환해야 하는 단일채무(부채듀레이션 2년)가 있는 투자자가 다음 두 개의 채권(원금은 10,000원임)에 투자를 고려하고 있다(현재 수익률곡선은 10%에서 수평이며 채권은 연 1회 이자를 지급한다고 가정함).

채권 1: 만기 1년, 액면이자율 7%, 현재가격 9,727.27원(듀레이션은 1년)

채권 2: 만기 3년, 액면이자율 8%, 현재가격 9,502.63원(듀레이션은 2.777년)

투자자에게는 다음과 같은 3개의 옵션이 가능하다. 먼저 1년 만기 채권 또는 3년 만기 채권을 개별적으로 이용하는 방법을 고려해 보자.

① 옵션 I: 1년 만기 채권에만 투자하는 것으로 재투자수익률위험(reinvestment rate risk)에 노출된다. 즉, 1년 후 시장이자율이 현재의 10%에서 하락하게 되면 1,000만원을 확보하지 못할 위험에 노출된다.

② 옵션 II: 3년 만기 채권에만 투자하는 것으로 가격위험(price risk)에 노출된다. 2년 후 1,000만원을 마련하기 위해 만기일 전에 채권을 매도해야 하는데, 이자율이 상승하면 채권의 가치가 하락하게 되어 1,000만원을 확보하지 못할 위험에 노출된다.

부채의 듀레이션이 2년인 투자자 입장에서는 1년 만기 채권에의 투자도 3년 만기 채권에의 투자도 모두 적절하지 않다. 왜냐하면 만기가 짧은 채권에 투자하면 재투자수익률위험에 노출되고, 반면에 만기가 긴 채권에 투자하면 가격위험에 노출되기 때문이다. 듀레이션이 2년인 개별 채권이 존재하지 않으므로 적절한 전략은 1년 만기와 3년 만기 채권을 이용하여 듀레이션이 2년인 채권포트폴리오를 구성하는 세 번째 옵션이다.

③ 옵션 III: 3년 만기 채권과 1년 만기 채권에 분산 투자하여 면역전략을 구사하는 것이다. 개별 채권에 투자하는 비중인 $w_{T=1}$과 $w_{T=3}$는 다음의 관계를 만족시켜야 한다.

$$w_{T=1} + w_{T=3} = 1$$

$$1 \times w_{T=1} + 2.777 \times w_{T=3} = 2$$

$w_{T=1} = 0.4373,\ w_{T=3} = 0.5627$이다.

즉, 부채의 현재가치인 $\frac{10,000,000}{1.1^2} = 8,264,463$원의 43.73%인 3,614,050원으로 1년 만기 채권 $\frac{3,614,050}{9,727.27} = 371.54$개를 매입하고, 56.27%인 4,650,413원으로 3년 만기 채권 $\frac{4,650,413}{9,502.63} = 489.38$개를 매입한다. 이렇게 면역전략을 구사하면 이자율이 변해도 투자자는 1,000만원을 확보할 수 있다.

이자율의 변화는 재투자수익과 채권가격에 상반되는 영향을 미친다. 이자율이 증가하면 재투자수익률은 증가하나 채권가격은 하락한다. 반대로 이자율이 하락하면 재투자수익률은 감소하나 채권가격은 상승한다. 그러나 부채의 듀레이션과 자산의 듀레이션을 일치시키면 포트폴리오의 가치는 이자율의 변화로부터 보호된다. 왜냐하면 듀레이션을 일치시키면 두 가지의 상반된 영향이 서로 정확히 상쇄되기 때문이다.

[표 11-6] 이자율 시나리오별 채권포트폴리오의 가치

구 분	수익률 y		
	9%	10%	11%
1년 만기 채권 현금흐름의 $t=2$에서의 가치 (주1)	4,333,271	4,373,026	4,412,781
3년 만기 채권 현금흐름의 $t=2$에서의 가치			
$t=1$에서 받은 액면이자 (주2)	426,739	430,654	434,569
$t=2$에서 받은 액면이자 (주3)	391,504	391,504	391,504
$t=2$에서 채권매도 (주4)	4,848,903	4,804,822	4,761,535
채권포트폴리오의 가치($t=2$ 기준)	10,000,417	10,000,006	10,000,389

(주1) $10,700\times(1+y)\times371.54$
(주2) $800\times(1+y)\times489.38$
(주3) 800×489.38
(주4) $[10,800/(1+y)]\times489.38$

예시 11-2 면역전략과 듀레이션 재조정

3년 후 부채상환의무가 있는 금융기관이 2년 만기 무이표채와 영구채권을 이용하여 면역전략을 시행할 계획이다. 부채의 현재가치는 100억원이고 이자율은 10%이고 수익률곡선은 수평이다.

(1) 면역전략을 위한 각 채권의 투자금액을 계산하라.

(2) 면역전략 시행 직후 이자율이 9%로 하락하면 ① 자산포트폴리오의 듀레이션은 얼마인가? ② 면역전략이 성립하려면 포지션을 어떻게 조정해야 하는가?

(3) 면역전략 시행 후 1년이 경과하였으며 이자율이 10%로 변하지 않았다고 가정하면 자산포트폴리오의 듀레이션은 얼마인가?

(4) (2)와 (3)의 결과가 면역전략에 어떤 시사점을 주는가?

풀이

(1) 2년 만기 무이표채의 투자비율을 w라고 하면 무이표채의 투자비율은 $\frac{8}{9}$이다.

$$2w+\left(1+\frac{1}{0.1}\right)(1-w)=3 \quad\rightarrow\quad w=\frac{8}{9},\ 1-w=\frac{1}{9}$$

즉, 2년 만기 무이표채에 $100\times\frac{8}{9}=88.89$억원 투자하고 영구채권에 11.11억원 투자한다.

(2) ① 2년 만기 무이표채의 가치는 $\frac{88.89\times1.1^2}{1.09^2}=90.53$억원이고 영구채권의 가치는 $\frac{11.11\times0.1}{0.09}=12.34$억원이다. 자산포트폴리오의 듀레이션이 3.21년이다(영구채권의 듀레이션은 12.11임).

$$D=\left(\frac{90.53}{90.53+12.34}\right)\times2+\left(\frac{12.34}{90.53+12.34}\right)\times12.11=3.21$$

② 수익률 9%에서 면역전략이 성립하려면 포지션을 다음과 같이 재조정해야 한다.

$$2w+\left(1+\frac{1}{0.09}\right)(1-w)=3 \quad\rightarrow\quad w=0.9,\ 1-w=0.1$$

부채의 현재가치가 $\frac{100\times1.1^3}{1.09^3}=102.78$억원이므로 2년 만기 무이표채에 $102.78\times0.9=92.50$억원 투자하고 영구채권에 $102.78\times0.1=10.28$억원 투자해야 한다.

(3) 무이표채의 만기는 1년이고 가치는 $\frac{88.89\times1.1^2}{1.1}=97.78$이고 영구채권의 가치는 11.11억원이다. 따라서 자산포트폴리오의 듀레이션은 2.02년이다(부채의 듀레이션은 2년임).

$$D=\left(\frac{97.78}{97.78+11.11}\right)\times1+\left(\frac{11.11}{97.78+11.11}\right)\times11=2.02$$

(4) 면역전략 시행 후 수익률이 변하면 듀레이션도 변하므로 포지션을 재조정해야 한다. 또한 수익률이 변하지 않더라도 시간이 경과함에 따라 듀레이션이 변하므로 포지션을 재조정해야 한다.

금융기관은 면역전략의 개념을 이용하여 이자율의 변화가 자기자본의 가치에 미치는 영향을 효과적으로 제거할 수 있는데 이를 듀레이션갭(duration gap) 관리라고 한다.[3] 금융기관이 이자율위험으로부터 면역되려면(즉, 이자율이 변하더라도 자기자본의 가치가 영향을 받지 않으려면) 다음의 조건이 성립해야 한다.

[식 11.3] **자산가치 × 자산듀레이션 = 부채가치 × 부채듀레이션**

3) 듀레이션갭은 정확히 표현하면 '자산가치×자산듀레이션'에서 '부채가치×부채듀레이션'를 차감한 후 이를 자산가치로 나눈 값이다. 듀레이션갭을 0으로 만드려면 [식 11.3]이 성립해야 한다.

여기서 자산가치는 당연히 부채가치보다 크므로 면역조건이 성립하려면 부채듀레이션을 자산듀레이션보다 크게 설정해야 한다. 물론 금융기관이 듀레이션을 변경하기 위하여 자산과 부채의 속성과 만기를 자의적으로 변경하기가 현실적으로 매우 어려우므로 금융기관은 파생상품(특히, 금리스왑)을 이용하여 듀레이션갭을 관리한다.

예시 11-3 금융기관의 듀레이션갭 관리

금융기관의 자산(A)이 1,000억원이고 부채(L)는 900억원이다. 이자율은 3%이고 부채의 듀레이션(D_L)은 2.5년이다. 듀레이션갭을 0으로 만들려면 자산의 듀레이션(D_A)을 2.25년으로 맞춰야 한다. 듀레이션갭이 0이므로 이자율이 1%포인트 변하더라도 자기자본(E)의 가치는 변하지 않는다.

$$\text{듀레이션갭} = \frac{D_A \times A - D_L \times L}{A} = \frac{2.25 \times 1,000 - 2.5 \times 900}{1,000} = 0$$

$$\Delta E = \Delta A - \Delta L = \left(-\frac{2.25}{1.03} \times 1,000 \times 0.01\right) - \left(-\frac{2.50}{1.03} \times 900 \times 0.01\right) = 0$$

@3%

$D_A \cdot A = D_L \cdot L$

자산	1,000	부채	900
		자기자본	100

($D_A = 2.25$, $D_L = 2.50$)

이자율 1%P 상승 →

ΔE=0

자산	978.16	부채	878.16
		자기자본	100.00

이자율 1%P 하락 →

ΔE=0

자산	1,021.84	부채	921.84
		자기자본	100.00

3.3 면역전략 위험

전통적인 면역전략은 수익률곡선의 평행이동을 가정한다. 실제로 수익률곡선이 평행이동만 하는 것은 아니므로 면역된 포트폴리오의 목표시점에서의 가치가 상환해야 할 채무금액보다 작을 가능성이 많게 된다. 이를 면역위험(immunization risk)이라고 한다. 즉, 면역위험은 수익률곡선의 비평행으로 인해 면역포트폴리오의 가치가 목표금액을 달성하지 못할 가능성으로 정의된다. 일반적으로 재투자수익률위험이 가장 작은 포트폴리오가 면역위험이 가장 작은 것으로 판단된다.

- 목표시점에서 정확히 만기가 되는 무이표채로 면역포트폴리오를 구성하면 재투자수익률위험이 없으므로 면역위험은 존재하지 않는다.
- 면역포트폴리오의 현금흐름이 목표시점 근처에 모여 있으면 재투자수익률위험과 면역위험은 작다(즉, 불렛포트폴리오의 면역위험이 작음).
- 면역포트폴리오의 현금흐름이 목표시점을 중심으로 넓게 퍼져 있으면 재투자수익률위험과 면역위험이 크다(즉, 바벨포트폴리오의 면역위험이 큼).

그림 11-5 포트폴리오 현금흐름 형태와 면역위험의 크기

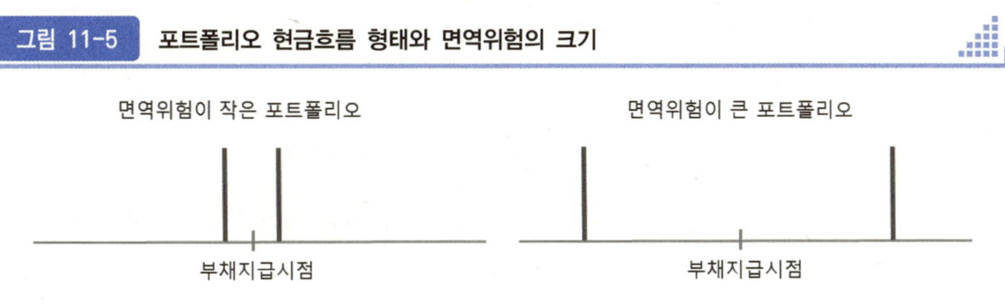

예시 11-4 면역전략 위험

투자기간과 듀레이션을 일치시킨 두 포트폴리오, 즉 바벨포트폴리오와 불렛포트폴리오를 고려해 보자. 듀레이션을 일치시켰으므로 수익률곡선의 평행이동으로부터는 보호된다. 만약 단기이자율이 하락하고 장기이자율이 상승하면 어떤 포트폴리오가 더 큰 손해를 보게 되는가?

다음과 같은 이유로 바벨포트폴리오의 가치하락이 불렛포트폴리오의 가치하락보다 크다.

① 낮은 재투자수익률로 인한 손해가 불렛포트폴리오보다 바벨포트폴리오의 경우 크다.
② 투자가 끝나는 시점에서 바벨포트폴리오의 남은 현금흐름이 더 많으므로 이자율 상승에 따른 자본손실이 크다.

면역위험은 다음과 같이 측정될 수 있다(퐁-바시첵(Fong-Vasicek)).

[식 11.4]

$$\Omega = \frac{PVCF_1 \times (1-H)^2 + PVCF_2 \times (2-H)^2 + ... + PVCF_T \times (T-H)^2}{V_0}$$

여기서 $PVCF_t$는 t시점 현금흐름의 현재가치, H는 투자기간(목표시점), V_0는 포트폴리오의 기초가치, T는 마지막 현금흐름의 발생시점이다.

예시 11-5 면역위험의 측정

2.7년 후 1,000만원을 상환해야 하는 금융기관이 다음 두 가지 방법으로 면역전략을 시행하고자 한다. 수익률곡선은 10%에서 수평이다.

① 2년 만기 무이표채와 3년 만기 무이표채

② 1년 만기 무이표채와 4년 만기 무이표채

어떤 방법의 면역위험이 더 큰가?

먼저 상환해야 하는 부채의 현재가치는 $\frac{1,000}{1.1^{2.7}} = 773.11$만원이다.

① $2w + 3(1-w) = 2.7$로부터 $w = 0.3$, $1 - w = 0.7$이다. 따라서 면역위험 측정치는 $\Omega = 0.3 \times (2-2.7)^2 + 0.7 \times (3-2.7)^2 = 0.21$이다.

② $1w + 4(1-w) = 2.7$로부터 $w = 0.4333$, $1 - w = 0.5667$이다. 따라서 면역위험 측정치는 $\Omega = 0.4333 \times (1-2.7)^2 + 0.5667 \times (4-2.7)^2 = 2.21$이다.

따라서 목표시점에 만기가 집중된 첫 번째 방법보다 목표시점을 중심으로 현금흐름이 퍼져있는 두 번째 방법의 면역위험이 더 크다.

3.4 복수채무의 면역전략

4년과 8년 후에 각각 10,000만원을 지급해야 하는 복수채무를 가지고 있는 보험회사의 면역전략을 수립하고자 한다. 현재의 시장이자율은 10%이다. 보험회사는 3년 만기 무이표채와 영구채권(연 1회 이자 지급, 액면가채권)을 이용할 예정이다.

먼저 아래와 같이 채무의 현재가치 11,495.20만원과 듀레이션 5.6232년을 계산한다.

시 점	현금흐름	현금흐름의 현가	가중치	시점×가중치
4	10,000	6,830.13	0.5942	2.3768
8	10,000	4,665.07	0.4058	3.2464
합계		11,495.20		5.6232

부채의 듀레이션이 5.6232년이므로 3년 만기 무이표채와 영구채권에 투자해야 할

비중은 각각 67.21%와 32.79%이다.

$$w \times 3 + (1-w) \times \left(1 + \frac{1}{0.1}\right) = 5.6232 \quad \rightarrow \quad w = 0.6721$$

따라서 면역포트폴리오의 구성은 다음과 같다.

채 권	투자금액	계 산
3년 만기 무이표채	7,725.92	11,495.20 × 0.6721
영구채권	3,769.28	11,495.20 × 0.3279

면역전략 수립 직후 이자율이 9%로 하락한다고 가정하자. 보험회사가 4년 후 10,000만원, 그리고 8년 후 10,000만원을 정말로 상환할 수 있는지 확인해 보자. 3년 만기 무이표채의 가격은 7,725.92만원이므로 3년 후 만기가 되면 $7,725.92(1.1)^3 = 10,283.2$만원이 된다. 이 금액을 9%로 1년 투자하면 11,208.70만원이 되고 여기서 10,000만원을 상환하면 남은 금액은 1,208.70만원이다. 그리고 이 금액이 9%로 4년 더 투자되면 1,706.18만원이 된다.

한편, 영구채권의 액면이자율이 10%이고 액면이 100만원인 경우 시장이자율이 10%이면 현가는 100만원이다. 3,769.28만원은 영구채권 37.6928개를 의미한다. 채권 1개당 매년 10만원씩을 8년간 수령하고 8년 후 수익률이 9%일 때 이 채권을 매도하게 되므로 8년 후의 투자자의 부는 채권 1개를 기준으로 221.3958만원이다.

$$10 \times \left(\frac{1.09^8 - 1}{0.09}\right) + \frac{10}{0.09} = 221.3958$$

따라서 37.6928개의 가치는 221.3958 × 37.6928 = 8,345.03만원이다. 보험회사는 8년 후에 현금 1,706.18 + 8,345.03 = 10,051.21만원을 확보하게 되므로 10,000만원을 충분히 상환할 수 있다.

복수채무의 경우 면역전략이 성립하려면 바로 앞의 예시의 경우처럼 자산포트폴리오의 현금흐름 발생시점이 채무발생시점보다 시간적으로 넓게 퍼져 있어야 한다. 이는 자산의 컨벡시티가 부채의 컨벡시티보다 커야 함을 의미한다. 이 조건은 단일채무의 경우 자동적으로 성립한다. 정리하면, 복수채무의 경우 면역전략의 성립 조건은 다음과 같다.

- 자산의 현재가치 = 부채의 현재가치

- 자산 듀레이션 = 부채 듀레이션
- 자산 컨벡시티 ≥ 부채 컨벡시티

채무발생시점이 자산포트폴리오의 현금흐름보다 넓게 퍼져 있어 듀레이션을 매칭시키더라도 면역전략이 성립하지 않는 경우는 [예시 11-6]을 참고하라.

예시 11-6 복수채무의 면역전략이 실패하는 경우

충남보험은 매년 1억원씩의 보험금을 지불해야 할 것으로 예상된다. 충남보험은 필요한 재원을 안정적으로 조달하기 위해 면역전략을 사용할 예정이며 무이표채에 투자할 것을 고려하고 있다. 현재 이자율은 8%이다.

(1) 어떤 채권에 얼마를 투자해야 하는가? 채권의 만기와 원금을 명시하라.

(2) 이자율이 변하는 경우 면역전략이 성립하는지 확인하라.

(3) 자산과 부채의 컨벡시티를 각각 계산하라.

풀이

(1) 보험금의 현재가치가 $\frac{1\text{억원}}{0.08}=12.5\text{억원}$이고 듀레이션이 $1+\frac{1}{0.08}=13.5$년이다. 따라서 면역전략에 필요한 무이표채는 만기가 13.5년이고 액면이 $12.5(1.08)^{13.5}=35.33$억원인 채권으로 현재가치는 12.5억원이다.

(2) 만일 이자율이 조금 변하면, 예를 들어 7.9%로 하락하거나 또는 8.1%로 상승하면 부채의 현재가치와 자산의 현재가치는 거의 동일하여 면역전략이 성립하는 것처럼 보인다.

$$\frac{1}{0.079}=12.658\approx\frac{35.33}{1.079^{13.5}}=12.658$$

$$\frac{1}{0.081}=12.346\approx\frac{35.33}{1.081^{13.5}}=12.345$$

그러나 이자율이 크게 변하면 자산의 가치가 부채의 가치보다 작아 면역전략은 성립하지 않는다. 이자율의 변화에 따른 부채와 자산의 현재가치가 다음과 같이 요약된다.

이자율 y	자산의 현가	부채의 현가	차 이
4%	20.81	25.00	−4.19
5%	18.28	20.00	−1.72
6%	16.09	16.67	−0.58
7%	14.17	14.29	−0.12
8%	12.50	12.50	−0.00
9%	11.04	11.11	−0.07
10%	9.76	10.00	−0.24
11%	8.64	9.09	−0.45
12%	7.65	8.33	−0.68

(참고: 자산의 현가 = $35.33/(1+y)^{13.5}$, 부채의 현가 = $1/y$, 차이 = 자산현가 − 부채현가)

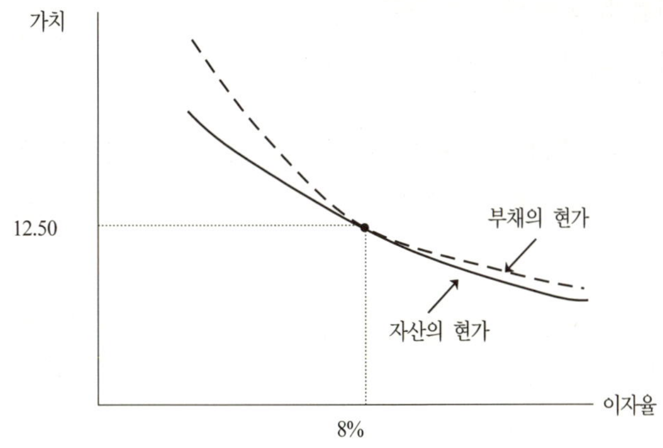

(3) 자산의 컨벡시티는 $CV_{zero}=\dfrac{T(T+1)}{(1+y)^2}=\dfrac{13.5\times14.5}{1.08^2}=168$이다. 그리고 부채의 컨벡시티는 $CV_{consol}=\dfrac{2}{y^2}=\dfrac{2}{0.08^2}=313$이다(컨벡시티 계산은 제6장 참고). 이처럼 복수채무의 경우 자산의 컨벡시티가 부채의 컨벡시티보다 작으면 면역전략이 성립하지 않는다.

4 전용포트폴리오 전략

면역전략은 오직 수익률곡선의 평행이동에 대해서만 포트폴리오의 가치를 보호해준다. 즉, 수익률곡선이 비평행으로 이동하는 경우 포지션의 가치가 변하는 수익률곡선위험(yield curve risk)에 노출된다. 이런 문제점을 해결하기 위하여 면역전략의 대안으로 제안된 방법이 현금흐름매칭전략(cash flow matching strategy) 또는 전용포트폴리오전략(dedicated portfolio strategy)이다.

전용포트폴리오(dedicated portfolio)는 일련의 채무를 해결하기 위한 목적으로 특별히 구성된 포트폴리오를 말한다. 그리고 전용포트폴리오에 포함된 자산으로부터의 현금흐름이 채무현금흐름과 정확히 일치하도록 포트폴리오를 구성한다.

현금흐름매칭전략 또는 전용포트폴리오전략이 면역전략보다 유리한 점은 다음과 같다.

① 듀레이션을 일치시킬 필요가 없다.
② 듀레이션을 재조정할 필요가 없다.
③ 면역전략위험에 노출되지 않는다.
④ 수익률곡선의 비평행이동에 따른 문제점을 갖지 않는다.

반면에 전용포트폴리오전략이 시행되면 매니저는 의사결정할 사항이 거의 없다. 다시 말해서 일단 제약조건이 명시되면 최적 포트폴리오는 수리적으로 결정된다. 그러나 면역전략을 추구하는 매니저는 다양한 종류의 자산으로부터 선택할 수 있는 유연성을 갖는다.

예를 들어, 어떤 금융기관이 1년, 2년, 3년 후 각각 100억원을 지불해야 할 채무를 가지고 있다고 가정하자.[4] 그리고 우리가 이용할 수 있는 채권으로 다음과 같이 세 개의 이표채(모두 만기는 3년임)와 세 개의 무이표채가 존재한다고 가정하자. CF_n은 n년 후의 현금흐름이다.

[표 11-7] 전용포트폴리오전략에 이용하는 채권의 가격 및 현금흐름

채 권	가 격	CF_1	CF_2	CF_3
이 표 채 1	100.6520	10	10	110
이 표 채 2	95.5480	8	8	108
이 표 채 3	105.7561	12	12	112
무이표채 1	94.3396	100	0	0
무이표채 2	85.7339	0	100	0
무이표채 3	75.1315	0	0	100

4) 이 예는 Sundaresan, *Fixed Income Markets and Their Derivatives*, 1997에서 인용함.

3개 무이표채의 가격으로부터 계산된 1년, 2년, 3년 만기 현물이자율은 각각 6%, 8%, 10%이다. 그리고 6%, 8%, 10%는 이표채의 현재가격과 일관성이 있음을 다음과 같이 확인할 수 있다

$$\frac{100}{94.3396}-1=6\%,\ \left(\frac{100}{85.7339}\right)^{\frac{1}{2}}-1=8\%,\ \left(\frac{100}{75.1315}\right)^{\frac{1}{3}}-1=10\%$$

$$\frac{10}{1.06}+\frac{10}{1.08^2}+\frac{110}{1.1^3}=100.6520$$

$$\frac{8}{1.06}+\frac{8}{1.08^2}+\frac{108}{1.1^3}=95.5480$$

$$\frac{12}{1.06}+\frac{12}{1.08^2}+\frac{112}{1.1^3}=105.7561$$

채무를 상환하는데 필요한 금액을 확보하는 가장 확실한 방법은 자산의 현금흐름과 채무현금흐름이 정확히 일치하도록 1년, 2년, 3년 만기 무이표채에 투자하는 것이다. 이 경우에 소요되는 비용은 255.205억원이다.

$$94.3396+85.7339+75.1315=255.205\text{억원}$$

또 다른 방법은 이표채를 함께 이용하는 방법으로 다음과 같은 선형계획법(linear programming)을 이용한다.

$$\text{목적함수 :}\quad \sum_{j=1}^{N} n_j P_{j0}\text{를 최소화하는 }(n_1,\ n_2, \dots,\ n_N)\text{의 선택}$$

$$\text{제약조건 :}\quad \sum_{j=1}^{N} n_j CF_{j1} \ \geq\ 100$$

$$\sum_{j=1}^{N} n_j CF_{j2} \geq 100$$

$$\sum_{j=1}^{N} n_j CF_{j3} \geq 100$$

$$n_j \ \geq\ 0$$

여기서, P_{j0}는 현재 시점에서의 채권 j의 가격, CF_{j1}은 1년 후 시점에서의 채권 j로부터의 현금흐름, n_j는 현재 시점에서 매입해야 하는 채권 j의 수이다(여기서 각 채

권의 원금은 100억원으로 정의함). 처음 3개의 제약조건을 채권자료에 적용하면 다음과 같다.

$$10n_1 + 8n_2 + 12n_3 + 100n_4 + 0n_5 + 0n_6 \geq 100$$

$$10n_1 + 8n_2 + 12n_3 + 0n_4 + 100n_5 + 0n_6 \geq 100$$

$$110n_1 + 108n_2 + 112n_3 + 0n_4 + 0n_5 + 100n_6 \geq 100$$

x를 전용포트폴리오를 구성하는데 필요한 총비용(total cost)으로 정의하면 x는 다음과 같이 표현된다.

$$x = 100.652n_1 + 95.5479n_2 + 105.7561n_3 + 94.3396n_4 + 85.7339n_5 + 75.1315n_6$$

최종적으로 이 최소화 문제의 최적해는 다음과 같다. 여기서 첫 번째 이표채에 투자해야 할 채권의 수가 0.2065라는 의미는 매입한 첫 번째 채권의 원금이 100억원 × 0.2065 = 0.65억원이고 이는 현재가치로 100.652억원 × 0.2065 = 20.78억원임을 의미한다. 이 최적해에 기초한 총비용은 255.193억원으로 이는 무이표채만을 이용하여 구성한 비용과 동일하다(255.205억원과의 차이는 반올림 오차임). 왜냐하면 현물이자율 6%, 8%, 10%는 무이표채뿐만 아니라 이표채에도 적용되기 때문이다.

[표 11-8] 전용포트폴리오 구성비용

채 권	채권의 수 n_j	비 용	계산식
이 표 채 1	0.2065	20.785	0.2065 × 100.6520 = 20.785
이 표 채 2	0.2291	21.890	0.2291 × 95.5479 = 21.890
이 표 채 3	0.1839	19.449	0.1839 × 105.7561 = 19.449
무이표채 1	0.9389	88.576	0.9389 × 94.3396 = 88.576
무이표채 2	0.9389	80.496	0.9389 × 85.7339 = 80.496
무이표채 3	0.3194	23.997	0.3194 × 75.1315 = 23.997
총 비 용		255.193	

요점정리

- 적극적 투자전략은 이자율의 움직임을 추정하거나 또는 채권시장의 일시적 불균형을 이용하여 높은 위험을 감수하면서 높은 수익률을 추구하는 전략이다. 반면에 소극적 투자전략은 미래 이자율이 어떻게 변할 것이라는 예측을 하지 않고 매입보유, 인덱싱, 면역전략과 같은 방법에 의존하는 전략이다.

- 인덱싱은 운용하는 포트폴리오의 성과가 벤치마크로 선정한 채권지수의 성과와 일치하도록 하는 것으로 효율적 시장가설에 기초한다.

- 면역전략은 자산과 부채의 듀레이션을 일치시킴으로써 이자율이 변하더라도 포지션의 가치가 변하지 않도록 하는 전략이다(수평수익률곡선의 평행이동을 가정함). 면역전략 실행시 가치와 듀레이션을 일치시킨다(즉, 자산의 현재가치 = 부채의 현재가치, 자산 듀레이션 = 부채 듀레이션).

- 시간이 지남에 따라 그리고 수익률이 변하면 듀레이션이 변하므로 면역전략이 계속 유효하려면 포지션 재조정이 필요하다.

- 만약 자산듀레이션이 부채듀레이션보다 크면(작으면) 가격위험(재투자수익률위험)에 노출된다.

- 현금흐름이 많이 퍼져 있을수록 면역전략의 위험이 크다(재투자수익률위험이 큼).

- 복수채무의 경우에는 자산의 컨벡시티가 부채의 컨벡시티보다 커야 한다는 조건이 추가된다.

- 전용포트폴리오전략은 자산포트폴리오로부터의 현금흐름이 채무현금흐름과 정확히 일치하도록 포트폴리오를 구성하는 전략으로 현금흐름매칭전략이라고도 한다.

객관식 문제

1 보험회사가 5년 후에 100억원, 그리고 10년 후에 100억원을 지급해야 할 의무가 있다. 면역전략을 시행하고자 하는 보험회사가 매입해야 하는 채권포트폴리오의 듀레이션은 얼마이어야 하는가? 수익률은 10%라고 가정한다.

① 7.50년 ② 6.35년 ③ 6.69년
④ 6.92년 ⑤ 정답 없음

정답 ④

풀이 부채의 듀레이션은 6.92년이다.

시점	현금흐름	현금흐름의 현가	가중치	시점×가중치
5	100	62.0921	0.6169	3.0845
10	100	38.5543	0.3831	3.8310
합계		100.6464		6.9155

2 5년 후에 1억원을 지급해야 하는 보험회사가 다음 두 채권을 이용하여 면역전략을 이행하고자 한다. A채권에 투자해야 하는 비중은 얼마인가? 수익률은 8%이다.

> A채권 : 3년 만기, 액면이자율 9%, 연 1회 이자지급
> B채권 : 영구채권

① 65% ② 79% ③ 85%
④ 38% ⑤ 정답 없음

정답 ②

풀이 A채권의 가격이 $\frac{9}{1.08}+\frac{9}{1.08^2}+\frac{109}{1.08^3}=102.58$이므로 듀레이션은 $\frac{\frac{9}{1.08}}{102.58}\times 1+\frac{\frac{9}{1.08^2}}{102.58}\times 2+\frac{\frac{109}{1.08^3}}{102.58}\times 3=2.76$이다. B채권의 듀레이션이 $1+\frac{1}{0.08}=13.5$이다. 부채의 듀레이션이 5년이므로 $2.76\times w+13.5\times(1-w)=5$을 만족시키는 w는 0.7914이다.

3 다음 중 소극적 투자전략이 아닌 것은?

① 인덱싱 전략 ② 매입보유전략 ③ 면역전략
④ 전용포트폴리오전략 ⑤ 수익률곡선타기

정답 ⑤
풀이 수익률곡선타기는 적극적 투자전략이다.

4 1개의 채무에 면역전략을 이행하던 금융기관이 복수채무에 대하여 면역전략을 이행하고자 한다. 새로 추가된 면역전략의 조건은 무엇인가?

① 부채의 현재가치만큼 자산에 투자해야 한다.
② 부채의 듀레이션과 자산의 듀레이션을 일치시킨다.
③ 시간이 지남에 따라 자산과 부채의 듀레이션 감소 속도가 다르므로 정기적으로 포지션을 재조정해야 한다.
④ 자산의 컨벡시티가 부채의 컨벡시티보다 커야 한다.
⑤ 정답 없음

정답 ④
풀이 새로 추가된 조건은 자산의 현금흐름이 부채의 현금흐름보다 더 퍼져 있어야 한다는, 즉 자산의 컨벡시티가 부채의 컨벡시티보다 커야 한다는 조건이다.

5 인덱싱 전략에 대한 설명으로 가장 적절하지 않은 것은?

① 전략의 목표는 채권지수보다 높은 성과를 올리는데 있다.
② 전략의 성과는 총투자수익률로 측정한다.
③ 채권지수를 모방하는 경우 추적오차(tracking error)를 완전히 제거할 수는 없다.
④ 인덱싱 전략을 따르는 경우 거래비용을 항상 염두에 두어야 한다.
⑤ 이 전략이 크게 활성화된 이유 중의 하나는 적극적 전략의 성과와 채권시장의 전체 성과가 크게 차이나지 않는다는 점이다.

정답 ①
풀이 인덱싱 전략의 목표는 포트폴리오의 성과가 벤치마크로 선정한 채권지수와의 성과와 일치하도록 하는 것이다.

6 6년 후 채무를 상환해야 하는 한 투자자가 3년 만기 무이표채와 영구채권(액면가채권)을 이용하여 면역전략을 적용하기로 하였다. 채무액의 현재가치는 100,000원이며, 두 채권은 모두 무위험채권이고, 무위험이자율은 연 10%이다. 이자율위험을 면역화하기 위해서 투자한 무이표채의 액면금액은 얼마인가? 정수로 답할 것.

① 62,500원 ② 83,188원 ③ 75,000원
④ 85,000원 ⑤ 정답 없음

정답 ②

풀이 무이표채의 듀레이션은 3년이고 영구채권의 듀레이션은 $1+\frac{1}{0.1}=11$년이다. $3w+11\times(1-w)=6$로부터 $w=0.625$이다. 무이표채에 투자하는 금액이 62,500원이고 원금은 $62,500\times 1.1^3=83,187.50$원이다.

7 만기가 3년이고 원금이 10,000원이고 액면이자율이 12%인 채권(연 1회 이자 지급)의 수익률이 10%이다. 투자자가 채권을 지금 매입하고, 매입 직후 수익률이 11%로 상승하며, 투자자가 듀레이션 기간만 보유하고 매도한다면 투자자의 부는 얼마인가? 액면이자는 11%로 재투자된다고 가정한다.

① 13,575원 ② 12,897원 ③ 13,250원
④ 13,700원 ⑤ 13,540원

정답 ①

풀이 채권가격이 10,497.37원이고 듀레이션이 2.6977년이므로 2.6977년 후의 부는 수익률의 변화와 무관하게 $10,497.37\times 1.1^{2.6977}=13,575.18$원이어야 한다. 확인하기 위하여 11%를 이용하여 계산하면,

$$1,200\times 1.11^{1.6977}+1,200\times 1.11^{0.6977}+\frac{11,200}{1.11^{0.3023}}=13,575$$

8 만기가 3년이고 원금이 10,000원의 채권가격이 95%이고(수익률은 10%임) 수정듀레이션이 2.5년이다. 이 채권을 듀레이션 기간 동안 보유하면 투자자의 부가 얼마로 확정되는가? 단, 이자율은 첫 번째 현금흐름이 발생하기 전에 한번만 변한다고 가정한다.

① 12,347원 ② 12,056원 ③ 12,645원
④ 11,795원 ⑤ 정답 없음

정답 ①

풀이 $D=2.5\times1.1=2.75$

$9,500\times1.1^{2.75}=12,346.77$

9 면역전략과 연관된 다음의 설명 중 가장 적절하지 않은 것은?

① 채권을 만기일까지 보유하면 가격위험은 없지만 재투자수익률위험으로 인해 만기 보유수익률이 확정되지 않는다.

② 면역전략은 자산과 부채의 듀레이션을 일치시킴으로써 이자율이 변하더라도 포지션의 가치가 변하지 않도록 하는 전략이다.

③ 채권을 듀레이션 기간 동안 보유하면 이자율이 변하더라도 동 기간 동안의 투자수익률을 확정할 수 있다.

④ 이자율이 첫 번째 현금흐름 발생 후 변하더라도 면역전략은 성립한다.

⑤ 자산듀레이션이 부채듀레이션보다 크면 수익률이 상승할 때 가격위험에 노출된다.

정답 ④

풀이 면역전략이 성립하려면 첫 번째 현금흐름 발생 전에 이자율이 변해야 한다.

10 부채의 듀레이션이 3년일 때 듀레이션이 2년인 자산에 투자하면 투자자는 어떤 위험에 노출되는가?

① 가격위험

② 재투자수익률위험

③ 가치불일치위험

④ 이자율상승위험

⑤ 정답 없음

정답 ②

풀이 자산듀레이션이 부채듀레이션보다 작으면 수익률이 하락하는 경우 재투자수익의 감소가 채권가격의 상승보다 크게 되는 재투자수익률위험에 노출된다.

11 금융회사는 만기가 3년인 무이표채에 10억원을 투자하고 액면가 영구채권에 40억원을 투자할 예정이다. 현재 수익률은 8%이면 금융회사 투자포트폴리오의 듀레이션은 얼마인가?

① 10.6년　② 11.4년　③ 11.9년
④ 12.3년　⑤ 정답 없음

정답 ②

풀이 $\frac{10}{50}\times3+\frac{40}{50}\times\left(1+\frac{1}{008}\right)=11.4$

12 채권가치평가와 채권포트폴리오의 관리에 관련된 다음 설명 중 가장 적절하지 않은 것은? 2008년

① 다른 조건은 동일하고 만기만 다른 채권 A(1년), B(3년), C(5년)가 있다. 시장이자율이 상승할 때, 채권 A와 채권 B의 가격하락폭의 차이는 채권 B와 채권 C의 가격하락폭의 차이보다 작다.
② 다른 조건이 일정할 경우 시장이자율이 하락하면 채권의 듀레이션은 길어진다.
③ 시장이자율이 하락할 때 채권가격이 상승하는 정도는 시장이자율이 같은 크기만큼 상승할 때 채권가격이 하락하는 정도보다 더 크다.
④ 채권포트폴리오의 이자율위험을 면역화하기 위해서는 시간이 경과함에 따라 채권포트폴리오를 지속적으로 재조정해야 한다.
⑤ 채권포트폴리오의 이자율위험을 면역화하기 위해서는 시장이자율이 변동함에 따라 채권포트폴리오를 재조정해야 한다.

정답 ①

풀이 만기가 길어짐에 따라 이자율변동에 대한 채권가격의 민감도는 증가하는데 증가하는 속도는 감소하므로 채권 A와 채권 B의 가격하락폭의 차이는 채권 B와 채권 C의 가격하락폭의 차이보다 크다(제5장 1절 ④와 각주 2) 참조). 면역전략이 계속 성립하려면 시간이 지남에 따라 그리고 이자율이 변함에 따라 재조정해야 한다.

13 여신전문금융회사인 ㈜한강캐피탈은 9.94년의 듀레이션과 100억원의 시장가치를 갖는 자산포트폴리오를 보유하고 있다. 이 자산포트폴리오에 포함된 자산들에 대한 이자는 1년에 2회 6개월마다 수취된다. 이 자산들은 자기자본 10억원과 채권발행 90억원으로 조달된 자금으로 형성되었다. 이 채권의 액면이자는 연 7.25%, 만기는 2년이다. 액면이자는 1년에 2회 6개월마다 지급된다. 현재 이 채권의 시장가격은 액면가와 동일하다. 각 시점에서 발생하는 1원의

현재가치는 다음의 표와 같다.

현금흐름 발생시점 (단위: 연도)	현가요소	현금흐름 발생시점 (단위: 연도)	현가요소
0.5	0.9650	1.5	0.8987
1.0	0.9313	2.0	0.8672

㈜한강캐피탈의 자기자본가치의 변동을 면역하려면 자산포트폴리오의 듀레이션은 얼마로 조정되어야 하는가? 단, 자산과 부채에 적용되는 시장이자율의 변화는 동일하며 소수 셋째 자리에서 반올림하여 계산한다. 2010년

① 1.53 ② 1.62 ③ 1.71
④ 1.83 ⑤ 1.97

정답 ③

풀이 부채의 듀레이션이 170.7650/89.9959 = 1.8975이므로 자산듀레이션은 다음 식을 만족시키는 1.71이다.

$$자산듀레이션 \times 100 = 1.8975 \times 90$$

시점	현금흐름	현가요소	현금흐름 현가	현금흐름현가×시점
0.5	3.2625	0.9650	3.1483	1.5742
1.0	3.2625	0.9313	3.0384	3.0384
1.5	3.2625	0.8987	2.9320	4.3980
2.0	93.2625	0.8672	80.8772	161.7544
합계			89.9959	170.7650

$(90 \times 0.0725 \div 2 = 3.2625)$

14 채권에 관한 설명으로 적절한 항목만을 모두 선택한 것은? 2020년

a. 현재시점(t = 0)에서 수익률곡선이 우상향할 경우, t년 현물이자율 ${}_0i_t$보다 t기의 선도이자율 ${}_{t-1}f_t$가 더 높다.
b. 현재의 우상향 수익률곡선이 향후 변하지 않을 경우, 수익률곡선타기 채권투자전략으로 추가적인 자본이득을 얻을 수 있다.
c. 액면가, 만기, 만기수익률(YTM)이 동일한 일반사채의 경우, 이표이자율이 작을수록 볼록성이 커진다. 따라서 무이표채의 볼록성은 이표채보다 크다.
d. 다른 조건이 동일할 경우, 일반사채의 듀레이션보다 수의상환조건이 있는 채권의 듀레이션은 크며 일반사채의 듀레이션보다 상환청구권이 있는 채권의 듀레이션은 작다.

e. 고정이자부 채권으로 구성된 자산 포트폴리오의 듀레이션은 2.5이고 시장가치는 1,400억원이다. 고정이자부 부채 포트폴리오의 시장가치가 1,000억원일 경우, 순자산의 가치를 이자율위험에 대하여 완전면역화하는 부채 포트폴리오의 듀레이션은 3.5이다.

① a, b ② c, d ③ a, c, d
④ b, d, e ⑤ a, b, c, e

정답 ⑤
풀이 수의상환사채와 상환요구사채의 듀레이션은 일반사채의 듀레이션보다 작다.
[식 11.3]에 의해 부채듀레이션은 $\frac{2.5\times1,400}{1,000}=3.5$이다.
b에 대한 설명은 제12장을 참고할 것.

15 채권 듀레이션에 관한 설명으로 가장 적절하지 않은 것은? 2021년

① 무이표채의 경우 만기가 길어지면 듀레이션이 증가한다.
② 목표시기와 듀레이션을 일치시키는 채권 포트폴리오를 보유하면 목표시기까지 이자율의 중간 변동에 대하여 면역이 되므로 채권 포트폴리오를 조정할 필요가 없다.
③ 목표시기면역전략 수행에 있어서 다른 조건이 동일할 때 시간이 경과함에 따라 채권 포트폴리오의 듀레이션을 감소시키는 조정이 필요하다.
④ 다른 조건이 동일할 때 연간 이자지급횟수가 증가하면 채권의 듀레이션은 감소한다.
⑤ 영구채의 듀레이션은 시장이자율과 연간 이자지급횟수에 의하여 결정된다.

정답 ②
풀이 면역전략을 시행하면 한 번의 수익률 변화에 대해서만 면역전략이 성립한다. 시간이 지남에 따라 듀레이션이 변하고 또 다시 수익률이 변하면 면역전략이 성립하지 않게 되므로 정기적으로 듀레이션을 매칭시킬 필요가 있다. 영구채권의 듀레이션은 시장이자율과 연간 이자지급횟수에 의해 결정된다(제5장 각주 21) 참고).

16 채권의 투자전략에 관한 설명으로 가장 적절하지 않은 것은? 2022년

① 목표시기 면역전략에 의하면 채권의 듀레이션이 목표투자기간보다 짧은 경우에는 이자율 변동에 따른 투자자의 가격위험이 재투자위험보다 크다.
② 순자산가치 면역전략에 의하면 자산과 부채의 듀레이션을 조정하여 자산가치 변동액과 부채가치 변동액의 차이가 영(0)이 되면 순자산가치는 이자율 변동과 관련 없이 일정하게 된다.

③ 채권의 채무불이행위험이나 수의상환위험은 면역전략을 통해서 제거되지 않는다.
④ 듀레이션만을 이용하는 면역전략은 채권가격과 이자율 간의 비선형관계를 반영하지 못한다.
⑤ 현재의 수익률곡선이 우상향의 모양을 가지며 투자기간 동안 그 형태가 변화하지 않을 것으로 예측되는 경우, 투자자는 수익률곡선타기전략을 사용하여 자본이득을 얻을 수 있다.

정답 ①

풀이 자산듀레이션이 부채듀에이션보다 작은 경우 수익률이 하락하면 재투자수익의 감소가 채권가격의 상승보다 크게 되는 수익률곡선위험에 노출된다.

주관식 문제

1 보험회사가 7년 후에 19,487만원을 지불해야 한다. 현재의 시장이자율은 10%이고 보험회사가 지불해야 할 금액의 현재가치는 10,000만원이다. 매니저는 이 채무상환에 필요한 자금을 3년 만기 무이표채와 영구채권(연 1회 이자 지급)을 이용하여 조달하고자 한다. 영구채권은 현재 액면가채권이다.

(1) 면역전략을 수립하라.

(2) 3년 만기 채권에 5,000만원을 투자하고 영구채권에 5,000만원을 투자하는 경우 각 채권의 원금은 얼마인가?

(3) 전략수립 직후 이자율이 8%로 하락하였다. 부채와 자산의 가치를 계산하고 면역전략이 성립함을 보여라.

(4) 이자율의 변화없이 2년이 경과하였다. 자산과 부채의 듀레이션이 일치하지 않음을 보여라. 이 결과가 의미하는 것은 무엇인가?

(5) 원래의 면역전략 포지션을 3년 만기 무이표채 4,000만원과 영구채권 6,000만원으로 수정하자. 자산과 부채의 듀레이션이 일치하지 않으므로 당연히 면역전략이 성립하지 않는 경우이다. 이 경우 자산의 듀레이션이 부채의 듀레이션보다 크다. 포지션을 취한 직후 이자율이 12%로 상승하는 경우와 8%로 하락하는 각각의 경우에 자산가치와 부채가치를 비교하라. 이자율이 상승하는 경우에 자산가치가 부채가치보다 작게 되는 이유는 무엇인가?

(6) 원래의 면역전략 포지션을 3년 만기 무이표채 6,000만원과 영구채권 4,000만원으로 수정하자. 포지션을 취한 직후 이자율이 12%로 상승하는 경우와 8%로 하락하는 각각의 경우에 자산가치와 부채가치를 비교하라. 이자율이 하락하는 경우에 자산가치가 부채가치보다 작게 되는 이유는 무엇인가?

해답

(1) 채무의 듀레이션이 7년이므로 무이표채와 영구채권으로 구성하는 자산포트폴리오의 듀레이션을 7년으로 맞춰야 한다. 3년 만기 무이표채에 투자할 비중을 w라고 하면 다음 식이 성립한다.

$$w \times 3 + (1-w) \times \left(1 + \frac{1}{0.1}\right) = 7$$

$w = \frac{1}{2}$이므로 채무의 현재가치인 10,000만원을 커버하기 위하여 3년 만기 무이표채에

5,000만원을 투자하고 영구채권에 5,000만원을 투자한다.

(2) 3년 만기 무이표채의 원금은 $5,000(1.1)^3 = 6,655$만원이고, 영구채권이 액면가채권이므로 영구채권의 원금은 5,000만원이다(즉, 영구채권의 액면이자율이 10%이므로 연간 현금흐름은 500만원임).

(3) 전략수립 직후 이자율이 8%로 하락하면 자산가치가 부채가치보다 크므로 면역전략이 성립한다.

$$\frac{19,487}{1.08^7} = 11,370 \quad < \frac{5000 \times 1.1^3}{1.08^3} + \frac{500}{0.08} = 11,533$$

(4) 이자율의 변화없이 2년이 경과하면 부채의 듀레이션은 5년이고 부채의 시장가치는 $\frac{19,487}{1.1^5}$ = 12,100원이다. 자산포트폴리오는 1년 만기 무이표채, 영구채권, 현금으로 구성되고 가치가 각각 $\frac{5,000 \times 1.1^3}{1.1} = 6,050$만원, $\frac{500}{0.1} = 5,000$만원, 1,050만원이므로 자산의 듀레이션은 5.05년이다(자산포트폴리오의 가치는 12,100만원임).

$$D_{Asset} = \frac{6,050}{12,100} \times 1 + \frac{5,000}{12,100} \times 11 + \frac{1,050}{12,100} \times 0 = 5.05$$

만일 1년 후에 유입되는 500만원으로 2년 만기 무이표채를 매입하고 그리고 2년 후에 유입되는 500만원으로 1년 만기 무이표채를 매입한다고 가정하면 자산의 듀레이션은 5.13년이다. 이 때 1년 만기 무이표채의 가치는 $\frac{5,000 \times 1.1^3 + 500 \times 1.1^2 + 500 \times 1.1}{1.1} = 7,100$만원이고 영구채권의 가치가 5,000만원이다.

$$D_{Asset} = \frac{7,100}{12,100} \times 1 + \frac{5,000}{12,100} \times 11 = 5.13$$

시간이 지남에 따라 듀레이션이 변하므로 면역전략이 계속 유효하려면 계속적인 포지션재조정이 필요함을 알 수 있다.

(5) 3년 만기 무이표채에 4,000만원을 투자하고 영구채권에 6,000만원을 투자하면 자산의 듀레이션은 $0.4 \times 3 + 0.6 \times 11 = 7.8$년이다. 이처럼 자산의 듀레이션이 부채의 듀레이션보다 크면 다음 계산이 보여 주듯이, 이자율이 상승하는 경우 채권가격하락이 재투자수익의 상승보다 크므로 자산가치가 부채가치보다 작게 되는 가격위험에 노출된다.

• 이자율이 12%로 상승하는 경우(면역전략이 성립하지 않음)

- 부채가치: $\frac{19,487}{1.12^7} = 8,815$

- 자산가치: $\frac{4,000 \times 1.1^3}{1.12^3} + \frac{600}{0.12} = 8,790$

• 이자율이 8%로 하락하는 경우

– 부채가치: $\frac{19,487}{1.08^7}=11,370$

– 자산가치: $\frac{4,000\times 1.1^3}{1.08^3}+\frac{600}{0.08}=11,726$

(6) 3년 만기 무이표채에 6,000만원을 투자하고 영구채권에 4,000만원을 투자하면 자산의 듀레이션은 $0.6\times 3+0.4\times 11=6.2$년이다. 이처럼 자산의 듀레이션이 부채의 듀레이션보다 작으면 다음 계산이 보여 주듯이, 이자율이 하락하는 경우 재투자손실이 가격상승보다 크므로 자산가치가 부채가치보다 작게 되는 재투자수익률위험에 노출된다.

• 이자율이 12%로 상승하는 경우

– 부채가치: $\frac{19,487}{1.12^7}=8,815$

– 자산가치: $\frac{6,000\times 1.1^3}{1.12^3}+\frac{400}{0.12}=9,018$

• 이자율이 8%로 하락하는 경우(면역전략이 성립하지 않음)

– 부채가치: $\frac{19,487}{1.08^7}=11,370$

– 자산가치: $\frac{6,000\times 1.1^3}{1.08^3}+\frac{400}{0.08}=11,340$

2 동부은행이 매년 1,000,000원씩 3년 동안 균등상환받는 조건으로 대출할 예정이다. 시장이자율은 10%이다. 1998년

(1) 이 대출의 듀레이션을 구하라.

(2) 동부은행이 대출에 필요한 자금의 일부를 3년 만기 무이표채를 발행하여 조달할 계획이다. 나머지는 보유중인 현금으로 충당할 예정이다. 채권면역을 위해 채권으로 조달해야 하는 금액은 얼마인가?

해답

(1) 대출금의 시장가치는 2,486,852원이므로,

$$P_0=\frac{1,000,000}{1.1}+\frac{1,000,000}{1.1^2}+\frac{1,000,000}{1.1^3}=2,486,852$$

듀레이션은 1.937년이다.

$$D=\frac{1\times\frac{1,000,000}{1.1}+2\times\frac{1,000,000}{1.1^2}+3\times\frac{1,000,000}{1.1^3}}{2,486,852}=1.937$$

(2) 현금의 듀레이션은 0년이고 3년 만기 무이표채의 듀레이션은 3년이므로 3년 만기 채권에 투자할 비중을 w로 정의하면 다음 식이 성립해야 한다.

$$3w + 0(1-w) = 1.937 \quad \rightarrow \quad w = 0.6457$$

따라서 3년 만기 무이표채로 조달해야 할 금액은 2,486,852 × 0.6457 = 1,605,760원이고 나머지 881,092원은 현금으로 충당한다.

3

국민연금은 9,000억원의 자산을 채권을 중심으로 운용하고 있으며 평균 듀레이션은 8년이다. 국민연금의 부채는 8,000억원이고 평균 듀레이션은 12년이다. 현재 운용중인 자산과 부채에 적용되는 이자율은 각각 12%와 10%라고 가정한다.

(1) 이자율이 Δr% 변하면 자기자본에 미치는 영향은 어떻게 표현되는가? 자기자본의 수정듀레이션을 계산하고 의미를 설명하라.

(2) 이자율이 몇% 하락하면 자기자본의 가치가 0이 되는가?

해답

(1) 자산의 수정듀레이션(MD_A)과 부채의 수정듀레이션(MD_L)은 각각 7.14년과 10.91년이다.

$$MD_A = \frac{8}{1.12} = 7.14, \ \ MD_L = \frac{12}{1.1} = 10.91$$

이자율이 Δr% 하락하면 자산가치(A)와 부채가치(L)는 다음과 같이 변한다.

$$\Delta A \ = -MD_A \cdot A \cdot \Delta r \ = -\Delta r(7.14 \times 9{,}000\text{억원})$$

$$\Delta L \ = -MD_L \cdot L \cdot \Delta r \ = -\Delta r(10.91 \times 8{,}000\text{억원})$$

따라서 자기자본가치(E)의 변화는 다음과 같다.

$$\Delta E = \Delta A - \Delta L = -\Delta r \times (-23{,}020\text{억원}) = \Delta r \times 23{,}020\text{억원}$$

$\Delta r \times 23{,}020$억원은 $-(-23.02)(1{,}000)(\Delta r)$으로 다시 쓸 수 있으므로 자기자본의 수정듀레이션이 -23.02임을 알 수 있다.

자산의 수정듀레이션은 부채의 수정듀레이션과 자기자본의 수정듀레이션을 가중평균한 값이므로 이 관계로부터 자기자본의 수정듀레이션 -23.02년을 확인할 수 있다.

$$7.14 \times 9{,}000 = (10.91 \times 8{,}000) + (MD_E \times 1{,}000) \quad \rightarrow \quad MD_E \ = -23.02$$

수정듀레이션이 음(-)이라는 것은 이자율과 자기자본의 가치가 정(+)의 관계를 갖는다는 것을 의미한다.[5)]

(2) 자기자본의 가치가 0이 되려면 자기자본의 가치가 1,000억 감소해야 하므로 이자율이 4.344% 하락해야 한다.

---

5) 채권의 듀레이션 또는 수정듀레이션이 양(+)이므로 이자율과 채권가격간에 부(-)의 관계가 성립한다.

$$-1,000 = 23,020 \cdot \Delta r \quad \rightarrow \quad \Delta r = -0.04344$$

이자율이 4.344% 하락하면 자산의 가치는 2,791억원 증가하여 11,791억원이 되고 부채의 가치는 3,791억원 증가하여 11,791억원이 된다.

$$\Delta A = -(-0.04344)(7.14 \times 9,000) = 2,791$$
$$\Delta L = -(-0.04344)(10.91 \times 8,000) = 3,791$$

따라서 자기자본의 가치는 0이 됨을 확인할 수 있다.

4 보험회사가 1년, 1년, 2년, 3년 후에 각각 100억원씩 지불할 채무를 가지고 있다고 하자. 현재 수익률은 10%에서 수평이고 보험회사는 1년 만기 무이표채와 3년 만기 무이표채를 이용하여 면역전략을 이행하고자 한다. 채무의 현재가치는 248.6852억원이다.

(1) 채무의 듀레이션과 컨벡시티를 계산하라.

(2) 면역전략을 수립하라. 즉, 무이표채에 투자할 비중과 금액을 결정하고 구성한 자산포트폴리오의 듀레이션과 컨벡시티를 계산하여 이를 부채의 그것과 비교하라.

(3) 면역전략 수립 직후 이자율이 9%와 12%로 변하는 각각의 경우에 자산의 현재가치가 부채의 현재가치보다 큼을 보이라.

(4) 이번에는 1년 만기 무이표채와 2년 만기 무이표채를 이용한다고 하자. 자산포트폴리오의 컨벡시티가 부채의 컨벡시티보다 작음을 보여라. 이자율은 10%이다.

(5) (4)의 상황에서 면역전략 수립 직후 이자율이 20%로 상승한다고 하자. 자산의 현재가치가 부채의 현재가치보다 작음을 보여라.

해답

(1) 채무의 현재가치는 248.6852억원이고, 듀레이션과 컨벡시티는 각각 1.9366과 5.2483이다.

시점(t)	현금흐름	현금흐름 현가 PV	$PV \times t$	$PV \times t \times (t+1)$
1	100	90.9091	90.9091	181.8182
2	100	82.6446	165.2892	495.8676
3	100	75.1315	225.3945	901.5780
합 계		248.6852	481.5928	1,579.2638

$$\text{듀레이션} = \frac{481.5928}{248.6852} = 1.9366$$

$$\text{컨벡시티} = \frac{1}{1.1^2} \times \frac{1,579.2638}{248.6852} = 5.2483$$

(2) 자산의 듀레이션과 부채듀레이션이 같아야 한다는 조건으로부터 다음 2개의 식이 성립한다(w_1과 w_3는 각각 1년과 3년 만기 무이표채의 투자비중임).

$$w_1 + w_3 = 1$$
$$1 \times w_1 + 3 \times w_3 = 1.9366$$

$w_1 = 0.5317$, $w_3 = 0.4683$이다. 자산의 현재가치가 248.6852억원이므로 1년 만기 무이표채에 투자해야 하는 금액은 132.2259억원이고(1년 만기 무이표채의 가격이 $\frac{10,000}{1.1} = 9,090.91$원이므로 매입해야 하는 무이표채의 수는 1,454,485개임), 3년 만기 무이표채에 투자해야 하는 금액은 116.4593억원이다(3년 만기 무이표채의 가격이 $\frac{10,000}{1.1^3} = 7,513.1480$원이므로 매입해야 하는 무이표채의 수는 1,550,073개임). 이 자산포트폴리오의 듀레이션은 부채의 듀레이션과 동일하다. 그리고 자산포트폴리오의 컨벡시티는 5.5231로 이는 채무의 컨벡시티인 5.2483보다 커 복수채무 면역전략의 세 번째 조건이 충족됨을 확인할 수 있다.

시점(t)	무이표채 원금	현금흐름 현가 PV	$PV \times t$	$PV \times t \times (t+1)$
1	145.4485	132.2259	132.2259	264.4518
3	155.0073	116.4593	349.3779	1,397.5116
합 계		248.6852	481.6038	1,661.9634

$$\text{듀레이션} = \frac{481.6038}{248.6852} = 1.9366$$

$$\text{컨벡시티} = \frac{1}{1.1^2} \times \frac{1,661.9634}{248.6852} = 5.5231$$

(원금은 $PV \times 1.1^t$로 계산되었음)

(3) 아래의 표는 이자율이 9%와 12%인 각각의 경우에 자산과 부채의 가치 및 듀레이션을 비교한 것이다. 표가 보여주듯, 자산의 가치는 항상 부채의 가치보다 크다. 예를 들어, 현재 시점에서 갑자기 이자율이 9%로 하락한다고 가정하자. 부채의 가치는 248.6852에서 253.1295으로 상승하고, 자산의 가치는 248.6852에서 $\frac{145.4485}{1.09} + \frac{155.0073}{1.09^3} = 253.1331$으로 상승하여 자산가치가 부채가치보다 크다.

	9%	12%
부채의 가치	253.1295	240.1831
부채의 듀레이션	1.9426	1.9246
1년 만기 무이표채의 가치	133.4390	129.8647
3년 만기 무이표채의 가치	119.6941	110.3311
자산의 가치	253.1331	240.1958
자산의 듀레이션	1.9457	1.9187

(4) 1년 만기와 2년 만기 무이표채를 이용하므로 $w_1+w_2=1$과 $1\times w_1+2\times w_2=1.9366$를 만족시키는 비중은 $w_1=0.0634$, $w_2=0.9366$이다. 자산의 현재가치가 248.6852억원이므로 1년 만기 무이표채에 투자해야 하는 금액은 248.6852 × 0.0634 = 15.7666억원이고 2년 만기 무이표채에 투자해야 하는 금액은 248.6852 × 0.9366 = 232.9186억원이다. 이 자산포트폴리오의 듀레이션은 부채의 듀레이션과 동일하다. 그러나 자산포트폴리오의 컨벡시티는 4.7491로 이는 채무의 컨벡시티인 5.2483보다 작아 복수채무 면역전략의 세 번째 조건이 충족되지 않는다.

시점(t)	현금흐름	현금흐름 현가 PV	$PV\times t$	$PV\times t\times(t+1)$
1	17.3433	15.7666	15.7666	31.5332
2	281.8315	232.9186	465.8372	1,397.5116
합 계		248.6852	481.6038	1,429.0448

$$\text{듀레이션}=\frac{481.6038}{248.6852}=1.9366$$

$$\text{컨벡시티}=\frac{1}{1.1^2}\times\frac{1,429.0448}{248.6852}=4.7491$$

(5) 이자율이 20%로 상승하면 채무의 현재가치는 210.6481억원으로 하락하고 자산의 가치는 $\frac{17.3433}{1.2}+\frac{281.8315}{1.2^2}=210.1691$억원으로 하락하여 부채의 가치가 자산의 가치보다 크게 된다. 따라서 자산포트폴리오는 채무를 상환할 수 있는 충분한 현금흐름을 만들어내지 못한다.

5 5년 후 채무를 상환해야 하는 한 투자자가 정부가 발행한 3년 만기 순수할인채권(또는 무이표채)과 역시 정부가 발행한 영구채권을 이용하여 면역전략을 적용하기로 하였다. 채무의 현재가치는 100원이며 무위험이자율은 연 10%이다. 수익률곡선은 수평이라고 가정한다. 2007년

(1) 이자율위험을 면역하기 위해서 순수할인채권과 영구채권에 대한 투자금액은 얼마이어야 하는지 계산하시오.

(2) 순수할인채권과 영구채권을 매입한 직후 무위험이자율이 1% 포인트 상승하여 연 11%가 된다면 이자율위험을 면역하기 위해서 각 채권에 대한 투자금액은 얼마이어야 하는지 계산하시오.

(3) (2)의 상황에서 각 채권에 대한 투자금액을 조정하지 않으면 자산포트폴리오의 듀레이션은 얼마인가?

(4) 이자율이 11%로 상승하였다고 가정한 (2)를 무시하기로 하자. 면역전략을 시작한 이후 무위험이자율이 계속 10%를 유지한 채 1년이 지났다면, 이자율위험을 면역하기 위해서 각 채권에 대한 투자금액은 얼마이어야 하는지 계산하시오.

(5) (1) ~ (4)의 결과들이 면역화전략에 어떤 시사점을 주는지 다섯 줄 이내로 기술하시오.

해답

(1) 3년 만기 순수할인채권의 투자비중을 w라고 하면

$$3w+\left(\frac{1.1}{0.1}\right)\times(1-w)=5 \quad \rightarrow \quad w=0.75,\ 1-w=0.25$$

3년 만기 무이표채에 $100\times0.75=75$원 투자하고 영구채권에 나머지 25원 투자한다.

(2) 이자율이 11%로 상승하면 부채의 현재가치는 $\frac{100(1.1)^5}{1.11^5}=95.58$원이 되고 영구채권의 듀레이션은 $\frac{1.11}{0.11}=10.091$년으로 감소한다. 이자율이 11%인 상황에서 면역전략이 성립하려면 $3w+\left(\frac{1.11}{0.11}\right)\times(1-w)=5$가 성립해야 하며 이 식에서 $w=0.718,\ 1-w=0.282$이다. 따라서 3년 만기 무이표채와 영구채권에 투자해야 하는 금액은 각각 $95.58\times0.718=68.626$원과 $95.58\times0.282=26.954$원이다.

(3) 3년 만기 무이표채의 가치는 $\frac{75\times1.1^3}{1.11^3}=72.99$이고 영구채권의 가치는 $\frac{25\times0.1}{0.11}=22.73$이다. 따라서 자산포트폴리오의 듀레이션은 4.68년이다.

$$D=\frac{72.99}{72.99+22.73}\times3+\frac{22.73}{72.99+22.73}\times10.091=4.68$$

(4) 부채의 듀레이션이 4년이고 무이표채의 듀레이션이 2년이므로 $2w+11\times(1-w)=4$로부터 $w=\frac{7}{9},\ 1-w=\frac{2}{9}$이다. 그리고 부채의 가치가 110원이므로 무이표채 투자금액은 $110\times\frac{7}{9}=85.56$원이고 영구채권 투자금액은 $110\times\frac{2}{9}=24.44$원이어야 한다.

(5) 면역전략 수립 후 수익률곡선이 이동하면 듀레이션을 재조정해야 한다. 또한 수익률곡선이 변하지 않더라도 시간이 지남에 따라 듀레이션이 변하므로 포지션을 재조정해야 한다.

CHAPTER 12

적극적 투자전략

1. 투자시한분석
2. 수익률곡선타기
3. 수익률곡선의 변화
4. 수익률곡선의 평행이동에 따른 투자전략
5. 수익률곡선의 비평행이동에 따른 투자전략
6. 수익률곡선의 적률변화에 따른 투자전략
7. 스프레드 변화에 따른 투자전략
8. 상황대응면역전략

CHAPTER 12

적극적 투자전략

1 투자시한분석

투자시한분석(horizon analysis)은 투자기간 동안의 보유수익률(또는 총투자수익률)을 계산하고 이에 기초하여 투자대상을 선정하는 분석으로 일반적으로 다음 과정의 분석이 이루어진다. 보유수익률을 계산하려면 투자기간 말 기준의 수익률곡선과 투자기간 동안의 액면이자의 재투자수익률에 대한 가정을 필요로 한다.[1)]

① 투자기간(horizon)을 정한다.

② 투자기간 종료시의 채권가격을 예측한다(현시점에서 예측한 수익률곡선을 이용함).

③ 기대 자본이득과 투자기간 동안 받은 액면이자로부터의 수익을 합하여 투자기간 동안의 보유수익률(HPR)을 계산한다.

④ 모든 채권에 대하여 보유수익률을 구한다.

⑤ 보유수익률이 가장 높은 채권에 투자한다.

예시 12-1 투자시한분석

액면이자율 4% 만기 10년 원금 100인 채권의 가격이 67.48이고(즉, 만기수익률은 연 9%이고), 투자종료 시점인 5년 후 기준으로 5년 만기 채권의 만기수익률이 8%로 감소할 것으로 추정된다. 이자의 재투자수익률은 8.5%이고 이자는 1년에 2회 지급된다고 가정한다. 5년 동안의 채권가격변화는 ① 단순히 만기가 감소함으로 인한 원금접근효과(pull to par effect)로 인한 부분과 ② 수익률변화로 인한 부분으로 구성된다. 현재의 9% 만기수익률이 변하지 않으면 5년 후에 채권의 가격은 80.22로 상승한다.

$$2 \times \left[\frac{1 - 1.045^{-10}}{0.045} \right] + \frac{100}{1.045^{10}} = 80.22$$

---

1) 보유수익률에 대한 계산은 제4장을 참고할 것.

그리고 수익률이 8%로 하락한다고 가정하였으므로 5년 만기 채권가격은 80.22에서 83.78로 추가적으로 상승한다.

$$2 \times \left[\frac{1-1.04^{-10}}{0.04}\right] + \frac{100}{1.04^{10}} = 83.78$$

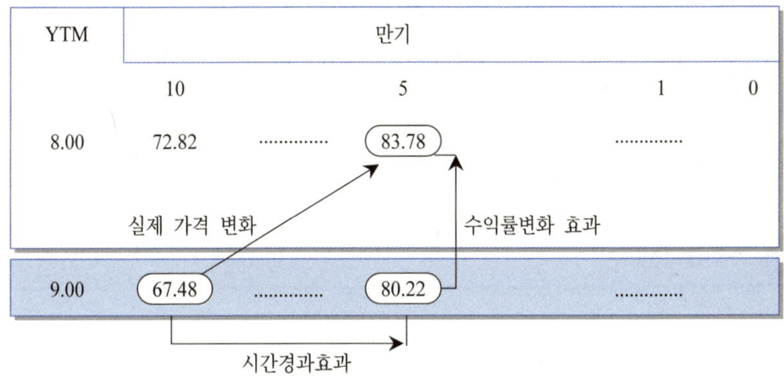

가격변화(또는 자본이득) = 원금접근효과로 인한 부분 + 수익률변화로 인한 부분

= (80.22 − 67.48) + (83.78 − 80.22) = 16.30

이자와 이자의 재투자수익 = 20.00 + 4.29 = 24.29

$$2 \times \left(\frac{1.0425^{10}-1}{0.0425}\right) = 24.29$$

총수익(5년간) = 자본이득 + 이자 및 재투자수익 = 16.30 + 24.29 = 40.59

5년 보유수익률 $= \dfrac{16.3}{67.48} + \dfrac{24.29}{67.48} = 24.155\% + 35.995\% = 60.15\%$

보유수익률 $= \left[\left(1.6015^{\frac{1}{10}}\right) - 1\right] \times 2 = 9.644\%$

실효수익률(EAR) $= \left(1.6015^{\frac{1}{10}}\right)^2 - 1 = 9.88\%$ 또는 $\left(1 + \dfrac{0.09644}{2}\right)^2 - 1 = 9.88\%$

이 과정을 하나의 식으로 정리하면 다음과 같다.

$$HPR = \left[\left\{\frac{2\left[\frac{1.0425^{10}-1}{0.0425}\right] + 2\left[\frac{1-\frac{1}{1.04^{10}}}{0.04}\right] + \frac{100}{1.04^{10}}}{67.48}\right\}^{\frac{1}{10}} - 1\right] \times 2 = 9.644\%$$

수익률곡선타기

수익률곡선타기(riding yield curve)는 현재의 상향수익률곡선이 변하지 않을 것으로 예상되는 경우 행하는 적극적 투자전략이다. 시간이 흐름에 따라 채권의 만기는 짧아지는데 현재의 상향수익률곡선이 그대로 유지된다고 가정하므로 수익률은 하락하고 채권의 가격은 상승하게 되어 자본이득이 발생하게 된다. 수익률곡선타기는 이런 자본이득을 적극적으로 추구하는 투자전략이지만 현재의 상향수익률곡선이 변하지 않는다는 가정이 성립되어야 한다.

그림 12-1 수익률곡선타기

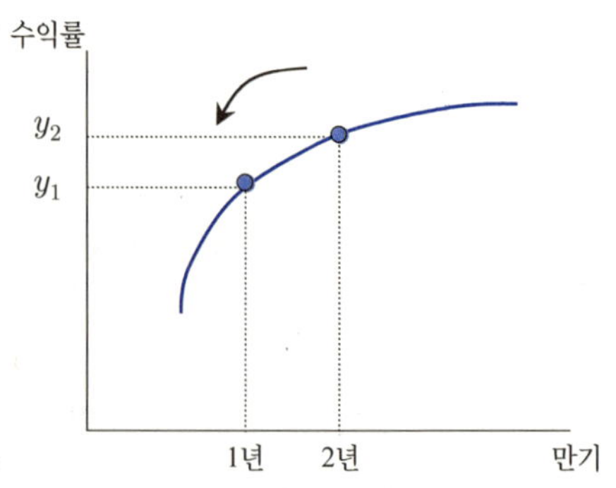

예시 12-2 수익률곡선타기

1년 만기 무이표채의 만기수익률이 8%이고 2년 만기 무이표채의 만기수익률이 9%라고 가정하자. 즉, $y_1 = 8\%$, $y_2 = 9\%$, ${}_1f_2 = 10.01\%$이다. 그리고 현재의 상향수익률곡선이 2년 동안 변하지 않는다고 가정하자. 10,000원 액면의 2년 만기 무이표채의 매입가격은 $\frac{10,000}{1.09^2} =$ 8,416.80원이다. 그리고 투자자는 1년 후에 $y_1 = 8\%$이므로 이 채권을 $\frac{10,000}{1.08} = 9,259.26$원에 매도할 수 있다. 투자자는 수익률곡선타기를 이용하여 $\frac{9,259.26 - 8,416.80}{8,416.80} = 10.01\%$의 수익률을 얻게 된다. 즉, 수익률곡선타기의 가정이 그대로 성립하면 투자자는 선도이자율에 해당되는 수익률을 얻을 수 있다. 그러나 수익률곡선이 변하면 수익률곡선타기전략의 수익률은 8% 이하로 하락할 수 있다.

수익률곡선의 변화

리터맨-쉐인크맨(Litterman-Scheinkman, 1991)은 채권의 보유수익률(holding period return)에 영향을 미치는 수익률곡선의 움직임을 분석한 결과, 세 가지 요인이 채권투자수익률의 거의 대부분을 설명한다는 것을 발견하였다. 세 요인은 각각 수익률곡선의 전반적인 수준(level)의 변화, 수익률곡선 기울기(slope)의 변화, 그리고 수익률곡선 적률(curvature)의 변화이다. 분석결과는 [표 12-1]과 같이 요약된다. 예를 들어, 2년 만기 무이표채의 경우 세 요인이 설명할 수 있는 부분은 98.2%이며(즉, 채권 총투자수익률의 1.8%는 세 요인으로 설명할 수 없음), 그리고 설명할 수 있는 부분을 각 요인별로 분해하면 각각 93.4%, 2.4%, 4.2%이다(3개의 합은 100%임). 평균적으로, 첫 번째 요인은 89.5%를, 두 번째 요인은 8.5%를, 그리고 세 번째 요인은 2%를 설명한다.

[표 12-1] 보유수익률에 영향을 미치는 세 요인의 설명력

무이표채 만기	3요인에 의해 설명되는 부분	각 요인의 설명력		
		요인1(수준)	요인2(기울기)	요인3(적률)
6개월	99.5%	79.5%	17.2%	3.3%
1년	99.4%	89.7%	10.1%	0.2%
2년	98.2%	93.4%	2.4%	4.2%
5년	98.8%	98.2%	1.1%	0.7%
8년	98.7%	95.4%	4.6%	0.0%
10년	98.8%	92.9%	6.9%	0.2%
14년	98.4%	86.2%	11.5%	2.2%
18년	95.3%	80.5%	14.3%	5.2%
평 균	98.4%	89.5%	8.5%	2.0%

수익률곡선의 움직임을 수준의 변화, 기울기의 변화, 적률의 변화로 설명할 수 있으므로 수익률곡선의 움직임에 기초한 이자율예상스왑(interest rate anticipation swap) 또는 채권투자전략도 수준, 기울기, 그리고 적률의 변화에 기초해야 한다.

① 수익률곡선이 평행이동할 것으로 예상되는 경우에 취하는 전략에는 강세거래전략과 약세거래전략이 있다. 이 전략은 시장방향에 대한 베팅(market directional betting)이다.

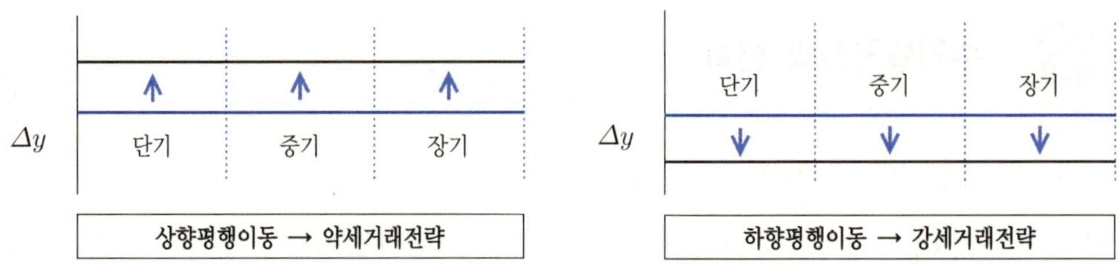

② 수익률곡선의 기울기가 변할 것으로 예상되는 경우에 취하는 전략으로 만기단축거래와 만기연장거래가 있다. 이 전략은 수익률곡선 기울기에 대한 베팅(yield curve slope betting)이다. 아래 그림은 상향수익률곡선을 기준으로 기울기의 변화를 표시한 것이다.

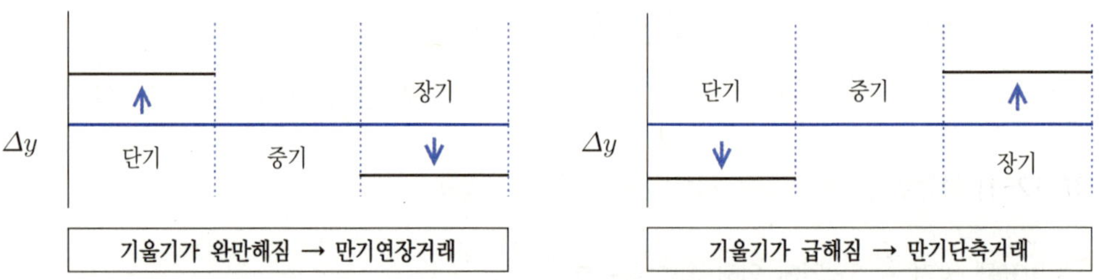

③ 수익률곡선의 적률이 변할 것으로 예상되는 경우에 취하는 전략으로 나비형거래와 역나비형거래가 있다. 이 전략은 수익률곡선 적률에 대한 베팅(yield curve curvature betting)이다.

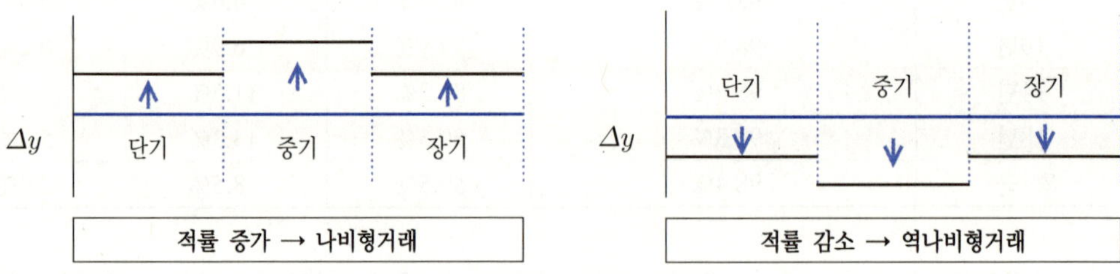

여기서 설명하는 여러 전략 또는 거래를 이행할 때 한 유형의 채권에 매입포지션을 취하고 다른 유형의 채권에 매도포지션을 취하게 된다. 이는 소유하고 있는 채권을 매도하고 예측한 시나리오 하에서 더 유리한 채권을 매입하는 것으로 이해되므로 채권스왑이다. 또는 채권의 소유 여부와 무관하게, 매입과 매도포지션을 동시에 취하는 채권투자 포트폴리오로 인식할 수 있다. ②와 ③의 설명은 상향수익률곡선을 가정한다.

4 수익률곡선의 평행이동에 따른 투자전략

미래에 이자율이 하락할 것으로 예측되면 듀레이션이 긴 채권을 매입하고 듀레이션이 짧은 채권을 매도하는 강세거래전략(bullish trade strategy)을 이행한다. 반면에 이자율이 상승할 것으로 예측되면 듀레이션이 짧은 채권을 매입하고 듀레이션이 긴 채권을 매도하는 약세거래전략(bearish trade strategy)을 이행한다. 이 때 매입 또는 매도하는 채권의 가치가 동일해야 한다(cash-neutral position). 강세거래전략과 약세거래전략은 수익률곡선의 평행이동에 기초한다.

4.1 강세거래전략

수익률곡선이 하향 평행이동할 것으로 예상되는 경우, 듀레이션이 짧은 채권을 매도하여 확보한 금액으로 듀레이션이 긴 채권을 매입한다. 예를 들어, 만기가 2년인 무이표채를 매도하고 만기가 20년인 무이표채를 매입한다. 현재의 6% 수평수익률곡선이 1%포인트 하향이동한다고 가정하자. 2년 만기 무이표채의 가치는 1.89% 상승하지만 20년 만기 무이표채의 가치는 18.87% 상승한다.

$$\frac{\Delta P}{P} = -D \times \frac{\Delta y}{1+y} = -2 \times \frac{-0.01}{1.06} = 0.0189$$

$$\frac{\Delta P}{P} = -D \times \frac{\Delta y}{1+y} = -20 \times \frac{-0.01}{1.06} = 0.1887$$

따라서 채권포트폴리오의 수익률은 16.98%이다(여기서 $D_{매입}$과 $D_{매도}$은 각각 매입과 매도포지션의 듀레이션을 의미함).

$$\frac{\Delta P}{P} = -(D_{매입} - D_{매도}) \times \frac{\Delta y}{1+y} = -(20-2) \times \frac{(-0.01)}{1.06} = 0.1698$$

<table>
<tr><th colspan="4">강세거래전략</th></tr>
<tr><td colspan="4">이익 : 수익률곡선의 하향 평행이동
손실 : 수익률곡선의 상향 평행이동</td></tr>
<tr><th>포지션</th><th>구 조</th><th>비 중</th><th>매 칭</th></tr>
<tr><td>매입포지션</td><td>긴 만기 채권</td><td>+100%</td><td rowspan="2">채권가치</td></tr>
<tr><td>매도포지션</td><td>짧은 만기 채권</td><td>−100%</td></tr>
</table>

예시 12-3 강세거래전략

$y_2 = 5.1\%$, $y_{20} = 7.0\%$라고 가정하고 2년 만기와 20년 만기 무이표채를 이용하자. 예상대로 수익률곡선이 1%포인트 하향 이동한다고 가정하자. 매도한 짧은 만기 채권의 가격은 $\frac{100}{1.051^2} = 90.53$에서 $\frac{100}{1.041^2} = 92.28$로 1.93% 상승하고 매입한 긴 만기 채권의 가격은 $\frac{100}{1.07^{20}} = 25.84$에서 $\frac{100}{1.06^{20}} = 31.18$로 20.67% 상승한다. 따라서 투자자는 20.67 - 1.93 = 18.74%의 수익률을 실현한다(매입과 매도하는 채권가치를 동일하게 유지함).

4.2 약세거래전략

수익률곡선이 상향 평행이동할 것으로 예상되는 경우, 듀레이션이 긴 채권을 매도한 금액으로 듀레이션이 짧은 채권을 매입하는 전략이다. 듀레이션이 긴 채권을 소유하고 있는 투자자가 이 전략을 취하면 이자율이 상승하는 경우에 채권가격이 덜 하락하도록 하여 자본손실을 상대적으로 감소시킬 수 있다. 예를 들어, 6% 수평수익률곡선이 1%포인트 상향이동하면 20년 만기 무이표채 가격은 18.87% 하락하지만 2년 만기 무이표채 가격은 1.89%만 하락한다. 반면에 기존 포지션이 없는 투자자가 듀레이션이 긴 채권을 공매도하고 듀레이션이 짧은 채권을 매입하는 채권포트폴리오를 구성하면 투자자는 16.98%의 수익률을 얻을 수 있다.

$$\frac{\Delta P}{P} = -(D_{매입} - D_{매도}) \times \frac{\Delta y}{1+y} = -(2-20) \times \frac{0.01}{1.06} = 0.1698$$

<table>
<tr><th colspan="4">약세거래전략</th></tr>
<tr><td colspan="4">이익(또는 손실감소) : 수익률곡선의 상향 평행이동
손실 : 수익률곡선의 하향 평행이동</td></tr>
<tr><th>포지션</th><th>구 조</th><th>비 중</th><th>매 칭</th></tr>
<tr><td>매입포지션</td><td>짧은 만기 채권</td><td>+100%</td><td rowspan="2">채권가치</td></tr>
<tr><td>매도포지션</td><td>긴 만기 채권</td><td>−100%</td></tr>
</table>

수익률곡선의 비평행이동에 따른 투자전략

수익률곡선의 기울기가 더 급해지거나 또는 완만해질 것으로 예측하는 경우에 취하는 투자전략 또는 채권스왑이다. 이 경우 매입 또는 매도하는 포지션의 금액듀레이션(dollar duration)을 일치시킴으로서(duration neutral view) 수익률곡선의 평행이동에 대해서는 보호되지만 수익률곡선의 비평행이동에 의해서는 이익을 기대할 수 있다. 앞에서 설명했듯이, 금액듀레이션은 수정듀레이션에 채권가치를 곱한 값이다.

만일 수익률곡선의 기울기가 가파르게 될 것으로 예상하면 투자자는 만기단축거래(maturity shortening trade)를 실시하고, 반면에 수익률곡선의 기울기가 완만해질 것으로 예상하면 만기연장거래(maturity extension trade)를 실시한다.

5.1 만기단축거래

수익률곡선의 기울기가 가파르게 될 것으로 예상되면(수익률이 전반적으로 상승할지 아니면 하락할 지는 판단할 수 없음), 적절한 전략은 긴 만기의 채권을 매도하고 짧은 만기의 채권을 매입한다. 매입포지션과 매도포지션의 금액듀레이션이 동일해야 하는데($DD_{매입} = DD_{매도}$) 매도한 채권의 수정듀레이션이 매입한 채권의 수정듀레이션보다 크므로($MD_{매입} < MD_{매도}$) 매도포지션의 가치가 매입포지션의 가치보다 작아야 한다($P_{매입} > P_{매도}$). 이는 $P_{매입} - P_{매도}$만큼 차입해야 함을 의미한다.

$$DD_{매입} = DD_{매도},\ MD_{매입} < MD_{매도} \quad \rightarrow \quad P_{매입} > P_{매도} \quad \rightarrow \text{ 차입}$$

만기단축거래			
이익 : 수익률곡선의 기울기가 더 급해짐 손실 : 수익률곡선의 기울기가 완만해짐			
포지션	구 조	비 중	매 칭
매입포지션	짧은 만기 채권	100% + α%	금액듀레이션
매도포지션	긴 만기 채권 차입(borrowing)	−100% −α%	

예시 12-4 만기단축거래

$y_2=5\%$, $y_{20}=7\%$를 가정하자. 20년 만기 무이표채 100만원을 매도하면 금액듀레이션을 일치시키기 위하여 2년 만기 무이표채 981만원을 매입해야 하므로 881만원을 차입해야 한다.

$$\left(\frac{2}{1.05}\right)\times V_{\text{매입}}=\left(\frac{20}{1.07}\right)\times 100 \quad\rightarrow\quad V_{\text{매입}}=981$$

차입은 매도포지션이므로 매도포지션(차입과 20년 만기 채권)의 수정듀레이션은 매입포지션(2년 만기 채권)의 수정듀레이션과 동일하다.

$$MD_{\text{매도}}=MD_{\text{매입}}\ :\ \left(\frac{100}{981}\right)\times\left(\frac{20}{1.07}\right)+\left(\frac{881}{981}\right)\times 0=\left(\frac{2}{1.05}\right)$$

만약 수익률곡선이 1%포인트 하향이동하면 매입포지션의 가치는 18.69만원 상승하고 매도포지션의 가치도 18.69만원 하락하여 순효과는 0이 된다(매도포지션의 경우 P의 부호를 마이너스로 함). 즉, 만기단축거래는 수익률곡선의 평행이동으로부터 보호된다.

$$\Delta P_{\text{매입}}=-\frac{2}{1.05}\times 981\times(-0.01)=18.69$$

$$\Delta P_{\text{매도}}=-\frac{20}{1.07}\times(-100)\times(-0.01)=-18.69$$

$y_2=5\%$, $y_{20}=7\%$가 $y_2=5.2\%$, $y_{20}=7.5\%$로 변하여 수익률곡선이 상향이동하면서 기울기가 더 가파르게 변한다고 가정하자. 매입포지션에서 3.74만원의 손실이 발생하고 매도포지션에서 9.35만원의 이익이 발생하여 순효과는 5.61만원이다.[2)]

$$\Delta P_{\text{매입}}=-\frac{2}{1.05}\times 981\times 0.002=-3.74$$

$$\Delta P_{\text{매도}}=-\frac{20}{1.07}\times(-100)\times 0.005=9.35$$

이번에는 수익률곡선이 하향이동 하면서 기울기가 더 가파르게 변한다고 가정하자. 즉, $y_2=4.6\%$, $y_{20}=6.9\%$로 변한다고 하자. 매입포지션에서 7.47만원의 이익이 발생하고 매도포지션에서 1.87만원의 손실이 발생하여 순효과는 5.60만원이다.

2) 매도포지션의 가격하락에 따른 이익이 매입포지션의 가격하락에 의한 손실보다 커 이익이 발생한다. 매도포지션의 경우 가치가 하락하면 이익이 발생한다는 것을 기억하라.

$$\Delta P_{매입} = -\frac{2}{1.05} \times 981 \times (-0.004) = 7.47$$

$$\Delta P_{매도} = -\frac{20}{1.07} \times (-100) \times (-0.001) = -1.87$$

5.2 만기연장거래

수익률곡선의 기울기가 완만해질 것으로 예상되면, 적절한 전략은 짧은 만기의 채권을 매도하고 긴 만기의 채권을 매입한다. 매입포지션과 매도포지션의 금액듀레이션이 동일해야 하는데($DD_{매입} = DD_{매도}$) 매입한 채권의 수정듀레이션이 매도한 채권의 수정듀레이션보다 크므로($MD_{매입} > MD_{매도}$) 매도포지션의 가치가 매입포지션의 가치보다 커야 한다($P_{매입} < P_{매도}$). 이는 $P_{매도} - P_{매입}$만큼의 현금보유포지션이 발생함을 의미한다.

만기연장거래			
이익 : 수익률곡선의 기울기가 완만해짐 손실 : 수익률곡선의 기울기가 더 급해짐			
포지션	구 조	비 중	매 칭
매입포지션	긴 만기 채권 대출(lending)	$100\%-\alpha\%$ $\alpha\%$	금액듀레이션
매도포지션	짧은 만기 채권	-100%	

6 수익률곡선의 적률변화에 따른 투자전략

수익률곡선의 모양 또는 적률(curvature)이 변할 것으로 예상되는 경우에 취하는 전략(또는 채권스왑)에는 보통 3개의 채권을 이용한다. 즉, 중간 만기의 수익률이 긴 만기와 짧은 만기에 비하여 상대적으로 많이 증가할 것으로 예상하면 불렛매도-바벨매입전략(bullet-to-barbell strategy)을 시행하고, 반대의 경우에는 바벨매도-불렛매입전략(barbell-to-bullet strategy)을 시행한다. 이 경우에도 매입포지션과 매도포지션의 금액듀레이션을 일치시키므로 채권포트폴리오의 금액듀레이션은 0이다. 채권포트폴리오의 금액듀레이션이 0이므로 수익률곡선의 평행이동으로부터 보호된다.

6.1 나비형거래

나비형거래(butterfly trade)는 중간 만기의 수익률이 긴 만기와 짧은 만기의 수익률에 비하여 상대적으로 많이 증가할 것으로 예상하는 경우, 즉 적률이 증가하는 경우에 취하는 포지션이다. 이는 중간 만기의 채권을 매도하고 긴 만기와 짧은 만기의 채권을 매입하는 불렛매도-바벨매입 전략이다.

예를 들어, 수정듀레이션이 각각 1.9년, 9.4년, 18.7년인 세 채권을 이용한다고 가정하자. 만약 중간 만기 채권을 1,000만원 매도하면 짧은 만기 채권 554만원과 긴 만기 채권 446만원을 매입해야 한다(x는 짧은 만기 채권에 투자해야 하는 금액임). 즉, 나비형거래에서 순투자금액은 0이다.

$$1{,}000 \times 9.4 = x \times 1.9 + (1-x) \times 18.7 \quad \rightarrow \quad x = 554$$

만일 예상대로 중간 만기의 수익률이 10bp 상승하고 긴 만기와 짧은 만기의 수익률이 각각 10bp 하락한다고 가정하면(즉, 수익률곡선의 변화가 $-10bp/10bp/-10bp$이면), 채권포트폴리오의 수익률은 1.88%이다.

$$\frac{\Delta P}{P} = \left[-\left(\frac{554}{1{,}000} \times 1.9 + \frac{446}{1{,}000} \times 18.7\right) \times (-0.001)\right] - [-9.4 \times 0.001] = 0.0187928$$

수익률곡선이 1%포인트 상향이동 또는 하향이동하는 경우 금액듀레이션을 일치시켰으므로 $\frac{\Delta P}{P} \approx 0$이다. 그러나 바벨포트폴리오의 컨벡시티가 불렛포트폴리오의 컨벡시티보다 크므로 실제로 약간의 이익이 발생한다.

나비형거래			
이익 : 적률증가 손실 : 적률감소			
포지션	구 조	비 중	매 칭
매입포지션	짧은 만기 채권 긴 만기 채권	$\alpha\%$ $\beta\%$ $(\alpha\% + \beta\% = 100\%)$	금액듀레이션 채권가치
매도포지션	중간 만기 채권	-100%	

나비형거래는 채권실무자들이 가장 선호하는 포지션 중의 하나이다. 포지션을 취할 때 채권포트폴리오의 순투자금액은 0이고 금액듀레이션도 0이다. q_{long}, q_{medium}, q_{short}을 각각 장기채권, 중기채권, 단기채권의 수량으로(중간 만기의 채권을 매도하므로 q_{medium}은 음수임), DD_{long}, DD_{medium}, DD_{short}을 각 채권의 금액듀레이션으로, 그리고 P_{long}, P_{medium}, P_{short}을 각 채권의 가격으로 정의하면 다음 두 식이 성립한다.

[식 12.1]

금액듀레이션 = 0 →

$$(q_{short} \times DD_{short}) + (q_{long} \times DD_{long}) + (q_{medium} \times DD_{medium}) = 0$$

순투자금액 = 0 →

$$(q_{short} \times P_{short}) + (q_{long} \times P_{long}) + (q_{medium} \times P_{medium}) = 0$$

투자자의 기대와 달리, 수익률곡선의 적률이 증가하지 않고 수익률곡선의 기울기가 더 가파르게 변한다고 가정하자. 예를 들어, 수익률곡선의 변화가 $-10bp/0/+10bp$이면 매도한 채권의 가격변화는 0이다. 그런데 매입한 채권 중에서 짧은 만기의 채권에서 1.05만원의 이익이 발생하고 긴 만기의 채권에서 8.34만원의 손실이 발생하므로 전체 포트폴리오의 가치는 7.29만원 하락한다.

$$[-1.9 \times 554 \times (-0.001)] + [-18.7 \times 446 \times 0.001] = 1.05 - 8.34 = -7.29$$

따라서 투자자는 나비형거래를 할 때 수익률곡선의 기울기변화로부터도 보호받고자 하는데 이 포지션이 동일가중 나비형거래이다.

6.2 동일가중 나비형거래

기본적인 나비형거래에서 순투자금액은 0이지만 변형된 나비형거래에서는 초기비용이 발생한다. 대표적인 예로 동일가중(fifty-fifty weighting) 나비형거래와 만기가중(maturity weighting) 나비형거래가 있다. 여기서는 동일가중 나비형거래에 대해 설명하기로 한다.

이 거래는 채권포트폴리오의 금액듀레이션을 0으로 함과 동시에 짧은 만기와 긴 만기의 금액듀레이션을 일치시키는 거래이다. 즉,

[식 12.2]

$$(q_{short} \times DD_{short}) + (q_{long} \times DD_{long}) + (q_{medium} \times DD_{medium}) = 0$$

$$q_{short} \times DD_{short} = q_{long} \times DD_{long} = -\frac{q_{medium} \times DD_{medium}}{2}$$

짧은 만기와 긴 만기의 금액듀레이션을 일치시키면 수익률곡선 기울기의 변화로부터 보호된다. 즉, 수익률곡선이 "$-30bp/0/+30bp$" 또는 "$30bp/0/-30bp$" 변하면 포트폴리오의 가치는 변하지 않는다. 동일가중 나비형거래는 단기이자율의 변동성과 장기이자율의 변동성이 동일하다고 가정한다.3)

예시 12-5 기본 나비형거래와 동일가중 나비형거래

단기, 중기, 장기를 대표하는 세 채권의 수익률, 가격, 금액듀레이션이 다음과 같다. 기본 나비형거래와 동일가중 나비형거래를 취하고자 하는 경우 매입해야 할 2년 만기 채권과 10년 만기 채권의 수량을 결정하라. 5년 만기 채권 10,000개를 매도한다고 가정한다.

만기(연)	수익률	채권가격	금액듀레이션	수 량
2년	4.5%	100.936	188.60	q_{short}
5년	5.5%	97.865	421.17	−10,000
10년	6.0%	92.640	701.14	q_{long}

① 기본 나비형거래는 다음 두 식을 만족시켜야 한다.

$$188.6 \times q_{short} + 701.14 \times q_{long} + 421.17 \times (-10,000) = 0$$

$$100.936 \times q_{short} + 92.64 \times q_{long} + 97.865 \times (-10,000) = 0$$

해는 $q_{short} = 5,553.5$, $q_{long} = 4,513.1$이다. 즉, 2년 만기 채권 5,554개와 10년 만기 채권 4,513개를 각각 매입한다. 순투자금액은 0이다.

② 동일가중 나비형거래는 다음 두 식을 만족시켜야 한다.

$$188.6 \times q_{short} + 701.14 \times q_{long} + 421.17 \times (-10,000) = 0$$

$$188.6 \times q_{short} = 701.14 \times q_{long}$$

3) 동일가중 나비형거래는 단기이자율과 장기이자율의 변동성이 같다고 가정한다. 실제로, 단기이자율의 변동성이 장기이자율의 변동성보다 크므로 단기이자율이 장기이자율보다 더 크게 변할 것으로 기대하게 되는데 이 때 적절한 전략이 만기가중 나비형거래이다. 예를 들어, 단기이자율의 변화가 장기이자율 변화의 2배이면, 즉 수익률곡선의 변화 "$-30bp/0/15bp$" 또는 "$30bp/0/-15bp$"로 예상되는 경우 채권포트폴리오의 가치가 보호되도록 포지션을 조정할 수 있다. 본 서에서는 만기가중 나비형거래는 다루지 않기로 한다.

해는 $q_{short} = 11,165.7, q_{long} = 3,003.5$이다. 즉, 투자자가 2년 만기 채권 11,166개와 10년 만기 채권 3,004개를 매입하려면, 5년 만기 채권 10,000개를 매도하고 또한 426,615원을 차입해야 한다.

$$(100.936 \times 11,165.7 + 92.64 \times 3,003.5) - (97.865 \times 10,000) = 426,615$$

두 거래를 정리하면 다음과 같다.

	기본 나비형거래	동일가중 나비형거래
q_{short}	5,553.5개	11,165.7개
q_{long}	4,513.1개	3,003.5개
순투자금액	0원	426,615원

6.3 역나비형거래

역나비형거래(converse trade)는 나비형거래와 정반대 포지션으로 적률이 감소하는 경우에 취하는 포지션이다. 이는 긴 만기와 짧은 만기의 채권을 매도하고 중간 만기의 채권을 매입하는 바벨매도-불렛매입 전략이다.

역나비형거래			
이익 : 적률감소 손실 : 적률증가			
포지션	구 조	비 중	매 칭
매입포지션	중간 만기 채권	100%	금액듀레이션 채권가치
매도포지션	짧은 만기 채권 긴 만기 채권	$-\alpha\%$ $-(100\%-\alpha\%)$	

7 스프레드 변화에 따른 투자전략

이 투자전략은 2개의 수익률곡선간의 차이인 스프레드의 변화를 예상하고 포지션을 취하는 스왑이다. 만약 국채와 회사채 간의 스프레드가 비정상적으로 크게 형성되어 있어 조만간 스프레드가 감소할 것으로 예상하면, 투자자는 국채를 매도하고 회사채를 매입하는 스프레드감소거래(spread narrowing trade)를 이행한다. 실제로 스프레드가 감소하면 매입한 회사채의 가격은 상승하고 매도한 국채의 가격은 하락하게 된다. 이 때 매입포지션과 매도포지션의 투자금액과 금액듀레이션을 일치시킨다.

만약 국채와 회사채 간의 스프레드가 커질 것으로 예상하면 투자자는 회사채를 매도하고 국채를 매입하는 스프레드확대거래(spread widening trade)를 이행한다. 상향수익률곡선 하에서 스프레드가 예상대로 증가하면 이 포지션에서 자본이익이 발생하지만 매도한 회사채의 수익률이 매입한 국채의 수익률보다 높으므로 수익률 손실이 예상된다.

이 전략은 단일 수익률곡선 하에서 단기와 장기 이자율간의 차이를 이용하기도 한다. 즉, 단기이자율과 장기이자율간의 스프레드가 감소할 것으로 예상하면 상대적으로 가격이 높은 단기국채를 매도하고 상대적으로 가격이 저렴한 장기국채를 매입한다.

예시 12-6 LTCM의 수렴전략

LTCM(Long-Term Capital Management)은 1994년 2월 설립된 유한합자회사로 설립자 John Meriwether를 비롯한 15명의 파트너에 의해 운영되는 헤지펀드이다. 1994년에 출자된 1억 4백만 달러는 1997년 19억 달러로 성장하였으며 노벨수상자인 로버트 멀튼과 마이런 숄즈가 파트너로 참여했다는 점에 크게 언론의 관심을 받았다.

LTCM은 심도깊은 통계분석을 통하여 다양한 투자자산 가격간의 관계, 특정 자산의 만기별 관계, 자산과 그 자산에 기초한 파생상품간의 관계 등을 집중적으로 분석하고, 두 자산간의 상대가치(relative value)가 과거자료에 기초하여 일정한 범위를 벗어나면 상대적으로 과소평가된 자산을 매입하고 상대적으로 과대평가된 자산을 매도하는 전략을 추구하였다.

LTCM은 10년 만기와 1년 만기 국채수익률 스프레드 −3%부터 +3%까지를 정상적인 스프레드로 간주하고 스프레드가 이 범위를 벗어나면 향후에 스프레드가 다시 정상 범위로 복귀할 것으로 기대하고 차익거래 포지션을 취하였다(이런 의미에서 이 차익거래전략은 수렴전략(convergence strategy)으로 불림). 예를 들어, 10년 만기 국채수익률이 7%이고 1년 만기 국채수익률이 3%로 스프레드가 4%로 확대되었다고 가정하자. 스프레드가 감소할 것으로 예상하면, 즉 장기국채수익률이 감소하고 단기국채수익률이 증가하여 T-bill 가격은 하락하고 T-bond 가격은 상승할 것이므로 차익거래전략은 상대적으로 가격이 낮은 T-bond를 매입하고 상대적으로 가격이 높은 T-bill를 매도하는 것이다.

LTCM은 수익률곡선이 전반적으로 상향이동하든 하향이동하든 관계없이 스프레드가 감소하는 한 이익을 얻게 된다. 이런 의미에서 차익거래포지션은 시장중립적(market-neutral) 포지션이다.

8 상황대응면역전략

상황대응면역전략(contingent immunization)은 유리한 상황에서는 적극적인 투자전략을 구사하다가 상황이 불리해지면 듀레이션을 이용한 면역전략으로 전환하는 투자전략을 말한다. 예를 들어, 투자자는 현재 10억을 보유하고 있으며 2년 후 목표금액은 11억원이다. 현재의 수익률이 15%이므로 2년 후의 11억원은 오늘의 $\frac{11}{1.15^2}=8.3$억원과 동일하다. 일단 10억으로 적극적인 투자전략을 구사한다. 만일 [그림 14-2]의 A패널처럼 투자성과가 좋아 시점별 목표달성을 위한 최저가치수준 또는 면역전략으로 전환해야 하는 가치(trigger point)를 상회하는 경우 계속 적극적인 투자전략으로 최대한의 가치상승을 추구하게 된다. 그러나 B패널처럼 중도에(즉, t^*시점에서) 최저가치수준으로 하락하게 되면 적극적인 투자전략을 포기하고 2년 후 기준으로 11억원을 달성하기 위하여 즉각 면역전략으로 전환한다.

그림 12-2 상황대응면역전략

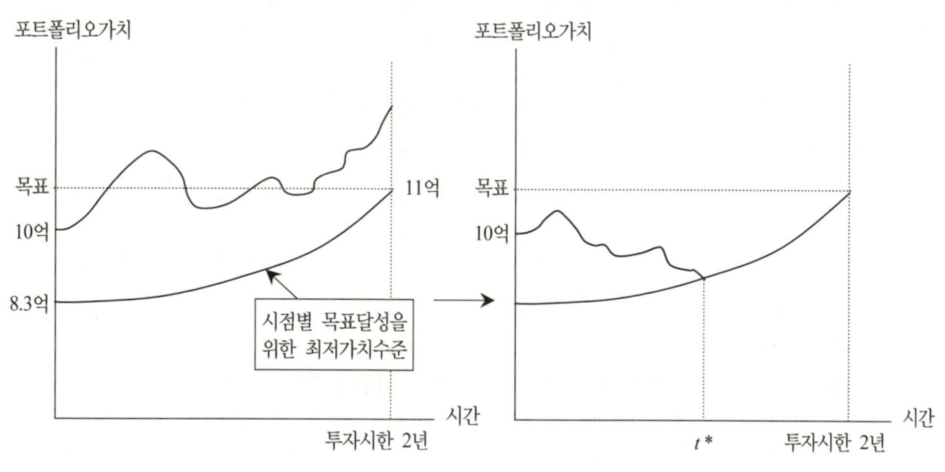

요점정리

- 투자시한분석은 투자기간 동안의 보유수익률(또는 총투자수익률)을 계산하고 이에 기초하여 투자대상을 선정하는 분석이다.

- 수익률곡선타기는 현재의 상향수익률곡선이 변하지 않을 것으로 예상되면 수익률 하락으로부터 발생하는 자본이득을 적극적으로 추구하는 전략이다.

- 수익률곡선 움직임의 거의 대부분은 수익률곡선 수준의 변화, 기울기의 변화, 적률의 변화로 설명되므로 다음과 같은 투자전략이 가능하다.

  ① 시장방향에 대한 베팅: 수익률곡선의 평행이동에 대한 전략(매입/매도 포지션의 가치를 일치시킴)
  - 강세거래전략
    - 수익률곡선의 하향 평행이동을 예상(듀레이션 짧은 채권 매도, 듀레이션 긴 채권 매입)
  - 약세거래전략
    - 수익률곡선의 상향 평행이동을 예상(듀레이션 긴 채권 매도, 듀레이션 짧은 채권 매입)

  ② 수익률곡선 기울기에 대한 베팅(매입/매도 포지션의 금액듀레이션을 일치시킴)
  - 만기단축거래
    - 수익률곡선의 기울기가 가파르게 될 것으로 예상
    - 듀레이션이 긴 채권 매도, 듀레이션 짧은 채권 매입
    - $DD_{매입} = DD_{매도}$, $MD_{매입} < MD_{매도}$ $\rightarrow$ $P_{매입} > P_{매도}$(차입해야 함)
  - 만기연장거래
    - 수익률곡선의 기울기가 완만해질 것으로 예상
    - 듀레이션이 짧은 채권 매도, 듀레이션 긴 채권 매입
    - $DD_{매입} = DD_{매도}$, $MD_{매입} > MD_{매도}$ $\rightarrow$ $P_{매입} < P_{매도}$(현금유입됨)

  ③ 수익률곡선 적률에 대한 베팅(매입/매도 포지션의 금액듀레이션과 가치를 일치시킴)
  - 나비형거래
    - 중간 만기의 수익률이 긴 만기와 짧은 만기에 비하여 상대적으로 많이 증가할 것으로 예상하는 경우(즉, 적률이 증가하는 경우)
    - 중간 만기의 채권을 매도하고 긴 만기와 짧은 만기의 채권을 매입(불렛매도-바벨매입 전략)
    - 동일가중 나비형거래: 짧은 만기와 긴 만기의 금액듀레이션을 일치시킴(순투자금액 $\neq 0$)
  - 역나비형거래
    - 나비형거래와 정반대 포지션으로 적률이 감소하는 경우에 취하는 포지션
    - 긴 만기와 짧은 만기의 채권을 매도하고 중간 만기의 채권을 매입(바벨매도-불렛매입 전략)

- 국채와 회사채간 스프레드 감소 예상 → 국채매도, 회사채매입
  국채와 회사채간 스프레드 증가 예상 → 국채매입, 회사채매도

- 상황대응면역전략은 유리한 상황에서는 적극적인 투자전략을 구사하다가 상황이 불리해지면 듀레이션을 이용한 면역전략으로 전환하는 투자전략이다.

객관식 문제

1 국채와 회사채간의 스프레드가 증가할 것으로 예상되는 경우 적절한 포지션은 무엇인가?

① 국채 매입, 회사채 매도
② 국채 매도, 회사채 매입
③ 국채 매입, 회사채 매입
④ 국채 매도, 회사채 매도
⑤ 정답 없음

정답 ①

풀이 국채와 회사채 간의 스프레드가 커질 것으로 예상하면 투자자는 회사채를 매도하고 국채를 매입해야 한다.

2 1년 만기 무이표채의 만기수익률이 5.5%이고 2년 만기 무이표채의 만기수익률이 5.8%이다. 현재의 수익률곡선이 변하지 않는다고 가정하자. 액면 10,000원 2년 만기 무이표채를 매입한 투자자가 1년 후에 채권을 매도한다면 수익률은 얼마로 예상되는가?

① 5.5% ② 5.8% ③ 6.0%
④ 6.1% ⑤ 정답 없음

정답 ④

풀이 선도이자율이 $\frac{1.058^2}{1.055}-1=6.10\%$이다. 2년 만기 무이표채의 가격이 $\frac{10,000}{1.058^2}=8,933.64$원이고 1년 후 매도가격이 $\frac{10,000}{1.055}=9,478.67$원이므로 수익률은 $\frac{9,478.67}{8,933.64}-1=6.10\%$이다. 이 수익률은 정확히 선도이자율 ${}_1f_2$과 동일하다.

3 매입포지션과 매도포지션의 금액듀레이션을 일치시킬 필요가 없는 전략은?

① 나비형거래 ② 만기연장거래 ③ 강세거래전략
④ 역나비형거래 ⑤ 정답 없음

정답 ③
풀이 강세거래전략과 약세거래전략의 경우 금액듀레이션을 일치시킬 필요가 없다.

4 중간 만기의 수익률이 긴 만기와 짧은 만기에 비하여 상대적으로 많이 증가할 것으로 예상하면 취하는 전략으로 가장 적절한 것은?

① 뷸렛매도-레더매입 전략
② 뷸렛매도-바벨매입 전략
③ 뷸렛매입-바벨매도 전략
④ 바벨매도-레더매입 전략
⑤ 정답 없음

정답 ②
풀이 중간 만기의 수익률이 긴 만기와 짧은 만기에 비하여 상대적으로 많이 증가할 것으로 예상하면 뷸렛매도-바벨매입 전략(bullet-to-barbell strategy)을 시행한다.

5 리터맨과 쉐인크맨은 수익률곡선의 움직임을 분석한 결과 중요한 요인 세 개를 발견하였다. 설명력이 큰 순서대로 세 요인이 옳게 나열된 것은?

① 수준, 적률, 기울기
② 수준, 기울기, 적률
③ 기울기, 수준, 적률
④ 적률, 기울기, 수준
⑤ 정답 없음

정답 ②
풀이 세 요인은 설명력이 큰 순서대로 각각 수익률곡선의 전반적인 수준의 변화, 기울기의 변화, 그리고 적률의 변화이다.

6 수익률곡선의 기울기가 완만해 질 것으로 예상되면 취하는 전략으로 가장 적절한 것은?

① 강세거래전략　② 만기연장거래　③ 만기단축거래
④ 나비형거래　⑤ 정답 없음

정답 ②
풀이 수익률곡선의 기울기가 완만해질 것으로 예상되면 만기연장거래를 실시하고 반대로 기울기가 가파르게 될 것으로 예상되면 만기단축거래를 실시한다.

7 나비형거래에 대한 설명으로 틀린 것은? 현재 수익률곡선은 오목한 상향수익률곡선이다.

① 중간 만기의 수익률이 긴 만기와 짧은 만기에 비하여 상대적으로 많이 증가할 것으로 예상하는 경우에 취한다.
② 나비형거래는 바벨매도-불렛매입으로도 불린다.
③ 수익률곡선이 평행이동하는 경우 포트폴리오의 가치는 보호된다.
④ 수익률곡선의 기울기가 더 가파르게 변하면 손실이 발생한다.
⑤ 순투자금액은 0이다.

정답 ②
풀이 나비형거래는 바벨매입-불렛매도이다.

8 다음 거래 중에서 cash-neutral position이 아닌 것은?

① 강세거래전략　② 약세거래전략　③ 만기단축거래
④ 나비형거래　⑤ 정답 없음

정답 ③
풀이 cash-neutral position은 순투자금액이 0인 포지션을 말한다. 강세거래전략/약세거래전략과 나비형거래/역나비형거래는 순투자금액이 0이다.

주관식 문제

1 1년 만기 무이표채의 만기수익률이 5%이고 2년 만기 무이표채의 만기수익률이 6%라고 가정하자. 포지션을 취한 직후 수익률곡선이 다음과 같이 변한다면 2년 만기 무이표채를 매입하여 1년 후 매도하면 얼마의 수익률을 얻게 되는가?

(1) 수익률곡선이 5.5%에서 수평이 됨

(2) 1년 만기 현물이자율이 7.5%, 2년 만기 현물이자율이 6%

(3) 1년 만기 현물이자율이 3%, 2년 만기 현물이자율이 5%

(4) 1년 수익률이 5% 이상이 되기 위한 조건은 무엇인가?

해답

상황별 매도가격과 예상 수익률이 다음과 같다. 2년 만기 무이표채의 매입가격은 $\frac{10,000}{1.06^2}=$ 8,899.96원이다.

새 수익률곡선	매도가격	예상 수익률
(1) $y_1=5.5\%,\ y_2=5.5\%$	$\frac{10,000}{1.055}=9,478.67$	$\frac{9,478.67-8,899.96}{8,899.96}=6.5\%$
(2) $y_1=7.5\%,\ y_2=6\%$	$\frac{10,000}{1.075}=9,302.33$	$\frac{9,302.33-8,899.96}{8,899.96}=4.52\%$
(3) $y_1=3\%,\ y_2=5\%$	$\frac{10,000}{1.03}=9,708.74$	$\frac{9,708.74-8,899.96}{8,899.96}=9.09\%$

(4) 2년 만기 채권을 매입하여 1년 후 매도하는 경우 매도시점의 1년 만기 현물이자율이 ${}_1f_2=7.01\%$를 초과하지 않는 한(즉, 이자율이 크게 상승하지 않는 한) 투자자는 1년 동안의 투자수익률을 5% 이상으로 유지할 수 있다.

2 다음 세 개의 채권을 이용하여 나비형거래를 한다고 가정하자. 즉, 투자자는 10년 만기채권 10,000개를 매도하고 2년 만기 q_{short}개와 30년 만기 채권 q_{long}개를 각각 매입한다고 하자. 편의상 수평수익률곡선을 가정하자. 채권은 연 1회 이자를 지급한다.

만기(연)	액면이자율	수익률	채권가격	금액듀레이션	수 량
2년	6%	6%	100	183.34	q_{short}
10년	6%	6%	100	736.01	-10,000
30년	6%	6%	100	1,376.48	q_{long}

(1) q_{short}와 q_{long}을 구하라.

(2) 수익률이 7%로 상승하면 나비형거래의 이익/손실은 얼마인가? 만일 수익률이 5%로 하락하면 이익/손실은 얼마인가? 채권의 새로운 가격을 실제로 계산하고 이로부터 이익/손실을 산출하라.

(3) (2)에서 계산한 나비형거래의 이익/손실과 수익률간의 관계는 무엇인가? 그래프를 이용하여 설명하라.

(4) 듀레이션을 이용하여 수익률이 7%와 5%로 변하는 경우의 나비형거래 이익/손실을 계산하라. 이를 (2)의 결과와 비교하라.

해답

(1) 다음 식으로부터 $q_{short}=5{,}368$, $q_{long}=4{,}632$가 계산된다.

$$183.34\times q_{short}+1{,}376.48\times q_{long}+736.01\times(-10{,}000)=0$$

$$q_{short}\times 100+q_{long}\times 100+(-10{,}000)\times 100=0$$

(2) 새로운 수익률에서 채권가격은 다음과 같다. 예를 들어, 6%/30년 채권의 가격은 수익률 7%에서 $\frac{6}{0.07}+\frac{100-\frac{6}{0.07}}{1.07^{30}}=87.59$이다.

만 기	수익률 7%에서의 가격	수익률 5%에서의 가격
2	98.19	101.86
10	92.98	107.72
30	87.59	115.37

수익률이 7%로 변하면 이익은 3,001원이고, 수익률이 5%로 변하면 이익은 3,978원이다.

$$5{,}368\times 98.19+4{,}632\times 87.59-10{,}000\times 92.98=3{,}001$$

$$5{,}368\times 101.86+4{,}632\times 115.37-10{,}000\times 107.72=3{,}978$$

(3) 수평수익률곡선이 평행이동하는 경우 나비형거래의 이익과 수익률간의 관계는 다음과 같다.

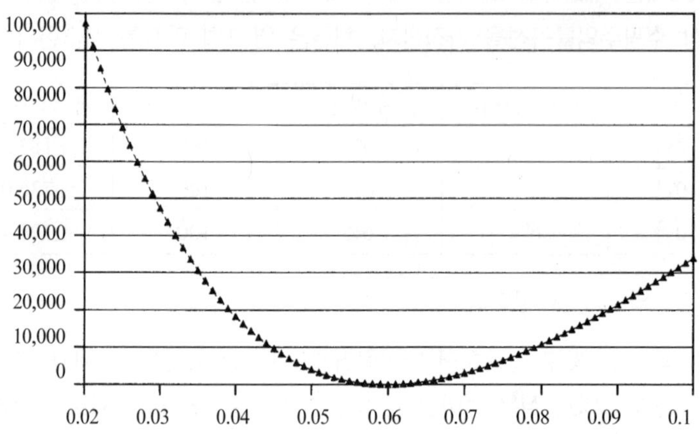

(4) 매도포지션의 가치변화는 73,601원이고 매입포지션의 가치변화는 -73,600원이므로 나비형거래의 이익/손실은 0이다.

$$\Delta V_{매도} = -736.01 \times 0.01 \times (-10,000) = 73,601$$

$$\Delta V_{매입} = [-183.34 \times 0.01 \times 5,368] + [-1,376.48 \times 0.01 \times 4,632] = -73,600$$

매입포지션과 매도포지션의 금액듀레이션을 일치시켰으므로 듀레이션을 이용하여 이익/손실을 계산하면 0으로 계산된다. 그러나 바벨포트폴리오로 구성된 매입포지션의 컨벡시티가 불렛포트폴리오로 구성된 매도포지션의 컨벡시티보다 크다. 따라서 수익률곡선이 상향 평행이동하는 경우 매입포지션의 가격하락에 따른 손실이 매도포지션의 가격하락에 따른 이익보다 작으므로 나비형거래에서 이익이 발생한다. 반대로 수익률곡선이 하향 평행이동하는 경우 매입포지션의 가격상승에 따른 이익이 매도포지션의 가격상승에 의한 손실보다 크므로 나비형거래에서 이익이 발생한다.

3 수익률곡선이 $y_1 = 5.0\%$, $y_2 = 5.1\%$, $y_{19} = 6.9\%$, $y_{20} = 7.0\%$라고 가정하자. 투자자는 2년 만기무이표채를 매도하고 20년 만기 무이표채를 매입하는 강세거래전략을 시행한다. 이 때 매입한 금액과 매도한 금액은 동일하다.

(1) 포지션을 취한 직후 수익률곡선이 1%포인트 하향이동하고 그 후 변하지 않는다고 가정하자. 투자자의 1년 보유수익률을 계산하라. 1년 보유수익률이 수익률곡선이 변하는 시점에서의 투자수익률보다 높은 이유는 무엇인가?

(2) 수익률곡선이 1년 동안 변하지 않으면 투자자의 1년 보유수익률은 얼마인가?

(3) 포지션을 취한 직후 수익률곡선이 모든 만기에 대하여 15bp 상승하고 그 후 변하지 않는다고 가정하자. 투자자의 1년 보유수익률을 계산하라.

해답

(1) 매도한 짧은 만기 채권의 가격은 $\frac{100}{1.051^2} = 90.53$에서 $\frac{100}{1.041^2} = 92.28$로 1.93% 즉각적으로 상승하고 매입한 긴 만기 채권의 가격은 $\frac{100}{1.07^{20}} = 25.84$에서 $\frac{100}{1.06^{20}} = 31.18$로 20.67% 즉각적으로 상승한다. 투자자는 20.67 - 1.93 = 18.74%를 실현한다. 만약 1년 동안 포지션을 유지한다고 하자. 1년 후, 짧은 만기 채권의 가격은 $\frac{100}{1+0.05-0.01} = 96.15$로 $\frac{96.15}{90.53} - 1 = 6.21\%$ 상승하고, 긴 만기 채권의 가격은 $\frac{100}{(1+0.069-0.01)^{19}} = 33.65$로 $\frac{33.65}{25.84} - 1 = 30.22\%$ 상승한다. 따라서 투자자는 30.22 - 6.21 = 24.01%를 실현한다. 18.74%보다 높은 수익률을 실현하는 이유는 ① 상향수익률곡선의 경우 매입한 채권의 수익률이 매도한 채권의 수익률보다 높고(이를 positive carry 라고 함) ② 상향수익률곡선의 곡선타기 이점(roll-down effect) 때문이다.

(2) 예상과 달리 수익률곡선이 변하지 않으면 1년 후 기준으로 짧은 만기 채권가격은 $\frac{100}{1.051^2}$에서 $\frac{100}{1.05}$로 5.20% 상승하고 긴 만기의 채권 가격은 $\frac{100}{1.07^{20}}$에서 $\frac{100}{1.069^{19}}$로 8.92% 상승하므로 동일금액에 매입과 매도포지션을 취한 채권포트폴리오의 1년 보유수익률이 3.72%가 된다.

(3) 짧은 만기 채권가격은 $\frac{100}{1.051^2}$에서 $\frac{100}{1+0.05+0.0015}$로 5.05% 상승하고 긴 만기 채권가격은 $\frac{100}{1.07^{20}}$에서 $\frac{100}{(1+0.069+0.0015)^{19}}$로 6.05% 상승한다. 이자율이 상승하고 긴 만기 채권을 보유함에도 불구하고 positive carry와 곡선타기 이점으로 투자자는 손해 보지 않는다(즉, 채권포트폴리오의 1년 보유수익률은 1.0%임).

채권의 가치평가와 투자전략

CHAPTER 13

이자율모형

1. 이자율모형의 소개
2. 균형모형
3. 무차익모형

CHAPTER 13

이자율모형

1 이자율모형의 소개

이자율모형은 균형모형(equilibrium model)과 무차익모형(no arbitrage model)으로 구분된다. 균형모형에서는 먼저 이자율의 확률과정을 결정한 후 과거 수익률곡선 자료에 기초하여 확률과정의 계수(parameter)를 추정해 단기이자율(short-term interest rate)의 이항과정을 구성하고 이로부터 수익률곡선을 추정한다. 즉, 과거의 채권가격에 영향을 미친 수익률곡선의 움직임을 파악한 후 이에 기초하여 현재 거래되고 있는 채권의 가치를 결정하는 모형이다. 균형모형에 의해 평가된 채권의 균형가격이 실제의 채권가격과 상이하게 되므로 투자자는 이 모형을 이용하여 채권의 과소 또는 과대 평가 여부를 판단할 수 있다.

균형모형이 채권의 적정가격 또는 균형가격을 결정하는데 유용하지만 금리파생상품 또는 채권에 내재된 옵션의 가치평가에는 크게 도움이 되지 않는다. 왜냐하면 파생상품의 가격은 기초자산의 현재 시장가격에 의해 결정되기 때문이다. 파생상품을 거래하는 목적은 크게 투기거래, 헤지거래, 차익거래이다. 헤지거래와 차익거래를 할 때에는 기초자산과 파생상품에 동시에 포지션을 취하게 된다. 이 경우 중요한 것은 기초자산의 가격이 균형가격인가의 여부가 아니라 파생상품의 가격이 기초자산 가격과 비교하여 상대적으로 일관성있게 결정되었는가의 여부이다(기초자산이 현재 과소/과대 평가되었는지는 그리 중요하지 않음). 즉, 균형모형에 의해 산출된 가격이 시장가격이 아니므로 균형모형은 파생상품의 가치평가에는 적절하지 않다. 랜들만-바터모형(Rendleman-Barter model, 1980), 배시첵모형(Vasicek model, 1977), 콕스-잉거솔-로스모형(Cox-Ingersoll-Ross model, 1985) 등은 균형모형에 속한다.

무차익모형은 현재의 시장가격과 일관성있도록 이항모형을 구성하므로 무차익모형에 의해 계산된 채권가격은 항상 시장가격과 동일하고 따라서 이 모형으로 채권투자의 적정성 여부를 판단할 수 없다. 그러나 파생상품의 가치는 기초자산 시장가격과의 차익거래를 배제하는 가격으로 결정되므로 무차익모형은 파생상품의 가치를 평가하는데 매우 유용하다. 블랙-더만-토이 모형(Black-Derman-Toy model, 1990), 호-리 모형(Ho-Lee model, 1986), 히쓰-재로우-모톤 모형(Heath-Jarrow-Morton model, 1992) 등은 무차익모형에 속한다.

2 균형모형

2.1 랜덤워크모형

주식 또는 채권의 가격을 이용하여 이항과정을 구성할 수 있듯이 이자율을 이용해서도 이항과정을 구성할 수 있다. 예를 들어, 현재의 이자율은 10%이고 기간마다 25%씩 상승하거나 또는 20%씩 하락한다고 가정하자. 즉, $r=10\%$, $u=1.25$, $d=0.8$.[1] 이자율의 이항과정에서 이자율이 상승할 확률과 하락할 확률은 동일하다. 즉, $q=0.5$.[2] 이 이항과정에 표기된 이자율은 1년 만기 현물이자율인 단기이자율이다.[3] 단기이자율의 4년 이항과정은 [그림 13-1]과 같다.

그림 13-1 단기이자율의 이항과정($r_0=10\%$, $u=1.25$, $d=0.8$, $q=0.5$)

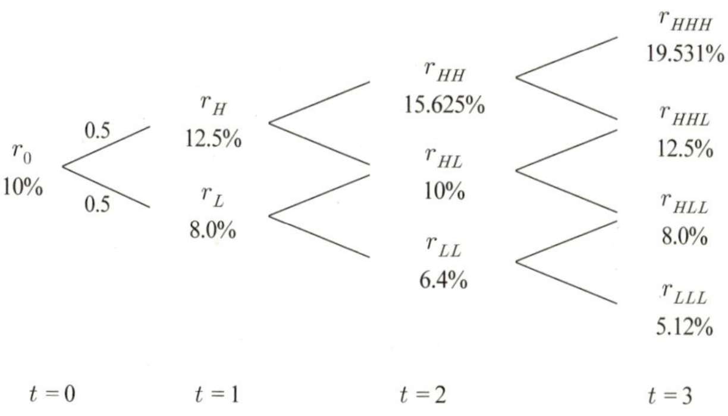

1) u, d의 값은 이자율 변동성에 의해 결정된다.

2) 주식옵션의 가치를 평가하는 이항분포모형에서는 대체로 옵션의 미래현금흐름을 계산하고 위험중립확률을 구한 후 기대현금흐름을 산출한다. 반면에 이자율모형에서는 위험중립확률을 0.5로 가정하고 채권의 미래가격을 구한 후 확률로 가중한 기대가치를 산출한다.

3) 제7장에서 1년 만기 현물이자율을 단기이자율로 불렀으며 이를 ${}_0r_1$, ${}_1r_2$, ${}_2r_3$로 표기하였다. 본 절의 이항모형에서는 ${}_0r_1$을 r_0로 표기하고, r_H와 r_L이 ${}_1r_2$에 해당되고, r_{HH}, r_{HL}, r_{LL}은 ${}_2r_3$에 해당된다.

이 이항과정을 이용하여 수익률곡선과 무이표채의 가격을 구해 보자. 원금이 1원인 무이표채 가격을 $b(t,T)$로 정의하자. 여기서 t은 평가시점이고 T는 무이표채의 만기이다. 원금이 1원이고 만기가 1년인 무이표채의 가격은 0.9091원이고 1년 만기 현물이자율은 아래의 이항과정에 표기되어 있듯이 $y_1 = 10\%$이다.

$$b(0,1) = \frac{1}{1.1} = 0.9091 \quad \rightarrow \quad y_1 = 10\%$$

r_0
10%
0.9091

1
1

$t=0$ $t=1$

이번에는 원금이 1원이고 만기가 2년인 무이표채를 고려해 보자. $\frac{1}{1.125} = 0.8889$이고 $\frac{1}{1.08} = 0.9259$이므로 현재시점에서 무이표채의 가치는 0.8249원이다.

$$b(0,2) = \frac{0.5 \times 0.8889 + 0.5 \times 0.9259}{1.1} = 0.8249$$

따라서 2년 만기 현물이자율은 $b(0,2) = \frac{1}{(1+y_2)^2}$로부터 $y_2 = \left(\frac{1}{0.8249}\right)^{\frac{1}{2}} - 1 = 10.1\%$이다. 이자율의 2기간 이항과정은 다음과 같다.

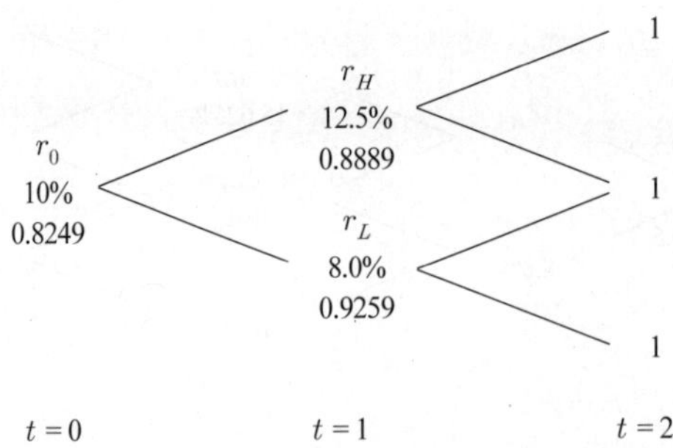

원금이 1원이고 만기가 3년인 무이표채의 경우, $\frac{1}{1.15625} = 0.8649$, $\frac{1}{1.1} = 0.9091$, $\frac{1}{1.064} = 0.9398$이고 1년 후 가격이 각각 0.7884원과 0.8560원으로 계산되므로,

$$b_H(1,3) = \frac{0.5 \times 0.8649 + 0.5 \times 0.9091}{1.125} = 0.7884$$

$$b_L(1,3) = \frac{0.5 \times 0.9091 + 0.5 \times 0.9398}{1.08} = 0.8560$$

3년 만기 무이표채의 가격은 $b(0,3) = \frac{0.5 \times 0.7884 + 0.5 \times 0.8560}{1.1} = 0.7475$원이고 3년 만기 현물이자율은 $y_3 = \left(\frac{1}{0.7475}\right)^{\frac{1}{3}} - 1 = 10.19\%$이다. 이자율의 3기간 이항과정은 다음과 같다.

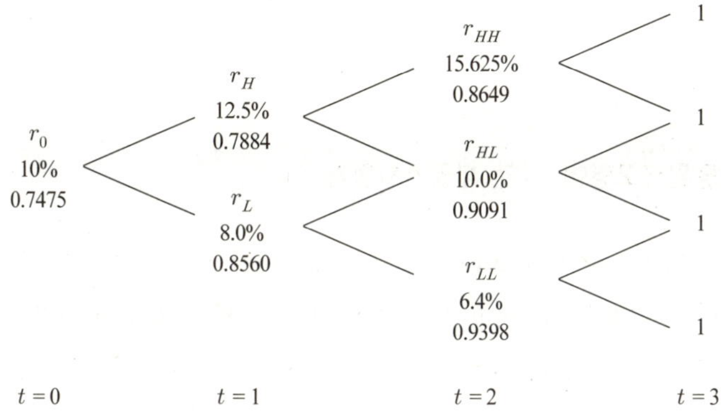

같은 방식으로 1기간을 연장하면 4년 만기 현물이자율이 10.26%로 계산된다. 이 랜덤워크모형은 랜들만-바터 모형을 이항모형으로 표현한 것이다. 이 모형의 입력변수와 결과물은 다음과 같다.

입력변수 : $r_0 = 10\%$, $u = 1.25$, $d = 0.8$, $q = 0.5$
결 과 물 : $y_1 = 10.00\%$, $y_2 = 10.10\%$, $y_3 = 10.19\%$, $y_4 = 10.26\%$

예시 13-1 4년 만기 현물이자율의 계산

본문에 제시된 4년 만기 현물이자율 10.26%를 직접 계산해 보자. 계산에 이용되는 4기간 이항과정은 다음과 같고 4년 만기 현물이자율은 $y_4 = \left(\frac{1}{0.6766}\right)^{\frac{1}{4}} - 1 = 10.26\%$이다.

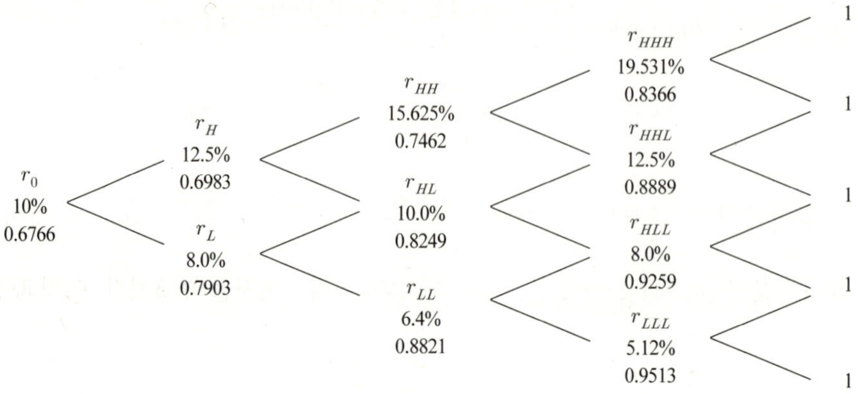

예시 13-2 랜덤워크모형에 의한 채권가치평가

만기가 3년이고 액면이자율이 8%이고 원금이 10,000원인 채권이 액면에 거래되고 있다. 현재 1년 만기 현물이자율은 8%이고 매기간 마다 20%씩 상승하거나 또는 20%씩 하락한다고 가정하자. 이자율의 상승과 하락확률은 동일하다. 이 채권의 과소 또는 과대평가 여부를 판단하라.

$r_0 = 8\%,\ u = 1.2,\ d = 0.8,\ q = 0.5$이므로 다음의 이자율 이항과정이 구성된다.

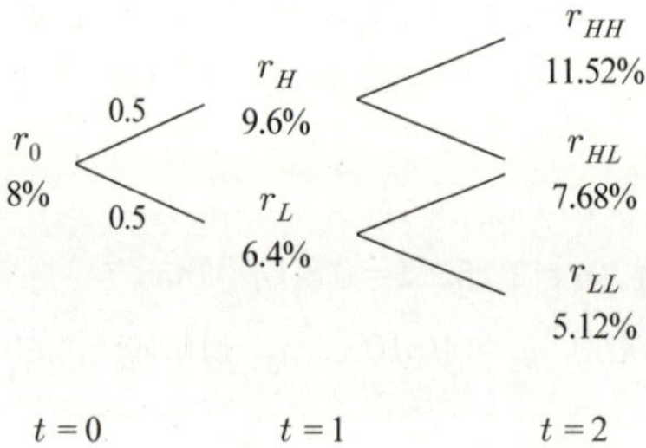

1년 만기 무이표채의 가격은 $\dfrac{1}{1.08} = 0.9259$원이고 수익률은 $y_1 = 8\%$이다. 2년 만기 무이표채의 가격이 0.8575원이므로 2년 만기 현물이자율은 $y_2 = 7.99\%$이다.

$$\frac{0.5 \times \left(\dfrac{1}{1.096} + \dfrac{1}{1.064}\right)}{1.08} = 0.8575$$

$$y_2 = \left(\frac{1}{0.8575}\right)^{\frac{1}{2}} - 1 = 7.99\%$$

3년 만기 무이표채의 경우, 1년 후 가격이 각각 0.8327원과 0.8834원이다.

$$b_H(1,3) = \frac{0.5 \times \left(\frac{1}{1.1152} + \frac{1}{1.0768} \right)}{1.096} = 0.8327$$

$$b_L(1,3) = \frac{0.5 \times \left(\frac{1}{1.0768} + \frac{1}{1.0512} \right)}{1.064} = 0.8834$$

3년 만기 무이표채의 현재 가격이 $b(0,3) = \frac{0.5 \times 0.8327 + 0.5 \times 0.8834}{1.08} = 0.7945$원이므로 3년 만기 현물이자율은 $y_3 = \left(\frac{1}{0.7945} \right)^{\frac{1}{3}} - 1 = 7.97\%$이다. $y_1 = 8.00\%$, $y_2 = 7.99\%$, $y_3 = 7.97\%$에서 3년 만기 이표채($c = 8\%$, $T = 3$, $F = 10{,}000$)의 균형가격이 10,007.28원이므로 이 채권은 현재 시장에서 과소평가되어 있다.

$$P_0 = \frac{800}{1.08} + \frac{800}{1.0799^2} + \frac{10{,}800}{1.0797^3} = 10{,}007.28$$

2.2 평균회귀모형

앞의 모형에서 이자율이 상승 또는 하락할 확률은 이자율의 수준과 무관하게 결정되었다. 그러나 실증결과에 의하면 이자율이 장기평균이자율 수준에 회귀하는 평균회귀현상(mean reversion)을 따르므로 이를 모형에서 고려해 주는 것이 바람직하다.

이자율의 상승확률과 하락확률이 이자율 수준과 연계될 수 있도록 다음과 같은 이항과정을 가정하자. [그림 13-2]에서 매 기간마다 이자율은 δ만큼 상승하거나 하락한다.

그림 13-2 평균회귀모형

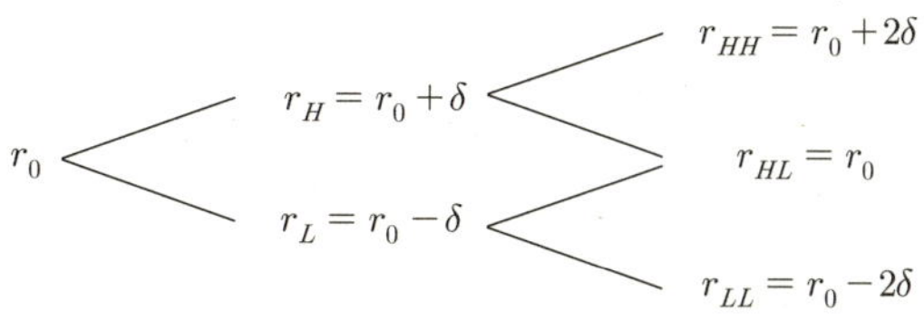

평균회귀모형에서 상한선은 2μ로 하한선은 0으로 설정될 수 있다. t시점에서 상승확률 q는 $1-\frac{r_t}{2\mu}$이고 하락확률 $1-q$는 $\frac{r_t}{2\mu}$이다. 즉, $r_t=\mu$이면 상승확률과 하락확률은 같다. 또한 $r_t>\mu$이면 상승확률은 하락확률보다 작고, 반대로 $r_t<\mu$이면 상승확률은 하락확률보다 크다. 이런 관점에서 μ는 장기평균이자율의 의미를 갖는다. 한편, δ는 평균수준으로 회귀하는 속도를 조정하는 계수이다. 만일 δ가 크면 단기이자율은 장기평균이자율로 빠르게 접근하는 반면에, δ가 작으면 단기이자율은 장기평균이자율로 천천히 접근하게 된다.

예를 들어, 현재 이자율은 $r_0=10\%$이고 $\delta=1\%$, $\mu=12\%$로 설정하자. 1년 만기 단기이자율은 [그림 13-3]과 같이 변하는 것으로 모형화 된다. 예를 들어, 이자율이 11%이면 상승할 확률은 $1-\frac{0.11}{2\times0.12}=0.5417$이고, 이자율이 9%이면 상승할 확률은 $1-\frac{0.09}{2\times0.12}=0.6250$이다.

먼저 1년 만기 현물이자율은 $y_1=10\%$이다. $\frac{1}{1.11}=0.9009$이고 $\frac{1}{1.09}=0.9174$이므로 $b(0,2)=\frac{0.5833\times0.9009+0.4167\times0.9174}{1.1}=0.8253$이다. 따라서 $y_2=\sqrt{\frac{1}{0.8253}}-1=10.076\%$이다. 같은 방식으로 $b(0,3)=0.7482$이므로 $y_3=\left(\frac{1}{0.7482}\right)^{\frac{1}{3}}-1=10.152\%$이다.

그림 13-3 평균회귀모형($r_0=10\%$, $\delta=1\%$, $\mu=12\%$)

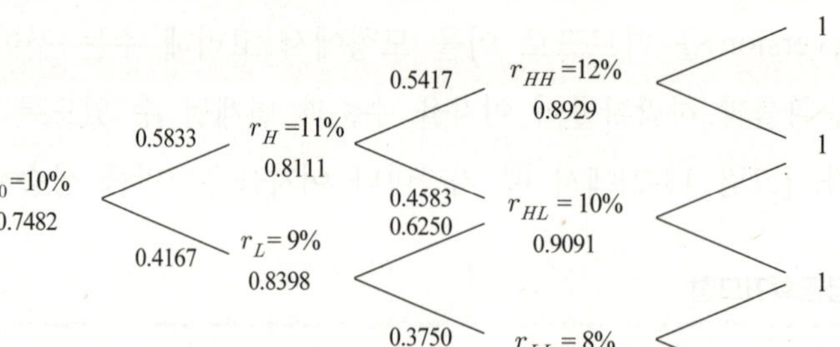

$$\frac{1}{1.12}=0.8929,\quad \frac{1}{1.1}=0.9091,\quad \frac{1}{1.08}=0.9259$$

$$b_H(1,3)=\frac{0.5417\times0.8929+0.4583\times0.9091}{1.11}=0.8111$$

$$b_L(1,3) = \frac{0.625 \times 0.9091 + 0.375 \times 0.9259}{1.09} = 0.8398$$

$$b(0,3) = \frac{0.5833 \times 0.8111 + 0.4167 \times 0.8398}{1.1} = 0.7482$$

예시 13-3 평균회귀모형에 의한 채권가격결정

본문의 예시를 이용하여 4년 만기 수익률 y_4를 계산하라. $r_{HHH} = 13\%$, $r_{HHL} = 11\%$, $r_{HLL} = 9\%$, $r_{LLL} = 7\%$ 이므로 $b(2,4)$와 $b(1,4)$가 다음과 같다.

$$\frac{1}{1.13} = 0.8850,\ \frac{1}{1.11} = 0.9009,\ \frac{1}{1.09} = 0.9174,\ \frac{1}{1.07} = 0.9346$$

$$b_{HH}(2,4) = \frac{0.5 \times 0.8850 + 0.5 \times 0.9009}{1.12} = 0.7973$$

$$b_{HL}(2,4) = \frac{0.5833 \times 0.9009 + 0.4167 \times 0.9174}{1.1} = 0.8253$$

$$b_{LL}(2,4) = \frac{0.6667 \times 0.9174 + 0.3333 \times 0.9346}{1.08} = 0.8548$$

$$b_H(1,4) = \frac{0.5417 \times 0.7973 + 0.4583 \times 0.8253}{1.11} = 0.7298$$

$$b_L(1,4) = \frac{0.6250 \times 0.8253 + 0.3750 \times 0.8548}{1.09} = 0.7673$$

4년 만기 무이표채의 가격이 0.6777이고 4년 만기 현물이자율은 10.21%이다.

$$b(0,4) = \frac{0.5833 \times 0.7298 + 0.4167 \times 0.7673}{1.1} = 0.6777$$

$$y_4 = \left(\frac{1}{0.6777}\right)^{\frac{1}{4}} - 1 = 10.215\%$$

따라서 다음과 같은 상향수익률곡선이 도출된다.

$$y_1 = 10\%,\ y_2 = 10.076\%,\ y_3 = 10.152\%,\ y_4 = 10.215\%$$

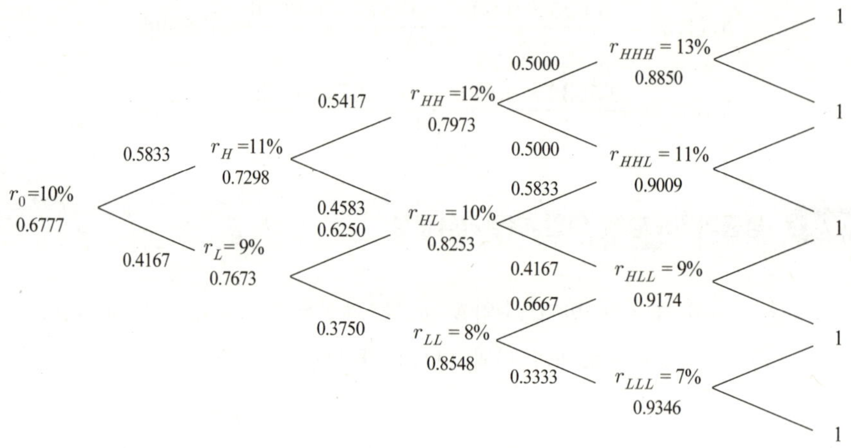

3 무차익모형

3.1 블랙-더만-토이 모형

만일 시장에서 활발히 거래되는 채권이 존재하면 우리는 모형으로 계산된 채권가격이 시장가격이 동일하도록 모형을 설계할 수 있다. 즉, 현재의 채권가격 또는 수익률곡선과 일관성있는 이자율의 이항과정을 구성할 수 있다. 다음은 블랙-더만-토이 모형에 의한 이자율의 이항과정이다. 균형모형에서 수익률곡선이 산출물(output)인 반면에, 무차익모형에서 수익률곡선은 입력변수(input)이다.

1년, 2년, 3년 만기 수익률이 각각 10%, 11%, 12%라고 하자. 그리고 1년 만기 수익률의 변동성은 19%이고, 2년 만기 수익률의 변동성은 18%로 가정하자. 주어진 자료로부터 다음 두 개의 식이 도출된다. 첫 번째 식은 1년 만기 수익률의 변동성이 19%라는 것을 의미한다.[4] 두 번째 식은 2년 만기 채권의 현재 가격이 1년 후 기대가치를 1년 만기 현물이자율로 할인한 값이어야 함을 의미한다(여기서 1년 후 기대가치는 r_H와 r_L로 할인한 값을 위험중립확률로 가중한 값임).

$$\frac{1}{2}\times\ln\left(\frac{r_H}{r_L}\right)=0.19$$

4) 이 식을 달리 표현하면 다음과 같다 : $r_H = r_L \times e^{2\sigma}$

$$\frac{0.5\times\left(\dfrac{1}{1+r_H}+\dfrac{1}{1+r_L}\right)}{1+r_0}=b(0,2)$$

$b(0,2)=\dfrac{1}{1.11^2}=0.8116$이므로 두 식으로부터 구한 이자율은 각각 $r_H=14.318\%$, $r_L=9.792\%$이다.

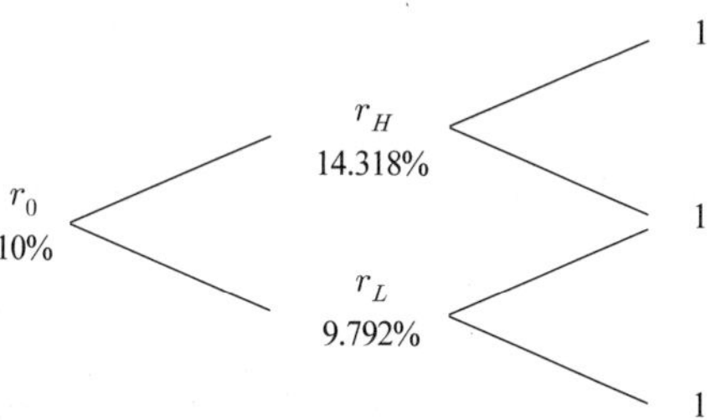

r_{HH}, r_{HL}, r_{LL}을 구하는 과정은 약간 복잡하다.[5] 이를 위해서 먼저 1년 후 기준에서 2년 만기 수익률을 각각 $y_H(1,3)$과 $y_L(1,3)$로 정의하자. 앞에서처럼 다음 두 조건을 만족시키는 $y_H(1,3)$과 $y_L(1,3)$는 각각 15.4159%와 10.7553%이다.

$$\frac{1}{2}\times\ln\left(\frac{y_H(1,3)}{y_L(1,3)}\right)=0.18$$

$$\frac{0.5\times\left(\dfrac{1}{[1+y_H(1,3)]^2}+\dfrac{1}{[1+y_L(1,3)]^2}\right)}{1.1}=b(0,3)=\frac{1}{1.12^3}$$

r_0 10% — 0.5 — r_H 14.318% —— $y_H(1,3)$ —— 1

r_0 10% — 0.5 — r_L 9.792% —— $y_L(1,3)$ —— 1

일단 $y_H(1,3)$과 $y_L(1,3)$이 계산되면 r_{HH}, r_{HL}, r_{LL}에 관한 다음 세 개의 식을 유도할 수 있다.

5) 모든 이항과정에서 항상 이자율이 상승하거나 하락하지는 않는다. 따라서 정확하게 표현하면 H는 이자율이 상승한 경우가 아니고 이자율이 높은 경우이다. 같은 논리로 L은 이자율이 낮은 경우를 의미한다.

$$b_H(1,3) = \frac{0.5 \times \left(\dfrac{1}{1+r_{HH}} + \dfrac{1}{1+r_{HL}} \right)}{1+r_H} = \frac{1}{[1+y_H(1,3)]^2} = 0.750704$$

$$b_L(1,3) = \frac{0.5 \times \left(\dfrac{1}{1+r_{HL}} + \dfrac{1}{1+r_{LL}} \right)}{1+r_L} = \frac{1}{[1+y_L(1,3)]^2} = 0.815213$$

$$r_{HL} = \sqrt{r_{HH} \times r_{LL}}$$

이들 세 식으로부터 계산된 r_{HH}, r_{HL}, r_{LL}은 각각 19.4187%, 13.7669%, 9.76%이며 이항과정은 다음과 같다.

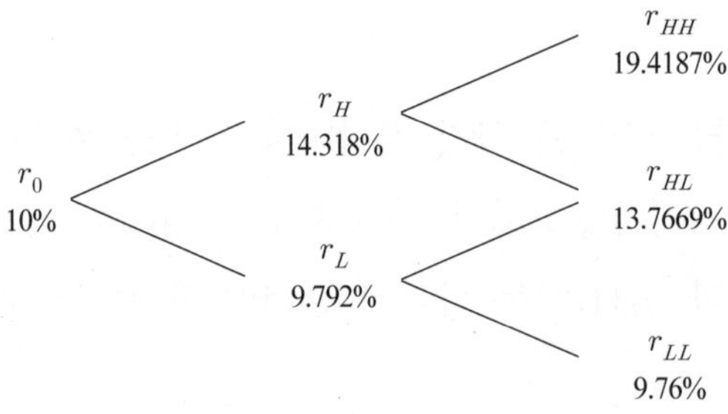

r_{HH}, r_{HL}, r_{LL}의 값은 고차방정식의 해이므로 시행착오법으로 구해야 한다. 그러나 이 과정이 다소 복잡하므로 실무적으로 적용하려면 좀 더 간단한 시행착오법이 필요하다. 다음은 블랙-더만-토이 모형과 큰 차이가 없으면서 훨씬 사용하기 편리한 캘로태이-윌리암스-파보찌(Kalotay-Williams-Fabozzi, 1993) 모형을 소개하기로 한다.[6)]

3.2 캘로태이-윌리암스-파보찌 모형

이항과정에서 각 점(node)은 N으로 표시되고 N의 하첨자는 시작점부터의 이자율 변화과정을 의미한다. H는 단기이자율이 높은 경우이고 L은 단기이자율은 낮은 경우이다. 현재 시점에서 1년 만기 단기이자율은 r_0이고 1년 후 r_{1H} 또는 r_{1L}의 값을 가질 수 있으며 각각의 발생확률은 50%이다. 여기서 r_t는 t년 후 시점부터 유효한 1년 만기 단기이자율을 의미한다.

6) 캘로태이-윌리암스-파보찌 모형은 선도이자율의 움직임을 모형화한다. 여기서는 선도이자율이 기대 단기이자율의 대용치라고 주장하는 불편기대가설이 성립한다는 가정하에서 선도이자율 대신 단기이자율의 움직임을 모형화하기로 한다.

그림 13-4 이자율의 이항과정(캘로태이-윌리암스-파보찌 모형)

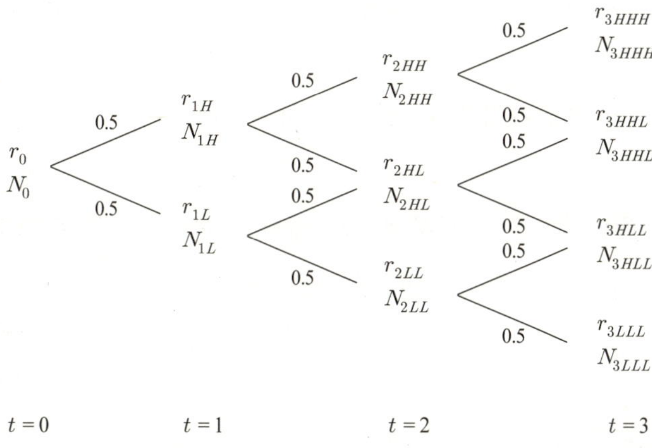

다음 네 개의 액면가채권을 이용하기로 하자(원금은 100원). 현물이자율은 붓스트래핑(bootstrapping) 방법으로 계산한 무이표채 만기수익률이다. 그리고 이자율의 변동성은 10%라고 가정하자.

만기(T)	액면이자율	시장가치	현물이자율	$b(0, T)$*
1	3.5%	100	3.5000%	0.96618
2	4.2%	100	4.2147%	0.92075
3	4.7%	100	4.7345%	0.87042
4	5.2%	100	5.2707%	0.81427

* $b(0, T) = 1/(1+\text{현물이자율})^T$

먼저 만기가 2년이고 액면이자율이 4.2%인 액면가채권을 이용하여 r_{1H} 또는 r_{1L}을 구하는 절차를 설명하면 다음과 같다. 이 방법은 만기일에서의 채권현금흐름을 계산하고 이자율 이항과정을 이용하여 시간을 역행하면서 채권의 가치를 평가하므로 역행추론법(backward induction method)이라고 부른다.

- 1단계: r_{1L}의 값을 임의로 선택한다. 예를 들어, 4.5%라고 가정하자.
- 2단계: $r_{1H} = r_{1L} \times e^{2\sigma}$의 관계를 이용하여 r_{1H}를 결정한다. 변동성이 10%이면 r_{1H}는 5.496%이다.
- 3단계: N_1에서의 채권가격을 계산한다.

① 만기일의 현금흐름을 결정한다. 이는 원금과 액면이자의 합인 104.2원이다.

② N_{1H}에서의 채권가격을 r_{1H}를 이용하여 계산한다. 즉, $P_{1H} = \frac{104.2}{1.05496} = 98.772$이다.

③ N_{1L}에서의 채권가격을 r_{1L}를 이용하여 계산한다. 즉, $P_{1L} = \frac{104.2}{1.045} = 99.713$이다.

④ P_{1H}에 액면이자를 가산하여 N_{1H}에서의 현금흐름을 구하고 P_{1L}에 액면이자를 가산하여 N_{1L}에서의 현금흐름을 구한다.

⑤ r_0를 이용하여 두 현금흐름의 현가를 구한다. 즉, $\frac{98.772 + 4.2}{1.035} = 99.490$과 $\frac{99.713 + 4.2}{1.035} = 100.399$가 계산된다.

- 4단계: 3단계에서 구한 두 값의 평균을 구한다. 즉, $\frac{99.490 + 100.399}{2} = 99.944$

3단계와 4단계의 계산을 하나의 식으로 정리하면 다음과 같다.

$$P_0 = 0.5 \times \left(\frac{\frac{F+C}{1+r_{1H}} + C}{1+r_0} + \frac{\frac{F+C}{1+r_{1L}} + C}{1+r_0} \right)$$

- 5단계: 4단계에서 구한 채권가격과 실제의 가격을 비교한다. 만일 두 가격이 동일하면 사용한 단기이자율이 정확하다는 것을 의미한다. 만약 두 가격이 상이하면 그 차이를 반영하여 r_{1L}를 수정하여 채권가격을 다시 산출한다. 두 가격이 동일해질 때까지 이 과정을 반복한다. 4.5%를 이용하는 경우 계산된 채권가격이 실제 가격보다 작으므로 이자율을 하향 조정해야 한다. 결국 채권가격 100원을 계산해 주는 단기이자율 $r_{1L} = 4.4448\%$와 $r_{1H} = 5.4289\%$를 계산할 수 있다. 따라서 이항과정은 다음과 같다.

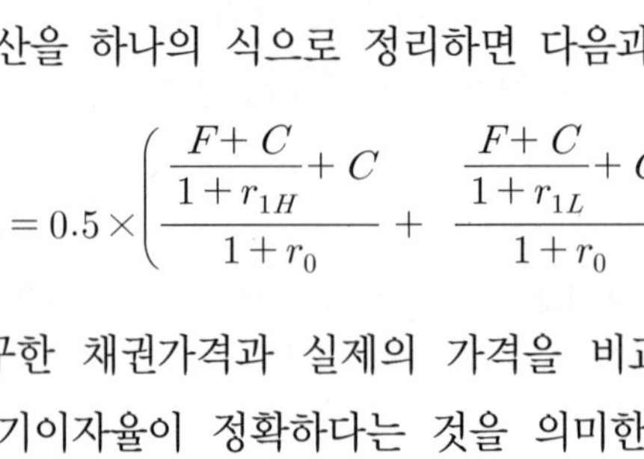

N_{1H}

$P_{1H} = 98.834$
$C = 4.2$
$r_{1H} = 5.4289\%$

N_0

$P_0 = 100$
$r_0 = 3.500\%$

N_{1L}

$P_{1L} = 99.766$
$C = 4.2$
$r_{1L} = 4.4448\%$

$$4.4448e^{0.2} = 5.4289\%,\ \frac{100+4.2}{1.054289} = 98.834,\ \frac{100+4.2}{1.044448} = 99.766$$

$$0.5 \times \left(\frac{98.834+4.2}{1.035} + \frac{99.766+4.2}{1.035}\right) = 100$$

동일한 방법으로 3년 만기 채권을 이용하여 이항과정을 1기간 더 연장하면 다음과 같다.

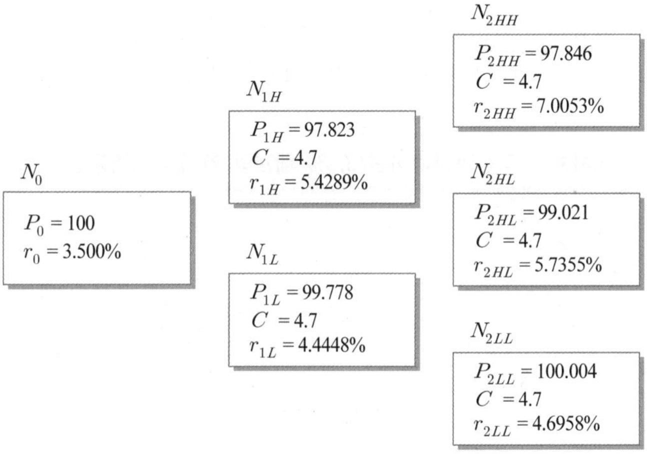

N_0: $P_0 = 100$, $r_0 = 3.500\%$

N_{1H}: $P_{1H} = 97.823$, $C = 4.7$, $r_{1H} = 5.4289\%$

N_{1L}: $P_{1L} = 99.778$, $C = 4.7$, $r_{1L} = 4.4448\%$

N_{2HH}: $P_{2HH} = 97.846$, $C = 4.7$, $r_{2HH} = 7.0053\%$

N_{2HL}: $P_{2HL} = 99.021$, $C = 4.7$, $r_{2HL} = 5.7355\%$

N_{2LL}: $P_{2LL} = 100.004$, $C = 4.7$, $r_{2LL} = 4.6958\%$

$$4.6958e^{0.2} = 5.7355\%,\ 4.6958e^{0.4} = 7.0053\%$$

$$\frac{100+4.7}{1.070053} = 97.846,\ \frac{100+4.7}{1.057355} = 99.021,\ \frac{100+4.7}{1.046958} = 100.004$$

$$0.5 \times \left(\frac{97.846+4.7}{1.054289} + \frac{99.021+4.7}{1.054289}\right) = 97.823$$

$$0.5 \times \left(\frac{99.021+4.7}{1.044448} + \frac{100.004+4.7}{1.044448}\right) = 99.778$$

$$0.5 \times \left(\frac{97.823+4.7}{1.035} + \frac{99.778+4.7}{1.035}\right) = 100$$

만기가 3년이고 액면이자율이 4.7%인 채권의 가격 100원은 이항과정을 통해서도 구할 수 있지만 다음과 같이 현물이자율을 이용하여 직접 할인해도 구할 수 있다.

$$\frac{4.7}{1.035} + \frac{4.7}{1.042147^2} + \frac{104.7}{1.047345^3} = 100$$

수익률곡선을 이용하든 이항모형을 이용하든 가격이 동일하게 나오는 것은 당연한 결과이다. 왜냐하면 수익률곡선과 일관성을 유지하면서 차익거래가 발생하지 않도록 이항과정을 구성하기 때문이다.

마지막으로, 4년 만기 액면가채권을 이용하여 1기간을 더 연장하면 [그림 13-5]의 4년 이항과정이 구성된다. 그리고 만기가 4년이고 액면이자율이 6.5%인 채권을 이항과정을 이용하여 평가하면 104.643원이 계산된다. 이 가격은 수익률곡선을 할인하여 계산한 가격과 정확히 일치한다.

$$\frac{6.5}{1.035}+\frac{6.5}{1.042147^2}+\frac{6.5}{1.047345^3}+\frac{106.5}{1.052707^4}=104.643$$

그림 13-5 단기이자율의 이항과정과 4년/6.5% 채권의 가치평가(변동성 10% 가정)

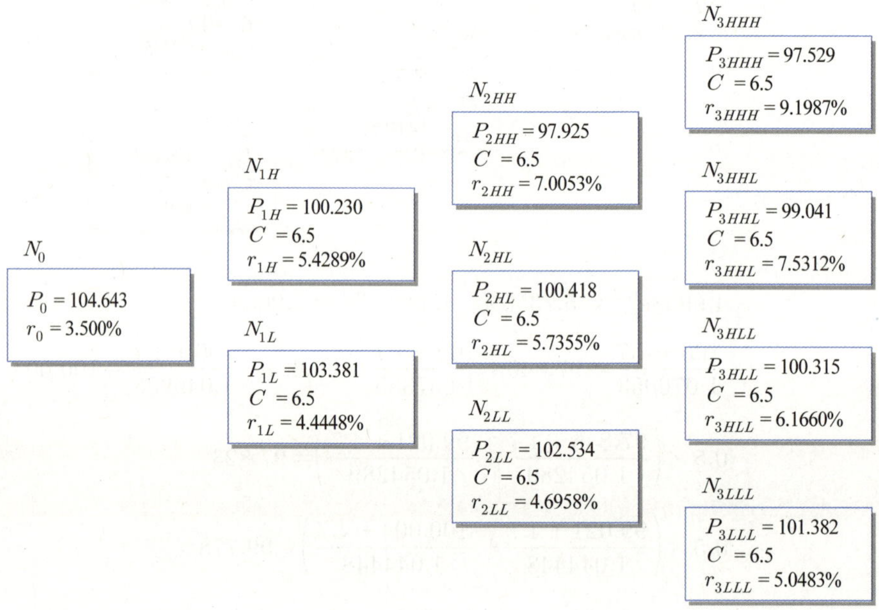

N_0	N_1	N_2	N_3
			N_{3HHH}: $P_{3HHH}=97.529$, $C=6.5$, $r_{3HHH}=9.1987\%$
		N_{2HH}: $P_{2HH}=97.925$, $C=6.5$, $r_{2HH}=7.0053\%$	
	N_{1H}: $P_{1H}=100.230$, $C=6.5$, $r_{1H}=5.4289\%$		N_{3HHL}: $P_{3HHL}=99.041$, $C=6.5$, $r_{3HHL}=7.5312\%$
N_0: $P_0=104.643$, $r_0=3.500\%$		N_{2HL}: $P_{2HL}=100.418$, $C=6.5$, $r_{2HL}=5.7355\%$	
	N_{1L}: $P_{1L}=103.381$, $C=6.5$, $r_{1L}=4.4448\%$		N_{3HLL}: $P_{3HLL}=100.315$, $C=6.5$, $r_{3HLL}=6.1660\%$
		N_{2LL}: $P_{2LL}=102.534$, $C=6.5$, $r_{2LL}=4.6958\%$	
			N_{3LLL}: $P_{3LLL}=101.382$, $C=6.5$, $r_{3LLL}=5.0483\%$

이자율의 변동성이 10%에서 20%로 증가하면 단기이자율의 이항과정은 [그림 13-6]과 같이 변한다. 그러나 만기가 4년이고 액면이자율이 6.5%인 일반채권의 가치는 이자율의 변동성에 영향을 받지 않으므로 104.643원으로 변함이 없다.

그림 13-6 단기이자율의 이항과정과 4년/6.5% 채권의 가치평가(변동성 20% 가정)

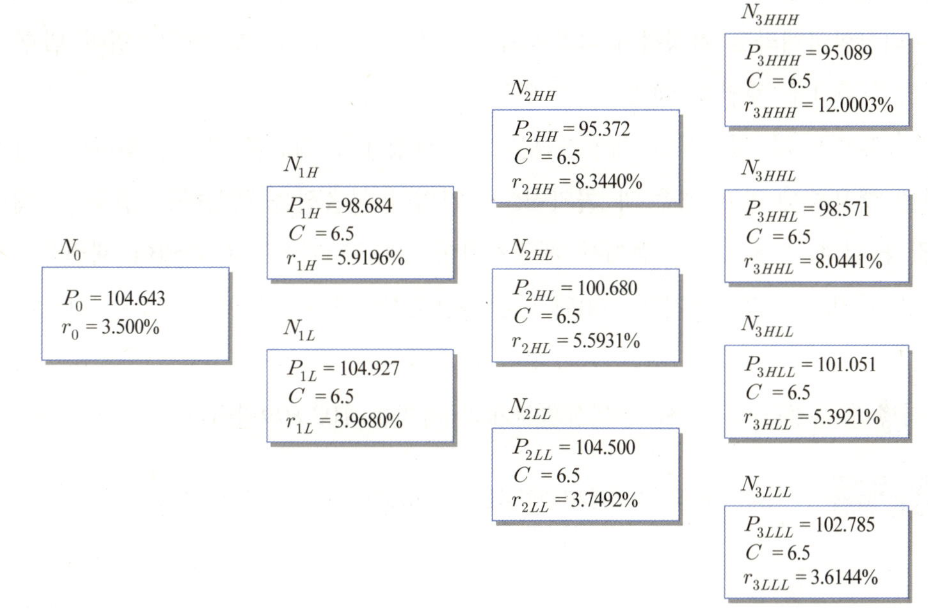

이자율의 변동성이 증가하면 r_{1H}, r_{2HH} 등의 높은 이자율은 더 높게 되고, r_{1L}, r_{2LL} 등의 낮은 이자율은 더 낮게 된다. 이자율이 더 높게 되면 채권가격은 더 많이 하락하고, 이자율이 더 낮게 되면 채권가격은 더 많이 상승한다. 그러나 변동성의 증가가 이자율에 미치는 영향이 대칭적이므로 미래의 채권가격도 대칭적으로 영향을 받게 되어 결국 채권의 현재가격은 영향을 받지 않게 된다.

3.3 수의상환사채의 가치평가

옵션을 포함하고 있지 않은 일반채권의 경우 구태여 이항과정을 이용하여 가치를 평가할 이유가 없다. 그러나 옵션내재채권의 경우 채권에 내재된 옵션의 가치를 평가할 수 있어야만 옵션내재채권의 가치를 정확하게 평가할 수 있다. 이런 옵션의 가치를 평가하는데 블랙-숄즈 모형을 적용하기가 어렵지만, 이항과정을 이용하면 비교적 쉽게 옵션의 가치를 평가할 수 있다.

수의상환사채와 상환요구사채의 경우 전통적인 가치평가방법을 적용할 수 없는 이유는 이자율의 변동성이 옵션행사여부에 영향을 미쳐 결국 채권의 현금흐름에 영향을 미치기 때문이다.

예를 들어, 앞에서 고려한 4년 만기, 6.5% 액면이자율 채권(가격은 104.643원임)이 수의상환사채라고 가정하자(이자율의 변동성은 10%임). 즉, 발행기업이 발행 후 1년부터 100원에 채권을 매입할 수 있는 콜옵션(call option)을 소유한다고 가정하자. [그림 13-7]의 각 점에서의 채권가격은 이항과정에서 계산한 채권가격(즉, 기업이 콜옵션을 행사하지 않는 경우)과 콜가격(즉, 기업이 콜옵션을 행사하는 경우) 중에서 작은 값과 같다. 먼저 N_{3HLL}점에서 채권가격이 100.315원이므로 기업이 채권을 매입할 것으로 가정하여 채권가격을 100원으로 하향조정한다. 그리고 99.041원, 100원, 그리고 5.7355%를 이용하여 구한 P_{2HL}는 100.270원이므로 다시 100원으로 하향 조정한다. 이렇게 수정한 후 구한 수의상환사채의 가치는 102.899원이다.

그림 13-7 수의상환사채의 가치평가(수의상환가격 100원, 이자율 변동성 10%)

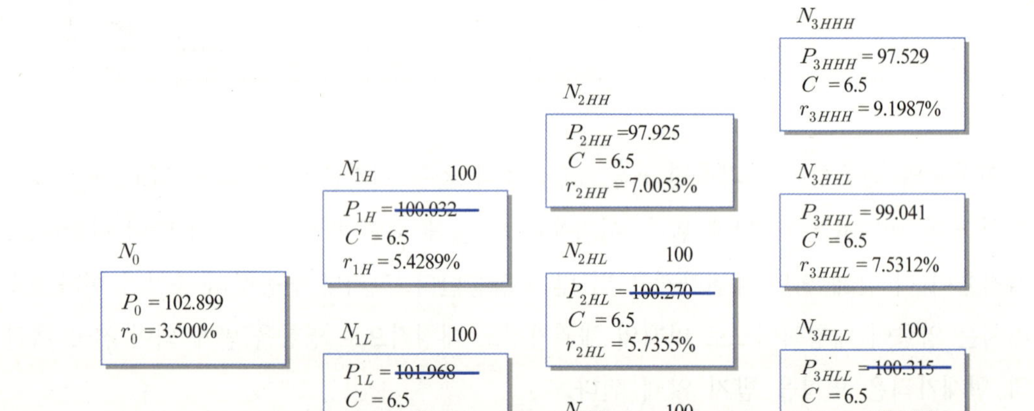

수의상환사채의 가치는 일반채권의 가치에서 옵션의 가치를 차감하여 구하므로 콜옵션의 성격을 갖는 수의상환권의 가치는 104.643 − 102.899 = 1.744원이다. 옵션의 가치를 차감하는 이유는 채권의 소유자가 아닌 발행자가 콜옵션을 소유하기 때문이다.

콜옵션의 가치 = 일반채권으로서의 가치 − 수의상환사채의 가치
= 104.634 − 102.899 = 1.744

예시 13-4 변동성의 증가와 수의상환사채의 가치

이자율의 변동성이 증가하면 콜옵션의 가치가 증가한다. 그런데 변동성은 일반채권의 가치에는 영향을 미치지 않으므로 수의상환사채의 가치는 감소해야 한다. 예를 들어, 변동성이 20%로 증가하면 수의상환사채의 가치는 102.108원으로 하락하고 콜옵션의 가치는 104.634 − 102.108 = 2.526원으로 상승한다.

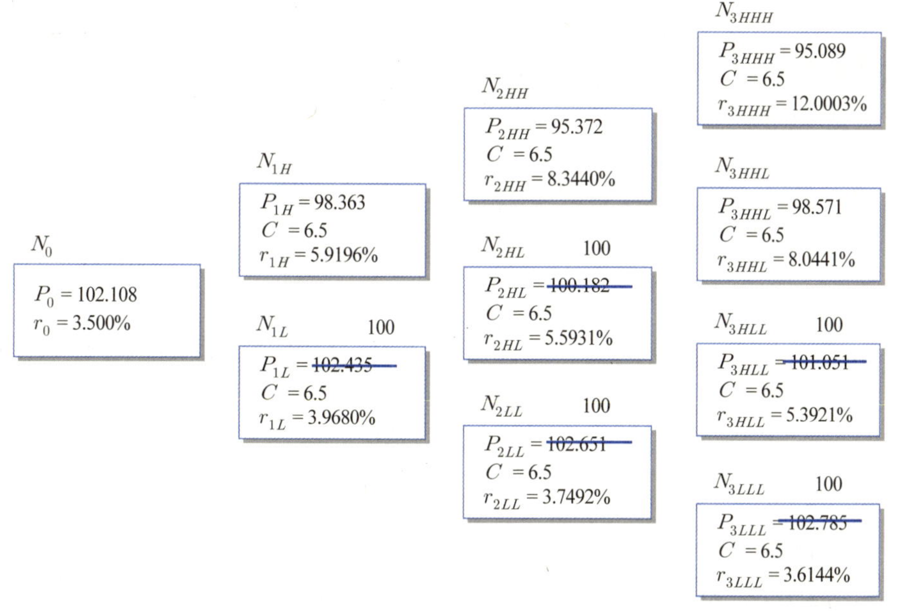

3.4 상환요구사채의 가치평가

상환요구사채(putable bond)는 채권 소유자에게 일정 기간 동안 일정한 조건이 충족되면 원금의 상환을 청구할 수 있는 권리를 부여한 채권이다. 이번에는 이 채권이 투자자가 1년 후부터 100원에 상환을 요구할 수 있는 상환요구사채라고 가정하자. [그림 13-8]의 각 점에서의 채권가격은 이항과정에서 계산한 채권가격(즉, 투자자가 풋옵션을 행사하지 않는 경우)과 상환요구가격(즉, 투자자가 풋옵션을 행사하는 경우)

중에서 큰 값과 같다. 예를 들어, N_{3HHH}점에서 채권가격이 97.529원이므로 투자자가 상환청구권을 행사할 것으로 가정하여 채권가격을 100원으로 상향조정한다. 이렇게 수정한 후 구한 상환요구사채의 가치는 105.327원이다.

그림 13-8 상환요구사채의 가치평가(상환요구가격 100원, 이자율 변동성 10%))

N_0
$P_0 = 105.327$
$r_0 = 3.500\%$

N_{1H}
$P_{1H} = 101.429$
$C = 6.5$
$r_{1H} = 5.4289\%$

N_{1L}
$P_{1L} = 103.598$
$C = 6.5$
$r_{1L} = 4.4448\%$

N_{2HH} 100
P_{2HH} = ~~99.528~~
$C = 6.5$
$r_{2HH} = 7.0053\%$

N_{2HL}
$P_{2HL} = 100.872$
$C = 6.5$
$r_{2HL} = 5.7355\%$

N_{2LL}
$P_{2LL} = 102.537$
$C = 6.5$
$r_{2LL} = 4.6958\%$

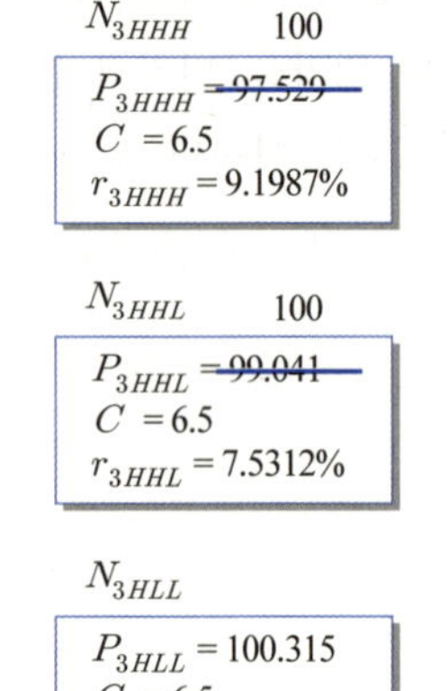

N_{3LLL}
$P_{3LLL} = 101.382$
$C = 6.5$
$r_{3LLL} = 5.0483\%$

수의상환사채와 달리, 상환요구사채의 가치는 일반채권의 가치에 풋옵션의 가치를 합산하여 계산한다. 이처럼 합산하는 이유는 채권의 소유자가 풋옵션을 소유하기 때문이다. 즉, 풋옵션(put option)의 성격을 갖는 상환요구권의 가치는 105.327 − 104.643 = 0.684원이다.

$$\text{풋옵션의 가치} = \text{상환요구사채의 가치} - \text{일반채권으로서의 가치}$$
$$= 105.327 - 104.643 = 0.684$$

예시 13-5 무차익모형에 의한 채권가치평가

다음과 같은 세 개의 채권이 액면가에 거래되고 있다(원금은 100원임).

1년 만기, 액면이자율 3.5%

2년 만기, 액면이자율 4.0%

3년 만기, 액면이자율 4.5%

변동성이 10%라는 가정 하에서 이항과정이 다음과 같다. 3년 만기, 4.5% 액면이자율의 채권가격이 정확히 액면가로 계산된다.

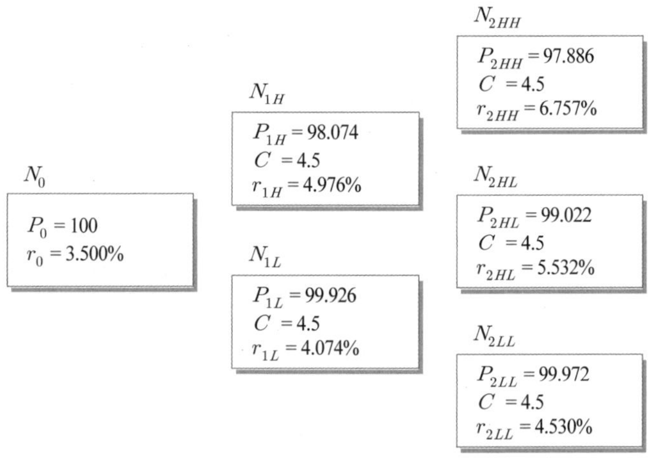

(1) 만기가 3년이고 액면이자율이 5.25%인 채권의 가치를 이항과정을 이용하여 결정하라. 그리고 이 가격을 수익률곡선을 이용하여 확인하라.

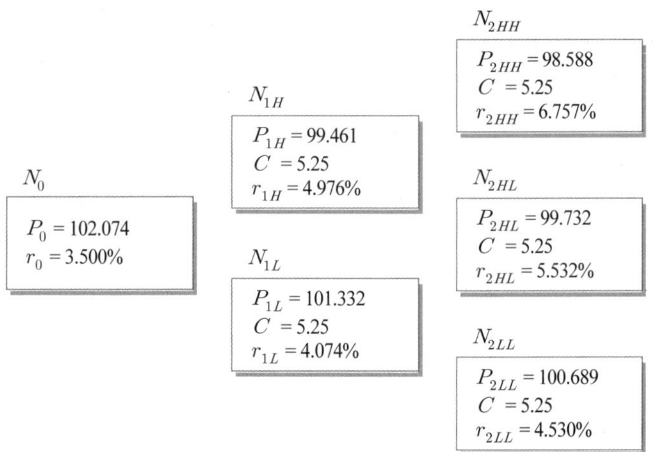

3.5%, 4.0%, 4.5%의 액면수익률로부터 계산한 현물이자율이 각각 3.5%, 4.01%, 4.531%이므로(제7장 4절을 참고할 것) 채권가격은 102.075원이다(0.001원은 반올림 오차).

$$P_0 = \frac{5.25}{1.035} + \frac{5.25}{1.0401^2} + \frac{105.25}{1.04531^3} = 102.075$$

(2) 액면이자율 5.25%의 채권이 수의상환사채라고 가정하자. 발행기업이 1년 후부터 액면가에 채권을 매입할 수 있다고 가정하면 수의상환권의 가치는 얼마인가?

수의상환사채의 가치가 101.431원이고 일반사채로서의 가치가 102.074원이므로 수의상환권의 가치는 0.643원이다.

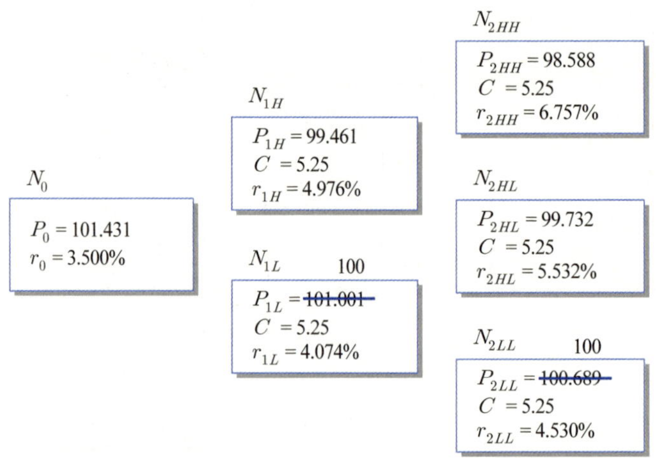

(3) 액면이자율 5.25%의 채권이 상환요구사채라고 가정하자. 투자자가 1년 후부터 액면가에 채권상환을 요구할 수 있다고 가정하면 상환요구권의 가치는 얼마인가?

상환요구사채의 가치가 102.523원이고 일반사채로서의 가치가 102.074원이므로 상환요구권의 가치는 0.448원이다.

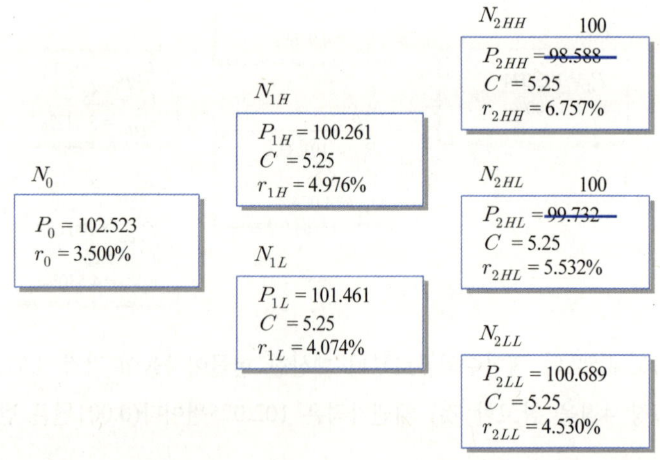

요점정리

- 균형모형에서는 먼저 이자율의 확률과정 결정한 후 과거 수익률곡선에 기초하여 계수를 추정해 단기이자율의 이항과정 구성하고 이로부터 수익률곡선을 추정한다(수익률곡선이 산출물임). 채권의 균형가격을 결정하여 과소/과대 평가 여부를 판단할 수 있다. 그러나 균형가격이 시장가격과 상이하므로 파생상품의 가격결정에는 도움이 되지 않는다. 대표적인 모형으로 랜들만-바터모형, 배시첵모형, 콕스-잉거솔-로스모형이 있다.

- 무차익모형에서는 시장가격과 일관성있게 이항모형을 구성하므로 무차익가격은 항상 시장가격과 동일하다(수익률곡선이 입력변수임). 따라서 파생상품의 가치평가에 유용하나 채권가격의 과소/과대 평가 여부는 판단할 수 없다. 대표적인 모형으로 블랙-더만-토이 모형, 호-리 모형, 히쓰-재로우-모톤 모형 등이 있다.

객관식 문제

1 다음 중 무차익모형(no arbitrage model)에 해당되는 모형은?

① 배시첵 모형
② 블랙 - 더만 - 토이 모형
③ 랜들만 - 바터 모형
④ 콕스 - 잉거솔 - 로스 모형
⑤ 정답 없음

정답 ②
풀이 배시첵 모형, 랜들만-바터 모형, 콕스-잉거솔-로스 모형은 균형모형에 속함.

※ 이자율의 이항과정이 다음과 같다. 이 이항과정을 이용하여 2번부터 4번까지의 질문에 답하라. 채권의 가격은 중간가격을 포함하여 항상 정수로 계산한다. 채권은 연 1회 이자를 지급한다.

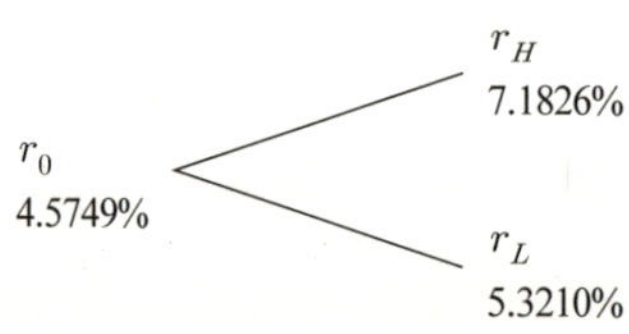

2 만기가 2년이고 액면이자율이 12%이고 원금이 10,000원인 일반사채의 가격을 구하라.

① 11,228원　② 10,956원　③ 11,260원
④ 11,239원　⑤ 정답 없음

정답 ①
풀이 $\frac{11,200}{1.071826} = 10,450$, $\frac{11,200}{1.05321} = 10,634$이므로 채권가격은 11,228원이다.

$$\frac{0.5 \times (10,450 + 10,634) + 1,200}{1.045749} = 11,228$$

3 이번에는 2번에서 고려한 채권이 수의상환사채라고 가정하자. 콜가격은 10,500원이고 1년 후부터 수의상환이 가능하다. 수의상환사채의 가격을 구하라.

① 11,140원 ② 10,956원 ③ 11,164원
④ 11,225원 ⑤ 정답 없음

정답 ③

풀이 $P_{1L}=10,634$원을 10,500원으로 하향 조정한 후 1년 할인하면 수의상환사채의 가격 11,164원이 계산된다.

$$\frac{0.5\times(10,450+10,500)+1,200}{1.045749}=11,164$$

4 이번에는 2번에서 고려한 채권이 상환요구사채라고 가정하자. 풋가격은 10,500원이고 1년 후부터 상환요구가 가능하다. 상환요구사채에 내재된 풋옵션의 가격을 구하라.

① 38원 ② 15원 ③ 40원
④ 24원 ⑤ 정답 없음

정답 ④

풀이 $P_{1H}=10,450$원을 10,500원으로 상향 조정한 후 1년 할인하면 상환요구사채의 가격 11,252원이 계산된다.

$$\frac{0.5\times(10,500+10,634)+1,200}{1.045749}=11,252$$

따라서 풋옵션의 가치는 11,252－11,228＝24원이다.

5 $r_0=5\%,\ u=1.30,\ d=0.77,\ q=0.5$를 가정하자. 2년 만기 현물이자율은 얼마인가?

① 5.00% ② 5.08% ③ 5.05%
④ 5.12% ⑤ 정답 없음

정답 ②

풀이 $r_H=5\%\times1.3=6.5\%,\ \ r_L=5\%\times0.77=3.85\%.\ \frac{1}{1.065}=0.9390,\ \frac{1}{1.0385}=0.9629$이므로 채권 가격은 $\frac{0.5\times(0.9390+0.9629)}{1.05}=0.9057$원이다. 따라서 2년 만기 현물이자율은 $y_2=\sqrt{\frac{1}{0.9057}}-1=5.08\%$이다.

6 매 기간마다 이자율이 δ만큼 상승하거나 하락하는 평균회귀모형을 고려해 보자. 현재의 단기 이자율은 5%이고, 장기평균이자율은 4%이고, $\delta = 0.5\%$이다. 2년 만기 현물이자율은 얼마인가?

① 5.00%　② 5.05%　③ 4.94%
④ 4.85%　⑤ 정답 없음

정답 ③

풀이 상승확률은 $1-\frac{r_t}{2\mu} = 1-\frac{0.05}{0.08} = 0.375$이고 하락확률은 0.625이다. $r_H = 5.5\%$, $r_L = 4.5\%$이다. $\frac{1}{1.055} = 0.9479$, $\frac{1}{1.045} = 0.9569$이므로 채권가격은 0.9081원이다.

$$\frac{0.375 \times 0.9479 + 0.625 \times 0.9569}{1.05} = 0.9081$$

따라서 2년 만기 현물이자율은 $y_2 = \sqrt{\frac{1}{0.9081}} - 1 = 4.94\%$이다.

주관식 문제

1 다음 3개의 액면가채권으로부터 구한 1년, 2년, 3년 만기 현물이자율이 각각 7.500%, 7.604%, 7.710%이다. 원금은 100이다.

만 기	수익률	가격(%)
1년	7.5%	100
2년	7.6%	100
3년	7.7%	100

이자율변동성이 10%이면 단기이자율의 이항과정이 다음과 같다.

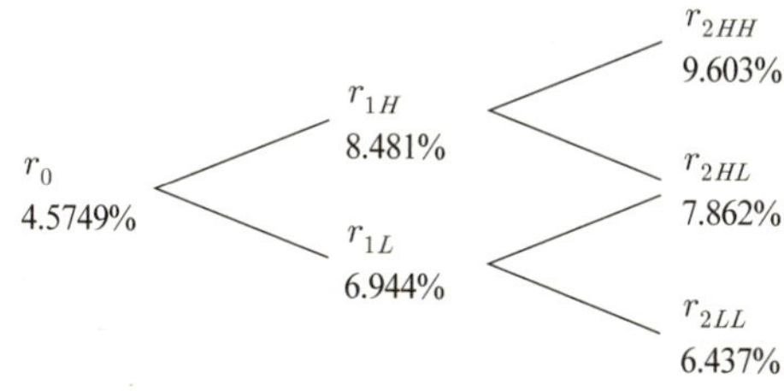

(1) 이항과정을 이용하여 2년/7.6% 채권이 액면가채권임을 확인하라.

(2) 이항과정을 이용하여 3년/7.7% 채권이 액면가채권임을 확인하라.

(3) 만기가 3년이고 액면이자율이 8.5%인 채권의 가격을 다음 두 방법으로 계산하라.

① 수익률곡선을 이용하는 방법

② 이항과정을 이용하는 방법

(4) 3년/8.5%의 채권이 수의상환사채라고 가정하자. 1년 후부터 액면가에 수의상환이 가능하다. 수의상환사채의 가격을 구하라.

(5) 수의상환사채에 내재된 콜옵션의 가치는 얼마인가?

(6) 3년/8.5%의 채권이 상환요구사채라고 가정하자. 1년 후부터 액면가에 상환을 요구할 수 있다. 상환요구사채의 가격을 구하라. 그리고 채권에 내재된 풋옵션의 가치를 구하라.

해답

(1) 다음과 같이 액면가채권임이 확인된다.

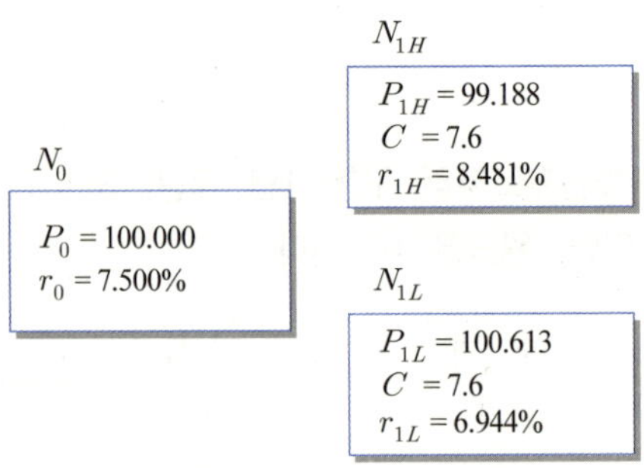

$$\frac{100+7.6}{1.08481}=99.188,\quad \frac{100+7.6}{1.06944}=100.613,\quad \frac{0.5\times(99.188+100.613)+7.6}{1.075}=100$$

(2)

N_{2HH}: $P_{2HH}=98.264$, $C=7.7$, $r_{2HH}=9.603\%$

N_{1H}: $P_{1H}=98.411$, $C=7.7$, $r_{1H}=8.481\%$

N_0: $P_0=100.000$, $r_0=7.500\%$

N_{2HL}: $P_{2HL}=99.850$, $C=7.7$, $r_{2HL}=7.862\%$

N_{1L}: $P_{1L}=101.192$, $C=7.7$, $r_{1L}=6.944\%$

N_{2LL}: $P_{2LL}=101.187$, $C=7.7$, $r_{2LL}=6.437\%$

(3) $\dfrac{8.5}{1.075}+\dfrac{8.5}{1.07604^2}+\dfrac{108.5}{1.0771^3}=102.076$

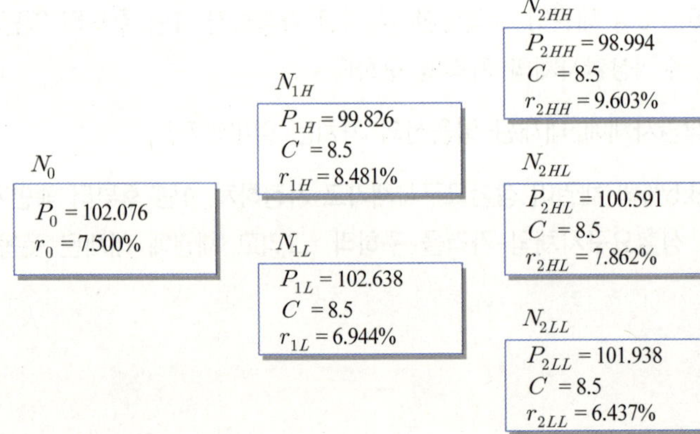

(4) 수의상환사채의 가격은 100.722원이다.

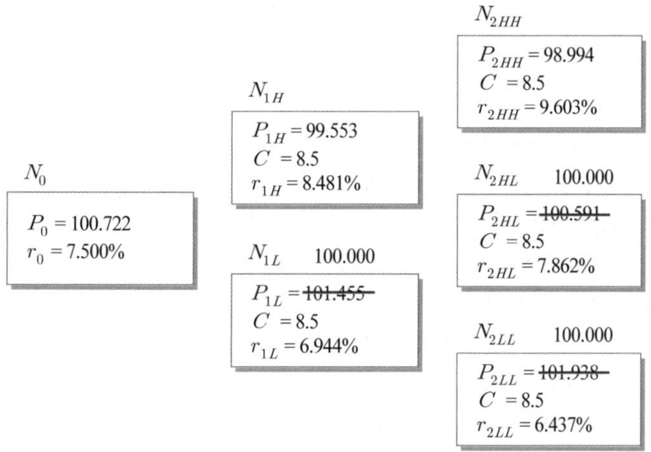

(5) 수의상환사채에 내재된 콜옵션의 가치는 102.076 – 100.722 = 1.354원이다.

(6) 상환요구사채의 가치는 102.292원이다. 따라서 상환요구사채에 내재된 풋옵션의 가치는 102.292 – 102.076 = 0.216원이다.

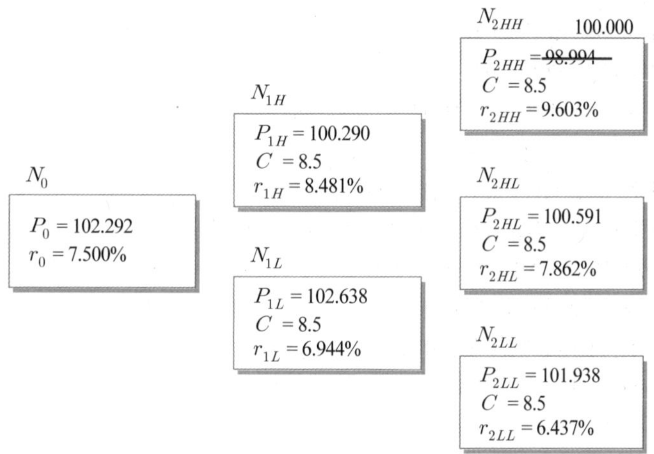

참고문헌

〈국 내〉

고광수-오승현, 채권의 시가평가에 관한 연구, 한국증권연구원, 1999.

김규진, ABS 이해와 활용, 새로운 제안, 1999.

김형태-이준희, 신용파생상품에 관한 연구, 한국증권연구원, 2000.

김철중-윤평식(공역), 파생상품의 평가와 헷징전략(5판), 탐진, 2005.

박경서-연강흠-오창석-우영호-이광수, 국채시장의 활성화에 관한 연구, 한국금융연구원, 1997.

송승준, Repo의 성질과 당사자의 법적 지위, 선물시장 7월.

신동령, 신용평가의 실제와 이론, 다산출판사, 1999.

오세경-김진호-이건호, 위험관리론, 경문사, 1999.

LG투자증권, 채권투자의 이론과 실무, LG투자증권, 2000.

유진, 채권과 이자율파생상품, 경문사, 2003

윤승한, 유동화자산의 이론과 실무, 삼일세무정보주식회사, 개정판, 1999.

윤평식, 재무관리의 개념원리와 연습, 탐진, 2008.

______, 고정수익증권론, 탐진, 2001.

______, 금융기관론, 탐진, 2018.

______, 차익거래, 탐진, 2009.

______, 금융시장론, 탐진, 2021.

______, 핵심투자론, 탐진, 2021.

이건, 채권투자 기본개념, 마크 모비우스 지음, 이건 옮김. 리딩리더, 2012.

윤평식-김철중(공역), 신용위험관리, 한국신용분석사회, 2001.

윤평식-김철중, 금융기관 시장위험관리, 한국금융연수원, 2000.

윤평식-김철중-정태영, 선물·옵션·외환: 이론과 실전문제, 탐진, 1998.

윤평식-김철중(공역), VAR, 경문사, 1998.

장영광, 증권투자론, 신영사, 2001.

정한규-김철중-윤평식(공역), 가치평가론, 경문사, 1998.

차현진, 우리나라 자산유동화증권 시장의 현황과 발전방향, 금융시스템리뷰, 2001년 1월호.

한국은행, 한국의 금융시장, 2016.

한국증권업협회, 채권전문가과정, 한국증권연수원, 2006

____________, 자산유동화과정, 한국증권연수원, 2001.

____________, 채권관련세제, 한국증권연수원, 1998.

____________, 채권시장제도 개선방안, 채권시장제도 개선 연구반, 1998.

____________, 재무위험관리사(FRM) IV

한국증권거래소, 채권유통시장제도 해설, 한국증권거래소, 1999.

____________, 유럽 주요국의 국채시장과 우리나라의 국채시장 발전방향, 한국증권거래소, 1996.

한국거래소, 한국의 채권시장, 2019.

〈국 외〉

Adams, J. and D. Smith, *Fixed Income Analysis*, Wiley, 2019.

Altman, E., *Bankruptcy, Credit Risk, and High Yield Junk Bonds*, Blackwell, 2002.

Bodie, Z, A. Kane, and A. Marcus, *Investments*, 6th edition, Irwin/McGraw-Hill, 2005.

Brigham, E., 1966, "An Analysis of Convertible Debentures," *Journal of Finance* 21.

Chambers, D. and W. Carleton, 1988, "A Generalized Approach to Duration," *Research in Finance* 7.

Choudhry, M., *Fixed-Income Securities and Derivatives Handbook: Analysis and Valuation, Bloomberg Press*, 2005.

__________, *Analysing and Interpreting the Yield Curve*, Wiley, 2004.

CBOT, *Treasury Futures for Institutional Investors*, Chicago Board of Trade, 1990.

Douglas, L., *Bond Risk Analysis: A Guide to Duration and Convexity*, New York Institute of Finance, 1990.

During, A., *Fixed Income Trading and Risk Management*, Wiley, 2021.

Fabozzi, F., *Bond Markets, Analysis, and Strategies*, 5th edition, Prentice Hall, 2004.

__________, *Fixed Income Mathematics*, 3rd edition, Probus Publishing co, 1993.

__________, *Fixed Income Analysis*, FJF Associates, 2000.

__________, *Bond Portfolio Management*, FJF Associates, 1995.

__________, *Investment Management*, Prentice Hall, 1995.

__________, and I. Pollack (editor), *The Handbook of Fixed Income Securities, 7th edition*, McGraw Hill, 2005.

__________ and G. Fong, *Advanced Fixed Income Portfolio Management*, Probus, 1994.

Fisch, J., *Practical Introduction to Fixed Income Securities*, Euromoney, 1997.

Fong G. and O. Vasicek, 1984, "A Risk Minimizing Strategy for Portfolio Immunization," *Journal of Finance*, 1541-1546.

Goulb, B. and L. Tilman, *Risk Management: Approaches for Fixed Income Markets*, Wiley, 2000.

Grabade, K., *Fixed Income Analytics*, MIT Press, 1996.

Grinblatt, M. and S. Titman, *Financial Markets and Corporate Strategy*, 2nd ed. Irwin/McGraw-Hill, 2002.

Henderson, T. "Fixed Income Strategy: The Practitioner's Guide to Riding the Curve", Wiley, 2003.

Ho, T., 1992, "Key Rate Duration: Measures of Interest Rate Risks," *Journal of Fixed Income*, 29-44.

Ho, T.(editor), *Fixed-Income Investment: Recent Research*, Irwin, 1995.

ICMA, IFID Certificate Programme, Fixed Income Analysis, 2006.

Jarrow, R., *Modeling Fixed Income Securities and Interest Rate Options*, 2019.

Jorion, P., *Value at Risk: The New Benchmark for Managing Financial Risk*, 2nd edition, McGraw Hill, 2001.

Kalotay, A, G. Williams, and F. Fabozzi, 1993, "A Model for the Valuation of Bonds and Embedded Options," *Financial Analysts Journal*, May-June, 35-46.

Klaffky, T., Y. Ma, and A. Nozari, 1992, "Managing Yield Curve Exposure: Introducing Reshaping Durations," *Journal of Fixed Income*, December, 5-15.

Litterman, R. and J. Scheinkman, 1991, "Common Factors Affecting Bond Returns," *Journal of Fixed Income*, June, 54-61.

Livingston, M., *Bonds and Bond Derivatives*, Blackwell, 1999.

Martellini, L., P. Priaulet, and S. Priaulet, "Fixed-Income Securities: Valuation, Risk Management, and Portfolio Strategies", Wiley, 2003.

Mikkelson, W., 1981, "Convertible Calls and Security Returns," *Journal of Financial Economics* 9.

J.P. Morgan, *RiskMetrics*™ - Technical Document, 4th edition, 1996.

J.P. Morgan, *CreditMetrics*™ - Technical Document, 1997.

Mukherjee, K., *Demystifying Fixed Income Analytics: A Practical Guide*, Routledge, 2021.

Parameswaran, S., *Fixed Income Securities*, Walter de Gruyter Inc., 2020.

Questa, G., *Fixed-Income Analysis for the Global Financial Market*, Wiley, 1999.

Reddington, F.M., 1952, "Review of the Principles of Life Insurance Valuations," *Journal of the Institute of Actuaries.*

Reilly, F. and K. Brown, *Investment Analysis and Portfolio Management*, 6th edition, Dryden, 2000.

Reitano, R., 1990, "Non-parallel Yield Curve Shifts and Durational Leverage", *Journal of Portfolio Management*, Summer 62-67.

Reuters, *An Introduction to Bond Markets, The Reuters Financial Training Series*, Wiley, 1999.

RiskMetrics Group, *Return to RiskMetrics: The Evolution of a Standard*, J.P. Morgan, 2001.

Ross, S., R. Westerfield, and J. Jaffe, *Corporate Finance*, 7th edition, Irwin/MaGraw-Hill, 2005.

Saunders, A. *Credit Risk Measurement*, Wiley, 1999.

Schwartz, R. and C. Smith (editor), *Derivative Handbook: Risk Management and Control*, Wiley, 1997.

Smithson, C., C. Smith, and S. Wilford, *Managing Financial Risk: A Guide to Derivative Products, Financial Engineering, and Value Maximization*, 3rd edition, Irwin, 1998.

Sundaresan, S., *Fixed Income Markets and Their Derivatives*, 3rd edition, South-Western, 2009.

Tavakoli, J., *Credit Derivatives: A Guide to Instruments and Applications*, Wiley, 1998.

Thau, A., *The Bond Book*, Probus, 1992.

Tuckman, B., *Fixed Income Securities: Tools for Today's Markets*, 2nd ed. Wiley, 2002.

Volpert, K. 1997, "Managing Indexed and Enhanced Indexed Portfoliuos", Chap. 12, in *Managing Fixed Income Portfolios*, ed. Frank Fabozzi, p. 192.

Wong, A., *Fixed-Income Arbitrage*, Wiley, 1993.

찾아보기

저자소개

저자 | 윤 평 식

연세대학교 정법대학 정치외교학과 졸업
캐나다 York University (MBA)
미국 University of Texas at Austin (경영학박사)
현재, 충남대학교 경영학부 명예교수

저서 고정수익증권론(2001)
차익거래(2009)
투자론(2020, 제2판)
재무관리(2023, 제3판)
금융시장론(2023, 제2판)
금융기관론(2024, 제2판)
재무관리의 개념원리와 연습(2008)
파생상품의 이해(2018)
핵심투자론(2021)
파생상품의 원리(2023, 제3판)
채권의 가치평가와 투자전략(2023, 제3판)
리스크관리(2025, 제3판)

주요논문(2015년 이후)

분리형 사모 신주인수권부사채 발행제도의 문제점, 한국증권학회지, 2015.
분리형 사모 신주인수권부사채 발행의 장단기 공시효과에 관한 연구, 한국증권학회지, 2015.
애널리스트 커버리지 중단과 기업가치의 관련성에 관한 연구, 재무관리연구, 2015.
자사주 취득과 내부자 거래의 정보신호 효과, 재무연구, 2015.
유상증자의 공시효과에 관한 재고찰, 한국증권학회지, 2016.
일반공모 방식 유상증자의 수익률과 할인율에 관한 연구, 한국증권학회지, 2016.
애널리스트의 정보력과 투자자별 거래행태: IPO 기업을 대상으로, 한국증권학회지, 2016.
유상증자 공시 전 정보거래에 관한 연구, 한국증권학회지, 2017.
경영자가 나쁜 뉴스를 장후에 공시하는 것이 유리한가?, 재무관리연구, 2017.
신주인수권부사채 발행기업의 이익조정, 회계정보연구, 2018.
유상증자 전후의 공매도 거래가 발행가격에 미치는 영향, 재무관리연구, 2018.
제3자 배정 유상증자의 공시효과에 관한 연구, 재무관리연구, 2019.
신주인수권증서의 상장과 차익거래 기회, 한국증권학회지, 2019.
리픽싱옵션과 사모분리형 BW 신주인수권 수익률의 추정, 한국증권학회지, 2019.
지배주주 지분율이 의결권 가치에 미치는 영향, 경영학연구, 2019.
전환사채발행과 리픽싱의 공시효과에 관한 연구, 한국증권학회지, 2020.
제3자에게 콜옵션을 부여하는 전환사채의 문제점에 관한 연구, 한국증권학회지, 2020.
주주배정방식 유상증자의 권리락일 주가조정에 관한 연구, 한국증권학회지, 2020.
주주배정방식 유상증자의 할인율과 발행가격 및 청약률에 관한 연구, 한국증권학회지, 2022.
신주인수권증권의 가격과 거래량 및 차익거래에 관한 실증연구, 한국증권학회지, 2022.
근로자가 기업의 미래성과에 대한 정보를 보유하는가? 한국증권학회지, 2023.
Corporate Governance and Price Differences between Dual-class Shares in Korea (*International Review of Economics and Finance*, 2023)
유상증자 전 내부자거래 부재가 시장에 정보를 전달하는가?, 한국증권학회지, 2023.
공매도가 내부자거래를 규율하는가?, 한국증권학회지, 2024.

지 은 이 · 윤 평 식

펴 낸 이 · 최 재 범

펴 낸 곳 · 도서출판 탐진

등록 1-996호(倫). 1990. 1. 12.

서울시 마포구 현석동 10-3

Tel. 715-1092 ~ 3 / Fax. 701-6391

E-mail. tamjin1990@hanmail.net / Homepage. www.tamjin.co.kr

2008. 11. 3. 초 판 발행

2023. 1. 12. 제3판 발행

2025. 3. 6. 제3판 2쇄 발행

ISBN 978-89-5540-704-4 93320 정가 38,000원